Constantin Goschler
Wiedergutmachung

Quellen und Darstellungen zur
Zeitgeschichte
Herausgegeben vom Institut für
Zeitgeschichte
Band 34

R. Oldenbourg Verlag München 1992

Constantin Goschler

Wiedergutmachung

Westdeutschland und die Verfolgten des Nationalsozialismus (1945–1954)

R. Oldenbourg Verlag München 1992

Die Deutsche Bibliothek – CIP-Einheitsaufnahme

Goschler, Constantin:
Wiedergutmachung : Westdeutschland und die Verfolgten des
Nationalsozialismus 1945 – 1954 / Constantin Goschler. –
München ; Wien : Oldenbourg, 1992
  (Quellen und Darstellungen zur Zeitgeschichte ; Bd. 34)
  ISBN 3-486-55901-X
NE: GT

© 1992 R. Oldenbourg Verlag GmbH, München

Umschlaggestaltung: Dieter Vollendorf, München
Satz: DIGITAL Satz und Druck, Schrobenhausen
Druck und Bindung: R. Oldenbourg Graph. Betriebe GmbH, München

ISBN 3-486-55901-X

Inhalt

Vorbemerkung

Die vorliegende Arbeit wurde im Wintersemester 1990/91 von der Philosophischen Fakultät der Ludwig-Maximilians-Universität München als Dissertation angenommen. Zum Gelingen hat vieles beigetragen: Ein Stipendium des Freistaates Bayern schuf mir den Freiraum, um diese Arbeit zügig zu Ende bringen zu können. Neben den Archivaren, die mir überall bereitwillig ihre Schätze zugänglich machten, halfen mir besonders meine Kollegen am Institut für Zeitgeschichte durch Gespräche, kritische Lektüre und vielfache Ermunterung. Mit der Nennung von Dr. Klaus-Dietmar Henke, Dr. Hans Woller und Dr. Norbert Frei will ich zugleich auch allen Ungenannten meinen herzlichen Dank aussprechen. Mit Rat und Tat unterstützten mich auch Prof. Dr. Hans-Günter Hockerts und Karl Heßdörfer. Nicht zuletzt danke ich meinem akademischen Lehrer, Professor Dr. Ludolf Herbst, der diese Arbeit mit großem Engagement betreute.

Dieses Buch widme ich meiner Familie.

Einleitung

Am 9. Juni 1953 eröffnete der Stuttgarter Rechtsanwalt Otto Küster eine Rede vor der Wirtschaftspolitischen Gesellschaft von 1947 und der Gesellschaft für Christlich-Jüdische Zusammenarbeit in Frankfurt a.M. über die „Wiedergutmachung als elementare Rechtsaufgabe" mit folgenden Worten: „Über jede andere elementare Rechtsaufgabe würde ich lieber zu Ihnen sprechen als über die Wiedergutmachung. Es wäre für einen Mann des öffentlichen Rechts lockend, in einem solchen Kreis über unser verfahrenes Staatsrecht zu sprechen, oder über das künftige Recht des deutschen Wehrdienstes, oder statt von den alten von neuen Wiedergutmachungsaufgaben, z.B. derjenigen, die eine befreite Ostzone einmal stellt und die so erregend verschieden sein wird von der, die uns das alte Unrecht der ideenlosen, abergläubischen Gewaltherrschaft des Nationalsozialismus hinterlassen hat. Aber mein Thema ist nun also immer noch, Mitte 1953, diese alte Wiedergutmachungsaufgabe."[1]

Das Thema der vorliegenden Studie ist nun gleichfalls „diese alte Wiedergutmachungsaufgabe", und das angesichts der Erfüllung der Prophezeihung Küsters, daß dereinst die „befreite Ostzone" eine Fülle neuer Wiedergutmachungsaufgaben aufwerfen werde. Doch auch wenn die aktuellen Vorgänge um die Wiedervereinigung Deutschlands den Nationalsozialismus emotional in eine tiefere Schicht der Vergangenheit haben absinken lassen, so schärfen die Schwierigkeiten des Neuanfangs in der ehemaligen DDR auf der anderen Seite zugleich das Sensorium für die Probleme einer solchen „Vergangenheitsbewältigung". So geht es in dieser Arbeit um die Bedeutung der Wiedergutmachung nicht allein für die Opfer der nationalsozialistischen Verfolgung, sondern auch für die deutsche Nachkriegsgesellschaft als Ganzes. Denn die Wiedergutmachung war für diese neben der Bestrafung der Täter der Hauptanlaß ihrer Auseinandersetzung mit dem Nationalsozialismus.

Die vorliegende Studie zielt darauf, diesen Prozeß in seinen innen- und außenpolitischen Verflechtungen zu analysieren. Im Mittelpunkt stehen dabei die unmittelbaren Nachkriegsjahre bis 1954. Nach vereinzelten Plänen jüdischer Organisationen, des deutschen Widerstands und Exils sowie der US-Administration noch während des Krieges wurden die Deutschen nach Kriegsende insbesondere durch die Befreiung zahlreicher KZ-Häftlinge mit dem Problem der nationalsozialistischen Verfolgung konfrontiert. Unter Beteiligung der Militärregierungen, jüdischer Organisationen und anderer Verfolgtenorganisationen kam der Prozeß der Wiedergutmachung allmählich in Gang. Dabei war die Gestaltung der Wiedergutmachung in der amerikanischen Besatzungszone grundlegend für die gesamte weitere Entwicklung der Wiedergutmachung in der Bundesrepublik, die etwa 1953/54 einen ersten Abschluß erreichte.

---

[1] Vgl. Otto Küster, Wiedergutmachung als elementare Rechtsaufgabe, Frankfurt a.M. 1953, S.3.

Was heißt aber eigentlich „Wiedergutmachung" in diesem Zusammenhang? Der Begriff ist oft kritisiert worden, denn letztlich konnte keine Maßnahme das den Verfolgten des Nationalsozialismus angetane Leid oder Unrecht ungeschehen machen, wie es dieser Ausdruck impliziert. Zugleich bildet er aber die einzige sprachliche Klammer für einen außerordentlich weit gefächerten Gegenstand[2]. Jeder, der einmal versucht hat, einem Ausländer dieses Thema zu erklären, wird feststellen, in welchem Ausmaß es sich bei diesem Begriff um eine letztlich unübersetzbare Eigentümlichkeit der deutschen Sprache handelt. Soweit es die rechtlichen Zusammenhänge betrifft, läßt sich den begrifflichen Schwierigkeiten durch die Verwendung der präziseren Unterbegriffe entkommen[3]: Rückerstattung von Vermögen, die im Gefolge der nationalsozialistischen Herrschaft entzogen wurden, Entschädigung von persönlichen Schäden, die durch die Verfolgungsmaßnahmen erlitten wurden. Dazu gehören auch zahlreiche Sonderregelungen wie etwa die Wiedergutmachung auf dem Gebiet des Familienrechts, des Arbeits- und Beamtenrechts, der Sozialversicherung, des Versorgungs- sowie des Strafrechts, um nur die wichtigsten Beispiele zu nennen[4].

Zugleich lassen sich individuelle und kollektive Formen der Wiedergutmachung unterscheiden: Zielen erstere auf die einzelne geschädigte Person, nimmt bei letzterer eine Gruppe oder ein Staat die Gläubigerrolle ein. Beispiele dafür sind die Haager Abkommen der Bundesrepublik Deutschland mit Israel und der Claims Conference 1952 sowie die Globalabkommen mit elf westeuropäischen Staaten Ende der fünfziger/Anfang der sechziger Jahre. Hier ergibt sich aber das Problem der Abgrenzung der Wiedergutmachung von den traditionellen zwischenstaatlichen Reparationen im Gefolge eines verlorenen Krieges. Plädiert Walter Schwarz dafür, auch in diesem Zusammenhang von Reparationen zu sprechen[5], lehnt dies Otto Küster entschieden ab und schlägt statt dessen den Begriff „Sühneabkommen" vor[6], auf dessen Linie auch der von Yeshayahu A. Jelinek wieder aufgegriffene Begriff der „Shilumim" liegt[7]. Ernst Féaux de la Croix wiederum spricht hier von „Globalentschädigung"[8]. Bezeichnend für diese Schwankungen ist auch, daß das Buch von Nana Sagi über die Geschichte der Haager Abkommen in der deutschen Übersetzung den Begriff „Wiedergutmachung" im Titel führt, während in der englischen Originalfassung von „reparations" die Rede ist[9].

Der Begriff „Wiedergutmachung" verbindet demnach zahlreiche Vorgänge, die alle

[2] Vgl. Ludolf Herbst, Einleitung, in: Wiedergutmachung in der Bundesrepublik Deutschland, hrsg. v. Ludolf Herbst u. Constantin Goschler, München 1989, S. 8ff.

[3] Zur Systematik der Wiedergutmachung vgl. insbes. Walter Schwarz, Die Wiedergutmachung nationalsozialistischen Unrechts durch die Bundesrepublik Deutschland. Ein Überblick, in: Herbst/Goschler (Hrsg.), Wiedergutmachung, S. 33-54.

[4] Vgl. etwa die Zusammenstellung von Franz Luber, Wiedergutmachung nationalsozialistischen Unrechts in Bayern. Ein Wegweiser für die rassisch, religiös und politisch Verfolgten und die Behörden. Eine Zusammenstellung sämtlicher Wiedergutmachungsvorschriften des Besatzungs-, Bundes- und Landesrechts, München 1950.

[5] Vgl. Schwarz, Überblick, S. 53.

[6] Tagebuch-Eintrag Otto Küsters vom 23. 2. 1952, ACDP, NL Küster, (I-084-001 A); Schreiben Otto Küsters an Ludolf Herbst, 24. 2. 1987 (im Privatbesitz).

[7] Vgl. Yeshayahu A. Jelinek, Israel und die Anfänge der Shilumim, in: Herbst/Goschler (Hrsg.), Wiedergutmachung, S. 119-138.

[8] Vgl. Ernst Féaux de la Croix, Internationalrechtliche Grundlagen der Wiedergutmachung, in: ders. u. Helmut Rumpf, Der Werdegang des Entschädigungsrechts unter national- und völkerrechtlichem und politologischem Aspekt, München 1985, S. 147ff.

[9] Nana Sagi, Wiedergutmachung für Israel. Die deutschen Zahlungen und Leistungen, Stuttgart 1981; engl.: German Reparations. A History of Negotiations, Jerusalem 1980.

auf denselben Kern zielen, nämlich den Ausgleich von Schäden, die durch Verfolgungs-
handlungen im Zuge der nationalsozialistischen Herrschaft entstanden. Die Wiedergutmachung steht dabei in enger Beziehung zur Liquidation der Folgen des Krieges wie
der Herrschaft des Nationalsozialismus insgesamt. Die Frage, ob sie ein Teil dieser ist
oder eine Sonderrolle neben dieser einnimmt, ist dabei von erheblicher Bedeutung[10].
Dies festzuhalten ist auch insofern wichtig, als hier ein Kernproblem greifbar wird:
Immer wieder drehte sich im Zusammenhang der Wiedergutmachung die Auseinandersetzung um die Frage, wer die spezifischen Opfer des NS-Regimes waren, denn hier
wurde eine Grenze zu den „gewöhnlichen" Opfern des Krieges gezogen.

Die Definition der Verfolgten des Nationalsozialismus war somit abhängig vom
Verlauf der Diskussion des spezifisch nationalsozialistischen Wirkungsanteils an der
deutschen Geschichte von 1933 bis 1945. Dabei entstand eine auffällige Diskrepanz:
Die heute allgemein gebräuchliche Auffassung des Begriffes schließt im Prinzip jeden
ein, der in nationalsozialistischer Zeit verfolgt wurde[11], während er im rechtlichen
Zusammenhang der Wiedergutmachung nur einen speziellen Teil umfaßt, nämlich den,
der tatsächliche Ansprüche geltend machen konnte. Dabei handelt es sich in erster Linie
um die rassisch, religiös und politisch Verfolgten, wobei ein zusätzliches Hauptkrite-
rium der örtliche Bezug zum Gebiet des Deutschen Reiches nach dem Stand vom 31.
Dezember 1937 bildet, das sogenannte Territorialitätsprinzip. Einige komplizierte Ab-
weichungen von diesen Grundsätzen bleiben hierbei zunächst außer acht[12].

In dieser Studie stehen die Jahre von 1945 bis etwa 1953/54 im Mittelpunkt, unter
Einbeziehung bereits vor Kriegsende aufgenommener Überlegungen zur Frage der
Entschädigung von Verfolgten des Nationalsozialismus. In mehrfacher Hinsicht bildet
diese Zeitspanne eine abgeschlossene „Epoche" in der Geschichte der Wiedergutmachung: Nachdem sich deren erste Anfänge auf Länderebene vollzogen hatten, setzte
nach Gründung der Bundesrepublik ein Vereinheitlichungsprozeß auf Bundesebene
ein, der bis etwa 1953 weitgehend abgeschlossen war. Zugleich hatte bis dahin auch –
markiert durch das Inkrafttreten des ersten Bundesentschädigungsgesetzes im Herbst
1953 – die Entwicklung der Grundstrukturen der Wiedergutmachung in der Bundesrepublik einen ersten Abschluß gefunden. In der folgenden Zeit stand neben der Durchführung der bestehenden Regelungen die Novellierung und Überarbeitung dieser
Strukturen im Vordergrund. Ein wesentlicher Grund dafür, hier eine Zäsur zu setzen,
besteht auch darin, daß etwa zu dieser Zeit der bis dahin beträchtliche Einfluß der
Alliierten auf die Wiedergutmachung weitgehend endete.

Zugleich läßt sich dieser Zeitraum selbst wieder gedanklich unterteilen: Die Zeit vor
1945 bildet hinsichtlich der Wiedergutmachung einen eigenen Abschnitt, auch wenn
bescheidene Kontinuitätslinien konzeptioneller oder organisatorischer Art in die folgende Zeit existieren. Doch bedeutete die alliierte Besetzung Deutschlands und das
Kriegsende einen tiefen Einschnitt, da nun erst die tatsächlichen Dimensionen des

[10] Vgl. Ernst Féaux de la Croix, Vom Unrecht zur Entschädigung: Der Weg des Entschädigungsrechts, in: ders./
Rumpf, Werdegang des Entschädigungsrechts, S. 6 ff.
[11] So schätzt Herbst die Zahl der Verfolgten auf mindestens 20 Millionen. Vgl. ders., Einleitung, S. 19. Dieser
stehen schätzungsweise eine Million Empfänger einer Entschädigung nach dem Bundesentschädigungsgesetz
gegenüber. Vgl. Karl Heßdörfer, Die finanzielle Dimension, in: Herbst/Goschler (Hrsg.), Wiedergutmachung, S. 55.
[12] Vgl. dazu Schwarz, Überblick, S. 47.

Problems in ihrer ganzen Tragweite erfaßt wurden und – um das Selbstverständliche zu sagen – jetzt erst die reale Möglichkeit zur Verwirklichung einer Wiedergutmachung bestand. Die Zeit von 1945 bis 1954 weist hingegen einen Einschnitt in der Mitte des Zeitraums auf, der in etwa mit der Gründung der Bundesrepublik zusammenfällt und wenigstens zum Teil auch kausal mit ihr verknüpft ist. Ende der vierziger Jahre zeigten sich in politischer, gesellschaftlicher und sozialpsychologischer Hinsicht deutliche Anzeichen dafür, daß die anfängliche Betroffenheit über die nationalsozialistischen Verbrechen stark zurückgegangen war. Was etwa im Bereich der Entnazifizierung als allgemeine Gegenströmung faßbar ist[13], soll auch für den Bereich der Wiedergutmachung genauer herausgearbeitet werden.

Der gewählte Zeitraum bringt mit sich, daß Deutschland als reale politische Kategorie im Verlauf dieser Untersuchung sein Gesicht mehrfach veränderte: Bis zum Kriegsende haben wir es mit dem Deutschen Reich zu tun, danach mit den vier von den Alliierten besetzten Zonen und anschließend mit der Bundesrepublik Deutschland und der DDR. Aus diesem Grund konnte sich bis zum Ende der Besatzungszeit keine einheitliche Entwicklung der Wiedergutmachung vollziehen[14]. Um die Arbeit nicht zu enzyklopädischer Breite ausufern zu lassen, erfolgt deshalb für die Zeit von 1945 bis 1949 eine Konzentration auf die für die Gesamtentwicklung entscheidende amerikanische Besatzungszone. Vor dem Hintergrund einer sehr unterschiedlichen Entwicklung in den einzelnen Zonen und auch in den jeweiligen Ländern war es von großer Bedeutung, daß in der US-Zone mit dem Stuttgarter Länderrat eine Institution existierte, durch die die Wiedergutmachungspolitik der zugehörigen Länder koordiniert wurde, was zu einer relativ einheitlichen Entwicklung führte. Deshalb werden in dieser Untersuchung die Länder Bayern, Württemberg-Baden und Hessen in den Mittelpunkt gestellt. (Bremen wird wegen seiner geringeren Bedeutung trotz Zugehörigkeit zur US-Zone nur am Rande berücksichtigt.) In der US-Zone wurden entscheidende Weichen gestellt, die die Entwicklung der Wiedergutmachung insgesamt nachhaltig geprägt haben. Sowohl das Rückerstattungsgesetz der amerikanischen Zone vom November 1947 als auch das zoneneinheitliche Entschädigungsgesetz vom August 1949 setzten Maßstäbe für die Entwicklung in der späteren Bundesrepublik. Ausgehend von der US-Zone kann daher auch der Übergang der Wiedergutmachungsinitiative von den Ländern auf den Bund nach der Gründung der Bundesrepublik im September 1949 besonders gut untersucht werden.

Aus diesen Prämissen folgt die Zuspitzung der Untersuchung auf die Rolle der USA, die sowohl im Alliierten Kontrollrat als auch im Rahmen der Militärregierung in der US-Zone und in der Alliierten Hohen Kommission erheblichen Einfluß auf die Wiedergutmachung nahmen. Zudem stellte man in den USA bereits vor Kriegsende Überlegungen zu einer zukünftigen Wiedergutmachung für Verfolgte des Nationalsozialismus an[15]. In diesem Zusammenhang sind auch die in den USA ansässigen jüdischen Organisationen, die sowohl direkt als auch auf dem Wege über die amerikanische Regierung

---

[13] Vgl. etwa Barbara Fait, Die Kreisleiter der NSDAP – nach 1945, in: Von Stalingrad zur Währungsreform. Zur Sozialgeschichte des Umbruchs in Deutschland, hrsg. v. Martin Broszat, Klaus-Dietmar Henke u. Hans Woller, München 1988, S. 231-233.

[14] Féaux de la Croix, Vom Unrecht zur Entschädigung, S. 10.

[15] Vgl. dazu auch Schwarz, Wie kam die Rückerstattung zustande? Neue Erkenntnisse aus den amerikanischen und britischen Archiven, in: Friedrich Biella usw., Das Bundesrückerstattungsgesetz, München 1981, S. 804 f. Demnach finden sich in britischen Archiven keine Hinweise auf entsprechende Arbeiten vor Kriegsende.

beträchtlichen Einfluß in dieser Angelegenheit zu nehmen vermochten, äußerst wichtig[16].

Angesichts der Komplexität des Themas Wiedergutmachung konzentrieren sich die meisten Untersuchungen auf eine spezielle Verfolgtengruppe oder aber auf einen bestimmten sachlichen Teilaspekt. Daraus resultieren freilich einige grundsätzliche Schwierigkeiten: Zu leicht werden Urteile, die anhand der Untersuchung eines bestimmten Teilgebietes der Wiedergutmachung gewonnen werden, auf „die" Wiedergutmachung übertragen. Dies gilt insbesondere für die Arbeiten zum Haager Abkommen zwischen der Bundesrepublik Deutschland und Israel, das vielfach geradezu mit der Wiedergutmachung gleichgesetzt wird[17]. Gewiß nimmt dieses Abkommen aus politisch-moralischen Gründen eine exzeptionelle Stellung ein, doch gebietet gerade seine Außergewöhnlichkeit größte Zurückhaltung bei Verallgemeinerungen.

Deshalb sollen in dieser Studie die für die Wiedergutmachung so charakteristischen vielfältigen Verzweigungen der Entwicklung mit ihrer ungleichgewichtigen Berücksichtigung von Schadensarten und Verfolgtengruppen analysiert werden. Für eine Arbeit, die sich die Frühzeit der Wiedergutmachung zum Gegenstand wählt, ist dies in besonderer Weise sinnvoll, denn hier wurden vielfach die Weichen für die gesamte Entwicklung gestellt. Allerdings zwingt die starke Verästelung der Wiedergutmachung, bei der es sich in den Worten von Walter Schwarz um „legislativen Wildwuchs"[18] handelt, aus darstellerischen Gründen zu einer gewissen Schwerpunktbildung. Nach den ersten Maßnahmen fürsorglicher Art geraten so vor allem die Rückerstattung und die Entschädigung sowie die ersten kollektiven Entschädigungsregelungen, die 1945 im Pariser Reparationsabkommen und 1952 in den Haager Abkommen mit Israel und der Claims Conference getroffen wurden, in den Blick.

Aus der bisherigen Forschungslandschaft ragt als ein Monolith die von Walter Schwarz zusammen mit dem Bundesfinanzministerium herausgegebene halboffiziöse siebenbändige Reihe „Die Wiedergutmachung nationalsozialistischen Unrechts durch die Bundesrepublik Deutschland" heraus[19]. Im Rahmen dieser Reihe erschien jeweils ein Band

---

[16] Vgl. ders., Rückerstattung nach den Gesetzen der Alliierten Mächte, München 1974; Sagi, Wiedergutmachung für Israel; Ronald W. Zweig, German Reparations and the Jewish World. A History of the Claims Conference, Boulder u. London 1987.

[17] Vgl. insbesondere die Arbeiten von Michael Wolffsohn, Das Wiedergutmachungsabkommen mit Israel: Eine Untersuchung bundesdeutscher und ausländischer Umfragen, in: Westdeutschland 1945-1955, hrsg. v. Ludolf Herbst, München 1986, S. 203-218; ders., Das deutsch-israelische Wiedergutmachungsabkommen von 1952 im internationalen Zusammenhang, in: Vierteljahrshefte für Zeitgeschichte 36 (1988), S. 691-731; ders., Globalentschädigung für Israel und die Juden? Adenauer und die Opposition in der Bundesregierung, in: Herbst/Goschler (Hrsg.), Wiedergutmachung, S. 161-190.

[18] Schwarz, Überblick, S. 33.

[19] Die Wiedergutmachung nationalsozialistischen Unrechts durch die Bundesrepublik Deutschland, hrsg. v. Bundesminister der Finanzen in Zusammenarbeit mit Walter Schwarz,
  Bd. I: Schwarz, Rückerstattung nach den Gesetzen der Alliierten Mächte
  Bd. II: Biella usw., Das Bundesrückerstattungsgesetz
  Bd. III: Féaux de la Croix/Rumpf, Werdegang des Entschädigungsrechts
  Bd. IV: Walter Brunn usw., Das Bundesentschädigungsgesetz, Erster Teil (§ 1 bis 50 BEG), München 1981
  Bd. V: Hans Giessler usw., Das Bundesentschädigungsgesetz, Zweiter Teil (§ 51 bis 171 BEG), München 1983
  Bd. VI: Hugo Finke, Otto Gnirs, Gerhard Kraus u. Adolf Peutz, Entschädigungsverfahren und sondergesetzliche Entschädigungsregelungen, München 1987
  Bd. VII: in Vorbereitung.

mit Gesamtdarstellungscharakter zur Rückerstattung[20] und zur Entschädigung[21]. Die
Hauptautoren, Walter Schwarz, Wiedergutmachungsanwalt und Herausgeber der ein-
schlägigen Fachzeitschrift *Rechtsprechung zum Wiedergutmachungsrecht*, und Ernst
Féaux de la Croix, lange Jahre leitender Beamter in der zuständigen Abteilung des
Bundesfinanzministeriums, befaßten sich freilich vorwiegend mit der rechtlichen Ent-
wicklung der Wiedergutmachung.

Féaux de la Croix zeichnete die Entstehung der Entschädigung in ihren verschiedenen Facetten aus der Perspektive des Bundesfinanzministeriums nach. Diese Sichtweise
bestimmt die Quellenauswahl und die Maßstäbe seiner Interpretation – ein methodisch
problematisches Verfahren. Walter Schwarz bemühte sich hingegen als einziger der
Autoren dieser Reihe um eine breitere Quellenbasis für seine Untersuchung[22]. Doch
auch hier bestimmten seine anwaltlichen Erfahrungen mit der Durchführung der Rückerstattung den Fragehorizont. Zugespitzt interpretierte er unter dem Gesichtspunkt,
„wie hätte die Rückerstattungsgesetzgebung aussehen müssen, damit sie besser funktio-
niert hätte?" Zugleich durchzieht seine Forschungen eine höchst persönliche Befangenheit: Er sah sich als Missionar einer Kontinuität deutscher und deutsch-jüdischer
Rechtskultur, ein Denken, das in der Vorstellung gipfelte, man komme bei der Wiedergutmachung am besten dadurch voran, daß man ohne großes öffentliches Aufsehen
direkt mit der zuständigen Ministerialbürokratie „vernünftig rede". Um so größer war
seine Enttäuschung, als die angesprochenen deutschen Finanzministerien sich gegenüber diskreten Bemühungen um die Einbeziehung jüdischer Spätauswanderer aus Osteuropa, die durch die Maschen der Stichtage gefallen waren, völlig taub stellten[23].

Gleichwohl ist sein Werk von einer tiefen Loyalität gegenüber den deutschen Wiedergutmachungsanstrengungen geprägt, die die Wissenschaftlichkeit seiner Thesen gelegentlich gefährdet: Sein Bekennntnis, „ein Deutscher hätte das Recht, auf das Werk
der Wiedergutmachung stolz zu sein"[24], stand nicht nur am Ende seiner Forschungstä-
tigkeit, sondern bildete zugleich auch das erkenntnisleitende Interesse der ganzen von
ihm mitherausgegebenen Reihe. Bereits Ende der sechziger Jahre wurde bei Vorbesprechungen im Bundesfinanzministerium über die Konzeption dieses Sammelwerkes festgelegt, „daß die Dokumentation der Wiedergutmachung im wesentlichen – trotz kritischer Anmerkungen zu Einzelfragen – eine positive Grundtendenz haben solle. Der
politische Zweck der Dokumentation solle sein, darzustellen, welche beachtlichen Leistungen die Bundesrepublik auf dem Gebiet der Wiedergutmachung trotz aller Schwierigkeiten erbracht habe und wie im ganzen erfolgreich versucht worden sei, die Folgen
des nationalsozialistischen Unrechts im Rahmen des Möglichen zu mildern."[25] So wurden zwar ausgezeichnete Fachleute, die beruflich überwiegend der Ministerialbürokratie angehörten, als Autoren versammelt, doch eine historische Aufarbeitung konnte
diese Reihe unter solchen Umständen nicht leisten. Sie bleibt über weite Strecken ein
monumentales Propädeutikum.

---

[20] Schwarz, Rückerstattung nach den Gesetzen der Alliierten Mächte.
[21] Féaux de la Croix, Werdegang des Entschädigungsrechts.
[22] Schwarz, Wie kam die Rückerstattung zustande.
[23] Vgl. Schwarz, Überblick, S. 52.
[24] Ebenda, S. 54.
[25] Vermerk von Ministerialrat Koppe (Bundesministerium für wissenschaftliche Forschung) v. 21. 6. 1968 über
    Ressortbesprechung im Bundesfinanzministerium am 19. 6. 1968, IfZ-Archiv, Akten des Instituts für Zeitge-
    schichte, B 13, Geschichte nach 1945. Wiedergutmachungsprojekt.

Den ersten Stein warf Christian Pross, der 1988 seine Angriffe gegen die bundesdeutsche Wiedergutmachungspolitik mit dem Diktum „Kleinkrieg gegen die Opfer" insbesondere auch gegen das Bundesfinanzministerium vortrug. Das Schwergewicht seiner Arbeit liegt auf einer Untersuchung der medizinischen Gutachterpraxis und ihrer Auswirkungen auf die Verfolgten im Rahmen des Wiedergutmachungsverfahrens. In der Hinwendung zur Erfahrungsgeschichte der Verfolgten und der Untersuchung der Praxis der Wiedergutmachung liegt die Stärke dieses Buches. Pross geht insbesondere auch mit Féaux de la Croix streng ins Gericht, der zum Hauptakteur einer Quasi-Verschwörung gegen die ehemaligen Verfolgten befördert wird. Hierbei interpretiert er in den Kategorien von Tätern und Opfern[26] und setzt demzufolge methodisch bei der Biographie an. Problematisch wird sein Verfahren vor allem dort, wo er aus Gründen der Dramaturgie holzschnittartige Rollenverteilungen vornimmt. So dient ihm etwa Otto Küster als Gegenbild zu Féaux de la Croix. Das führt bei Pross neben einer Dämonisierung des letztgenannten zu einer Idealisierung Küsters, dem er eine Kronzeugenfunktion für seine aktuelle scharfe Kritik an der Wiedergutmachung zuweist, statt ihn selbst in historische Perspektive zu stellen. Gewiß spielte gerade bei der Wiedergutmachung der individuelle Faktor eine herausragende Rolle. Gleichwohl ist es erforderlich, die dabei zutage tretenden Einstellungen und Handlungen an die damaligen gesellschaftlichen Standards und Positionen rückzubinden, denn erst aus der Verknüpfung beider Perspektiven – der individuellen und der gesellschaftlichen – kann sich eine adäquate Interpretation ergeben.

Letztlich steht hier zur Debatte, aus welcher Perspektive man sich dem Thema Wiedergutmachung nähert. Kann man, wie das Féaux de la Croix, Schwarz und andere Autoren aus diesem Umkreis tun, von den gegebenen Möglichkeiten der Bundesrepublik ausgehen und daraus schließen, daß das Äußerste getan wurde, oder umgekehrt, wie Pross, die Kleinlichkeit und Ignoranz der Gebenden und Ausführenden gegenüber den Leiden der Opfer in den Mittelpunkt stellen? Hier ergibt sich das methodische Grundproblem, in welcher Weise man die individuellen Erfahrungen der Verfolgten mit der Wiedergutmachung berücksichtigt. Zu einer schwierigen Aufgabe wird dies vor allem dadurch, daß die Verfolgten des Nationalsozialismus kaum als einheitliche Gruppe zu definieren sind. Homogenität besteht hier weder in sozialer, politischer, weltanschaulicher, religiöser noch in nationaler Hinsicht. Das einzige verbindende Merkmal bildet die Verfolgung, und selbst die konnte sehr unterschiedlich ausgefallen sein (ebenso wie auch die spätere Wiedergutmachung). Wegen dieser mangelnden Homogenität der Verfolgten, aus der die extreme Verschiedenheit ihrer Erfahrungen resultiert, ist eine Analyse der Erfahrungsgeschichte der Verfolgten bzw. der Wirkungsgeschichte der Wiedergutmachung jeweils nur für spezielle Teilgruppen möglich – was mit dem umfassenden Ansatz der vorliegenden Arbeit nur schwer zu vereinbaren ist.

Kann man sich dagegen dem Thema der Wiedergutmachung von der Verfolgungsgeschichte her nähern? Dieses Vorgehen trägt gewiß wesentlich zum Verständnis der Wiedergutmachungsdefizite bei. Zugleich führt dies fast zwangsläufig zu einer moralischen Verurteilung, denn nur selten wird eine Wiedergutmachungsleistung der vorangegangenen Schädigung wirklich adäquat sein. Andererseits erweist sich die Verfolgungsgeschichte zur Erklärung des historischen Phänomens der Wiedergutmachung in der Regel als unergiebig: Die Strukturen der Wiedergutmachung spiegeln die Struktu-

[26] Vgl. dazu Christian Pross. Wiedergutmachung. Der Kleinkrieg gegen die Opfer, Frankfurt a.M. 1988, S.23ff.

ren der Verfolgung allenfalls verzerrt. Entscheidend für die Entwicklung der Wiedergutmachung ist somit nicht die Realgeschichte der Verfolgung als solche, sondern die Perzeption derselben durch die Nachkriegsgesellschaft. Die Erklärung der Wiedergutmachung muß deshalb in der deutschen Gesellschaft nach 1945 gesucht werden. Den Triebfedern der Wiedergutmachung kommt man wohl nur auf die Spur, wenn man sie im Zusammenhang mit der Innen- und Außenpolitik jener Zeit analysiert. Nutzt man dabei die Verfolgungsgeschichte nicht nur als unerschöpfliches Reservoir für moralische Verdikte, sind ihr freilich wichtige Hinweise auf die Entwicklung der Wiedergutmachung zu entnehmen: So tauchte etwa im Zusammenhang der aktuellen Diskussion um die sogenannten „vergessenen Opfer" wiederholt die Frage auf, inwiefern Diskriminierungszusammenhänge, die bei der Verfolgung von Bedeutung waren, im Rahmen der Wiedergutmachung erneut eine Rolle spielten[27].

Auf der einen Seite führt also eine moralisierende Betrachtung der Wiedergutmachung, die sich auf die prinzipielle Inkongruenz von Verbrechensqualität und Wiedergutmachung stützen kann, allzu leicht zu einer Anklagehaltung, deren Erkenntniswert gering bleibt und die im schlimmsten Fall in Selbstgefälligkeit ausartet. Doch sollte man sich umgekehrt auch vor einer historistischen Haltung des Alles-Erklären-heißt-alles-Verstehen hüten[28]. Ernsthafte historische Forschung auf dem Gebiet der Wiedergutmachung wird vielmehr auch die Grundlagen für fundierte Kritik verbessern. Schließlich gilt für den Forschungsgegenstand Wiedergutmachung genauso wie für jeden anderen, daß sich die Analyse unlösbar zwischen den beiden Polen des Engagements und der Distanzierung bewegt[29].

Eine der Fragen, die sich insbesondere an die Erforschung der Anfangsjahre der Wiedergutmachung richtet, ist deshalb so zu formulieren: Inwieweit war diese ein Akt der moralischen Selbstreinigung der Deutschen, nüchternes politisches Kalkül oder gar alliiertes Oktroi. Da „die" Wiedergutmachung in eine Vielzahl unterschiedlicher Maßnahmen und Aktionen zerfällt, kann dies nur durch eine breit angelegte Untersuchung der mit ihr zusammenhängenden Faktoren und Kräfte beantwortet werden. Es müssen verschiedene Perspektiven einbezogen werden, und die Untersuchung darf nicht auf Spezialfälle beschränkt bleiben. Deshalb steht im Mittelpunkt dieser Studie die Frage nach dem gesellschaftlichen und politischen Stellenwert der Verfolgten des Nationalsozialismus und der Wiedergutmachung, der sich vor allem in der Auseinandersetzung von deutschen Politikern und Beamten, der amerikanischen Militärregierung bzw. der Hohen Kommission und den jüdischen Organisationen und anderen Verfolgtenorganisationen zeigte. Welche Interessen spielten bei der Entstehung und Durchführung der Wiedergutmachung eine Rolle, welche unterschiedlichen Konzeptionen und welche Widerstände traten dabei auf? Wie war das Verhältnis der Wiedergutmachung zur gesellschaftlichen und politischen Gesamtentwicklung in den Jahren der alliierten Besatzungsherrschaft und der Frühzeit der Bundesrepublik?

Ein zweiter Fragenkomplex richtet sich demgegenüber auf den Differenzierungsprozeß, der im Untersuchungszeitraum zur Ausbildung der wesentlichen Grundstrukturen

---

[27] Vgl. etwa Arnold Spitta, Entschädigung für Zigeuner, Geschichte eines Vorurteils, in: Herbst/Goschler (Hrsg.), Wiedergutmachung, S. 385-402.
[28] Vgl. dazu Hans-Ulrich Wehler, Geschichte als Historische Sozialwissenschaft, Frankfurt a.M. 1973, S. 27.
[29] Vgl. dazu Norbert Elias, Engagement und Distanzierung. Arbeiten zur Wissenssoziologie I, hrsg. u. übersetzt von Michael Schröter, Frankfurt a.M. 1987, S. 9-11.

der Wiedergutmachung führte. Zu fragen ist, auf welche Weise und aus welchen Gründen im Rahmen der Wiedergutmachung bestimmte Aspekte der nationalsozialistischen Verfolgung vorrangig, andere dagegen später oder gar nicht behandelt wurden. Warum wurde also etwa die Rückerstattung schneller als die Entschädigung geregelt? Weshalb wurden bestimmte Verfolgtengruppen, wie die Beamten, bevorzugt entschädigt? Wie verhielten sich die individuellen zu den kollektiven Entschädigungsformen?

Auf dem speziellen Gebiet der Entschädigung, die das Kernstück der Wiedergutmachung darstellt, wiederholen sich diese Probleme. Zu fragen wäre also, auf welche Weise bestimmte Verfolgtengruppen im Rahmen der Normierung wie der Implementation der Entschädigung einerseits Ansprüche geltend machen konnten und andererseits ausgeschlossen wurden. Hierbei handelt es sich, zumal aus der Verfolgtenperspektive, um eines der zentralen Probleme der Wiedergutmachung überhaupt. War die mangelnde bzw. sich erst allmählich erweiternde Kenntnis der Verfolgungstatbestände ursächlich für die Ausschließung oder Einbeziehung bestimmter Verfolgtengruppen? Welche Rolle spielten Verdrängungsmechanismen? Welchen Anteil besaß die sich verändernde Einschätzung dessen, was als spezifisch nationalsozialistisch anzusehen sei? Wichtig ist in diesem Zusammenhang auch die Frage nach der Bedeutung des Fortwirkens von Vorurteilen. Welche Rolle spielte demgegenüber die Konkurrenz anderer Geschädigtengruppen (z.B. Luftkriegsopfer, Vertriebene, Kriegsopfer) sowie der Druck politischer und ökonomischer Faktoren, der sich insbesondere für die Finanzierungsfrage immer wieder als bedeutsam erwies? Wie wirkte sich schließlich die Existenz unterschiedlich gut organisierter und einflußreicher Verfolgtenlobbies aus?

Aus der Struktur des Forschungsgegenstands und der Art der Fragestellung resultiert so eine wichtige methodische Konsequenz: Im Mittelpunkt dieser Arbeit steht das Handeln von Kollektiven verschiedenster Art. Die Verfolgten erscheinen somit als Objekte der Wiedergutmachung bzw. als handelnde Subjekte nur, insofern sie sich als Interessenvertretungen organisierten. Dies entspricht in gewisser Weise aber auch den tatsächlichen Verhältnissen bei der Entwicklung der Wiedergutmachung. Allerdings soll versucht werden, die „Sprachlosigkeit" anderer Gruppen zu thematisieren.

Die Arbeit stützt sich in erster Linie auf die Generalakten staatlicher Provenienz bzw. der an der Wiedergutmachung interessierten Organisationen. Hier lassen sich nicht allein die politischen Entscheidungsprozesse nachvollziehen, sondern auch die Vorurteile, Einstellungen, Handlungsspielräume von Verwaltungen und Gerichten sowie die gesellschaftlichen Rückkoppelungen bei der Durchführung der Wiedergutmachung.

So wurden erstens deutsche Regierungs- und Verwaltungsakten von 1945 bis 1954 ausgewertet. Dazu gehören insbesondere die Akten der mit der Frage der Wiedergutmachung befaßten Justiz- und Finanzministerien sowie der jeweiligen Staatskanzleien auf Länderebene in Bayern, Baden-Württemberg und Hessen. Sie befinden sich in den jeweiligen Hauptstaatsarchiven in München, Stuttgart und Wiesbaden bzw. werden zum Teil noch von den Ministerien selbst aufbewahrt. (Dies trifft insbesondere auf den für die Frühzeit sehr wichtigen Bestand des bayerischen Justizministeriums zu.) Hinzu kamen die Akten des Stuttgarter Länderrats von 1946 bis 1949 im Bundesarchiv Koblenz.

In entsprechender Weise wurden für die Zeit ab 1949 die Akten des Bundesfinanz- und Bundesjustizministeriums sowie des Bundeskanzleramts ausgewertet, die vom

Bundesarchiv aufbewahrt werden, sowie auch die Bestände des Politischen Archivs des Auswärtigen Amts. Sowohl für die Länder- als auch für die Bundesebene finden sich in verschiedenen Nachlässen wertvolle Ergänzungen. Hervorzuheben wäre etwa der Nachlaß Hoegner im Institut für Zeitgeschichte, München, oder der Nachlaß Blankenhorn, aber auch die Nachlässe Schäffer und Seebohm im Bundesarchiv.

Demgegenüber basiert die Untersuchung der amerikanischen und alliierten Politik erstens auf den in der OMGUS-Verfilmung vorliegenden Akten der amerikanischen Militärregierung von 1945 bis 1949. Dazu kommen die Akten des State Departments sowie in geringerem Umfang auch des War Departments von 1943 bis 1954, die in den National Archives, Washington, D.C., aufbewahrt werden. Ergänzt wurden diese Archivalien durch die Akten der amerikanischen Hohen Kommission 1949 bis 1954 sowie des amerikanischen Hohen Kommissars John J. McCloy von 1949 bis 1952, die sich im Washington National Record Center in Suitland befinden. In dieser Überlieferung zeigt sich die Entwicklung der amerikanischen Politik im Bereich der Wiedergutmachung beginnend mit ersten Überlegungen noch in der Kriegszeit bis hin zu der aktiven Einflußnahme im Rahmen des alliierten Engagements. Darüber hinaus schlugen sich hier in beträchtlichem Umfang die Interventionen v.a. jüdischer Verbände und anderer Verfolgtenorganisationen nieder.

Um diesen Aspekt zu vertiefen, liegt ein weiterer Schwerpunkt der Quellenauswertung auf den von Verfolgtenseite beteiligten Organisationen. Hinsichtlich der jüdischen Organisationen konzentrierten sich die Archivrecherchen auf die für die US-Zone, aber auch für die Bundesrepublik besonders wichtigen amerikanischen jüdischen Organisationen. Dazu wurden vor allem die Bestände des American Jewish Committee, die teils in der Blaustein Library des American Jewish Committee und teils im YIVO-Institut liegen, ausgewertet. (Beide Archive befinden sich in New York). Hier läßt sich die ganze Bandbreite der amerikanisch-jüdischen Anstrengungen, deutsche Wiedergutmachungsleistungen zu erreichen, nachvollziehen. Wichtig sind auch die Interviews, etwa mit John J. McCloy oder Nahum Goldmann, die in der William E. Wiener Oral History Library des American Jewish Committee archiviert sind. Die Bruno Weil Collection sowie die Akten des Council of Jews from Germany, die im Leo Baeck Institute, New York, aufbewahrt werden, beleuchten demgegenüber einen anderen jüdischen Standpunkt: den der ehemaligen deutschen Juden. In Deutschland nicht greifbare jüdische Veröffentlichungen zum Wiedergutmachungsproblem aus der Kriegszeit fanden sich überdies in der Library of Congress in Washington, D.C.

Die Überlieferung der deutschen Verfolgtenorganisationen ist im Verhältnis zu denen der internationalen jüdischen Verbände deutlich schlechter, was mit ihrer bewegten Geschichte zusammenhängt. Ein für unser Thema sehr ergiebiger Bestand sind die Akten der „Vereinigung der Verfolgten des Naziregimes" (VVN) Württemberg-Badens, die in Stuttgart von ihrer Nachfolgeorganisation, der VVN/BdA, aufbewahrt werden. In München konnte ein kleinerer Bestand des „Landesrats für Freiheit und Recht" eingesehen werden. Zusätzliche Informationen enthalten die OMGUS-Akten sowie verschiedene Verbands-Zeitschriften, insbesondere das seit 1945 erschienene *Mitteilungsblatt des Landesausschusses der politisch Verfolgten* sowie etwa *Die Tat* (VVN), *Die Mahnung* (BVN) oder die *Allgemeine Wochenzeitung der Juden in Deutschland* (Zentralrat der Juden in Deutschland), um nur die wichtigsten zu nennen.

Daneben wurden einige zusätzliche Quellen herangezogen, die vor allem wichtige

Einblicke in das allgemeine politische und gesellschaftliche Umfeld der Durchführung der Wiedergutmachung geben. Dabei handelt es sich einmal um die Akten des Prozesses gegen Auerbach und drei Andere beim Landgericht München I sowie die Protokolle eines zum selben Thema eingesetzten Untersuchungsausschusses des Bayerischen Landtags, die im dortigen Archiv zu finden sind. Überdies wurde auch eine Anzahl von Interviews mit Zeitzeugen geführt. Den Rang einer Quelle besitzt auch die bereits erwähnte, von 1949 bis 1981 als Beilage zur *Neuen Juristischen Wochenschrift* erschienene *Rechtsprechung zum Wiedergutmachungsrecht* (RzW), die Urteile und Begründungen aus dem Bereich des Entschädigungs- und Rückerstattungsrechtes veröffentlichte. Eine besondere Erwähnung unter den gedruckten Quellen verdienen auch die Protokolle und Anlagen der Landtage und des Bundestages sowie die einschlägigen Akteneditionen, vor allem die Foreign Relations of the United States (FRUS)[30], sowie die zuletzt bis 1953 veröffentlichten Protokolle des Bundeskabinetts[31].

Die Gliederung der Arbeit folgt in erster Linie dem sachlich-chronologischen Entwicklungsgang der Wiedergutmachung; genetische und systematische Gesichtspunkte werden dabei verknüpft. In einem ersten Schritt wird untersucht, inwiefern sich auf deutscher Seite, auf jüdischer Seite außerhalb Deutschlands sowie in der US-Administration aus der Auseinandersetzung mit der nationalsozialistischen Verfolgung bereits während des Krieges Vorüberlegungen zu einer künftigen Wiedergutmachung entwickelten.

Das zweite Kapitel geht zunächst auf die Frage ein, inwiefern es bei Kriegsende zu einer gemeinsamen alliierten Politik gegenüber den ehemaligen Verfolgten des Nationalsozialismus kam, bevor dann am Fallbeispiel der amerikanischen Besatzungszone die ersten Schritte zur Fürsorge und Rehabilitierung zugunsten von Verfolgten behandelt werden. Welche Vorentscheidungen über die gesellschaftliche Stellung und die Gruppenbildung der Verfolgten wurden dabei in der Interaktion von Militärregierung, deutscher Administration und ausländischen Hilfs- und Verfolgtenorganisationen getroffen?

Das dritte Kapitel beschäftigt sich mit der Genese der Wiedergutmachungsgesetzgebung in der US-Zone, wobei das Rückerstattungsgesetz vom November 1947 und das Entschädigungsgesetz vom August 1949 im Mittelpunkt stehen. Hierbei wird neben der Frage nach dem Anteil deutscher, amerikanischer und jüdischer Initiativen insbesondere die nach den strukturellen Weichenstellungen im Bereich der Wiedergutmachung, die in diesem Zusammenhang getroffen wurden, zu klären sein.

Im vierten Kapitel soll die Durchführung dieser Gesetze in der US-Zone bis etwa 1954 untersucht werden. Zu welchen Resultaten und Problemen führten Rückerstattung und Entschädigung für Verfolgte des Nationalsozialismus in der Praxis? In welchen Wechselwirkungen zur allgemeinen politischen und gesellschaftlichen Entwicklung in dieser Zeit stand dabei die Implementation dieser Gesetze?

Das fünfte Kapitel ordnet die Entwicklung in der US-Zone in den Gesamtzusammenhang der Bundesrepublik ein und fragt überdies nach den allgemeinen Rahmenbedingungen der Wiedergutmachung in der Frühzeit der Bundesrepublik Deutschland. Welche außen- und innenpolitischen Veränderungen bzw. Wandlungen des allgemei-

---

[30] Foreign Relations of the United States (FRUS), 1933-1954, Washington, D.C., 1949-1986.
[31] Die Kabinettsprotokolle der Bundesregierung, hrsg. f. d. Bundesarchiv v. Hans Booms, Bd. 1: 1949 – Bd. 6: 1953, Boppard a.Rh. 1982-1989.

nen Meinungsklimas ergaben sich für die Wiedergutmachung und die Opfer des NS-Regimes in der Phase des Übergangs der Wiedergutmachung von den Ländern auf die Bundesrepublik?

Das sechste und letzte Kapitel untersucht schließlich den Ausbau der Grundstrukturen der Wiedergutmachung in der Bundesrepublik bis 1953/54. Welche Rolle spielten in dieser Phase innenpolitische Auseinandersetzungen, jüdische und israelische Initiativen sowie alliierter Einfluß für die Entwicklung? Dies wird insbesondere anhand des Bundesgesetzes für den öffentlichen Dienst, an der Bedeutung der Wiedergutmachungsfrage bei der Ablösung des Besatzungsstatuts, an den deutsch-jüdisch-israelischen Verhandlungen in Wassenaar sowie schließlich an der Entstehung des Bundesentschädigungsgesetzes untersucht.

Erstes Kapitel: Frühe Überlegungen und Pläne zur Entschädigung von Verfolgten des Nationalsozialismus (1936-1945)

I. Deutsche Konzeptionen in Widerstand, Exil und Gefangenschaft

1. Von der „Deutschen Volksfront" zum „Volksfront-Komitee KZ Buchenwald"

Bis zum Zusammenbruch entwickelte sich im „Dritten Reich" keine systemimmanente Kritik an den vielfältigen Verfolgungsmaßnahmen, waren diese doch untrennbar Bestandteil der nationalsozialistischen Herrschaft. Allenfalls kriegsbedingte Lähmungserscheinungen bzw. opportunistisches Kalkül angesichts der bevorstehenden Niederlage bremsten hie und da den Terror. Deshalb hat auf deutscher Seite die Suche nach fundamentaler Kritik der nationalsozialistischen Verfolgungsmaßnahmen und darauf aufbauenden Wiedergutmachungsbestrebungen vor Kriegsende allein bei der Opposition Aussicht auf Erfolg. Dabei ist insbesondere zu klären, unter welchen Bedingungen derartige Vorstellungen entstehen konnten und auf welche Gruppen sie zielten. Dies steht in engem Zusammenhang mit der Frage nach der Funktion derartiger Überlegungen im Kontext der jeweiligen Zukunftsperspektiven.

Allerdings ging Widerstand gegen das nationalsozialistische Regime nicht immer zugleich mit programmatischer Tätigkeit einher[1], weshalb sich hier das Spektrum der in Betracht kommenden Gruppierungen verengt. Zusätzlich haben auch die Zufälligkeiten der Überlieferung große Auswirkungen auf die Auswahl der folgenden Beispiele. Während Walter Schwarz überhaupt verneinte, daß aus dem Kreis des deutschen Widerstands konkrete Vorschläge zu dieser Problematik überliefert seien[2], wies Féaux de la Croix kurz auf entsprechende Überlegungen Goerdelers und Graf Moltkes hin, ohne sie jedoch näher zu untersuchen[3]. Tatsächlich bestanden jedoch bereits im innerdeutschen Widerstand der dreißiger Jahre relativ präzise Vorstellungen über eine künftige Wiedergutmachung für die Opfer der nationalsozialistischen Verfolgung.

Frühestes Zeugnis derartiger Überlegungen ist ein Manifest vom 21. Dezember 1936,

---

[1] Vgl. dazu allgemein Martin Broszat, Zur Sozialgeschichte des Deutschen Widerstands, in: Vierteljahrshefte für Zeitgeschichte (VfZ) 34 (1986), S. 293-309.
[2] Vgl. Walter Schwarz, Rückerstattung nach den Gesetzen der Alliierten Mächte, München 1974, S. 11. Auch Christine Bonath erklärte, daß vom „kontinentalen Kriegsschauplatz" keine greifbaren Überlegungen zu materieller Entschädigung für die an den Juden vorgenommenen Enteignungen gekommen seien. Vgl. dies., Wiedergutmachung für das Jüdische Volk. Die Wiedergutmachungsdiskussion bis zum Luxemburger Abkommen vom 10. September 1952, Magisterarbeit, Universität Saarbrücken, 1984, S. 34.
[3] Vgl. Ernst Féaux de la Croix, Vom Unrecht zur Entschädigung: Der Weg des Entschädigungsrechts, in: ders. u. Ernst Rumpf, Der Werdegang des Entschädigungsrechts unter national- und völkerrechtlichem und politologischem Aspekt, München 1985, S. 12.

das als „Zehn Punkte"-Programm illegal kursierte[4]. Es entstand als Gemeinschafts-
arbeit von Hermann Brill, Otto Brass, Oskar Debus und Franz Petrich, die den
Kern einer als „Deutsche Volksfront" firmierenden sozialistischen Oppositions-
gruppe bildeten. Diese Bezeichnung war allerdings mehr Programm als Realität.
Den Initiatoren der Gruppe, den beiden ehemaligen Reichstagsabgeordneten Hermann Brill und Otto Brass, schwebte nach der Zerschlagung der linkssozialisti-
schen Widerstandsgruppe „Neu Beginnen" durch die Gestapo vor, die liberalen,
demokratischen, sozialistischen und kommunistischen Gruppen Deutschlands nach
dem Vorbild Frankreichs und Spaniens in einer Volksfront zusammenzuschließen
und damit eine Basis zum Sturz des Hitlerregimes zu schaffen[5]. Der erste der zehn
Punkte forderte deshalb „Sturz und Vernichtung der Diktatur". Dies war zugleich
auch elementare Voraussetzung für die zweite Forderung: „Recht und Gerechtigkeit für alle: Befreiung der politischen Gefangenen, Abschaffung der Blutjustiz,
Sühne für die begangenen Verbrechen, Wiedergutmachung des begangenen Unrechts."[6] Brills späterem Bericht zufolge wurden die „Zehn Punkte" sowohl im
Deutschen Reich als auch im Ausland weit verbreitet[7]. Im Januar 1937 fand sogar
eine Aussprache über das Manifest zwischen der Berliner „Volksfrontgruppe" und
Vertretern des Sopade-Vorstands statt, an der seitens der Exil-Sozialdemokraten
Paul Hertz, Friedrich Stampfer und Johann Vogel teilnahmen. Für den Sopade-
Vorstand bildete aber die angestrebte Zusammenarbeit mit der KPD eine unüber-
windbare Hürde, weshalb er keine offizielle Stellungnahme zu dem „Zehn-Punkte-
Programm" abgab[8].
    Dafür gelang nach monatelangen Beratungen eine Einigung mit der mittlerweile
ins Exil gegangenen Gruppe „Neu Beginnen". Brill verfaßte Anfang 1938, zeitgleich zur Fritsch-Blomberg-Krise, eine erweiterte und kommentierte Fassung der
„Zehn Punkte", die im März und April unter dem Titel „Freiheit" verbreitet wurde[9]. Im Anschluß an die Forderungen nach Abschaffung der Blutjustiz, Befreiung
von 200.000 politischen Gefangenen, Auflösung der Konzentrationslager sowie
nach Sühne der begangenen Verbrechen erläuterte Brill auch, was die bereits in den
„Zehn Punkten" festgehaltene „Wiedergutmachung des verübten Unrechts" bedeuten sollte. Unter anderem hieß es dort: „Dann wollen wir die Wunden heilen, so
sehr wir es noch können. Vieles ist unheilbar geworden. Aber es wird auch viel
persönliches Eigentum zurückgegeben oder seine Wegnahme entschädigt werden
können. Die Arbeiter und Angestellten werden die aus Pfennigen gesparten Vermögen der Gewerkschaften und Genossenschaften zu eigener Verwaltung zurückerhal-
ten. Alle kulturellen Organisationen sollen neu erstehen. Verjagte Beamte, Profes-
soren, Lehrer, Angestellte und Arbeiter werden angemessen entschädigt werden."[10]
Unverkennbar lag hier der Akzent auf der Entschädigung der Verluste, die aus der

[4] Text der „Zehn Punkte" in: Hermann Brill, Gegen den Strom, Offenbach a.M. 1946, S. 16f.
[5] Ebenda. Vgl. auch Manfred Overesch, Hermann Brill und die Neuanfänge deutscher Politik in Thüringen
    1945, in: VfZ 27 (1979), S. 530–535. Zu Brills Untergrundtätigkeit vgl. auch Rüdiger Griepenberg, Einleitung
    zu Hermann Louis Brill, Herrenchiemseer Tagebuch 1948, in: VfZ 34 (1986), S. 588–590.
[6] "Zehn Punkte" (Anm. 4), S. 17.
[7] Vgl. Brill, Gegen den Strom, S. 61.
[8] Vgl. Franz Osterroth u. Dieter Schuster, Chronik der deutschen Sozialdemokratie, Bd. II: Vom Beginn der
    Weimarer Republik bis zum Ende des Zweiten Weltkrieges, Berlin usw. ²1975, S. 363.
[9] Vgl. ebenda, S. 373; Brill, Gegen den Strom, S. 61f. Text des Memorandums in: ebenda, S. 61–87.
[10] "Freiheit", in: Brill, Gegen den Strom, S. 69.

Verfolgung und Vernichtung der Parteien und der Gewerkschaften resultierten. Der Ruf nach Recht und Gerechtigkeit für alle werde „befreien, reinigen, sühnen, wiedergutmachen"[11].

Der überraschende Befund, daß bereits in der zweiten Hälfte der dreißiger Jahre in Deutschland der Begriff *Wiedergutmachung* im Zusammenhang mit den nationalsozialistischen Verfolgungsmaßnahmen auftauchte, gibt Anlaß zu einem kleinen Exkurs über die Bedeutungsgeschichte dieses Begriffes. Der 1935 erschienene Teilband des Grimm'schen Wörterbuches gibt Auskunft, daß der Begriff *gutmachen* in Deutschland seit Jahrhunderten in einer Weise verwendet wurde, die zur Anwendung auf diesen neuen Fall einlud. So war *gutmachen* schon in der Zeit des Barock in der Bedeutung von „ersetzen" bzw. „bezahlen" gebräuchlich, und bereits in des Freiherrn von Knigges „Umgang mit Menschen" (1796) findet sich *gutmachen* in der Bedeutung von „sühnen": „Wartet ruhig den Augenblick ab, wo sie selbst ... ihr Unrecht gutmachen"[12]. Ersetzen, bezahlen, sühnen: Vergegenwärtigt man sich diese Grundintentionen des Begriffs *Wiedergutmachung*, so wird die mittlerweile nahezu rituelle Verurteilung dieser Bezeichnung als prinzipiell unangemessen vielleicht überflüssig. Ein materielles oder bewußtseinsmäßiges Auslöschen des begangenen Unrechts war damit niemals intendiert. Man mag sich dennoch weiterhin an der Inkommensurabilität dieses Begriffes stoßen, die sich angesichts der heute überschaubaren Verfolgungsgeschichte aufdrängt[13]. Jedoch sollte man dabei in Rechnung stellen, daß sein Gebrauch bereits vor dem planmäßigen Genozid an den Juden und anderen Menschengruppen aufkam.

Daß Brill und seine „Deutsche Volksfront" in den dreißiger Jahren Sühne und Wiedergutmachung forderten, war eine Konsequenz ihres politischen Zieles, einen demokratischen und sozialen Rechtsstaat zu errichten, in dem die Grundrechte gesichert sein sollten[14]. Das waren Forderungen, die auch anderenorts aufgestellt wurden. So hatte eine unter deutscher Beteiligung in Genf zusammengetretene „Kommission zur Bekämpfung des politischen Terrors" am 1. November 1937 dem Sopade-Vorstand eine Denkschrift überreicht, in der unter anderem ebenfalls die Wiederherstellung der Grundrechte, Freilassung der politischen Gefangenen und „Wiedergutmachung des durch den nationalsozialistischen Terror verursachten Unrechts" verlangt wurden[15]. Doch besaßen alle derartigen Entwürfe in der Situation der zweiten Hälfte der dreißiger Jahre vorwiegend deklamatorischen Charakter bzw. dienten dem Selbstverständigungsprozeß des vorwiegend linken politischen Exils und innerdeutschen Widerstands. Einer programmatischen Ausformung und Einigung über die Wiedergutmachung, die ja ohnehin erst einmal den Sturz der nationalsozialistischen Herrschaft voraussetzte, standen die tiefen politischen Zerwürfnisse innerhalb der in Exil oder Untergrund tätigen Gruppen entgegen.

Für Brill und seine Genossen kam im Sommer 1938 überdies erst einmal das Ende der

---

[11] Ebenda, S. 70.
[12] Vgl. Deutsches Wörterbuch von Jacob und Wilhelm Grimm, Bd. 9 = Bd. 4, Abt. 1, Teil 6, Nachdruck der Erstausgabe von 1935, München 1984, Sp. 1469f. Adolf Hitler monierte bereits in den zwanziger Jahren, daß sich im Zusammenhang des Versailler Vertrages „das ebenso unverschämte wie ungeheuerliche Wort ‚Wiedergutmachung' in Deutschland einzubürgern vermochte". (Mein Kampf, Bd. 2, München 1927, S. 109) Hier ging es jedoch noch um Kriegsreparationen.
[13] Vgl. dazu Ludolf Herbst, Einleitung, in: Wiedergutmachung in der Bundesrepublik Deutschland, hrsg. v. Ludolf Herbst u. Constantin Goschler, München 1989, S. 8f.
[14] Vgl. auch Overesch, Brill und die Neuanfänge, S. 535.
[15] Vgl. Osterroth/Schuster, Chronik der deutschen Sozialdemokratie, S. 367.

politischen Untergrundtätigkeit. Mit ihrer Verhaftung begann ein längerer Leidensweg durch deutsche Gefängnisse und Konzentrationslager. Zunächst verbrachte Brill vier Jahre im Zuchthaus Brandenburg. 1943 wurde er ins KZ Buchenwald überstellt, wo er Gelegenheit fand, wieder an seine früheren Ideen anzuknüpfen. Brill initiierte das Buchenwalder Volksfront-Komitee, an dem neben ihm der Zentrumspolitiker und spätere hessische Ministerpräsident Werner Hilpert, Ernst Thape von der SPD und Walter Wolf von der KPD beteiligt waren[16].

Am 1. Mai 1944 publizierte diese Gruppe – soweit man unter den Umständen eines Konzentrationslagers von publizieren sprechen kann – die sogenannte „Buchenwalder Plattform". Dieses in sechs Punkten zusammengefaßte Programm besaß sicherlich nicht von ungefähr eine große Ähnlichkeit mit den „Zehn Punkten" der „Deutschen Volksfront" von 1936. So lauteten auch die ersten beiden Forderungen in fast völliger Übereinstimmung mit diesem Manifest: „Vernichtung der faschistischen Diktaturen", und „Bestrafung der Kriegs- und Terrorverbrecher, Wiedergutmachung allen Unrechts"[17]. Vertreter zahlreicher europäischer sozialistischer und kommunistischer Organisationen, aber auch etwa der im Lager vertretenen deutschen christlichen Politiker oder der Gruppe aus dem ehemaligen Kreis um die Geschwister Scholl schlossen sich diesem Manifest an. Das Buchenwalder Volksfront-Komitee arbeitete diese gemeinsame politische Plattform für die Zeit nach dem Sturz des nationalsozialistischen Regimes im Verlauf des Sommers 1944 weiter aus. Dabei wurden auch „Grundsätze einer Entschädigung der Opfer des Terrors" aufgestellt, die aber infolge des Zugriffs der Lager-Gestapo nicht überliefert sind[18].

Nach der Befreiung Buchenwalds am 11. April 1945 brachen die politischen Gegensätze unter den zuvor durch die Gewalt der SS solidarisierten Häftlingen bald wieder auf. Die politische Einigkeit, die durch die „Buchenwalder Plattform" suggeriert wurde, war nur trügerisch. Die Kommunisten zogen es nunmehr vor, sich selbständig zu organisieren und bekannten sich zum Führungsanspruch der KPD-Politiker im Moskauer Exil[19]. Die Sozialdemokraten entschlossen sich gleichfalls zu einem eigenständigen Vorgehen und veröffentlichten am 13. April 1945 das wiederum von Brill verfaßte „Buchenwalder Manifest" namens des „Bundes demokratischer Sozialisten". Auch hierin fand sich der Gedanke der Wiedergutmachung sowohl für die individuellen Opfer des Terrors als auch für die vom Deutschen Reich überfallenen Länder[20]. Im Zuge des Krieges hatten sich so im Begriff der Wiedergutmachung Aspekte der Entschädigung deutscher Bürger durch ihren eigenen Staat mit der Frage der Reparationen für andere Staaten vermischt. Im Vordergrund stand aber die geplante gesellschaftliche, wirtschaftliche und politische Umwälzung in Deutschland im Sinne eines demokratischen Sozialismus. So wurde im Zuge der Reorganisation der traditionellen politischen Strukturen auch die Frage der Wiedergutmachung zwangsläufig bald wieder den allgemeinen politischen Grundproblemen untergeordnet.

---

[16] Vgl. Brill, Gegen den Strom, S. 88; Overesch, Brill und die Neuanfänge, S. 535 f.
[17] "Buchenwalder Plattform", in: Brill, Gegen den Strom, S. 94.
[18] Vgl. Brill, Gegen den Strom, S. 90.
[19] Vgl. Overesch, Brill und die Neuanfänge, S. 538.
[20] Siehe „Buchenwalder Manifest", in: Brill, Gegen den Strom, S. 97-101, hier: S. 98, 100.

2. Der konservative Widerstand und der „20. Juli"

Bei den Widerstandskreisen, die mit dem späteren mißglückten Attentatsversuch vom 20. Juli 1944 zu tun hatten, war, bedingt durch soziale Herkunft, die Tendenz zur Formulierung staatspolitischer Entwürfe am stärksten ausgeprägt. Die Angehörigen der Kreise um Carl Friedrich Goerdeler und Generaloberst Ludwig Beck bzw. um den Grafen von Moltke stammten überwiegend aus traditionell staatstragenden Milieus. Nicht selten hatten sie sich erst während der nationalsozialistischen Herrschaft von Anhängern zu Gegnern gewandelt, eine Feststellung, die etwa für Beck und Goerdeler ebenso wie für den späteren Hitler-Attentäter Graf von Stauffenberg gilt. Wie schwer sie sich dabei taten, läßt sich mitunter auch in der Auseinandersetzung mit den national-sozialistischen Verfolgungsmaßnahmen erkennen.

Auslöser für eine kritische Sicht dieser Problematik war dabei insbesondere die Radikalisierung der nationalsozialistischen Judenpolitik[21]. So schrieb Ulrich von Hassell, der sich darüber mit Beck, Goerdeler und Johannes Popitz beraten hatte, Anfang 1940 u. a. von den fürchterlichen Greueln, die an den Juden begangen wurden[22]. In der berühmten Denkschrift „Das Ziel" von Anfang 1941 wurde diese Auffassung vor dem Hintergrund der ausgeweiteten Judenverfolgung erneut vertreten. Zugleich betonten die Autoren Beck und Goerdeler aber, daß die Nationalsozialisten mit ihrer Judenpolitik ein wichtiges Problem aufgegriffen hätten, wenngleich sie den dabei angewandten Methoden nicht beipflichten konnten. Auch sie hielten eine „Neuordnung der Stellung der Juden in der ganzen Welt (für) erforderlich", denn es sei „eine Binsenweisheit", „daß das jüdische Volk einer anderen Rasse" angehöre. Als Ultima ratio des Problems erschien ihnen die Gründung eines jüdischen Staates, dessen Staatsbürger die in Deutschland lebenden Juden werden sollten. Doch hielten sie dafür die Zusammenarbeit mit den anderen Mächten für unabdingbar[23].

Im Prinzip verfolgten Beck und Goerdeler also zu diesem Zeitpunkt, Anfang 1941, das Ziel einer Rückkehr zur Vorkriegs-Judenpolitik, die die „friedliche Austreibung" der Juden wenigstens noch als Option bereitgehalten hatte[24]. Im Gegensatz zu der damaligen deutschen Politik sollte dabei eine internationale Kooperation angestrebt und die besonders kritikwürdigen antijüdischen Maßnahmen wieder zurückgenommen werden: „In den vergangenen Jahren ist zweifellos ein Unrecht durch Enteignung, Zerstörung usw. jüdischen Besitzes und Lebens in Deutschland großgezogen, das wir vor unserem Gewissen und der Geschichte *nicht* verantworten können. Hier werden die Möglichkeiten einer Neuordnung erst dann geprüft und gelöst werden können,

---

[21] Vgl. dazu auch Christof Dipper, Der Deutsche Widerstand und die Juden, in: Geschichte und Gesellschaft 9 (1983), S. 349-380.

[22] Programm verfaßt von v. Hassel, Januar/Februar 1940, in Ulrich von Hassel, Vom Anderen Deutschland. Aus dem nachgelassenen Tagebüchern 1938-1944, Zürich u. Freiburg i.Br. 1946, S. 372.

[23] "Das Ziel", in: Beck und Goerdeler. Gemeinschaftsdokumente für den Frieden 1941-1944, hrsg. u. erläut. v. Wilhelm Ritter v. Schramm, München 1965, S. 83-166, hier: S. 105-107. Auch in den SD-Berichten über die Vernehmung der nach dem gescheiterten Attentat vom 20. Juli festgenommenen Widerstandskämpfer heißt es mehrfach, daß die „Verschwörer" im Prinzip mit den Zielen der antijüdischen Politik übereinstimmten, jedoch aus teils außenpolitischen, teils moralischen Gründen die dabei von den Nationalsozialisten angewandten Methoden ablehnten. Vgl. Spiegelbild einer Verschwörung. Die Kaltenbrunner-Berichte an Bormann und Hitler über das Attentat vom 20. Juli 1944. Geheime Dokumente aus dem ehemaligen Reichssicherheitshauptamt, hrsg. v. Archiv Peter, Stuttgart 1961, S. 449f., 474. Zur quellenkritischen Problematik der Kaltenbrunner-Berichte vgl. Dipper, Der deutsche Widerstand und die Juden, S. 352 u. 369.

[24] Vgl. dazu Juliane Wetzel, Auswanderung aus Deutschland, in: Wolfgang Benz, Die Juden in Deutschland 1933-1945. Leben unter nationalsozialistischer Herrschaft, München 1988, S. 425 ff.

wenn der ganze Umfang des Geschehens feststeht. Es wird sich dann ergeben, daß wir im Hinblick auf unsere Stellung in der Welt und auf unser eigenes Gewissen aus eigenem Antrieb den Weg zur Heilung beschreiten müssen."[25]

Beck und Goerdeler forderten zudem Sofortmaßnahmen, „die aus außenpolitischen Gründen zur Entgiftung der öffentlichen Meinung notwendig, zur Wiederherstellung der deutschen Selbstachtung unerläßlich und aus klarem und uns vollkommen bewußten Gerechtigkeitsgefühl geboten sind"[26]. Dazu gehörten erstens die Aufhebung der Beschränkung und Diskriminierung der Juden im öffentlichen Leben und zweitens die Forderung, daß die Ghettos in den besetzten Gebieten menschenwürdig zu gestalten (nicht etwa aufzuheben) seien. Daß sich diese Gruppe nur schrittweise von den ordnungspolitischen Vorstellungen nationalsozialistischer Prägung zu lösen vermochte, ist auch an den Planungen im Hinblick auf die Zukunft der Konzentrationslager ablesbar. Diese sollten den damaligen Intentionen Becks und Goerdelers zufolge sofort nach einem geglückten Staatsstreich der Wehrmacht unterstellt werden. Den Insassen wurde eine Haftprüfung durch den Reichsjustizminister zugestanden, doch sollten Gründe der Reichssicherheit während des Krieges die „weitere Verwahrung" auch von nicht straffälligen Gefangenen erlauben[27]. Später rückte Goerdeler aber auch davon ab.

Mit dem zunehmend ungünstigeren Kriegsverlauf wurden die Judenverfolgung und die Exzesse der deutschen Besatzungspolitik insgesamt immer stärker als außenpolitische Belastung empfunden. In einer für die Generalität bestimmten Denkschrift über die Notwendigkeit eines Staatsstreichs vom 26. März 1943 skizzierte Goerdeler seine territorialen Vorstellungen für Deutschland nach Kriegsende, die zu diesem Zeitpunkt immerhin noch ein gutes Stück über eine bloße Revision von Versailles hinausgingen. Doch neben der ungünstigen Kriegslage führte Goerdeler als weiteres Handicap an: „Unsere Stellung ist überdies dadurch ungeheuer erschwert, daß in den besetzten Gebieten und den Juden gegenüber Methoden der Menschenbeseitigung und der Glaubensverfolgung angewendet sind, die niemand vor der Öffentlichkeit gutheißen kann, die öffentlich niemand verantworten wird und die dauernd als schwere Belastung auf unserer Geschichte ruhen werden."[28] Deshalb spielte in den Versuchen des Beck/Goerdeler- sowie des Kreisauer-Kreises, mit Großbritannien in eine Diskussion über mögliche Friedensbedingungen zu gelangen, auch das Angebot einer künftig von den Deutschen zu leistenden Wiedergutmachung eine wichtige Rolle. Beide Gruppen schreckte das von den Alliierten für die Zeit nach der deutschen Kapitulation angekündigte Strafgericht für NS-Verbrecher unter alliierter Regie. Als Antwort boten sie nicht nur die Bestrafung der Kriegsverbrecher[29], sondern auch die Wiedergutmachung der Schäden an.

Durch den Kriegsverlauf hatte sich hier gleichfalls eine Vermischung der Frage der Entschädigung für durch ihren eigenen Staat geschädigte deutsche Staatsbürger mit der Frage der Reparationen für durch den Krieg geschädigte andere Staaten ergeben. So

[25] „Das Ziel" (Anm. 23), S. 107.
[26] Ebenda.
[27] Ebenda, S. 109.
[28] Geheime Denkschrift Goerdelers, für die Generalität bestimmt, über die Notwendigkeit eines Staatsstreichs, vom 26. 3. 1943, in: Gerhard Ritter, Carl Goerdeler und die deutsche Widerstandsbewegung, Stuttgart 1954, S. 587 f.
[29] Instruktionen für Verhandlungen über die Bestrafung von Rechtsschändern durch die Völkergemeinschaft. Zweiter Entwurf vom 23. 7. 1943 (Notiz Moltke), in: Ger van Roon, Neuordnung im Widerstand, Der Kreisauer Kreis innerhalb der deutschen Widerstandsbewegung, München 1967, S. 558-560.

gebrauchte Goerdeler den Begriff Wiedergutmachung in beiderlei Bedeutung. Vermutlich für britische Leser formulierte er etwa den Vorschlag, Polen als Ersatz für Westpreußen und Posen eine Staatsunion mit Litauen zu verschaffen[30]. Goerdelers Vision einer Wiedergutmachung für Polen durch territorialen Ersatz sollte später tatsächlich Wirklichkeit werden, wenn auch anders als von ihm gewünscht durch eine Verschiebung nach Westen statt nach Osten.

Die Kreisauer faßten hingegen in ihrem Entwurf über die „Bestrafung von Rechtsschändern" vom 23. Juli 1943 unter Wiedergutmachung ausdrücklich die nicht unter den Reparationsbegriff fallenden Verfolgungsmaßnahmen des Deutschen Reiches gegen eigene Staatsbürger. Neben einer strafrechtlichen Ahndung sei „eine gesondert zu behandelnde Wiedergutmachung erforderlich gegenüber den durch Gewalt und Willkür an Leib, Leben, Vermögen, Ehre und in ihren öffentlichen Rechten verletzten und unterschiedlich behandelten Personen (Konzentrationslager, ungerechte Urteile, Ausbürgerungen, Konfiskationen, Zurücksetzung von Beamten)"[31]. Die verantwortlichen „Rechtsschänder" sollten vor Gericht gestellt werden und mit ihrem eigenen Vermögen haften. Damit wurde als Alternative zu dem drohenden alliierten Strafgericht eine umfassende Selbstreinigung angekündigt. Auch hier spielte die außenpolitische Belastung durch die Judenverfolgung eine große Rolle. In einem der Versuche, über den Bischof von Chichester an die britische Regierung heranzutreten, wurde für den Fall eines erfolgreichen Staatsstreiches im Gegenzug für eine annehmbare europäische Friedensregelung u. a. das Angebot unterbreitet, die deutsche Gegenregierung würde dem jüdischen Bevölkerungsteil einen würdigen Status und das gestohlene Eigentum zurückgeben sowie mit allen anderen Nationen an einer umfassenden Lösung des jüdischen Problems zusammenarbeiten[32].

Den Schlußpunkt dieser Entwicklung bildete die für den Fall eines erfolgreichen Attentats und Staatsstreichs am 20. Juli 1944 verfaßte Regierungserklärung Goerdelers. Dort distanzierte er sich von der nationalsozialistischen Rechtsbeugung und kündigte die Bestrafung der Täter und die Aufhebung diskriminierender Bestimmungen an. Die Konzentrationslager sollten aufgelöst, die Unschuldigen entlassen und Schuldige dem ordentlichen gerichtlichen Verfahren zugeführt werden. Überdies plante Goerdeler, dem deutschen Volk die sofortige Einstellung der Judenverfolgung, „die sich in den unmenschlichsten und unbarmherzigsten, tief beschämenden und gar nicht wiedergutzumachenden Formen vollzogen" habe, anzukündigen. „Wer", so Goerdeler, „geglaubt hat, sich am jüdischen Vermögen bereichern zu können, wird erfahren, daß es eine *Schande* für jeden Deutschen ist, nach einem unredlichen Besitz zu streben."[33] Der SD, dem auch dieses Dokument in die Hände gefallen war, zog daraus die Schlußfolgerung: „Wenn daher in einigen Äußerungen auch theoretisch der Rassegedanke des Nationalsozialismus bejaht wird, so würde doch die Verschwörerclique im Ergebnis eine Judenpolitik durchgeführt haben, die die Juden zumindest wirtschaftlich in ihre

---

[30] Friedensplan Goerdelers, vermutlich für britische Leser, wahrsch. Spätsommer oder Herbst 1943, in: Ritter, Goerdeler und die deutsche Widerstandsbewegung, S. 571.
[31] Bestrafung von Rechtsschändern, 23. 7. 1943, Notiz Moltkes, in: van Roon, Neuordnung im Widerstand, S. 556-558, hier S. 558.
[32] Schönfeld-Memorandum. Statement by a German pastor at Stockholm (31st May 1942), in: van Roon, Neuordnung im Widerstand, S. 577.
[33] Regierungserklärung, Anlage zu Bericht Ernst Kaltenbrunners an Martin Bormann, 5. 8. 1944, in: Spiegelbild einer Verschwörung, S. 149.

frühere Rechtsstellung wiedereingesetzt und ihnen eine freie Betätigung gestattet hätte."[34]

Zusammenfassend läßt sich sagen, daß sich der 20. Juli überraschend intensiv mit den Fragen von Wiedergutmachung und Entschädigung auseinandergesetzt hat. Das Hauptgewicht lag dabei auf der Judenverfolgung, für deren Wiedergutmachung sowohl bei den Kreisauern als auch bei Goerdeler ein erklärter Wille bestand. Die Nationalsozialisten hatten in ihren Augen die falsche Antwort auf eine richtige Frage gegeben. Ob darüber hinaus an weitere verfolgte Gruppen gedacht war, bleibt offen, immerhin legen die Formulierungen der Kreisauer diese Möglichkeit nahe. Die starke Betonung der Wiedergutmachung für die Juden läßt vermuten, daß die erhoffte Wirkung auf das Ausland ein wesentliches Motiv war. Doch bestand daneben auch der ehrliche Abscheu über die nationalsozialistischen Methoden der Judenverfolgung. Der in den früheren Memoranden formulierte Anspruch, gemeinsam mit dem Ausland an der „Lösung der Judenfrage" mitzuarbeiten, war hingegen schließlich fallengelassen worden. Unter dem Eindruck des Holocaust mußte dies nun vermessen erscheinen.

3. Nationalkomitee Freies Deutschland und Bund Deutscher Offiziere

Während die genannten sozialistischen und konservativen Gruppen zum „kanonisierten" Teil des deutschen Widerstands gehören, liefern das Nationalkomitee Freies Deutschland (NKFD) und der Bund Deutscher Offiziere (BDO) bis auf den heutigen Tag Stoff für heftige Kontroversen[35]. Aber auch wenn diese Organisationen objektiv vor allem Instrumente der sowjetischen Deutschlandpolitik waren, sollte die subjektive Ernsthaftigkeit vieler Beteiligter nicht geringgeschätzt werden, die versuchten, den geringen Handlungsspielraum, der ihnen in der sowjetischen Kriegsgefangenschaft oder im Exil geblieben war, zu nutzen. Gerade die Tatsache, daß dabei eine ganze Reihe in Gefangenschaft geratener Wehrmachtsangehöriger mitwirkte, macht einen Vergleich mit den Überlegungen des konservativen Widerstands reizvoll.

Der Gründungsimpuls für das NKFD ging Mitte 1943 von sowjetischer Seite aus, nachdem bereits seit 1941 bestehende Versuche kommunistischer Emigranten zur propagandistischen Beeinflussung deutscher Wehrmachtssoldaten an der Ostfront erfolglos geblieben waren. Die katastrophale Niederlage bei Stalingrad bildete jedoch militärisch wie im Bewußtsein der deutschen Soldaten eine Zäsur. Weniger bei den weiter im Kampf stehenden als bei den in steigender Zahl in Kriegsgefangenschaft geratenen deutschen Soldaten setzte sich nun allmählich die Auffassung durch, daß Hitler die Wehrmacht in skrupelloser Manier mißbrauche[36].

Dennoch blieb die Resonanz unter den deutschen Kriegsgefangenen auf die Gründungsinitiative zunächst verhalten. Vor allem die höheren Dienstgrade hielten sich erst

---

[34] Kaltenbrunner an Bormann, 16. 10. 1944, in: Spiegelbild einer Verschwörung, S. 450.

[35] Besonders deutlich wurden die Konflikte im Zusammenhang der Vorbereitung der Ausstellung Deutscher Widerstand in Berlin, hier hagelte es Proteste gegen die Einbeziehung von NKFD und BDO. Vgl. etwa Süddeutsche Zeitung, 19. 7. 1989, „Aufbegehren – akribisch dokumentiert", S. 3. Vgl. auch Alexander Fischer, Die Bewegung „Freies Deutschland" in der Sowjetunion: Widerstand hinter Stacheldraht? in: Aufstand des Gewissens. Der militärische Widerstand gegen Hitler und das NS-Regime 1933–1945, i.A. des Bundesministeriums der Verteidigung zur Wanderausstellung, hrsg. v. Militärgeschichtlichen Forschungsamt, Herford u. Bonn 1984, S. 439-464.

[36] Vgl. Bodo Scheurig, Freies Deutschland. Das Nationalkomitee und der Bund Deutscher Offiziere in der Sowjetunion 1943-1945, Köln 1984, S. 35-43.

einmal zurück. So dominierten bei der Gründungsversammlung des NKFD am 12. und 13. Juli 1943 in Krasnogorsk nahe Moskau, auf der der kommunistische Emigrant Erich Weinert zum Präsidenten gewählt wurde, die politischen Emigranten bzw. die Mannschaftsdienstgrade der Wehrmacht. In den Tagen zuvor war ein Manifest ausgearbeitet worden, wobei erhebliche Differenzen zwischen der Gruppe der kriegsgefangenen Stabsoffiziere und den politischen Emigranten um Walter Ulbricht aufgetreten waren, die sich nur dadurch bereinigen ließen, daß die Sowjets in einem eigenen Entwurf die wesentlichen Grundzüge der Offiziersvorlage übernahmen[37].

Dieses Manifest wurde auf der Gründungsversammlung des NKFD angenommen und bildete später auch die Basis des im September ins Leben gerufenen BDO, mit dessen Hilfe die bislang abseits stehende kriegsgefangene Generalität an das NKFD herangeführt werden sollte. Das „Manifest an die Wehrmacht und das deutsche Volk" rief zur Beendigung des Krieges und zum Sturz der nationalsozialistischen Regierung auf und nannte als Ziel ein „freies Deutschland"[38]. Dazu gehörten unter anderem die Forderung nach einer starken demokratischen Staatsmacht, nach Beseitigung der auf Völker- und Rassenhaß beruhenden Gesetze, nach Freiheit des Wortes, der Presse, der Organisation, des Gewissens und der Religion[39], alles Forderungen, die primär auf die Gewinnung oder Beruhigung der nicht- oder antikommunistischen Teile der Wehrmacht oder der deutschen Bevölkerung zielten. Auf dieser Intention beruhte auch die Forderung nach Freiheit der Wirtschaft, des Handels und des Gewerbes. Das Privateigentum wurde als Grundlage der deutschen Gesellschaftsordnung anerkannt, wobei der marxistische Einfluß auf die Forderung nach Enteignung der Kriegsgewinnler etc. beschränkt blieb. Nach der Versicherung, daß rechtmäßig erworbenes Eigentum nach Hitlers Sturz nicht abgeschafft, sondern wiederhergestellt werde[40], sprach das Manifest auch von der „Rückgabe des durch die nationalsozialistischen Machthaber geraubten Hab und Guts an die Eigentümer"[41]. Zudem erklärte es die „sofortige Befreiung und Entschädigung aller Opfer des Hitlerregimes"[42] zum Ziel. So formulierte das NKFD immerhin bereits Mitte 1943 sowohl die Kategorie der Rückerstattung als auch der Entschädigung für Verfolgte des Nationalsozialismus. Zwar wurden weder der Kreis der Verfolgten, noch die Form der Entschädigungen näher definiert, doch legt der Kontext des Dokuments nahe, das auch an die Opfer in Deutschland gedacht war.

Das mit einem schwarz-weiß-roten Rand versehene Manifest wurde bis September 1943 in einer Auflage von über 6,5 Millionen in den deutsch besetzten Gebieten, in Deutschland und unter deutschen Kriegsgefangenen verbreitet[43], und allein schon diese Tatsache verleiht ihm eine gewisse Bedeutung. Insgesamt blieb jedoch die Wirkung des NKFD und BDO relativ gering. Weder gelang es, Verbindung mit dem militärischen Widerstand in Deutschland aufzunehmen (auch wenn der SD die programmatischen

---

[37] Vgl. ebenda, S. 44 f.; Birgit Petrick, „Freies Deutschland" – die Zeitung des Nationalkomitees „Freies Deutschland" (1943-1945). Eine kommunikationsgeschichtliche Untersuchung, München usw. 1979, S. 32 f.
[38] Manifest an die Wehrmacht und das deutsche Volk, in: Deutsche, Wohin? Protokoll der Gründungsversammlung des Nationalkomitees Freies Deutschland und des Bundes Deutscher Offiziere, hrsg. v. Lateinamerikanischen Komitee der Freien Deutschen, Sitz Mexiko, vermutl. 1944, S. 9-13.
[39] Ebenda, S. 11.
[40] Siehe dazu auch die „25 Artikel zur Beendigung des Krieges" des NKFD, in: Freies Deutschland, 5. 3. 1944; abgedruckt in: Scheurig, Freies Deutschland, S. 186.
[41] Manifest an die Wehrmacht und das deutsche Volk (Anm. 38), S. 11.
[42] Ebenda, S. 12.
[43] Vgl. Petrick, „Freies Deutschland", S. 44.

Parallelen zwischen den Verschwörern des 20. Juli und dem NKFD auffällig fand[44]),
noch konnte das Mißtrauen anderer Exilgruppen im westlichen Ausland gegenüber den
unter sowjetischem Kuratel entstandenen Gruppierungen überwunden werden. Da half
auch die bewußt auf die Empfindungen bürgerlicher Kreise zielende Sprache des Mani-
festes nichts[45].

Doch die weiteren Kriegsfortschritte der UdSSR sowie der anderen Alliierten im
Verlaufe des Jahres 1944 führten ohnehin zu einer Neubewertung des Gewichts und der
Funktion von NKFD und BDO. Die territorialen Faustpfänder in der Hand der Wehrmacht schmolzen zusehends dahin und damit auch die Chancen für eine deutsche
Opposition, überhaupt noch als Verhandlungspartner akzeptiert zu werden. Spätestens
mit dem gescheiterten Attentat vom 20. Juli 1944 war auch die Möglichkeit einer
militärischen Erhebung von innen endgültig verspielt. Dies alles führte mit zur Aufgabe
der bislang geübten Rücksichtnahme auf die Empfindlichkeiten der nichtkommunisti-
schen Mitglieder oder Adressaten des NKFD, nunmehr dominierten immer stärker die
kommunistischen Exilpolitiker. So resümierte Scheurig: „Ab Mitte 1944 war, unausge-
sprochen, jeder demokratische Zukunftsplan widerrufen."[46]

Angesichts der drohenden totalen Niederlage des Deutschen Reiches standen nun
auch bei der Frage der Entschädigung der durch das nationalsozialistische Regime
angerichteten Schäden weniger die Opfer in Deutschland als vielmehr die Reparationsansprüche der Alliierten, voran der Sowjetunion, im Vordergrund. Dies wurde durch
einen im Oktober 1944 erschienenen Artikel in der NKFD-Zeitschrift *Freies Deutschland* mit dem Titel „Wiedergutmachung" auch nach außen hin deutlich. Dort forderte
der kriegsgefangene Major Herbert Stößlein, ein Gründungsmitglied des NKFD: „Wir
müssen versuchen, wenigstens einen Teil von dem wiedergutzumachen, was Hitler im
Namen Deutschlands vernichtete und verwüstete."[47] Dabei hatte Wiedergutmachung
die Bedeutung von „Reparationen". Das NKFD wurde zunehmend zum Sprachrohr
der Reparationsforderungen der Sowjetunion, die hier durch einen pädagogischen Um-
erziehungsimpuls verbrämt wurden[48].

Unter dem Stichwort „Wiedergutmachung" erschien Anfang/Mitte 1945 eine ganze
Reihe von Artikeln im *Freien Deutschland*, die den Lesern die Notwendigkeit der
Erfüllung der auf den Konferenzen von Jalta und später in Potsdam gefaßten Repara-
tionsbeschlüsse verständlich machen wollten. Auch bei der Wiedergabe der Beschlüsse
von Jalta war anstelle des dort verwandten Begriffs „Reparationen" von „Wiedergutmachung" die Rede[49]. Vermutlich diente dies dazu, sich semantisch von den im Versailler
Vertrag festgelegten Reparationen zu distanzieren, die nach Ansicht des NKFD in
erster Linie dem Großkapital zum Vorteil gereicht hätten. Um zugleich gegen die nach
dem Ersten Weltkrieg festgelegten Reparationen und zugunsten von Reparationen im
Anschluß an den Zweiten Weltkrieg argumentieren zu können, bot sich ein derartiger
Begriffswechsel an.

Wiedergutmachung in Form von Sachlieferungen bzw. Arbeitsleistungen durch
Kriegsgefangene war dabei in der Darstellung des NKFD, das freilich zu dieser Zeit

---

[44] Kaltenbrunner an Bormann, 10. 8. 1944, in: Spiegelbild einer Verschwörung, S. 190-193.
[45] Vgl. Scheurig, Freies Deutschland, S. 171 f.
[46] Ebenda.
[47] Herbert Stößlein, Wiedergutmachung, in: Freies Deutschland, 22. 10. 1944.
[48] Vgl. dazu auch Petrick, „Freies Deutschland", S. 155-161.
[49] Vgl. Freies Deutschland, 18. 2. 1945, „Die Erklärung der Krimkonferenz".

personell und ideell nur noch ein Schattendasein führte, eine gerechte und den Interessen des deutschen Volkes dienende Leistung[50]. Die ehemaligen Wehrmachtssoldaten sollten nun ihre Bewährung „an der Front der Wiedergutmachung" finden, wie eine Artikelserie im *Freien Deutschland* überschrieben war[51]. Gegenüber den Reparationsforderungen der Sowjetunion traten im Zeichen des Triumphs der Roten Armee die Belange der in Deutschland geschädigten Opfer in den Hintergrund. Die Gleichsetzung von Wiedergutmachung und Reparationen mündete nach dem Krieg in die sowjetische Kontrollratspolitik und in die Politik der SBZ bzw. DDR ein und wurde zur Grundlage der dortigen Wiedergutmachungspolitik.

Das frühe Eintreten für die Entschädigung jüdischen Vermögens konnte dabei sogar zu einem ideologischen Fallstrick werden. So warf das Zentralkomitee der SED 1952 dem in Ungnade gefallenen Paul Merker unter anderem vor, daß er in der von ihm in Mexiko herausgegebenen Exilzeitschrift *Freies Deutschland* eben jenen Standpunkt vertreten hatte; die Zeitschrift habe sich somit „immer mehr zu einem Publikations-Organ zionistischer Auffassungen" entwickelt und dabei der „Verteidigung der Interessen zionistischer Monopolkapitalisten" gedient. Die „Entschädigung der jüdischen Vermögen" habe er gefordert, „um dem USA-Finanzkapital das Eindringen in Deutschland zu ermöglichen"[52]. Derartige Äußerungen diskreditieren die früheren Überlegungen des NKFD und BDO zur Entschädigung von Opfern des NS-Regimes als taktisch begründete Konzessionen der sowjetischen Inspiratoren.

4. Exil in Schweden und der Schweiz

Bedeutende Teile der deutschen politischen Opposition, besonders der Linksparteien, hatten sich seit 1933 der Verfolgung durch die Emigration entzogen. Häufig versuchten sie, ihre politische Arbeit im Ausland fortzusetzen, wobei sich mehrere Emigrationszentren bildeten. Waren es am Anfang vor allem die unmittelbaren Nachbarländer Deutschlands – besonders die Tschechoslowakei und Frankreich –, so suchten sie infolge des militärischen Ausgreifens der nationalsozialistischen Herrschaft später auch Zuflucht in Großbritannien, Skandinavien, der Schweiz oder in Übersee. Im Falle der Kommunisten spielte auch die Sowjetunion eine Rolle als – allerdings nicht ganz ungefährliches – Emigrationsland[53].

Während der letzten Kriegsjahre, als sich der Sieg der Alliierten allmählich abzeichnete, versuchten die Emigrantengruppen, sich auf die Zeit nach der deutschen Niederlage vorzubereiten. Sie veröffentlichten zahlreiche Pläne und Entwürfe, mit denen sie auf die Nachkriegsentwicklung in Deutschland einwirken wollten. Die praktische Bedeutung solcher Vorschläge war natürlich in aller Regel gering, worüber auch keine großen Illusionen herrschten. Kaum jemand konnte ernsthaft erwarten, daß sich die Alliierten von der insgesamt wirkungslos gebliebenen deutschen Opposition Ratschläge geben

---

[50] Siehe etwa Herbert Stößlein, Wiedergutmachung, in: Freies Deutschland, 7. 6. 1945 u. 16. 8. 1945; Generalmajor Martin Lattmann, In den ersten Reihen der Wiedergutmachung, ebenda, 5. 7. 1945.

[51] Siehe etwa Erich Kolbe: An der Front der Wiedergutmachung, in: Freies Deutschland, 16. 8. 1945.

[52] Lehren aus dem Prozeß gegen das Verschwörerzentrum Slansky – Beschluß des ZK der SED, in: Einheit 8 (1953), S. 207.

[53] Vgl. Werner Röder: Einleitung. Biographisches Handbuch der deutschsprachigen Emigration nach 1933, hrsg. v. Institut für Zeitgeschichte, München, und der Research Foundation for Jewish Immigration, New York, Bd. I, München usw. 1980, S. XIXff.

lassen würden. Für die politische Emigration gilt in besonderem Maße, daß die Kommunikation zwischen den verschiedenen Emigrationszentren stark behindert war. So verliefen die Überlegungen häufig unabhängig voneinander, durcheinander, gegeneinander, so wie es die Verhältnisse eben zuließen. Deshalb ist es auch kaum möglich, eine auch nur annähernd vollständige Darstellung aller Entschädigungsplanungen der politischen Emigration zu geben. Hier sollen vielmehr einige typische Beispiele aus dem Exil in Schweden und der Schweiz vorgestellt werden.

Eine der bedeutendsten programmatischen Schriften zur Nachkriegspolitik stammt aus dem Kreis nach Schweden geflüchteter Mitglieder der SAP. Diese hatten sich im Verlauf des Jahres 1944 dazu entschlossen, nach dem Krieg ihre politische Arbeit im Rahmen der SPD fortzusetzen. Als eine Art von politischer Mitgift veröffentlichten sie im Juli 1944 eine Broschüre mit dem Titel „Zur Nachkriegspolitik der deutschen Sozialisten"[54]. Die Verfasser der 63seitigen Schrift waren Willy Brandt, Stefan Szende, August und Irmgard Enderle sowie Ernst Behm[55], die damit Anstöße für die anstehende Diskussion der demokratischen Neugestaltung von Staat, Wirtschaft und Gesellschaft geben wollten[56]. Zu dem dazu entwickelten politischen Programm gehörte auch die Forderung nach Wiedergutmachung und Wiederaufbau, der ein eigenes Kapitel gewidmet war[57]. Dort wurde die grundsätzliche Bereitschaft erklärt, am Wiederaufbau der durch deutsche Einwirkung zerstörten Gebiete mitzuwirken, wobei aber Rücksicht auf die wirtschaftliche Belastbarkeit des deutschen Volkes genommen werden müsse. Darüber hinaus wurde auch eine Entschädigung der Opfer der Naziherrschaft vorgeschlagen. Das betraf erstens die Juden, zu deren Gunsten Maßnahmen ergriffen werden sollten, die „teils darauf abzielen, den Bürgern jüdischer Herkunft in den einzelnen Ländern Mittel und Wege zu eröffnen, um als in jeder Hinsicht gleichberechtigte Mitglieder der Gesellschaft neu zu starten, teils auch jenem Teil der Juden zu helfen, der sich für den Weg einer Rekonstituierung der jüdischen Nation entschieden hat. Für die deutschen Juden sollte man einen Hilfsfond aus beschlagnahmten Nazivermögen schaffen, nicht um ehemalige Kapitalisten in ihre früheren Positionen einzusetzen, wohl aber, um allen Verfolgten einen menschenwürdigen Start in Deutschland zu ermöglichen." Neben den Juden sollten vor allem auch die politisch Verfolgten entschädigt werden. Es müsse „eine Ehrensache des neuen Staates sein, arbeitsunfähig gewordene Freiheitskämpfer und die Familien der von den Nazis Ermordeten so zu unterstützen, daß sie in angemessener Weise leben können"[58].

Die Absicht der Entschädigung war hier mit der Erwartung verbunden, daß es im Anschluß an die militärische Niederwerfung des Deutschen Reiches durch die Alliierten zu einer spontanen Abrechnung des deutschen Volkes mit den Nationalsozialisten kommen würde[59]. Zugleich erwarteten Brandt und seine Mitautoren eine neue „deutsche Revolution" in Form einer demokratischen Massenbewegung[60]. Wiedergutma-

[54] "Zur Nachkriegspolitik der deutschen Sozialisten", Sozialistische Schriftenreihe, Stockholm 1944.
[55] Vgl. Entscheidung für die SPD, Briefe und Aufzeichnungen linker Sozialisten 1944-1948, hrsg. v. Helga Grebing, München 1984, S. 13 f.; Helmut Müssener, Exil in Schweden. Politische und kulturelle Emigration nach 1933, München 1974, S. 172-176; Willy Brandt, Links und frei, Mein Weg 1930-1950, Hamburg 1982, 361-364.
[56] Zur Nachkriegspolitik der deutschen Sozialisten, S. 5.
[57] Siehe zum folgenden ebenda, S. 30-35.
[58] Ebenda, S. 33.
[59] Ebenda, S. 7.
[60] Ebenda, S. 5 ff.

chung in Form der Entschädigung aller Opfer des Nationalsozialismus und der Mitwirkung am Wiederaufbau der durch deutsche Einwirkung zerstörten Gebiete hatte damit
eine doppelte Funktion: einmal Selbstreinigung Deutschlands im Rahmen einer „revo-
lutionären" Umwälzung, zum anderen Rückgewinnung des Vertrauens der anderen
Völker. Zugleich ging es auch hier um die Abwehr einer kollektiven Schuld des deutschen Volkes[61]. Deshalb sollte vor allem das Vermögen der Nationalsozialisten sowie
das entzogene und geraubte jüdische Vermögen zur Finanzierung der Entschädigung
für rassische und andere Verfolgte herangezogen werden[62]. Auf diese Weise lösten die
Autoren auch den Konflikt, der sich zwischen der Forderung nach der Rückerstattung
jüdischen Vermögens und der Vision eines künftigen antikapitalistischen, sozialistischen Deutschlands ergab.

Bescheidenere Erwartungen über die Durchsetzungschancen der Sozialisten in
Deutschland nach dem Ende des nationalsozialistischen Regimes herrschten in einem
Kreis nach Schweden emigrierter deutscher Sozialdemokraten, zu denen der Gewerk-
schaftsfunktionär Hans Mugrauer gehörte. Diese Gruppe versuchte, Rolle und Aufgaben der nach dem Krieg in Deutschland neu zu gründenden Sozialdemokratie gegenüber den Besatzungsmächten zu klären, die voraussichtlich das Zepter fest in der Hand
halten würden[63]. Die daraus entstandenen „Richtlinien für die deutschen Nachkriegsaufgaben" wurden auf der ersten Landeskonferenz der deutschen Sozialdemokraten in
Schweden am 2. und 3. Dezember 1944 in Stockholm als Diskussionsgrundlage anerkannt. Auch hier nahm die Frage der Wiedergutmachung für Verfolgte des Nationalsozialismus breiten Raum ein. Für die politischen Gefangenen, Deportierten und Exilier-
ten und ihre Hinterbliebenen forderten sie Renten oder Abfindungen sowie bevorzugte
Arbeits-, Wohnungs- und Erholungsstättenzuweisung. Im Gegensatz zu den von
Brandt und seinen Mitstreitern entwickelten Ideen sah dieser Entwurf auch ausdrücklich vor, beschlagnahmtes und enteignetes Vermögen zurückzuerstatten. Diese
Forderung bezog sich vor allem auf die Arbeiterorganisationen, gemeinnützige, kulturelle und religiöse Vereinigungen, aber auch auf einzelne Personen, denen ihr Eigentum
aus politischen Gründen entzogen worden war. Darunter fielen auch, ohne daß sie
ausdrücklich erwähnt worden wären, die Juden. Das Vermögen der NSDAP und ihrer
angeschlossenen Verbände sollte für Entschädigungsleistungen zur Verfügung stehen,
zudem wurde eine „Solidarhaftung aller ehemaligen Mitglieder der NSDAP und der
SS" erklärt[64].

Das Ziel dieses Entwurfes war in erster Linie, die gesellschaftlichen und politischen
Veränderungen der Nationalsozialisten wieder zurückzunehmen. Dabei wird deutlich,
daß die eigenen Verfolgungserfahrungen die Vorschläge im einzelnen stark beeinflußten. Die Rehabilitierung der linken politischen Organisationen spielte hier eine herausragende Rolle, ohne daß andere Opfer übersehen worden wären. Auch hier wurde aber
zugleich die kollektive Verantwortung des deutschen Volkes für die Finanzierung der
Wiedergutmachung zurückgewiesen. Diese Last wurde den Nationalsozialisten und
ihren Organisationen aufgebürdet.

---

[61] Siehe dazu auch ebenda, S. 12. Für diesen Abschnitt beanspruchte später Willy Brandt die geistige Urheber-
schaft. Vgl. Brandt, Links und frei, S. 361.
[62] Zur Nachkriegspolitik der deutschen Sozialisten, S. 33.
[63] "Richtlinien für die deutschen Nachkriegsaufgaben", Anlage zum Schreiben des US-Gesandten Herschel V.
Johnson in Stockholm an Secretary of State, 16. 5. 1945, USNA, RG 59, 740.00119/5-1645.
[64] Ebenda.

Die gesammelten „Richtlinien" gelangten über Hans Mugrauer an die amerikanische Gesandtschaft in Stockholm, die diese an das State Department weiterleitete. Auf ähnlichem Wege erfuhr man in Washington auch von Plänen eines anderen Emigrantenkreises, der sich in der Schweiz gebildet hatte. Wilhelm Hoegner, ein ehemaliger sozialdemokratischer Reichstagsabgeordneter sowie Staatsanwalt, der nach dem Krieg bayerischer Ministerpräsident werden sollte, machte Ende 1943 die Bekanntschaft mit Allan Dulles, dem Bruder des späteren amerikanischen Außenministers. Dulles leitete zu dieser Zeit den amerikanischen Nachrichtendienst in Bern. Hoegner übergab ihm eine Folge von politischen Entwürfen, die dieser jeweils nach Washington sandte. Unter anderem arbeitete Hoegner auf amerikanischen Wunsch eine Denkschrift über die künftige staatsrechtliche Stellung des Landes Bayern aus, die am 22. Dezember 1943 auszugsweise nach Washington übermittelt wurde[65]. Darin empfahl Hoegner für die Zeit nach der deutschen Niederlage nicht nur die „strengste Bestrafung der nationalsozialistischen Übeltäter", sondern auch die „möglichste Wiedergutmachung des von den Nationalsozialisten begangenen Unrechts"[66].

Im Laufe des Jahres 1943 hatte sich Hoegner mit anderen deutschen Exilanten in der Schweiz zu einer Arbeitsgemeinschaft „Das demokratische Deutschland" zusammengetan, die Pläne zur Gestaltung der Verhältnisse im Nachkriegsdeutschland ausarbeitete. Neben Hoegner wirkten auch der ehemalige preußische Ministerpräsident Otto Braun, der frühere deutsche Reichskanzler Joseph Wirth, der vormalige Reichstagsabgeordnete Heinrich Ritzel und der katholische Schriftsteller Jakob Kindt-Kiefer mit[67]. „Das demokratische Deutschland" entwickelte von 1943 an detaillierte Vorstellungen zur Neugestaltung Deutschlands nach dem Kriege, in denen regelmäßig auch auf die Wiedergutmachungsfrage Bezug genommen wurde. Bereits in der Schrift „Nach dem Zusammenbruch" vom 28. Januar 1943 wurden erste, wenn auch noch bescheidene Vorschläge unterbreitet. Das den Juden geraubte Vermögen sollte zunächst in treuhänderische Verwaltung des Staates übergehen, diskriminierende Gesetze sollten aufgehoben werden und – hier stand das eigene Emigrantenschicksal Pate – Ausbürgerungen rückgängig gemacht werden[68]. Ausgehend von diesen Überlegungen entstanden im Lauf der folgenden zwei Jahre immer detailliertere Entwürfe zur Frage der Wiedergutmachung für Verfolgte des Nationalsozialismus. Im Frühjahr 1945 wurde den Amerikanern erneut eine Broschüre mit den Vorstellungen des „Demokratischen Deutschland" übergeben, in denen wiederum auch von einer notwendigen Wiedergutmachung die Rede war[69].

Neben diesen programmatischen Entwürfen allgemeinerer Natur erarbeitete Hoegner ein Bündel von insgesamt 23 Gesetzentwürfen, die nach der Heimkehr in Kraft gesetzt werden sollten, um die angestrebten politischen und gesellschaftlichen Veränderungen zu bewirken. Darunter befand sich neben einem Gesetzentwurf betreffend die

[65] Vgl. Wilhelm Hoegner, Der schwierige Außenseiter. Erinnerungen eines Abgeordneten, Emigranten und Ministerpräsidenten, München 1959, S. 165 f., 169.

[66] Memorandum über die künftige Stellung des Landes Bayern, Dezember 1943, in: ebenda, S. 169-172, hier: S. 172.

[67] Vgl. Hoegner, Der schwierige Außenseiter, S. 173 ff.; Werner Mittenzwei, Exil in der Schweiz, Frankfurt a.M. 1979, S. 311.

[68] "Nach dem Zusammenbruch", 28. 1. 1943, NL Hoegner, IfZ-Archiv, ED 120, Bd.15. Siehe dort auch weitere programmatische Arbeiten aus den Jahren 1943-1945.

[69] Leland Harrison (Bern) an Secretary of State, 17.5. 1945, USNA, RG 59, 740.00119/5-1745; Hoegner, Der schwierige Außenseiter, S. 180 f.

„Entsühnung des deutschen Volkes" auch der Entwurf eines „Gesetzes zur Wiedergutmachung nationalsozialistischen Unrechts"[70]. Diese beiden Entwürfe griffen ausdrücklich ineinander. Hoegner zog eine klare Trennungslinie zwischen Tätern und Opfern, Sühne der Täter und Wiedergutmachung für die Opfer korrespondierten dabei. Auch hierin ähnelten seine Überlegungen anderen von deutscher Seite bis Kriegsende entwikkelten Wiedergutmachungsplänen. Doch erhielt dieses Prinzip der personalen Verknüpfung von Sühne und Wiedergutmachung bei Hoegner geradezu alttestamentarische Schärfe. Dies zeigte sich besonders in der Frage der Behandlung führender Nationalsozialisten. Hoegner wollte dem künftigen deutschen Staatspräsidenten das Recht zusprechen, jene für vogelfrei zu erklären, was einem Todesurteil gleichkomme. Jedermann sollte befugt sein, dieses auf bayerischem Staatsgebiet zu vollstrecken[71]. Mit dem Vermögen der nationalsozialistischen Partei, ihrer Unternehmungen und Mitglieder wollte Hoegner hingegen ein Wiedergutmachungsprogramm finanzieren, das sowohl Entschädigung wegen unschuldig erlittener Haft als auch die Rückerstattung von aus politischen Gründen verfügten Beschlagnahmungen und Entziehungen von Sachen und Rechten umfaßte. Zudem sollten Ausbürgerungen rückgängig gemacht werden, aus politischen Gründen entlassene Beamte wieder eingesetzt und für ihre Nachteile entschädigt werden sowie versicherungsrechtliche Ansprüche verfolgter Personen wieder aufleben[72].

Auch Hoegner lehnte ausdrücklich eine Kollektivschuld ab[73]. Ihm zufolge war nicht das deutsche Volk in seiner Gesamtheit für die nationalsozialistischen Verbrechen verantwortlich, sondern nur eine begrenzte Schicht von Urhebern, Tätern, Mittätern, Teilnehmern und Begünstigern der Nationalsozialisten. Ähnliche Auffassungen herrschten auch bei anderen Teilen der deutschen Opposition. Daß gerade von dieser Seite immer wieder auf eine solche Unterscheidung Wert gelegt wurde, ist verständlich: Hierbei handelte es sich um eine der zentralen Legitimationsgrundlagen des deutschen Widerstandes. Ein weiterer Grund kann nur vermutet werden: Die Trennung zwischen den „schlechten Nationalsozialisten" und dem in seiner Gesamtheit „guten deutschen Volk" sollte vielleicht der eigenen Trennung der Emigranten von der deutschen Bevölkerung entgegenwirken. Die Forderung, das deutsche Volk in seiner Gesamtheit zur Finanzierung von Wiedergutmachungsleistungen für die durch den Nationalsozialismus geschädigten Menschen heranzuziehen, hätte diese Kluft wohl schwerlich zu schließen vermocht.

Die Konsequenz dieser Forderung wurde insbesondere auf jüdischer Seite skeptisch beurteilt. Nehemiah Robinson, ein prominenter jüdischer Spezialist für Wiedergutmachungsfragen, untersuchte bereits während des Krieges, was an oppositionellen deutschen Auffassungen zur Frage der künftigen Entschädigung für die Juden bekannt geworden war. Dabei machte er darauf aufmerksam, daß die deutschen Pläne vor allem auch bezweckten, die Gesamtbelastung Deutschlands so gering als möglich zu halten. Die deutsche These sei, daß der Aufbau einer neuen demokratischen Gesellschaft nicht wieder wie im Falle der Weimarer Republik durch übermäßige Reparationsbelastungen

[70] Vgl. Hoegner, Der schwierige Außenseiter, S. 185. Vgl. auch Anm. 71 und 72.

[71] Gesetz zur Sühne nationalsozialistischer Verbrechen (Gesetz Nr. 5), NL Hoegner, IfZ-Archiv, ED 120, Bd. 20.

[72] Gesetz zur Wiedergutmachung nationalsozialistischen Unrechts (Gesetz Nr. 6), NL Hoegner, IfZ-Archiv, ED 120, Bd. 20. Vgl. auch eine weitere Fassung dieses Gesetzentwurfes ebenda, Bd. 21.

[73] Vgl. Hoegner, Der schwierige Außenseiter, S. 182.

zunichte gemacht werden dürfe[74]. Die von der deutschen Opposition immer wieder vorgebrachte Trennung in Nationalsozialisten und den unschuldigen Rest des deutschen Volkes hatte also auch die Funktion, die Belastung aus den Folgen der nationalsozialistischen Herrschaft möglichst auf einen kleinen Teil der Deutschen zu konzentrieren. Um keinen Preis wollte der deutsche Widerstand zum Fürsprecher eines neuen Versailles werden.

II. Pläne von jüdischer Seite

1. Das jüdische Flüchtlingsproblem als Auslöser

Während die frühen Wiedergutmachungspläne aus dem Kreis der deutschen Opposition oft übersehen werden, sind Pläne jüdischer Herkunft bereits wesentlich bekannter[75]. Es zeigt sich dabei, daß die Frage einer Entschädigung für jüdische Opfer des NS-Regimes unabhängig voneinander in verschiedenen Zentren des jüdischen Lebens aufgegriffen wurde. Derartige Überlegungen existierten insbesondere in Palästina, in den USA und in Großbritannien, so etwa im Umkreis der Jewish Agency for Palestine, des World Jewish Congress und des American Jewish Committee. Den Anstoß dafür gab zunächst vor allem das infolge der nationalsozialistischen Politik entstandene jüdische Flüchtlingsproblem. Viele der maßgeblichen Persönlichkeiten für die Entwicklung des Wiedergutmachungsgedankens hatten an der Lösung dieser Frage gearbeitet, häufig teilten sie auch selbst das Emigrantenschicksal. Daß in den dreißiger Jahren noch eine größere Anzahl von Juden vor allem aus Deutschland, Österreich und der Tschechoslowakei auswandern konnte, darunter viele Juristen, hatte große Bedeutung für die Entwicklung von Vorschlägen zur Entschädigung der jüdischen Verfolgten.

Erste jüdische Überlegungen, die auf eine Entschädigung für die den Juden zugefügten Schäden zielten, setzten bereits 1939, kurz nach Kriegsbeginn, ein. Zu den Pionieren zählte Schalom Adler-Rudel, ein bekannter deutscher Zionist und Sozialarbeiter, der 1936 nach Großbritannien emigriert war. Als Frucht seiner langjährigen Arbeit in jüdischen Flüchtlingsangelegenheiten reifte in ihm der Gedanke einer Entschädigungsforderung der Juden an Deutschland heran. Bereits am 10. Oktober 1939 unterbreitete er mehreren jüdischen Persönlichkeiten ein Memorandum zu diesen Fragen[76].

Seine Forderungen bezogen sich zu diesem Zeitpunkt natürlich auf die deutsche Judenverfolgung der Vorkriegszeit. Daraus ergab sich vor allem das Problem der Entschädigung deutscher Staatsbürger durch ihre eigene Regierung, was sich aus dem traditionellen Völkerrecht nicht begründen ließ. Adler-Rudel bezeichnete ein Blaubuch des deutschen Auswärtigen Amtes über die deutsch-polnische Krise aus den ersten Septembertagen des Jahres 1939 als den entscheidenden gedanklichen Anstoß. Dort fanden sich unter anderem Vorschläge zur Wiedergutmachung der den jeweiligen Minderheiten im eigenen Land seit 1918 zugefügten Schäden: „Deutschland und Polen verpflichten sich, alle seit dem Jahre 1918 etwa vorgekommenen wirtschaftlichen und

---

[74] Nehemiah Robinson, Indemnifications and Reparations. Jewish Aspects, New York 1944, S. 224.
[75] Vgl. dazu die im folgenden zitierte Literatur. Als Standardwerk siehe immer noch Nana Sagi, Wiedergutmachung für Israel. Die deutschen Zahlungen und Leistungen, Stuttgart 1981, S. 21–34.
[76] Vgl. Schalom Adler-Rudel, Aus der Vorzeit der kollektiven Wiedergutmachung, in: In zwei Welten. Siegfried Moses zum 75. Geburtstag, hrsg. v. Hans Tramer, Tel Aviv 1962, S. 202 ff.

sonstigen Schädigungen der beiderseitigen Minoritäten wieder gutzumachen bzw. alle Enteignungen aufzuheben oder für diese und sonstige Eingriffe in das wirtschaftliche Leben eine vollständige Entschädigung den Betroffenen zu leisten."[77] Den hier formulierten Grundsatz übernahm Adler-Rudel zugunsten der deutschen Juden[78], wobei er allerdings außer acht ließ, daß die Juden in Deutschland keinen völkerrechtlichen Minderheitenstatus genossen, im Gegensatz zu den jeweiligen fremden deutschen und polnischen Minderheiten. Derartige Garantien waren nach dem Ersten Weltkrieg angesichts der weit fortgeschrittenen Akkulturation und Gleichberechtigung der deutschen Juden überflüssig erschienen, was sich in der gegenwärtigen Situation nun rächte[79]. Die angesprochenen jüdischen Persönlichkeiten und Organisationen reagierten überwiegend reserviert auf Adler-Rudels Memorandum. Unter ihnen herrschte in dieser Zeit die Auffassung vor, daß es unklug sei, materielle Forderungen an Deutschland zu richten. Angesichts der bedrückenden militärischen Lage Großbritanniens in den Jahren 1940 und 1941 ist dies verständlich. Entmutigt legte Adler-Rudel seine Pläne erst einmal beiseite[80].

Doch auch außerhalb Großbritanniens reiften zur selben Zeit ähnliche Überlegungen. So begannen in Palästina, insbesondere im Umkreis der Jewish Agency for Palestine, gleichfalls bald nach Kriegsbeginn erste Arbeiten an dieser Frage. Die Jewish Agency ging auf das Völkerbundsmandat für Palästina von 1922 zurück. Bis zur Gründung Israels 1948 stellte sie eine Art von jüdischer Ersatzregierung dar. Ihr vordringliches Ziel bestand darin, Juden auf der ganzen Welt zur Unterstützung Palästinas und zur Einwanderung in dieses Land zu bewegen und ihnen dabei zu helfen[81]. Die bei der jüdischen Emigration aus Deutschland nach Palästina gewonnenen Erfahrungen führten nunmehr ebenfalls zu Überlegungen, auf welche Weise das Deutsche Reich für die den Juden zugefügten Schäden verantwortlich gemacht werden könnte[82].

Wesentliche Impulse gingen auch von den USA aus. Jüdische Organisationen gründeten dort Anfang der vierziger Jahre eine Reihe von Forschungseinrichtungen, die sich mit der Situation der europäischen Juden während und nach dem Kriege befaßten. Das am 1. November 1940 ins Leben gerufene Research Institute on Peace and Post-War Problems des American Jewish Committee widmete sich unter Leitung von Professor Morris R. Cohen auch der Frage möglicher Ansprüche gegen Deutschland[83]. Große Bedeutung hatte die Gründung des Institute of Jewish Affairs in New York am 1. Februar 1941, das vom Jüdischen Weltkongreß und anfänglich auch vom American Jewish Committee getragen wurde. Als erster Leiter des Instituts amtierte Jacob Robinson, ein bekannter Jurist, ehemals Parlamentsabgeordneter und Rechtsberater der Regierung in Litauen. Ihm zur Seite stand sein Bruder Nehemiah, der ihm 1947 auf den

---

[77] Vorschlag für eine Regelung des Danzig-Korridor-Problems sowie der deutsch-polnischen Minderheitenfrage, Punkt 13, in: Urkunden zur letzten Phase der deutsch-polnischen Krise, hrsg. v. Auswärtigen Amt, Berlin 1939, S. 22.

[78] Adler-Rudel, Vorzeit der kollektiven Wiedergutmachung, S. 202.

[79] Vgl. dazu auch Nahum Goldmann, Mein Leben als deutscher Jude, München u. Wien 1980, S. 194.

[80] Adler-Rudel, Vorzeit der kollektiven Wiedergutmachung, S. 203 ff.

[81] Vgl. Encyclopaedia Judaica, Bd. 10, Jerusalem 1971, s.v. Jewish Agency, S. 26 ff.

[82] Vgl. Nana Sagi, Die Rolle der jüdischen Organisationen in den USA und die Claims Conference, in: Herbst/Goschler (Hrsg.), Wiedergutmachung in der Bundesrepublik Deutschland, S. 99 f.

[83] Ernest Munz, Restitution in Postwar Europe, in: Contemporary Jewish Record, Bd. VI, No. 4., August 1943, Umschlagseite.

Direktorenposten folgte[84]. Die Brüder Robinson entwickelten eine überragende Expertenschaft auf dem Gebiet der nationalsozialistischen Judenpolitik und der Entschädigung. Ihr entscheidender Einfluß auf die Formulierung der jüdischen Forderungen
begann in den vierziger Jahren und setzte sich bis zum Tod Nehemiah Robinsons im
Jahr 1964 fort[85].

Auf der panamerikanischen Konferenz des Jüdischen Weltkongresses in Baltimore
im November 1941 wurde die Forderung nach Entschädigung für die Juden erstmalig
einer breiteren jüdischen Öffentlichkeit präsentiert[86]. Nahum Goldmann, der zu dieser
Zeit sowohl im Jüdischen Weltkongreß als auch in der Jewish Agency leitende Funktionen innehatte, erklärte in seiner Eröffnungsansprache: „Wer zweifelt, daß wir Juden
vollen Anspruch auf internationale Hilfe für das europäische Judentum nach dem Krieg
haben? Wenn Reparationen gezahlt werden sollen, sind wir die ersten, die das Recht
darauf haben."[87] Die Stellungnahme, zu der ihn die Brüder Robinson inspiriert hatten[88], formulierte einige grundlegende Thesen. Erstens behauptete Goldmann die Priorität der jüdischen Forderungen gegenüber allen sonstigen Ansprüchen an Deutschland.
Zweitens sprach er nicht mehr allein von den deutschen, sondern von den europäischen
Juden. Das war die logische Konsequenz der Ausweitung der Judenverfolgung während
des Krieges. Und drittens stellte er die jüdischen Entschädigungsansprüche in den
Rahmen des Reparationsproblems. In seiner Sicht war die Verfolgung der deutschen
Juden nur ein Teil des umfassenden nationalsozialistischen Angriffs auf das europäische
Judentum, der als eine Art von Krieg gegen das jüdische Volk aufzufassen sei. Dies
diente ihm zugleich zur Legitimation, Reparationen fordern zu können, was nach
traditionellem Völkerrecht nur Staaten zustand. Hier setzte eine Tradition ein, in der
die Forderung nach Wiedergutmachung für die Juden mit den politischen Zielen des
Zionismus verknüpft wurde. Damit rückte das Problem in den Mittelpunkt, wie ein
solcher Anspruch, der gewisse Neubewertungen gängiger völkerrechtlicher Praxis mit
sich brachte, begründet und durchgesetzt werden konnte. Den jüdischen Organisationen war dabei klar, daß sich die Frage nicht allein durch juristischen und völkerrechtlichen Scharfsinn, sondern in erster Linie durch politische Mittel lösen lassen würde.
Doch während der ersten Kriegsjahre standen die Chancen dafür denkbar schlecht.

Eine Änderung dieser Situation ergab sich erst Anfang des Jahres 1943. Neben dem
Umstand, daß die deutschen militärischen Katastrophen bei Stalingrad und El Alamein
schon deutliche Zeichen für die Wende des Krieges gesetzt hatten, erhielten die jüdischen Aussichten vor allem durch die Londoner interalliierte Erklärung vom 5. Januar
1943 beträchtlichen Auftrieb. Die 18 alliierten Signatarstaaten warnten darin mögliche
Nutznießer der Enteignungen, die in den unter deutscher Herrschaft stehenden Gebie-

[84] Vgl. West German Recompense for Nazi Wrongs. Thirty Years of the Luxembourg Agreement, Research
    Report Nos. 16 & 17, London, Institute for Jewish Affairs, November 1982, S. 4f.
[85] Vgl. Nehemiah Robinson (1898-1964), in: Nehemiah Robinson, Ten Years of German Indemnification, hrsg.
    von der Conference on Jewish Material Claims Against Germany, New York 1964, S. 13-15; ebenda (S. 15-19)
    auch Bibliographie der Schriften N. Robinsons.
[86] Vgl. dazu auch Leon W. Wells, Und sie machten Politik. Die amerikanischen Zionisten und der Holocaust,
    München 1989, S. 150-161. Wells kritisiert dort sehr emotional, daß die zionistischen Organisationen bei
    dieser und folgenden Gelegenheiten das Hauptaugenmerk auf die Wiedergutmachung, vor allem zum Nutzen
    Palästinas, nach dem Kriege gelenkt hätten, statt sich energischer für die Rettung gegenwärtig vom Tode
    bedrohter Juden in Europa einzusetzen.
[87] Goldmann, Leben als deutscher Jude, S. 372.
[88] Vgl. Nahum Goldmann, Nehemiah Robinson. Dedicated and Faithful Servant of the Jewish People, in:
    Robinson, Ten Years of German Indemnification, S. 8.

ten stattfanden. Demnach würden alle derartigen Vermögensverschiebungen nach dem Krieg für ungültig erklärt werden, gleich ob sie in der Form offenen Raubs oder auch in verdeckter, scheinlegaler Form durchgeführt worden waren[89]. Damit schien es möglich, nach dem Krieg wenigstens die in den besetzten Ländern geraubten jüdischen Vermögenswerte zurückzuerlangen.

Die Londoner Erklärung ermutigte jüdische Vorstöße beim Hohen Flüchtlingskommissar Sir Herbert Emerson in London. Dieser konnte schließlich dazu bewegt werden, am 13. Juni ein Memorandum an die alliierten Regierungen zu schicken, worin er forderte, daß die Grundsätze der interalliierten Erklärung vom Januar 1943 auch auf jene Enteignungen Anwendung finden müßten, die das Deutsche Reich und die mit ihm verbundenen Regierungen vor dem Krieg an den aus rassischen, religiösen oder politischen Gründen Verfolgten verübt hatten. Dabei zielte Emerson besonders auf die Werte ab, die die Nationalsozialisten den Juden bis Kriegsbeginn geraubt hatten und die entsprechend den Verhandlungen des Intergovernmental Committee for Refugees mit der deutschen Regierung im Jahre 1938 zur Neuansiedlung der deutschen Juden in anderen Ländern hätten Verwendung finden sollen[90]. Damit war die Beschränkung der alliierten Rückerstattungsforderungen auf Maßnahmen in besetzten Gebieten erstmalig durch eine internationale Organisation durchbrochen worden.

2. Wiedergutmachung für das „jüdische Volk"

Zugleich nahmen seit 1943 die Überlegungen auf jüdischer Seite, wie das Problem möglicher Entschädigungen bzw. von Reparationen umfassend zu klären sei, an Intensität zu, wovon eine stattliche Reihe von kürzeren und längeren Schriften zeugt. Dabei hatten die Ausdehnung der Judenverfolgung auf ganz Europa und der planmäßige Genozid erheblichen Einfluß auf die Gestalt der Vorschläge. Vor allem war immer weniger an eine Wiederherstellung des vor dem Krieg bestehenden Zustands zu denken. Beträchtlichen Aufschwung nahm nun der Gedanke, neben individueller Rückerstattung und Entschädigung auch einen kollektiven Anspruch auf Reparationen namens des jüdischen Volkes zu stellen, der im Prinzip schon in der Erklärung Goldmanns auf der Konferenz des Jüdischen Weltkongresses in Baltimore 1941 angeklungen war. So veröffentlichte das Research Institute on Peace and Post-War Problems des American Jewish Committee im August 1943 einen Artikel des ehemaligen Wiener Anwalts Ernest Munz über die Rückerstattung jüdischen Eigentums, in dem die Auffassung vertreten wurde, daß der kollektive Angriff auf die europäischen Juden auch eine kollektive jüdische Reaktion erfordere mache[91]. Ähnliche Überlegungen gediehen besonders in der Umgebung der Jewish Agency in Palästina, etwa in einem Memorandum, das Georg Landauer, ehemals führendes Mitglied der Zionistischen Vereinigung für Deutschland und nunmehr bei der Jewish Agency zuständig für die Einwanderung deutscher und österreichischer Emigranten, im September 1943 verfaßte. Darin erörter-

[89] Inter-Allied Declaration Against Acts of Dispossession Committed in Territories Under Enemy Occupation or Control, 5. 1. 1943, in: Foreign Relations of the United States (FRUS) 1943, Bd. I: General, Washington, D.C., 1963, S. 443f.
[90] Adler-Rudel, Vorzeit der kollektiven Wiedergutmachung, S. 207f.; Nicholas Balabkins, West German Reparations to Israel, New Brunswick, N.J., 1971, S. 81.
[91] Siehe u. a. Ernest Munz, Restitution in Postwar Europe, in: Contemporary Jewish Record, August 1943, Bd. VI, Nr. 4, S. 373.

te er vor allem die Möglichkeit „eines jüdischen kollektiven Entschädigungsanspruches"[92]. Sein Plan bezog sich ausdrücklich auf die Erfahrungen aus dem Haavarah-Abkommen, das Mittel und Wege zum Vermögenstransfer von Deutschland nach Palästina entwickelt hatte[93]. Dabei hatten deutsche Palästina-Auswanderer auf Sperrkonten jüdischer Transferorganisationen, welche in Absprache mit dem Reichswirtschaftsministerium eigens zu diesem Zweck gegründet worden waren, Reichsmark eingezahlt. Diese exportierten aus diesen Mitteln wiederum deutsche Waren für die jüdischen Aussiedler nach Palästina[94].

1944 veröffentlichte in Palästina Siegfried Moses, der vormalige Präsident der Zionistischen Vereinigung für Deutschland und spätere Vizepräsident der Jewish Conference on Material Claims against Germany, sein Buch „Jewish Post-War Claims"[95], dessen Grundgedanken er bereits ein Jahr zuvor in einem Artikel ausgeführt hatte[96]. Auch hier wurden neben individueller Entschädigung und Rückerstattung kollektive Forderungen namens des jüdischen Volkes vertreten, „gegründet auf jüdischen Individualforderungen, deren Berechtigte unbekannt oder deren Erben verstorben sind, auf den Forderungen nicht mehr existenter jüdischer Gemeinden und Einrichtungen und auf dem schweren Unrecht, welches das nationalsozialistische Deutschland den Existenzgrundlagen des jüdischen Volkes zugefügt hat"[97]. Der kollektive Anspruch des jüdischen Volkes auf eine globale Entschädigung erfuhr also bei Moses zwei Hauptbegründungen. Einmal betrachtete er alle aus Deutschland emigrierten Juden als Angehörige einer Nation, die seit 1933 mit Deutschland im Krieg stand[98]. Zugleich schlug sich hier die Tatsache des Massenmordes an den europäischen Juden nieder, der eine individuelle Lösung des Problems ausschloß. Das jüdische Volk in seiner Gesamtheit sollte nunmehr berechtigt sein, als rechtmäßiger Erbe erbenlosen Eigentums getöteter Glaubensgenossen oder vernichteter jüdischer Gemeinden und anderer Einrichtungen aufzutreten. Daraus ergab sich natürlich die Frage nach einem legitimen Repräsentanten des jüdischen Volkes. Ähnlich wie Georg Landauer sah Moses dabei die Jewish Agency for Palestine als Kern einer künftigen Instanz an, die diesen Platz ausfüllen könnte, und forderte sie zu entsprechender Initiative auf[99].

Derartige Überlegungen gediehen auch in den USA. Nehemiah Robinson legte Ende 1944 ein 300 Seiten starkes Buch über „Indemnification and Reparations"[100] vor, das aus seiner Arbeit im Institute of Jewish Affairs hervorging. Er unternahm zunächst eine

---

[92] "Entschädigungsforderung (Kollektivanspruch) der Juden aus Deutschland, in: Georg Landauer, Der Zionismus im Wandel dreier Jahrzehnte, hrsg. v. Max Kreutzberger, Tel Aviv 1957, S. 277-279.

[93] Ebenda, S. 278.

[94] Vgl. Ludwig Pinner, Vermögenstransfer nach Palästina, 1933-1939, in: Tramer (Hrsg.), In zwei Welten, S. 133-166; Juliane Wetzel, Auswanderung aus Deutschland, in: Die Juden in Deutschland 1933-1945. Leben unter nationalsozialistischer Herrschaft, hrsg. v. Wolfgang Benz, München 1988, S. 464-468.

[95] Siegfried Moses, Jewish Post-War Claims, Tel Aviv 1944; ähnlich auch F. Gillis u. H. Knopf, The Reparation Claim of the Jewish People, Tel Aviv 1944.

[96] Siegfried Moses, Die Wiedergutmachungsforderungen der Juden, (1943), Tel Aviv, abgedruckt in: Der deutsch-israelische Dialog. Dokumentation eines erregenden Kapitels deutscher Außenpolitik, hrsg. v. Rolf Vogel, Teil I: Politik, Bd. 1, München usw. 1987, S. 4-15.

[97] Moses, Jewish Post-War Claims, S. 78 f.

[98] Vgl. ebenda, S. 77.

[99] Vgl. ebenda, S. 80.

[100] Robinson, Indemnification and Reparations. Er verfaßte drei weitere Ergänzungsbände, mit denen er jeweils die neuesten Entwicklungen der Entschädigung und Rückerstattung in Europa nachtrug: First Supplement to Indemnification and Reparations. Recent Events, März 1945; Second Supplement, Februar 1946; Third (Special) Supplement, (United States Zone of Germany), Mai 1946.

gründliche Bestandsaufnahme des jüdischen Vermögens in Europa vor der nationalsozialistischen Verfolgung und gelangte auf dieser Grundlage zu einer vorsichtigen Schätzung der jüdischen Verluste, die er auf über acht Milliarden Dollar bezifferte[101]. Anschließend untersuchte er die Bedingungen einer möglichen Entschädigung. Robinson kam zu dem Schluß, daß eine Wiederherstellung des Status quo ante nicht möglich sei, da die ökonomische und soziale Landschaft in Europa nach dem Krieg völlig verändert sein werde[102].

Auch für Robinson war die Judenverfolgung grundsätzlich nicht vergleichbar mit anderen nationalsozialistischen Verbrechen. Für Nichtjuden beschränke sich eine Entschädigung gewöhnlich darauf, so viel wie möglich für die jeweiligen Verfolgten zurückzuerhalten und ihr Leben wieder an den früheren Plätzen einzurichten; dies sei den Juden nicht mehr möglich. Deshalb unterschied Robinson zwischen zwei Arten von Maßnahmen: einmal restaurative Maßnahmen, die darauf abzielten, die früheren Verhältnisse wieder herzustellen. Zum anderen aber erforderte die Lage für Robinson in erster Linie konstruktive, in die Zukunft weisende Lösungen, um ein neues Leben der überlebenden jüdischen Verfolgten, häufig fernab ihrer früheren Heimat, aufzubauen. Während die von ihm als „restaurativ" bezeichneten Maßnahmen in erster Linie aus individueller Rückerstattung und Entschädigung bestehen sollten, zielten die „konstruktiven" Maßnahmen auf eine kollektivistische Konzeption der Entschädigung. Der Neuanfang der überlebenden jüdischen Verfolgten sollte mittels einer globalen Entschädigung des jüdischen Volkes finanziert werden[103]. Tatsächlich gingen viele jüdische Wiedergutmachungspläne während des Krieges und auch danach davon aus, daß kaum noch eine Zukunft des europäischen Judentums in ihrer früheren Heimat möglich sei. Sie standen somit unter der Perspektive der Emigration, bzw. der Auswanderung und der Neuansiedelung.

Ende 1944, als Robinson sein Buch verfaßte, konnte er auf einige Versuche, jüdisches Eigentum und jüdische Rechte in einer Reihe von bereits befreiten Gebieten zurückzugewinnen, verweisen. Insbesondere in Nordafrika und im befreiten Teil Frankreichs waren Bemühungen im Gange, die durch die Rassengesetzgebung der Vichy-Regierung erfolgten Diskriminierungen und Vermögensentziehungen der Juden rückgängig zu machen. Der Widerstand vor allem der „Ariseure" erwies sich dabei als beträchtliches Hindernis, weshalb Robinson eine internationale Regelung des Problems für erforderlich hielt: Die Großmächte oder die künftigen Vereinten Nationen sollten eine spezielle Organisation zur Durchführung der jüdischen Entschädigung einrichten[104].

Robinson bedachte auch, daß ein beträchtlicher Teil des jüdischen Vermögens ohne rechtmäßige Erben sein würde. Da es zutiefst unmoralisch sei, wenn dieses Vermögen den jeweiligen Staaten zufiele, hielt auch Robinson, ähnlich wie Georg Landauer und Siegfried Moses die Schaffung einer jüdischen Organisation für erforderlich, die das erblose Vermögen beanspruchen könnnen sollte[105]. Mit dem Plan zur Schaffung einer „Jewish Agency for Reconstruction" entwickelte Robinson den Grundgedanken der späteren jüdischen Nachfolgeorganisationen. Ihre Aufgabe sollte neben der Beanspruchung des erblosen jüdischen Vermögens vor allem darin bestehen, den Wiederauf-

---

[101] Robinson, Indemnification and Reparations, S. 83.
[102] Ebenda, S. 92.
[103] Ebenda, S. 244 ff.
[104] Ebenda, S. 248 ff.
[105] Ebenda, S. 255 ff.

bau des jüdischen Lebens einzuleiten. Damit sollte sie ein Instrument des globalen Entschädigungsanspruches des jüdischen Volkes sein.

Die Arbeiten von Georg Landauer, Nehemiah Robinson und Siegfried Moses besaßen nachhaltige Wirkung für die weitere Entwicklung der jüdischen Wiedergutmachungsforderungen[106]. Ihre Grundgedanken stimmten in entscheidenden Punkten überein: Erstens wurde der jüdische Anspruch als ein gesonderter betrachtet, der nicht mit den Ansprüchen anderer Verfolgtengruppen auf eine Stufe gestellt werden könne. Zweitens unterschieden sie zwischen der individuellen und der kollektiven Seite der Forderungen. Sie waren sich einig, daß das jüdische Volk als Ganzes betroffen sei und von daher ein kollektiver Anspruch bestehe. Gemeinsam kamen sie auch zu der Auffassung, daß eine zentrale jüdische Instanz geschaffen werden müsse, die legitimiert wäre, einen derartigen globalen Anspruch zu vertreten und insbesondere einen Anspruch auf das umfangreiche erbenlose jüdische Vermögen zu stellen.

3. Wiedergutmachung für die „Opfer der Achsenmächte" als Alternative?

Der oben beschriebene kollektivistische Ansatz war aber durchaus nicht allen von jüdischer Seite entwickelten Überlegungen gemeinsam[107]. Daneben bestand weiterhin eine Richtung, die sich in erster Linie auf die individuellen Forderungen deutscher Juden an Deutschland beschränkte, ohne deren Ansprüche in einen gesamtjüdischen Zusammenhang zu stellen. Ein Beispiel dafür bilden die Vorschläge, die der ehemalige badische Richter Hugo Marx 1944 in einem Buch veröffentlichte[108]. Von besonderer Bedeutung ist aber eine von der Forschung bislang nicht entsprechend gewürdigte Position, die die jüdischen Forderungen im Rahmen der individuellen Ansprüche *aller* geschädigten Opfer betrachtete. Hervorzuheben ist dabei Bruno Weil, ein renommierter deutscher Jurist und ehemaliges Vorstandsmitglied des Centralvereins deutscher Staatsbürger jüdischen Glaubens[109], der sich seit 1942 verstärkt mit der künftigen Wiederherstellung geschädigter Rechte und individuellen Entschädigungsforderungen an Deutschland und die Achsenmächte beschäftigte. Diese setzte Weil in Gegensatz zu den kollektiven Forderungen der Staaten[110]. Weil initiierte 1943 die Gründung der Axis Victims League Inc., die im Untertitel die Bezeichnung „An Association for Restitution and Compensation of Rights and Interests to Axis Victims" führte. Nach seinem eigenen Bekunden veranlaßte ihn die Interesselosigkeit der jüdischen Organisationen, die er vergeblich für die Aufgabe der Rückerstattung und Entschädigung zu gewinnen gesucht habe, zur Gründung dieser Organisation[111]. Bei einem Treffen Weils mit den

---

[106] Vgl. dazu Goldmann, N. Robinson. Dedicated and Faithful Servant, S. 7-11; Felix E. Shinnar, Konzeption und Grundlage der Wiedergutmachung, in: Tramer (Hrsg.), In zwei Welten, S. 232-238; Sagi, Wiedergutmachung für Israel, S. 30f.

[107] Siehe dazu auch Robinson, Indemnification and Reparations, S. 245.

[108] Hugo Marx, The Case of the German Jews vs. Germany. A Legal Basis for the Claims of the German Jews Against Germany, New York 1944.

[109] Der in Saarlouis geborene Weil war 1913 auf elsässischer Seite als Verteidiger in der Zabernaffäre aufgetreten, und bis zu seiner Emigration nach Argentinien 1935 arbeitete er unter anderem als Rechtsberater der britischen und französischen Botschaften in Berlin in Fragen des Versailler Vertrages. Vgl. Biographisches Handbuch der deutschsprachigen Emigration, Bd. I, S. 803f; Horst Göppinger, Juristen Jüdischer Abstammung im „Dritten Reich". Entrechtung und Verfolgung, München ²1990, S. 323.

[110] Bruno Weil an Henry A. Atkinson, 21.5. 1942, anbei „Draft Statement regarding Reparation of Individual Rights", LBI-Archiv, Bruno Weil Collection I, Box 21, Folder 79.

[111] Vgl. Fritz Moses, Aus der Geschichte der Wiedergutmachung. Zu Bruno Weils siebzigstem Geburtstag.

Vertretern der großen jüdischen Organisationen 1941 hätten Rudolph Callmann, der Vorsitzende der „American Federation of Jews from Central Europe", und Ernst Fraenkel[112] erklärt, sie hielten es für unziemlich, über Wiedergutmachung zu sprechen, so lange die Waffen noch nicht schwiegen. Ein Funktionär einer der größten amerikanischen jüdischen Organisationen hätte schließlich den Schlußpunkt der Gespräche gesetzt, indem er erklärte: „I don't like to link my good case to your (sci. der deutschen Juden) bad case"[113]. Belegt ist jedenfalls, daß sich Nahum Goldmann 1942 sehr zurückhaltend gegenüber Weils Vorschlag zur Bildung eines gemeinsamen Ausschusses gezeigt hatte[114].

Am 16. Dezember 1943 hielt die Axis Victims League ihre „First Round Table Conference" im Hotel Commodore in New York ab, der noch während des Krieges weitere vier Konferenzen folgten[115]. Auch hier wurden ausführlich Grundsätze debattiert, die einer künftigen Wiederherstellung von Rechten und der individuellen Entschädigung von Verfolgten der Achsenmächte zugrundeliegen sollten. Unter den führenden Mitgliedern waren insbesondere jüdische Emigranten, auffällig war der hohe Anteil derer, die nun in Südamerika lebten. Neben Bruno Weil trat besonders Fritz Moses, der Richter am Landgericht Berlin gewesen war, bevor er 1927 als Berater für Auslandsrecht nach New York ging, mit eigenen Beiträgen zu diesen Problemen hervor[116]. Im Gegensatz zu Nehemiah Robinson, Siegfried Moses und anderen im Umfeld des Jüdischen Weltkongresses und der Jewish Agency definierte die Axis Victims League das Problem der Entschädigung für Verfolgte des Nationalsozialismus nicht allein aus jüdischer Perspektive, obwohl auch hier der Anteil der jüdischen Emigranten unter den Mitgliedern sehr groß war. Der Schwerpunkt der Forderungen lag auf der individuellen Entschädigung der überlebenden Verfolgungsopfer, wobei der Kreis nicht auf Juden beschränkt wurde. Die Axis Victims League nahm allerdings starke Züge einer Interessenvertretung für jüdische Emigranten an, deren individuelle Entschädigungsinteressen nur zum Teil identisch waren mit denen der auch auf globale Entschädigung zugunsten des jüdischen Volkes bedachten jüdischen Vertreter.

Bruno Weil war 1944 auch an der Gründung der gleichfalls in New York ansäßigen „American Association of Former European Jurists" beteiligt, bei der der berufsständische Aspekt ihrer Zusammensetzung schon durch die Bezeichnung deutlich wurde. Ihr Präsident war Julius B. Weigert. Beide Gruppen vertraten zwar überwiegend Interessen jüdischer Geschädigter, waren jedoch keine jüdische Organisationen im eigentlichen Sinne. Nicht jeder, der von den Nationalsozialisten als Jude verfolgt worden war,

---

Bruno Weil, ihrem Gründer und Präsidenten überreicht im April 1953 von der Axis Victims League, New York 1953, S. 6.

[112] Gemeint ist vermutlich der bekannte Politikwissenschaftler und Autor von „Der Doppelstaat" (amerikan. Erstausgabe 1940), der 1938 nach den USA emigrierte.

[113] Bruno Weil an Frederick Goldschmidt (URO), 24.10.1951, LBI-Archiv, Council of Jews from Germany, Folder 17.

[114] Goldmann an Weil, 5.6.1942, LBI-Archiv, Bruno Weil Collection I, Box 21, Folder 79.

[115] Siehe zum folgenden First Round Table Conference of Axis League, Inc. An Association for Restitution and Compensation of Rights and Interests to Axis Victims, held on December 16, 1943 at the Hotel Commodore, New York City; Second Round Table Conference, held on January 17, 1944, at the Hotel Pierre, New York City; Third Round Table Conference, held on February 21, 1944, at the Hotel Pierre, New York City; Fourth Round Table Conference, held on May 1, 1944, at the Hotel Pierre, New York City; Fifth Round Table Conference, held on March 12, 1945, in New York City.

[116] Siehe etwa Fritz Moses, All Axis Victims Are Entitled to Reparations, Third Round Table Conference, S. 25 ff.; ders., Reparations to Individuals in the Light of the Yalta Conference, Fifth Round Table Conference (Anm. 115), S. 50 ff.

definierte seine Ansprüche deshalb primär aus gesamtjüdischer bzw. zionistischer Perspektive. So ließen sich die Axis Victims League und die American Association of Former European Jurists auch später, als die meisten der mit der Sache der Entschädigung und Rückerstattung befaßten jüdischen Organisationen zu Formen einer wirkungsvollen Zusammenarbeit und Koordination fanden, nicht integrieren und arbeiteten über weite Strecken parallel zu diesen, wobei Reibereien nicht ausblieben.

4. Politische Initiativen im letzten Kriegsjahr

Im letzten Kriegsjahr setzte schließlich eine Anzahl von politischen Initiativen mit dem Ziel der Propagierung einer Wiedergutmachung für jüdische Opfer des NS-Regimes ein. Ein Markstein war die War Emergency Conference des Jüdischen Weltkongresses, einem 1936 als Reflex auf die nationalsozialistische Bedrohung geschaffenen Zusammenschluß von jüdischen Organisationen aus aller Welt. Vom 26.-30. November trafen in Atlantic City 269 Delegierte zusammen, die die jüdischen Gemeinden aus 40 Staaten repräsentierten[117]. Eine vergleichbare gesamtjüdische Versammlung hatte es bis dahin während des Krieges nicht gegeben. Im Mittelpunkt der Beratungen stand die Lage, die für die jüdische Welt durch den Krieg und die antijüdische Politik des Deutschen Reiches entstanden war, in welchem Zusammenhang auch die Forderung nach Entschädigung und Rückerstattung erörtert wurde. In seiner Ansprache erklärte Nahum Goldmann, zu dieser Zeit Vorsitzender des Exekutiv-Ausschusses des Jüdischen Weltkongresses, daß die jüdischen Rechte und das jüdische Vermögen in Europa nach dem Krieg wiederhergestellt werden müßten. Dabei bekräftigte er auch den kollektiven Anspruch des jüdischen Volkes auf das Erbe der ermordeten Juden: „What is more justifiable than to demand that at least the Jewish people as a whole should be regarded as the heirs to those of its children who have been murdered?"[118]

Am 30. November verabschiedete die Konferenz eine Resolution, die eine von Fritz Moses geleitete Kommission ausgearbeitet hatte. Sie forderte Rückerstattung und Reparationen für die Schäden, welche die noch existierenden jüdischen Gemeinden und die einzelnen jüdischen Opfer der Nationalsozialisten und Faschisten erlitten hatten. Außerdem verlangte die Resolution die „Anerkennung des Grundsatzes, daß das jüdische Volk Anrecht auf kollektive Reparationen besitzt, und zwar für die erlittenen materiellen und moralischen Verluste des jüdischen Volkes, seiner Einrichtungen oder einzelner Juden, die oder deren Erben nicht in der Lage sind, ihre individuellen Forderungen geltend zu machen"[119]. Daneben wurde auch die Entschädigung jüdischer Schäden an Leben und Gesundheit, Gemeinde- und Privateigentum, Rechten, wirtschaftlichen Interessen und beruflichem Fortkommen angemahnt, und dies überall, wo die Achsenmächte den Juden Nachteile zugefügt hätten.

Zugleich war hier festgeschrieben, daß die aus dem kollektiven Anspruch des jüdischen Volkes herrührenden Reparationen in erster Linie dem Aufbau Palästinas als jüdischer Heimstätte dienen sollten[120]. Zu diesem Zweck wurde der Plan einer jüdi-

---

[117] Siehe dazu War Emergency Conference of the World Jewish Congress, Atlantic City, November 1944. Adresses and Resolutions, London ²1945; Leon Kubowitzki, Unity in Dispersion. A History of the World Jewish Congress, New York 1948, S. 221-235.
[118] Text der Rede Goldmanns, in: War Emergency Conference, Atlantic City, S. 11.
[119] Ebenda, S. 27.
[120] Ebenda, S. 36.

schen Organisation, die das erbenlose jüdische Vermögen beanspruchen sollte, in das Programm aufgenommen. Diese „International Jewish Reconstruction Commission" sollte die ihr zur Verfügung stehenden Mittel „für die Rehabilitierung der europäischen Juden und ihrer Gemeinden und durch die Jewish Agency for Palestine für die Entwicklung Palästinas zum jüdischen Staat"[121] verwenden. Die Resolutionen der War Emergency Conference zur Wiedergutmachung der Schäden des europäischen Judentums folgten damit im wesentlichen den von Nehemiah Robinson, Siegfried Moses und einigen anderen entwickelten Ideen. Entscheidende Grundprinzipien der künftigen jüdischen Wiedergutmachungsforderungen wurden hier von einem breiten Spektrum jüdischer Organisationen verbindlich akzeptiert.

Allerdings war dies zum Teil mit erheblichen Konflikten verbunden, denn aus unterschiedlichen Konzepten zur jüdischen Politik insgesamt resultierten auch Differenzen im Bereich der Wiedergutmachungsforderungen. So hatte die Verbindung der globalen Wiedergutmachungsansprüche mit der zionistischen Idee eines jüdischen Nationalstaates in Palästina große Schwierigkeiten bei der Erarbeitung der gemeinsamen Resolution bereitet[122]. Auch sandte das American Jewish Committee, eine bedeutende amerikanische nichtzionistische Organisation, Anfang 1945 eigene Vorschläge an die alliierten Siegermächte[123]. Diese betrafen die Situation der Juden nach dem Krieg als Ganzes, darunter auch die Frage der Rückerstattung und Entschädigung für die jüdischen Verfolgten. Basierend auf der Arbeit des vom American Jewish Committee finanzierten Research Institute on Peace and Post-War Problems[124] wurden Forderungen erhoben, die hinsichtlich der individuellen Entschädigung kaum von den Beschlüssen der War Emergency Conference des World Jewish Congress abwichen. Die Erklärung hob auch die Tatsache hervor, daß die Juden „besondere Opfer"[125] gewesen seien. Doch fehlte hier jeder Hinweis auf einen globalen Anspruch des jüdischen Volkes. Das erbenlose Vermögen sollte statt dessen „den örtlichen jüdischen Gemeinden für den Aufbau der religiösen, Wohlfahrts-, Erziehungs- und kulturellen Einrichtungen sowie für die Hilfe und die wirtschaftliche Rehabilitierung der jüdischen Opfer der Naziverfolgung zugeteilt werden"[126]. Das hatte vor allem damit zu tun, daß das American Jewish Committee traditionellerweise eine jüdische Gesamtrepräsentanz ablehnte[127] und von daher auch nicht ohne weiteres die Finanzierung des Aufbaues eines jüdischen Staates in Palästina auf dem Wege eines kollektiven jüdischen Entschädigungsanspruchs akzeptierte. Vielmehr hoffte es bis 1945 zunächst noch darauf, die Zukunft der Juden durch eine universelle Anerkennung der Menschenrechte zu sichern, die von den Vereinten Nationen garantiert werden sollte[128].

Auch die American Association of Former European Jurists wandte sich bereits im März 1945 mit detaillierten Vorschlägen an das Department of State in Washington. Hier ging es hingegen ausschließlich um individuelle Ansprüche auf Entschädigung und

---

[121] Vgl. ebenda, S. 37f.
[122] Vgl. Kubowitzki, Unity in Dispersion, S. 231.
[123] To the Counsellors of Peace. Recommendations of the American Jewish Committee, New York, März 1945.
[124] Siehe dazu auch Siegfried Goldsmidt, Legal Claims against Germany. Compensation for Losses Resulting from Anti-Racial Measures. Published for the American Jewish Committee Research Institute on Peace and Post-War Problems, New York 1945.
[125] Ebenda, S. 275.
[126] Ebenda, S. 276.
[127] Vgl. Nahum Goldmann, Staatsmann ohne Staat. Autobiographie, Köln 1970, S. 280.
[128] Vgl. Encyclopaedia Judaica, Bd. 2, Jerusalem 1971, s.v. American Jewish Committee, S. 824.

Rückerstattung an Deutschland, Italien und auch Japan, die aus einer Verfolgung aus
Gründen der Rasse, Nationalität, Sprache, des Glaubensbekenntnisses, der Religion
oder politischen Überzeugung entstanden waren[129]. Von einem kollektiven Anspruch
des jüdischen Volkes war dabei keine Rede. Ähnlich argumentierte auch ein Memorandum der Axis Victims League vom 12. Mai 1945, worin den Delegierten der Grün-
dungskonferenz der Vereinten Nationen in San Francisco detaillierte Vorschläge zur
individuellen Rückerstattung und Entschädigung unterbreitet wurden[130].

Ganz anders verhielt sich die Jewish Agency for Palestine in der Frage der jüdischen
Kollektivforderung. Deren Exekutive hatte sich bereits im Frühjahr 1943 mit jüdischen
Wiedergutmachungsansprüchen befaßt und zwei Gremien in London und Jerusalem
mit der Beratung der individuellen Ansprüche sowie des Kollektivanspruches des jüdischen Volkes befaßt[131]. Dabei wurde, ganz im Sinne von Georg Landauer und Siegfried
Moses, großer Nachdruck darauf gelegt, daß der jüdische Kollektivanspruch vorrangig
zugunsten des Aufbaues einer jüdischen Heimstätte in Palästina verwendet werden
sollte und die Jewish Agency das dazu berufene Organ sei. Deshalb beauftragte die
Jewish Agency schließlich ihren juristischen Berater Bernhard Joseph in Jerusalem mit
der Anfertigung eines Memorandums, „das den besonderen Charakter der Schäden des
jüdischen Volkes darlegen und die Vertretung seiner Forderungen durch die Jewish
Agency begründen sollte"[132]. Joseph, der gleichfalls als Delegierter an der War Emergency Conference in Atlantic City teilgenommen hatte, legte am 27. April 1945 eine
umfangreiche Untersuchung der Frage der jüdischen Wiedergutmachungsansprüche
vor[133]. Josephs Memorandum mündete schließlich direkt in die Initiativen der Jewish
Agency nach Kriegsende ein, einen Anteil an den Reparationen von Deutschland für die
jüdischen Opfer zu erhalten.

III. Überlegungen in der US-Administration

1. Die Perzeption der nationalsozialistischen Verfolgung seit 1933

Wie aber wirkten Nachrichten über den nationalsozialistischen Terror, die ins Ausland
gelangten, außerhalb der jüdischen oder anderer unmittelbar betroffener Kreise? Über
die dabei wirksame Wahrnehmungsselektion informieren etwa die ausführlichen Berichte über die Ausschreitungen der neuen deutschen Machthaber, die die US-Botschaft
in Berlin seit 1933 regelmäßig an das State Department schickte[134]. Das größte Interesse
fanden Meldungen, die die Verfolgung von Juden bzw. von Katholiken und Protestan-

[129] Julius B. Weigert (American Association of Former European Jurists) an Edward R. Stettinius (US-Außenminister), 23. 3. 1945, als Anlage „Instrument providing for the settlement of claims arising from Nazi and
Fascist persecutions", USNA, RG 59, 462.11/3-2345.
[130] Pamphlet IV of Axis Victims League Inc., New York 1945, S. 3-12. Dort findet sich auch ein Vorschlag für
ein Gesetz im besetzten Deutschland betr. „Cleansing of Civil Service and Liberal Professions, Reinstate-
ment and Compensation", S. 13-40.
[131] Vgl. Adler-Rudel, Vorzeit der kollektiven Wiedergutmachung, S. 210f.
[132] Ebenda, S. 211.
[133] Ebenda, S. 211f.
[134] Siehe dazu z.B. FRUS 1933, Bd. II: The British Commonwealth, Europe, Near East, and Africa, Washington, D.C., 1949, S. 330ff.; FRUS 1935, Bd. II: The British Commonwealth, Europe, Washington, D.C.,
1957, S. 359ff.; FRUS 1936, Bd. II: Europe, Washington, D.C., 1954, S. 142ff.; Diplomat auf heißem Boden.
Tagebuch des USA-Botschafters William E. Dodd in Berlin 1933-1938, Berlin (Ost) vermutl. 1964, hrsg. v.
William E. Dodd jr. u. Martha Dodd.

ten betrafen. Hier wurde die Betroffenheit dadurch verstärkt, daß es sich um Gruppen handelte, die über internationale Verbindungen in die USA verfügten. Sie konnten in gewißem Umfang auf die Solidarität ihrer dortigen Glaubensgenossen zählen, die wiederum in der Lage waren, auf die amerikanische Öffentlichkeit einzuwirken. Zudem waren durch die deutschen antijüdischen Maßnahmen mehrfach amerikanische Staatsbürger, die in Deutschland lebten, direkt betroffen, so auch als die deutsche Regierung 1937 das Verbot und die Vermögenseinziehung der deutschen Logen der B'nai B'rith, einer jüdischen Wohltätigkeitsorganisation mit Zentrum in den USA, verfügte[135]. Anders als hier, wo unmittelbar amerikanische Interessen berührt waren, galten in der offiziellen US-Politik – weniger in der Öffentlichkeit – die nationalsozialistischen Verfolgungsaktionen anfänglich meist als innere Angelegenheit Deutschlands.

Das änderte sich erst infolge der zunehmenden internationalen Auswirkungen des nationalsozialistischen Terrors. Zahlreiche Menschen flohen aus dem Deutschen Reich und suchten Zuflucht in anderen Ländern. Die Größenordnung des deutschen Flüchtlingsstromes änderte sich in Abhängigkeit von der Stärke des Verfolgungsdrucks, der Aufnahmebereitschaft der Exilländer und natürlich auch der Möglichkeit zum Verlassen des Landes, die mit Kriegsbeginn immer geringer wurde. Insgesamt sollte die deutschsprachige Emigration (d. h. inklusive Österreich und CSR) bis 1945 etwa 500.000 Menschen umfassen, die meisten davon Juden[136].

Die Erfahrung des Zustroms deutscher Flüchtlinge prägte bis Kriegsbeginn mehr als alles andere die Vorstellung der Welt von der nationalsozialistischen Verfolgung, und dies galt insbesondere für die USA. Für die Immigrationsländer stellten die deutschen Flüchtlinge eine schwere wirtschaftliche und soziale Belastung dar. Deshalb forderten die Niederlande im September 1933 den Völkerbund dazu auf, daß sich dieser mit dem Problem der deutschen Flüchtlinge beschäftigen sollte[137]. Eine ähnliche Eingabe, die auf die Belastungen des Arbeitsmarktes durch die deutschen Emigranten zielte, brachten die niederländischen, französischen und belgischen Vertreter beim International Labour Office ein[138]. Die Versammlung des Völkerbundes beschloß daraufhin im Oktober 1933 die Einsetzung einer „High Commission for Refugees (Jewish and Other) Coming from Germany". Aus Rücksicht auf Berlin wurde diese aber kein offizielles Organ des Völkerbundes, sondern eine „autonome Organisation". Ihre Wirkungslosigkeit war damit schon vorgezeichnet, und bereits im Dezember 1935 legte der Hohe Kommissar, der spätere erste US-Botschafter in Israel James G. McDonald, sein Amt demonstrativ nieder[139].

Eine Zäsur bewirkten erst die Berichte über die grausamen antijüdischen Ausschreitungen in Wien nach dem „Anschluß Österreichs" im März 1938. Wenige Tage später regte US-Präsident Roosevelt eine internationale Konferenz an, auf der die Schaffung

---

[135] Siehe etwa Aufzeichnung aus dem Auswärtigen Amt vom 28.7. 1938 über Unterredung des deutschen Botschafters in Washington Dieckhoff mit US-Außenminister Hull, in: Akten zur Deutschen Auswärtigen Politik (ADAP), Serie D (1937-45), Bd. I, Von Neurath zu Ribbentrop, Baden-Baden o.J., S.589; Dodd an Hull, 26. u. 29.4. 1937, in: FRUS 1937, Bd. II: The British Commonwealth, Europe, Near East, and Africa, Washington, D.C., 1954, S.319f. u. 320ff.
[136] Vgl. Werner Röder, Einleitung. Biographisches Handbuch der deutschsprachigen Emigration, Bd. I, S. XI-II ff.
[137] The Minister in Switzerland (Wilson) to the Secretary of State, 28.9. 1933, in: FRUS 1933 II, S. 366.
[138] Vgl. Norman Bentwich, Refugees from Germany, London 1936, S.56f.; John George Stoessinger, The Refugee and the World Community, Minneapolis 1956, S.36.
[139] Siehe das Rücktrittsschreiben James McDonalds vom 27.12. 1935, in dem er die internationale Passivität gegenüber dem Flüchtlingsproblem heftig kritisierte, in: Bentwich, Refugees from Germany, S.219-228.

eines Komitees beraten werden sollte, dem die Aufgabe zugedacht war, die Emigration politisch Verfolgter aus Österreich und Deutschland zu erleichtern[140]. Die Vertreter von 33 Staaten eröffneten am 6. Juli die Konferenz in Evian am Genfer See. Sie einigten sich schließlich darauf, in London ein Intergovernmental Committee for Refugees einzurichten. Es sollte sich um Personen kümmern, die wegen ihrer politischen Anschauungen, religiösen Überzeugungen oder rassischen Herkunft aus dem Deutschen Reich emigriert waren oder emigrieren wollten[141]. Erneut hieß es, daß diese unfreiwillige Emigration erhebliche wirtschaftliche und soziale Probleme bereite und auch die öffentliche Ordnung der Einwanderungsländer störe[142]. Zuvor hatte der Leiter der amerikanischen Delegation, Myron Taylor, die sozialen Konsequenzen der erzwungenen Emigration mit den wirtschaftlichen Folgen eines mit den Mitteln des Dumping geführten Handelskrieges verglichen: „How much more disturbing is the forced and chaotic dumping of unfortunate peoples in large numbers. Racial and religious problems are, in consequence, rendered more acute in all parts of the world."[143]

Für Nahum Goldmann war das Sckicksal der Hohen Kommission für Flüchtlinge sowie der Evian-Konferenz „eine unabweisbare Anklage gegen die zivilisierte Welt hinsichtlich ihrer Haltung gegenüber der Judenverfolgung durch den Nationalsozialismus"[144]. Damit hatte er Recht, soweit er auf die greifbaren Ergebnisse zugunsten der Rettung von jüdischen und anderen Verfolgten zielte. Folgenlos waren alle diese Maßnahmen wie auch die vorangegangenen, weitgehend vergeblichen Bemühungen des Völkerbundes aber nicht. Das Emigrationsproblem der dreißiger Jahre erweiterte zusammen mit den vielfältigen Berichten aus Deutschland nicht nur die Kenntnis über die Verbrechen des Hitlerstaates, sondern schuf auch das Bewußtsein einer eigenen, direkten Betroffenheit der Immigrationsländer. In diesem Prozeß bildete sich schließlich auch die Definition der nationalsozialistischen Verfolgung mittels der Verfolgungsgründe rassische Herkunft, religiöse Überzeugung und politische Anschauung heraus, die später zur Grundlage der Wiedergutmachung wurde.

Im Verlaufe des Krieges griff die nationalsozialistische Verfolgungsmaschinerie auf die besetzten Gebiete sowie teilweise auch auf die mit Deutschland verbündeten Staaten über. Auch steigerte sie sich nun durch den Genozid zu neuen Formen. Schon ab Juli 1941 drangen Meldungen über Deportationen in Osteuropa und die Massaker der hinter der deutschen Front wütenden Einsatzgruppen in die alliierten Länder[145]. Im November 1942 erfuhr die Weltöffentlichkeit, daß in Polen ein Völkermord in Gang war, der vor allem die dortigen Juden traf[146]. Es dauerte aber noch bis Juni 1944, bis die volle Wahrheit über die Todesfabriken von Auschwitz die westliche Welt erreichte[147]. Die Regierungen der USA und anderer alliierter Staaten reagierten auf derartige Nachrichten in erster Linie durch eine Anzahl offizieller Warnungen an das nationalsoziali-

[140] Siehe etwa Secretary of State to the Ambassador in the United Kingdom (Kennedy) u. a., 23.3. sowie 14.6. 1938, in: FRUS 1938, Bd. I: General, Washington, D.C., 1955, S. 740f. u. 748f.

[141] Text der Resolution der Konferenz von Evian v. 14.7. 1938, in: FRUS 1938 I, S. 755ff.

[142] Ebenda.

[143] Ansprache Myron Taylors auf der Konferenz von Evian, zit. nach Secretary of State Hull to the British Ambassador (Halifax), 25.2. 1943, in: FRUS 1943 I, S. 141.

[144] Vgl. Goldmann, Leben als deutscher Jude, S. 300.

[145] Vgl. David S. Wyman, Das unerwünschte Volk. Amerika und die Vernichtung der europäischen Juden, München 1986, S. 28ff.

[146] Vgl. ebenda, S. 87f.

[147] Vgl. Martin Gilbert, Auschwitz und die Alliierten, München 1982, S. 272ff.

stische Deutschland und die Handlanger der Massenmorde, durch die eine Mäßigung erreicht werden sollte[148]. Dies mündete schließlich in die alliierten Nachkriegsprozesse ein, bei denen bekanntlich auch Verbrechen gegen die Menschlichkeit angeklagt wurden[149].

Die stärksten Reaktionen lösten die Nachrichten über die Vorgänge in den besetzten Gebieten bei den Exilregierungen dieser Länder und einigen jüdischen Organisationen aus, während etwa in der amerikanischen und auch der britischen Regierung häufig eine gewisse Reserve gegenüber den Berichten über Massenmorde im Osten herrschte[150]. Dies hatte mit Mißtrauen gegen Greuelpropaganda, mit der Herausforderung an die menschliche Vorstellungskraft, die derartige Vorgänge bedeuteten, und partiell vielleicht auch mit antijüdischen Tendenzen zu tun. Es bleibt jedenfalls ein auffälliges Phänomen, daß auch während des Krieges die Vorgänge im Vorkriegsdeutschland häufig einen viel bedeutenderen Platz in der amerikanischen Vorstellung einnahmen als der aktuelle Genozid. Dazu trug unter anderem auch die Anwesenheit zahlreicher deutscher Emigranten der Vorkriegszeit bei, die ihre eigenen prägenden Erfahrungen weiterreichten[151].

Das Flüchtlingsproblem hatte seit Kriegsbeginn ebenfalls eine andere Gestalt angenommen. Während die Emigranten bis dahin auf eigene Faust aus dem Reichsgebiet, aus Österreich oder dem Sudetenland geflohen waren, suchten jetzt vor allem jüdische Organisationen nach Fluchtmöglichkeiten für Juden aus den deutsch besetzten Gebieten. Im Herbst 1941 erging ein Auswanderungsverbot für Juden aus dem Deutschen Reich, die Weichen für die „Endlösung der Judenfrage" durch physische Vernichtung waren damit gestellt. Aber bereits zuvor hatten sich die Möglichkeiten zur Emigration aufgrund der seit Kriegsbeginn erheblich verschärften Einwanderungsbestimmungen der Immigrationsländer drastisch verschlechtert[152]. Auswanderung war nun nicht mehr, wie noch gegen Ende der dreißiger Jahre, überwiegend Folge einer gezielten deutschen Vertreibungspolitik, sondern panische Flucht. Die im Krieg überall verringerten Einwanderungsmöglichkeiten wirkten dem direkt entgegen.

Bis zum Kriegsbeginn hatte das auf der Evian-Konferenz ins Leben gerufene Intergovernmental Committee erfolglos versucht, in Verhandlungen mit dem Deutschen Reich eine Lösung der Flüchtlingsfrage bzw. eine Linderung des deutschen Drucks auf die verfolgten Minderheiten zu erreichen. Nach Kriegsbeginn wurden die Verhandlungen abgebrochen. London und Paris erklärten es nun zum Kriegsziel, den Flüchtlingen nach dem Krieg die Rückkehr nach Deutschland zu ermöglichen, und dafür versuchten

[148] Die erste alliierte Erklärung gegen die Ausrottung der Juden in Polen, die bereits eine allgemeine Strafandrohung enthielt, stammt vom 17.12.1942. Siehe dazu FRUS 1942, Bd. I: General, The British Commonwealth, The Far East, Washington, D.C., 1960, S.66-70. Vgl. auch Gilbert, Auschwitz und die Alliierten, S.109-122. Es folgte die amerikanisch-britische Erklärung auf der Konferenz von Quebec über deutsche Verbrechen in Polen am 30.8.1943. Während die Strafandrohung wiederholt wird, wurde der zunächst vorhandene Hinweis auf systematische Tötung in Gaskammern auf britischen Wunsch gestrichen. Siehe dazu FRUS 1943 I, S.416f.; FRUS, The Conferences at Washington and Quebec 1943, Washington, D.C., 1970, S.1120. Siehe auch die Moskauer Erklärung der Alliierten vom 1.11.1943, in der die Strafandrohungen, nicht aber die Verbrechen präzisiert wurden, in: FRUS 1943 I, S.556f., S.768f.
[149] Vgl. etwa Bradley F. Smith, Der Jahrhundert-Prozeß. Die Motive der Richter von Nürnberg – Anatomie einer Urteilsfindung, Frankfurt a.M. 1977, insbes. S.74f.
[150] Vgl. etwa Wyman, Das unerwünschte Volk, S.18ff. u. 431ff.
[151] Vgl. dazu Smith, Der Jahrhundert-Prozeß, S.38f.
[152] Vgl. Wyman, Das unerwünschte Volk, S.13.

sie auch amerikanische Unterstützung zu gewinnen[153]. Jedenfalls wurde fortan auf alliierter Seite die endgültige Lösung des Flüchtlingsproblems mit der erfolgreichen Beendigung des Krieges verknüpft.

Unter dem Druck der öffentlichen Meinung veranstalteten die USA und Großbritannien schließlich im April 1943 eine Flüchtlingskonferenz auf den Bermudas. Die greifbaren Ergebnisse waren auch diesmal mehr als bescheiden, doch sprach nun US-Außenminister Cordell Hull ausdrücklich von „Personen die vor der Verfolgung aus religiösen, rassischen und politischen Gründen fliehen"[154]. Erstmals erschien hier diese Formulierung, die später konstitutiv für die Wiedergutmachung werden sollte. Wenigstens die Zeit höflicher Umschreibungen, wie sie noch auf der Konferenz von Evian üblich gewesen waren, war damit vorbei.

2. Verfolgte Minderheiten im Deutschen Reich in der Nachkriegsplanung des State Departments

Infolge der Emigration und des gleichfalls vom NS-Regime zu verantwortenden Flüchtlingsproblems, mit dem man für die Nachkriegszeit rechnen mußte, war die nationalsozialistische Verfolgung zu einem Problem geworden, das die USA auch direkt berührte. Im State Department setzten deshalb 1943 Überlegungen ein, inwieweit Deutschland nach dem Krieg für diese Schwierigkeiten haftbar gemacht werden könnte. Da seit Anfang 1943 die bedingungslose Kapitulation des Deutschen Reiches alliiertes Kriegsziel war, gingen derartige Planungen von der vollständigen Verfügungsgewalt über Deutschland aus. Unmittelbarer Anlaß für Studien des State Departments, die sich mit der materiellen Entschädigung für Verfolgte des Nationalsozialismus befaßten, war das Aufleben einer Reparationsdebatte. Bis dahin waren in den USA Reparationen generell abgelehnt worden, was aus den schlechten Erfahrungen mit den Versailler Bestimmungen herrührte. Hier ging es nun in erster Linie um die Forderungen der mit Deutschland im Krieg stehenden Staaten nach Ausgleich der erlittenen Schäden bzw. um Forderungen der Exilregierungen deutsch besetzter Länder auf Rückerstattung des vom Deutschen Reich geraubten Vermögens.

In diesem Zusammenhang war die bereits erwähnte gemeinsame Londoner Erklärung von 18 alliierten Regierungen vom Januar 1943 entstanden, der seit 1939 eine Reihe entsprechender Erklärungen einzelner Exilregierungen vorausgegangen waren. Darin wurden alle Enteignungshandlungen in den vom Deutschen Reich besetzten Gebieten für ungültig erklärt und die Rückgängigmachung dieser Maßnahmen nach dem Kriege angekündigt[155]. Im September 1943 hatten die Londoner Exilregierungen Belgiens, der Tschechoslowakei, Griechenlands, Frankreichs, Luxemburgs, der Niederlande, Norwegens, Polens und Jugoslawiens beschlossen, „von Deutschland nach Kriegsende Wiedergutmachungen in der Form von Sachgütern und Dienstleistungen zu fordern"[156]. Dies gab den Anstoß dafür, daß ab 1943 im State Department auch Überle-

[153] Memorandum by the Assistant Chief of the Division of European Affairs (Pell), 29. 2. 1940, in: FRUS 1940, Bd. II: General and Europe, Washington, D.C., 1957, S. 215 ff.

[154] Hull an Halifax, 25. 2. 1943, in: FRUS 1943 I, S. 143.

[155] Inter-Allied Declaration Against Acts of Dispossession Committed in Territories Under Enemy Occupation or Control, 5. 1. 1943, in: FRUS 1943 I, S. 443 f.

[156] Otto Nübel, Die amerikanische Reparationspolitik gegenüber Deutschland 1941–1945, hrsg. v. Bundesministerium für innerdeutsche Beziehungen, Frankfurt a.M. 1980, S. 63.

gungen darüber einsetzten, welche Bestimmungen eine Friedensregelung hinsichtlich des enteigneten Vermögens deutscher Staatsangehöriger enthalten solle. Nachdem schon über die Wirkungen etwa der antijüdischen Vermögensentziehungen in den besetzten Staaten nachgedacht wurde, lag es nahe, gleichfalls danach zu fragen, wie man die entsprechenden auf deutschem Gebiet durchgeführten Maßnahmen behandeln sollte.

Traditionellerweise ergab sich hier aus dem Völkerrecht eine kategoriale Trennung deutscher und nichtdeutscher Ansprüche. Daß diese Grenze nun übersprungen wurde, hatte viel damit zu tun, daß die Nationalsozialisten diese selbst verwischt hatten, indem sie Teile der deutschen Bevölkerung ausgebürgert hatten. Es war zu vermuten, daß viele deutsche Emigranten in den USA und anderswo nach dem Kriege versuchen würden, ihr in Deutschland entzogenes Eigentum zurückzuerhalten. So warf ein Memorandum aus der Political Studies Division vom April 1943 unter anderem auch die Frage auf, welche Maßnahmen in einer künftigen Friedensregelung bezüglich der diskriminierenden Behandlung des Vermögens von gegenwärtigen oder früheren Angehörigen der Feindstaaten oder von ihnen beherrschten Staaten in diesen Ländern getroffen werden sollte[157].

Neben dem vermögensrechtlichen existierte ein weiterer Ansatz, durch den Forderungen nach deutschen Leistungen zugunsten von Opfern des NS-Regimes ins Gespräch kamen. Alexander M. Rosenson aus der Economic Studies-Division forderte im September 1943, Deutschland müsse nach dem Krieg einen erheblichen finanziellen Beitrag zur Lösung des zu erwartenden europäischen Flüchtlingsproblems leisten und schlug „als ein Mittel zur Finanzierung dieser Umsiedlungs-Projekte" vor, „daß Deutschland den Hauptteil ihrer Kosten als Teil seiner Reparationsverpflichtungen übernehmen"[158] sollte. Das Reich habe die Lebensbedingungen für die Juden in Europa völlig zerstört, weshalb diese in andere Länder umgesiedelt werden müßten. Rosenson bezeichnete es als untragbar, daß das Deutsche Reich seine ausgebürgerten Staatsangehörigen einfach anderen Völkern aufbürde; derartige Beispiele dürften keine Schule machen. Diese frühen Ansätze einer materiellen Entschädigung für Verfolgte des Nationalsozialismus aus dem State Department knüpften also direkt an die amerikanische Betroffenheit durch Flüchtlinge und Emigranten an. Daß die Problematik durch die traditionellen Kategorien der Reparationen und äußeren Restitutionen nicht ausreichend in den Griff zu bekommen war, bildete den Anlaß dafür, sich Gedanken über neue Wege zu machen.

Ende 1943 wurden diese vereinzelten Planungen innerhalb des State Departments auf eine breitere Grundlage gestellt. Am 30. November traf sich erstmals das Interdivisional Committee on Reparation, Restitution, and Property-Rights, in dem alle interessierten Abteilungen des State Departments mitwirkten[159]. Aufgabe des Komitees war es, die allgemeinen Grundlinien der Politik des Ministeriums im Bereich der Reparationen,

---

[157] Memorandum von John Maktos, „Adjustment and Disposition of Property-Rights and Interests in the Post-War Settlement", 27.4. 1943, USNA, RG 59, Rec. Notter, Box 50.
[158] Alexander Rosenson: „Paying for Postwar Refugee Resettlement", Anlage zum Schreiben von Leroy D. Stinebower an Myron Taylor v. 29.9. 1943, USNA, RG 59, Rec. Notter, Box 50.
[159] Vgl. Harley F. Notter, Postwar Foreign Policy Preparation, 1939-1945, Reprint of the 1949 ed. published by the Dept. of State, Washington, D.C., 1975, S. 222 f.

Restitutionen und damit zusammenhängender Fragen festzulegen[160]. Darunter fielen ausdrücklich auch Maßnahmen zur Behebung der aus religiösen und politischen Gründen erfolgten diskriminierenden Behandlung des Eigentums gegenwärtiger oder ehemaliger deutscher Staatsbürger[161]. In den Beratungen war allerdings umstritten, ob dieses Problem überhaupt in den Zusammenhang der Reparationsfrage gehörte[162].

Parallel dazu diskutierte auch das Department of State Committee on Post-War-Programs (welches zugleich übergeordnete Klärungsinstanz war) die Thematik. Assistant Secretary Adolf A. Berle legte am 17. Februar 1944 ein Memorandum zur Frage der verfolgten rassischen und religiösen Minderheiten in den Achsenländern vor. Er hielt es für unzureichend, allein die diskriminierenden Gesetze aufzuheben. Die Verfolgung religiöser und rassischer Minderheiten sei das Handwerkszeug derjenigen Staaten, die versuchten, die internationalen Beziehungen zu vergiften. Damit knüpfte auch er an die Erfahrungen der dreißiger Jahre an, als der Zustrom von deutschen Flüchtlingen in den Immigrationsländern zu großen politischen und sozialen Problemen geführt hatte. Berle ging davon aus, daß die meisten der Verfolgten nach dem Krieg Flüchtlinge sein würden und somit Hilfe und Rehabilitierung benötigten. Deshalb sollten die Ansprüche verfolgter Minderheiten in einer Friedensregelung berücksichtigt werden[163].

Als das Memorandum am 18. Februar im Post-War Programs Committee diskutiert wurde, tauchte die Frage auf, ob die Siegermächte dem besiegten Deutschland diktieren sollten, wie es seine eigenen Staatsbürger zu behandeln habe. Dem hielt Berle entgegen, daß es gewisse Dinge gebe, die keine Nation tun dürfe, nicht einmal gegenüber seinen eigenen Staatsbürgern. Gleichwohl hielt auch er eine Beschränkung der Ansprüche für notwendig, da es Grenzen der Finanzierbarkeit geben werde; keinesfalls könne die Wiederherstellung des Status quo ante für die verfolgten Minderheiten angestrebt werden[164]. Letzteres gehörte zu dieser Zeit zum Allgemeingut aller im Bereich des State Department diskutierten Überlegungen zur Entschädigung von Opfern des nationalsozialistischen Terrors. Die Wiederherstellung des vor der Verfolgung bestehenden Zustands schien nur um den Preis einer nicht akzeptablen Privilegierung dieser Gruppe gegenüber anderen berechtigten Ansprüchen – insbesondere Reparationen – möglich. Deshalb zielten diese Entschädigungspläne in erster Linie auf eine Beseitigung der schädlichen internationalen Auswirkungen der nationalsozialistischen Verfolgung sowie auf eine künftige Abschreckung für andere Regimes.

Parallel zu den Debatten des Post-War Programs Committee wurden die Beratungen des Interdivisional Committee on Reparation, Restitution, and Property-Rights über die Angelegenheiten der vom Nationalsozialismus diskriminierten Minderheiten in einem Unterausschuß fortgesetzt. Die Mitglieder waren Alexander Rosenson, John Maktos – die beiden Verfasser der genannten Memoranden aus dem Jahr 1943 – und als

---

[160] Protokoll der Sitzung des Interdivisional Committee on Reparation, Restitution, and Property-Rights am 30. 11. 1943, USNA, RG 59, Rec. Notter, Box 50.

[161] Interdivisional Committee on Reparation, Restitution, and Property-Rights, Agenda for German Study, 17. 11. 1943, USNA, RG 59, Rec. Notter, Box 49.

[162] Protokoll der Sitzung des Interdivisional Committee on Reparation, Restitution, and Property-Rights am 8. 6. 1944, USNA, RG 59, Rec. Notter, Box 50.

[163] Adolf A. Berle: „Persecuted Racial and Religious Minorities in Axis Countries", 17. 2. 1944, USNA, RG 59, Rec. Notter, Box 141.

[164] Protokoll der Sitzung des Department of State Committee on Post-War Programs am 18. 2. 1944, USNA, RG 59, Rec. Notter, Box 140.

Vorsitzender Jacques Reinstein, der dem Beraterstab des Sonderberaters für die befreiten Gebiete angehörte. Am 10. April legte der Unterausschuß einen ersten Entwurf mit Empfehlungen über die Behandlung des von den Deutschen entzogenen Eigentums rassischer oder religiöser Minderheiten vor[165]. Maktos und Rosenson hatten hier ihre früheren Überlegungen eingebracht, und so wurden nun zwei Arten der Entschädigung zugunsten verfolgter Minderheiten empfohlen: erstens eine Umsiedlungs-Hilfe und zweitens eine Entschädigung für Vermögensverluste. Auch dabei ging man davon aus, daß der größte Teil der verfolgten Minderheiten bei Kriegsende auf der Flucht sein würde und es sich zudem in der Mehrzahl um Juden handle. Deshalb müsse sich die deutsche Regierung zu finanziellen Leistungen für die Neuansiedlung der verfolgten rassischen und religiösen Minderheiten verpflichten. Die Höhe dieser Zahlungen sollte sich dabei nicht an den tatsächlich erlittenen Schäden, sondern an den bei der Umsiedlung entstehenden Kosten orientieren. Auch die generelle Rückgabe des entzogenen Vermögens erschien unvorstellbar, davon erwartete man sich nur eine neue Welle antisemitischer Gefühle. Statt dessen wurde eine Kompromißlösung vorgeschlagen, die darin bestand, daß für das entzogene Eigentum rassisch oder religiös verfolgter Minderheiten eine Entschädigung bis zu einer bestimmten Maximalsumme gezahlt werden sollte. Mit derartigen Beschränkungen der Ansprüche wollte man dem Vorwurf entgehen, daß die Verfolgten des Nationalsozialismus gegenüber anderen durch die deutsche Politik geschädigten Interessen privilegiert würden.

Eine der umstrittensten Fragen war, ob auch Personen, denen ihr Eigentum wegen ihrer politischen Haltung entzogen worden war, eine Entschädigung beanspruchen könnten. Zunächst hatte sich die Mehrheit der Mitglieder des Unterausschusses wie auch des Komitees gegen die Einbeziehung politisch Verfolgter in eine solche Entschädigungsregelung gestellt. Einige waren der Auffassung, daß jeder Staat das Recht besitze, sich gegen politische Gegner, die seine Existenz bekämpften, zu wehren. Andere lehnten die Einbeziehung der politisch Verfolgten aus schieren Kostengründen ab. Hinzu trat teilweise auch die Abneigung, Kommunisten in den Genuß einer solchen Entschädigung kommen zu lassen[166]. Schließlich verstand sich die Mehrheit doch zu einer Einbeziehung der politisch Verfolgten in den Entwurf, wenngleich man sich noch vorbehielt, die Kriterien künftig genauer zu definieren, um eine zu große Ausweitung zu vermeiden[167].

Die Ausarbeitungen des Committee on Reparation, Restitution, and Property-Rights über Entschädigung für rassisch, religiös und politisch diskriminierte Minderheiten wurden Teil eines zusammenfassenden Berichts zum Thema Reparationen, Restitutionen und Vermögensrechte[168]. Am 20. Juni 1944, zwei Wochen nach der alliierten Landung in der Normandie, segnete das Committee on Post-War Programs, das die verschiedenen im State Department laufenden Planungen koordinierte, das Memoran-

---

[165] Siehe zum folgenden Reparation Memorandum 23, Sub-Committee 6, 10. 4. 1944, „Recommendations on Property of Racial or Religious Minorities Seized by the Germans or Otherwise Transferred Under Duress", USNA, RG 59, Rec. Notter, Box 49.

[166] Protokoll der Sitzung des Interdivisional Committee on Reparation, Restitution and Property-Rights am 21. 4. sowie 6. 6. 1944, USNA, RG 59, Rec. Notter, Box 50.

[167] Protokoll der Sitzung des Interdivisional Committee on Reparation, Restitution and Property-Rights am 6. 6. 1944, USNA, RG 59, Rec. Notter, Box 50.

[168] Reparation Memo 29, 6. 5. 1944, Final Report on the Interdivisional Committee on Reparation, Restitution and Property Rights, USNA, RG 59, Rec. Notter, Box 49.

dum ab. Nunmehr strebte das State Department an, die eigenen Planungen zur verbindlichen Richtlinie der amerikanischen Deutschlandpolitik, u. a. auch für die kommenden Verhandlungen mit den Alliierten, zu erheben und suchte deshalb breitere politische Zustimmung innerhalb der US-Administration. Deshalb wurde der Bericht des Reparation-Committee zusammen mit einem Memorandum über die künftigen Ziele der US-Wirtschaftspolitik gegenüber Deutschland dem Executive Committee on Foreign Economic Policy (ECEFP) vorgelegt. Dieses auf Anregung Roosevelts eingesetzte Gremium diente der Abstimmung des Außenministeriums mit den anderen interessierten Ressorts in internationalen Wirtschaftsfragen. Dort trafen sich unter Vorsitz von Dean Acheson, zu dieser Zeit Staatssekretär im State Department, Vertreter der Ministerien für Auswärtige Beziehungen, für Finanzen, für Landwirtschaft, für Handel und für Arbeit, daneben auch der Tariff Commission und der Foreign Economic Administration – das War Department fehlte hier[169].

Das ECEFP stimmte Anfang August dem im State Department entworfenen Memorandum über die allgemeinen Ziele der amerikanischen Wirtschaftspolitik und dem dazugehörigen Memorandum über Reparationen, Rückerstattungen und Vermögensrechte zu[170]. Damit hatte auch der Abschnitt, der die Entschädigung verfolgter deutscher Minderheiten betraf, vorübergehend den Rang einer auf breiter interministerieller Basis abgesegneten politischen Konzeption erlangt. Inhaltlich entsprach der Abschnitt den zuvor im Zusammenhang der Beratungen des Committee on Reparation, Restitution, and Property-Rights dargelegten Grundsätzen. Das hieß, daß Deutschland sowohl zu Wiederansiedlungs-Hilfe als auch zu pauschalen Entschädigungen für entzogenes Vermögen verpflichtet werden sollte. Der Transfer dieser Entschädigungen ins Ausland sollte dabei von der Verfügbarkeit ausländischer Währungen abhängen, aber gleiche Priorität wie andere Reparationszahlungen erhalten[171]. Die Empfehlungen des Memorandums bezogen sich auf gegenwärtige oder frühere deutsche Staatsangehörige sowie staatenlose Personen, die bis zum 1. September 1939 in Deutschland ansässig und dort aus rassischen, religiösen oder politischen Gründen diskriminierenden Gesetzen unterworfen gewesen waren. Ein Problem sah man weiterhin darin, die Kategorie der politischen Verfolgung so zu definieren, daß sich ihre Zahl in „vernünftigen" Grenzen hielte[172].

Für das weitere Schicksal dieser Überlegungen zur Entschädigung verfolgter Minderheiten war entscheidend, in welchem Kontext sie sich nun befanden. Im Report on Reparation, Restitution, and Property-Rights, der jetzt die Zustimmung von State Department und Economic Committee besaß, hieß es, daß das direkte Interesse der USA an Reparationen gering sei, anders als bei ihren Verbündeten, deren Territorium von den Folgen des Krieges betroffen war. Dagegen bestünde in den USA ein indirektes Interesse an Reparationen und Restitutionen, um prinzipielle wirtschaftliche, politische und soziale Desiderate zur Geltung bringen zu können. Grundlegendes Ziel der Wirt-

[169] Hull an Stimson, 24.8. 1944, in: FRUS 1944, Bd. I: General, Washington, D.C., 1971, S.276f. Vgl. auch Notter, Postwar Foreign Policy Preparation, S.218f.
[170] Memorandum by the Executive Committee on Foreign Economic Policy, 14.8. 1944, Germany: General Objectives of United States Economic Policy with Respect to Germany, in: FRUS 1944 I, S.278-287; Memorandum by the Executive Committee on Foreign Economic Policy, 12.8. 1944, Summary: Report on Reparation, Restitution And Property Rights – Germany, in: ebenda, S.287-299.
[171] Report on Reparation, Restitution, And Property-Rights, (Anm. 170), S.298.
[172] Ebenda.

schaftspolitik gegenüber Deutschland sei die Sicherung des Friedens. Dazu wären erstens Sicherungen gegen erneute ökonomische Kriegsvorbereitungen nötig. Zweitens müßten Bedingungen geschaffen werden, die die Integration Deutschland in eine friedliche und expandierende multilaterale Weltwirtschaft erlaubten[173].

Zur Grundtendenz dieses Planes gehörte, daß die deutsche Wirtschaft wenigstens ein Mindestmaß an Handlungsfähigkeit behalten sollte. Dies wurde sowohl mit langfristigen Zielen zur künftigen wirtschaftlichen Rolle Deutschlands in einer liberalen Weltwirtschaft als auch mit kurzfristigen Zielen, die sich auf den Wiederaufbau der von Deutschland verwüsteten Länder durch Reparationen und Restitutionen bezogen, begründet[174]. In dem gleichzeitig verabschiedeten Dokument über die allgemeinen Ziele der US-Wirtschaftspolitik gegenüber Deutschland wurde aber auch ausdrücklich darauf hingewiesen, daß dieses Land deshalb seiner ökonomischen Leistungsfähigkeit nicht ganz beraubt werden dürfe, „um die wirtschaftliche Rehabilitierung der Minderheitengruppen in Deutschland, die systematisch ausgeplündert wurden, soweit als möglich durchzuführen"[175]. Auch ein Memorandum des Inter-Divisional Committee on Germany des State Department vom 4. September 1944 forderte aus solchen Gründen die Erhaltung der deutschen Exportfähigkeit. Ohne sie sei eine ganze Anzahl von essentiellen Leistungen nicht zu finanzieren, darunter nicht nur Reparationen und Restitutionen an die Feindstaaten, sondern auch „Zahlungen, die der Ansiedlung von Individuen aus verfolgten Minderheitengruppen dienten"[176].

Diesen Überlegungen, die ihre Hauptstütze im State Department besaßen, lag die gemeinsame Überzeugung zugrunde, daß Deutschland wirtschaftlich nicht ruiniert werden dürfe, denn ein pauperisiertes deutsches Volk wäre weder von den Vorteilen der Demokratie zu überzeugen, noch würde es die ihm zugedachte weltwirtschaftliche Rolle spielen und Wiedergutmachung leisten können. Deshalb wurde ausdrücklich vor übertriebenen finanziellen und materiellen Forderungen an Deutschland gewarnt: „it would be highly misleading and dangerous to let the motion get currency that Germany can be forced to make good all or even a large part of the damages she has wrought."[177] Die frühesten Pläne der US-Administration, die eine Entschädigung zugunsten von Opfern des NS-Regimes vorsahen, standen also im Gesamtzusammenhang aller nach dem Krieg zu erwartenden Ansprüche an Deutschland, die aus Krieg, Besatzung und anderen Maßnahmen herrührten. Daraus ergaben sich von vornherein enge Grenzen für derartige Ansprüche, die aufgrund ihres neuartigen Charakters ohnehin einen schweren Stand besaßen.

Es entbehrt nicht einer gewissen Ironie, daß ausgerechnet US-Finanzminister Henry Morgenthau, während des Krieges einer der wenigen zuverlässigen Freunde der amerikanischen jüdischen Organisationen in hoher politischer Position, den skizzierten Ansatz einer Entschädigungspolitik zugunsten von Verfolgten des Nationalsozialismus zu Fall brachte. Bei der abschließenden Aussprache im Executive Committee on Economic Foreign Policy am 4. August hatte der Vertreter des Finanzministeriums, Harry D.

[173] Siehe zum folgenden ebenda, S. 287-299.
[174] General Objectives of U.S. Economic Policy with Respect to Germany, S. 281 (Anm. 170).
[175] Ebenda.
[176] Memorandum. Germany: Occupation Period: Policy with Respect to Foreign Trade. Views of the Inter-Divisional Committee on Germany, 4. 9. 1944, USNA, RG 59, 740.00119/9-444.
[177] Report on Reparation, Restitution, And Property-Rights, S. 290 (Anm. 170).

White, vielsagend geschwiegen[178], was für die Zukunft nichts Gutes verhieß. Zwei Tage später präsentierte White das Memorandum über Reparationen, Restitutionen und Vermögensrechte seinem Chef Henry Morgenthau, der sich gerade auf dem Weg nach London befand. Er legte ihm dabei seine Auffassung nahe, daß das vom State Department inspirierte Grundprinzip, Reparationen aus der laufenden Produktion Deutschlands zu bezahlen, den privilegierten Wiederaufbau der deutschen Wirtschaft und mithin eine erneute dominierende Stellung Deutschlands im Herzen Europas zur Folge haben würde. Morgenthau las das Memorandum und stimmte den Bedenken Whites zu. Er befürchtete, unter diesen Umständen würde es nicht möglich sein, die deutsche Dominanz auf dem Kontinent zu brechen[179]. So wurde das Reparationsmemorandum des State Department bzw. des ECEFP zum Ausgangspunkt der als Morgenthau-Debatte in die Literatur eingegangenen Auseinandersetzung um die Grundlinien der amerikanischen Deutschlandpolitik, die im August 1944 einsetzte[180]. Die in diesem Memorandum verankerte Entschädigung für verfolgte Minderheiten war dabei nicht explizit Gegenstand der Auseinandersetzung; dafür war sie in diesem Zusammenhang zu marginal. Doch indirekt hing auch die Entschädigung für verfolgte Minderheiten von der nun geführten Debatte ab, denn sie war mit den in dem reparationspolitischen Memorandum entwickelten Grundsätzen untrennbar verbunden.

Sollte Deutschland nach dem Krieg für die von ihm verursachten Schäden aufkommen, sei es durch Reparationen und Restitutionen an die überfallenen Staaten oder durch Entschädigungen für eigene oder fremde verfolgte Bürger, stellte sich zwangsläufig die Frage der Finanzierung, die wiederum mit der Frage des künftigen wirtschaftlichen Systems verbunden war. Im State Department herrschte hierzu, wie gezeigt, bis August 1944 die Auffassung, daß eine kontrollierte Wiederingangsetzung der deutschen Wirtschaft den zu erwartenden umfangreichen Ansprüchen an Deutschland und zugleich dem langfristigen Ziel der Integration Deutschlands in ein multilaterales Weltwirtschaftssystem am besten dienen würde. Das übergeordnete Ziel der Sicherung des Friedens sollte dabei durch wirtschaftliche und politische Einbingung Deutschlands erreicht werden. Dieser Auffassung widersprach das Finanzministerium unter Henry Morgenthau. Es entwickelte eigene Vorschläge, die Reparationen in der Form von laufenden Zahlungen und Lieferungen ausschlossen und statt dessen den „Transfer von vorhandenen deutschen Ressourcen und Territorien"[181] vorsahen. Die Konzeption des Finanzministeriums wurde im sogenannten Morgenthau-Plan niedergelegt. Wichtig ist dessen Grundprinzip, wonach deutsche Leistungen an die Geschädigten aus der Substanz zu schöpfen seien. Das Ziel war hier nicht so sehr eine Wiedergutmachung der

---

[178] Vgl. Nübel, Amerikanische Reparationspolitik, S. 84.

[179] White an Morgenthau, 29. 9. 1944, Morgenthau Diary (Germany), Bd. I, prepared by the Subcommittee to Investigate the Administration of the Internal Security Act and Other Internal Security Laws of the Committee on the Judiciary United States Senate, Washington, D.C., 1967, S. 679. Vgl. auch Paul Y. Hammond, Directives for the Occupation of Germany: The Washington Controversy, in: American Civil-Military Decisions. A Book of Case Studies, hrsg. v. Harold Stein, Univ. of Alabama Press 1963, S. 349; Nübel, Amerikanische Reparationspolitik, S. 87.

[180] Vgl. etwa Wolfgang Krieger, General Lucius D. Clay und die amerikanische Deutschlandpolitik 1945-1949, Stuttgart 1987, S. 28 ff.; Nübel, Amerikanische Reparationspolitik, S. 85 ff.; Walter L. Dorn, Die Debatte über die amerikanische Besatzungspolitik für Deutschland (1944 bis 1945), VfZ 6 (1958), S. 61-77; Hammond, Washington Controversy, S. 348 ff.

[181] Memorandum Prepared in the Treasury Department, 1. 9. 1944, Suggested Post-Surrender Program for Germany, in: FRUS, The Conference at Quebec 1944, Washington, D.C., 1972, S. 86. Zu den Vorstellungen Morgenthaus insgesamt vgl. insbes. Morgenthau Diaries (Germany), Bd. I u. II.

vielfältigen Schäden, sondern die daraus resultierende Schwächung Deutschlands, von der allein Morgenthau und andere die nachhaltige Pazifizierung Deutschlands erwarteten.

Die Tatsache, daß die ersten Ansätze der amerikanischen Administration für eine Entschädigung von Verfolgten des Nationalsozialismus gerade im Außenministerium entwickelt wurden und dann der Initiative des Finanzministeriums zum Opfer fielen, hat auch eine irritierende Seite. Bei der Rettung von Flüchtlingen aus dem deutschen Machtbereich spielte das State Department, genauer gesagt die für Einwanderung zuständige Abteilung, die bis Anfang 1944 Staatssekretär Breckinridge Long unterstand, eine eher unrühmliche Rolle. Henry Morgenthau erscheint dagegen in diesem Zusammenhang als eine wesentliche Stütze derer, die sich um eine Rettung vor allem der bedrohten europäischen Juden bemühten[182]. Wie kein anderer unter den führenden amerikanischen Politikern fühlte er sich von der nationalsozialistischen Judenpolitik betroffen und versuchte auch zu handeln, wobei er immer wieder versuchte, in die Kompetenzen des State Department einzugreifen[183]. Aus diesem scheinbaren Paradox folgt, daß die der Wiedergutmachung zugrundeliegenden Motive nicht einfach in der moralischen oder politischen Empörung über den nationalsozialistischen Terror gesucht werden können. Der Gedanke materieller Entschädigung für Opfer des NS-Regimes entstand aus komplexeren Zusammenhängen heraus, in denen die Empörung über die nationalsozialistischen Verbrechen nur einen, für sich allein nicht ausschlaggebenden Bestandteil ausmachte.

Zu berücksichtigen ist, daß der Gedanke der Entschädigung für durch die Nationalsozialisten verfolgte Minderheiten im Kontext einer Nachkriegsplanung auftauchte, die die Einbeziehung Deutschlands in ein multilaterales Weltwirtschaftssystem vorsah. Die in diesem Konzept langfristig angestrebte Rehabilitierung Deutschlands setzte unter anderem die Entschädigung von Verfolgten des Nationalsozialismus voraus. Der Vorstellung Morgenthaus und anderer lag dagegen implizit die Annahme zugrunde, daß der Nationalsozialismus untrennbar mit dem deutschen Wesen verknüpft sei, eine Rehabilitierung Deutschlands würde deshalb früher oder später den Frieden erneut gefährden[184]. Die Anfänge der amerikanischen Wiedergutmachungspläne stehen also im Zusammenhang mit der Interpretation der historischen Wurzeln und Voraussetzungen des Nationalsozialismus und den daraus entwickelten Strategien zur Vermeidung einer erneuten Bedrohung des Friedens durch Deutschland – ein Ziel, über das sich prinzipiell alle Teile der an der Morgenthau-Debatte beteiligten Kräfte einig waren. Ein Einfluß der jüdischen Organisationen oder anderer Interessengruppen auf die Entschädigungsplanungen der US-Administration ist in diesem frühen Stadium nicht nachzuweisen. All diese Planungen entstanden primär aus dem Interessenhorizont der amerikanischen Deutschlandplaner.

Im Rahmen dieser Auseinandersetzung wurde wie erwähnt die Entschädigung für Verfolgte nicht explizit thematisiert. Dennoch war die Folge dieser Debatte, daß dieses Projekt vorerst vom Tisch war. Der Report on Reparation, Restitution, and Property-Rights wurde nicht, wie vom State Department gewünscht, Bestandteil der offiziellen amerikanischen Planungen über die künftige Behandlung Deutschlands. Bei den Versu-

---

[182] Vgl. insbesondere Wyman, Das Unerwünschte Volk, S. 254.
[183] The Memoirs of Cordell Hull in two Volumes, Vol. I, New York 1948, S. 207.
[184] Vgl. dazu etwa Dorn, Amerikanische Besatzungspolitik, S. 63 f.

chen, Kompromisse zwischen dem Außen-, Finanz- und Kriegsministerium auszuhandeln, denen dann auch Roosevelt zustimmen würde, beschränkte man sich notwendigerweise auf die zentralen Punkte. Dazu gehörten die Fragen der Reparationen und äußeren Restitutionen, nicht aber die der Entschädigung für Verfolgte. Die durch den politischen Konflikt bedingte Vereinfachung der Probleme verstellte so den Blick auf speziellere Fragen wie die Entschädigung der verfolgten Minderheiten, die 1944 nicht nur in der Perspektive Washingtons zweitrangig war. Diese Simplifizierung war zum Teil auch Resultat direkter Forderungen Roosevelts, der Außenminister Hull im Hinblick auf die deutschlandpolitischen Pläne seines Ministeriums bedeutete, er mache ungern detaillierte Pläne für ein Land, daß noch nicht besetzt sei[185].

So dominierten die Forderungen nach Reparationen und Restitutionen für die von den Deutschen verwüsteten Länder die Diskussion. Der erste Anlauf, die Frage der Entschädigung für Verfolgte des Nationalsozialismus im Zusammenhang mit der Reparationsfrage zu lösen, war damit im inneramerikanischen Entscheidungsprozeß steckengeblieben und fand dann zunächst auch keine Fortsetzung mehr bei den Verhandlungen der Alliierten, die von der Diskussion der umfangreichen Ansprüche der selbst geschädigten Staaten beherrscht wurden[186].

3. JCS 1067 und die Anfänge der Rückerstattung

Während also der vom State Department ausgegangene Versuch, materielle Entschädigungen zugunsten verfolgter Minderheiten zu erreichen, im Gefolge der Morgenthau-Debatte vorläufig unter den Tisch fiel, wurden an anderer Stelle die Ansprüche der Opfer des NS-Regimes wieder aufgegriffen. Die Auseinandersetzungen in Washington seit Spätsommer 1944 hatten gerade zu einem Zeitpunkt zu einer gewissen Lähmung der deutschlandpolitischen Planungen geführt, als seitens der Militärs der Ruf nach klaren Direktiven zur Behandlung des in absehbarer Zeit besiegten Deutschlands immer lauter wurde[187]. Am 22. September 1944 lag schließlich ein von War und State Department verfaßter Entwurf einer derartigen militärischen Direktive zur Behandlung des besetzten Deutschlands vor, dem auch das Finanzministerium zugestimmt hatte[188]. Der ursprüngliche Entwurf stammte aus der Civil Administration Division des War Department, Deputy Secretary John J. McCloy hatte entscheidenden Anteil daran[189]. Daraus wurde schließlich nach der Genehmigung durch die Joint Chiefs of Staff die Grundlage der endgültigen Direktive JCS 1067 an General Eisenhower über die Grundsätze seines Besatzungsregiments in der amerikanischen Zone.

[185] Roosevelt an Hull, 20.10.1944, in: FRUS, Conferences at Malta and Yalta 1945, Washington, D.C., 1955, S. 158.

[186] Siehe FRUS, Conferences at Malta and Yalta 1945. Vgl. auch Nübel, Amerikanische Reparationspolitik, S. 115 ff.

[187] Vgl. dazu Earl F. Ziemke, The U.S Army in the Occupation of Germany, 1944-1946, Washington, D.C., 1975, S. 98 ff. u. 102 ff.; Hammond, Washington Controversy, S. 389 ff.; Krieger, General Clay, S. 46 ff.; Dorn, Amerikanische Besatzungspolitik, S. 68 ff.

[188] Hull an Officer in Charge of the American Mission in the U.K., 27.9.1944, Enclosure: Directive to SHAEF Regarding the Military Government of Germany in the Period Immediately Following the Cessation of Organized Resistance (Post-Defeat), in: FRUS, Conferences at Malta and Yalta 1945, S. 142 ff.

[189] McCloy an Matthews, Deputy Director of the Office of European Affairs, 6.9.1944, Anhang: Interim Directive to SHAEF Regarding the Military Government of Germany in the Interim Period Immediately Following the Cessation of Organized Resistance (Post-Defeat), in: FRUS, Conference at Quebec 1944, S. 108 ff.

Als Anlage „C" enthielt JCS 1067 eine ökonomische Direktive. Darin wurde auch die Kontrolle weiter Teile des deutschen Vermögens geregelt, die zur Verwirklichung der Londoner Deklaration vom Januar 1943 über die Ungültigkeit der Vermögensänderungen in den besetzten Ländern diente. Doch ging JCS 1067 bereits in ihrer ersten Fassung vom September 1944 über den Rahmen der in der Londoner Erklärung aufgeführten Werte hinaus. Dort war ausdrücklich nur von dem in den deutsch besetzten Ländern entzogenen Vermögen die Rede, es handelte sich also um die völkerrechtlich übliche Forderung nach äußerer Restitution. Nun wurde jedoch auch solches Vermögen in die geplante Kontrolle einbezogen, das innerhalb Deutschlands geraubt oder unter Zwang verkauft worden war, wenngleich die endgültige Lösung dieser Frage noch auf einen späteren Zeitpunkt verschoben wurde[190].

JCS 1067 wurde mehrfach überarbeitet, wobei sich das Finanzministerium nachdrücklich für die Vermögenskontrolle in Deutschland einsetzte[191]. Der entscheidende Schritt erfolgte schließlich im Rahmen einer letzten Revision kurz vor Kriegsende. Am 26. April 1945 beriet das Informal Policy Committee on Germany (IPCOG) abschließend über die Financial Directive. Dabei warf Henry Morgenthau die Frage auf, ob eigentlich die Rückerstattung innerhalb Deutschlands geregelt sei. Gemeint war dabei das den Juden, den Kirchen oder anderen Privatpersonen geraubte oder abgenötigte Eigentum. Morgenthau beunruhigte die Tatsache, daß die Franzosen in Nordafrika bei der Rückerstattung der dort entzogenen Vermögen nur zögerlich vorgingen, weshalb er Vorkehrungen gegen eine Wiederholung dieser Situation in Deutschland zu treffen wünschte. Sein Mitarbeiter Frank C. Coe verwies ihn auf die in der Direktive festgelegte „Sperrprozedur für innere Rückerstattung, und daß diese dazu bestimmt sei, eben diesen Rückerstattungsprozeß zu beschleunigen"[192]. Diese Bemerkung stellt außer Zweifel, daß die Einbeziehung des in Deutschland entzogenen Eigentums in die Vermögenskontrolle von Anfang an als vorbereitende Maßnahme zur Rückerstattung gedacht war.

Doch waren sowohl General Hilldring vom War Department als auch William C. Clayton, Staatssekretär im State Department, einer Meinung mit Morgenthau, daß es besser sei, die Rückerstattung auch explizit als Ziel in die Direktive aufzunehmen, da mit der Einbeziehung des geraubten Eigentums in die Vermögenskontrolle nur der erste Schritt getan sei. Hilldring betonte, die Angelegenheit sei zu wichtig, um sie in das Belieben des Kontrollrats zu stellen. Vielmehr sollte Eisenhower als Zonenkommandant zu konkreten Maßnahmen verpflichtet werden. Damit war auch Morgenthau einverstanden, und so einigte man sich darauf, die bisherige Forderung nach der Kontrolle des in Deutschland geraubten oder unter Zwang verkauften Vermögens entsprechend zu ergänzen. Eisenhower wurde nunmehr ausdrücklich angewiesen, „Maßnahmen zur sofortigen Rückerstattung (zu) ergreifen"[193].

Die Rückerstattung des aus Gründen rassischer, religiöser oder politischer Verfolgung entzogenen Vermögens war somit in der dritten Fassung der JCS 1067, die am 11. Mai 1945 von Roosevelts Nachfolger Harry S. Truman bestätigt wurde, als verbindliche

[190] Ebenda, Appendix „C", Economic Directive, ebenda S. 153.
[191] Vgl. Hammond, Washington Controversy, S. 405 ff.
[192] Protokoll der Sitzung des Informal Policy Committee on Germany vom 26. 4. 1945, in: Morgenthau Diaries, Bd. II, S. 1243 ff.
[193] Ebenda.

Anordnung an den amerikanischen Oberbefehlshaber enthalten[194]. Anders als die ein
Jahr zuvor formulierten Entschädigungspläne des State Departments, in denen die
Rückerstattung in natura zugunsten einer ersatzweisen Entschädigung abgelehnt wor-
den war, hatte die von Morgenthau persönlich inspirierte Forderung, daß Eisenhower
wenigstens im amerikanischen Einflußbereich die innere Rückerstattung entzogenen
Eigentums durchführen sollte, die Zustimmung aller Beteiligten, einschließlich des War
und des State Departments, gefunden. Es war ein Minimalkonsens, wie es dem Charakter der JCS 1067 entsprach. Morgenthau war es dabei gelungen, den Vorschlag auf
Entschädigungszahlungen aus der laufenden Produktion zu Fall zu bringen, denn die
Rückerstattung des entzogenen Vermögens mußte aus der wirtschaftlichen Substanz
Deutschlands geleistet werden. Dies war kompatibel mit einer Konzeption zur Verhin-
derung des ökonomischen Wiederaufstiegs Deutschlands, da im Gegensatz zu den
früheren Plänen des State Department nicht vorgesehen war, die Produktion anzukur-
beln, um aus den Erträgen Entschädigungen bezahlen zu können.

---

[194] JCS 1067 vom 11.5. 1945, Abs. 48, in: Um den Frieden mit Deutschland. Dokumente zum Problem der
deutschen Friedensordnung 1948, hrsg. v. W. Cornides u. H. Volle, Oberursel (Ts.) 1948, S.58-73, hier:
S.72. Vgl. dazu auch Hammond, Washington Controversy, S.427.

Zweites Kapitel: Erste Schritte nach dem Ende der nationalsozialistischen Herrschaft – Fürsorge und Rehabilitierung (1945–1947)

I. Das Pariser Reparationsabkommen und die nichtrepatriierbaren Flüchtlinge

Die USA hatten während des Krieges keinen Versuch gemacht, die Problematik der Entschädigung von Verfolgten des Nationalsozialismus im Zusammenhang der Reparationsfrage mit ihren Alliierten zu diskutieren. Das lag vor allem daran, daß kein inneramerikanischer Konsens in dieser Frage erreicht worden war. Erst kurz nach Kriegsende wurde ein Anlauf unternommen, der bezeichnenderweise an der Frage der von den Nationalsozialisten vertriebenen staatenlosen Flüchtlinge ansetzte, die in der US-Administration bei der Herausbildung eines Problembewußtseins hinsichtlich der nationalsozialistischen Verfolgung eine Schlüsselstellung eingenommen hatte.

In Jalta hatten sich Großbritannien, die Sowjetunion und die USA auf das Prinzip der deutschen Reparationspflicht geeinigt und einen gemeinsamen Ausschuß gegründet, der in Moskau die Einzelheiten der geplanten Regelung festlegen sollte. Zum Leiter der US-Delegation, die am 20. Mai 1945 nach Moskau aufbrach, bestimmte Präsident Truman Edwin W. Pauley, einen erfolgreichen Geschäftsmann und Makler[1]. Dieser erörterte vor seiner Abreise mit Truman auch die Möglichkeit, ein Abkommen anzustreben, wonach ein Teil der als Reparationen zu erbringenden Sachleistungen zugunsten staatenloser Personen, die von den Deutschen beraubt worden waren, verfügbar gemacht werden sollte. Der Präsident reagierte positiv auf diesen Vorschlag, hielt es aber noch für verfrüht, eine endgültige Entscheidung in dieser Angelegenheit zu treffen[2].

Nach dem weitgehenden Fehlschlag der Moskauer Reparationskonferenz wurde auf der Potsdamer Konferenz im Juli und August 1945 einen letztes Mal gemeinsam versucht, die strittig gebliebenen Fragen zu klären. Pauley, der wiederum die amerikanische Delegation leitete, verlor dort seinen früheren Gedanken nicht aus den Augen und entwickelte einen Vorschlag, der die staatenlosen Personen an den Reparationen beteiligen sollte[3]. Doch bei den Verhandlungen in Potsdam ergaben sich erneut Schwierigkeiten, weshalb es Pauley wiederum nicht opportun schien, seinen Vorschlag zu präsentieren. So hielt er seinen Entwurf zunächst zurück und schickte ihn erst Ende August an

---

[1] Vgl. zu den Reparationsverhandlungen in Jalta, Moskau und Potsdam insbes. Otto Nübel, Die amerikanische Reparationspolitik gegenüber Deutschland 1941-1945, hrsg. v. Bundesministerium für Innerdeutsche Beziehungen, Frankfurt a.M. 1980, S. 158.

[2] Edwin W. Pauley an Secretary of State James F. Byrnes, 29. 8. 1945, Anlage zu Repmem 3, Reparation and Restitution for Victims of Nazi Persecution, 12. 11. 1945, USNA, RG 43, Lot M 88, Box 11.

[3] Pauley, August 1945, „Reparations and Restitution for Stateless Persons – Summary", USNA, RG 43, Lot M 88, Box 11.

Außenminister Byrnes, in der Hoffnung, daß ihn dieser auf der bevorstehenden Londoner Außenministerkonferenz präsentieren könnte[4].

Pauleys Memorandum ging von der gängigen Definition der Reparationen aus, wonach der besiegte Staat den Siegerstaaten eine Kriegsentschädigung zahlt. Die Ansprüche von Privatpersonen, deren Eigentum durch Deutschland vernichtet worden war, würden in der Regel durch ihre Regierungen vertreten. Doch gebe es niemanden, der die Ansprüche der Hunderttausenden von Menschen, die von Anfang an gegen Hitler gekämpft hätten und von den Nationalsozialisten ausgeraubt worden seien, verfechte, da diese staatenlos geworden seien. Deshalb schlug Pauley vor, eine internationale Kommission zu gründen, die anstelle einer Regierung die Interessen der staatenlosen Personen gegen Deutschland vertreten solle. Diese müßte einen bestimmten Anteil an den Reparationen erhalten und damit die Unterstützung, Rehabilitierung und Wiederansiedlung dieser staatenlosen Personen finanzieren[5]. Pauley zielte also auf solche Folgen der nationalsozialistischen Politik, die sich im Rahmen des traditionellen Völkerrechts, das auf souveräne Nationalstaaten abhob, nicht bewältigen ließen. Der Umstand, daß eine noch unabsehbar große, aber vermutlich in die Hunderttausende gehende Zahl von staatenlosen Menschen entwurzelt in der Welt herumirrte und vorhandene soziale Probleme verschärfte, hatte ja bereits seit den dreißiger Jahren für Beunruhigung gesorgt, das State Department seit 1943 zu Planungen angeregt und harrte nun einer Lösung.

Besonders interessiert an dieser Frage waren die internationalen jüdischen Organisationen. Der World Jewish Congress bildete im Oktober 1945 zusammen mit der Jewish Agency und der American Jewish Conference ein Komitee zu dem Zwecke, einen gemeinsamen jüdischen Reparationsanspruch zu erheben[6]. Den ersten wichtigen Schritt dazu hatte bereits Chaim Weizmann mit einem Schreiben an die vier Siegermächte vom 20. September unternommen, das auf den von Bernhard Joseph formulierten Argumenten beruhte[7]. Weizmann forderte, daß das jüdische Volk bei den bevorstehenden Verhandlungen über die Aufteilung der von Deutschland zu zahlenden Reparationen berücksichtigt werden müsse. Der ihm zukommende Anteil sollte der Jewish Agency anvertraut werden, die damit die Rehabilitierung und Ansiedlung jüdischer Opfer des NS-Regimes in Palästina betreiben sollte[8]. Weizmann konzentrierte sich in diesem Schreiben auf die kollektiven jüdischen Forderungen. Zugleich kündigte er aber für die Zukunft auch gemeinsame Schritte der jüdischen Organisationen in der Frage der individuellen Forderungen nach Rückerstattung und Entschädigungen an.

Am 19. Oktober traf eine Delegation des gemeinsamen jüdischen Komitees unter Führung Nahum Goldmanns im State Department mit Staatssekretär Dean Acheson und einigen anderen Beamten zusammen, um den Brief Weizmanns persönlich zu übergeben. Goldmann unterstrich, daß sie als Vertreter des gesamten jüdischen Volkes sprächen und insbesondere die staatenlosen europäischen Juden verträten. Auf Nachfrage erklärte Goldmann, staatenlos sei auch jeder, der nicht mehr heimkehren wolle.

[4] Ebenda.
[5] Ebenda.
[6] Vgl. dazu auch Leon Kubowitzki, Unity in Dispersion, A History of the World Jewish Congress, New York 1948, S. 270 f.
[7] Vgl. dazu Erstes Kapitel, Abschnitt II. 4.
[8] Chaim Weizmann to the Secretary of State, 20. 9. 1945, in: Foreign Relations of the United States (FRUS), 1945, Bd. III: European Advisory Commission, Austria, Germany, Washington, D.C., 1968, S. 1302-1305.

Das bezog sich vor allem auch auf diejenigen polnischen Juden, denen die Staatsbürgerschaft zwar nicht aberkannt worden war, die aber nicht mehr in ihrer ehemaligen Heimat leben wollten. Goldmann unterschied dabei zwei Kategorien von Ansprüchen, nämlich einmal Rückerstattung und Entschädigung und zum anderen Reparationen. Bei ersteren ginge es insbesondere um den geraubten jüdischen Besitz, der einschließlich des nunmehr erbenlosen Vermögens Eigentum der jüdischen Nation sei. Hier beschränkte sich Goldmann im Anschluß an Weizmann zunächst auf die Ankündigung späterer Initiativen. Den unmittelbaren Anlaß für seinen Besuch bildete hingegen der Wunsch, im Rahmen der gegenwärtig laufenden Verhandlungen der Siegermächte über die Aufteilung der Reparationen berücksichtigt zu werden[9].

Parallel dazu wandte sich Jacob Blaustein vom American Jewish Committee an US-Außenminister Byrnes. Blaustein war eine der zentralen jüdischen Figuren im Kampf um die Wiedergutmachung. Er stützte sich auf ein bedeutendes Wirtschaftsimperium im Bereich der Erdölindustrie sowie auf erstklassige politische Kontakte in Washington. Ihm standen die Türen zu den obersten Etagen der US-Administration, einschließlich des Präsidenten, offen[10]. Blaustein wies Byrnes gleichfalls auf das Problem hin, daß deutsche sowie staatenlose und nichtrepatriierbare Juden – so wie die Dinge jetzt lägen – keine Ansprüche geltend machen könnten und mahnte „eine kollektive Verantwortung der Vereinten Nationen"[11] für diese Menschen an. Er schlug vor, einen bestimmten Prozentsatz der deutschen Reparationen abzuzweigen und von einer Treuhandschaft der Vereinten Nationen verwalten zu lassen. Diese „United Nations Trusteeship of Indemnifications" – also kein explizit jüdisches Kollektiv – sollte als Statthalter der Reparationsansprüche deutscher, staatenloser und nichtrepatriierbarer Juden auftreten. Damit standen seine Forderungen in einem gewissen Gegensatz zu denen Nahum Goldmanns, dem Repräsentanten der Jewish Agency. Blausteins Vorschläge bewegten sich stärker auf der Linie, die bereits Pauley in der Diskussion der US-Administration eingeschlagen hatte, allerdings beschränkt auf jüdische Verfolgte.

Auch im State Department wurde der Gedanke von Reparationen für die staatenlosen Verfolgten vor allem entlang der Vorschläge Pauleys weiterentwickelt. Dabei lockte das State Department insbesondere auch die Aussicht, durch einen Anteil an den Reparationen eine unabhängige, nichtamerikanische Finanzierungsquelle für die Hilfsaktionen des Inter-Governmental Committee on Refugees zugunsten deutscher und österreichischer nichtrepatriierbarer Personen zu gewinnen[12]. Als im Oktober James W. Angell neuer Vorsitzender der US-Delegation bei der alliierten Reparationskommission wurde, beauftragte ihn Byrnes in seiner Ernennung auch ausdrücklich damit, „bei den Treffen der alliierten Reparationskommission in Paris die Auf-

[9] Department of State. Memorandum of Conversation, Nahum Goldmann, Maurice Perlzweig, Dean Acheson u.a. 19.10.1945, USNA, RG 59, 740.00119 EW/9-2045.
[10] Vgl. Brief Biographic Scetch of Jacob Blaustein, 1.12.1967, AJC-Archiv, Blaustein Library, Restitution & Indemnification.
[11] Blaustein an Byrnes, 17.10.1946, YIVO-Archiv, RG 347, AJC-Records, GEN-10, Box 281. Zu den Bemühungen Blausteins und des American Jewish Committee vgl. auch AJC Contributions to Postwar Economic Rehabilitation of Jewish Victims of Nazi Persecution, September 1965, AJC-Archiv, JSX, Subject Restitution 65-66.
[12] War Department an OMGUS, 23.8.1946, IfZ-Archiv, MF 260, OMGUS, AG 1948/184/1. Vgl. auch Ronald Zweig, German Reparations and the Jewish World: A History of the Claims Conference, Boulder u. London 1987, S.3.

fassung der Vereinigten Staaten bezüglich Reparationen und Rückerstattung für die deutschen Opfer der Nazi-Verfolgung zu vertreten"[13].

In Paris verhandelten 18 alliierte Staaten vom 9. November bis 21. Dezember über die Aufteilung der Reparationsanteile aus den westlichen Besatzungszonen. Bei dieser Gelegenheit versuchte die US-Delegation nunmehr nachdrücklich, einen Anteil für staatenlose, nichtrepatriierbare Verfolgte des Nationalsozialismus zu erreichen. Im Reisegepäck führte sie ein Memorandum mit, worin die allgemeinen Grundsätze der Entschädigung für aus rassischen, religiösen oder politischen Gründen verfolgte Personen festgelegt waren[14]. In der Substanz handelte es sich dabei um eine Präzisierung der Vorschläge Pauleys. So sollte eine internationale Behörde geschaffen werden, die einen Anteil an den Reparationen erhalten und zugunsten der großen Zahl von Verfolgten, die durch keine Regierung vertreten würden, zu verteilen hätte. Die Verfolgten wurden hier in mehrere Gruppen eingeteilt: Die erste Gruppe bildeten demnach diejenigen Verfolgten, die in Deutschland geblieben waren oder dorthin zurückkehren würden. Die Entschädigung für diesen Kreis galt als ein inneres deutsches Problem, mit dem sich in erster Linie der Alliierte Kontrollrat und die Zonenkommandeure zu befassen hätten. In diesem Zusammenhang wurde auch darauf verwiesen, daß Eisenhower angewiesen worden sei, sich um eine schleunige Rückerstattung entzogener Vermögen zu bemühen. Dieser Gruppe wurden drei andere gegenübergestellt: Verfolgte aus ehemals vom Deutschen Reich besetzten Ländern, nicht rückkehrwillige Flüchtlinge aus Deutschland sowie staatenlose Personen im allgemeinen. Letztere besäßen ohnehin keine Regierung, die ihre Ansprüche vertreten würde, doch auch unter den anderen gäbe es viele, die aus politischen oder anderen Motiven nicht mehr in ihre Heimat zurückkehren wollten. Das hieß, eine große Zahl von Opfern des NS-Regimes war ohne Vertretung durch eine Regierung und deshalb in gewisser Hinsicht der vorgeschlagenen internationalen Behörde schutzbefohlen.

Auch diese Überlegungen fußten auf dem brennenden Problem der Existenz einer großen entwurzelten Menschengruppe ohne Daseinsgrundlage, die bedürftig der Völkergemeinschaft zur Last fiel. Deshalb war hier erneut das Prinzip festgehalten worden, daß „Reparationen, die diese Behörde erhalten würde, nur denjenigen zukommen sollten, die Hilfe bei ihrer Rehabilitierung oder Wiederansiedlung benötigten, und nicht auf der Grundlage irgendeines Rechtsanspruchs auf Entschädigung verteilt werden sollten"[15]. Zur Finanzierung dieser Behörde schlug das Memorandum vor, erstens einen bestimmten Prozentsatz der Reparationen (etwa ein oder zwei Prozent) und zweitens das nichtmonetäre Gold, Edelsteine usw., das die Nationalsozialisten ihren Opfern geraubt hatten, zu verwenden.

Am 13. November übergab US-Delegationsleiter Angell der britischen und französischen Delegation eine Zusammenfassung des US-Standpunkts über die Zuteilung eines Anteils an den deutschen Reparationen für heimatlose Opfer Nazi-Deutschlands[16]. Angell klärte die Sache erst mit den Briten ab, bevor er das Projekt dem Plenum vorlegte. Diese reagierten zunächst zurückhaltend, hätten sie es doch offensichtlich

[13] Byrnes an James W. Angell, 24.10.1945, in: FRUS 1945 III, S.1359.
[14] Siehe zum folg. Repmem 3: Reparation and Restitution for Victims of Nazi Persecution, 12.11.1946, USNA RG 43, Lot M 88, Box 11.
[15] Ebenda.
[16] Angell, „Note on Allocating a Share of German Reparations for Displaced Victims of Nazi Germany", 13.11.1945, USNA, RG 59, 740.00119 EW/9-2045.

lieber gesehen, wenn die Flüchtlinge wieder in ihre Heimatländer zurückkehrten, statt nun Unterstützung zu beanspruchen und am Ende auch noch die britische Palästina-Politik in Schwierigkeiten zu bringen[17].

Heftige, anders begründete Kritik übten am 30. November Gray und Gottschalk, zwei Vertreter des American Jewish Committee. Sie unterbreiteten Angell eine Reihe von Wünschen, die vom State Department auch geprüft wurden, aber keinen besonderen Eindruck hinterließen. Immerhin aber stimmte das State Department ihrer Auffassung zu, daß es sich bei der eingeleiten Aktion nur um eine vorläufige Maßnahme handele[18]. Auch der Jüdische Weltkongreß war durch Nehemiah Robinson, der sich dort als Beobachter aufhielt, in Paris vertreten[19]. Doch gelang es den jüdischen Organisationen insgesamt nicht, irgendeinen nennenswerten Einfluß auf Verlauf und Ergebnisse dieser Konferenz zu nehmen.

Bevor der amerikanische Entwurf am 10. Dezember dem Plenum der Pariser Konferenz vorgelegt wurde, hatte er bereits eine Reihe von Modifikationen durchlaufen, die vor allem auf britische Intervention zurückgingen[20]. Die anschließenden Verhandlungen verliefen zäh. Ausdauernd wurde um die Höhe der Leistungen und die genaue Definition der Anspruchsberechtigten gerungen. So wollten etwa die französischen, jugoslawischen und tschechoslowakischen Delegationen auch die republikanischen Spanien-Flüchtlinge in diese Regelung einbezogen wissen, was aber das State Department strikt ablehnte[21]. Schließlich setzten sich die amerikanischen Grundvorstellungen weitgehend durch. Artikel 8 der Pariser Vereinbarungen vom 21. Dezember 1945 enthielt die Bestimmung, daß alles von den alliierten Armeen in Deutschland aufgefundene ungemünzte Gold (dahinter verbargen sich die den ermordeten Opfern abgenommenen Wert- und Schmucksachen) für die Rehabilitierung und Wiederansiedlung nichtrepatriierbarer Opfer des Nationalsozialismus verwendet werden sollte. Als weitere Finanzierungsquellen für diesen Zweck nannte das Abkommen die deutschen Auslandsvermögen in Schweden, der Schweiz und Portugal, aus denen man einen Betrag von 25 Mio. Dollar abzuzweigen wünschte, sowie das erbenlose Eigentum verstorbener Verfolgter des Nationalsozialismus in neutralen Staaten[22].

Ausdrücklich wurde darauf verwiesen, daß der Fonds nicht zur Befriedigung individueller Entschädigungsansprüche, sondern zur Rehabilitierung und Wiederansiedelung „echter Opfer der NS-Verfolgung"[23] und ihrer engsten Angehörigen gedacht war. Darunter fielen Flüchtlinge aus Deutschland und Österreich (in besonderen Fällen auch solche, die erst noch aus Deutschland auswandern wollten) sowie Angehörige der vom Deutschen Reich besetzten Länder, sofern sie in einem KZ inhaftiert gewesen waren. Dafür enthielt das Abkommen aber auch die explizite Bestimmung, daß dadurch keine

---

[17] Britische Antwort vom 19. 11. 1945 und US-Kommentar, Jefferson Caffery (US-Botschafter in Paris) an Byrnes, 2. 12. 1945, in: FRUS 1945 III, S. 1437 f.

[18] Byrnes an Caffery, 10. 12. 1945, in: FRUS 1945 III, S. 1452.

[19] Vgl. Nana Sagi, Wiedergutmachung für Israel. Die deutschen Zahlungen und Leistungen, Stuttgart 1981, S. 40.

[20] US Reparations Delegation, CPR/Doc. 48, 7. 12. 1945, Paris Conference on Reparations. „Proposed Recommendation of Reparation Share for Non-Repatriable Victims of German Action", USNA, RG 43, Lot M 88, Box 11.

[21] Siehe dazu insbesondere FRUS 1945 III, S. 1454–1475; sowie Material in USNA, RG 43, Lot M 88, Box 11.

[22] Final Act and Annex of the Paris Conference on Reparation, Part I, Art. 8: „Allocation of a Reparation Share to Non-Repatriable Victims of German Action", in: Department of State Bulletin, Bd. XIV, Nr. 343, 27. 1. 1946, S. 118 f.

[23] Vgl. ebenda.

künftigen individuellen Ansprüche gegen das Deutsche Reich geschmälert würden. Erneut wurde damit deutlich gemacht, daß es hier primär um Sofortmaßnahmen zur Eindämmung des infolge der nationalsozialistischen Politik entstandenen Flüchtlingsproblems ging und weniger um die Wiederherstellung geschädigter Rechte.

Die genauen Modalitäten der Verteilung und Verwaltung dieser Mittel wurden erst auf einer weiteren Konferenz der Regierungen der Vereinigten Staaten, Großbritanniens, Frankreichs, der Tschechoslowakei und Jugoslawiens mit dem Intergovernmental Committee for Refugees im Juni 1946 in Paris festgelegt[24]. Am 14. Juni unterzeichneten die fünf Regierungen ein Abkommen, worin Artikel 8 des Pariser Abkommens unter anderem dahingehend präzisiert wurde, daß 90 Prozent der Beträge für jüdische Flüchtlinge ausgegeben werden sollten, da sie den Großteil der nichtrepatriierbaren Flüchtlinge bildeten. Die für die nichtjüdischen Betroffenen verfügbaren 10 Prozent sollten durch das Intergovernmental Committee for Refugees oder eine entsprechende Nachfolgeorganisation verwaltet werden. Der für die Rehabilitierung und Wiederansiedlung jüdischer Flüchtlinge zur Verfügung stehende Betrag kam hingegen dem American Joint Distribution Committee und der Jewish Agency for Palestine für ihre Hilfstätigkeit zu[25].

Damit hatten die jüdischen Organisationen einen Erfolg verbuchen können. Es war anerkannt worden, was ohnehin auf der Hand lag, daß nämlich die meisten der nichtrepatriierbaren Opfer des Nationalsozialismus Juden waren, daß sie ein Recht auf Unterstützung hatten und daß der American Joint und die Jewish Agency als die Vertreter des jüdischen Anspruches angesehen wurden. In ihrem Verständnis stellte dies die Anerkennung eines jüdischen Kollektivanspruches dar[26]. Aus der Perspektive der Vereinigten Staaten, die dieses Abkommen initiiert hatten, und der anderen Signatarmächte war der kollektive Charakter dieser Leistungen aber eigentlich eher eine Verlegenheitslösung, die nicht zuletzt dem geringen Umfang der zur Verfügung stehenden Mittel Rechnung trug. Durch die Konzentration der Mittel auf einige Hilfsorganisationen sollten sie möglichst effektiv zur Linderung der dringendsten Nöte der nichtrepatriierbaren Flüchtlinge beitragen. Die Grundintention war mehr auf fürsorgliche Beseitigung eines internationalen Mißstandes als auf Wiederherstellung geschädigter Rechte gerichtet.

Dieser Ast der Wiedergutmachung trug nur wenig Früchte. Es bereitete große Mühe, die in dem Abkommen festgelegten Beträge überhaupt einzutreiben. Sowohl die Verwertung des ungemünzten Goldes als auch Zahlungen aus dem deutschen Vermögen in den neutralen Ländern ließen lange Jahre auf sich warten. Überdies waren die ca. 30 Mio. Dollar, die unter Bezug auf das Abkommen insgesamt aufgebracht wurden, ohnehin nur ein Tropfen auf den heißen Stein[27]. Doch blieb das Pariser Abkommen auf mehrere Jahre hinaus der einzige Versuch, einen kollektiven Entschädigungsanspruch

[24] Vgl. dazu Eli Ginzberg, Reparation for Non-Repatriables, in: Department of State Bulletin, Bd. XV, July-Dec. 1946, S. 56 u. 76; Schalom Adler-Rudel, Aus der Vorzeit der kollektiven Wiedergutmachung, in: In zwei Welten. Siegfried Moses zum 75. Geburtstag, hrsg. v. Hans Tramer, Tel Aviv 1962, S. 214 f.; Sagi, Wiedergutmachung für Israel, S. 40 f.

[25] Agreement Pertaining to Reparation Funds for Non-Repatriable Victims of German Action, 14. 6. 1946, in: Department of State Bulletin, Vol. XV, July-Dec. 1946, S. 71-73.

[26] Vgl. Adler-Rudel, Vorzeit der kollektiven Wiedergutmachung, S. 216; Sagi, Wiedergutmachung für Israel, S. 42.

[27] Vgl. Adler-Rudel, Vorzeit der kollektiven Wiedergutmachung, S. 215 f.; Sagi, Wiedergutmachung für Israel, S. 41 f.

zugunsten von Verfolgten des Nationalsozialismus durchzusetzen. Die unmittelbare Nachkriegssituation hatte für einige Zeit die letzte Gelegenheit geboten, Ansprüche gegen Deutschland als Ganzes zu stellen, waren doch gerade bei den Reparationsverhandlungen starke Gegensätze unter den Alliierten sichtbar geworden. Für eine Reihe von Jahren mußten alle Forderungen von der Tatsache ausgehen, daß Deutschland in Besatzungszonen geteilt war, die nur anfänglich mehr schlecht als recht durch den Alliierten Kontrollrat koordiniert waren.

II. Alliierte und amerikanische Konzepte zur Betreuung der Verfolgten des Nationalsozialismus in Deutschland

1. Vorbereitungen im European Advisory Committee

Vor und während des Krieges und auch noch auf der Pariser Reparationskonferenz gelangten in erster Linie diejenigen Opfer des Nationalsozialismus, die aus dem Deutschen Reich geflohen waren, in den Problemhorizont der USA und ihrer Alliierten. Dies änderte sich jedoch, als die alliierte Besetzung Deutschlands bevorstand: Nun mußte die Frage beantwortet werden, was aus den Insassen der nationalsozialistischen Konzentrationslager und Gefängnisse auf deutschem Boden werden sollte. Aus dem grundsätzlichen Ziel der Zerschlagung des nationalsozialistischen Systems ergab sich so auch die Notwendigkeit, hier tätig zu werden. Dabei ging es zunächst nicht um die Entschädigung der an diesen Menschen begangenen Verbrechen, sondern um Schritte, die der Fürsorge und Rehabilitierung dienten. In diesem Kontext wurde die Definition der nationalsozialistischen Verfolgung und der davon betroffenen Gruppen, die bislang vor allem im Zusammenhang des Flüchtlingsproblems stand, fortentwickelt. Zudem ergaben sich hier bereits Ansatzpunkte für künftige weiterreichende Maßnahmen der materiellen Entschädigung.

Schon bei den Beratungen der European Advisory Commission in London seit Januar 1944, in denen es um eine gemeinsame Politik der Alliierten für die Zeit unmittelbar nach der deutschen Kapitulation ging, hatte dieses Problem immer wieder eine Rolle gespielt[28]. Es kristallisierte sich bald ein alliierter Grundkonsens heraus, der einerseits die Befreiung der politischen Gefangenen in Deutschland, andererseits die Beseitigung von Diskriminierungen aus rassischen, religiösen, politischen und anderen Gründen einschloß. Die damit ins Auge gefaßten Maßnahmen waren schon für den Fall der Niederlage des faschistischen Italiens gefordert worden[29] und trugen vorläufigen Charakter. Sie standen in engem Zusammenhang mit der angestrebten Zerschlagung der Machtgrundlagen der nationalsozialistischen Herrschaft und besaßen zunächst nur eine begrenzte Perspektive.

Nach mehrmonatigen Verhandlungen in London hatten sich die USA, Großbritannien und die Sowjetunion darauf geeinigt, einen gemeinsamen, verhältnismäßig knap-

---

[28] Zur European Advisory Commission vgl. Hans-Günter Kowalski, Die „European Advisory Commission" als Instrument alliierter Deutschlandplanung 1943-1945, in: Vierteljahrshefte für Zeitgeschichte (VfZ) 19 (1971), S. 261-293.

[29] Policy and Administration in Connection with the Military Operations in Italy, Joint Note by Mr. Hull and Mr. Eden, Moskau, 23. 10. 1943, in: FRUS 1943, Bd. I: General, Washington, D.C., 1963, S. 715-719, hier: S. 716.

pen Entwurf für die bedingungslose Kapitulation Deutschlands zu verfassen, der später durch detaillierte Direktiven zur Regelung von Einzelfragen ergänzt werden sollte. In der EAC-Sitzung vom 25. Juli 1944 wurde er beschlossen[30]. Im Anschluß an eine Bestimmung über die Behandlung der alliierten Kriegsgefangenen regelte der Artikel 6(b), daß die deutschen Behörden in gleicher Weise auch alle anderen gefangenen Bürger der Vereinten Nationen freilassen sollten und für diese zu sorgen hätten. Eine entsprechende Regelung trafen die Alliierten hier aber auch zugunsten derjenigen Personen, die „aus politischen Gründen oder in Folge irgendwelcher NS-Handlungen, Gesetze oder Verordnungen, die aus Gründen der Rasse, des Glaubensbekenntnisses oder der politischen Überzeugung" diskriminiert, inhaftiert waren[31]. Damit war also ein knappes Jahr vor Kriegsende festgelegt, daß Verfolgte des Nationalsozialismus befreit werden und Anspruch auf Betreuung durch die deutschen Behörden haben sollten. Die alliierte Definition der nationalsozialistischen Verfolgung griff dabei die Kriterien auf, die sich im Zuge der Diskussion um das deutsche Flüchtlingsproblem herauskristallisiert hatten: rassische, religiöse und politische Motive der Verfolgung wurden hier zugrundegelegt.

Anstelle der zunächst geplanten detaillierten Direktiven zu einzelnen Punkten der Kapitulationserklärung entstand in der EAC schließlich eine allgemeine Anweisung, die die dort festgelegten Punkte präzisierte[32]. Nach langwierigen Verhandlungen unterzeichneten die Vertreter der – nach der zwischenzeitigen Aufnahme Frankreichs in den Kreis der Siegermächte – vier Delegationen am 25. Juli 1945 in London ein „Abkommen über die Auferlegung bestimmter zusätzlicher Forderungen an Deutschland"[33]. Der Alliierte Kontrollrat verkündigte das Abkommen schließlich am 20. September als Proklamation Nr. 2. Hier waren noch einmal die Abschaffung der diskriminierenden Gesetzgebung sowie das Verbot der Diskriminierung aus rassischen, religiösen und politischen Gründen bzw. wegen Unterstützung der Vereinten Nationen aufgeführt[34]. Doch ging die Anordnung in einer Beziehung bereits über die bisher genannten Maßnahmen hinaus. Absatz 42(b) bestimmte die Gültigkeit künftiger Anordnungen des Alliierten Kontrollrats in Bezug auf das Eigentum, die Rechte, Ansprüche und Interessen von rassisch, religiös und politisch Verfolgten[35]. Hier zeigte sich die gemeinsame Absicht der Alliierten, über die elementaren Maßnahmen zur Befreiung und Beseitigung der Diskriminierung von Verfolgten des Nationalsozialismus hinaus auch weiterführende Schritte zu deren Gunsten zu unternehmen.

---

[30] Minutes of the Seventh Formal Meeting of the European Advisory Commission, London, 25.7. 1944, in: FRUS 1944, Bd. I: General, Washington, D.C., 1971, S. 252-261, dort auch Text des „Unconditional Surrender of Germany", S. 256-261. Auf diesem Text beruhte dann die am 12.5. 1945 veröffentlichte „Erklärung in Anbetracht der Niederlage Deutschlands und der Übernahme der obersten Regierungsgewalt hinsichtlich Deutschlands, in: Amtsblatt des Kontrollrats in Deutschland, 1945, Ergänzungsblatt Nr. 1, S. 7ff.

[31] Minutes of the Seventh Formal Meeting of the European Advisory Commission, London, 25.7. 1944, in: FRUS 1944 I, S. 259.

[32] Zur Geschichte der „Zusätzlichen Anordnungen" vgl. insbesondere das Memorandum von Moseley v. 19.6. 1945, The „General Order" or Agreement on Additional Requirements, in: FRUS 1945 III, S. 524-526.

[33] Siehe dazu Report on the Work of the EAC, 10.9. 1945, in: FRUS 1945 III, S.554; Text des Abkommens in FRUS 1945II, Conference of Berlin (Potsdam), Washington, D.C., 1960, S.1011ff.

[34] Amtsblatt des Kontrollrats in Deutschland, Nr. 1, 29.10. 1945, Abs. 42 a, 43, S. 8-19, hier: S. 18.

[35] Ebenda.

2. Koordinierungsversuche im Alliierten Kontrollrat

Die ersten Maßnahmen des Alliierten Kontrollrats standen, soweit sie die Opfer des Nationalsozialismus betrafen, noch ganz im Zeichen der Diskussionen der EAC, deren Auflösung auf der Potsdamer Konferenz beschlossen worden war. Kontrollratsgesetz Nr. 1 verfügte am 20. September 1945 die Aufhebung aller aus rassischen, religiösen und politischen Gründen diskriminierenden NS-Gesetzgebung[36]. Diese Maßnahme, über die schon seit 1943 Übereinstimmung unter den Alliierten geherrscht hatte, war auch noch einmal ausdrücklich im Potsdamer Abkommen verankert worden[37]. Die Kontrollrats-Proklamation Nr. 3 über Grundsätze für die Umgestaltung der Rechtspflege sah ergänzend die Aufhebung von Verurteilungen aus rassischen, religiösen und politischen Gründen vor[38].

Tatsächlich wurde auf Kontrollratsebene über einige Zeit hinweg versucht, eine gemeinsame Politik hinsichtlich der Verfolgten auf deutschem Boden festzulegen. Doch gelangte diese insgesamt nicht über Fürsorgemaßnahmen hinaus. Die Beschäftigung mit diesen Fragen war dabei allerdings auf verschiedene Kontrollrats-Direktorate verteilt. Zum Beispiel wurde auf französischen Vorschlag Anfang 1946 über eine Steuerbefreiung für Verfolgte beraten, doch fand dies keine Zustimmung im zuständigen alliierten Finance Directorate[39]. Eine erfolgreiche Maßnahme des Kontrollrats zugunsten der Verfolgten war dagegen der Erlaß eines Wohnungsgesetzes am 8. März 1946: Gesetz Nr. 18 regelte einheitlich die Grundsätze der Wohnungsbewirtschaftung im Nachkriegsdeutschland, die unter dem doppelten Druck weitflächig zerstörten Wohnraumes und millionenfach zuströmender Menschen stand. Dabei wurde „Personen, die dem nationalsozialistischen Regime Widerstand geleistet haben oder durch seine Maßnahmen benachteiligt worden sind", die erste Priorität bei der Vergabe freien Wohnraums durch die deutschen Wohnungsämter zugesprochen[40].

Der weitreichendste Ansatz zu einer alliierten Regelung der Fürsorge für Verfolgte des Nationalsozialismus ging von amerikanischer Seite aus. Sein Schicksal ist symptomatisch für Versuche auf Kontrollratsebene, Maßnahmen zugunsten dieser Gruppe zu treffen, die zwangsläufig grundsätzliche Fragen der gesellschaftlichen Entwicklung des besetzten Deutschlands berührten. Im November 1945 legte die US-Delegation im Committee on Social Insurance des Kontrollrats einen ersten Entwurf für Grundsätze der Sozialversicherung für Opfer des Nationalsozialismus vor[41]. Darin wurde allen bedürftigen Verfolgten und ihren Angehörigen das Recht auf Fürsorge durch das deutsche Volk zugesprochen. Dazu sollten alle Verfolgten im Rahmen des bestehenden Sozialversicherungssystems automatisch und unabhängig von ihren tatsächlichen Beitragsleistungen anspruchsberechtigt werden. Eingeschlossen waren sowohl Kranken-, Renten-, Invaliditäts- und Arbeitslosenversicherungen. Die Verfolgten sollten jeweils

---

[36] Amtsblatt des Kontrollrats in Deutschland, Nr. 1, 29. 10. 1945, S. 6-8.
[37] Vgl. Abschnitt III.A.4, in: Um den Frieden mit Deutschland. Dokumente zum Problem der deutschen Friedensordnung 1948, hrsg. v. W. Cornides u. H. Volle, Oberursel (Ts.) 1948, S. 81.
[38] Amtsblatt des Kontrollrats in Deutschland, Nr. 1, 29. 10. 1945, S. 22 f.
[39] Allied Control Authority (ACA), Directorate of Finance, Taxation Committee, DFIN/TC/MEMO (46)15, 24. 5. 1946, IfZ-Archiv, MF 260, OMGUS-ACA 2/101-3/6.
[40] Kontrollratsgesetz Nr. 18 vom 8. 3. 1946, in: Amtsblatt des Kontrollrats in Deutschland, Nr. 5, 31. 3. 1946, S. 117-121, hier S. 119.
[41] Denis A. Cooper (OMGUS/Manpower Division) 26. 11. 1945, „Basic Principles of Social Insurance for Nazi Victims", IfZ-Archiv, MF 260, OMGUS-CAD 5/323-3/6.

den höchsten Satz beziehen. Das Social Insurance Committee übernahm den amerikanischen Entwurf im Januar 1946 mit nur geringen Änderungen in eine eigene Vorlage[42]. Doch in den Beratungen des übergeordneten Manpower Directorate am 19. Februar wurde bemängelt, daß der Entwurf zu weit ginge. Es wurde angeregt, das Problem besser im Zusammenhang der geplanten Neustrukturierung des gesamten deutschen Sozialversicherungssystems zu regeln. Überdies hielt es das Manpower Directorate für erforderlich, die dem Entwurf zugrundeliegende Definition der „Opfer des Nationalsozialismus" noch mit anderen Kontrollrats-Direktorien abzustimmen[43].

Nun begann ein Prozeß der Verwässerung des ursprünglichen Konzepts zur Regelung der Fürsorge für die Verfolgten. Zunächst reduzierte das Social Insurance Committee wunschgemäß die Reichweite des Entwurfs[44]. Doch wurde dies alsbald durch eine andere Entwicklung überholt: Der Koordinierungsausschuß – zu dieser Zeit das maßgebliche Kontrollrats-Gremium – stimmte im März den gleichfalls im Manpower Directorate entworfenen Grundzügen über die Neuregelung des Systems der deutschen Sozialversicherung zu[45], in die auch die Substanz des eigenständigen Entwurfs über die Stellung der Verfolgten in der Sozialversicherung integriert worden war[46]. Damit fiel die weitere Geschichte des Entwurfes über die Fürsorge für Verfolgte des Nationalsozialismus mit dem Schicksal des großangelegten alliierten Versuchs zur Reform der deutschen Sozialversicherung zusammen. Der Plan war, eine Einheitsversicherung zu schaffen, in der Kranken-, Renten- und Unfallversicherung organisatorisch zusammengefaßt werden sollten[47].

Im Manpower Directorate wurden die Grundzüge zur Neugestaltung der deutschen Sozialversicherung zu einem recht umfangreichen Entwurf ausgearbeitet[48]. Darin waren zwar auch noch spezielle Bestimmungen zugunsten der durch den Nationalsozialismus Geschädigten vorhanden, die allerdings gemessen an den ursprünglichen Absichten des Social Insurance Committee erheblich bescheidener ausfielen. Nunmehr sollten nur noch solche Verfolgte, die einen Versicherungsanspruch erworben hatten, im Rahmen des Sozialversicherungssystems unterstützt werden, wenngleich zu 50 Prozent höheren Sätzen[49]. Mit einem Wort: Aus der Verfolgteneigenschaft resultierte jetzt nicht mehr automatisch ein Unterstützungsanspruch[50].

Im Verlaufe der alliierten Diskussion um die Einbeziehung der Verfolgten in die Sozialversicherung gab es auch ausführliche Diskussionen um die Definition der „Opfer des Nazismus", an denen sich neben dem Manpower Directorate eine ganze Reihe

[42] ACA, Directorate of Manpower, Committee on Social Insurance, „Basic Principles of Social Insurance for Nazi Victims", DMAN/P (46)14, 24.1. 1946, IfZ-Archiv, MF 260, OMGUS-ACA 2/101-3/6.
[43] Report from the Committee on Social Insurance including Unemployment Relief, DMAN/P (46)14 rev., 25.2. 1946, IfZ-Archiv, MF 260, OMGUS 2/126-1/7-14.
[44] "General Principles of Assistance to the Victims of Nazism", DMAN/P(46) 14 rev., 25.2. 1946, IfZ-Archiv, MF 260, OMGUS 2/126-1/7-14.
[45] Henry H. Ford (ACA/Manpower Directorate) an Finance Directorate, 24.4. 1946, IfZ-Archiv, MF 260, OMGUS 2/101-3/6.
[46] ACA, Manpower Directorate, „Basic Principles of Social Insurance for Workers and Employees in Germany", DMAN/P/46/11 rev., 20.3. 1946, IfZ-Archiv, MF 260, OMGUS 2/126-1/7-14.
[47] Vgl. dazu Hans Günter Hockerts, Sozialpolitische Entscheidungen im Nachkriegsdeutschland. Alliierte und deutsche Sozialversicherungspolitik 1945 bis 1957, Stuttgart 1980, S. 26.
[48] ACA, Manpower Directorate, „Proposed Compulsory Social Insurance Law in Germany", DMAN/P(46) 105, Second rev., 30.8. 1946, IfZ-Archiv, MF 260, OMGUS 2/126-1/7-14.
[49] Das entspricht der späteren Regelung in der DDR. Vgl. Deutsches Institut für Zeitgeschichte (Hrsg.), Handbuch der Deutschen Demokratischen Republik, o.O. 1964, S. 639.
[50] Art. 73, 74, Proposed Compulsory Social Insurance Law (Anm. 48).

anderer interessierter Direktorien beteiligten. Dabei verständigten sich die Alliierten darauf, daß nur die am härtesten betroffenen Verfolgten einbezogen werden sollten[51]. Der alliierte Entwurf über die Neuregelung der deutschen Sozialversicherung definierte als „Opfer des Nationalsozialismus" schließlich nur diejenigen Personen, die vom NS-Regime wegen ihrer politischen Überzeugungen, religiösen Anschauungen, Nationalität, Rasse oder wegen regimefeindlicher Aktivitäten in ein Gefängnis oder ein Konzentrationslager gesteckt worden waren[52].

Nachdem die Fürsorgeansprüche der Verfolgten in den breiteren Kontext der Reform der deutschen Sozialversicherung gestellt waren, gerieten sie also offensichtlich unter den Druck, der aus dem alliierten Wunsch nach Kostendämpfung resultierte. Doch zuletzt wurde auch dieser Entwurf Makulatur und damit auch die vorgesehenen Bestimmungen zugunsten der Verfolgten bedeutungslos. Anfang 1948 ließ der Kontrollrat das Projekt fallen; die Vereinigten Staaten sahen sich mittlerweile mit massiven deutschen Widerständen gegen das Vorhaben konfrontiert und verzichteten darauf, eine gesamtalliierte Einigung auf diesem Feld zu versuchen[53].

Faßt man die Bemühungen des Alliierten Kontrollrats um Fürsorgemaßnahmen zugunsten der Opfer des Nationalsozialismus zusammen, so wird deutlich, daß über die bereits während des Krieges in der Londoner European Advisory Commission getroffenen Abmachungen hinaus kaum weitere substantielle Einigungen erzielt wurden. Die damit verbundenen Fragen griffen zu tief in die Details der gesellschaftlichen Entwicklung in den vier Zonen Deutschlands ein, als daß es gelungen wäre, hier unter den Bedingungen der zunehmenden politischen Polarisierung eine gemeinsame Linie festzulegen. Bereits in einem frühen Stadium der alliierten Okkupation kam es so zu einem getrennten Vorgehen der Besatzungsmächte, ähnlich wie auf anderen Politikfeldern. Die Entwicklung der Fürsorge für die Verfolgten sowie vor allem auch der weiterführenden Maßnahmen verlief deshalb überwiegend auf zonaler Ebene. Den in der US-Zone entwickelten Strukturen kam im Hinblick auf die Gesamtentwicklung eine besondere Bedeutung zu, die es rechtfertigt, sie in den Mittelpunkt der Analyse zu rücken.

3. Die Rolle der amerikanischen Militärregierung

Die amerikanische Militärregierung in Deutschland (OMGUS) näherte sich dem Problem der Behandlung der Opfer des Nationalsozialismus zunächst unter dem praktischen Gesichtspunkt der Aufrechterhaltung der öffentlichen Ordnung. Zu diesem Zweck mußten dringend Fürsorgemaßnahmen für diejenigen Verfolgten getroffen werden, die in bitterer Not standen. Dazu gehörten insbesondere die zahlreichen aus den Konzentrationslagern befreiten Häftlinge. Neben den Juden stand diese besonders hart betroffene Gruppe bei den Fürsorgemaßnahmen zunächst ausdrücklich im Mittelpunkt. Dementsprechend wurde auch General Eisenhower als der Oberbefehlshaber der US-Besatzungstruppen in der Direktive JCS 1067 vom April 1945 angewiesen, in seiner Zone „alle diejenigen Personen, die auf Grund ihrer Rassezugehörigkeit, Nationalität, ihres Glaubensbekenntnisses oder ihrer politischen Ansichten gefangen oder in

---

[51] Einen Überblick über den komplizierten interalliierten Definitionsprozeß findet sich in R. Peter Straus (ACA/Manpower Dir.), Summary of Action to Date on Definition of „Victims of Fascism", Sommer 1946, IfZ-Archiv, MF 260, OMGUS-Manpower Dir. 7/46-1/11.
[52] Proposed Compulsory Insurance Law, 20. 9. 1946 (Anm. 48).
[53] Vgl. Hockerts, Sozialpolitische Entscheidungen im Nachkriegsdeutschland, S. 51-85, v.a. S. 85.

Gewahrsam gehalten worden waren, frei(zu)lassen und als verschleppte Personen (zu) behandeln"[54]. Das entsprach im wesentlichen dem, was bereits die gemeinsam von den Alliierten formulierte Kapitulationsurkunde gefordert hatte. Somit standen zunächst sowohl die ausländischen als auch die deutschen Verfolgten unter dem besonderen Schutz der amerikanischen Militärregierung, beide besaßen Anspruch auf Betreuung als Displaced Persons.

Als eine besondere Gruppe der Displaced Persons wurden die „Persecutees" auch in den amerikanischen Military Government Regulations definiert. Ein Verfolgter war demzufolge eine Person, deren uneingeschränkte Loyalität zur alliierten Sache feststand und die überdies beweisen könne, daß sie „(1) Jude ist; oder (2) wegen ihrer Farbe, Rasse, Religion, politischen Überzeugung oder Aktivitäten zugunsten der Vereinten Nationen, nicht aber wegen eines zivilen oder militärischen Verbrechens, in ein Gefängnis oder Konzentrationslager gesperrt wurde; oder (3) ein enger Familienangehöriger" solcher Personen sei[55]. Auch hier wurde also bereits Wert auf die Unterscheidung zwischen Inhaftierung aus Gründen NS-spezifischer Verfolgungsmaßnahmen und wegen „normaler" Vergehen gelegt.

Darüber hinaus wurden Deutsche und Ausländer im Rahmen der Fürsorge strikt getrennt. Die Betreuung der ausländischen und staatenlosen Verfolgten übernahmen Organisationen der UN oder private, insbesondere jüdische, Hilfsorganisationen. Die Fürsorge für die deutschen Verfolgten übertrug man demgegenüber, abgesehen von der ersten Betreuung nach der Befreiung aus einem KZ, deutschen Stellen. Die Military Government Regulations wiesen den öffentlichen Wohlfahrtsämtern die Aufgabe zu, Sorge zu tragen, daß deutsche Verfolgte mit DP's gleichgestellt würden[56]. Auch auf deutscher Seite befürwortete man ausdrücklich, selbst nur deutsche Verfolgte zu betreuen[57]. Während also die Amerikaner aus verständlichen Gründen den Deutschen keine Verfügungsgewalt über die ehemaligen ausländischen Verfolgten, sei es auch nur im Rahmen der Fürsorge, einräumen wollten, lehnten umgekehrt die deutschen Stellen ihrerseits die Verantwortung für diesen Personenkreis ab.

Allerdings war in den Military Government Regulations auch festgelegt, daß die Autorität zur Bestimmung des Persecutee-Status ausschließlich bei der Militärregierung liege und insbesondere deutsche Behörden nicht dazu berechtigt seien[58]. Die Gewährung dieses Status war mit dem Anspruch auf Unterstützung durch die United Nations Relief and Rehabilitation Administration (UNRRA) bzw. später die International Refugee Organization (IRO) verbunden. Dieses Vorrecht sollte den Deutschen aus naheliegenden Gründen nicht zuerkannt werden. Aus praktischen Erwägungen war die Militärregierung aber gezwungen, den Deutschen zumindest die Auswahl der unter deutsche Betreuung fallenden Personen zu überlassen. Die Definition in den Military Government Regulations bildete freilich für die deut-

---

[54] JCS 1067, Abs. 13, in: Um den Frieden mit Deutschland, S. 58-73, S. 64.
[55] USFET, Military Government Regulations, 20.-101.3, hier Ausgabe v. 1. 12. 1947, IfZ-Archiv, Dk 133.001(a). Vgl. auch Guide to the Care of Displaced Persons in Germany, SHAEF, G-5 Division, May 1945, IfZ-Archiv, Dk 090.005.
[56] USFET, vermutl. 10. 8. 1945, Title 7, Public Welfare, Section 7-255, hier zitiert nach William S. Fitzer an Direktor Buchmann, Stuttgart, 23. 5. 1946, IfZ-Archiv, MF 260, OMGUS-WB 12/26–2/26.
[57] Ebenda; Charles E. Stewart an Director, OMGUS, 21. 8. 1946, IfZ-Archiv, MF 260, OMGUS-CAD 5/323-3/5.
[58] Military Government Regulations (Anm. 55).

schen Definitionen eine Richtschnur bei der Bestimmung des Verfolgtenstatus und für die amerikanische Militärregierung eine ständige Handhabe zum Eingreifen.

Bei den deutschen Fürsorge-Bemühungen wirkte die amerikanische Militärregierung überwachend, teilweise aber auch durch eigene Initiativen mit. Besondere Aufmerksamkeit der US-Militärregierung galt dabei den verbliebenen kleinen jüdischen Restgemeinden, die außerhalb des Systems der direkten Betreuung durch die Militärregierung oder der UNRRA standen und die auch in weit geringerem Maße als die Juden in DP-Lagern auf die Unterstützung der internationalen jüdischen Hilfsorganisationen zählen konnten. Dabei formulierten die Amerikaner in der ersten Zeit der Besatzung klare Vorgaben für die deutschen Stellen. Hierzu gehörte die Zuteilung erhöhter Lebensmittelrationen[59], die bevorzugte Beschaffung von Wohnraum und Wohnungseinrichtungen[60] sowie von Arbeitsplätzen[61], aber auch bevorzugte Behandlung in der Sozialversicherung[62] und bei der Vergabe von Gewerbelizenzen[63]. Diese Vorgaben setzten die Militärregierungen der einzelnen Länder der US-Zone unter anderem durch Anweisungen an die jeweiligen Landesregierungen um.

Am Beispiel der durch die amerikanische Militärregierung im Oktober 1945 verfügten erhöhten Lebensmittelration für die rassisch, religiös und politisch Verfolgten in der US-Zone[64] läßt sich die geplante Reichweite dieser Fürsorgemaßnahmen verdeutlichen. Im Sommer 1948 wurde diese Regelung mit der Begründung abgeschafft, die allgemeine Ernährungssituation habe sich erheblich gebessert und die gesellschaftliche und wirtschaftliche Eingliederung der Verfolgten des Nationalsozialismus erfordere ihre Gleichstellung mit der übrigen Bevölkerung[65]. Die Bemühungen der amerikanischen Militärregierung um die Fürsorge für diese Gruppe in ihrer Besatzungszone waren streng begrenzt auf eine übergangsweise Unterstützung mit dem Ziel, die ehemaligen Verfolgten physisch und sozial wieder soweit zu rehabilitieren, daß sie am normalen Leben teilnehmen konnten. Jeder Tendenz zur festen Etablierung der Hilfsmaßnahmen trat OMGUS von Anfang an entgegen. Spätestens nach dem Erlaß von Wiedergutmachungsgesetzen sollten diese ein Ende finden, was an akuten Problemen blieb, der allgemeinen Fürsorge anheimfallen. Hauptsorge war dabei die Befürchtung, daß sich die Verfolgten infolge der Fürsorgemaßnahmen als gesellschaftliche Gruppe dauerhaft verfestigen könnten. General Lucius D. Clay erklärte deshalb 1948, „die endgültige Lösung für diese verfolgten Gruppen ist die Umsiedlung oder die Integration dieser Menschen in die deutsche Wirtschaft auf gleicher Grundlage wie die anderen Bürger"[66]. Die amerikanische Militärregierung dachte keinesfalls daran, die Verfolgten des Nationalsozialismus aufgrund ihres Schicksals gesellschaftlich oder politisch herauszuheben. Vielmehr entsprach es ihrem Gesamtinteresse, diese, sofern sie nicht auswanderten, möglichst nahtlos in die entstehende deutsche Nachkriegsgesellschaft einzugliedern.

---

[59] Ebenda, Title 12, Food and Agriculture, Part 3 – Sec C. para. 320, „Ration Scales for Persons Persecuted by Nazi Regime".

[60] Ebenda, Title 15, Manpower, Part 4 – Sec.C – para. 435, „Priorities in Allocation of Housing Space".

[61] Ebenda, Title 15-Manpower, Part 3, Sec. B – para. 315 (a), „Preferential Treatment for Those Discriminated Against by Nazis".

[62] Ebenda, Title 15, Manpower, Part 7 – Sec A. para. 700.5, „Priority Treatment for Nazi Victims"; ebenda, para. 700.6, „Special Payments for Disability Inflicted by Nazis".

[63] Ebenda, para 700.7, „Priorities in Issuance of Trade Permits".

[64] Siehe dazu auch etwa H.H. Newman to Commanding Generals, Special Ration in the U.S. Zone of Germany for Persons Persecuted by the Nazi Regime, 15. 10. 1945, IfZ-Archiv, MF 260, OMGUS-CAD 5/323-3/6.

[65] Bipartite Control Office, BICO/P (48) 206, 4. 8. 1948, IfZ-Archiv, MF 260, OMGUS 8/66-2/2.

[66] Clay an Murray D. van Wagoner, ca. August 1948, IfZ-Archiv, MF 260, OMGUS-CAD 3/173-1/19.

III. Fürsorge für Verfolgte des Nationalsozialismus in Süddeutschland

1. Verfolgtenbetreuung zwischen Selbsthilfe und staatlicher Unterstützung

a) Bayern

Betreuung und Fürsorge für die Opfer des Nationalsozialismus vollzogen sich in der US-Zone unter den Rahmenbedingungen, die die Militärregierung setzte. Dennoch ergaben sich neben manchen gemeinsamen Entwicklungstendenzen auch verschiedene spezielle Entwicklungen in den einzelnen Ländern. So fanden sich unter allen Ländern der amerikanischen Zone in Bayern mit weitem Abstand die meisten ehemaligen KZ-Häftlinge, unter anderem auch deshalb, weil kurz vor Kriegsende viele Häftlinge in das noch unbesetzte Bayern verbracht worden waren. Als die beiden großen bayerischen Lager Dachau und Flossenbürg im April 1945 befreit wurden, befanden sich dort noch etwa 32.000 bzw. 15.000 Häftlinge, weitere 50-60.000 Häftlinge wurden in Außenlagern oder auf Evakuierungsmärschen befreit[67].

Nach dem Zusammenbruch entstanden teils aus eigener Initiative der Verfolgten, teils durch Vermittlung des Bayerischen Roten Kreuzes sowie kommunaler oder Landkreisbehörden in vielen Orten Bayerns KZ-Betreuungsstellen. Diese kümmerten sich um die Unterstützung der befreiten Häftlinge, soweit diese nicht als UN-Ausländer Anspruch auf Hilfe im Rahmen der DP-Betreuung besaßen[68]. Eine Abteilung für politische Verfolgte des Roten Kreuzes mußte im Juni 1946 auf Anordnung der Militärregierung aufgelöst werden[69]. Dagegen half die Süddeutsche Ärzte- und Sanitätshilfe der Centrale Sanitaire Suisse bei der medizinischen Betreuung der ehemaligen KZ-Häftlinge. Hier hatten sich ehemalige Emigranten und Häftlinge vornehmlich des linken politischen Spektrums zusammengeschlossen, die in Bayern, aber auch in Württemberg-Baden und Großhessen KZ-Heimkehrern ärztliche Pflege zuteil werden ließen und sie mit Medikamenten versorgten[70]. Da die rassisch Verfolgten Wert auf eine eigene Betreuung legten, wurde im Auftrag der amerikanischen Militärregierung am 15. Mai 1945 zunächst in München das Hilfswerk für die von den Nürnberger Gesetzen Betroffenen gegründet. Ende 1945 wurde es als Bayerisches Hilfswerk landesweit zugelassen. Es kümmerte sich um „Volljuden", Zigeuner und auch um rassisch verfolgte Menschen aus

---

[67] Vgl. dazu Günther Kimmel, Das Konzentrationlager Dachau. Eine Studie zu den nationalsozialistischen Gewaltverbrechen, in: Bayern in der NS-Zeit, hrsg. v. Martin Broszat und Elke Fröhlich, Bd. II: Herrschaft und Gesellschaft im Konflikt, München 1979, S. 410; Toni Siegert, Das Konzentrationslager Flossenbürg. Ein Lager für sogenannte Asoziale und Kriminelle, in: ebenda, S. 483-485; Barbara Distel, Der 29. April 1945. Die Befreiung des Konzentrationslagers Dachau, in: Dachauer Hefte 1 (1985), S. 3-11; Juliane Wetzel, „Mir szeinen doh". München und Umgebung als Zuflucht von Überlebenden des Holocaust 1945-1948, in: Von Stalingrad zur Währungsreform. Zur Sozialgeschichte des Umbruchs in Deutschland, hrsg. v. Martin Broszat, Klaus-Dietmar Henke u. Hans Woller, München 1988, S. 337.

[68] Siehe dazu Dr. Walter an OMGB-Political Affairs, ICD, 6. 8. 1946, IfZ-Archiv, MF 260, OMGUS 10/109-2/2.

[69] Information from Otto Aster to Peter G. Harnden (OMGB/ICD), 3. 8. 1946, IfZ-Archiv, MF 260, OMGUS 10/109-2/1. Auch die Übernahme der praktischen Durchführung der Flüchtlingsbetreuung durch das Rote Kreuz scheiterte am Veto der Militärregierung. Vgl. Franz J. Bauer, Flüchtlinge und Flüchtlingspolitik in Bayern 1945-1950, Stuttgart 1982, S. 34-39.

[70] Siehe Mitteilungsblatt des Landesausschusses der politisch Verfolgten, Nr. 1, 1. 12. 1946, „Die gesundheitliche Betreuung der politisch Verfolgten"; Public Welfare Branch, OMGB, 22. 12. 1945, Memorandum betr. Süddeutsche Ärzte- und Sanitätshilfe, IfZ-Archiv, MF 260, OMGUS 12/26-2/26.

jüdisch-christlichen Ehen sowie um sogenannte „Nicht-Glaubensjuden"[71]. Die jüdischen DP's, d. h. die nichtdeutschen Juden, gründeten hingegen bereits 1945 eine eigene Organisation, das Zentralkomitee der befreiten Juden in Bayern, das sich 1946 auf die ganze US-Zone ausdehnte[72].

Damit hatte sich also von Anfang an eine deutliche Gruppenbildung unter den ehemaligen Verfolgten des Nationalsozialismus vollzogen: Die politischen und in geringerer Zahl auch die religiös verfolgten Deutschen wurden durch die KZ-Betreuungsstellen unterstützt. Deutsche rassisch Verfolgte, also in erster Linie überlebende Juden sowie Sinti und Roma, erhielten Beistand durch das Bayerische Hilfswerk. Bei ausländischen Verfolgten wurde unterschieden zwischen Verfolgten, die in Lagern lebten und UNRRA-Hilfe erhielten, und Verfolgten außerhalb der Lager, für die sich – sofern es sich dabei um bekennende Juden handelte – in erster Linie das Zentralkomitee der befreiten Juden einsetzte, das die Unterstützung internationaler jüdischer Hilfsorganisationen wie dem American Joint Distribution Committee und der Jewish Agency besaß[73]. Bei den Betreuungsstellen waren Ende 1945 ca. 10-11.000 Menschen als politisch Verfolgte anerkannt, bis Frühjahr 1947 stieg diese Zahl auf etwa 18.000[74]. Die vom Bayerischen Hilfswerk betreute Gruppe der deutschen Juden sowie der Zigeuner war bis Anfang 1947 gleichfalls auf etwa 18.000 Menschen angewachsen[75]. Das Zentralkomitee betreute Anfang 1947 etwa 29.000 jüdische DP's, die außerhalb der UNRRA-Betreuung in Bayern lebten. Bis zur Währungsreform war für diese Gruppe die Unterstützung durch ausländische jüdische Hilfsorganisationen entscheidend, erst danach nahmen sie zunehmend die Unterstützung deutscher Stellen in Anspruch[76]. Insgesamt wurden also in Bayern bis Anfang 1947 ca. 65.000 Menschen als Verfolgte des Nationalsozialismus betreut.

Am 31. Oktober 1945 machte Militärgouverneur Walter J. Muller den bayerischen Ministerpräsidenten Wilhelm Hoegner mit der in den amerikanischen Bestimmungen festgelegten Verpflichtung der deutschen Behörden zur Betreuung deutscher Verfolgter bekannt. Er wies ihn ausdrücklich an, allen Fürsorgestellen „den Befehl zu geben, daß Juden, politisch Internierte und deutsche Insassen von Konzentrationslagern, die in derartige Lagern aus rassischen oder religiösen Gründen oder wegen Widerstandes gegen die Nazis kamen, bevorzugt behandelt und bevorzugt unterstützt" würden. Es sei sicherzustellen, daß solche Personen angemessen wohnen, mit Möbeln, guter Kleidung und Brennmaterial versorgt würden sowie umfassende medizinische Betreuung erhielten. Es müsse alles dafür getan werden, „um diese Leute finanziell unabhängig zu machen und mit allem zu versorgen"[77]. Damit wurde eine kurz zuvor ergangene An-

---

[71] Vgl. Juliane Wetzel, Jüdisches Leben in München 1945-1951. Durchgangsstation oder Wiederaufbau?, München 1987, S. 37ff. Siehe auch Louis Miniclier an Land Director, OMGB, 6.2. 1948, „Minority Groups in Bavaria – Jews", IfZ-Archiv, MF 260, OMGUS 13/141-1/1.
[72] Wetzel, Jüdisches Leben in München, S. 144ff.; Miniclier an Land Director, 6.2. 1948 (Anm. 71).
[73] Vgl. Kurt R. Großmann, Die jüdischen Auslandsorganisationen und ihre Arbeit in Deutschland, in: Die Juden in Deutschland. Ein Almanach 1951/52, hrsg. v. Heinz Ganther, Frankfurt a.M. u. München 1953, S. 91-136.
[74] Otto Aster, Bericht über die Betreuung der politisch Verfolgten, 21. 10. 1946, IfZ-Archiv, NL Hoegner, ED 120, Bd. 116; Rechenschaftsbericht des Staatskommissars für rassisch, religiös und politisch Verfolgte, 15.9. 1946-15.5. 1947, IfZ-Archiv, MF 260, OMGUS 13/141-1/1.
[75] Rechenschaftsbericht des Staatskommissars (Anm. 74).
[76] Aussage v. Blessin, Untersuchungsausschuß zur Prüfung der Vorgänge im Landesentschädigungsamt (UA. LEA), 7. Sitzung, 14. 9. 1951, S. 46, BayLt-Archiv.
[77] Walter J. Muller an Hoegner, 31. 10. 1945, Archiv des Bayerischen Landesentschädigungsamts.

weisung der Public Welfare Branch, die sich nur auf die bevorzugte Betreuung der Juden bezogen hatte, auch auf andere Verfolgte ausgeweitet[78].

Die Public Welfare Branch hatte Hoegner dazu veranlaßt, am 26. Oktober 1945 ein Staatskommissariat für rassisch Verfolgte zu gründen, das dem Innenministerium unterstand. Der für das Amt des Staatskommissars ausgewählte Hermann Aumer sollte in Zusammenarbeit mit dem Ministerpräsidenten sowie mit den zuständigen Ministerien und Landesbehörden den rassisch verfolgten bayerischen Juden alle erforderliche Hilfe zukommen lassen. In seiner Ernennungsurkunde war u. a. der Auftrag enthalten, Sorge dafür zu tragen, „daß der jüdische Bevölkerungsteil des Landes Bayern wieder ein gesunder Faktor in der bayerischen Wirtschaft wird"[79]. Leider dachte Aumer hauptsächlich an seine eigene wirtschaftliche Gesundung, und so ordnete die amerikanische Militärregierung im August 1946 an, ihn wegen Unterschlagungen zu entlassen und ihn von allen öffentlichen Ämtern fernzuhalten[80].

Der Weg der Einrichtung von Staatskommissariaten wurde zu dieser Zeit in Bayern mehrfach beschritten. So wurde neben dem Staatskommissar für die Betreuung der Juden auch ein Staatskommissar für Flüchtlingsfragen bestimmt[81]. Dahinter steckte die Absicht, nur temporäre Sonderbehörden zu schaffen, die sich nach der Beendigung ihrer Aufgaben leichter auflösen ließen als in die traditionelle Verwaltung integrierte Behörden. Innenminister Josef Seifried erläuterte später, „alle diese Funktionen, die sich aus der Katastrophe ergeben haben, wie die Betreuung der Flüchtlinge und der rassisch, religiös und politisch Verfolgten, (sci. sollten) nur in der Art eines Staatskommissariats wahrgenommen werden, um später wieder zu verschwinden"[82].

Auch die politisch Verfolgten forderten nun energisch ein Staatskommissariat für ihre Belange[83], worauf schließlich am 26. März 1946 Otto Aster, ein Kommunist und ehemaliger Metzger, mit der Leitung eines solchen Amtes beauftragt wurde. Seine vordringlichen Aufgaben waren, den Personenkreis der politisch Verfolgten zu bestimmen, Hilfsmaßnahmen zur Behebung dringender Notmaßnahmen durchzuführen sowie Wiederaufbaumöglichkeiten für die politischen Verfolgten zu schaffen. In den Land- und Stadtkreisen sollten Betreuungsstellen errichtet werden, in die die bisher bestehenden KZ-Betreuungsstellen nach Möglichkeit zu übernehmen waren[84].

Die beiden Staatskommissare mußten zunächst mit recht bescheidenen Mitteln auskommen. Soweit ihre Kräfte reichten, halfen sie ihren Schützlingen durch die Ausgabe von Schwerarbeiterzulagen auf ihre Lebensmittelkarten, die Beschaffung von Hausrat, Kleidern, Wohnungen, Arbeit oder auch Krankenbehandlungen. Der Staatskommissar für die Betreuung der Juden zahlte Anfang 1946 einen Teil der Judenvermögensabgaben zurück, zudem konnte er einer Anzahl von Juden mit Darlehen zur Geschäftsgründung verhelfen[85]. Doch bei all diesen Hilfsmaßnahmen machte sich der allgemeine Mangel stark bemerkbar, stets konnte nur ein Bruchteil des Benötigten bereitgestellt werden.

[78] Sitzung des bayerischen Ministerrats am 24. 10. 1945, IfZ-Archiv, NL Hoegner, ED 120, Bd. 354.
[79] Bestallungsurkunde für Hermann Aumer, 26. 10. 1945, BayHStA, MA 114262.
[80] Paul W. Friedmann, The Philipp Auerbach Tragedy, 17. 12. 1952, YIVO-Archiv, RG 347, AJC Records, GEN-10, Box 36.
[81] Vgl. Bauer, Flüchtlinge und Flüchtlingspolitik, S. 42 ff.
[82] Aussage v. Seifried, 6. UA.LEA, 31. 8. 1951, S. 105, BayLt-Archiv.
[83] Sitzung des bayerischen Ministerrats am 7. 1. 1946, IfZ-Archiv, NL Hoegner, ED 120, Bd. 356.
[84] Rundschreiben Nr. 1156a 30 des bayerischen Innenministeriums an die Regierungspräsidenten und den Staatskommissar für die politisch Verfolgten, 4. 5. 1946, BayHStA, MA 114263.
[85] Vormerkung Walter Roemer, 18. 5. 1946, BayMJ, 1101a, H. 1.

Im Sommer 1946 forderte die Militärregierung die bayerische Regierung zur Vereinigung der Staatskommissariate sowie zur Eingliederung ihrer Aufgaben in die Wohlfahrtsabteilung des Innenministeriums auf. Sie befürchtete insbesondere, die Existenz
von selbständigen Staatskommissariaten zur Betreuung der Opfer des Nationalsozialismus könne auf die Dauer dazu führen, daß sich die Verfolgten als gesellschaftliche
Sondergruppe etablierten[86]. Die bayerische Regierung beschloß daraufhin zwar die
Zusammenlegung der bisherigen Stellen in ein gemeinsames „Staatskommissariat für die
Opfer des Faschismus", doch die von der Militärregierung intendierte Eingliederung in
die Wohlfahrtsabteilung des bayerischen Innenministeriums unterblieb. Deshalb legte
auch die Militärregierung Wert darauf, daß diese Dienststelle aufgelöst werden sollte,
sobald es die Verhältnisse zuließen[87].
Nach der Zusammenlegung der beiden Staatskommissariate suchte die bayerische Regierung nach einem geeigneten Leiter. Die Wahl fiel auf den prominenten jüdischen
Funktionär Philipp Auerbach, für den sich mehrere jüdische Interessenvertretungen
eingesetzt hatten[88]. Auerbach stammte aus einer angesehenen Hamburger jüdischen
Familie und hatte sich als Chemiker und Kaufmann betätigt. Während des Krieges
verbrachte er mehrere Jahre in deutschen Gefängnissen und Konzentrationslagern.
Anschließend war er bei der Regierung der Nordrhein-Provinz für die Betreuung
ehemaliger Verfolgter und Flüchtlinge zuständig. Als Auerbach auf eigene Faust eine
nationalsozialistische Belastung des damaligen Oberpräsidenten der Nordrhein-Provinz und späteren Bundesinnenministers Robert Lehr nachweisen wollte, ordnete die
britische Militärregierung seine Entlassung an. Seither konzentrierte er sich auf seine
Tätigkeit als Vorsitzender des Landesverbandes der jüdischen Kultusgemeinden der
britischen Zone[89].
Auerbach trat seine Stelle am 15. September 1946 an, und am 10. Oktober ernannte
ihn die Staatsregierung förmlich zum Staatskommissar für die Opfer des Faschismus.
Erneut unterstrich der Ministerrat den temporären Charakter dieses Amtes und sah
deshalb bewußt von der Verbeamtung Auerbachs ab[90]. Bereits nach kurzer Zeit mußte
auf Anordnung der Militärregierung die Amtsbezeichnung in „Staatskommissariat für
die rassisch, religiös und politisch Verfolgten" geändert werden[91]. Damit reagierte sie
auf die mittlerweile erfolgten Gründungen von politischen Vereinigungen der Verfolgten, die unter dem Begriff „Opfer des Faschismus" firmierten und ihn damit politisch
besetzt hatten[92].
Spätestens seit 1947 war dieses Amt die zentrale Instanz bei der Verfolgtenbetreuung

[86] Siehe etwa Aktennotiz v. Herwarths über Besprechung bei Albert C. Schweitzer (Leiter der OMGB-Civil
 Administration Division), 16.7. 1946, BayHStA, MA 114263.
[87] Schweitzer an Hoegner, 14. 11. 1946, IfZ-Archiv, ED 120, NL Hoegner, Bd. 112.
[88] Telegramm der Interessenvertretung jüdischer Gemeinden und Kultusvereinigungen der drei Zonen an Ministerpräsident Hoegner v. 20. 8. 1946, Landgericht München I, Az. 2 KLs 1/52, Bd. IV/4; Central Committee
 of Liberated Jews in the American Occupied Zone in Germany an Innenminister Seifried, 30. 8. 1946, ebenda.
 Vgl. auch Constantin Goschler, Der Fall Philipp Auerbach. Wiedergutmachung in Bayern, in: Wiedergutmachung in der Bundesrepublik Deutschland, hrsg. v. Ludolf Herbst u. Constantin Goschler, München 1989,
 S. 79.
[89] Vgl. Urteil in der Sache Auerbach und drei Andere, 14. 8. 1952, Landgericht München I, Az. 2 KLs 1/52.
[90] Protokoll der Sitzung des bayerischen Ministerrats am 5. 9. 1946, BayStK-Archiv.
[91] Robert A. Reese (OMGB/Internal Affairs Division) an Ministerpräsident Hans Ehard am 3. 1. 1947, Bay-
 HStA, MA 114263.
[92] ACA, Directorate of Prisoner of War and Displaced Persons, Definition of the Terms „Victims of Fascism"
 and „Victims of Nazism", 15. 7. 1946, IfZ-Archiv, MF 260, OMGUS-ACA 2/101-3/6.

in Bayern. In jedem Regierungsbezirk besaß der Staatskommissar einen Bevollmächtigten, der die Verbindung zu den einzelnen Betreuungsstellen herstellte. Neben diesem analog zum traditionellen dreigliedrigen bayerischen Verwaltungssystem aufgebauten staatlichen Apparat bestand seit Ende 1946 ein Landesausschuß der politisch Verfolgten, der eine beratende Funktion beim Staatskommissariat innehatte und so die Interessen der Verfolgten vertreten sollte. Die Gründung des Landesauschusses war auf Anforderung der Militärregierung erfolgt, die damit auf die zahlreichen Klagen aus den Reihen der Verfolgten reagierte. In ihm waren alle fünf im bayerischen Landtag vertretenen Parteien repräsentiert, die ihrerseits ehemalige Verfolgte aus ihren Reihen delegierten[93].

In einem Rechenschaftsbericht vom Mai 1947 erläuterte Auerbach die Tätigkeit seines Staatskommissariats[94]. Es besaß nun die direkte Dienstaufsicht über das Bayerische Hilfswerk für die durch die Nürnberger Gesetze Betroffenen, die KZ-Betreuungsstellen und das Zentralkomitee der befreiten Juden in der US-Zone. Somit war das Staatskommissariat nicht nur für die deutschen rassisch, religiös und politisch Verfolgten, sondern auch für jüdische DP's, soweit sie nicht von der UNRRA betreut wurden, zuständig[95]. Neben der Gewährung von Renten und Krediten sorgte das Staatskommissariat für Sonderverteilungen von Textilien, Möbeln, Lebensmitteln und anderen Gebrauchsgegenständen, unterhielt eine Reihe von Erholungsheimen für die Verfolgten, setzte sich für die Errichtung und Pflege von Friedhöfen und Gedenkstätten ein, unterstützte Verfolgte beim Studium, verteilte Wohnungen und war an der beruflichen Eingliederung und Arbeitsvermittlung beteiligt. Daneben förderte es auch die Ausbildung auswanderungswilliger jüdischer DP's, um deren Startchancen in ihrer neuen Heimat zu verbessern. Schließlich bestanden auch eigene Abteilungen für die Wiedergutmachungsgesetzgebung sowie für Entnazifizierungsfragen[96].

Schon bald nach Aufnahme seiner Tätigkeit in Bayern hatte Auerbach das Ziel verfolgt, „daß die rassisch, religiös und politisch Verfolgten vollkommen aus der Wohlfahrt ausscheiden"[97], und wurde darin auch durch die für ihn zuständige Wohlfahrtsabteilung des Innenministeriums bestärkt. Die Verfolgten sollten in Zukunft ausschließlich über das Staatskommissariat und die ihm untergeordneten Hilfsstellen unterstützt werden und nicht mehr durch die allgemeinen öffentlichen Wohlfahrtseinrichtungen. Schließlich setzte Auerbach durch, daß zum 1. Juli 1947 eine entsprechende Regelung in Kraft trat[98]. Indem die Verfolgten aus dem Rahmen der allgemeinen Fürsorge herausgenommen wurden, sollte die besondere Natur ihrer Ansprüche unterstrichen werden, der man durch ein Almosen nicht gerecht würde.

Dieser Kurs erzeugte aber auch Widerstände. Der von Auerbach zielstrebig verfolgte Aufbau einer Sonderverwaltung für die Verfolgten des Nationalsozialismus schuf nicht nur Mißmut in manchen bayerischen Kreisen, sondern lief auch den Interessen der

---

[93] Vgl. Mitteilungsblatt des Landesausschusses der politischen Verfolgten, Nr. 1, 1.12. 1946, „Bildung eines Landesausschusses der politisch Verfolgten".

[94] Siehe zum folgenden Rechenschaftsbericht des Staatskommissars für rassisch, religiös und politisch Verfolgte, 15.9. 1946-15.5. 1947, OMGB, IfZ-Archiv, MF 260, OMGUS 13/141-1/1.

[95] Muller an Hoegner, 18.10. 1946, BayHStA, MA 114263.

[96] Bericht des Staatskommissars für rassisch, religiös und politisch Verfolge für die Militärregierung von Bayern, Januar 1948, IfZ-Archiv, MF 260, OMGUS 13/141-1/1.

[97] Auerbach an Eckmaier (Ministerialrat im bayer. Finanzministerium), 18.12. 1946, BayHStA, MF 69409.

[98] Memorandum Minicliers v. 31.1. 1947, OMGB, IfZ-Archiv, MF 260, OMGUS 13/141-1/1; Hans P. Thomsen (Welfare Refugee Officer, Ansbach) an Public Welfare Branch, OMGB, 16.8. 1947, ebenda, 15/102-1/31.

amerikanischen Militärregierung entgegen. Bereits Mitte 1947 kam diese in einer Untersuchung zu der Auffassung, daß der bayerische Staatskommissar seine offizielle Position unter anderem dazu mißbrauche, die politischen und wirtschaftlichen Ziele einer Minderheitsgruppe, d. h. der Verfolgten, innerhalb der deutschen Wirtschaft zu begünstigen[99]. Das widersprach der amerikanischen Politik, wie sie bei einem Besuch des Assistant Secretary of War Peterson in der amerikanischen Besatzungszone nochmals ausdrücklich formuliert worden war: Es müsse verhindert werden, daß sich die Verfolgten infolge einer bevorzugten Behandlung als eine von der übrigen Gesellschaft getrennte Bevölkerungsgruppe auf Dauer etablierten und damit den Unmut der Bevölkerung auf sich zögen[100]. Deshalb vertrat auch die Public Welfare Branch der amerikanischen Militärregierung in Bayern die Auffassung, daß die bevorzugte Behandlung der Verfolgten spätestens mit dem Inkrafttreten der endgültigen Wiedergutmachungsgesetzgebung ein Ende finden müsse[101]. In der Abneigung, durch fortgesetzte Fürsorgemaßnahmen eine Problemgruppe zu verfestigen, trat die für alle ihre Aktivitäten im Bereich der Fürsorge für die ehemaligen Verfolgten, aber auch etwa der Flüchtlinge und Vertriebenen, typische Maxime der amerikanischen Besatzungspolitik zutage[102].

b) Württemberg-Baden

Auch in Württemberg-Baden gingen die ersten Fürsorgemaßnahmen zugunsten deutscher Opfer des Nationalsozialismus vorrangig von Initiativen der ehemaligen Verfolgten in Zusammenarbeit mit kommunalen Wohlfahrtseinrichtungen aus. So gründeten etwa in Stuttgart die ersten Heimkehrer aus den Konzentrationslagern und Gefängnissen, die meisten davon langjährige politische Häftlinge, in Verbindung mit dem städtischen Wohlfahrtsamt eine Betreuungsstelle. Sie kümmerten sich zunächst darum, die Rückkehr befreiter Häftlinge in ihre Heimatstadt zu organisieren. Jeder Rückkehrer bekam neben der üblichen Wohlfahrtsunterstützung einen Betrag von 30 RM. Ein kleiner Teil erhielt zudem eine Ehrengabe der Stadt Stuttgart in Höhe von 200 bis 300 RM, manche auch einige hundert Reichsmark für Kleider und Hausratbeschaffung aus Wohlfahrtsmitteln[103]. Außerhalb Stuttgarts war die Lage für die heimkehrenden und notleidenden Verfolgten meist noch dürftiger, sofern nicht in vereinzelten Fällen Sammlungen für diese Leute veranstaltet wurden. Dabei kam es aber auch zu Konflikten mit der Militärregierung, insbesondere wenn dies zu unkontrollierten Selbsthilfemaßnahmen der Verfolgten führte[104].

Staatlicherseits wurde dagegen über längere Zeit kaum etwas getan. Dies hatte auch damit zu tun, daß es im Unterschied zu Bayern im südwestdeutschen Raum nicht

[99] Dossier von Charles E. Boyle (OMGUS/Prisoner of War & Displaced Persons Division) an Political Affairs, 25. 7. 1947, IfZ-Archiv, MF 260, OMGUS 3/169-2/158.
[100] Memorandum Minicliers v. 4. 6. 1947, IfZ-Archiv, MF 260, OMGUS 13/141-1/1.
[101] Al D. Sims (OMGB/Internal Affairs Division) an OMGUS, Internal Affairs & Communications Division, 8. 11. 1947, IfZ-Archiv, MF 260, OMGUS-CAD 5/323-3/5.
[102] Siehe etwa die Ansprache Clays vor dem Plenum des Stuttgarter Länderrats am 4. 2. 1947, in der er davor warnte, bei den Flüchtlingen ein neues Minderheitenproblem entstehen zu lassen, in: Akten zur Vorgeschichte der Bundesrepublik Deutschland 1945-1949, (AVBRD), Bd. 2, Januar-Juni 1947, hrsg. v. Bundesarchiv u. d. Institut für Zeitgeschichte, München u. Wien 1979, S. 186.
[103] Referat Karl Keims über die Aufgaben der Betreuungsstellen und Bericht über die Betreuung in Stuttgart, in: Protokoll der Landeskonferenz der politisch Verfolgten des Naziregimes Württemberg-Baden am 17. März 1946 in Stuttgart, VVN/BW-Archiv, Geschichte/Dokumente der VVN; Wortlaut der Unterstützungsbestimmungen für Verfolgte des Nationalsozialismus der Stadt Stuttgart in: Runderlaß des Innenministeriums Nr. IX 439, 17. 12. 1945, IfZ-Archiv, MF 260, OMGUS 12/26-2/26.
[104] Siehe etwa das Beispiel Mannheim, Material dazu in IfZ-Archiv, MF 260, OMGUS-WB 12/26-2/26.

gelungen war, unmittelbar an die Verwaltungstradition der ehemaligen Länder anzuknüpfen. Die Grenze zwischen der französischen und amerikanischen Besatzungszone
durchschnitt auf einige Jahre hin das vorher verwaltungsmäßig, kulturell und wirtschaftlich zusammengehörige Gebiet Württembergs, außerdem gehörten zur US-Zone
nun auch Teile des ehemaligen Baden[105]. Noch in der Zeit des kurzen französischen
Interims wurde in Stuttgart ein „Amt für Wiedergutmachung" eingerichtet, das aber
anfangs nur im Bereich Groß-Stuttgart tätig war. Nach dem Wechsel der Besatzungsmacht und der Bestätigung einer württemberg-badischen Landesregierung am 14. September 1945 wurde es zunächst im Bereich der Landesverwaltung für Inneres weitergeführt. Aufgabe des Amts für Wiedergutmachung war die Registrierung und – im Falle
dringender Not – Unterstützung der Verfolgten des Nationalsozialismus, soweit es die
bescheidenen Mittel zuließen. Dabei stand ihm ein Beirat zur Seite, in dem neben einer
Anzahl von Verfolgtenvertretern die Militärregierung, etliche Landkreise und andere
mit der Verfolgtenbetreuung befaßte Stellen vertreten waren.

Jedoch war das Verhältnis zwischen dem noch von der französischen Militärregierung eingesetzten Amtsleiter Franz Fischer und der Landesregierung von Anfang an
gespannt[106]. Dieser drängte für ihren Geschmack in der Entschädigungsfrage zu schnell
vorwärts, während die württemberg-badische Landesregierung lieber eine Initiative auf
breiterer Basis abwarten wollte. Sie verwies darauf, daß sich „eine solche Wiedergutmachung nur im Rahmen der tatsächlich vorhandenen Möglichkeiten halten"[107] könne
und „zur Behandlung der Frage ... eine gesetzliche Grundlage notwendig" sei, die
„jedoch nicht Sache eines einzelnen Landes sein kann"[108]. Die Landesregierung entle-
digte sich des Problems am 14. November durch die Entlassung Fischers und die
Auflösung seines Amtes[109]. Die Dienststelle wurde zwar formell als Hauptabteilung IX
des Innenministeriums weitergeführt, doch in der Praxis hieß das, daß die Belange der
Verfolgten nunmehr weitgehend vernachlässigt blieben. Die bayerische Anregung beim
Stuttgarter Länderrat, ebenfalls ein Staatskommissariat einzurichten, wies Ministerpräsident Reinhold Maier mit der Begründung zurück, daß Bayern ein wesentlich größeres
Land sei: „Wir machen eine Dienststelle, aber keinen Staatskommissar."[110] Demgemäß
wurde in Württemberg-Baden zunächst auch keine eigene Betreuung für die Verfolgten
aufgebaut, und die Landräte und Bürgermeister blieben neben der bescheidenen
Dienststelle im Innenministerium die einzigen von Amts wegen damit befaßten staatlichen Repräsentanten.

Der Hauptbeitrag der Abteilung IX des Innenministeriums zugunsten der Opfer des
Nationalsozialismus bestand darin, daß sie am 17. Dezember 1945 einen Rundbrief an
die Landräte sowie die Oberbürgermeister in Stuttgart, Heilbronn und Ulm verschick-
te, in dem sie darauf hinwies, daß „den ehemaligen politischen Verfolgten ... eine
besondere Betreuung zuteil werden" müsse. Das Rundschreiben empfahl die erwähn-

[105] Vgl. Paul Sauer, Demokratischer Neubeginn in Not und Elend. Das Land Württemberg-Baden von 1945 bis
1952, Ulm 1978, S. 12, 23 ff.
[106] Siehe etwa Franz Fischer an Ministerpräsident Reinhold Maier u. Staatsrat Konrad Wittwer, 10. 11. 1945,
BadWürtHStA, EA 1/920, Bü. 709.
[107] Wittwer an Fischer, 23. 10. 1945, BadWürtHStA, EA 1/920, Bü. 709.
[108] Wittwer an Fischer, 15. 11. 1945, BadWürtHStA, EA 1/920, Bü. 709.
[109] Auszug aus der Niederschrift über die Sitzung des württemberg-badischen Staatsministeriums vom 14. 11.
1945, BadWürtHStA, EA 1/920, Bü. 709.
[110] Niederschrift der Sitzung des württemberg-badischen Staatsministeriums am 3. 1. 1946, BadWürtHStA, EA
4/001, Bü. 57a.

ten, in Stuttgart getroffenen Maßnahmen zur Nachahmung. Zugleich wurde in Aussicht gestellt, die dabei entstehenden Aufwendungen später ganz oder teilweise zu ersetzen[111]. Dagegen erhob sich aus dem Kreis der Verfolgten der Vorwurf, dies sei entschieden zu unverbindlich formuliert[112].

Tatsächlich lag in den ersten beiden Jahren nach Kriegsende in Württemberg-Baden die Hauptlast der Betreuung bei den Organisationen der Verfolgten selbst. Nachdem ähnlich wie in Stuttgart ehemalige Verfolgte in vielen Kreisen Betreuungsstellen geschaffen hatten, wurde schließlich am 17. März 1946 mit Genehmigung der Militärregierung die Landesstelle für die politisch Verfolgten des Naziregimes gegründet, die als Dachorganisation für die zahlreichen Betreuungsstellen in Württemberg-Baden fungierte. Sie war Bestandteil des Landesausschusses der politisch Verfolgten. Im April 1947 ging der Landesausschuß auch in Württemberg-Baden in die Vereinigung der Verfolgten des Naziregimes (VVN) über, und zusammen mit ihm auch die Landesstelle. Für einige Zeit wuchs sie in eine geradezu halbamtliche Stellung hinein.

Die in der Landesstelle zusammengefaßten Betreuungsstellen übernahmen die schwierige Aufgabe festzulegen, wer überhaupt als politischer Verfolgter anzusehen sei, und stellten Ausweise aus, die zur Inanspruchnahme der für Verfolgte des Nationalsozialismus vorgesehenen Vorteile berechtigten. Bis November 1947 erkannte sie 9.710 Menschen als Verfolgte an, darunter als größte Gruppe 6.590 politisch Verfolgte sowie 1.656 rassisch und 366 religiös Verfolgte. Unter den rassisch Verfolgten befanden sich neben 927 Juden und 640 von den Nazis als „Judenmischlinge" Verfolgte auch 89 Zigeuner[113]. Diese Zahlen betrafen natürlich nur die außerhalb der UNRRA-Betreuung stehenden deutschen Verfolgten, weshalb hier auch die Zahl der Juden verhältnismäßig gering ist. Die jüdische Bevölkerung Badens und Württembergs war nach 1933 zum Teil emigriert, von denen, die dageblieben waren, wurde ein Großteil ermordet. So lebten beispielsweise 1946 in Stuttgart nur noch 300 Juden gegenüber 10.400 in der Zeit vor Hitler[114].

Neben der Auswahl der Bewerber hatte die Landesstelle die Aufgabe, die Interessen notleidender Verfolgter gegenüber den Arbeits-, Wohnungs- und Versorgungsämtern zu vertreten, um die ihnen zustehenden Rechte bei der Zuweisung von Arbeitsplätzen, Wohnraum, Lebensmitteln und anderen wichtigen Versorgungsgütern durchzusetzen. Bei der medizinischen Betreuung der ehemaligen Verfolgten half auch hier vor allem die Süddeutsche Ärzte- und Sanitätshilfe der Centrale Sanitaire Suisse, die Lebensmittel und Medikamente aus der Schweiz bereitstellte und Erholungsheime für kranke Verfolgte unterhielt[115].

Die Tätigkeit der Landesstelle ersparte dem Staat eigene Anstrengungen. Die württemberg-badische Regierung konnte sich so über längere Zeit hinweg „mit einem un-

[111] Rundschreiben des württemberg-badischen Innenministeriums Nr. IX 439, 17.12. 1945, IfZ-Archiv, MF 260, OMGUS-WB 12/26-2/26.
[112] Protokoll der Landeskonferenz Württemberg-Baden der politisch Verfolgten des Naziregimes am 17.3. 1946 in Stuttgart (Anm. 103).
[113] Vereinigung der Verfolgten des Naziregimes Württemberg-Baden, Statistical Report Regarding the Work of Examination and Recognition in the Month of November 1947, IfZ-Archiv, MF 260, OMGUS-WB 12/26-2/24.
[114] Minutes of the Meeting of the Property Disposition Board, 17.9. 1946, IfZ-Archiv, MF 260, OMGUS-Bico 11/13-1/16.
[115] Protokoll der 1. Landes-Delegierten-Konferenz der VVN Württemberg-Baden in Stuttgart am 17.5. 1947, S. 5, VVN/BW-Archiv, Geschichte/Dokumente der VVN.

verhältnismäßig kleinen Behördenapparat für die Wiedergutmachung"[116] begnügen. Die Militärregierung betrachtete auch diese Entwicklung mit zwiespältigen Gefühlen. James H. Campbell, Chef der Public Welfare Branch in Württemberg-Baden, berichtete am 21. Mai 1946 an seine vorgesetzte Stelle in Berlin, daß er bei aller Sympathie für die Ziele dieser Organisation prinzipiell gegen Verfolgtenorganisationen sei, da sich diese höchstwahrscheinlich zu politischen Pressure-groups entwickeln würden. Überdies war er überzeugt, „daß sich durch ein vernünftiges, unparteilich durchgeführtes Regierungsprogramm"[117] derartige Anstrengungen der Verfolgtenorganisationen erübrigen würden. Doch davon war man in Württemberg-Baden auch nach Campbells Auffassung im Moment noch weit entfernt. Die staatlichen Anstrengungen bei der Umsetzung der in den Military Government Regulations festgelegten Forderungen zugunsten der ehemaligen Verfolgten qualifizierte er als ungenügend; nach den Beobachtungen seiner Stelle waren „die deutschen Behörden bei der Ausführung dieser Bestimmungen lax"[118]. Deshalb schickte seine Abteilung am 23. Mai 1946 ein ausführliches Schreiben an die Wohlfahrtsabteilung des württemberg-badischen Innenministeriums, in welchem festgestellt wurde, „daß viele der Kreisbehörden entweder nicht wüßten oder mißachtet hätten", daß die Military Government Regulations den deutschen Verfolgten des Nationalsozialismus dieselben Privilegien wie den United Nations Displaced Persons gewährten und die deutschen Wohlfahrtsämter dort angewiesen seien, diesen die entsprechenden Rechte einzuräumen. Um Zweifel auszuschließen, wurden die einschlägigen Verordnungen der Military Government Regulations noch einmal aufgeführt. Das Schreiben schloß mit dem ausdrücklichen Befehl, daß diese Anordnungen nach Buchstaben und Geist berücksichtigt werden müßten[119]. Auch im Stuttgarter Länderrat monierten die Amerikaner, noch immer sei keine praktische Hilfe für die Opfer des Nazismus geleistet worden; entsprechende deutsche Sofortmaßnahmen würden erwartet[120].

Schließlich wies Innenminister Fritz Ulrich seine Regierung darauf hin, daß es nicht länger vertretbar sei, nur ein Referat seines Ministeriums beiläufig mit dieser Angelegenheit zu betrauen[121]. Im Juli wurde daraufhin dieses Referat ein Stück aufgewertet, indem wieder ein selbständiges „Amt für Wiedergutmachung" unter der Leitung des Wirtschaftsministers Josef Andre gebildet wurde[122]. Doch handelte es sich auch hierbei noch um ein Provisorium, und erst Anfang 1947 kam es zu einer dauerhaften Lösung. Am 11. Februar 1947 beschloß die württemberg-badische Regierung nach längeren Beratungen, im Justizministerium eine Abteilung Wiedergutmachung einzurichten[123]. Leiter der neu ins Leben gerufenen Stelle wurde der bisherige Leiter der Gesetzgebungsabteilung des Justizministeriums, Otto Küster. Unter der Ägide des 1933 seines

[116] Justizminister Beyerle an württemberg-badisches Staatsministerium, 7.3. 1947, BadWürtHStA, EA 1/920, Bü. 709.
[117] James H. Campbell an Public Welfare Section, OMGUS, 21.5. 1946, IfZ-Archiv, MF 260, OMGUS-CAD 5/323-3/6.
[118] Ebenda.
[119] William S. Fitzer an Buchmann, 23.5. 1946, IfZ-Archiv, MF 260, OMGUS 12/26-2/26.
[120] Fritz Ulrich (württ.-bad. Innenminister) an württemberg-badisches Staatsministerium, 31.5. 1946, BadWürtHStA, EA 1/920, Bü. 709.
[121] Ebenda.
[122] Niederschrift über die Sitzung des württemberg-badischen Staatsministerium am 3.7. u. 10.7. 1946, BadWürtHStA, EA 4/001, Bü. 57 a.
[123] Niederschrift über die Sitzung des württemberg-badischen Staatsministeriums vom 11.2. 1947, BadWürtHStA, EA 4/001, Bü. 57a.

Richteramts enthobenen Küster, einem der geistigen Väter des konstruktiven Mißtrauensvotums[124], gewann die württemberg-badische Wiedergutmachungspolitik bald erheblich an Profil.

Im Zuge dieser Entwicklung gingen auch hier die Kompetenzen für die Fürsorge von den Betreuungsstellen der Verfolgten auf staatliche Stellen über. In einem Erlaß vom 14. Juni 1947 wurde die Ernennung von öffentlichen Anwälten für die Wiedergutmachung in jeder Kreisstadt sowie die Errichtung jeweils einer Landesbezirksstelle für die Wiedergutmachung in Stuttgart und Karlsruhe angeordnet, die unter der Oberaufsicht der Wiedergutmachungsabteilung des Justizministeriums standen[125]. Das bedeutete, daß hilfsbedürftige Verfolgte sich nicht mehr wie bisher an das Sozialamt wenden mußten, sondern einen Antrag bei der Abteilung Wiedergutmachung des Justizministeriums stellen konnten[126]. Dies war ein wichtiger, psychologisch bedeutsamer Schritt in Richtung auf die Umwandlung der Fürsorgeberechtigung der Verfolgten des Nationalsozialismus in Rechtsansprüche.

c) Großhessen

In Großhessen entstanden gleichfalls bald nach Kriegsende in den meisten Stadt- und Landkreisen sogenannte „Sonderbetreuungsstellen", die sich um die Opfer des NS-Regimes kümmerten. Zum größten Teil wurden diese Betreuungsstellen von den Bezirksfürsorgeverbänden getragen, wobei zunächst mangels einheitlicher Direktiven jede Betreuungsstelle nach eigenem Gutdünken arbeitete. In den Städten unterstanden sie dem Oberbürgermeister, in den Landkreisen der Aufsicht des Landrats[127]. Daneben existierten aber auch in Großhessen Betreuungsstellen, die aus der Eigeninitiative der Verfolgten hervorgegangen waren und keinen Behördencharakter besaßen.

Seit 1. November 1945 bestand im großhessischen Innenministerium eine Abteilung Wiedergutmachung für politisch, rassisch und religiös Verfolgte, die im Januar 1947 dem Befreiungsministerium angegliedert wurde. Zum Leiter bestellte die großhessische Regierung Anfang April 1946 Curt Epstein, der wegen seines jüdischen Glaubens einige Jahre in einem KZ verbracht hatte[128]. Im Gegensatz zu Württemberg-Baden nahm die großhessische Landesregierung den bayerischen Vorschlag auf Einrichtung eines Staatskommissariats für die rassisch Verfolgten positiv auf. Chef der neuen Behörde wurde Epstein, der nun in Personalunion die Wiedergutmachungsabteilung des Innenministeriums und das Staatskommissariat für die Betreuung der Juden leitete[129].

Bald zeigte sich in Großhessen dieselbe Entwicklung wie in Bayern und Württem-

---

[124] Vgl. Reinhold Maier, Ein Grundstein wird gelegt. Die Jahre 1945-1947, Tübingen 1964, S. 251 f.

[125] Verordnung Nr. 162 des Staatsministeriums über den Aufbau der Wiedergutmachungsbehörden vom 14.6. 1947, in: Regierungsblatt der Militär-Regierung Württemberg-Baden, Nr. 9, 7.7. 1947, S. 57.

[126] Rundschreiben des Innenministeriums, Abt. Wiedergutmachung, Nr. IX 779, an die Landratsämter von Nord-Württemberg und Bürgermeisterämter in Stuttgart, Heilbronn u. Ulm, 21./30.5. 1947, VVN/BW-Archiv, Wiedergutmachung-Entschädigungsgesetz.

[127] Curt Epstein an Ministerpräsident Karl Geiler, 22.7. 1946, HessHStA, Abt. 502, Nr. 2773b; Epstein an Sharon L. Hatch (OMGH), 5.6. 1946, IfZ-Archiv, MF 260, OMGUS 8/66-1/3.

[128] Tätigkeitsbericht der Wiedergutmachungsabteilung für politisch und religiös Verfolgte beim Ministerium für politische Befreiung sowie des Staatskommissariates für die Betreuung der Juden in Hessen, 11.8. 1947, HessHStA, Abt. 502, Nr. 2772c. Vgl. auch Wolf-Arno Kropat, Jüdische Gemeinden, Wiedergutmachung, Rechtsradikalismus und Antisemitismus nach 1945, in: Neunhundert Jahre Geschichte der Juden in Hessen. Beiträge zum politischen, wirtschaftlichen und kulturellen Leben, hrsg. v. d. Kommission für die Geschichte der Juden in Hessen, Wiesbaden 1983, S. 469 f.

[129] Beschluß-Protokoll über die Sitzung des großhessischen Kabinetts am 4.4. 1946, HessHStA, Abt. 502, Nr. 4648.

berg-Baden: Vor allem die Verfolgten selbst wünschten dringend aus dem System der allgemeinen Fürsorge herausgenommen zu werden und forderten eine von der öffentlichen Wohlfahrt unabhängige Betreuung[130]. Im September 1946 kam der hessische Ministerrat diesem Wunsch schließlich nach und verabschiedete eine Verordnung zur Vereinheitlichung der Betreuungsstellen, die diese zugleich aus dem System der allgemeinen Fürsorge ausgegliederte[131]. Nun entstanden in jedem Stadt- und Landkreis eine Betreuungsstelle sowie Hauptbetreuungsstellen in Kassel, Wiesbaden und Darmstadt, die dem Innenministerium unterstanden. Diese Ämter entschieden über die Aufnahme in den Kreis der Betreuten und über Art und Umfang der Betreuung. Die Verordnung bestimmte zugleich eine Reihe von Sofortmaßnahmen. Dazu gehörten die Beschaffung von Arbeitsplätzen, Bekleidung und Wohnraum, Vorschußzahlungen auf künftige Wiedergutmachungsleistungen bei Bedürftigkeit, die Zuweisung von Kleingärten, Rückübereignung von geraubten Vermögenswerten und Rechten, die Rückzahlung von Sühneabgaben an die Juden sowie die ärztliche Versorgung der Verfolgten[132].

Ein Tätigkeitsbericht vom August 1947 schilderte, wie sich die Betreuungsstellen mit wechselndem Erfolg bemühten, diese Sofortmaßnahmen durchzuführen. So wurden in Zusammenarbeit mit dem Landeswirtschaftsamt dringend benötigte Kleidungsstücke wenigstens zum Teil beschafft und die Ernährung der Verfolgten durch Ausgabe von Lebensmittel-Zulagen aufgebessert. Besondere Schwierigkeiten traten auf, wenn es darum ging, den ehemaligen Verfolgten beim Wiederaufbau einer Existenz behilflich zu sein, sei es durch die Vergabe von Lizenzen, Gewerbescheinen, bei der Arbeits- und Wohnungsvermittlung oder auch der Möbelbeschaffung. Hier klagten die Verfolgten häufig über ablehnendes Verhalten der zuständigen Stellen. Mit Unterstützung der Centrale Suisse Sanitaire, die auch in Hessen bei der medizinischen Betreuung der ehemaligen Verfolgten tätig war, konnte in Bad Salzhausen ein Erholungsheim für ehemalige KZ-Häftlinge eingerichtet werden. Außerdem wurde 120 Studenten aus dem Verfolgtenkreis durch Stipendien ein Studium ermöglicht. Darüber hinaus unterstützte das Staatskommissariat den Wiederaufbau des jüdischen Lebens etwa durch Wiederherstellung von Friedhöfen, Synagogen sowie Sozialeinrichtungen[133]. Alles in allem ähnelten die in Hessen durchgeführten Unterstützungsmaßnahmen weitgehend denen in Bayern und Württemberg-Baden. Die Zahl der hier betreuten Verfolgten lag dabei etwa in der Größenordnung Württemberg-Badens. Mitte 1947 existierten 48 großhessische Betreuungsstellen in den Stadt- und Landkreisen, die 10.487 Verfolgte betreuten. Davon waren 5.439 politisch, 3.564 rassisch und 326 religiös Verfolgte. Hinzu kamen noch 1.157 gleichfalls betreute Hinterbliebene[134].

[130] Die Vorsitzenden der Betreuungsstellen von Hanau, Wiesbaden, Giessen, Fulda, Darmstadt, Offenbach, Kassel, Frankfurt a.M. an das großhessische Innenministerium, 10.8.1946, HessHStA, Abt. 502, Nr. 2772c.
[131] Verordnung zur Vereinheitlichung der Betreuungsstellen in Groß-Hessen, 11.9.1946, (am 27.11. in Kraft getreten), BadWürtHStA, EA 4/001, Bü. 35.
[132] Ebenda, § 5.
[133] Tätigkeitsbericht der Wiedergutmachungsabteilung vom 11.8.1947 (Anm. 128).
[134] Ebenda.

2. Abgrenzung und Ausgrenzung von Verfolgten bei der Betreuung

Die vorübergehende Besserstellung der Verfolgten im Rahmen einer erweiterten Fürsorge stieß, wie immer wieder von Verfolgtenseite beklagt wurde, in der deutschen Bevölkerung vielfach auf Ablehnung[135]. Auch manche Behörden förderten die verbreitete Auffassung, daß die allgemeinen Versorgungsschwierigkeiten auf die Privilegien der Verfolgten zurückzuführen seien. Karl Hauff, Leiter der württemberg-badischen Landesstelle der politisch Verfolgten, appellierte deshalb am 12. Februar 1947 in einer Rundfunkansprache über Radio Stuttgart an die Bevölkerung, daß die angeordnete Bevorzugung „in Wirklichkeit keine Bevorteilung gegenüber der übrigen Bevölkerung, sondern nur eine Angleichung" bedeute[136]. Derartige Einstellungen basierten zum Teil auf schlichtem Neid. Doch kam hinzu, daß die „diffamierende Taktik des Nationalsozialismus, dem Ausspruch eines Göring gerecht zu werden, daß die KZ-Lager die Dreckeimer der Nation seien"[137], nicht ohne Wirkung geblieben war. Die Inhaftierung zahlreicher „gewöhnlicher" Krimineller in den Konzentrationslagern vor allem in der zweiten Hälfte des sogenannten Dritten Reiches hatte dazu beigetragen, daß deren Insassen im breiten Bewußtsein der Bevölkerung pauschal als Verbrecher gegolten hatten, und diese Bewertung wirkte auch nach dem Ende der nationalsozialistischen Herrschaft noch kräftig nach[138].

Um dieser Stigmatisierung zu entkommen, verfochten vor allem die politisch Verfolgten eine scharfe Abgrenzung unter den ehemaligen KZ-Häftlingen. In seiner Begrüßungsansprache auf der 1. Landeskonferenz der politisch Verfolgten in Württemberg-Baden in Stuttgart am 17. März 1946 erklärte das Vorstandsmitglied Karl Keim: „Außerdem ist da noch ein Unterschied zwischen KZlern und KZlern. Wir haben schon im Lager nicht nur gegen die SS gekämpft, sondern auch gegen die Kriminellen, die sogenannten Grünen"[139]. Und hessische politisch Verfolgte erklärten: „Asoziale und kriminelle Elemente schädigen unser Ansehen. Wir haben es nicht verdient, daß man uns in einem Atemzug mit diesen Elementen nennt."[140] Karl Hauff, der Leiter der württemberg-badischen Landesstelle, versuchte auch der Militärregierung klarzumachen, warum ein Unterschied zwischen den KZ-Häftlingen zu machen sei: Bis 1939 seien die KZ-Insassen in erster Linie politisch Verfolgte gewesen. Nach dieser Zeit seien echte Kriminelle, Geistesschwache und -kranke sowie andere sozial unerwünschte Personen in die Konzentrationslager geworfen worden. Diese Leute seien nicht würdig für den Verfolgtenstatus[141]. Deshalb gehörte es zu den Hauptaufgaben der Betreuungsstellen bzw. der Staatskommissariate in der US-Zone, die sogenannten kriminellen Häftlinge auszu-

[135] Dr. Walter an Political Affairs, OMGB-ICD, 6. 8. 1946, IfZ-Archiv, MF 260, OMGUS 10/109-2/2.
[136] Karl Hauff, Vortrag über die Lage der politisch Verfolgten, 12. 2. 1947, IfZ-Archiv, MF 260, OMGUS-WB 12/26-2/24.
[137] Karl Keim, in: Protokoll der 1. Landesdelegiertenkonferenz der VVN, 17. 5. 1947 (Anm. 115).
[138] Vgl. etwa Barbara Distel, „Asoziale und Berufsverbrecher", in: Legenden – Lügen – Vorurteile. Ein Lexikon zur Zeitgeschichte, hrsg. v. Wolfgang Benz, München 1990, S. 28-31.
[139] Karl Keim, in: Protokoll der Landeskonferenz Württemberg-Baden der politisch Verfolgten des Naziregimes, 17. 3. 1946 (Anm. 103). Vgl. zu diesem Problem auch Falk Pingel, Häftlinge unter SS-Herrschaft. Widerstand, Selbstbehauptung und Vernichtung im Konzentrationslager, Hamburg 1978, S. 102-117.
[140] Die Vorsitzenden der Betreuungsstellen von Hanau usw. an das großhessische Innenministerium, 10. 8. 1946 (Anm. 130).
[141] Tagebucheintrag der Public Welfare Branch, OMGWB, vom 10. 7. 1946, IfZ-Archiv, MF 260, OMGUS-WB 12/26-2/26. Vgl. zu diesem Problem auch Pingel, Häftlinge unter SS-Herrschaft, S. 69ff.

sieben[142]. In Stuttgart arbeiteten die Betreuungsstellen dabei mit einer eigens eingerichteten KZ-Prüfstelle der Polizei zusammen, in der auch ehemalige KZ-Häftlinge mitwirkten[143]. Insgesamt fielen bei der Auswahl etwa die Hälfte der Antragsteller durch[144]. Unter den abgelehnten Bewerbern war auch Hjalmar Schacht, der sich Ende 1946 in Stuttgart vergeblich um den Status eines Verfolgten des Nationalsozialismus bemühte[145].

Die strikte Abgrenzung von den sogenannten kriminellen Häftlingen war zum einen natürlich eine Folge des von der SS praktizierten raffinierten Unterdrückungsystems in den Konzentrationslagern, wobei sie sich vielerorts krimineller Häftlinge zur Terrorisierung und Kontrolle der übrigen Gefangenen bedient hatte[146]. Somit lassen sich diese Abgrenzungsbemühungen vielfach aus diesen leidvollen Erfahrungen erklären. Zugleich wird hier aber auch deutlich, daß die in nationalsozialistischer Zeit gebräuchlichen Kategorien der „Asozialität" oder des „gemeinschaftsschädlichen Verhaltens" noch nachwirkten[147]. Man kann also feststellen, daß in den ersten Nachkriegsjahren auch unter den rassisch, religiös und politisch Verfolgten die Kriminalisierung mancher normabweichender moralischer und sozialer Standards in der NS-Zeit nicht in Frage gestellt wurde, allenfalls wurde das übermäßige Strafmaß kritisiert. Dies läßt darauf schließen, daß die Verbreitung mancher Einstellungen und Vorurteilsstrukturen, die dabei eine Rolle gespielt hatten, quer durch alle Schichten der deutschen Bevölkerung verlief und sich nicht auf den dezidiert nationalsozialistisch eingestellten Teil beschränkte.

Doch lag den Bemühungen der politisch Verfolgten auch die Absicht zugrunde, ein Leitbild des politisch bewußten antifaschistischen Kämpfers zu schaffen, der sich einerseits von den „Nur-Opfern", zu denen auch etwa die Juden gehörten, und andererseits von den „Kriminellen und Asozialen" abhob. Die Sicht der ausländischen jüdischen Organisationen wurde hier also gerade umgedreht. Nicht die Juden, sondern die politisch Verfolgten seien die ersten Opfer der Nationalsozialisten gewesen. Da unter den in Deutschland überlebenden deutschen Opfern des NS-Regimes die politisch Verfolgten zunächst den Hauptanteil stellten – die meisten Juden in Deutschland waren ausländischer Herkunft und fielen nicht in die Zuständigkeit der Betreuungsstellen – besaßen derartige Auffassungen natürlich anfänglich besonderes Gewicht.

Dies schlug sich auch in den Auswahlkriterien für die Aufnahme in die Verfolgtenbetreuung durch die KZ-Betreuungsstellen in der US-Zone nieder, die bis zur endgültigen gesetzlichen Regelung Mitte 1947 galten. So teilten die KZ-Betreuungsstellen in Würt-

---

[142] Siehe beispielsweise auch Otto Aster, Bericht über die Betreuung der politisch Verfolgten in Bayern, 21.10. 1946, IfZ-Archiv, NL Hoegner, ED 120, Bd. 116.

[143] Karl Keim, in: Protokoll der 1. Landeskonferenz Württemberg-Baden der politisch Verfolgten des Naziregimes am 17.3. 1946 (Anm. 103).

[144] Tagebucheintrag der Public Welfare Branch, OMGWB, 10.7. 1946, IfZ-Archiv, MF 260, OMGUS-WB 12/ 26-2/26.

[145] Tagebucheintrag der Public Welfare Branch, OMGWB, 6.12. 1946, IfZ-Archiv, MF 260, OMGUS-WB 12/ 26-2/26.

[146] Vgl. dazu etwa Pingel, Häftlinge unter SS-Herrschaft, S. 102-117; Hermann Langbein, ... nicht wie die Schafe zur Schlachtbank. Widerstand in den nationalsozialistischen Konzentrationslagern 1938-1945, Frankfurt a.M. 1980, S. 44-56.

[147] So forderte etwa der Bayerische Gewerkschaftsbund am 17.1. 1948 von der bayerischen Staatsregierung unter anderem die „Einweisung aller asozialen Elemente in Arbeitslager". Vgl. Paul Erker, Solidarität und Selbsthilfe. Die Arbeiterschaft in der Ernährungskrise, in: Neuanfang in Bayern 1945-1949. Politik und Gesellschaft in der Nachkriegszeit, hrsg. v. Wolfgang Benz, München 1988, S. 96.

temberg-Baden, wo die Eigeninitiative der Verfolgten aufgrund der anfänglichen Zurückhaltung des Landes eine besondere Rolle spielte, zwei Arten von Ausweisen aus. Die erste Ausweiskategorie galt für politische Überzeugungstäter, „die bewußt und gewollt in den meisten Fällen im organisierten Zusammenhang mit Gleichgesinnten aus politischen Gründen ... Widerstand leisteten". Die zweite galt für politische Gelegenheitstäter, Verfolgte aus religiösen, weltanschaulichen oder rassischen Gründen, Emigranten, Personen aus der Illegalität, Hinterbliebene und Sonderfälle. Unter die letzte Rubrik fielen etwa Fälle von Wehrkraftzersetzung, Spionage, früherer Mitgliedschaft in einer militärischen Organisation oder der NSDAP, sofern egoistische Motive ausfielen bzw. eine Umkehr zum aktiven Kampf stattgefunden habe. Ausländer aus Staaten der Vereinten Nationen wurden hingegen generell an die UNRRA verwiesen[148]. Auch in Bayern und Großhessen wurden ähnliche Unterscheidungen getroffen, wenngleich sich die Anerkennungskriterien im Detail unterschieden[149]. Den zuständigen Militärregierungsstellen erschienen derartige Auslegungen der von ihr vorgegebenen Kriterien hin und wieder suspekt, so daß sie schließlich im Zusammenhang der Entschädigungsgesetzgebung auf eine genaue Klärung der Definition von nationalsozialistischer Verfolgung drängen sollten[150].

Die Verbindung von erlittener Verfolgung und persönlicher Haltung der Verfolgten führte dabei vielfach zu Schwierigkeiten. So gründeten ehemalige als kriminell oder asozial inhaftierte Häftlinge, worunter auch die Opfer der sogenannten „vorbeugenden Verbrechensbekämpfung" fielen[151], eine eigene Verfolgtenvereinigung mit dem Namen „Die Vergessenen", die für diese Gruppe die Anerkennung und Betreuung als Verfolgte des Nationalsozialismus anstrebte[152]. Der bayerische Innenminister Josef Seifried förderte Anfang 1947 einen Gesetzentwurf über die Fürsorge für übermäßig bestrafte, nicht-politische Häftlinge[153]. Finanzstaatssekretär Richard Ringelmann verwahrte sich jedoch brüsk dagegen, daß diesen Personen über die öffentliche Fürsorge hinausgehende Hilfe geleistet würde, solange die dem Staat zur Verfügung stehenden Mittel nicht ausreichten, „um unbescholtenen Totalfliegergeschädigten, Ausgewiesenen und Flüchtlingen" entsprechende Hilfe zuteil werden zu lassen[154]. Bei der ganzen Frage der Fürsorge für die Opfer des Nationalsozialismus darf man also nicht aus den Augen verlieren, daß sich diese stets in scharfer Konkurrenz zu Ansprüchen anderer geschädigter Gruppen befanden.

Doch auch rassisch Verfolgte klagten über Diskriminierungen. So beschwerte sich der „vorbereitende Ausschuß für eine Hilfsstelle Rasseverfolgter nichtjüdischer Glaubens", daß insbesondere nichtjüdische Familienangehörige von Juden in Großhessen nicht ausreichend von den Betreuungsstellen unterstützt würden. Der Ausschuß ver-

---

[148] Vereinigung der politischen Gefangenen und Verfolgten des Nazisystems, Richtlinien für die Betreuung der „Opfer des Faschismus", 8.1. 1946, IfZ-Archiv, MF 260, OMGUS-WB 12/26-2/26.

[149] Richtlinien für den landeseinheitlichen Ausweis der ehemals politisch Inhaftierten, in: Mitteilungsblatt des Landesausschusses der politisch Verfolgten in Bayern, Nr. 3, 1.2. 1947; Richtlinien zur Durchführung der Verordnung über die Bildung und das Verfahren der Betreuungsstellen in Hessen vom 27.11. 1946 und vom 24.3. 1947, HessHStA, Abt. 502, Nr. 2773a.

[150] Vgl. Drittes Kapitel, Abschnitt III. 1.

[151] Auerbach an bayerische Staatskanzlei, 6.1. 1949, BayHStA, MA 114263.

[152] Niederschrift über die Sitzung von Vertretern der württemberg-badischen und bayerischen Betreuungsstellen am 19.7. 1946, VVN/BW-Archiv, Wiedergutmachungsbehörden (Sonderfondsgesetz).

[153] Entwurf für ein Gesetz über die Fürsorge für übermäßig bestrafte nichtpolitische Häftlinge, 27.1. 1947, BayHStA, MF 69410.

[154] Ringelmann an Justizminister Hoegner, 20.6. 1947, BayHStA, MF 69410.

wahrte sich dagegen, daß die Betreuung an den Nachweis bestimmter Verfolgungsmaßnahmen wie insbesondere eine längere KZ-Haft gebunden war. Demgegenüber forderte
er, Rücksicht darauf zu nehmen, „daß hier nicht allein ausschlaggebend ist, was nun
tatsächlich von dem Einzelnen erduldet wurde, sondern auch, was noch bevorstand"[155].
Der großhessische Staatskommissar Epstein reagierte erbost auf diese Vorhaltungen.
Für diesen Personenkreis müßten dieselben Kriterien gelten wie für die anderen Verfolgten. Insbesondere legte Epstein Wert darauf, daß die Zuerkennung der Verfolgteneigenschaft auch von einer entsprechenden Haltung abhängig sei, wobei er einem Teil
des betreffenden Kreises vorwarf, es daran fehlen gelassen zu haben. Es käme nicht in
Frage, „Personen . . ., die sich in der kritischen Zeit des Nationalsozialismus möglichst
weit von Juden und anderen Verfolgten distanzierten", zu betreuen. Für „politische
Wetterfahnen" sei „kein Platz in den Reihen der politisch, rassisch und religiös Verfolgten . . ., die für ein besseres, ganz besonders demokratisches Deutschland gekämpft,
gelitten und geblutet haben"[156]. Die hessische Regierung schloß sich schließlich dem
Standpunkt Epsteins an, daß „ein Unterschied in der Betreuung je nach der erlittenen
Verfolgung gemacht werden"[157] müsse. Damit waren Betroffene der Nürnberger Gesetze – anders als die jüdischen Verfolgten – nicht als Gruppenverfolgte, sondern nur
nach Maßgabe ihrer individuellen Verfolgung anspruchsberechtigt.

Von Anfang an gab es auch besondere Probleme bei den verfolgten Zigeunern. Diese
wurden beispielsweise in den großhessischen Richtlinien ausdrücklich unter den rassisch Verfolgten, die dort einen Betreuungsanspruch zugesprochen bekamen, aufgeführt, allerdings nur, „sofern sie heute einen geregelten Beruf ausüben und einen festen
Wohnsitz haben"[158]. Damit forderten aber diese Bestimmungen, die unter anderem
gerade die Versorgung mit Wohnungen und Arbeit für Verfolgte regeln sollten, von
dieser Gruppe als Voraussetzung, daß sie über eben jene Attribute einer geregelten
Existenz bereits verfügte. Andererseits wurde Zigeunern bei den Ämtern weiterhin
häufig die Türe gewiesen, wie ein bewegender Hilferuf der Betreuungsstelle Marburg
zugunsten obdachloser Zigeuner vom Sommer 1947 schilderte: „Wohnraum wird ihnen
von den Wohnungsämtern nicht zugewiesen, da sie angeblich asozial angehaucht sind
. . . Ein anständiges und ordnungsmäßiges Leben wird diesen Menschen bis heute noch
nicht ermöglicht, da sie von den Polizeiorganen ständig von einem Ort zum anderen
getrieben werden."[159] Die nationalsozialistische Diskriminierung konnte also auch in
der Betreuung der ehemaligen Verfolgten weiterwirken, sofern diese auf Traditionen
beruhte, die einen außernationalsozialistischen Hintergrund besaßen und deshalb nicht
zwangsläufig diskreditiert waren.

---

[155] Der vorbereitende Ausschuß für eine Hilfsstelle Rasseverfolgter nichtjüdischen Glaubens an Ministerpräsident Geiler, 30. 9. 1946, HessHStA, Abt. 502, Nr. 2773a.

[156] Epstein an Gottlob Binder (hess. Minister für politische Befreiung), 19. 11. 1946, HessHStA, Abt. 502,
Nr. 2773a.

[157] Hilpert an die Hilfsstelle für rassisch verfolgte Christen, 20. 12. 1946, HessHStA, Abt. 502, Nr. 2773a.

[158] Richtlinien zur Durchführung der Verordnung über die Bildung und das Verfahren der Betreuungsstellen in
Hessen vom 27. 11. 1946 und vom 24. 3. 1947 (Anm. 149). Die Bindung der Verfolgtenbetreuung für Zigeuner an ihre Seßhaftigkeit war in der US-Zone allgemein üblich. Vgl. etwa „Richtlinien für den landeseinheitlichen Ausweis der ehemaligen politischen Inhaftierten", in: Mitteilungsblatt des Landesausschusses der politisch Verfolgten, Nr. 3, 1. 2. 1947.

[159] Betreuungsstelle für rassisch, religiös und politisch Verfolgte Marburg, 12. 9. 1947, IfZ-Archiv, MF 260,
OMGUS 8/66-2/3.

Drittes Kapitel: Normierung der materiellen Wiedergutmachung in der US-Zone (1945-1949)

I. Deutsche und amerikanische Vorarbeiten

1. Deutsche Planungen: Wiedergutmachung aus eigener Initiative?

Parallel zu den Anfängen der Fürsorge für ehemalige Verfolgte des Nationalsozialismus begannen auch bereits Planungen für die gesetzliche Wiedergutmachung der erlittenen Schäden. Dabei bestehen widersprüchliche Angaben darüber, inwieweit deutsche Stellen aus eigener Verantwortung um eine Lösung dieser Frage bemüht waren. Ein interner Bericht der OMGUS Information Control vom Februar 1946 erhob den Vorwurf, daß die deutschen Länderverwaltungen zwar umfassende Entwürfe zur Wiedergutmachung des nationalsozialistischen Unrechts verfaßt hätten, die amerikanische Militärregierung derartige Initiativen jedoch blockiert habe, da sie die Zeit noch nicht für reif erachte[1]. Ähnlich argumentierte Anfang der fünfziger Jahre vor dem Bundestag auch der SPD-Abgeordnete Adolf Arndt, der nach dem Krieg als Ministerialrat im hessischen Justizministerium tätig gewesen war: „Um der geschichtlichen Wahrheit willen darf ich feststellen, daß die Landesregierungen von Bayern, Hessen und Württemberg-Baden 1945 sofort aus freien Stücken die Arbeiten an deutschen Rückerstattungs- und Entschädigungsgesetzen aufgenommen haben. Wenige wissen, daß die Militärregierungen dann diese Arbeit lange Zeit hindurch ausdrücklich verboten haben"[2]. Sind diese schweren Vorwürfe berechtigt? Verhinderte die amerikanische Militärregierung tatsächlich eine eigene Lösung dieser Fragen unter deutscher Regie?

Die Frage der Wiedergutmachung für Schäden aus nationalsozialistischer Verfolgung war, wie gezeigt, bereits vor Kriegsende auch auf deutscher Seite mehrfach aufgegriffen worden. Bald nach Kriegsende setzten dann deutsche Planungen auf Länderebene ein. Dabei gibt es aber kaum Beispiele für eine Kontinuität zu den Arbeiten aus der Kriegszeit. Die überlieferten frühesten Entwürfe sind überwiegend das Werk einzelner Persönlichkeiten in den Landesverwaltungen. In der US-Zone existierte bis zu den Landtagswahlen im Dezember 1946 keine Legislative, von der solche Initiativen hätten ausgehen können. Bis dahin war die gesetzgebende Gewalt den Ministerpräsidenten der US-Zone aufgrund der Proklamation Nr. 2 direkt durch die Militärregierung delegiert,

---

[1] OMGUS, Information Control, Intelligence Summary, (ICIS) N. 32, 23.2. 1946, USNA, RG 59, 740.00119, Box 3483.
[2] Deutscher Bundestag, 229. Sitzung am 11.9. 1952, Stenographische Berichte, Bd. 12, S. 10435. Zur Bedeutung Arndts für die Wiedergutmachung siehe auch Dieter Gosewinkel, Adolf Arndt. Die Wiederbegründung des Rechtsstaats aus dem Geist der Sozialdemokratie, Bonn 1991.

die eine strenge Oberaufsicht behielt[3]. Zudem drängte die Militärregierung auch nach der Wahl von Volksvertretungen in den Ländern darauf, daß diese Materie weitgehend unter Ausschluß der Legislative behandelt wurde.

Bayern übernahm zunächst die Führung bei diesen Planungen[4]. Bereits am 8. August 1945 überreichte Justizminister Wilhelm Hoegner dem damaligen Ministerpräsidenten und späteren Bundesfinanzminister Fritz Schäffer einen Entwurf für ein Gesetz zur Wiedergutmachung nationalsozialistischen Unrechts, der auf seinen Vorarbeiten im Schweizer Exil basierte[5]. Dort behandelte er zunächst Schäden nicht-vermögensrechtlicher Natur. Alle politischen Handlungen gegen die nationalsozialistische Gewaltherrschaft sollten straffrei sein. Artikel 2 enthielt die zentrale Regelung, daß „Bayern, die wegen ihrer Rasse, Religion oder wegen ihres nicht-nationalsozialistischen Bekenntnisses unter der nationalsozialistischen Gewaltherrschaft bestraft oder sonst ihrer Freiheit beraubt und dadurch in ihrer Gesundheit erheblich und dauernd geschädigt worden sind, … Anspruch auf Entschädigung nach billigem Ermessen"[6] hätten. Bemerkenswert daran ist, daß die nähere Bestimmung der nationalsozialistischen Verfolgung durch deren rassische, religiöse oder politische Motive erst in einem späteren Stadium dieses Entwurfes hinzugefügt worden war; offensichtlich wurde hier die von den Alliierten mitgebrachte Definition übernommen[7]. Zudem sticht die ausdrückliche Beschränkung der vorgesehenen Entschädigung auf bayerische Bürger ins Auge. Eine entsprechende Bestimmung fand sich in sämtlichen deutschen Entwürfen dieser Zeit. Die Zersplitterung Deutschlands unter der alliierten Besetzung führte so zu einer extremen Ausformung des Territorialitätsprinzips.

Weiter sah der erste Abschnitt vor, Ausbürgerungen rückgängig zu machen, entlassene Beamte zu entschädigen und Versicherungs- und Versorgungsansprüche ehemaliger Verfolgter wieder aufleben zu lassen. In einem zweiten Abschnitt behandelte Hoegner Vermögensschäden: Beschlagnahme, Einziehung und gegen die guten Sitten verstoßende Entziehung von Sachen und Rechten aller Art aus rassischen, religiösen oder politischen Gründen sollten rückgängig gemacht werden. Zur Finanzierung sah der Entwurf eine Wiedergutmachungskasse vor, gespeist aus dem aus Bereicherungen stammendem Vermögen früherer Mitglieder der NSDAP und ihrer Gliederungen. Solche Personen sollten darüber hinaus auch zur Wiedergutmachung durch Sonderbesteuerung, Sach- und Arbeitsleistungen, Räumung von Wohnungen usw. herangezogen werden können[8]. Das im Exil entwickelte Prinzip der Koppelung von Sühne und Wiedergutmachung hatte hier also seine Bedeutung behalten.

Eine gekürzte Fassung des Hoegnerschen Entwurfes wurde zusammen mit dem gleichfalls im Exil verfaßten Entwurf eines Gesetzes über die Sühne nationalsozialistischer Verbrechen am 18. Oktober der amerikanischen Militärregierung für Bayern zur

---

[3] Art. III, Proklamation Nr. 2 der amerikanischen Militärregierung, 19. 9. 1945, in: Amtsblatt der Militärregierung Deutschland, Amerikanische Zone, Ausgabe A, 1. 6. 1946, S. 2 f.

[4] Darauf wies bereits Walter Schwarz hin, doch übersah er dabei die frühesten Planungen. Vgl. ders., Rückerstattung nach den Gesetzen der Alliierten Mächte, München 1974, S. 28 ff.

[5] Vgl. Erstes Kapitel, Abschnitt I. 4.

[6] Hoegner, Entwurf für ein Gesetz zur Wiedergutmachung des nationalsozialistischen Unrechts, 8. 8. 1945, BayHStA, MA 114240.

[7] In einem etwas früheren Entwurf von ca. Juli 1945 wurde diese nähere Bestimmung nachträglich handschriftlich eingefügt. Vgl. IfZ-Archiv, NL Hoegner, ED 120, Bd. 354. Derselbe Vorgang läßt sich auch bei anderen frühen Wiedergutmachungs-Entwürfen deutscher Provenienz beobachten.

[8] Hoegner, Entwurf für ein Gesetz zur Wiedergutmachung des nationalsozialistischen Unrechts (Anm. 6).

Genehmigung vorgelegt, als Datum des Inkrafttretens war der 1. November 1945 ins Auge gefaßt[9]. Vier Tage später bekräftigte Hoegner, der nach der Entlassung Schäffers durch die Militärregierung neuer Ministerpräsident geworden war, auch in seiner Regierungserklärung die dort festgelegten Prinzipien der Wiedergutmachung für Opfer der nationalsozialistischen Verbrechen[10]. Doch zur Enttäuschung Hoegners behandelte die Militärregierung seinen Antrag zunächst hinhaltend, um ihn dann auf Eis zu legen, bis er schließlich in Vergessenheit geriet[11]. Für diese dilatorische Behandlung läßt sich eine Reihe von Gründen vermuten. Erstens behandelte dieser Entwurf das Problem sehr stark aus bayerischer Perspektive, während vor allem im State Department die internationalen Aspekte der Wiedergutmachung eine große Rolle spielten. Zweitens ist anzunehmen, daß aufgrund von Plänen bei OMGUS, eine Regelung auf Kontrollrats- bzw. auf US-zonaler Ebene anzustreben, kein Interesse an dieser allein auf Bayern begrenzten Initiative bestand[12]. Hier existierte eine Kluft zwischen den Dimensionen der nationalsozialistischen Verbrechen und den Möglichkeiten und Interessen eines einzelnen Landes. Zudem ist ungewiß, ob der Hoegnersche Entwurf überhaupt bis zur zuständigen OMGUS-Ebene weitergeleitet wurde oder bereits auf einer unteren Stufe hängenblieb. Dieses Beispiel war jedenfalls durchaus dazu geeignet, die Auffassung zu begründen, daß die amerikanische Militärregierung eigenständige deutsche Wiedergutmachungsinitiativen blockierte.

Doch auch in Württemberg-Baden und Großhessen begannen schon früh die Arbeiten an umfassenden Wiedergutmachungsregelungen. In Stuttgart verfaßte der Direktor der Wiedergutmachungsabteilung des Innenministeriums, Schöneck, einen Referentenentwurf. Seinem als Diskussionsgrundlage verstandenen Entwurf schickte er voraus, daß angesichts der Finanzlage der Länder die Mehrzahl der Geschädigten leer ausgehen müsse und nur die allerschwersten Fälle berücksichtigt werden könnten. „Der Kreis der eine Wiedergutmachung beanspruchenden Personen ist jedoch anderer Auffassung", stellte Schöneck fest, der auch herausgefunden haben wollte, daß „Begehrensvorstellungen unbegründeter Art eine beträchtliche Rolle" spielten; wieder einmal dränge sich der „vorlaute Spekulant ... in den Vordergrund"[13]. So ist es kein Wunder, daß von jüdischer Seite über die in den deutschen Ländern geschaffenen Entwürfe geklagt wurde: „Mit Schaudern empfinden wir den Geist, der sich hier zum Teil dokumentiert."[14]

Zusammenfassend hieß es zu Beginn des eigentlichen Entwurfes: „Wer durch Handlungen der nationalsozialistischen Parteiführung und ihrer Organe oder der Staatsführung des deutschen Reiches und seiner (verfassungsmässig) berufenen Vertreter seit

[9] Hoegner an OMGB, 18.10.1945, anbei Gesetz zur Wiedergutmachung des nationalsozialistischen Unrechts, BayHStA, MA 114240.
[10] Regierungserklärung Hoegners, 22.10.1945, in: Bayerisches Gesetz- und Verordnungsblatt (BayGVOBl), Nr.4, 1.11.1945, S.3.
[11] Siehe dazu OMGB an Hoegner, o.Dat. (ca. Anfang November 1945), BayHStA, MA 114240; Hoegner an OMGB, 16.11.1945, ebenda; Sitzung des bayerischen Ministerrats vom 21.12.1945 und vom 22.8.1946, IfZ-Archiv, NL Hoegner, ED 120, Bd. 355 u. 359.
[12] Anfang 1946 erhielt die deutsche Seite verschiedene Hinweise von OMGUS, daß die Angelegenheit der Rückerstattung zur Zeit vor dem Kontrollrat verhandelt würde. Vgl. etwa Staatssekretär Ehard an bayerisches Finanzministerium, 25.1.1946, BayMJ, 1101a, H.1.
[13] Entwurf des Innenministeriums (Referent: Direktor Dr. Schöneck) zu einem Gesetz zur Wiedergutmachung des unter Hitler begangenen Unrechts (Wiedergutmachungsgesetz), Februar 1946, BadWürtHStA, EA 4/001, Bü. 35.
[14] Interessenvertretung der jüdischen Gemeinden und Kultusvereinigungen an alle Länderregierungen Deutschlands, 19.5.1946, BadWürtHStA, EA 1/920, Bü. 709.

dem 30. Januar 1933 aus politischen, religiösen oder rassischen Gründen einen erheblichen Schaden an Gesundheit, Freiheit oder Vermögen erlitten hat, besitzt einen nach billigem Ermessen festzusetzenden Anspruch auf Wiedergutmachung nach Maßgabe der Bestimmungen dieses Gesetzes."[15] Es folgten umfassende Vorschläge zur Regelung der Rückerstattung, der Wiederherstellung von Rechten und aus der Sozialversicherung herrührender Forderungen, der Ansprüche verfolgter Beamten etc. Denunzianten sollten für die Folgen einer Anzeige persönlich haftbar gemacht werden können. Sofern aber kein persönlich haftender Schuldner herangezogen werden könne, müsse das Land Württemberg einspringen. Um die finanziellen Auswirkungen in Grenzen zu halten, bestimmte Schöneck, daß „nur Württemberger einen Anspruch besitzen können, da sonst der Ausbeutung durch gewissenlose Elemente nicht begegnet werden könnte."[16] Erneut zeigt sich, daß die Entwicklung von Entwürfen auf der Ebene eines einzelnen Landes die Ausbildung eines besonders strengen Territorialitätsprinzips begünstigte. Außerdem sollten nicht nur nationalsozialistisch belasteten Personen, sondern auch „einem schwer vorbestraften Menschen, einem asozialen Individuum, einem Gewohnheitsverbrecher, Trunkenbold und ähnlichen Leuten nicht die Rechtswohltaten eines Gesetzes zukommen, das nur deshalb für seine Person Anwendung findet, weil der nationalsozialistische Staat eine summarische Ausmerzungstaktik geführt hat und ihn dadurch vor einer normalen Bestrafung nach gültigen Gesetzen bewahrt hat."[17] Die Diskussion um die Einbeziehung von Kriminellen und Asozialen, die ja, wie gezeigt, auch im Bereich der Verfolgten-Fürsorge in Württemberg-Baden mit besonderer Schärfe geführt worden war, fand also hier ihre Fortsetzung.

Eine Stellungnahme des Stuttgarter Finanzministeriums, der sich das Justizministerium weitgehend anschloß[18], plädierte für weitere drastische Beschränkungen. Da es dem Prinzip der Demokratie widerstrebe, privilegierte Gruppen zu schaffen, dürften die vom Nationalsozialismus Geschädigten nicht anders behandelt werden als Kriegsbeschädigte bzw. Fliegergeschädigte. Anstelle der Opfer des Nationalsozialismus trat hier die übergreifende Kategorie der „Opfer des Systems", der diese allesamt angehörten. Verbunden damit bestand nur eine geringe Bereitschaft, Verfolgungsmaßnahmen, die unter dem NS-Regime rechtens gewesen waren, nachträglich zu ächten. So sollten die Geschädigten keinen Anspruch auf Naturalrückerstattung erhalten, da sonst „die Rechtsstellung des neuen gutgläubigen Erwerbers missachtet"[19] würde. Auch wurde eine Schadensersatzpflicht der Denunzianten abgelehnt, sofern es sich um Überzeugungstäter gehandelt habe. Ohnehin setzte die Stuttgarter Regierung zu dieser Zeit darauf, mit einer gesetzlichen Wiedergutmachung erst einmal abzuwarten. Finanzminister Fritz Cahn-Garnier schrieb mit Bezug auf den im Referentenstadium steckengebliebenen Entwurf Schönecks an das Innenministerium, „die juristische und finanzielle Regelung" müsse „zum mindesten für die ganze amerikanische Besatzungszone, besser aber für das gesamte Reichsgebiet *einheitlich* getroffen werden"[20].

Auch ein großhessischer Entwurf für ein Wiedergutmachungsgesetz, den Staatskom-

---

[15] Entwurf des Innenministeriums zu einem Wiedergutmachungsgesetz (Anm. 13), § 1.
[16] Ebenda, § 16.
[17] Ebenda, § 17.
[18] Finanzministerium Stuttgart, Stellungnahme zum Entwurf eines Wiedergutmachungsgesetzes, 26. 2. 1946, BadWürtHStA, EA 4/001, Bü. 35.
[19] Ebenda.
[20] Cahn-Garnier an Innenministerium, 23. 3. 1946, BadWürtHStA, EA 1/920, Bü. 709.

missar Epstein verfaßt hatte, übersprang nicht die Hürde des Ministerrats, der zunächst geklärt wissen wollte, wie hoch die Ansprüche seien, die in Betracht kämen, und welche Mittel dafür überhaupt zur Verfügung stünden. Zudem sei eine Regelung nur auf zonenweiter, wenn nicht gar vierzonaler Grundlage möglich. Da mittlerweile der Länderrat auf amerikanische Aufforderung hin mit der Arbeit an Wiedergutmachungsregelungen begonnen hatte, ließ sich dies nun umso leichter vertreten[21]. Damit war der großhessische Entwurf erst einmal Makulatur. Auch hier waren Rückerstattung, Entschädigung, Wiedergutmachung für Beamte etc. noch unter einem Dach zusammengefaßt worden. Der Entwurf des selbst rassisch verfolgten Staatskommissars ging recht weit zugunsten der Verfolgten, die aber wiederum auf Bürger Großhessens, die dort in der Zeit der nationalsozialistischen Herrschaft ansässig gewesen waren, begrenzt wurden. (Eine Ausnahme wurde allerdings bei Emigranten gemacht[22].) Dieser Entwurf bildete später auch die Grundlage für einen eigenen Vorschlag des bayerischen Staatskommissars für politisch Verfolgte Otto Aster[23], der aber gleichfalls im politischen Vorfeld stecken blieb.

Damit läßt sich eine Antwort auf die eingangs gestellten Fragen geben: Mit Ausnahme des Hoegnerschen Entwurfes, der dem Desinteresse der amerikanischen Militärregierung zum Opfer fiel, scheiterten in Bayern, Württemberg-Baden und Hessen alle anderen nachgewiesenen frühen Versuche einer umfassenden Regelung auf deutscher Seite an der fehlenden Zustimmung der eigenen Regierungen. Aus Sorge vor unabsehbaren Kostenverpflichtungen, die die Möglichkeiten eines einzelnen Landes überstiegen, verlegten sich die Regierungen Württemberg-Badens und Hessens zunächst lieber auf das Abwarten.

Dennoch wurden einige Teilbereiche der Wiedergutmachung mit besonderer Priorität weiterverfolgt, wobei es zu ersten Regelungen kam. So trat in Bayern bereits am 15. Oktober 1945 ein Gesetz über die sozialrechtliche Wiedergutmachung von Schäden infolge nationalsozialistischer Verfolgung in Kraft. Für einen Teil der Verfolgten wurden damit, wenn auch bescheidene, Rentenansprüche geschaffen. Körperliche Schäden infolge nationalsozialistischer Verfolgung wurden dort mit Betriebsunfällen gleichgestellt, und politisch Verfolgte mit mindestens 30-prozentiger Arbeitsbehinderung erhielten dadurch einen Rentenanspruch. Grundsätzliche Voraussetzung war aber, daß die Betroffenen den Schaden in Bayern erlitten hatten[24].

Während dies eine bayerische Sonderentwicklung war, führten die eigentumsrechtlichen Unsicherheiten, die sich aus der Aufhebung nationalsozialistischer Gesetze mit vermögensrechtlicher Wirkung durch den Kontrollrat ergaben[25], dazu, daß gleichzeitig in den Justizministerien Bayerns, Württemberg-Badens und Großhessens an der Rückerstattung des infolge der Verfolgung entzogenen, wiederauffindbaren Eigentums gear-

---

[21] Beschluß-Protokoll über die Sitzung des großhessischen Kabinetts am 24.5. 1945, HessHStA, Abt. 502, Nr. 2772c.

[22] Entwurf eines Gesetzes zur Wiedergutmachung nationalsozialistischen Unrechts, 26.3. 1946, HessHStA, Abt. 502, Nr. 2772c.

[23] Entwurf für ein Gesetz zur Wiedergutmachung nationalsozialistischen Unrechts, 9.5. 1946, BayMJ, 1101a, H. 1.

[24] Gesetz Nr. 9 betreffend sozialrechtliche Wiedergutmachung von Schäden, die durch das nationalsozialistische System verschuldet worden sind, 15.10. 1945, in: BayGVOBl, Nr. 3, 1.2. 1946, S. 21; Mitteilungsblatt des Landesausschusses der politisch Verfolgten, Nr. 1, 1.12. 1946, „Der Stand der Wiedergutmachung".

[25] Siehe dazu etwa Landrat von Hofheim an Regierungspräsidenten Würzburg, 13.9. 1945, BayMJ, 1101a, H. 1.

beitet wurde. Auch auf diesem Teilgebiet war Bayern zunächst Schrittmacher. So begannen im dortigen Justiz- wie auch Finanzministerium bald nach Kriegsende Überlegungen zur vorläufigen Wiedergutmachung von Vermögensschädigungen. Im September 1945 nahm Walter Roemer, Ministerialrat im bayerischen Justizministerium, die
Arbeit an einem Gesetzentwurf auf, und im Oktober sandte er einer Anzahl von
Experten eine erste Version zur Begutachtung zu. Roemer unterstrich dabei die Notwendigkeit der Beseitigung der durch den Kontrollrat geschaffenen vermögensrechtlichen Unsicherheit. Zudem hob er die symbolische Bedeutung hervor, die darin liege,
daß der sich bildende neue demokratische Staat gegenüber den inländischen Opfern als
auch der übrigen Welt gegenüber seine Entschlossenheit zur Wiedergutmachung be-
zeuge[26].

In erster Linie sah Roemers Entwurf vor, daß noch vorhandene Sachen, Rechte und
Vermögenswerte, die aus rassischen, religiösen und politischen Gründen entzogen oder
beschlagnahmt worden waren, wieder zurückgegeben werden sollten. Soweit eine Wiedergutmachung auf diesem Wege nicht möglich sei, waren Leistungen aus einer Wiedergutmachungskasse vorgesehen, in die NS-Vermögen sowie erbenloses entzogenes
Eigentum fließen sollten[27]. Doch im Januar 1946 stoppte die bayerische Staatskanzlei
die Weiterarbeit an Roemers Entwurf mit der Begründung, daß die Angelegenheit nach
amerikanischer Auskunft gerade beim Kontrollrat verhandelt würde[28]. Dagegen arbeiteten sowohl das württemberg-badische als auch das großhessische Justizministerium
weiterhin an Entwürfen, in denen die Rückerstattung jüdischen Eigentums im Mittelpunkt stand[29]. Auch hier wurde dieses Problem als ein vorrangig zu behandelnder
Sonderfall betrachtet. Bei all diesen Arbeiten fand ein ständiger Gedankenaustausch
zwischen den einzelnen Ländern statt, ohne daß es dabei aber zu einer gemeinsamen
Initiative gekommen wäre.

Ein weiterer Bereich, der frühzeitig in eine Sonderentwicklung einmündete, war die
Wiedergutmachung für den öffentlichen Dienst. Ähnlich wie bei der Rückerstattung
hatte auch hier die Aufhebung nationalsozialistischer Gesetze durch den Kontrollrat
eine nach Klärung heischende Rechtsunsicherheit geschaffen, denn Kontrollratsgesetz
Nr. 1 hatte das Gesetz zur Wiederherstellung des Berufsbeamtentums, das viele Beamte um ihre Arbeitsplätze gebracht hatte, aufgehoben[30]. Doch bestand in der Frage der
Wiedergutmachung für den öffentlichen Dienst offensichtlich auch ein dringendes eigenes Anliegen der deutschen Seite. Hoegner hatte bereits im Schweizer Exil Grundzüge der Wiedergutmachung für Beamte entwickelt. Auch ergingen alle Regelungen
auf dem Verordnungswege, um Konflikten mit der Militärregierung möglichst aus
dem Wege zu gehen. Immerhin verfolgte ja die amerikanische Militärregierung bis

---

[26] Roemer, Entwurf eines Gesetzes zur vorläufigen Wiedergutmachung der aus Gründen der Rasse, Religion
oder des politischen Bekenntnisses zugefügten Vermögensschädigungen, 11.10.1945, BayMJ, 1101a, H. 1.
[27] Ebenda. Eine gesetzestechnische Interpretation dieses Entwurfes findet sich bei Schwarz, Rückerstattung
nach den Gesetzen der Alliierten Mächte, S. 28-30.
[28] Aktennotiz Walter Roemers an Staatskanzlei, 12.1.1946 mit Antwort vermutlich von Staatssekretär Ehard
vom 24.1.1946, BayMJ, 1101a, H. 1. Zu den Kontrollratsverhandlungen siehe unten, Abschnitt II.3.
[29] Josef Beyerle an Wirtschafts- und Finanzministerium, 5.3.1946, BadWürtHStA, EA 4/001, Bü. 35; Vorent-
wurf zu einem Gesetz zur Wiedergutmachung von Vermögensschäden, ebenda; Entwurf einer Verordnung
des großhessischen Justizministeriums vom 4.2.1946 zur Wiedergutmachung nationalsozialistischer Unrechts bei rassisch Verfolgten, BadWürtHStA, EA 4/001, Bü. 35.
[30] Kontrollratsgesetz Nr. 1 v. 20.9.1945, in: Amtsblatt des Kontrollrats für Deutschland, Nr. 1, 29.10.1945,
S. 6-8.

Anfang der fünfziger Jahre das Ziel der Abschaffung des deutschen Berufsbeamten-tums[31].

Auch die Wiedergutmachung für den öffentlichen Dienst wurde zuerst in Bayern aufgegriffen. Ursprünglich sollte diese Frage, die Hoegner als selbst verfolgtem Beam-ten besonders am Herzen lag, im Rahmen seines Entwurfes für ein bayerisches Wieder-gutmachungsgesetz geregelt werden. Nachdem das Projekt jedoch bei der Militärregie-rung auf Eis lag, beschloß der bayerische Ministerrat in seiner Sitzung vom 23. Januar 1946 eine Dienstanweisung, in der die Frage vorrangig geregelt wurde[32]. Ziel dieser Anweisung war „grundsätzlich Herstellung des beamtenrechtlichen Zustandes, der be-stehen würde, wenn der Nationalsozialismus nicht zur Macht gekommen wäre"[33]. Dies sollte in erster Linie durch die Wiedereinstellung der von den Nationalsozialisten ent-lassenen Beamten erfolgen. Die Stuttgarter Regierung überlegte, ob sie dem bayerischen Beispiel folgen sollte. Doch entschied sie sich schließlich zunächst dagegen, eine einzel-ne Gruppe vorweg zu behandeln und beließ es bei der bevorzugten Wiedereinstellung der geschädigten Beamten[34]. Auch in Hessen wurden 1947 eigene Richtlinien zur Wie-dergutmachung für Beamte herausgegeben[35].

Ein weiterer Sonderbereich war die Aufhebung von Verurteilungen mit nationalso-zialistischem Hintergrund. In der US-Zone wurden einheitliche Gesetze zur Wieder-gutmachung in der Strafrechtspflege erlassen, in denen die Straffreiheit von politischen Taten gegen den Nationalsozialismus bestimmt wurde[36]. Bereits die Kontrollrats-Pro-klamation Nr. 3 über Grundsätze für die Umgestaltung der Rechtspflege hatte die Aufhebung von Verurteilungen aus rassischen, religiösen und politischen Gründen bestimmt[37]. So waren diese US-zonalen Gesetze letztlich nur eine Umsetzung von Beschlüssen des alliierten Kontrollrats.

Welche grundsätzlichen Tendenzen zeichneten sich bei diesen frühesten Plänen aus Bayern, Württemberg-Baden und Großhessen ab? Welche Funktion wiesen sie der Wiedergutmachung für Verfolgte des Nationalsozialismus zu? Als eine erste Gemein-samkeit läßt sich feststellen, daß alle diese Pläne zwar prinzipiell die Verantwortung des Staates anerkannten, aber nur subsidiär. Vorrangig sollten soweit als möglich die für die nationalsozialistischen Verbrechen direkt Verantwortlichen persönlich herangezogen werden. Die Vorschläge reichten von der Haftbarmachung von Denunzianten über die Verwendung des Vermögens der nationalsozialistischen Organisationen (die ohnehin

---

[31] Vgl. dazu Wolfgang Benz, Versuche zur Reform des öffentlichen Dienstes in Deutschland 1945-1952. Deut-sche Opposition gegen alliierte Initiativen, in: Vierteljahrshefte für Zeitgeschichte (VfZ) 29 (1981), S. 216-245.
[32] Sitzung des bayerischen Ministerrats, 23.1. 1946, IfZ-Archiv, NL Hoegner, ED 120, Bd. 356.
[33] Fritz Terhalle an bayerische Staatskanzlei usw., 17.6. 1946, Anlage: Gemeinsame Dienstanweisung sämtlicher Staatsministerien zur Beseitigung nationalsozialistischen Unrechts an Beamten, 23.1. 1946, BadWürtHStA, EA 1/014, Bü. 252.
[34] Protokoll der Sitzung des württemberg-badischen Staatsministerium am 6.11. 1946, BadWürtHStA, EA 4/001, Bü. 57a.
[35] Richtlinien für die Wiedergutmachung nationalsozialistischen Unrechts in Durchführung des Kontrollratsge-setzes Nr. 1 vom 20.9. 1945 vom 17.9. 1947, HessHStA, Abt. 502, Nr. 2773a; Entwurf der Richtlinien für die Wiedergutmachung nationalsozialistischen Unrechts auf dem Gebiet des Beamtenrechts, 8.11. 1947, (am 10.12. 1947 v. Kabinett genehmigt), HessHStA, Abt. 503, Nr. 502.
[36] Gesetz Nr. 21 zur Wiedergutmachung nationalsozialistischen Unrechts in der Strafrechtspflege, 28.5. 1946, in: BayGVOBl, Nr. 11, 4.7. 1946, S. 180 ff.; Gesetz Nr. 29, in: Regierungsblatt der Regierung Württemberg-Baden (WBRegBl), Nr. 17, 2.8. 1946, S. 205 f. Darüber hinaus folgten mehrere Novellierungen zur Fristan-passung.
[37] Amtsblatt des Kontrollrats in Deutschland, Nr. 1, 29.10. 1945, S. 22 f.

bereits der Vermögenskontrolle unterlagen) sowie von NS-Verantwortlichen bis hin zu einer Sondersteuer für ehemalige Parteigenossen. Daneben wurde teilweise auch erbenloses Vermögen enteigneter Verfolgter als Finanzierungsquelle in Betracht gezogen. Damit besaß Wiedergutmachung zunächst ähnlich wie in vielen Plänen vor Kriegsende auch einen Sühnecharakter, wobei nicht kollektiv, sondern individuell gesühnt werden sollte.

Praktische Bedeutung bekam der Grundsatz der direkten Verantwortung durch das unter amerikanischer Anleitung entstandene „Gesetz zur Befreiung von Nationalsozialismus und Militarismus" vom 5. März 1946, das in Bayern, Württemberg-Baden und Großhessen die Entnazifizierung in deutsche Hände legte. Es bestimmte, daß die im Rahmen der Entnazifizierung verurteilten Personen mit ihrem Vermögen oder Sühneleistungen zur Finanzierung der Wiedergutmachung heranzuziehen seien[38]. Finanzminister Fritz Terhalle kommentierte dazu im bayerischen Ministerrat, daß „die Wiedergutmachungsansprüche der Juden usw. aus den durch die Urteile der Kammern hereinfließenden Summen gedeckt werden" müßten. Sein Ministerkollege Josef Baumgartner spitzte dies zu und forderte, „daß kein Nichtparteigenosse einen Pfennig für die Sache zahlen solle. Die Kosten müßten die Nazis selber aufbringen"[39]. Die Betonung der individuellen Verantwortung der Nationalsozialisten für die Wiedergutmachung ließ sich somit stets auch als ein Instrument zur Abwehr einer kollektiven finanziellen Belastung des deutschen Volkes einsetzen.

Eine Gegenüberstellung der frühen deutschen Pläne mit der vor allem von jüdischer Seite geäußerten Kritik[40] verdeutlicht die grundsätzliche Problematik. Ähnlich wie auf amerikanischer Seite wurde auch seitens deutscher Politiker und Beamter die Pflicht zur Wiedergutmachung der den Verfolgten des Nationalsozialismus zugefügten Schäden überwiegend im Rahmen der Gesamtansprüche gegen das Deutsche Reich gesehen, was von vornherein eine Beschränkung der Leistungen bedeutete. Eine Konkurrenz entstand hierbei nicht nur aus den völkerrechtlichen Verpflichtungen zu Reparationen und äußeren Restitutionen, sondern in zunehmendem Maße auch aus den Ansprüchen anderer durch den Krieg in Not geratener Gruppen: Bombengeschädigte, Flüchtlinge, Vertriebene etc. Entgegen den Wünschen vieler Betroffener verfuhren deshalb alle Pläne nach dem Prinzip, daß nur ein Teil der Schäden wieder gutgemacht werden könne. Ein Entwurf der württembergischen Kultusvereinigung vom Mai 1946 zielte dagegen darauf, soweit als möglich die ganze gegen die Juden gerichtete Entwicklung seit 1933 wieder rückgängig zu machen[41], weshalb die bekanntgewordenen deutschen Vorschläge als eine Entrechtung empfunden wurden[42]. Doch für eine vollständige Wiedergutmachung aller unter der nationalsozialistischen Herrschaft erlittenen Schäden war an keiner politisch maßgeblichen Stelle Bereitschaft vorhanden, weder auf deutscher, noch, wie zu zeigen sein wird, auf amerikanischer Seite.

---

[38] BayGVOBl, Nr. 10, 1.7. 1946, S. 145ff. Am 9.9. 1947 wurde es zum zoneneinheitlichen Gesetz erklärt.
[39] Sitzung des bayerischen Ministerrats, 6.3. 1946, IfZ-Archiv, NL Hoegner, ED 120, Bd. 357.
[40] Siehe etwa Israelitische Kultusvereinigung Stuttgart an Justizministerium Stuttgart, 14.4. 1946, BadWürtHStA, EA 4/001, Bü. 35.
[41] Israelitische Kultusvereinigung Württemberg an Reinhold Maier, 29.5. 1946, BadWürtHStA, EA 1/920, Bü. 709.
[42] Interessenvertretung der jüdischen Gemeinden und Kultusvereinigungen an deutsche Länderregierungen, 19.5. 1946, BadWürtHStA, EA 1/920, Bü. 709.

2. Weichenstellungen in Washington und bei der amerikanischen Militärregierung

Während die Betreuung der hilfsbedürftigen KZ-Überlebenden beim Einmarsch in Deutschland zu den vordringlichen Aufgaben der amerikanischen Militärregierung gehörte, bestanden dort zu diesem Zeitpunkt allenfalls rudimentäre Vorstellungen über das umfassendere Problem der Entschädigung der Verfolgten des Nationalsozialismus für das ihnen zugefügte Unrecht. Neben der in allgemeinen Formlierungen u. a. auch durch den Kontrollrat ausgedrückten grundsätzlichen Absicht, Maßnahmen in dieser Richtung zu ergreifen, stand als einziges konkretes Ergebnis der in Washington während des Krieges geführten Diskussionen die Anweisung Eisenhowers durch JCS 1067, das in Deutschland geraubte und entzogene Vermögen sicherzustellen und den rechtmäßigen Besitzern zurückzuerstatten[43]. Von Anfang an besaß dadurch die Rückerstattung einen gewissen Vorsprung.

Doch blieb es zunächst allein bei der Sicherstellung. Mit dem Vormarsch der alliierten Truppen auf deutschem Boden hatte das gemeinsame alliierte Oberkommando (SHAEF) in den besetzten Gebieten das Militärregierungsgesetz Nr. 52 in Kraft gesetzt, das die Kontrolle einer ganzen Reihe von Vermögenskategorien regelte. Darunter fiel auch das *außerhalb* der Grenzen des Deutschen Reiches geraubte Eigentum[44], dessen Rückgabe die Alliierten bereits im Januar 1943 beschlossen hatten. Doch wurde in der US-Zone das Gesetz Nr. 52 nach dem Ende des gemeinsamen alliierten Oberkommandos dahingehend geändert, daß auch *innerhalb* Deutschlands geraubtes oder entzogenes Vermögen unter Kontrolle gestellt wurde[45]. Auf diese Weise glich Eisenhower den Umfang der Vermögenskontrolle der Formulierung in JCS 1067 an. Die Frage der Rückerstattung war damit aber noch offen.

Daran knüpften seit Kriegsende Tausende von Anfragen an das State Department und die amerikanische Militärregierung an. Insbesondere ehemalige deutsche Bürger in den USA versuchten, ihr aus rassischen oder anderen Gründen entzogenes oder geraubtes Eigentum zurückzuerhalten[46]. Daß es hier nun teilweise um die Eigentumsinteressen amerikanischer Staatsbürger ging, verschaffte der Frage der inneren Rückerstattung einen gewissen Aufmerksamkeitsbonus. So wies etwa der Political Adviser der amerikanischen Militärregierung, Robert Murphy, als er das State Department Anfang Juli um eine politische Direktive zur Frage der amerikanischen Vermögensinteressen in Deutschland bat, darauf hin, daß hierbei auch Maßnahmen zugunsten der Interessen naturalisierter Amerikaner notwendig seien, die aus rassischen und anderen Gründen ihr Eigentum durch die Nazis verloren hatten[47]. Die Grenzen zwischen innerer und äußerer Restitution waren hier also zum Teil fließend geworden.

Anfang September 1945 regte deshalb US-Außenminister James F. Byrnes an, die Sache baldigst im Kontrollrat zu regeln und spezielle Gerichte zu beauftragen, über die

---

[43] JCS 1067, Abs. 48, in: Um den Frieden mit Deutschland. Dokumente zum Problem der deutschen Friedensordnung 1948, hrsg. v. W. Cornides u. H. Volle, Oberursel (Ts.) 1948, S. 58-73, hier: S. 72.

[44] Military Government – Germany. Supreme Commander's Area of Control. Law No. 52, Blocking and Control of Property, Art. 1. 2. , in: Handbook for Military Government in Germany prior to Defeat or Surrender (SHAEF), Dezember 1944, IfZ-Archiv, Dk 090.009.

[45] Military Government Germany, United States Zone, Amendment to Law No. 52. Blockings and Control of Property, 14.7. 1945, in: Amtsblatt der Militärregierung Deutschland. Amerikanische Zone, hrsg. v. OMGUS, Ausgabe A, 1.6. 1946, S. 27.

[46] Siehe dazu USNA, RG 59, 462.11 E.W., Box 1925-1931; Rudolf Callmann (American Association of Jews from Central Europe) an Department of State, 30. 8. 1945, ebenda, Box 1925.

[47] Robert Murphy an James F. Byrnes, 3.7. 1945, USNA, RG 59, 462.11/7-345.

Rückerstattung der im Zuge der nationalsozialistischen Verfolgung entzogenen Werte in Deutschland zu urteilen[48]. Diese Fragen wurden bei der amerikanischen Militärregierung einige Zeit ergebnislos diskutiert[49], bis schließlich Captain Hemmendinger aus der Legal Branch am 18. September einen ersten Entwurf für ein derartiges Kontrollratsgesetz vorlegte. Allerdings hatte er sich nicht auf die Frage der Rückerstattung beschränkt, sondern zugleich auch das Problem der Entschädigung für Schäden der Gesundheit, der Arbeitskraft sowie des Vermögens aus Gründen der Rasse, der Nationalität, des religiösen Bekenntnisses oder der Gegnerschaft zur NSDAP berücksichtigt. Zugleich schlug Hemmendinger eine besondere Besteuerung derjenigen Personen vor, die sich an solchen Verfolgungsaktionen bereichert hatten[50]. Der Autor wechselte bald nach der Fertigstellung des Entwurfes nach Washington ins State Department, wo er mehrere Jahre lang für Wiedergutmachungsfragen zuständig war. Der Entwurf selbst ging als Unterlage in der nun in größerem Stil aufgenommenen Arbeit der OMGUS-Legal Division an einer Kontrollrats-Vorlage auf.

Hier entstand eine ausführliche Bestandsaufnahme und Erörterung der aus der nationalsozialistischen Verfolgung herrührenden Forderungen, deren erste Fassung Ende Oktober/Anfang November nach Washington gekabelt wurde[51]. Sie basierte vor allem auf den insbesondere von jüdischer Seite gemachten Eingaben[52]. Die Bandbreite reichte dabei von Vermögensschäden verschiedenster Art bis hin zu allen erdenklichen persönlichen Schädigungen. Die Entschädigung der Verfolgten auf deutschem Boden erschien dabei relativ praktikabel, während Leistungen für diejenigen im Ausland komplizierte Transferprobleme aufwarfen. Die Ansprüche wurden nach Prioritäten geordnet, entscheidendes Kriterium war dabei die Frage der Finanzierbarkeit. Keinesfalls dürfe die Belastung zu einem Zusammenbruch der deutschen Wirtschaft führen, argumentierte die Legal Division, weil dann schließlich alle Ansprüche wertlos würden. Deshalb sollte die Finanzierung in erster Linie aus einem Pool erfolgen, in den deutsche Auslandsguthaben und das von den Nationalsozialisten geraubte und beschlagnahmte Vermögen einzubringen seien. Dabei dachte die Legal Division insbesondere auch an erbenloses Eigentum ermordeter Juden[53].

Bei der Durchführung dieser Maßnahmen sollten die Deutschen unter strenge Aufsicht der Militärregierung gestellt werden. Das hierin zum Ausdruck kommende Mißtrauen speiste sich beispielsweise aus einer repräsentativen Umfrage unter der deutschen Bevölkerung in den vier Zonen von Berlin, die etwa ein halbes Jahr nach Kriegsende durchgeführt worden war. Von den Befragten befürworteten zwar immerhin 60 Prozent die Rückerstattung entzogenen Eigentums, aber nahezu jeder Befragte lehnte

[48] Byrnes an Murphy, 4. 9. 1945, USNA, RG 59, 462.11/9-445.
[49] Murphy an Byrnes, 7. 9. 1945 sowie 18. 9. 1945, USNA, RG 59, 462.11/9-745 u. 462.11/9-1845.
[50] Capt. Hemmendinger, „Indemnities and Assessments for Acts During the National Socialist Regime", 18. 9. 1945, IfZ-Archiv, MF 260, OMGUS-LD 17/56-2/21.
[51] Loyd V. Steere (OMGUS/POLAD) an Byrnes, 31. 10. 1945, anbei Staff Study der Legal Division betr. „Claims for Damages or Injury Suffered as a Result of Nazi Persecution or Discriminatory Acts", USNA, RG 59, 462.00R/10-3145; Murphy an Byrnes, 14. 11. 1945, ebenda. Ein bereits weiter ausgearbeiteter Entwurf vom 16. 1. 1945 in IfZ-Archiv, MF 260, OMGUS, POLAD 730/58. Endgültige Fassung vom 15. 1. 1946, Charles Fahy (Legal Advisor Clays) an Chief of Staff, IfZ-Archiv, MF 260, OMGUS, AG 1945-46/109/1.
[52] Siehe etwa American Association of Former European Jurists an Edward R. Stettinius, 23. 3. 1945, „Instrument providing for the settlement of claims arising from Nazi and Fascist persecutions", USNA, RG 59, 462.11/3-2345. Am 12. 6. 1945 wurde der Entwurf auch Eisenhower (SHAEF) zugesandt. Siehe IfZ-Archiv, MF 260, OMGUS-LD 17/56-2/21. Weitere Beispiele im Ersten Kapitel, Abschnitt II. 4.
[53] Ebenda.

jegliche weitere Maßnahme zugunsten Verfolgter des Nationalsozialismus ab: schließlich hätten alle Deutschen unter Hitler gelitten[54].

Washington ließ sich mit einer Stellungnahme gehörig Zeit. Am 15. März 1946 wurde OMGUS schließlich über das weitere Vorgehen in der Entschädigungsfrage instruiert[55], ohne daß der Entwurf der Legal Division damit eine offizielle Bestätigung erhalten hätte[56]. State und War Department befürworteten darin ausdrücklich die Rückerstattung von Eigentum bzw. die Entschädigung von Personen in Deutschland, die aus Gründen der Rasse, Nationalität, religiösen Anschauung oder ihrer Gegnerschaft zur NSDAP geschädigt worden waren. Über die Frage, was mit den Ansprüchen von Geschädigten, die jetzt außerhalb Deutschlands lebten, geschehen sollte, war man sich dort noch nicht schlüssig geworden. Dieses Telegramm stellte in mehrfacher Hinsicht die Weichen für die weitere Entwicklung: Der amerikanischen Militärregierung wurde nunmehr freie Hand gegeben, notfalls alleine in der US-Zone vorzugehen, falls der Weg zu einer alliierten Einigung im Kontrollrat zu lange dauern würde. Zugleich schrieb Washington die Reihenfolge der einzelnen Schritte vor. Als erstes sollte ein Programm zur Rückerstattung an Individuen erreicht werden, um sich erst dann der Frage der Rückerstattung an Organisationen und der Entschädigung für persönliche Schäden zuzuwenden. Rückerstattung und Entschädigung wurden hier also ausdrücklich getrennt.

Auf dieser Grundlage arbeitete der Property Disposition Board der amerikanischen Militärregierung die Einzelheiten des weiteren Vorgehens aus. In diesem Gremium waren neben der bislang federführenden Legal Division auch die Finance-, Economic- und weitere Divisions vertreten. Am 26. März schlug der Ausschuß vor, den Stuttgarter Länderrat der US-Zone mit der Ausarbeitung der notwendigen Maßnahmen zu beauftragen. Dazu gehörte erstens ein Verfahren für die Übernahme der Vermögenskontrolle nach dem Militärregierungs-Gesetz Nr. 52 in die deutsche Verantwortung, zweitens die schleunige Rückerstattung von unter nationalsozialistischer Herrschaft entzogenem und wieder auffindbarem Vermögen und drittens eine vorläufige Entschädigungsregelung zum Zwecke der wirtschaftlichen Rehabilitierung ehemaliger Verfolgter, die zunächst aber nur Bedürftige einschließen sollte[57]. Der stellvertretende amerikanische Militärgouverneur Lucius D. Clay beschloß, auf diesem Weg in der US-Zone vorzugehen, anschließend wollte er versuchen, den Kontrollrat zur Übernahme des amerikanischen Modells zu bewegen[58]. Die Einwilligung Washingtons, trotz erklärter Präferenz einer alliierten Lösung notfalls auch unilateral vorzugehen, hatte also ermöglicht, daß OMGUS gar keinen Versuch mehr unternahm, eine Initiative auf Kontrollratsebene zu starten. Doch wurde dies auch mit praktischen Gründen entschuldigt: Der Property

[54] Fahy an Chief of Staff, 15.1.1946 (Anm.51).
[55] Siehe zum folgenden General Oliver P. Echols (War Department/CAD) an OMGUS, 15.3.1946, IfZ-Archiv, MF 260, OMGUS, AG 45-46/109/1.
[56] Hemmendinger an Finney, 10.4.1946, Washington National Record Center, Suitland (WNRC), RG 94, Adjutant General's Office, Box 1129.
[57] Das Memorandum des Property Disposition Board vom 26.3.1946 war zwar unauffindbar, doch läßt sich sein Inhalt einigermaßen rekonstruieren. Siehe etwa Clay an War Department, 17.6.1946, IfZ-Archiv, MF 260, OMGUS-CAD 3/159-3/19.
[58] Clay an Echols, 28.3.1946, IfZ-Archiv, MF 260, OMGUS, AG 45-46/109/1.

Disposition Board sei ohne einen Vertreter beim Kontrollrat, der dort einen Entwurf hätte vorlegen können[59].

Anfang April wurde der Stuttgarter Länderrat angewiesen, einen Sonderausschuss einzurichten. Er sollte gemäß dem Vorschlag des Property Disposition Board Entwürfe für die Übernahme der Vermögenskontrolle in deutsche Verantwortung, ein Rückerstattungsgesetz für wiederauffindbares Eigentum und ein vorläufiges Entschädigungsgesetz produzieren[60]. Im Hintergrund dieser Entscheidung spielte der Wunsch, sich der personal- und arbeitsintensiven Verwaltung der gesperrten Vermögen zu entledigen, eine wichtige Rolle[61]. Die Vermögenskontrolle in der US-Zone wurde durch eine ganze Reihe alliierter Anweisungen geregelt: Neben dem Militärregierungsgesetz Nr. 52, das alle Vermögensobjekte innerhalb des besetzten Gebietes, die Eigentum des Reiches oder nationalsozialistischer Organisationen waren bzw. der Kategorie des entzogenen und geraubten Vermögens angehörten, unter Verwaltung stellte, bestimmten die Kontrollratsgesetze Nr. 2, Nr. 9 und Nr. 10 die Kontrolle weiterer Vermögenskategorien[62]. Damit standen zugleich erhebliche Werte zur Disposition, über deren endgültiges Schicksal noch nicht entschieden war.

State und War Department stimmten dem Vorgehen zu und verwiesen dabei auf den zunehmenden Druck interessierter Personen und Organisationen, in dieser Sache endlich zu handeln[63]. Doch blieben dabei einige Fragen offen. Ein für Washington besonders wichtiger Punkt waren die von außerhalb Deutschlands, vor allem aus den USA, gestellten Forderungen. Oliver P. Echols gab Clay namens der Civil Administration Division des War Department zu bedenken, daß wohl kein Weg darum herumführe, diese Forderungen auf gleicher Grundlage wie diejenigen, die in Deutschland selbst erhoben würden, zu behandeln: „This matter is closely related to whole question of level of foreign investment in Germany and is difficult chiefly for that reason. It concerns many claimants now in the United States, many of them citizens."[64] Clay pflichtete dem prinzipiell bei, aber nur unter der Bedingung, daß keine Devisen für diesen Zweck ausgegeben würden, so lange die USA noch finanzielle Hilfe für Deutschland leisteten[65].

Von Anfang an war die Finanzierung einer der heikelsten Punkte. Die schon länger bestehende Idee eines Pools wurde zunächst weitergeführt, und auf Drängen Washingtons erörterte OMGUS die Möglichkeit, beschlagnahmtes Nazivermögen heranzuziehen[66]. Clay zeigte sich dabei aber äußerst skeptisch gegenüber den Aussichten einer alliierten Einigung[67], die hierfür erforderlich war. Dennoch wies OMGUS den Länderrat zunächst ausdrücklich darauf hin, daß die Lasten des Entschädigungsprogramms aus den im Rahmen der Vermögenskontrolle eingezogenen NS-Vermögen finanziert werden könnten[68]. Als eine zweite Quelle für diesen Pool wurden die erbenlosen und

[59] Memorandum aus der OMGUS-Finance Division, 12. 9. 1947, IfZ-Archiv, MF 260, OMGUS, POLAD 768/2.
[60] James K. Pollock an Erich Rossmann, 9. 4. 1946, in der Anlage Brief von Bryan L. Milburn (OMGUS) an RGCO, 3. 4. 1946, BayHStA, Bev. Stuttgart 71.
[61] Steere an OMGUS, Legal Division, 5. 3. 1946, WNRC, RG 94, AG's Office, Box 1129.
[62] Pollock an Rossmann, 9. 4. 1946 (Anm. 60).
[63] Echols an Clay, 24. 4. 1946, IfZ-Archiv, MF 260, OMGUS-CAD 3/159-3/19.
[64] Ebenda.
[65] Clay an Echols, 8. 3. 1946, IfZ-Archiv, MF 260, OMGUS-CAD, 3/159-3/19.
[66] Echols an OMGUS, 15. 3. 1946 (Anm. 55); Clay an Echols, 28. 3. 1946 (Anm. 58).
[67] Clay an Echols, 28. 4. 1946, IfZ-Archiv, MF 260, OMGUS, AG 45-46/109/1.
[68] Milburn an RGCO, 3. 4. 1946, BayHStA, Bev. Stuttgart 71.

nichtidentifizierbaren Vermögen insbesondere jüdischer Herkunft diskutiert, die ja auch schon als eine der Finanzierungsquellen des Pariser Abkommens für nichtrepatriierbare Opfer des Nationalsozialismus aufgeführt worden waren[69]. Doch behielt sich Clay die endgültige Entscheidung bis zu den Beratungen mit dem Stuttgarter Länderrat vor[70].

Das Beharren auf der Finanzierbarkeit und die Rücksichtnahme auf die wirtschaftliche Stabilisierung der US-Zone prägten in dieser Phase Clays Politik in der Frage der Rückerstattung und Entschädigung für die ehemaligen Verfolgten. Nachdrücklich vertrat er die Auffassung, daß eine umfassende Entschädigung ausschließlich auf vierzonaler Ebene möglich sei. Entgegen den ursprünglichen Wünschen Washingtons hatte Clay weitergehende Entschädigungsmaßnahmen vorläufig abgelehnt. Nach seiner Auffassung mußten sich diese an die Ressourcen Deutschlands als Ganzes richten und konnten nicht allein aus dem Potential der US-Zone bestritten werden[71]. Von daher erklärte sich auch die Form des Auftrages an den Länderrat: zunächst nur ein begrenztes Entschädigungsprogramm mit Fürsorgecharakter, das den begrenzten Kapazitäten einer einzelnen Zone angemessen sein sollte, sowie ein Programm zur Rückerstattung wiederauffindbaren Vermögens, das prinzipiell kostenneutral war, da es sich ja nur um eine erneute Vermögensverschiebung handelte.

Walter Schwarz schrieb, daß Clay im Sommer 1945 durch eine bayerische Initiative zum Handeln gezwungen worden sei, blieb aber jeglichen Beleg dafür schuldig[72]. Tatsächlich findet sich in den Akten der amerikanischen Militärregierung kein Hinweis auf einen derartigen Zusammenhang. Wie gezeigt, begann die Militärregierung zunächst damit, die eingehenden Ansprüche zu sammeln und sie nach ihrer Realisierbarkeit zu sortieren. Als dann Washington im Frühjahr 1946 die prinzipielle Zustimmung zu einem unilateralen Vorgehen erteilte und zugleich die Reihenfolge der Schritte vorgab, ließ Clay den Länderrat anweisen, entsprechende Maßnahmen auszuarbeiten. Auch wenn seit Ende 1945 in der deutschen Administration der US-Zone gleichfalls an Entwürfen für Rückerstattungs- und Entschädigungsregelungen gearbeitet wurde, hatte dies das amerikanische Vorgehen bis dahin in keiner Weise beeinflußt.

3. Der Beginn deutsch-amerikanischer Beratungen im Stuttgarter Länderrat

Nachdem die amerikanische Militärregierung dem Stuttgarter Länderrat Anfang April 1946 den Auftrag erteilt hatte, einen Ausschuß einzusetzen, der neben einer Regelung für die Übernahme der Vermögenskontrolle in deutsche Verantwortung auch Maßnahmen zugunsten der Verfolgten des Nationalsozialismus ausarbeiten sollte, war die Phase, in der die deutsche und amerikanische Seite weitgehend unabhängig voneinander an diesen Fragen gearbeitet hatten, beendet. Am 24. April trat erstmals der Sonderausschuß für Eigentumskontrolle in der Villa Reitzenstein, dem Sitz des Länderrats in

[69] War Department an OMGUS, 18.3.1946, IfZ-Archiv, MF 260, OMGUS-LD 17/251-2/17; Echols an Clay, 24.4.1946, ebenda, 3/159-3/19.
[70] Clay an Echols, 9.5.1946, IfZ-Archiv, MF 260, OMGUS 3/159-3/19.
[71] Clay signed McNarney an Echols, 28.4.1946, IfZ-Archiv, MF 260, OMGUS, AG 45-46/109/1.
[72] Walter Schwarz, Wie kam die Rückerstattung zustande? Neue Erkenntnisse aus den amerikanischen und britischen Archiven, in: Friedrich Biella usw., Das Bundesrückerstattungsgesetz, München 1981, S. 802 ff.

Stuttgart, zusammen[73]. Neben den Delegierten Bayerns, Württemberg-Badens und Großhessens war dort auch eine Delegation der Militärregierung anwesend.

Diese hatte dem Länderrat ihre Wünsche detailliert erklärt: Zunächst war sie an der Rückerstattung von Vermögen an Einzelpersonen interessiert, gleichzeitig sollte aber auch die Rückerstattung an Organisationen erörtert werden. Da aber in vielen Fällen Personen durch die Rückerstattung für die unter der Naziherrschaft erlittenen Verluste nicht ausreichend entschädigt würden, sollte ein „Programm für die teilweise Befriedigung von Forderungen … ausgearbeitet werden, damit diejenigen, die unter dem Nazi-Regime verfolgt wurden und verarmt sind, wirtschaftlich rehabilitiert werden können. Hierbei soll es sich jedoch nur um eine Notmaßnahme handeln, die die spätere Erfüllung aller Ansprüche nicht beeinträchtigt." Zur Finanzierung dieser vorläufigen Entschädigungsmaßnahmen stellte OMGUS in Aussicht, „daß den Landesregierungen eine genügende Anzahl der … beschlagnahmten Vermögensobjekte zur Verfügung gestellt werden"[74]. Hier lag auch der Grund, weshalb die Übernahme der Vermögenskontrolle in deutsche Verantwortung und die Maßnahmen zugunsten der Verfolgten in einen Zusammenhang gestellt waren. Ein entsprechendes Programm sollte der Länderrat auf amerikanischen Wunsch bereits am 15. Mai vorlegen, damit es spätestens im Juli in Kraft treten konnte[75].

Der Sonderausschuß für Eigentumskontrolle nahm die Arbeit an den geforderten Entwürfen unverzüglich auf. Dabei wurde streng zwischen Sofortmaßnahmen und endgültigen Maßnahmen unterschieden. Letztere wollte die deutsche Seite auf einen späteren Zeitpunkt, zu dem bestimmte Voraussetzungen wie insbesondere eine Währungsreform geschaffen seien, verschieben[76]. Auf einem Treffen der zuständigen Referenten der süddeutschen Länder am 21. Mai wurden drei Entwürfe für Sofortmaßnahmen ausgearbeitet und tags darauf im Sonderausschuß vorgelegt[77]. Der erste, der „Entwurf einer Verordnung zur Bildung eines Sonderfonds für Wiedergutmachungszwecke", versuchte die vorläufige Entschädigung zu regeln. Aus Teilen der im Rahmen der geplanten Übernahme der gesperrten Vermögen in deutsche Verwaltung übergehenden Mittel sollte ein Fonds gebildet werden, aus dem vorläufige Leistungen an bedürftige Verfolgte gezahlt werden konnten. Darunter fielen nur Schäden, die auf dem Gebiet der drei Länder entstanden waren[78]. Dazu kamen Entwürfe eines „Gesetzes über den Wiedererwerb der deutschen Staatsangehörigkeit" und einer „Verordnung über vordringliche Wiedergutmachungsmaßnahmen". Letzterer enthielt einen Vorschlag zur Regelung der Rückerstattung und basierte vor allem auf den bayerischen Vorarbeiten. In einer von Otto Küster und Walter Roemer redigierten Fassung überwies ihn der Rechtsausschuß des Länderrats an die amerikanische Militärregierung[79].

Der Vorschlag des Länderrats zur Regelung der Rückerstattung sah vor, „Sachen

---

[73] Bericht über die Sitzung des Sonderausschusses für Eigentumskontrolle beim Länderrat am 24.4. 1946, BayMJ, 1101c, H. 1.

[74] Milburn an RGCO, 3.4. 1946 (Anm. 68).

[75] Pollock an Rossmann, 9.4. 1946 (Anm. 60).

[76] Roemer an Höltermann, 19.5. 1946, Vorschläge über Sofortmaßnahmen und Endmaßnahmen zur Wiedergutmachung, BayMJ, 1101a, H. 1.

[77] Niederschrift über die Sitzung des Sonderausschusses Eigentumskontrolle am 22.5. 1946, BayHStA, Bev. Stuttgart 71.

[78] Ebenda, Anlage: Entwurf einer Verordnung über die Bildung eines Sonderfonds für Wiedergutmachungszwecke.

[79] Henning von Arnim an Haller (RGCO), 29.5. 1946, Anlage: Entwurf eines Gesetzes über vordringliche Wiedergutmachungsmaßnahmen (Württemberg/Baden), 28.5. 1946, BA, Z 1, Bd. 1291.

oder Rechte, die unter der nationalsozialistischen Herrschaft dem Berechtigten aus Gründen der Rasse, Religion, Weltanschauung oder des politischen Bekenntnisses entzogen worden waren", zurückzuerstatten. Als entzogen galt hier ein Vermögensgegenstand nur dann, wenn ihn der Berechtigte durch einen staatlichen Hoheitsakt verloren hatte. Auch war die Rückerstattung auf Vermögensgegenstände beschränkt, „die zur Zeit dem Staat oder einer sonstigen öffentlichen Stelle zustehen"[80]. Wie Justizminister Josef Beyerle auch gegenüber dem württemberg-badischen Ministerrat hervorhob, wurde hier zwar die Rückgabe von entzogenen Werten an religiöse, sportliche und gewerkschaftliche Organisationen erfaßt, nicht aber die Arisierungsfälle[81]. Damit hatte sich der Länderrat erst einmal vor der eigentlich heiklen Aufgabe gedrückt: Die vielfältigen Fälle, in denen sich Privatleute insbesondere an jüdischem Eigentum bereichert hatten, blieben ausgeklammert.

Der Property Disposition Board, das in dieser Frage maßgebliche OMGUS-Gremium, verwarf auf seiner Sitzung vom 7. Juni den Länderrats-Entwurf eines Rückerstattungsgesetzes[82]. Ein von ihm beauftragter Arbeitsausschuß hatte einen neuen Entwurf verfaßt, der weit mehr Entziehungsfälle als der deutsche Vorschlag einschloß. Der Hauptunterschied war die Aufhebung der Beschränkung auf staatliche Entziehungsakte: auch private Maßnahmen sollten nun einbezogen werden. Damit zielte der amerikanische Entwurf auf die ganze Breite der Arisierungsfälle[83]. Aber auch für das Sonderfondsgesetz wurde ein US-Entwurf vorgelegt, der sich jedoch weitgehend an die deutsche Vorlage anlehnte[84]. Der Hauptunterschied war, daß die Finanzierung des Fonds modifiziert wurde: Im Gegensatz zum Länderrats-Entwurf wurden hier die Mittel aus dem Befreiungsgesetz als Hauptfinanzierungsquelle eingesetzt. Grund war der Optimismus des Property Disposition Board, daß reichlich Einnahmen aus der Entnazifizierung fließen würden. Zudem schienen ihm vorläufig die Absichten des Kontrollrats hinsichtlich der Verfügung über das gesperrte Vermögen der NSDAP und ihrer Gliederungen noch unsicher. Zusätzlich verwies er auf allgemeine Haushaltsmittel als Finanzquelle für den Sonderfonds. Den deutschen Entwurf für ein Gesetz zur Wiedererlangung der Staatsbürgerschaft verwarf der Property Disposition Board hingegen gänzlich, da die Angelegenheit ohnehin demnächst auf Kontrollratsebene geregelt würde[85].

Diese Entscheidungen wurden dem Sonderausschuß „Eigentumskontrolle" auf seiner nächsten Sitzung am 12. Juni vorgelegt und lösten dort einige Bestürzung aus[86]. Ministerialrat Hielscher, der das bayerische Finanzministerium im Sonderausschuß „Eigentumskontrolle" vertrat, alarmierte den heimischen Ministerrat über die neue Entwicklung: „Wir wollten das eigentliche Problem der Restitution auf die Endmaßnahmen verschieben, die amerikanischen Teilnehmer erklärten aber, daß die Restitution jetzt, und zwar vollständig gelöst werden solle." Dahinter vermutete er zunehmende Aktivitäten der Verfolgtenorganisationen, denen er entgegenhielt: „Auch bei der wohlwollendsten Einstellung muß aber jede weitere Unruhe vom Wirtschaftsleben ferngehalten

[80] Ebenda.
[81] Niederschrift über die Sitzung des Staatsministeriums am 6.6. 1946, BadWürtHStA, EA 1/920, Bü. 709.
[82] Minutes of the Meeting of the Property Disposition Board, 7.6. 1946, USNA, RG 59, 740.00119 E.W.
[83] "Text of a Draft Law for Restitution Measures", 7.6. 1946, Anlage zu Murphy an Byrnes, 19.6. 1946, USNA, RG 59, 740.00119 EW/6-1946.
[84] "Text of a Draft Law on the Formation of a Special Fund for Interim Awards to Victims of Nazi Persecution and Discrimination", 7.6. 1946, ebenda.
[85] Minutes of the Meeting of the Property Disposition Board, 7.6. 1946, USNA, RG 59, 740.00119.
[86] Bericht über die Sitzung des Sonderausschusses „Eigentumskontrolle" am 12.6. 1946, BayMJ, 1101c, H. 1.

halten werden."[87] Zwar wurde auf dieser Sitzung das Sonderfondsgesetz zusammen mit den von OMGUS vorgenommenen Änderungen durch die Militärregierung vorläufig mündlich genehmigt und an die Kabinette zur Beschlußfassung überwiesen. Zugleich hatte OMGUS aber nun auch die Vorlage von Vorschlägen für eine endgültige Entschädigungsregelung gefordert, „während bisher", so Hielscher, „der Ausschuß, wenn auch unausgesprochenermaßen, die Hoffnung hatte, daß es vorläufig bei den Sofortmaßnahmen sein Bewenden haben könnte." Die vorläufigen Ziele der deutschen Seite brachte Hielscher auf die Formel „Originalrestitution in glatten Fällen und ... Sofortmaßnahmen im Bedürftigkeitsfall." Alles weitere sollte auf unbestimmte Zeit aufgeschoben werden: „Für die Inkraftsetzung der Endmaßnahmen wäre die Geldreform abzuwarten. Ferner wäre anzustreben, den Wiedergutmachungsfonds als alleinigen Träger der Wiedergutmachung einzusetzen."[88]

Das Konzept der süddeutschen Länder, erst einmal nur Sofortmaßnahmen mit geringer Reichweite und wenig tiefen Einschnitten in die deutsche Gesellschaft anzustreben, war also seit der Mitteilung der neuen amerikanischen Forderungen auf der Sitzung des Sonderausschusses „Eigentumskontrolle" vom 12. Juni 1946 geplatzt. Sie sahen sich nun gedrängt, umfassend für die Verbrechen des Deutschen Reiches geradezustehen, wogegen sie sich von Anfang an gesträubt hatten. Aber auch der amerikanische Plan, das gesamte geforderte Maßnahmenbündel bis zum Juli verabschieden zu können, war fürs erste hinfällig. Die weitere Entwicklung der vom Länderrat ursprünglich als Paket behandelten Entwürfe löste sich nunmehr in einzelne Stränge auf, die mit unterschiedlicher Priorität weiterverfolgt wurden.

II. Die Regelung der Rückerstattung

1. Die Arbeit des Sonderausschusses „Eigentumskontrolle"

Das Hauptgewicht bei der weiteren Ausarbeitung des Wiedergutmachungsprogramms durch den Länderrat galt zunächst der Regelung der Rückerstattung, wobei vorerst nur an das wiederauffindbare Vermögen gedacht wurde. Das lag einerseits daran, daß die amerikanische Militärregierung besonderen Nachdruck auf die vorrangige Regelung dieser Frage legte. Ein weiterer wichtiger Faktor war das starke Engagement der jüdischen Organisationen, da es sich bei der Rückerstattung vor allem um die Rückgängigmachung der „Arisierung" handelte. Zum geringeren Teil fielen aber unter die geplante Rückerstattung auch die im Dritten Reich beschlagnahmten Vermögen von Parteien, Gewerkschaften, Konsumgenossenschaften etc. Ungefähr im Monatsrhythmus trafen im Sonderausschuß „Eigentumskontrolle" in Stuttgart die deutschen und amerikanischen Experten sowie auch jüdische Interessenvertreter zusammen und berieten den Entwurf des Rückerstattungsgesetzes[89]. Parallel dazu diskutierte jeweils der OMGUS-Property Disposition Board die dort erzielten Ergebnisse und sorgte dafür, daß die Stellungnahmen der amerikanischen

---

[87] Hielscher, Vormerkung betr. Vermögenskontrolle und Wiedergutmachung vom 18. 6. 1946, BayHStA, MA 114253.
[88] Ebenda.
[89] Eine detaillierte Darstellung der einzelnen Stufen des Gesetzesentwurfes findet sich bei Schwarz, Rückerstattung nach den Gesetzen der Alliierten Mächte, S. 31-54.

Militärregierung und aus Washington wieder in die Arbeit des Länderratsausschusses einflossen.

Hatten die Anstöße der jüdischen Organisationen bereits früher dafür gesorgt, das Thema im Bewußtsein der US-Administration und der amerikanischen Militärregierung zu verankern, so versuchten diese nunmehr direkt auf die Verhandlungen im Stuttgarter Länderrat Einfluß zu nehmen. Die führende Rolle übernahmen dabei fünf in den USA ansässige jüdische Organisationen, die ein gemeinsames Komitee bildeten. Dabei handelte es sich um den World Jewish Congress, das American Joint Distribution Committee, die Jewish Agency for Palestine, das American Jewish Committee und die American Jewish Conference (letztere schied allerdings später aus dieser Zusammenarbeit aus). Damit wurde die Kooperation jüdischer Organisationen, die schon im Vorfeld der Pariser Reparationskonferenz begonnen hatte, auf dem Feld der inneren Wiedergutmachung wirkungsvoll ausgebaut, was Chaim Weizmann und Nahum Goldmann bereits im Herbst 1945 angekündigt hatten[90]. Am 1. Februar 1946 nahm auch das Office of Indemnification des World Jewish Congress unter Leitung Nehemiah Robinsons seine Arbeit auf. Dort wurden Informationen gesammelt, politische Aktionen koordiniert und Entwürfe ausgearbeitet[91]. Alle diese Aktivitäten knüpften an die Vorarbeiten während des Krieges an.

Das Komitee der fünf jüdischen Organisationen versuchte sowohl auf dem Wege regelmäßiger Besprechungen mit den Verantwortlichen im State und War Department als auch bei der amerikanischen Militärregierung auf die Entwicklung einzuwirken. Unmittelbaren Einfluß gewann es durch die Einsetzung eines der OMGUS-Legal Division zugeordneten Internal Restitution Advisors[92]. Seit September 1946 nahm Max Lowenthal, der auf Vorschlag des Komitees der jüdischen Organisationen mit diesem Posten betraut worden war, an den Sitzungen des Länderrats-Sonderausschusses „Eigentumskontrolle" teil und setzte sich dort für deren Interessen ein[93]. Parallel dazu agierten weitere internationale Organisationen, die gleichfalls - wenn auch nicht ausschließlich - jüdische Interessen vertraten. Insbesondere Bruno Weil mit seiner Axis Victims League wandte sich dabei gegen den durch das Komitee vertretenen Ansatz, der von einer gesonderten Vertretung der jüdischen Forderungen ausging. Von ihrer politischen Bedeutung her gesehen gelang es dieser und anderen Gruppierungen allerdings nie, mit dem Komitee der fünf jüdischen Organisationen gleichzuziehen.

Die Unterschiede in den Auffassungen der deutschen und der amerikanischen bzw. der jüdischen Seite in den Verhandlungen im Sonderausschuß „Eigentumskontrolle" waren erheblich. Den Hintergrund vieler Konflikte bildete dabei der Umstand, daß ein Großteil der potentiellen Rückerstattungsberechtigten im Ausland lebte. Im Verlauf der Beratungen wurden Erwartungen geäußert, daß dies für

---

[90] Vgl. Zweites Kapitel, Abschnitt I.
[91] Vgl. Leon Kubowitzki, Unity in Dispersion. A History of the World Jewish Congress, New York 1948, S. 268 f.
[92] Rabbi Philip S. Bernstein (Advisor on Jewish Affairs to the Theater Commander) an General Joseph T. McNarney, 1. 7. 1946, IfZ-Archiv, MF 260, OMGUS, AG 45-46/109/1.
[93] Niederschrift über die Sitzung des Sonderausschusses „Eigentumskontrolle" am 19. 9. 1946, BayHStA, Bev. Stuttgart 71.

95 Prozent der Ansprüche der Fall sein würde[94]; tatsächlich stellte diese Gruppe später immerhin ca. 80 Prozent[95] der Antragsteller.

Zu den zentralen Streitpunkten gehörte die Frage, welche Vermögensverschiebungen überhaupt unter die Rückerstattung fallen sollten. Die Deutschen zeigten sich daran interessiert, den in Frage kommenden Bereich so eng als möglich zu halten; umgekehrt versuchte die jüdische Seite, möglichst weite Kriterien durchzusetzen. Stein des Anstoßes war insbesondere die Frage des sogenannten „loyalen Erwerbs". Sollte man gelten lassen, daß auch unter der nationalsozialistischen Herrschaft ein Verkauf unter redlicher Wahrung der Interessen eines verfolgten Verkäufers zustande gekommen sein konnte? Hier trafen gänzlich verschiedene Auffassungen über die Auswirkungen des nationalsozialistischen Terrors auf das Rechtsleben in Deutschland aufeinander.

Auf jüdischen Wunsch hin wurde der Schutz des guten Glaubens für einen Erwerber jüdischen Eigentums schon im Anfangsstadium der Verhandlungen weitgehend ausgeschlossen[96]. Zur direkten Verantwortung gezogen wurde jeweils der letzte Erwerber des betreffenden Eigentums. Am Ende galt prinzipiell jedes nach dem 15. September 1935 – dem Tag, an dem die Nürnberger Gesetze erlassen worden waren – abgeschlossene Geschäft mit Juden als anfechtbar, da von diesem Zeitpunkt an deren kollektive Verfolgung angenommen wurde. Um dieses Stichdatum hatte es auch intern bei OMGUS heftige Auseinandersetzungen gegeben. Im Gegensatz zur Legal Division, die auch hier den jüdischen Standpunkt unterstützte, hatten die Finance Division und die Property Control Branch übereinstimmend mit der deutschen Seite den November 1938, also die „Reichskristallnacht", als Zäsur gefordert[97].

Auch um die Frage der Besetzung der Rückerstattungsgerichte wurde hart gerungen. Deutschen Richtern traute man im Ausland und zumal bei den Betroffenen in dieser Frage nur wenig Objektivität zu. Nehemiah Robinson, der Direktor des Office of Indemnification des World Jewish Congress, äußerte sich gleichfalls in diesem Sinne, als er Ende 1946 anläßlich eines Deutschland-Besuchs als Gast vor dem Sonderausschuß „Eigentumskontrolle" um seine Meinung zum Entwurf des Rückerstattungsgesetzes gefragt wurde[98]. Auf deutscher Seite stieß das darin enthaltene Mißtrauen gegenüber der deutschen Justiz hingegen auf trotziges Unverständnis[99]. Zuletzt wurde ein Kompromiß erzielt: In erster Instanz sollten deutsche Gerichte entscheiden, doch wurde die Einrichtung einer amerikanischen Nachprüfungsstelle, des „Board of Review", beschlossen[100]. Das war mehr, als die deutsche Seite zulassen wollte, aber eben soviel, wie OMGUS personell für machbar hielt.

Washington hatte dem schließlich mit dem Argument zugestimmt, daß dies die demokratischen Institutionen in Deutschland stärken würde, aber die Notwendigkeit

---

[94] Rechtsanwalt Dr. Cahn, ebenda.
[95] Bezogen auf das Gebiet der US-Zone. Vgl. Statistik in Schwarz, Rückerstattung nach den Gesetzen der Alliierten Mächte, S. 366.
[96] Entwurf des Rückerstattungsgesetzes in der Fassung vom 29. 7. 1946, wie es sich bei Annahme der Änderungsvorschläge der amerikanischen Militärregierung ergeben würde, BayMJ, 1101a, H. 1.
[97] Minutes of the Meeting of the Property Disposition Board, 4. 4. 1947, IfZ-Archiv, MF 260, OMGUS-PCEA 17/1.
[98] Niederschrift über die Sitzung des Sonderausschusses „Eigentumskontrolle" am 17./18. 12. 1946, BA, Z 1, Bd. 1290.
[99] Siehe etwa Josef Andre (württ.-bad. Wirtschaftsminister) in der Sitzung des Sonderausschusses „Eigentumskontrolle" am 19. 9. 1946, BayHStA, Bev. Stuttgart 71.
[100] § 69, Gesetz Nr. 59 der amerikanischen Militärregierung (USREG), 10. 11. 1947, in: Amtsblatt der amerikanischen Militärregierung Deutschlands, Ausgabe G, Nov. 1947, S. 1 ff.

einer strengen alliierten Überwachung betont[101]. Clay, der stärker als seine vorgesetzten Stellen auch Rücksicht auf die deutschen Interessen nahm, bezog Washington gegenüber aus der erstinstanzlichen Bearbeitung der Rückerstattung durch die Deutschen ein zusätzliches Argument: Deren Wünsche sollten soweit als möglich akzeptiert werden, weil man sonst keine wirklich loyale Auslegung erwarten dürfe[102]. Dieses Argument erwies sich allerdings als Bumerang, denn als es den jüdischen Organisationen gelungen war, einige Bestimmungen in diesem Gesetz unterzubringen, die weit jenseits der deutschen Schmerzgrenze lagen, entwickelten sie auf Jahre hinaus erhebliche Ängste vor einer Ablösung der amerikanischen Nachprüfungsinstanzen.

Stand bei diesen Konflikten in erster Linie die deutsche Seite unter Druck, führte die Frage, was aus dem Eigentum derjenigen Menschen werden sollte, die durch die Verfolgung nicht nur ihr Vermögen, sondern überdies ihr Leben verloren hatten, auch zu schweren Auseinandersetzungen innerhalb der amerikanischen Militärregierung. Noch im Frühjahr 1946 bestand keine Klarheit über die künftige Verwendung des erbenlosen Eigentums[103]. Bis dahin wurde aber bei OMGUS noch der Gedanke favorisiert, diese Werte zur Hilfe für Verfolgte des Nationalsozialismus in Deutschland zu verwenden. Auch das State Department neigte einer solchen Lösung noch einige Zeit zu[104]. Die internationalen jüdischen Organisationen sahen dagegen endlich die Gelegenheit gekommen, ihr während des Krieges entwickeltes Konzept der kollektiven Anwartschaft auf das jüdische Erbe in Deutschland zu verwirklichen. Nachdem mit dem Pariser Reparationsabkommen bereits ein Präzedenzfall existierte, unternahmen sie nun große Anstrengungen, auch im Rückerstattungsgesetz der US-Zone eine entsprechende Regelung zu verankern. Über Rabbi Philip S. Bernstein, den Advisor on Jewish Affairs to the Theater Commander, intervenierte das Komitee der fünf jüdischen Organisationen Anfang Juli bei der amerikanischen Militärregierung. Bernstein protestierte gegen die ungenügende Berücksichtigung der spezifisch jüdischen Interessen in den bisherigen Planungen und insbesondere gegen die mögliche Verwendung des erbenlosen Vermögens zur Entschädigung aller Opfer des NS-Regimes[105]. Zuvor hatte sich bereits die American Jewish Conference in dieser Sache an Außenminister Byrnes gewandt und die Gründung einer Jewish Restitution Commission angeregt, in der die repräsentativen jüdischen Organisationen vertreten sein sollten[106].

Die amerikanische Militärregierung sah sich nun zunehmend mit der Erwartung konfrontiert, daß das erbenlose jüdische Vermögen in Deutschland internationalen jüdischen Hilfsorganisationen zugeführt werde[107]. John French, seitens der OMGUS-Legal Division maßgeblich mit der Angelegenheit betraut, stellte deshalb im September 1946 die rhetorische Frage, „ob dieses Vermögen an Agenturen übergeben werden soll, die anscheinend hauptsächlich Aktivitäten außerhalb Deutschlands betreiben, oder ob es nicht bedürftige Personen in Deutschland gibt, die ein gleiches, wenn nicht ein besseres Recht auf dieses Vermögen besitzen"[108]. Damit spielte French auf die zu

[101] War Department an OMGUS, 19.7. 1946, IfZ-Archiv, MF 260, OMGUS-CAD 3/159-3/19.
[102] Clay an Echols, 25.10. 1946, IfZ-Archiv, MF 260, OMGUS-LD 17/56-2/21.
[103] Clay an Echols, 8.5. 1946, IfZ-Archiv, MF 260, OMGUS-CAD 3/159-3/19.
[104] War Department an OMGUS, 18.7. 1946, IfZ-Archiv, MF 260, OMGUS-CAD 3/159-3/19.
[105] Rabbi Bernstein an McNarney, 1.7. 1946 (Anm. 92).
[106] Henry Monsky (American Jewish Conference) an Byrnes, 19.6. 1946, USNA, RG 59, 740.00119 E.W.
[107] John French an Alvin J. Rockwell, 11.9. 1946, IfZ-Archiv, MF 260, OMGUS-LD 17/56-2/21.
[108] Ebenda.

diesem Zeitpunkt bei OMGUS noch nicht ad acta gelegten Pläne an, die vorläufigen Entschädigungsmaßnahmen in Deutschland aus diesen Werten mitzufinanzieren.

Daß nicht wie nach herkömmlichem Recht üblich der deutsche Staat – der vormalige Verfolger – in das Erbe eintreten sollte, wurde allgemein schnell akzeptiert. Auch daß nicht entfernte Verwandte von den Massenmorden profitieren sollten, fand weitgehend Zuspruch, da man keine „Auschwitz-Gewinnler" schaffen wollte[109]. Größere Schwierigkeiten hatten die internationalen jüdischen Organisationen aber damit, den Grundsatz, jüdisches Vermögen nur für Juden zu verwenden, als auch die Ernennung von jüdischen Nachfolgeorganisationen durchzusetzen. Beträchtliche Spannungen entstanden daraus, daß diese den verbliebenen deutschen jüdischen Restgemeinden nicht die volle Anwartschaft auf das Vermögen der früheren deutschen Gemeinden zubilligen wollten, da diese nur noch etwa 30.000 von über 500.000 Juden in Deutschland vor dem Krieg umfaßten[110].

So entwickelte sich auch ein innerjüdischer Konflikt um die Rückerstattung zwischen den ausländischen jüdischen Organisationen und den deutschen jüdischen Gemeinden, die bei den Beratungen in Stuttgart in Person des Repräsentanten der württembergischen Juden, Benno Ostertag, gleichfalls beteiligt waren. Bernard Bernstein, der im Auftrag des Komitees der fünf jüdischen Organisationen die Lage in Deutschland sondierte, berichtete im Sommer 1946 über seine Gespräche mit dortigen jüdischen Repräsentanten: „Consideration should be given to the possible dangers inherent in the situation of some small groups of Jews or half-Jews remaining in Germany claiming to be the successors to large amounts of Jewish communal property in Germany, or being willing to accept other provisions respecting restitution and indemnification that are not consistent with the other Jewish interests."[111] Dieser Konflikt, der letztlich mit der grundsätzlichen Frage nach der Rolle einer jüdischen Diaspora in Deutschland nach dem Holocaust zusammenhing, blieb noch lange Zeit virulent.

Ein zentrales Problem war dabei, ob das erblose Vermögen nur innerhalb oder auch außerhalb Deutschlands verwendet werden konnte, wie es die internationalen jüdischen Organisationen forderten. Dies hing auch eng mit der schon seit längerem diskutierten Frage zusammen, inwiefern künftig nach dem Ende der entsprechenden Kontrollratsverbote generell Wiedergutmachungsansprüche aus dem Ausland befriedigt werden könnten. Hier bestand auf amerikanischer Seite ein Dilemma. Die wirtschaftliche und reparationsrechtliche Situation Deutschlands setzte objektive Grenzen für einen Vermögenstransfer ins Ausland. Doch handelte es sich bei den Ansprüchen aus dem Ausland immerhin um die Hauptmasse, nicht zuletzt hatte diese Gruppe auf amerikanischer Seite mit den entscheidenden Anstoß zur Behandlung des Rückerstattungsproblems gegeben.

[109] Vortrag Roemers vor dem Landesverband Bayern des Groß- und Einzelhandels, Bezirk Unterfranken, und unterfränkischen Juristen am 13. 5. 1948 in Würzburg, BayMJ, 1091 I, H. 5.
[110] Minutes of the Meeting of the Property Disposition Board, 16. 9. 1946, IfZ-Archiv, MF 260, OMGUS-BICO 11/13-1/16.
[111] Memorandum from Col. Bernard Bernstein Concerning Discussions in Germany on Problems of Restitution and Indemnification – August 29 – September 9, 1946, YIVO-Archiv, RG 347, AJC Records, GEN-10, Box 282.

2. Jüdische Interventionen in Washington und die Folgen

Bis zum Herbst des Jahres 1946 hatte sich die Lage auf amerikanischer Seite soweit geklärt, daß die Ansprüche aus dem Ausland grundsätzlich anerkannt werden sollten, und auch das Prinzip der Nachfolgeorganisationen für erbenloses Eigentum hatte sich durchgesetzt und war im Länderratsentwurf des Rückerstattungsgesetzes verankert worden[112]. Doch über die Frage, ob es sich dabei auch um internationale jüdische Nachfolgeorganisationen handeln konnte, war in den Diskussionen bei OMGUS und in Washington bis dahin noch keine Entscheidung gefallen. Jedenfalls war die amerikanische Militärregierung nun soweit mit dem bisherigen Verhandlungsergebnis zufrieden, daß Clay den mittlerweile sechsten Entwurf des Rückerstattungsgesetzes vom 18. Oktober des Jahres mit warmen Empfehlungen versehen nach Washington schickte und die Veröffentlichung des Gesetzes noch bis zum Jahresende für möglich hielt[113]. Während er dringend davon abriet, nochmals substantielle Änderungen vorzunehmen, um die Annahme des Entwurfes als deutsches Gesetz nicht zu gefährden, trug er aber selbst in der Folge nicht wenig eben dazu bei.

Ende November reiste Clay persönlich nach Washington und verhandelte bei dieser Gelegenheit auch mit einer hochrangigen Delegation des Komitees der fünf jüdischen Organisationen unter Leitung von Joseph M. Proskauer, dem Präsidenten des American Jewish Committee. Im Rahmen dieser Gespräche machte Clay einige weitreichende Zugeständnisse, deren Inhalt aber weder innerhalb der Militärregierung noch innerhalb der Washingtoner Administration in allen Einzelheiten bekannt wurden, was noch für etliche Verärgerung sorgen sollte. Unter anderem akzeptierte Clay nun auch, daß die Militärregierung und nicht etwa die Deutschen eine jüdische Nachfolgeorganisation bestimmen würde[114]. Damit wollten die jüdischen Organisationen die Möglichkeit deutscher Nachfolgeorganisationen ausschließen. Clay rechtfertigte sich später, in der Überzeugung gehandelt zu haben, der in Washington vorherrschenden politischen Stimmung entsprochen zu haben, während seine persönlichen Auffassungen eher in eine andere Richtung gegangen seien[115].

Durch diese neuen Abmachungen wurde der Rahmen des bisher im Länderrat erzielten Konsenses gesprengt, weshalb sich alle Hoffnungen auf einen baldigen Erlaß des Rückerstattungsgesetzes als utopisch erwiesen. Die fünf jüdischen Organisationen sandten am 27. November ein Memorandum mit Änderungsvorschlägen an das State Department, in das auch die Abmachungen mit Clay eingearbeitet waren. Dort wurde die umfangreiche Wunschliste weitgehend gebilligt und an OMGUS weitergeleitet[116], wo die erneuten Forderungen auftragsgemäß in den Länderrats-Ausschuß eingebracht wurden. Zwar gelang es der amerikanischen Delegation in weiteren Sitzungen des Sonderausschusses „Eigentumskontrolle" Anfang 1947, die meisten dieser Wünsche in den Entwurf einzubauen, darunter auch die Bestimmung, daß internationale jüdische

---

[112] Entwurf des Rückerstattungsgesetzes vom 18.10.1946, BayMJ, 1101a, H. 2.

[113] Clay an Echols, 25.10.1946, IfZ-Archiv, MF 260, OMGUS-LD 17/56-2/21.

[114] AJC Contributions to Postwar Economic Rehabilitation of Jewish Victims of Nazi Persecution, September 1965, AJC-Archiv, JSX, Subject Restitution 65-66. Vgl. auch Naomi W. Cohen, Not Free to Desist. A History of the American Jewish Committee 1906-1966. Introduction by Salo W. Barou, Philadelphia 1972, S. 278.

[115] Clay an Daniel Noce (War Department), 7.2.1948, IfZ-Archiv, MF 260, POLAD 793/46.

[116] J.H. Hilldring (State Department) an Echols, 2.12.1946, Anlage: Memorandum der fünf jüdischen Organisationen vom 27.11.1946, IfZ-Archiv, MF 260, OMGUS-CAD 3/174-1/17.

Nachfolgeorganisationen zugelassen werden würden[117]. Doch hatte dies nur zur Folge, daß die ohnehin schon großen Vorbehalte auf deutscher Seite noch weiter zunahmen. Vertreter aus deutschen Wirtschaftskreisen, die insbesondere im federführenden Bayern ausdrücklich aufgefordert waren, zu den Länderrats-Entwürfen Stellung zu nehmen, hatten diesen bereits von Anfang an kein gutes Zeugnis ausgestellt. In dem Maße, in dem sich die Entwürfe zuungunsten der Pflichtigen verschärften, versteifte sich dort auch die Ablehnung. Zwar äußerten sich die befragten Wirtschaftsvertreter stets prinzipiell für die Rückerstattung, doch, wie Ludwig Kastl als Präsident des bayerischen Wirtschaftsbeirates formulierte, nur soweit, als der „versöhnliche Gedanke, der einer Wiedergutmachungsgesetzgebung im eigentlichen Sinne zugrunde liegen muß"[118], nicht geschwächt werde. Hauptkritikpunkte waren daher die weitgehende Ausschaltung des gutgläubigen Erwerbs sowie die voraussichtlich einzonale Geltung des Gesetzes, die zu einer wirtschaftlichen Benachteiligung der US-Zone führe. Auch fehlte nicht der pharisäerhafte Hinweis, daß der Wirtschaftsbeirat den vorgesehenen Umfang der Rückerstattung gerade deshalb ablehne, weil „er das Aufkommen antisemitischer Strömungen jeglicher Art verhindern"[119] wolle. In dieser beliebten Denkfigur wurden die Wiedergutmachungsansprüche der Juden zur eigentlichen Ursache des Antisemitismus. Die Münchener Bankenvereinigung forderte zudem die „Begrenzung der Rückerstattungsansprüche, um die notwendigerweise aus der Regelung des Rückerstattungs- und Wiedergutmachungsproblems sich ergebende Beunruhigung des öffentlichen und des privaten Wirtschaftslebens auf ein Mindestmaß zu beschränken"[120]. Die Ablehnung der Wirtschaftsorganisationen, deren Eigentumsinteressen hier bedroht wurden, war deutlich und lief schon seit Herbst 1946 auf eine klare Entscheidung hinaus: Sollte es nicht möglich sein, die inkriminierten Punkte aus den Entwürfen zu beseitigen, so wäre es vorzuziehen, „das Gesetz ... entweder der Militärregierung bzw. dem Kontrollrat zur Anordnung zu überlassen oder dem künftigen Landtag zu überweisen"[121].

Diese Vorschläge aus Wirtschaftskreisen blieben nicht ohne Wirkung, enthielten sie doch im Prinzip dieselben Bedenken, die auch unter den an den Verhandlungen mit der Militärregierung beteiligten Deutschen verbreitet waren. Der Vorschlag des bayerischen Wirtschaftsbeirates fand im folgenden auch seine Entsprechung im weiteren Vorgehen der deutschen Delegation: Zunächst versuchte sie im Länderrats-Sonderausschuß verlorenes Terrain zurückzugewinnen und brachte eine Reihe von Änderungsvorschlägen ein, die darauf abzielten, „dem Gesetz die Zähne zu ziehen"[122], wie es ein amerikanischer Beobachter formulierte. Als dies aber ohne Erfolg blieb und im Gegenteil im Januar 1947 neue Anweisungen aus Washington eintrafen, die weitere Verschärfungen mit sich brachten, änderten die Ministerpräsidenten der US-Zone die Taktik. Sie

[117] Siehe Protokoll über die Sitzung des Sonderausschusses „Eigentumskontrolle" am 20./21.1. 1947, BayMJ, 1101a, H. 2; Entwurf des Rückerstattungsgesetzes in der Fassung vom 25.1. 1947, insbes. § 6, Abs. 6, ebenda; Niederschrift über die Sitzung des Sonderausschusses „Eigentumskontrolle" am 3.2. 1947, ebenda.
[118] Denkschrift von Ludwig Kastl (Präsident des Wirtschaftsbeirats beim bayer. Wirtschaftsministerium), 9.10. 1946, BayHStA, MA 130348. Kastl war 1925 bis 1933 geschäftsführendes Mitglied im Präsidium des Reichsverbandes der deutschen Industrie.
[119] Kastl an Hoegner u. a., 7.11. 1946, BayHStA, MF 69409.
[120] Albert Glaser u. Florian Witzmann, Münchener Bankenvereinigung, Leitung: Bayerische Hypotheken- und Wechsel-Bank, 9.11. 1946, BayMJ, 1101a, H. 2.
[121] Kastl an Högner u. a., 7.11. 1946 (Anm. 119).
[122] H. Marcuse an Rockwell, 25./26.11. 1946, Report on Meeting of Restitution Committee of the Laenderrat, 20.1. 1947, IfZ-Archiv, MF 260, OMGUS-LD 17/56-2/21.

ließen die Militärregierung nunmehr wissen, daß die Anfang Dezember 1946 in Kraft getretenen Länderverfassungen und die nachfolgende Konstituierung der Landtage eine Verabschiedung des Rückerstattungsgesetzes ohne Beteiligung der Legislative unmöglich machten. Zugleich gab die deutsche Seite aber zu verstehen, daß dieses Gesetz in der vorliegenden Form keine Chance habe, in den Landtagen angenommen zu werden[123].

Deshalb ermächtigte OMGUS die Länderkabinette dazu, das Gesetz zu verkünden, ohne die Landtage damit zu befassen[124]. Doch hüteten sich diese, die bittere Pille zu schlucken. Bezeichnend sind die Bedenken, die der frisch gewählte Ministerpräsident Hans Ehard am 1. Februar im bayerischen Ministerrat darlegte. Politisch gesehen bewege man sich in „einer feindlichen und mißtrauischen Atmosphäre", in der es „keine Möglichkeiten gebe, sich einem Diktat gegenüber zu wehren". In rechtlicher Hinsicht bezeichnete Ehard den Entwurf als „ein Musterbeispiel für ein raffiniertes Rechtsgewebe." Weiter verzeichnet das Protokoll die Äußerung Ehards, daß „mit Hilfe dieses Gesetzes ein Riesengeschäft gemacht werden (könne) und zweifellos gerade ein großer Teil derjenigen Werte, die wir so notwendig bräuchten, abwandern oder in ausländische Hände kommen". Deshalb beabsichtigte er seine Unterschrift nur „auf schriftliche Weisung der Militärregierung"[125] zu leisten. Freilich gab es auch mäßigende Stimmen. So wies der nunmehr stellvertretende Ministerpräsident Hoegner darauf hin, „man (dürfe) den Grundgedanken nicht aus dem Auge verlieren ..., daß nämlich eine Rückerstattung stattfinden müsse." Gleichwohl störte auch er sich an der konkreten Gestalt des Entwurfes, so besonders an der Ausschaltung jeglichen gutgläubigen Erwerbs sowie auch an der „in dem Gesetz vorgesehene(n) ausländische(n) Kollektivität, wobei der Begriff des jüdischen Volkes neu hereingebracht werde". Und als Innenminister Seifried zu bedenken gab, daß man bei aller Kritik doch unbedingt an der Rückerstattungs- und Wiedergutmachungspflicht festhalten müsse, entgegnete ihm Ministerpräsident Ehard, dies „sei selbstverständlich, es komme aber auf das ‚Wie' an"[126].

Am 11. März beriet der Länderrat abschließend über den Entwurf des Rückerstattungsgesetzes, der nunmehr in der Fassung vom 20. Februar vorlag. Statt ihn wie von der amerikanischen Militärregierung erhofft, endlich anzunehmen, übermittelte der Länderrat aber nur eine Entschließung an OMGUS, die verdeutlichte, daß die Ministerpräsidenten keine politische Verantwortung für den Entwurf in dieser Form übernehmen würden. Hauptgesichtspunkt der Erklärung war, wie der württemberg-badische Ministerpräsident Reinhold Maier seinen Ministern anderntags erläuterte, „daß sie nicht von der amerikanischen Presse als Ablehnung angegriffen werden kann"[127]. Der außenpolitische Erwartungsdruck, dem sich die deutsche Seite hier ausgesetzt sah, kommt auch in anderen Bekundungen zum Ausdruck. So hatte der maßgeblich an den Entwürfen beteiligte bayerische Ministerialrat Roemer den Entwurf vom 25. Januar zur Annahme empfohlen, „denn kleinere Bedenken ... müssen zurücktreten hinter der unbedingten moralischen Notwendigkeit, schwerstes Unrecht, soweit möglich, wieder

[123] Rockwell an Chief of Staff, 27. 1. 1947, Report on the Meeting of Restitution Committee of the Laenderrat, 20. 1. 1947, IfZ-Archiv, MF 260, OMGUS 17/52-2/6.
[124] Kurzprotokoll über die Sitzung des Sonderausschusses „Eigentumskontrolle" am 3. 2. 1947, BayMJ, 1101a, H. 2.
[125] Sitzung des bayerischen Ministerrats, 1. 2. 1947, IfZ-Archiv, NL Hoegner, ED 120, Bd. 362.
[126] Ebenda.
[127] Niederschrift über die Sitzung des Staatsministeriums am 12. 3. 1947, BadWürtHStA, EA 4/001, Bü. 57a.

gutzumachen, und hinter den politischen Notwendigkeiten, die sich namentlich aus den gegenwärtigen Friedensverhandlungen ergeben"[128]. Ähnlich argumentierte auch Direktor Hagel, der für Württemberg-Baden im Sonderausschuß „Eigentumskontrolle" saß: „In allen Ländern der Erde sind solche Wiedergutmachungsberechtigte zum Teil in einflußreichen Positionen und größerer Zahl."[129]

So hieß es also in der Länderrats-Entschließung, daß die Ministerpräsidenten die Notwendigkeit einer unverzüglichen und umfassenden Rückerstattung bejahten. Zugleich baten sie die Militärregierung aber darum, einer Anzahl von Bedenken Rechnung zu tragen. Dabei nannten sie die in ihren Augen zu lange Anmeldefrist für Ansprüche sowie das zu weitreichende Anfechtungsrecht zugunsten der Geschädigten. In den Mittelpunkt ihrer Bedenken stellten sie aber das Argument, es sei nicht zu verantworten, eine derart schwerwiegende Regelung allein für die amerikanische Besatzungszone zu treffen[130].

3. Chancen und Scheitern einer alliierten Lösung

Die Erklärung der Ministerpräsidenten der US-Zone vom 11. März war angesichts ihres geringen Handlungsspielraums taktisch sehr geschickt. Ihre unmittelbare Folge war, daß die inneren Gegensätze, die sich bei der amerikanischen Militärregierung in der Frage des Rückerstattungsgesetzes entwickelt hatten, nunmehr offen aufbrachen. Besonders im Property Disposition Board, der seit Frühjahr 1946 die zentrale Instanz zur Behandlung der Wiedergutmachungsfrage bei OMGUS war, hatten sich scharfe Fronten aufgebaut. Auf der einen Seite stand die Legal Division, wo insbesondere Alvin J. Rockwell maßgeblich dazu beigetragen hatte, dem Entwurf seine jetzige harte, für die Deutschen unannehmbare Form zu geben. Daran hatten auch die Vertreter der jüdischen Organisationen, zuerst Max Lowenthal, später Irwin Mason, die der Legal Division als Internal Restitution Advisor beigegeben waren, kräftig mitgewirkt. Demgegenüber standen vor allem das Finance Directorate sowie die Property Control Branch, denen daran gelegen war, einerseits die Belastungen für die deutsche Wirtschaft gering zu halten und andererseits in Übereinstimmung mit den britischen und französischen Alliierten vorzugehen[131].

Diese Gegensätze brachen erneut auf, als der Property Disposition Board am 4. April darüber beriet, wie man auf die neue Lage reagieren solle, die die Erklärung der Ministerpräsidenten geschaffen hatte[132]. Angesichts der Alternative – sofortiger Erlaß eines Militärregierungsgesetzes oder Aufnahme vierzonaler Verhandlungen – bildeten sich sogleich zwei Parteien. Die Vertreter der Finance Division, Bennett, Ball, Reinsel und Cassoday, traten vehement für Verhandlungen mit den anderen Alliierten ein, da ein einzonales Gesetz bei der Durchführung große Schwierigkeiten bereiten und zudem nur einen geringen Bruchteil des insgesamt betroffenen Vermögens erfassen würde.

---

[128] Roemer an Högner, 29.1. 1947, BayMJ, 1101a, H. 2.
[129] Memorandum von E. Hagel, 27.2. 1947, BadWürtHStA, EA 1/920, Bü. 709.
[130] Text der Entschließung des Länderrats vom 11.3. 1947 in Schreiben Arnims an Roemer, 17.3. 1947, BayHStA, Bev. Stuttgart 71.
[131] Vgl. dazu „Complications in Connection with the Enactment of the Restitution Law in the U.S.-Occupied Zone of Germany", 18.4. 1947, YIVO-Archiv, RG 347, AJC Records, GEN-10, Box 291.
[132] Siehe zum folgenden Minutes of the Meeting of the Property Disposition Board, 4.4. 1947, IfZ-Archiv, MF 260, OMGUS, PCEA 17/1.

Ebenso bestimmt sprachen sich die Vertreter der Legal Division, Rockwell, Schopler, Marcuse und Mason, für den sofortigen Erlaß eines Militärregierungsgesetzes aus, da Eile geboten sei und alliierte Verhandlungen ohne Erfolgsaussichten seien. Der Vertreter der jüdischen Organisationen hob dabei besonders auf die Sogwirkung eines schnellen unilateralen Handelns ab: „The enactment of this law on a zonal basis would act as a shot in the arm to the other Nations and would result in the adoption by them of similar laws."[133] Der Ausschuß einigte sich schließlich auf einen Kompromiß: Er beschloß, Clay vorzuschlagen, daß der Erlaß eines unilateralen Militärregierungsgesetzes für 60 Tage aufgeschoben werden sollte, um in der Zwischenzeit die Möglichkeit eines alliierten Arrangements zu prüfen.

Dieser Vorschlag setzte sich aus einer Reihe von Gründen bei OMGUS und auch in Washington durch: Clay befürchtete, daß ein unilaterales Militärregierungsgesetz die US-Zone gegenüber den anderen Zonen benachteiligen würde und zudem wohl kaum auf große Loyalität der ausführenden deutschen Behörden zählen dürfe[134]. Bei der Stelle des Political Advisors betonte man, daß nur etwa 15 bis 20 Prozent des jüdischen Eigentums in Deutschland in der US-Zone lägen. Zudem wurden dort auch die starken Bedenken von französischer und britischer Seite gegen ein einzonales Gesetz angeführt, auf die Rücksicht genommen werden sollte[135]. So reichten die amerikanischen Kontrollratsvertreter am 10. April einen US-Entwurf in der Property Control Commission ein, den der OMGUS-Property Disposition Board auf der Grundlage des November-Entwurfs des Länderrats angefertigt hatte[136].

Das Komitee der fünf jüdischen Organisationen in New York reagierte auf diese Entwicklung höchst beunruhigt. Es erwartete, daß aus alliierten Verhandlungen erhebliche Verzögerungen resultierten, vor allem aber rechnete es damit, daß es ihm dort im Gegensatz zu den Beratungen in der US-Zone nicht gelingen würde, seinen Standpunkt geltend zu machen. So befürchtete es einen alliierten Kompromiß, der auf Kosten der jüdischen Interessen gehen würde. Auch ein weiterer Aspekt bereitete ihm Sorgen: Es hatte erfahren, daß bei OMGUS Bestrebungen bestanden, die 60-tägige Frist auch zu erneuten Verhandlungen mit den Deutschen zu nutzen. Von derartigen Gesprächen erwarteten die jüdischen Organisationen eine Abschwächung des letzten Länderrats-Entwurfs durch ein Entgegenkommen an die Deutschen, das diesen die Zustimmung ermöglichen sollte.

So sahen sich die jüdischen Organisationen nun zwischen der Skylla eines verwässerten mehrzonalen Gesetzes, in dem auf die Interessen der Juden als der schwächsten Partei keine Rücksicht genommen würde, und der Charybdis eines einzonalen, von den deutschen Interessen geprägten Gesetzes. Zusätzlich erschwert war die Lage durch Konflikte mit den deutschen Juden, da „sich die deutsche jüdische Führung in Deutschland anscheinend ängstlich um Gehorsam gegenüber den deutschen Behörden bemüht". Auch der Council for the Protection of the Rights and Interests of Jews from Germany in London, der unter Leitung Leo Baecks, dem ehemaligen Vorsitzenden der

---

[133] Ebenda.
[134] Clay an War Department, 8. 4. 1947, IfZ-Archiv, MF 260, OMGUS, AGTS 62/1-4.
[135] R. Heath (stellv. Political Advisor) an Secretary of State, 11. 4. 1947, IfZ-Archiv, MF 260, OMGUS, PO-LAD 768/1.
[136] Allied Control Authority (ACA), Finance Directorate, Property Control Committee, Draft of Restitution Law (Proposal by U.S. Member), DFIN/CB/P(47)11, 10. 4. 1947, IfZ-Archiv, MF 260, OMGUS-ACA 2/122-1/14; Political Advisor an State Department, 29. 4. 1947, IfZ-Archiv, MF 260, OMGUS, POLAD 768/1.

Reichsvereinigung der Juden in Deutschland, stand, hatte sich „gegen das US-zonale Gesetz und zugunsten einer bi- oder trizonalen Regelung ausgesprochen"[137]. Ziel des Komitees war dagegen die schleunige unilaterale Verabschiedung des US-zonalen Entwurfes, woran sich Bemühungen anschließen sollten, diese Regelungen auch in den anderen Zonen durchzusetzen.

Das stärkste Druckmittel, das dem Komitee der fünf jüdischen Organisationen in dieser Situation verblieben war, bestand darin, General Clay auf seine bei den Gesprächen in New York im November 1946 abgegebenen Zusagen festzulegen. Davon wurde in den folgenden Monaten ausgiebig Gebrauch gemacht. Derart von seinem Jewish Advisor Rabbi Bernstein bedrängt, bat Clay um Verständnis dafür, daß es in der gegenwärtigen politischen Gesamtsituation zu riskant sei, das Gesetz entgegen den deutschen Wünschen per Erlaß zu verkünden. Er benötige eine Frist von 60 Tagen, um die Zustimmung aller vier Militärregierungen zu einem Rückerstattungsgesetz zu erlangen. Doch als Gegenleistung gab Clay Bernstein die ausdrückliche Versicherung, daß „falls er nicht in der Lage sei, ein überzeugendes Abkommen zu erreichen oder falls kein derartiges Abkommen am Ende dieser 60 Tage in Sicht sei, er bereit sei, unilateral vorzugehen"[138]. Den jüdischen Organisationen blieb angesichts der ausdrücklichen Billigung der vierzonalen Verhandlungen durch das State Department und dem starken inneren Widerstand bei OMGUS gegen ein unilaterales Militärgesetz gar nichts anderes übrig, als diesen Kompromiß zu akzeptieren.

Zu dem Zeitpunkt, als der US-Entwurf eines Rückerstattungsgesetzes im Kontrollrat eingebracht wurde, hatte man dort bereits seit einiger Zeit über diese Frage diskutiert. Dabei sind zwei Stränge zu unterscheiden: Erstens beriet das Property Control Committee seit Februar 1946 über die Verwendung des Eigentums, das infolge des Kontrollratsgesetzes Nr. 2 sowie der Kontrollratsproklamation Nr. 2 gesperrt worden war. Darunter fielen das Vermögen der NSDAP und damit in Verbindung stehender Organisationen einschließlich der paramilitärischen und militärischen[139]. In diesem Zusammenhang war auch die Frage der Rückerstattung aufgetaucht, da ein Teil dieses gesperrten Vermögens aus beschlagnahmtem Eigentum der früheren Parteien, Gewerkschaften, Genossenschaften oder sonstigen demokratischen Organisationen bestand bzw. aus solchen Vermögenswerten, die Fürsorge- und Wohltätigkeitszwecken sowie religiösen oder humanitären Zielen gedient hatten.

Der Kontrollrat einigte sich darauf, diese Vermögenswerte an die früheren Eigentümer bzw. an Nachfolgeorganisationen, die den früheren Organisationen ähnlich waren, zurückzuerstatten. Dies betraf also vorrangig die Rückerstattung an Organisationen, die im Zuge der Auflösung oder Gleichschaltung ihr Eigentum verloren hatten, bis auf Ausnahmefälle aber nicht die Rückerstattung an Individuen[140]. Anders als es bei Rainer Hudemann anklingt, der kurz auf die Vorgeschichte dieser Direktive eingeht, war dies

[137] Complications in Connection with the Enactment of the Restitution Law, 18.4.1947 (Anm. 131).
[138] American Jewish Committee, Bericht über Treffen der fünf jüdischen Organisationen mit Rabbi Bernstein, 21.4.1947, YIVO-Archiv, RG 347, AJC Records, GEN-10, Box 291.
[139] Kontrollratsgesetz Nr. 2, Auflösung und Liquidation der Naziorganisationen, in: Amtsblatt des Kontrollrats in Deutschland, Nr. 1, 29.10.1945, S. 19-21; Kontrollrats-Proklamation Nr. 2, ebenda, S. 8-19.
[140] ACA, Finance Directorate, Property Control Committee, „Disposition of Property Taken under Control According Control Council Law No. 2 and Proclamation No. 2", DFIN/CB/P (46) 22, 2nd rev., 17.7.1946, IfZ-Archiv, MF 260, OMGUS-Bico, Dec. 11/13-1/16.

keine Einigung quasi in letzter Minute[141], sondern ein Grundsatz, der bereits ein Jahr vor Erlaß des Gesetzes feststand. Im September 1946 ging die Behandlung dieses Entwurfs vom Property Control Committee, das dem Finance Directorate zugeordnet war, auf das Legal Directorate über. Dort wurden im wesentlichen nur noch geringfügige rechtstechnische Änderungen vorgenommen[142], aber erst am 29. April 1947 setzte schließlich der Kontrollrat den Entwurf als Direktive Nr. 50 in Kraft[143].

Ein zweiter Entwicklungsstrang hängt schließlich direkt mit den seit Sommer 1946 in der amerikanischen Zone betriebenen Planungen für ein Gesetz zur Rückerstattung wiederauffindbaren Eigentums zusammen. Am 20. Juni 1946 reagierten die Briten im Finance Directorate auf die jüngst von den Amerikanern in ihrer Zone forcierten Planungen und regten eine gemeinsame Kontrollratsinitiative für diesen Bereich an. Dieser sollte demzufolge gemeinsame Prinzipien der Rückerstattung und Entschädigung für Opfer der nationalsozialistischen Verfolgung erarbeiten und sodann eine deutsche Kommission mit der Ausarbeitung und Durchführung dieser Grundsätze beauftragen. Ähnlich wie bei den amerikanischen Vorschlägen war auch hier zunächst an die Rückerstattung wiederauffindbaren Vermögens an Personen innerhalb Deutschlands und ihre Erben als Sofortmaßnahme gedacht. Langfristig sollte dies dann durch einen Plan „zur Rückerstattung einer begrenzten Kategorie von Gegenständen und zur Entschädigung an Personen innerhalb und außerhalb Deutschlands" ergänzt werden[144].

Das Finance Directorate überwies auch dieses Papier an das Property Control Committee[145], wo nun wiederum monatelang über alliierte Grundsätze in der Frage der Rückerstattung für Verfolgte des Nationalsozialismus verhandelt wurde[146]. Dabei war das Komitee ausdrücklich angewiesen, die Entwicklung in den einzelnen Zonen zu berücksichtigen. Im Februar 1947 passierte ein Zwischenbericht des Ausschusses ohne Veränderungen das Finance Directorate[147]. Dies war zugleich der letzte Stand der alliierten Beratungen über die Rückerstattung, als auf amerikanischer Seite der Entschluß fiel, nunmehr die Anstrengungen, die bislang vorrangig in ihrer eigenen Zone betrieben worden waren, auf den Kontrollrat zu verlagern.

Am 10. April legte die US-Delegation ihren auf dem Länderrats-Entwurf basierenden Vorschlag im Property Control Committee des Kontrollrats vor. Kurz danach reichten auch die Franzosen einen Entwurf ein, der auf den in ihrer Zone geleisteten Vorarbeiten beruhte[148]. Mehrere Wochen lang diskutierten die alliierten Vertreter den amerikani-

[141] Vgl. Rainer Hudemann, Anfänge der Wiedergutmachung. Französische Besatzungszone 1945-1950, in: Geschichte und Gesellschaft 13 (1987), S. 200f.

[142] Siehe zu den Verhandlungen im ACA-Legal Directorate IfZ-Archiv, MF 260, OMGUS-ACA 2/113-3/1, 2/113-1/10-14, 2/125-1/5-7, 2/125-2/2-7.

[143] Direktive Nr. 50: Verfügung über Vermögenswerte, die den in der Kontrollratsproklamation Nr. 2 und im Kontrollratsgesetz Nr. 2 aufgeführten Organisationen gehört haben, in: Amtsblatt des Kontrollrats in Deutschland, Nr. 15, 31. 5. 1947, S. 275-278.

[144] ACA, Directorate of Finance, „Victims of Nazi Oppression (British proposal)", DFIN/P(46)89, 20. 6. 1946, IfZ-Archiv, MF 260, OMGUS-ACA 2/111-2/12-15.

[145] ACA, Directorate of Finance, Minutes of the 35th Meeting, 9. 7. 1946, IfZ-Archiv, MF 260, OMGUS-ACA 2/111-1/7-12.

[146] Die Protokolle des ACA-Property Control Committee sind leider nicht in der OMGUS-Verfilmung vorhanden.

[147] ACA, Directorate of Finance, Minutes of 60th-63rd. Meetings, 10.-13. 2. 1947, IfZ-Archiv, MF 260, OMGUS-ACA 2/111-1/7-12.

[148] ACA, Finance Directorate, Property Control Committee, DFIN/CB/P(47)12, French Proposal, 22. 4. 1947, IfZ-Archiv, MF 260, OMGUS-ACA 2/122-1/14.

schen Entwurf, wobei es zunächst so aussah, als würden sich die Briten diesem anschließen, während mit der französischen und der sowjetischen Delegation keine Einigung in Reichweite sei. Deshalb meldete OMGUS Ende Mai nach Washington, daß im
Juni eine letzte Anstrengung im Finanz-Direktorium des Kontrollrats unternommen
würde, die Zustimmung der Alliierten zu den amerikanischen Vorstellungen zu erlangen[149]. Damit folgte man dem Wunsch der Briten, die abgelehnt hatten, ein gemeinsames Gesetz zusammen mit den Amerikanern zu erlassen, solange es sich nicht als
unmöglich erwiesen habe, sich im Kontrollrat zu einigen.

Clay befand sich dadurch in einer Zwickmühle: Er wollte das Rückerstattungsgesetz
unbedingt zusammen mit den Briten veröffentlichen, was auch aussichtsreich schien,
mußte aber dazu erst den von ihm erwarteten negativen Ausgang der Kontrollratsverhandlungen abwarten. Zugleich hatte er sich aber gegenüber Rabbi Bernstein festgelegt,
unilateral vorzugehen, falls die alliierten Verhandlungen nicht innerhalb von 60 Tagen
zu einem Erfolg führen sollten. Da nun diese Frist ohne Resultat verstrichen war, bat er
seine vorgesetzten Stellen in Washington, vor der Aufnahme der weiteren Verhandlungen einen erneuten Aufschub bei den amerikanischen jüdischen Organisationen zu
erwirken, bis es ihm gelungen sei, wenigstens ein gemeinsames Gesetz für die britische
und amerikanische Zone zu erreichen[150].

Auch in Washington herrschte die Überzeugung vor, daß der Stand der bizonalen
Vereinigung kein einseitiges Vorgehen erlaube[151]. So begannen im Juni wiederum
mehrmonatige Verhandlungen im Finanz-Direktorium des Kontrollrates, die einen 48
Paragraphen umfassenden Entwurf des Property Control Committee zum Gegenstand
hatten, der auf dem amerikanischen Vorschlag basierte. Angesichts dieses Umfanges
hatte sich das Finanz-Direktorium eine Zusammenfassung der strittigen Punkte erbe-
ten[152]. Über die darin genannten neun offen gebliebenen Fragen beriet es anschließend
mehrere Monate lang. Bis Mitte Juli war es gelungen, eine ganze Reihe von Streitpunkten auszuräumen, so daß OMGUS nach Washington meldete, bei dem Versuch, eine
vierseitige Einigung zu erzielen, seien größere Fortschritte erzielt worden, als man für
möglich gehalten hätte[153]. Als einzige ungelöste Frage von Gewicht erschien zu diesem
Zeitpunkt nur noch die Verwendung des erbenlosen Eigentums[154]. Der amerikanische
Vorschlag, diese Werte einer jüdischen Nachfolgeorganisation zu überlassen, stieß bei
den drei anderen Alliierten auf massive Ablehnung.

Hier wurden die unterschiedlichen gesellschaftspolitischen Konzeptionen besonders
deutlich: Die Sowjetunion wollte das erbenlose Eigentum den deutschen Ländern überlassen, die damit Hilfsmaßnahmen zugunsten aller Verfolgten auf ihrem Territorium
finanzieren sollten. Dagegen argumentierten die westlichen Alliierten, gegenwärtig bestünde noch keine ausreichende Gewähr dafür, daß die deutschen Länder diese Mittel

[149] Keating (OMGUS) an Adjudant General War Department for War Department Special Services Civil Affairs
Division, 26. 5. 1947, USNA, RG 165, WDCAD, Box 356.
[150] Clay an Adjudant General War Department to War Department Civil Administration Division, 16. 6. 1947,
IfZ-Archiv, MF 260, OMGUS-COS 3/177-2/2.
[151] Memorandum v. J.J. Gorman (War Department), ca. 7. 7. 1947, USNA, RG 165, War Dept., General and
Special Staff, Box 356.
[152] Verbatim Notes on the 76th Meeting of the Finance Directorate, 27. 6. 1947, IfZ-Archiv, MF 260, OMGUS-
ACA 17/8212/5.
[153] Clay an Adjudant General War Department for War Department Special Services Civil Affairs Division
Economics, 13. 7. 1947, USNA, RG 165, WDCAD, Box 356.
[154] Keating an Adjudant General War Department for War Department Special Services Civil Affairs Division,
21. 7. 1947, USNA, RG 165, Box 356.

wirklich im Sinne der Verfolgten verwenden würden[155]. Der Delegierte der UdSSR, W.K. Sitnin, bestand dagegen darauf, daß im sowjetischen Machtbereich alle Erscheinungen des Nationalsozialismus vollkommen beseitigt seien und deshalb den Deutschen dort volles Vertrauen zu schenken sei. Sitnin störte sich auch daran, daß es sich bei den von den USA vorgeschlagenen Nachfolgeorganisationen um amerikanische Organisationen handeln sollte, die daran interessiert sein würden, das von ihnen geerbte Vermögen außerhalb Deutschlands zu verwenden. Dies sah er im ausdrücklichen Gegensatz zum Interesse der UdSSR an der Fähigkeit Deutschlands, Reparationen zu zahlen. Vom sowjetischen Standpunkt aus hing die Frage der Entschädigung und Rückerstattung unlösbar mit dem Problem der Reparationen zusammen[156], von daher erklären sich viele Differenzen insbesondere zum amerikanischen Standpunkt.

Das berührte sich auch mit der nachdrücklichen sowjetischen Forderung, nur Verfolgte zu entschädigen, die sich innerhalb Deutschlands befänden; die Entschädigung von Verfolgten im Ausland sollte erst später im Zusammenhang aller deutschen Auslandsverbindlichkeiten diskutiert werden[157]. In diesem Punkt einigten sich aber die anderen Delegierten darauf, daß es ungerecht sei, deutsche Verfolgte prinzipiell auszuschließen, nur weil sie nicht mehr in Deutschland lebten. Über die praktischen Konsequenzen bestand allerdings noch Unklarheit, verboten die alliierten Bestimmungen doch jeglichen deutschen Kapitaltransfer ins Ausland[158].

Bezüglich des erbenlosen Eigentums wünschte Frankreich wiederum eine nichtkonfessionelle Nachfolgeorganisation, die unterschiedslos allen Verfolgten des Nationalsozialismus helfen sollte. Der französische Delegierte Paul Leroy-Beaulieu bezeichnete den Vorschlag, jüdische Nachfolgeorganisationen zu gründen, als eine Art Neuauflage der Nürnberger Rassengesetzgebung: „It seems to me that if we create certain organizations like Catholic organizations, or Jewish organizations, we are doing the same thing as Hitler did."[159] Leroy-Beaulieu monierte hier einen inneren Widerspruch, da die Alliierten entgegen ihren eigentlichen Absichten die Strukturen des nationalsozialistischen Verfolgungssystems tradierten: „Once and for all the Germans must understand that there is only one category of German."[160]

Die Briten hatten ursprünglich die amerikanische Position akzeptiert, bevor sie dann auf die französische Linie umschwenkten[161]. Der Grund dafür lag in den verschärften Spannungen im Nahen Osten. So befürchteten die Briten, daß eine jüdische Nachfolgeorganisation den jüdischen Aufstand in Palästina gegen das britische Mandat finanziell unterstützen würde. Den unmittelbaren Auslöser dieser Schwierigkeiten bildeten die Vorgänge um das jüdische Flüchtlingsschiff „Exodus", die im Juli 1947 die Weltöffent-

---

[155] Verbatim Notes of the Continuation of the 77th Meeting of the Directorate of Finance, 15.7. 1947, IfZ-Archiv, MF 260, OMGUS-ACA 17/8212/5.

[156] Siehe dazu ein Gespräch Col. Bernard Bernsteins (American Jewish Conference) mit dem sowjetischen Kontrollratsdelegierten Sitnin, in: Memorandum from Col. Bernstein Concerning Discussions in Germany on Problems of Restitution and Indemnification (Anm. 111).

[157] Ebenda; ACA, Finance Directorate, Minutes of the 77th Meeting of the Directorate, 11., 15. u. 22.7. 1947, IfZ-Archiv, MF 260, OMGUS-ACA 2/111-1/7-12.

[158] Siehe dazu etwa Verbatim Notes of the Continuation of the 77th Meeting of the Directorate of Finance, 15.7. 1947, IfZ-Archiv, MF 260, OMGUS-ACA 17/8212/5.

[159] Ebenda. Vgl. auch Hudemann, Anfänge der Wiedergutmachung, S. 202.

[160] Verbatim Minutes of the Second Session of the 81st Meeting, 9.9. 1947, IfZ-Archiv, MF 260, OMGUS 17/8212/5.

[161] Keating an War Department, 21.7. 1947, USNA, WDCAD, RG 165, Box 356.

lichkeit aufwühlten[162]. Dadurch rückte auch die Einigung mit den Briten, die der amerikanischen Militärregierung schon zum Greifen nah erschienen war, zeitweilig wieder ins Ungewisse[163].

Da die Frage der Verwendung des erbenlosen Eigentums ein solches Gewicht für die weiteren Verhandlungen bekommen hatte, Clay in diesem Punkt aber gegenüber den amerikanischen jüdischen Organisationen im Wort stand, traf General Hilldring, der nach seiner Tätigkeit als Direktor der Civil Administration Division des War Departments nunmehr Staatssekretär im State Department war, Anfang August mit deren Repräsentanten zusammen. Er beabsichtigte, die jüdischen Organisationen zu einem Kompromiß zu bewegen, der eine mehrzonale Lösung ermöglich sollte bzw. Clay von seinem Versprechen zu entbinden, im Falle des Scheiterns der alliierten Verhandlungen unilateral vorzugehen[164]. Nolens volens willigten diese zwar ein, weitere Bemühungen um eine alliierte Einigung abzuwarten, unterstrichen aber erneut, daß sie einen baldigen unilateralen Erlaß des US-zonalen Entwurfes wünschten, worauf Anstrengungen folgen sollten, Großbritannien und Frankreich, und vielleicht sogar die Sowjetunion, zur Übernahme dieser Regelung zu bewegen. Umgekehrt hatte die britische Botschaft in Washington am 22. Juli energisch gegen ein mögliches einzonales Rückerstattungsgesetz in der US-Zone protestiert und damit auf entsprechende Drohungen von amerikanischer Seite reagiert. Das State Department kündigten den Briten daraufhin einen amerikanischen Alleingang für den Fall an, daß bis zum 1. Oktober keine mehrzonale Lösung erreicht sei[165].

Tatsächlich schwenkten die Briten in der Frage der Nachfolgeorganisationen wieder auf eine moderatere Linie ein, und ebenso wie die Franzosen zeigten sie sich bereit, den von den Amerikanern vorgeschlagenen Kompromiß zu akzeptieren, daß jedem Zonenkommandanten die Ernennung einer Nachfolgeorganisation seiner Wahl überlassen bleiben solle. Frankreich und Großbritannien sollten auf diese Weise in ihren Zonen nichtkonfessionelle Nachfolgeorganisationen bestimmen können[166]. Die sowjetische Delegation dagegen hielt in dieser Frage unverrückbar an ihrem ablehnenden Standpunkt fest.

Bis Ende September hatte sich im Finanz-Direktorium herauskristallisiert, daß es neben der Frage der Verwendung des erbenlosen Eigentums nur noch zwei Punkte gab, über die sich keine Einigung herstellen ließ. Der erste betraf die Frage der Verteilung der Gewinne, die die im Zuge der nationalsozialistischen Verfolgung entzogenen Betriebe während des Krieges abgeworfen hatten. Die amerikanische Delegation stand hier mit ihrem Vorschlag alleine, daß auch die entgangenen Gewinne den ursprünglichen Eigentümern zurückerstattet werden sollten. Alle anderen Delegationen störten sich hingegen daran, daß auf diese Weise ehemalige Verfolgte von Kriegsgewinnen profitieren könnten. Sie schlugen deshalb vor, die Gewinne aus dieser Zeit in einen Fonds einzubringen, aus dem eine größere Zahl von Verfolgten Zuwendungen erhalten könnte[167].

---

[162] Vgl. David A. Charters, The British Army and Jewish Insurgency in Palestine, 1945-1947, London 1989, S. 70ff.

[163] Clay an War Department, 30.7. 1947, USNA, WDCAD, RG 165, Box 356.

[164] Memorandum v. Gorman (War Department), 8.8. 1947, USNA, WDCAD, RG 165, Box 356.

[165] War Department an OMGUS, 24.8. 1947, IfZ-Archiv, MF 260, OMGUS-Co ORG. PROGR. 5/359-3/8.

[166] George P. Hays an War Department, 13.9. 1947, IfZ-Archiv, MF 260, OMGUS, POLAD 768/2.

[167] Eine Zusammenfassung der Argumente findet sich in ACA, Directorate of Finance, Restitution to Victims of

Unterschiedliche Auffassungen herrschten auch über den Umfang der Anfechtungsmöglichkeit von Verkäufen seitens rassisch verfolgter Personen. Hier war die Sowjetunion mit ihrer Position isoliert. Die amerikanischen, britischen und französischen Delegierten stimmten darin überein, daß alle Veräußerungen rückgängig gemacht werden können sollten, sofern sie nicht auch ohne den Nationalsozialismus stattgefunden hätten bzw. der Käufer die Interessen des Verkäufers berücksichtigt hatte. Dabei stimmten die westlichen Alliierten auch darin überein, daß der Zwang in den späteren Jahren größer gewesen sei als zu Beginn der nationalsozialistischen Herrschaft. Darüber, von welchem Zeitpunkt an ein allgemeiner Zwang geherrscht habe, gingen die Auffassungen aber auseinander: bereits von 1935 an mit den Nürnberger Gesetzen, wie der US-Delegierte vertrat, oder erst seit 1938, mit den Gesetzen zur Ausschaltung der Juden aus dem Wirtschaftsleben, wie die britischen und französischen Delegierten vorschlugen? Der sowjetische Delegierte lehnte dagegen generell eine Rückerstattung ab, sofern ein angemessener Preis bezahlt worden war[168]. Die Schwelle einer planmäßigen wirtschaftlichen Diskriminierung sah er dabei im Jahre 1938, vorher hätten alle wirtschaftlichen Transaktionen einen freiwilligen Charakter besessen[169]. Da nach sowjetischer Auffassung zumindest in ihrer Besatzungszone alle, die sich unrechtmäßig an jüdischem Eigentum bereichert hatten, im Gefängnis säßen und nun die deutschen Antifaschisten die Macht in den Händen hielten, sei es falsch, das deutsche Volk kollektiv zu bestrafen[170]. So folgte aus der sowjetischen Antifaschismuskonzeption eine recht eingeschränkte Definition der Rückerstattung. Demgegenüber hatte insbesondere die amerikanische Auffassung des Privateigentums eine sehr weitgehende Regelung zur Konsequenz.

Als das Kompromißpotential des Finanz-Direktoriums schließlich erschöpft war, faßten die alliierten Vertreter die verbliebenen drei strittigen Punkte in einem Brief zusammen, um sie dem Koordinierungs-Ausschuß des Kontrollrats zur Entscheidung vorzulegen[171]. Doch als die Delegierten in der Sitzung vom 12. November die Weiterleitung des Schreibens offiziell beschlossen, teilte der US-Delegierte Ball seinen Kollegen förmlich mit, daß die amerikanische Militärregierung vor zwei Tagen in ihrem Bereich ein unilaterales Rückerstattungsgesetz in Kraft gesetzt habe. Der französische Delegierte Davost setzte hinzu, daß am selben Tag auch in der französischen Zone ein entsprechender Schritt erfolgt sei. Namens der sowjetischen Delegation protestierte Sitnin heftig dagegen, daß diese Maßnahme bereits vor der Beratung durch den Koordinierungs-Ausschuß erfolgt sei[172]. Dennoch wurde dort im Januar 1948 die Vorlage des Finanz-Direktoriums beraten. Allerdings beharrten alle Seiten auf den zuletzt eingenommenen Positionen, und so wurde der Entwurf nach gegenseitigen Schuldzuweisun-

Nazi Persecution, Draft Submission to the Coordinating Committee, DFIN/P(47)214/1, 26.9. 1947, IfZ-Archiv, MF 260, OMGUS-ACA 2/111-1/7-12.
[168] Ebenda.
[169] Verbatim Minutes of the 81st Meeting of the Finance Directorate, 15.9. 1947, IfZ-Archiv, MF 260, OMGUS 17/8212/5.
[170] Verbatim Notes of the Continuation of the 77th Meeting of the Directorate of Finance, 15.7. 1947, IfZ-Archiv, MF 260, OMGUS-ACA 17/8212/5.
[171] Verbatim Minutes of the 87th Meeting of the Finance Directorate, 24.10. 1947, IfZ-Archiv, MF 260, OMGUS 17/8212/5; Draft Submission to the Coordinating Committee (Anm. 167).
[172] ACA, Directorate of Finance, Minutes of the 89th Meeting, 12.11. 1947, IfZ-Archiv, MF 260, OMGUS-ACA 2/111-1/7-12.

gen schließlich endgültig von der Tagesordnung genommen[173]. Was war auf amerikanischer Seite geschehen? Weshalb wurde dort der Ausgang der alliierten Verhandlungen nicht abgewartet und statt dessen nun doch ein auf die eigene Zone beschränktes Gesetz erlassen?

4. Das amerikanische Militärregierungsgesetz Nr. 59

Parallel zu den Gesprächen auf Kontrollratsebene verhandelte die amerikanische Militärregierung auch bilateral mit den Briten. Eine Einigung mit ihnen schien vordringlich und auch machbar. Doch obwohl die sachlichen Differenzen zuletzt minimal waren, zögerten die Briten eine endgültige Zusage immer wieder heraus. Dies wurde auf amerikanischer wie auch auf jüdischer Seite vermutlich zu Recht als Hinhaltetaktik empfunden; anscheinend wollten die Briten dabei die Klärung der Verhältnisse in Palästina bis zu einer endgültigen Entscheidung abwarten[174]. Schließlich hatte das State Department den Briten, wie oben berichtet, eine letzte Frist eingeräumt: Sollten sie sich bis zum 1. Oktober nicht zum Mitmachen entschlossen haben, würden die Vereinigten Staaten in ihrer Zone alleine handeln.

Clay machte seiner Umgebung deutlich, daß ein unilaterales Rückerstattungsgesetz seiner persönlichen Überzeugung vollkommen zuwiderlaufe. Es sei unfair, „seinen" siebzehn Millionen Deutschen ein Gesetz aufzuerlegen, daß für die anderen fünfzig Millionen zu hart sei, und die deutschen Gerichte würden es deshalb auch nicht loyal durchsetzen. Auch wären die Briten ungehalten über ein einseitiges Vorgehen. Sorge bereitete Clay zudem, daß die öffentliche Meinung eher den Briten als den Amerikanern recht geben würde. Dennoch war er bereit, ein einzonales Gesetz zu erlassen, wenn bis zum ersten Oktober keine Einigung mit den Briten erreicht sei, da er zu seinem Versprechen stehen wollte[175]. Schließlich machte Clay die Entscheidung von einer letzten Besprechung mit den Briten abhängig, die für den 29. September angesetzt war.

Doch auch diese letzte Frist verstrich ohne Resultat. Und als die Briten statt dessen am 2. Oktober mitteilten, daß es mehrere Wochen dauern würde, bis sie ihre endgültige Zustimmung geben könnten, beschritt Clay schließlich schweren Herzens den Weg zu einer unilateralen Lösung[176]. Walter Schwarz irrt, wenn er behauptet, daß Clay „unbeirrt auf die unilaterale Lösung zu(steuerte)"[177]. Bereits am Tag darauf ließ OMGUS bei den Ministerpräsidenten der US-Zone anfragen, ob sie nunmehr bereit seien, in ihren Ländern ein Gesetz zu erlassen, das auf dem Länderrats-Entwurf basieren sollte, in den einige Änderungen eingearbeitet waren, die aus den alliierten Verhandlungen resultierten. Andernfalls würde das Rückerstattungsgesetz durch die Militärregierung verkündet werden[178]. Ausdrückliches Ziel Clays zu diesem Zeitpunkt war, das Rückerstattungsgesetz in einer Form durchzusetzen, die die mit den Briten bzw. den anderen

---

[173] ACA, Coordinating Committee, Minutes of the 147th Meeting, 15. u. 19.1. 1948, IfZ-Archiv, MF 260, OMGUS-ACA 2/108-1/1-18.

[174] Memorandum of Telephone Conversation between Eli Rock and Irwin Mason, ca. 3.10. 1947, YIVO-Archiv, RG 347, AJC Records, GEN-10, Box 293.

[175] Louis E. Levinthal an Col. Bernstein, 4.10. 1947, ebenda.

[176] Hays an War Department, 7.10. 1947, IfZ-Archiv, MF 260, OMGUS, POLAD 768/2.

[177] Schwarz, Wie kam die Rückerstattung zustande, S. 808.

[178] Clay an RGCO Stuttgart, 3.10. 1947, IfZ-Archiv, MF 260, OMGUS, AG 1947/188/1; Charles D. Winning (RGCO) an Rossmann, 3.10. 1947, BayMJ, 1101a, H. 3.

Alliierten erreichten Gemeinsamkeiten soweit als möglich berücksichtigte. Auch wenn OMGUS nun aufgrund der gegenüber den amerikanischen jüdischen Organisationen abgegebenen Verpflichtungen einen Alleingang unternahm, sollten auf keinen Fall die Chancen für eine spätere ähnliche Regelung insbesondere in der britischen Besatzungszone gefährdet werden[179]. Diese Ausgangssituation reduzierte in der folgenden Schlußphase der Verhandlungen den Spielraum für weitere Änderungen des Entwurfes auf ein Minimum.

Das bekamen nun auch die amerikanischen jüdischen Organisationen zu spüren. Am 5. Oktober sandte der Internal Restitution Advisor Mason einen Alarmruf nach New York. Erschrocken berichtete er über ein Gespräch mit Rockwell und Ball aus der OMGUS-Finance-Division, bei dem sie ihm in harten Worten ihre Ablehnung des Prinzips der jüdischen Nachfolgeorganisationen erklärt hatten. Ball, der eben diesen Grundsatz in seiner Eigenschaft als amerikanischer Delegierter im Finanz-Direktorium des Kontrollrats hartnäckig verteidigen mußte, erklärte gegenüber Mason, daß er schon immer gegen diese Idee gewesen sei. Er bezeichnete dies als einen politischen Fehler der jüdischen Organisationen, denn gegenüber der Weltöffentlichkeit hätte es ihnen besser zu Gesicht gestanden, wenn sie bereit gewesen wären, diese Werte in einen nichtkonfessionellen Fonds zugunsten aller Opfer einzubringen. Überdies hatten diverse Äußerungen jüdischer Funktionäre bei Ball die Überzeugung verfestigt, daß die Nachfolgeorganisationen alles Mögliche unternehmen würden, um Werte ins Ausland zu transferieren sowie in der ganzen Welt Ansprüche von Flüchtlingen aufzukaufen. Ball kündigte an, alles in seiner Macht stehende zu tun, um sie an der Ausführung eines solchen Programmes zu hindern[180].

Tatsächlich war Ball bei den Verhandlungen mit den Alliierten wiederholt gezwungen, gegen die in seiner eigenen Abteilung herrschenden Auffassungen zu argumentieren. Intern stimmten die Fachleute der OMGUS-Finance Division gerade in den zentralen Streitpunkten oft mehr mit der Position der anderen Alliierten überein als mit den von Ball vertretenen offiziellen amerikanischen Standpunkten. Dort war man der Ansicht, daß die Chance einer mehrzonalen Einigung aus zweifelhaften Gründen vergeben worden sei: „To sacrifice the chance of obtaining quadripartite agreement mainly because of our position on heirless property seems very ridiculous ... Strange as it may seem, our position on the question of heirless properties as well as other questions was never too clearly defined in any cables received from Washington and it would seem as though these were commitments of a purely personal type."[181] Indirekt und häufig auch direkt wurde Clay aus seiner eigenen Administration vorgeworfen, daß er durch persönliche Absprachen mit den jüdischen Organisationen den Spielraum für eine Übereinkunft mit den anderen Alliierten entscheidend verringert habe[182].

Die Befürchtungen der amerikanischen jüdischen Organisationen waren also nicht aus der Luft gegriffen. Sie versuchten deshalb, die bedrohliche Lage durch eine Intervention auf höchster Ebene zu entschärfen. Dazu arrangierten sie für den 16. Oktober erneut ein Treffen mit Clay, der sich gerade einige Tage in Washington aufhielt. Sie

---

[179] Hays an War Department, 7.10. 1947 (Anm. 176).
[180] Mason an Bernstein, 5.10. 1947, YIVO-Archiv, RG 347, AJC Records, GEN-10, Box 293.
[181] Memorandum der OMGUS-Finance Division vom 12.9. 1947, IfZ-Archiv, MF 260, OMGUS, POLAD 768/2.
[182] Siehe dazu etwa W.C. Haraldson an James W. Riddleberger u. Chase, 10.2. 1948, IfZ-Archiv, MF 260, OMGUS, POLAD 793/46.

erhofften sich davon eine ähnliche Wirkung wie von dem Gespräch ein Jahr zuvor, bei dem Clay die Zusagen abgegeben hatte, die ihm jetzt so zusetzten. Drei Dinge wünschten die jüdischen Organisationen hier zu erreichen: Erstens wollten sie die durch die amerikanischen Verhandlungen mit den Alliierten erreichten Veränderungen so weit als möglich wieder aus dem US-Entwurf tilgen; allein der letzte Länderrats-Entwurf erschien ihnen als angemessen. Zweitens wünschten sie zur Absicherung gegen Sabotage durch deutsche Stellen bei der Durchführung des Gesetzes den Erlaß von Durchführungs-Bestimmungen seitens der Militärregierung. Und drittens forderten sie die endgültige Anerkennung der von den jüdischen Organisationen gegründeten Jewish Restitution Commission als rechtmäßige Nachfolgeorganisation für erbenloses jüdisches Vermögen[183].

Diesmal blieb Clay hart. Er akzeptierte bei dem Gespräch zwar prinzipiell den Gedanken einer amerikanischen Durchführungsverordnung, wobei er die Anerkennung der Jewish Restitution Commission aber noch von der Zustimmung Washingtons abhängig machte. Im übrigen lehnte Clay aber jede weitere Zurücknahme von Änderungen, die auf die Verhandlungen mit den Alliierten zurückgingen, ab. Wie die jüdischen Organisationen bereits erwartet hatten, verwies Clay hierbei auf die Dringlichkeit einer nachfolgenden Einigung mit den Briten, weshalb der erreichte Konsens nicht gefährdet werden dürfe[184]. Doch auch der Spielraum für erneute Verhandlungen mit dem Stuttgarter Länderrat war sowohl sachlich als auch zeitlich äußerst beschränkt. Nach den mehrmonatigen Verzögerungen war Clay nun wild entschlossen, das Rückerstattungsgesetz schleunigst durchzusetzen und dabei die Ergebnisse der alliierten Verhandlungen unangetastet zu lassen. Als die Ministerpräsidenten Ehard (Bayern), Maier (Württemberg-Baden), Stock (Großhessen) sowie der Bremer Senatspräsident Kaisen am 7. Oktober über die von OMGUS formulierte Alternative – deutsches Gesetz oder Militärregierungsgesetz – berieten, sahen sie sich nicht in der Lage, einen Entschluß zu treffen. Zwar herrschte die Stimmung vor, daß dieses Gesetz nun unbedingt nötig sei, aber zugleich wollten die Ministerpräsidenten für ein Gesetz in der vorliegenden Form nicht die politische Verantwortung übernehmen. Hauptkritikpunkt war weiterhin der nur einzonale Geltungsbereich. So beschlossen sie schließlich, den Gesetzentwurf sowie die neuen von amerikanischer Seite vorgelegten Änderungen dem zuständigen Länderrats-Ausschuß „zur Prüfung vorzulegen, die Angelegenheit in den Kabinetten zu beraten und nach Anhörung des Parlamentarischen Rates auf der nächsten Länderratstagung die endgültige Stellungnahme abzugeben"[185]. Das hieß also letztlich, daß die Ministerpräsidenten versuchten, die politische Verantwortung abzuwälzen. Die amerikanische Militärregierung fand Verständnis für dieses Vorgehen, schloß aber daraus, daß der angestrebte Zeitplan auf diese Weise nicht eingehalten werden könne[186]. Clays Stellvertreter, General Hays, telegraphierte deshalb seinem Chef, der sich noch in Washington befand, es sei unwahrscheinlich, daß der Länderrat jemals einem unilateralen Gesetz zustimmen würde. Deshalb würde gegenwärtig die Heraus-

---

[183] Main Topics of the Meeting with General Clay on October 16, 1947, YIVO-Archiv, RG 347, AJC Records, GEN-10, Box 276.
[184] Eugene Hevesi an Joel Wolfsohn, 23. 10. 1947, YIVO-Archiv, RG 347, AJC Records, GEN-10, Box 291; Clay an Chief of Staff, US Army, 29. 10. 1947, IfZ-Archiv, MF 260, OMGUS, AG 47/188/1.
[185] Auszug aus dem Protokoll der Internen Länderrats-Sitzung am 7. 10. 1947, BayHStA, MA 130348.
[186] RGCO an Legal Division, OMGUS, 11. 10. 1947, IfZ-Archiv, MF 260, OMGUS, AGTS 62/1-4.

gabe eines Militärregierungsgesetzes vorbereitet[187]. Auf amerikanischer Seite bestand jetzt keine Neigung mehr, an dieser deutschen Haltung noch etwas zu ändern. Am 29. Oktober meldete der mittlerweile nach Berlin zurückgekehrte Clay nach Washington, er beabsichtige nun, den Entwurf als Militärregierungsgesetz Nr. 59 am 10. November zu erlassen[188]. Vor dem Hintergrund dieses Beschlusses wurde dem Länderrat am 3. November ein letztes Ultimatum gestellt. OMGUS teilte mit, man könne noch über einige Veränderungen diskutieren, falls der Länderrat bereit sei, doch noch ein deutsches Gesetz zu verkünden. Nachdem der Parlamentarische Rat beschlossen hatte, daß aus außenpolitischen Gründen versucht werden sollte, dem Entwurf noch eine Fassung zu geben, in der er als deutsches Gesetz erlassen werden könnte, erfolgte tatsächlich noch einmal eine letzte Anstrengung des Länderrats, zu einem derartigen Kompromiß zu gelangen[189]. Unter großem Zeitdruck verfaßte der Sachverständigenausschuß für das Rückerstattungsgesetz am 5. und 6. November einen neuen Entwurf, in den diejenigen Änderungen eingearbeitet waren, die die Annahme als deutsches Gesetz ermöglichen würden[190]. Zwei Tage später, am 8. November, traf die Antwort der amerikanischen Militärregierung ein, die den Großteil der geforderten Änderungen ablehnte. Insbesondere vier Hauptpunkte des deutschen Entwurfes erklärte OMGUS als unannehmbar: Erstens sah dieser vor, daß die Nachfolgeorganisationen für erbenloses jüdisches Vermögen unter deutscher Staatsaufsicht stehen und ihren Sitz in Deutschland haben sollten. Zweitens enthielt der deutsche Entwurf eine Härteklausel für Arisierungen vor 1938. Drittens sollte ein loyaler späterer Erwerber eines arisierten Objektes nicht unter allen Umständen einem Hehler gleichbehandelt werden. Und viertens wollte der deutsche Entwurf einen loyalen Erwerber nicht mit der Haftung dafür belasten, wenn der von ihm seinerzeit bezahlte Kaufpreis von der Gestapo beschlagnahmt worden war oder das Objekt durch Kriegseinwirkung an Wert verloren hatte[191]. Ein Kompromiß in diesen Punkten durch die amerikanische Militärregierung hätte das ganze komplizierte Gerüst an Abmachungen und Verhandlungsergebnissen mit den jüdischen Organisationen wie auch den Briten und den anderen Alliierten zum Einsturz gebracht. Ein weiteres Nachgeben war deshalb ausgeschlossen.

Als einzige Möglichkeit, den Erlaß in Form eines Militärregierungsgesetzes noch zu verhindern, wurde den Ministerpräsidenten eingeräumt, daß sie auf der noch am selbigen Tag stattfindenden Länderratssitzung beschließen könnten, binnen einer Woche ein deutsches Rückerstattungsgesetz zu den amerikanischen Bedingungen zu verkünden. Darauf ließ sich der Länderrat jedoch nicht ein: Die Ministerpräsidenten hielten an dem überarbeiteten Entwurf des deutschen Sachverständigenausschusses fest[192], der jedoch zwei Stunden später von der Militärregierung endgültig abgelehnt wurde[193]. Statt dessen veröffentlichte diese zwei Tage später, am 10. November 1947, nach an-

[187] Hays an Clay, 14. 10. 1947, IfZ-Archiv, MF 260, OMGUS, AGTS 62/1-4.
[188] Clay an Chief of Staff, US Army, IfZ-Archiv, MF 260, OMGUS, AG 47/188/1.
[189] Protokoll der Internen Länderrats-Sitzung am 3./4. 11. 1947, BayMJ, 1101a, H. 3.
[190] Niederschrift über die Sitzung des Sachverständigenausschusses für das Rückerstattungsgesetz am 5./6. 11. 1947, BayMJ, 1101a, H. 3.
[191] Antwort der Militärregierung, übergeben in Stuttgart, 8. 11. 1947, BayMJ, 1101a, H. 3.; Darstellung Otto Küsters auf der Pressekonferenz am 11. 11. 1947, BayMJ, 1101a, H. 4.
[192] Protokoll der Internen Länderratssitzung, 8. 11. 1947, BA, Z 1, Bd. 1293.
[193] Darstellung Küsters auf der Pressekonferenz am 11. 11. 1947 (Anm. 191). Vgl. auch Schwarz, Rückerstattung nach den Gesetzen der Alliierten Mächte, S. 53 f.

derthalbjährigem Tauziehen das Rückerstattungsgesetz zu ihren Bedingungen als Militärregierungsgesetz Nr. 59[194].

5. Reaktionen in Deutschland und USA

Auf deutscher Seite herrschte teils Erleichterung, teils Verbitterung darüber, daß die Rückerstattung schließlich doch in Form eines Militärregierungsgesetzes geregelt worden war. Ministerpräsident Maier teilte seinem Kabinett mit: „Den beteiligten Kreisen ist damit mehr gedient als mit einem deutschen Gesetz."[195] Zu den Enttäuschten gehörte dagegen insbesondere Otto Küster, der auf württemberg-badischer Seite an der Ausarbeitung des Entwurfes teilgenommen hatte. Auf einer Pressekonferenz am Tage nach der Veröffentlichung des Rückerstattungsgesetzes der amerikanischen Besatzungszone klagte er: „Es ist tief bedauerlich, daß die amerikanische Militärregierung um relativ geringer materieller Differenzen willen den deutschen Regierungen die Chance aus der Hand geschlagen hat, die Rückerstattung im Einklang mit der deutschen Rechtsüberzeugung auf Grund eines selbst gegebenen Gesetzes durchzuführen."[196]

Walter Schwarz urteilte dazu später: „Hätten die Amerikaner den deutschen Ländern freie Hand gegeben, dann wäre ebenfalls ein REG entstanden, das vielleicht in wenigen Punkten weniger hart gewesen wäre als das USREG. Hätte man länger zusammengesessen, würde man sich gewiß geeinigt haben."[197] Dies geht jedoch an der Sache vorbei. Tatsächlich hatte keine Chance für eine nochmalige Änderung des Entwurfs bestanden. Wie gezeigt existierte tatsächlich weder ein zeitlicher noch ein sachlicher Spielraum für weitere Verhandlungen. Daß sich der Länderrat im Verlaufe der Verhandlungen zu einer Rückerstattung in einem Ausmaß bereit gefunden hatte, das weit über das hinausging, was von deutscher Seite ursprünglich selbst entwickelt worden war, ist nicht zu übersehen. Doch war auch dies das Ergebnis ständiger Interventionen der Militärregierung und der jüdischen Organisationen. Zwar schrieb Schwarz über die Verhandlungen im Länderrats-Ausschuß, daß „sich bald ein echtes Teamwork zwischen Amerikanern und Deutschen"[198] entwickelt habe. Demgegenüber sprach ein Memorandum aus der OMGUS-Finance Division davon, daß im Verlaufe der Beratungen immer stärker die Legal Division den Ton bestimmt habe. Im Bezug auf den Entwurf vom Februar 1947 hieß es dort: „While theoretical this draft was supposed to reflect the suggestions of the Germans, it really contained what the representatives of the Legal Division told the Germans to write into it."[199]

Eine Schlüsselstellung kam dabei Clay selbst zu, der zwar nicht an den Details des Entwurfes beteiligt war, aber die Verantwortung für eine Reihe zentraler Entscheidungen trug. Damit hatte er sich auch gegen erhebliche Bedenken aus seiner eigenen Administration durchgesetzt. Clay rechnete fest damit, daß ihm die öffentliche Meinung der USA für den Erlaß eines unilateralen Rückerstattungsgesetzes schlechte Zensuren erteilen würde. Auch hier war der Grund, daß es eine Anzahl von Bestimmungen enthielt,

---

[194] Militärregierungsgesetz Nr. 59 (USREG) (Anm. 100).
[195] Niederschrift über die Sitzung des Staatsministeriums am 12.11.1947, BadWürtHStA, EA 4/001, Bü. 57a.
[196] Darstellung Küsters auf der Pressekonferenz am 11.11.1947 (Anm. 191).
[197] Schwarz, Wie kam die Rückerstattung zustande, S. 802.
[198] Ebenda.
[199] Memorandum der OMGUS-Finance Division, 12.9.1947 (Anm. 181).

die von den übrigen Alliierten und auch von einem Teil seiner eigenen Administration als unglücklich empfunden wurden. Er erwartete, daß die amerikanische öffentliche Meinung in den Streitpunkten den jüdischen Standpunkt ablehnen würde[200]. Dies verdroß Clay umso mehr, als er eigentlich gerne zu einer einvernehmlichen Lösung zumindest mit den Briten gekommen wäre. So war die Art und Weise, in der der amerikanische Militärgouverneur in den vorangegangenen Monaten seinen Kurs vertreten hatte, nicht ohne selbstquälerische Züge.

Die jüdischen Organisationen hatten diese Stimmungslage sorgenvoll beobachtet, befürchteten sie doch ständig, Clay könnte von seinen Versprechungen abrücken. Ende September hatte Levinthal nach New York telegraphiert, es sei unbedingt nötig, daß der Ankündigung eines unilateralen Rückerstattungsgesetzes „enthusiastisch zustimmende Reaktionen"[201] in den USA folgten. Derselben Auffassung war auch der Internal Restitution Advisor Mason, der hoffte, daß das Rückerstattungsgesetz in der US-Presse günstig beurteilt würde, damit General Clay „sich in der Angelegenheit wohlfühle, und auch um dazu beizutragen, daß sich bei ihm eine wohlwollende Einstellung" gegenüber den Vertretern der amerikanischen jüdischen Organisationen entwickle[202].

Das Komitee der fünf jüdischen Organisationen übernahm daraufhin die Aufgabe, eine positive Kommentierung und lobende Stellungnahmen in den amerikanischen Medien zu organisieren. Die praktische Durchführung dieser Kampagne wurde dem dafür am besten gerüsteten Public Relations Department des American Jewish Committee übertragen[203]. Am 18. November legte es eine Bilanz dieser Bemühungen vor: Es war gelungen, eine zustimmende Bewertung des Rückerstattungsgesetzes der US-Zone in den USA zu erreichen. Unter anderem hatte das American Jewish Committee einen Kommentar in der *New York Times* vom 11. November mit dem Titel „An Act of Justice" inspiriert, bei der Nachrichtenagentur International News Service einen an 600 Zeitschriften verteilten Bericht untergebracht, und eine vorbereitete Radiomeldung wurde von den Stationen der NBC, der ABC, AP Radio News (mit alleine 856 Stationen) und WOR gesendet. Die Präsidenten der American Federation of Labor (AFL), William Green, sowie des Congress of Industrial Organization (CIO), Philip Murray, hatten sich bereit erklärt, zustimmende Telegramme an Clay zu schicken, deren Text gleichfalls das American Jewish Committee entworfen hatte. Auch der „Federal Council of Churches" wollte das Material des American Jewish Committee für seine Medienarbeit übernehmen[204].

Die Berichterstattung der amerikanischen Medien über das Rückerstattungsgesetz war also in einem hohen Ausmaß durch die jüdischen Organisationen angeregt worden, um Clay davon zu überzeugen, daß der Erlaß eines stark von ihren Forderungen beeinflußten Gesetzes in der US-Zone richtig war. Hier stellt sich die Frage nach der Reichweite bisheriger Versuche, die Bedeutung der öffentlichen Meinung in den USA für die Wiedergutmachung zu erforschen. Alle bisher vorliegenden Ansätze in dieser

[200] Hevesi an Slawson, 3. 10. 1947, YIVO-Archiv, RG 347, AJC Records, GEN-10, Box 291.
[201] Ebenda.
[202] Memorandum of Telephone Conversation between Col. Bernstein and Irwin Mason, 29.9. 1947, YIVO-Archiv, RG 347, AJC Records, GEN-10, Box 293.
[203] American Jewish Committee, Enactment of the Restitution Law in the US Zone of Germany, 7.11. 1947, AJC-Archiv, Blaustein Library, Restitution & Indemnification – Germany, AJC.
[204] Summary of Promotion of the Restitution Law by the American Jewish Committee, 18.11. 1947, AJC-Archiv, Blaustein Library, Restitution & Indemnification – Germany, AJC.

Richtung gehen von einer Auswertung der erschienenen Berichterstattung aus, ohne der Frage nachzugehen, welche Interessen *hinter* einer Veröffentlichung standen[205]. Darüber hinaus bestätigt diese Medienkampagne, daß die Auseinandersetzung um die Rückerstattung des in der nationalsozialistischen Zeit entzogenen Eigentums zwar eine elementare moralische Dimension besaß, sich aber weitgehend in den Formen der Interessenpolitik vollzog.

III. Der Weg zur Entschädigung

1. Zwischenlösung: Vorläufige Entschädigung im Sonderfondsgesetz

Die amerikanische Militärregierung hatte vom Stuttgarter Länderrat neben der Rückerstattung wiederauffindbaren Eigentums auch Schritte zur Entschädigung der persönlichen, gesundheitlichen, beruflichen und finanziellen Nachteile, die die Verfolgten des Nationalsozialismus erlitten hatten, gefordert. Vorrang besaß zunächst aber eine provisorische Regelung dieser Ansprüche. Gleichzeitig mit der Arbeit am Rückerstattungsgesetz beriet der Sonderausschuß für Eigentumskontrolle deshalb auch das vorläufige Entschädigungsgesetz zugunsten bedürftiger Verfolgter in der US-Zone. Damit sollte deren Betreuung auf eine gesetzliche Grundlage gestellt und so der bisherige Zustand verändert werden; denn nach Ansicht der Militärregierung beschworen unklare Betreuungskompetenzen und mangelhafte staatliche Leistungen die Gefahr der Bildung von Interessengruppen der Verfolgten herauf.

Wie geschildert hatte OMGUS bereits in der Sitzung des Länderrats-Sonderausschusses „Eigentumskontrolle" vom 12. Juni 1946 den Entwurf eines solchen vorläufigen Entschädigungsgesetzes mündlich genehmigt. Im Gegensatz zu der Annahme Kreikamps entstand also auch das Sonderfondsgesetz als zonale Initiative[206]. Der Entwurf sah vor, Leistungen an rassisch, religiös und politisch Verfolgte in der US-Zone zu vergeben, sofern sie sich in einer wirtschaftlichen Notlage befanden. Dazu gehörten insbesondere befristete Renten, Kosten für Heilbehandlungen und berufliche Ausbildungen sowie Existenzgründungsdarlehen. Die Maßnahmen zielten also primär auf die zügige Rehabilitierung und Integration notleidender Verfolgter, was notwendig schien, um aus deren Not und Sonderbetreuung keinen Dauerzustand entstehen zu lassen; schließlich dachte die amerikanische Seite bei der Verfolgtenbetreuung an eine soziale Initialzündung und nicht an eine dauerhafte Alimentierung. Die Finanzierung sollte vorrangig aus den bei der Durchführung des Befreiungsgesetzes anfallenden Mitteln erfolgen. Offen gehalten war die Einbringung anderer nationalsozialistischer Vermögenswerte bzw. der Rückgriff auf allgemeine Haushaltmittel[207].

Als der Sonderausschuß am 9. Juli wieder zusammentraf, bemängelte Reinsel aus der OMGUS-Finanzabteilung, daß sich inzwischen allein das württemberg-badische Kabinett mit dem Entwurf beschäftigt hatte. Auf seine Veranlassung hin wurde er dem

---

[205] Vgl. insbesondere Michael Wolffsohn, Die Wiedergutmachung und der Westen – Tatsachen und Legenden, in: Aus Politik und Zeitgeschichte, B 16-17 (1987), S. 19-28; Norbert Frei, Die deutsche Wiedergutmachungspolitik gegenüber Israel im Urteil der öffentlichen Meinung der USA, in: Wiedergutmachung in der Bundesrepublik Deutschland, hrsg.v. Ludolf Herbst u. Constantin Goschler, München 1989, S. 215-230.

[206] Vgl. Hans-Dieter Kreikamp, Zur Entstehung des Entschädigungsgesetzes der amerikanischen Besatzungszone, in: Herbst/Goschler (Hrsg.), Wiedergutmachung, S. 61.

[207] Bericht über die Sitzung des Sonderausschusses „Eigentumskontrolle" am 12. 6. 1946, BayMJ, 1101c, H. 1.

gerade tagenden Länderrats-Direktorium zur Entscheidung vorgelegt und bei dieser Gelegenheit auch angenommen[208]. Daraufhin stimmten die Kabinette in Bayern und Großhessen dem Entwurf gleichfalls zu[209]. Neue Verzögerungen entstanden jedoch auf amerikanischer Seite. Das State Department störte sich daran, daß das Prinzip der auf Not begründeten Zahlungen gegenüber dem Rechtsanspruch auf Leistungen zu sehr im Vordergrund stünde. Bei der Zustimmung zu diesem Programm sollte also unbedingt klar gestellt werden, daß es sich nur um eine vorläufige Teillösung handle. Völlige Gerechtigkeit sei zwar unmöglich, doch sah „es das State Department ... als nützlich für das Ansehen der Vereinigten Staaten an, wenn die US-Zone die Führung bei der Entschädigung für Verletzungen persönlicher Rechte ebenso wie von Vermögensrechten übernehmen könnte, auch wenn diese nur teilweise und beschränkt sei"[210]. Die OMGUS-Internal Affairs & Communications-Division monierte überdies, weder sei ausreichend definiert, was unter „Bedürftigkeit", noch was unter „Personen, die unter der NS-Herrschaft gelitten haben", zu verstehen sei[211]. Die Präzisierung dieser Begriffe in einer Ausführungsbestimmung wurde deshalb bei der Genehmigung des Gesetzes am 2. Oktober zur Bedingung gemacht. Außerdem teilte OMGUS mit, daß das Sonderfondsgesetz nur als vorläufige Maßnahme verstanden werden dürfe und sich dadurch der Erlaß eines endgültigen Entschädigungsgesetzes nicht erübrige[212].

In den folgenden Monaten machte sich der Länderrats-Ausschuß daran, die geforderte Ausführungsverordnung auszuarbeiten. Auch wurde das Gesetz selbst nun auf erneutes amerikanisches Drängen[213] Ende des Jahres auch in Großhessen und Württemberg-Baden veröffentlicht, nachdem Bayern diesen Schritt bereits früher getan hatte[214]. Wegen fehlender Ausführungsbestimmungen erlangte das Sonderfondsgesetz aber erst im Verlaufe des Jahres 1947 allmählich eine praktische Bedeutung. Doch legte OMGUS ohnehin im Januar 1947 eine eigene Fassung des Sonderfondsgesetzes vor, in die die geforderten Ausführungsbestimmungen bereits mit eingearbeitet waren. Ziel war nunmehr gleich ein neues, zoneneinheitliches Gesetz. Um das Verfahren zu beschleunigen, erklärte OMGUS, daß es nicht nötig sei, die im Dezember gewählten Landtage damit zu befassen[215]. Auch hier vermied die amerikanische Militärregierung das Risiko einer substantiellen Veränderung ihrer Pläne im Zuge einer parlamentarischen Beratung.

Am 11. März stimmte der Länderrat dem Entwurf schließlich zu. Die Verabschiedung verzögerte sich noch durch einige Änderungsanträge von württemberg-badischer

[208] Bericht über die Sitzung des Sonderausschusses „Eigentumskontrolle" am 9.7. 1946, BayMJ, 1101c, H. 1.
[209] In Hessen in der Kabinettssitzung am 10.7. 1946. Vgl. Brill an Epstein, 11.7. 1946, HessHStA, Abt. 502, Nr. 2773b. In Bayern am 1.8. 1946. Vgl. Sitzung des bayerischen Ministerrats, 27.9. 1946, IfZ-Archiv, NL Hoegner, ED 120, Bd. 360.
[210] War Department an OMGUS, 18.7. 1946, IfZ-Archiv, MF 260, OMGUS-CAD 3/159-3/19.
[211] Minutes of the Meeting of the Property Disposition Board, 16.9. 1946, IfZ-Archiv, MF 260, OMGUS-Bico, Dec., 11/13-1/16.
[212] Arnim an die Justizminister Bayerns, Großhessens u. Württemberg-Badens, 15.10. 1946, BayMJ, 1101c, H. 4.
[213] Niederschrift über die Sitzung des Sonderausschusses „Eigentumskontrolle" am 25./26.11. 1946, BayHStA, MF 69409.
[214] Bayern: Gesetz Nr. 35 v. 1.8. 1945, BayGVOBl, Nr. 17, 1.10. 1946, S. 258f. Württemberg-Baden: Gesetz Nr. 133, 13.6. 1946, WBRegBl Nr. 24, 28.11. 1946, S. 273-275. Großhessen: Gesetz über Bildung eines Sonderfonds zum Zwecke der Wiedergutmachung v. 10.7. 1946, Gesetz- und Verordnungsblatt für Groß-Hessen (HessGVOBl), Nr. 32/33, 30.11. 1946, S. 226f. Die Gesetze wurden unter dem jeweiligen Datum ihrer Annahme durch die Kabinette veröffentlicht, obwohl sie erst erheblich später in Kraft traten.
[215] Protokoll über die Sitzung des Sonderausschusses „Eigentumskontrolle" am 20./21.1. 1947, 1947, BayMJ, 1101a, H. 2.

Seite, gegen die wiederum Bayern protestierte[216]. In der Hauptsache ging es dabei um die Auslegung des Wohnsitzprinzips bei den Ansprüchen der Geschädigten. Zuvor war im Sonderausschuß beschlossen worden, daß Leistungen nur Geschädigten zustünden, die ihren Wohnsitz zur Zeit des ihnen zugefügten Unrechts in der US-Zone hatten. Darüber hinaus sollten aber auch Geschädigte, die beim Eintritt der Verfolgung in den abgetrennten Ostgebieten gelebt hatten, jetzt aber in der US-Zone wohnten, einen Anspruch erhalten[217]. Das zielte auf die Flüchtlinge und Vertriebenen, die mit ihren Ansprüchen nicht mehr an ihren Heimatstaat verwiesen werden konnten.

Otto Küster und sein Chef, der württemberg-badische Justizminister Beyerle, setzten sich dagegen dafür ein, daß die Leistungen aus dem Sonderfondsgesetz „mindestens in Härtefällen auch solchen Personen zugewendet werden können, die aus anderen Zonen oder aus den nach dem 1. Jan. 1938 angegliederten oder in Kontrolle genommenen Gebieten in unsere Länder zugewandert sind"[218]. Das bayerische Finanzministerium wandte sich aber gegen diese Ausweitung der Leistungen, da sie nicht explizit von der Militärregierung verlangt worden sei. Vergeblich protestierte Beyerle, die Wiedergutmachung sei keine Angelegenheit, bei der der deutsche Gesetzgeber notgedrungen den Wünschen der Militärregierung folge, sondern entspringe eigenen Antrieben[219].

Der Streit ging darauf zurück, daß es infolge des Krieges eine gewaltige deutsche Binnenwanderung gegeben hatte, so daß der Grundsatz, nur solchen Verfolgten zu helfen, die Bürger des eigenen Landes waren, zu vielen Ungerechtigkeiten führte. Daß in den Anfängen der Entschädigung ein extremes Territorialitätsprinzip entwickelt wurde, war natürlich vor allem eine Folge des finanziellen Selbstschutzes der Länder sowie der offenen Frage der Verantwortung für die Verbindlichkeiten des Deutschen Reiches. Auch bei OMGUS wurde bedauert, daß das Sonderfondsgesetz enge Kriterien hinsichtlich der Nationalität und des Wohnortes setzte, doch erschien dies als notwendiger Preis einer solchen landesrechtlichen Regelung[220].

Im Juli/August wurde das revidierte Sonderfondsgesetz als zoneneinheitliches Gesetz in Bayern, Württemberg-Baden und Großhessen erlassen[221]. Bis zum Inkrafttreten eines allgemeinen Entschädigungsgesetzes blieb es die Hauptgrundlage für die Befriedigung von Entschädigungsansprüchen der Opfer des Nationalsozialismus in der US-Zone. Die Hauptwirkung bestand darin, daß diese Gruppe nunmehr aus dem Rahmen der allgemeinen Fürsorge sowie der aus Eigeninitiativen der Verfolgten entstandenen Selbsthilfeorganisationen herausgenommen wurde und ein auf deren spezielle Bedürfnisse zugeschnittenes Instrument bestand, das in staatlicher Hand lag. Dabei sollte die zügige Integration und Rehabilitierung notleidender Verfolgter erreicht werden und weniger der Ausgleich tatsächlich entstandener Schäden.

---

[216] Rossmann an die Mitglieder des Länderrats-Direktoriums, 17. 4. 1947, BadWürtHStA, EA 1/014, Bü. 253.

[217] Protokoll über die Sitzung des Sonderausschusses „Eigentumskontrolle" am 20./21. 1. 1947, BayMJ, 1101a, H. 2.

[218] Beyerle an Ministerpräsident Ehard, 28. 4. 1947, BadWürtHStA, EA 1/920, Bü. 715.

[219] Ebenda.

[220] Marcuse an Rockwell, 27. 12. 1946, Report on the Meeting of Restitution Committee of the Laenderrat, 17./18. 12. 1946, IfZ-Archiv, MF 260, OMGUS-LD 17/56-2/21.

[221] Bayern: Gesetz Nr. 75 über die Bildung eines Sonderfonds zum Zwecke der Wiedergutmachung, 1. 8. 1947, in: BayGVOBl 1947, Nr. 13, 26. 8. 1947, S. 164 f. Württemberg-Baden: Gesetz Nr. 169, 9. 7. 1947, in: WBRegBl, Nr. 11, 2. 9. 1947, S. 74-77. Großhessen: Gesetz über die Bildung eines Sonderfonds zum Zwecke der Wiedergutmachung vom 24. 7. 1947, in: HessGVOBl, Nr. 7, 15. 7. 1947, S. 39 f.

2. Das Entschädigungsgesetz der US-Zone

a) Endgültige Regelung oder weiteres Provisorium?

Ursprünglich hatte OMGUS bereits in der Sitzung vom 12. Juni 1946 den Sonderausschuß „Eigentumskontrolle" dazu aufgefordert, nunmehr gleichfalls einen Entwurf für ein endgültiges Entschädigungsgesetz vorzubereiten[222]. Ministerialrat Roemer aus dem bayerischen Justizministerium legte daraufhin gute zwei Wochen später einen von ihm verfaßten Entwurf vor[223]. Die Beratung wurde dann zunächst nur bis Anfang September aufgeschoben, doch wurde aus dem geplanten kurzen Aufschub nahezu ein ganzes Jahr. Verantwortlich für diese Unterbrechung war, daß in dieser Zeit die Arbeit am Rückerstattungsgesetz sowie in geringerem Ausmaß auch am Sonderfondsgesetz alle Kräfte der damit befaßten Personen auf deutscher wie auf amerikanischer Seite beanspruchte. Washington drängte jedoch wiederholt, daß bald auch ein allgemeines Entschädigungsgesetz auf den Weg gebracht werde[224]. Namentlich im State Department spielten dabei auch die internationalen Wirkungen der nationalsozialistischen Verfolgung weiterhin eine besondere Rolle. Zentral waren in dieser Sichtweise die nichtrepatriierbaren Personen[225], deren Existenz die Völkergemeinschaft mit erheblichen Kosten belastete. Deshalb hatten die USA auch bereits deren Einbeziehung in das Pariser Reparationsabkommen gefördert, das allerdings bei weitem keine ausreichende Lösung dieses Problems schaffen konnte.

Doch bremste OMGUS zunächst die Forderungen Washingtons nach einer schnellen Regelung der endgültigen Entschädigung unter Hinweis auf die finanziellen Konsequenzen von Leistungen auch ins Ausland[226]. Das ständige Drängen Washingtons, die endgültige Entschädigung in Angriff zu nehmen, konterte OMGUS ebenso beharrlich mit dem Argument, daß dazu erst eine gesamtdeutsche Finanzreform nötig sei: „We feel since final claims law would involve for the most part claims against the Reich it is integrally connected with plan for financial reform and must wait upon adoption for latter."[227] Gegenüber Washington, wo die internationalen Aspekte des Problems deutlicher wahrgenommen wurden, nahm OMGUS eine mehr innenpolitische Betrachtungsweise ein. Deshalb wurde zum einen stärker auf die finanzielle Belastbarkeit der US-Zone Rücksicht genommen und zum anderen das Sonderfondsgesetz in den Vordergrund gestellt, da dies von unmittelbarer Bedeutung für die sozialen Verhältnisse in diesem Gebiet war. Ende des Jahres 1946 regte das State Department jedoch an, daß dennoch bereits jetzt ein Entwurf verfaßt werden sollte, selbst wenn man bis zum Inkrafttreten eines allgemeinen Entschädigungsgesetzes die Währungsreform abwarten müsse[228]. Für endgültige Klarheit auf amerikanischer Seite sorgten schließlich die neuen Richtlinien der Joint Chiefs of Staff, die am 15. Juli 1947 an Clay ergingen und JCS 1067 ablösten. Die neue Direktive JCS 1779 führte nunmehr neben der Rückerstattung auch

---

[222] Vgl. oben, Abschnitt I.3.
[223] Niederschrift über die Sitzung des Sonderausschusses „Eigentumskontrolle" am 29.7.1946, BayHStA, Bev. Stuttgart 71; Entwurf eines Wiedergutmachungsgesetzes nach dem Stande vom 29.7./2.9.1946, BayMJ, 1101b, H. 1.
[224] War Department an OMGUS, 18.7.1946, IfZ-Archiv, MF 260, OMGUS-CAD 3/159-3/19.
[225] Siehe dazu etwa Minutes of the Meeting of the Property Disposition Board, 16.9.1946, IfZ-Archiv, MF 260, OMGUS-Bico, Dec., 11/13-1/16.
[226] Ebenda.
[227] Clay an Echols, 6.11.1946, IfZ-Archiv, MF 260, OMGUS-Bico, Dec., 11/13-1/16.
[228] Hilldring an Echols, 2.12.1946, IfZ-Archiv, MF 260, OMGUS-CAD 3/174-1/17.

die Entschädigung persönlicher Schäden in deutscher Währung unter den offiziellen Zielen der amerikanischen Militärregierung auf[229].

Mittlerweile hatte aber der Länderrat die Arbeit am Entwurf des allgemeinen Entschädigungsgesetzes bereits aus eigener Initiative wieder aufgenommen. Dies hatte Otto Küster vorgeschlagen, nachdem der Sonderausschuß „Eigentumskontrolle" seine Arbeit am Rückerstattungsgesetz im April 1947 vorläufig abgeschlossen hatte. Zugleich regte er die Bildung eines neuen Ausschusses an, der sich vor allem aus Vertretern der Justiz- und Finanzministerien der US-zonalen Länder zusammensetzen sollte[230]. Daraufhin entbrannte unter diesen eine Auseinandersetzung um die Frage der Stimmführung. Vor allem das bayerische Finanzministerium stellte sich dabei auf den Standpunkt, daß die Auswirkungen auf die Staatshaushalte bei der Beratung des Entschädigungsgesetzes stärker im Vordergrund stünden „als die mehr rechtlichen Erwägungen des Justizministeriums", und forderte deshalb die Stimmführung für sein Ressort[231]. Dagegen protestierte Wilhelm Hoegner, der zu dieser Zeit bayerischer Justizminister war, mit dem Argument, es handle sich hier „um Verpflichtungen zum Schadensersatz, die aus sitten- und rechtswidrigen Staatsakten und aus unerlaubten Handlungen herrühren. Die Feststellung der Schadensersatzpflicht ist daher eine reine Rechtsfrage", meinte Hoegner und forderte deshalb die Federführung der Justizministerien[232].

Die prinzipielle Alternative lautete: Entschädigung für Verfolgte des Nationalsozialismus als Teilregelung des Reichsschuldenproblems oder moralisch vorrangige rechtliche Verpflichtung zum Schadensersatz. Dies war in der Tat eine entscheidende Weichenstellung, implizierte die erste Lösung doch eine Relativierung der möglichen Leistungen durch den Bezug auf die ungeheuren Gesamtforderungen gegen das Deutsche Reich, während die zweite Lösung eine exzeptionelle Stellung der Entschädigung annahm, die auf der besonderen moralischen Qualität dieser Forderungen beruhte. Herrschte etwa im bayerischen Finanzministerium der Standpunkt, daß es sich bei der Entschädigung für Verfolgte eigentlich um die Pflicht eines gesamtdeutschen Staates handele und die Länder mit dieser Aufgabe überfordert seien, widersprach umgekehrt der bayerische Staatskommissar Auerbach der Verknüpfung der Ansprüche der Opfer des Nationalsozialismus mit der allgemeinen Reichsschuld, die für ihn Ansprüche sui generis darstellten[233]. Küster wiederum akzeptierte zwar den Zusammenhang der Entschädigung mit dem Reichsschuldenproblem, forderte aber die Priorität der Bearbeitung für die Wiedergutmachung[234]. Das Direktorium des Länderrats entschied sich in diesem Konflikt dafür, daß jedes Land zwei stimmberechtigte Vertreter haben solle, je einen des Justiz- und Finanzministeriums[235]. Zu Recht stellt Kreikamp fest, daß hiermit „der Konflikt zwischen moralisch-rechtlicher Würdigung einerseits und Finanzierbarkeit andererseits geradezu vorprogrammiert" war[236].

[229] Text der JCS 1779 in: Um den Frieden mit Deutschland, S. 100-105, hier: S. 103.
[230] Küster an Finanzministerium Stuttgart, 2.5. 1947, BayMJ, 1101b, H. 1.
[231] Vormerkung Hartmann (bayer. Finanzministerium), 6.6. 1947, BayHStA, MF 69410. Siehe auch Finanzminister Müller an bayerisches Justizministerium, 24.6. 1947, BayMJ, 1101b, H. 1.
[232] Hoegner an bayerisches Finanzministerium, 11.7. 1947, BayMJ, 1101b, H. 1.
[233] Protokoll über die Sitzung des Sonderausschusses für das Entschädigungsgesetz am 30.7. 1947, BayMJ, 1101b, H. 1.
[234] Küster an Finanzministerium Stuttgart, 2.5. 1947 (Anm. 230).
[235] Arnim an die Justizministerien Bayerns, Hessens, Württemberg-Badens etc., 25.7. 1947, BayMJ, 1101b, H. 1.
[236] Kreikamp, Entstehung des Entschädigungsgesetzes, S. 64.

Ein bedeutender Unterschied zur Entstehung des Rückerstattungsgesetzes ergab sich auch bei der Vertretung der Verfolgteninteressen. Dort hatten die amerikanischen jüdischen Organisationen eine wesentliche Rolle gespielt. Beim Entschädigungsgesetz blieben diese zunächst weitgehend unbeteiligt, erst in der Schlußphase – davon wird noch die Rede sein – griffen diese dann erneut in das Geschehen ein. Zwar war in manchen Sitzungen der Rechtsberater der Jewish Agency anwesend, er verfügte aber anders als der Internal Restitution Advisor der jüdischen Organisationen über keinen Sonderstatus bei der Militärregierung, sondern nahm nur als Gast teil. Statt dessen engagierten sich nun bei der Entschädigung die deutschen Verfolgten mit großer Energie. Die jüdischen Gemeinden waren wie bereits beim Rückerstattungsgesetz durch Benno Ostertag vertreten. Doch meldeten sich vor allem auch die politisch Verfolgten, die ja die Mehrzahl der deutschen Verfolgten in der US-Zone stellten, zu Wort. Als Grundlage für eine Interessenvertretung bildete sich in den deutschen Ländern die „Vereinigung der Verfolgten des Naziregimes" (VVN), so im Januar 1947 in Bayern[237], im Februar in Großhessen[238] und im Mai in Württemberg-Baden[239]. Im März 1947 wurde auch ein gemeinsames Interzonensekretariat der VVN gegründet, in dem alle vier Besatzungszonen vertreten waren[240]. Die VVN war zunächst eine umfassende, überparteiliche Vertretung deutscher rassisch, religiös und politisch Verfolgter in den vier Zonen, wobei aber die politisch Verfolgten schon rein quantitativ von Anfang an dominierten.

In den Verhandlungen des Sonderausschusses für das Entschädigungsgesetz konnte die VVN der US-Zone ihren Einfluß insbesondere über die Staatskommissare für rassisch, religiös und politisch Verfolgte geltend machen, die gleichfalls als Delegierte teilnahmen. Vor allem Philipp Auerbach, der sich einige Zeit in der bayerischen VVN engagierte, setzte sich energisch für deren Interessen ein. In einigen Sitzungen war die VVN aber auch durch einen eigenen Vertreter repräsentiert[241]. Nicht zu vergessen ist, daß zugleich eine Anzahl von prominenten Politikern, die selbst zu den politisch Verfolgten zählten, zumindest anfangs der VVN nahestanden. Dazu gehörten neben Wilhelm Hoegner in Bayern auch Werner Hilpert und Hermann Brill in Großhessen. Nennenswerten Einfluß besaß die VVN allerdings nur in der ersten Zeit ihres Bestehens, in die auch die Anfänge des Entschädigungsgesetzes fielen.

Die amerikanische Militärregierung hielt sich hingegen bis zur Schlußphase sehr stark mit ihrer Einflußnahme auf das Entschädigungsgesetz zurück, wenngleich sie bei den Beratungen stets präsent war. Sie war ja – im Unterschied zu den Deutschen – weiterhin stark mit den alliierten Verhandlungen um das Rückerstattungsgesetz beschäftigt. Dagegen versuchte ein Vertreter der Preparatory Commission for the International Refugee Organization (PCIRO) die Interessen der ihm anvertrauten Displaced Persons bei der Entschädigung geltend zu machen. Alles in allem waren aber die

[237] Protokoll der Gründungsversammlung der VVN Bayern am 26.1. 1947 in München, IfZ-Archiv, NL Hoegner, ED 120, Bd. 327.
[238] Vgl. Jörg Ehret, Gründung der Vereinigung der Verfolgten des Naziregimes, in: Als der Krieg zu Ende war, hrsg.v. Ulrich Schneider u. a., Hessen 1945: Berichte und Bilder vom demokratischen Neubeginn, Frankfurt a.M. 1980, S. 139f.
[239] Protokoll der Landes-Delegierten-Konferenz der Vereinigung der Verfolgten des Naziregimes (VVN) Württemberg-Baden am 17.5. 1947 in Stuttgart, VVN/BW-Archiv, Geschichte/Dokumente der VVN.
[240] Protokoll der 1. Interzonalen Länderkonferenz der VVN vom 15.-17.3. 1947 in Frankfurt a.M., VVN/BW-Archiv, Geschichte/Dokumente der VVN.
[241] Z.B. Karl Keim, Vorsitzender der VVN, Stuttgart.

Gespräche im Sonderausschuß für das Entschädigungsgesetz zunächst weitgehend eine deutsche Angelegenheit – sehr im Gegensatz zum Rückerstattungsgesetz.

b) Die Auseinandersetzung um den Umfang der Entschädigung

Am 30. Juli 1947 nahm der Sonderausschuß für das Entschädigungsgesetz seine Beratungen wieder auf, die zunächst auf einer revidierten Fassung des im Sommer 1946 vorgelegten bayerischen Entwurfs basierten. Eine der zentralen Fragen war, welcher Personenkreis überhaupt entschädigungsberechtigt sein sollte. In der bisherigen Entwicklung hatte sich bereits eine Basisdefinition der nationalsozialistischen Verfolgung ergeben; sie umfaßte die aus rassischen, religiösen und politischen Gründen verfolgten Personen. Unumstritten fielen darunter in dieser Zeit insbesondere Juden, aber auch Kommunisten, Sozialdemokraten und Mitglieder anderer verfolgter Parteien sowie Zeugen Jehovas.

Ursprünglich fand sich in diesem Ausschuß eine Mehrheit für die Auffassung, daß der „Anspruch auf Wiedergutmachung ... durch den Aufenthalt in einem deutschen KZ begründet"[242] werde. Doch wurde dies in zweierlei Hinsicht eingeschränkt. Bei einer Anzahl von durch den Nationalsozialismus Geschädigten war umstritten, inwieweit sie in das Schema der rassischen, religiösen und politischen Verfolgung hineinpaßten. Dabei handelte es sich insbesondere um die Zwangssterilisierten, die Euthanasieopfer, „übermäßig hart bestrafte" Verbrecher, „Asoziale" sowie Deserteure – allesamt Gruppen, die in jüngerer Zeit als „vergessene Opfer" thematisiert wurden. Offenbar „vergaß" man diese Gruppen keineswegs einfach, ihr weitgehender Ausschluß aus der Entschädigung war vielmehr eine Folge gezielter politischer Handlungen. Für den weitgehenden Einschluß derartiger Gruppen hatten sich insbesondere Otto Küster sowie sein Chef, Justizminister Beyerle, eingesetzt. Dabei stand auch ein so unbedingter Verfechter der Wiedergutmachung wie Küster vor dem Konflikt, wo die Grenze zu einer spezifisch nationalsozialistischen Verfolgung gezogen werden müsse. Beispielsweise gab er bei einem Vortrag vor einer CDU-Versammlung in Stuttgart zu erkennen, daß er „aus soldatischem Empfinden" Schwierigkeiten habe, etwa Deserteure als Verfolgte des Nationalsozialismus zu akzeptieren[243].

Gegner der Einbeziehung von Zwangssterilisierten, Euthanasieopfern, „Asozialen" und Fahnenflüchtigen in das Entschädigungsgesetz fanden sich auf zwei Seiten: Einmal vor allem in den Finanzministerien, deren Beweggründe leicht nachzuvollziehen sind: Sie widersetzten sich jeder möglichen Ausweitung des entschädigungsberechtigten Kreises aus Kostengründen[244]. Zum anderen fanden sich aber die Gegner auch unter den Verfolgten selbst. Als es etwa im Sonderausschuß für das Entschädigungsgesetz um die mögliche Einbeziehung der Zwangssterilisierten ging, wandten sich die Verfolgtenvertreter dagegen. Sie sprachen dieser Gruppe zwar nicht grundsätzlich die Entschädigungsansprüche ab, wollten aber, daß diese in einem eigenen Gesetz geregelt werden sollten[245]. Beyerle schwächte deshalb den von seinem Delegierten Küster vorgebrachten

---

[242] Protokoll über die Sitzung des Sonderausschusses für das Entschädigungsgesetz am 30. 7. 1947, BayMJ, 1101b, H. 1.

[243] Aufzeichnung Heusels über Vortrag Küsters vor CDU-Versammlung in Stuttgart, 12. 1. 1949, VVN/BW-Archiv, Wiedergutmachung – Entschädigungsgesetz.

[244] Siehe dazu etwa Protokoll über die Sitzung des Sonderausschusses für das Entschädigungsgesetz am 30. 7. 1947, BayMJ, 1101b, H. 1.

[245] Ebenda. OMGUS hatte zuvor bereits einen Vorstoß der jüdischen Organisationen in den USA abgeblockt,

Vorschlag auf Einbeziehung der oben genannten Personenkreise in das Entschädigungsgesetz ab, so daß nur noch „unschuldig Verfolgte" einbezogen werden sollten[246]. Der Länderratsausschuß beschloß nun, zusätzlich zu dem Kriterium der rassischen, religiösen und politischen Verfolgung auch demjenigen einen Anspruch auf Entschädigung zuzubilligen, der „unter Mißachtung der Menschenrechte verfolgt worden" sei[247]. Dieser Zusatz wurde aber dann im Verlaufe der weiteren Ausschuß-Beratungen wieder gestrichen, doch auf Wunsch Württemberg-Badens schuf ein neuer Paragraph (§ 50) die Möglichkeit einer landesrechtlichen Regelung der damit bezeichneten Ansprüche[248]. Die starke Fixierung der politisch Verfolgten auf die Hervorhebung der aktiven Kämpfer, wie sie noch in den Betreuungskriterien für die Verfolgtenfürsorge zum Ausdruck gekommen war[249], übernahm der Sonderausschuß jedoch nicht mehr. Damit entfiel aber auch die Betonung der gesellschaftlichen Anerkennung des Widerstandes gegen das nationalsozialistische Regime, die die politisch Verfolgten als Bestandteil der Entschädigung gefordert hatten.

Beyerle hatte sich bissig zu den Empfindlichkeiten der Verfolgtenverbände geäußert: „Es besteht wohl Einigkeit darüber, daß die Aufgabe des Entschädigungsgesetzes nicht die ist, Widerstandskämpfer zu prämieren, sondern Verfolgte zu entschädigen. Es besteht, wie wir hoffen, auch Einigkeit darüber, daß es ganz allgemein nicht Aufgabe der Gesetzgebung sein kann, sachlich zusammengehöriges deswegen in verschiedenen Gesetzen zu regeln, weil die interessierten Personenkreise an die Gesetzesoptik aus Prestigegründen besondere Ansprüche stellen."[250] Für einen Teil der Betroffenen war dies aber gerade das Problem. Sie wollten nicht unterschiedslos als Opfer einer gemeinsam erlittenen Katastrophe behandelt werden, und so wurde es etwa als Schande empfunden, mit „Asozialen" oder Kriminellen zusammen in einem Gesetz aufgeführt zu werden. Bei den politisch Verfolgten trat überdies häufig die Empfindung dazu, daß sie als diejenigen, die aktiven Widerstand gegen die Nationalsozialisten geleistet hatten, gegenüber den Juden, die meist passive Opfer gewesen seien und zum Teil, wenn auch letztlich vergeblich, den Ausgleich mit dem Regime gesucht hätten, eine herausragende Rolle besäßen[251]. Der von jüdischer Seite (vor allem im Ausland) vertretenen These, die Juden seien die ersten und bedeutendsten Opfer des NS-Regimes gewesen[252], stand zumindest in Ansätzen ein entsprechender Anspruch der politisch Verfolgten gegenüber, zumal sie die nationalsozialistische Herrschaft aktiv bekämpft hätten.

Dieser Konflikt um die Kategorien der nationalsozialistischen Verfolgung überlagerte sich zum Teil mit einem zweiten Problem bei der Bestimmung des entschädigungsberechtigten Kreises. Sollten auch verfolgte DP's, d. h. also nichtdeutsche Verfolgte, in die geplante Entschädigung einbezogen werden? Diese Frage bejahten nachdrücklich die

---

die ein exklusives Rückerstattungsgesetz für jüdische Ansprüche gewünscht hatten. Siehe Clay an Echols, 6. 11. 1946, IfZ-Archiv, MF 260, OMGUS-Bico, Dec., 11/13-1/16.

[246] Beyerle an Roemer, 26. 8. 1947, BayMJ, 1101b, H. 1.

[247] Niederschrift über die Sitzung des Sonderausschusses für das Entschädigungsgesetz am 5. 9. 1947, BayMJ, 1101b, H. 1.

[248] Stellungnahme des erweiterten Sonderausschusses für Wiedergutmachung zu den vom Direktorium des Länderrats in der Sitzung vom 19. 8. 1948 aufgeworfenen Fragen (Ergebnis der Besprechung vom 26. 8. 1948), BayMJ, 1101b, H. 2.

[249] Vgl. dazu Zweites Kapitel, Abschnitt III. 2.

[250] Beyerle an Roemer, 26. 8. 1947 (Anm. 246).

[251] Siehe dazu etwa Ausführungen Wallers (Stuttgart) in Protokoll über die Sitzung des Sekretariats der VVN Württemberg-Baden am 30. 10. 1947, VVN/BW-Archiv, Geschichte/Dokumente der VVN.

[252] Vgl. dazu Erstes Kapitel, Abschnitt II.

Vertreter der PCIRO wie auch der Jewish Agency. Im Sonderausschuß für das Entschädigungsgesetz fand sich zunächst eine Mehrheit bereit, auch rassisch, religiös und
politisch verfolgten DP's einen Anspruch einzuräumen. Dies hatte der Ausschuß an die
Bedingung geknüpft, daß der durch die Verfolgung Geschädigte „am 1. Januar 1947
sich in einem DP-Lager der amerikanisch besetzten Zone aufhielt und sich spätestens
innerhalb eines Jahres nach dem Inkrafttreten dieses Gesetzes in die Rechts- und Wirt-
schaftsordnung des Landes ... eingegliedert hat oder auswandert"[253].

Als das Länderrats-Direktorium im September 1948 abschließend über den Entwurf
des Sonderausschusses debattierte, gehörte aber der Abschnitt über die Einbeziehung
verfolgter DP's zu einer ganzen Reihe von Bestimmungen, die nunmehr finanziellen
Erwägungen geopfert werden sollten; davon wird noch die Rede sein[254]. Doch auch
hier waren es nicht allein die Vertreter der Finanzbehörden, die Widerspruch angemeldet hatten, sondern auch die der Verfolgten. Benno Ostertag, der Vertreter der deutschen Juden im Sonderausschuß, erklärte dort, daß sich unter den DP's „vielfach Menschen befunden haben, die im Dienste der SS die Insassen der KZ-Lager bewacht hätten
und sich heute schwindelhaft auch als Verfolgte ausgeben"[255]. Ähnliche Vorwürfe erhob auch die VVN, die zudem selbst bei einer Aussiebung der unwürdigen Elemente
die Ansprüche der DP's als eine untragbare Belastung für die deutsche Bevölkerung
ansah[256]. Auch hier stößt man also auf das Phänomen, daß ein Teil der Verfolgten einem
anderen die Ansprüche bestritt, denn auch wenn die DP's keinesfalls pauschal zu dieser
Gruppe gezählt werden konnten, so steht doch außer Zweifel, daß ein erheblicher Teil
dieser Menschen unter rassischer, religiöser oder politischer Verfolgung gelitten hatte.
Diese begrenzte Solidarität hatte jedoch viel damit zu tun, daß die Verfolgten des
Nationalsozialismus keine sozial, politisch oder auch nur national homogene Gruppe
bildeten. Vielmehr waren sie als solche nur durch die Verfolgung definiert, wodurch das
identitätsstiftende Merkmal eine letzte Mitgift der nationalsozialistischen Weltanschauung war.

Die Frage, welche Schadenskategorien im Entschädigungsgesetz behandelt werden sollten, war hingegen weitgehend unumstritten. Prinzipiell galt der Grundsatz, daß all das,
was das Rückerstattungsgesetz nicht berücksichtigte, nun hier geregelt werden sollte.
Drei große Kategorien bildeten sich dabei heraus, die im zweiten Teil des Entwurfes
festgelegt wurden. Unter die erste fielen Schäden an Leben, Körper, Gesundheit und
Freiheit. Die zweite betraf Schäden an Eigentum und Vermögen, die dritte Schäden im
wirtschaftlichen Fortkommen, worunter zuletzt auch noch die Wiedergutmachung der
Schäden im Bereich der Sozialversicherung gefaßt wurde[257].
Ein Bezug auf das Rückerstattungsgesetz bestand aber auch in anderer Hinsicht.

---

[253] § 6, Abs. 3, Entwurf eines Gesetzes zur Wiedergutmachung nationalsozialistischen Unrechts (Entschädigungsgesetz), Fassung vom 26. 8. 1948, BayMJ, 1101b, H. 2.

[254] Vgl. unten, S. 142.

[255] Protokoll über die Sitzung des Sonderausschusses für das Entschädigungsgesetz am 8. 10. 1947, BayMJ,
1101b, H. 1.

[256] Diskussionsgrundlage zur Ablehnung des Entschädigungsgesetzes des Süddeutschen Länderrates durch
OMGUS, 22. 3. 1949, VVN/BW-Archiv, Wiedergutmachung – Entschädigungsgesetz. Auch Auerbach
sprach davon, daß sich unter den DP's Kollaborateure und KZ-Lagerwachen befänden. Vgl. Rundschreiben
Auerbachs, 22. 9. 1947, BayMJ, 1101b, H. 1.

[257] Gesetz zur Wiedergutmachung nationalsozialistischen Unrechts (Entschädigungsgesetz), 12. 8. 1949, in:
BayGVOBl, Nr. 20, 29. 8. 1949, S. 195-204, hier: S. 197-203.

Dieses wurde auf deutscher Seite – sowohl bei Verfolgten als auch bei Nicht-Verfolgten – häufig als eine Bevorzugung insbesondere ausländischer Juden und zugleich der Kapitaleigner empfunden. Die Bemühungen des Sonderausschusses für das Entschädigungsgesetz besaßen deshalb auch einen starken Antrieb darin, ein Gegengewicht vor allem zugunsten der deutschen politischen Verfolgten zu schaffen, die zumeist weniger in ihrem Vermögen als in ihrer Person und Arbeitskraft geschädigt worden waren[258]. Besonders stark ausgeprägt war dieser Wunsch natürlich bei den deutschen politischen Verfolgten selbst. Deshalb versuchte Philipp Auerbach, mit ihrer Unterstützung eine vorrangige Regelung der Haftentschädigung zu erreichen. Dies mündete in eine Initiative zugunsten eines eigenständigen „Gesetzes über vordringliche Entschädigung für politische Haft". Auerbach forderte dort, daß ehemalige KZ-Häftlinge, die sich über sechs Monate in einem Lager befunden hatten, pro Tag ihrer Haft zehn RM erhalten sollten[259]. Noch bevor genaue Zahlen über die möglichen finanziellen Konsequenzen eines derartigen Gesetzes bekannt waren, herrschte unter den Finanzverwaltungen Übereinstimmung, daß die Kosten nicht tragbar seien[260].

Als die Zahlen vorlagen, verringerten sich die Besorgnisse keineswegs: Für Bayern ging man von etwa 55.000 Anspruchsberechtigten aus, für Württemberg-Baden und Großhessen von je ca. 10.000. Daraus ergab sich eine geschätzte Gesamtbelastung von etwa 300 Mio. Mark[261]. Der Sonderausschuß für das Entschädigungsgesetz empfahl dem Länderrat am 13. November, das Haftentschädigungsgesetz zu verabschieden, regte aber zugleich an, daß der Entwurf zuvor von den Finanzministern der US-Zone auf seine Auswirkungen geprüft werde[262]. Dabei wies er noch einmal auf die angesichts der Rückerstattungsregelung besondere Bedeutung einer vorläufigen Entschädigung für diejenigen, die eine Haft erlitten hatten, hin: „Es würde andernfalls der Eindruck entstehen, daß die Wiedergutmachung von Kapitalschäden wichtiger sei als diejenige der Freiheitsschäden, obschon die Kapitalschäden mehr auf die passiven Opfer, dagegen die Freiheitsschäden auf die aktiven Kämpfer der Gewaltherrschaft (sic!) entfallen."[263]

Auerbach, der sich hier auch ein persönliches Denkmal setzen wollte, glaubte aber vergeblich, bereits am Ziel zu sein[264]. Das Länderrats-Direktorium vermochte sich in seiner Sitzung vom 12. Februar 1948 nicht über den Entwurf zu einigen. Während Württemberg-Baden und Bremen bereit waren, das Gesetz anzunehmen, war Großhessen kategorisch dagegen und schlug vor, den Gesetzeszweck durch eine Erweiterung des Sonderfondsgesetzes zu verfolgen. Bayern wiederum wollte die Haftentschädigung nicht als eigenes Gesetz von der allgemeinen Entschädigung abkoppeln und wünschte

---

[258] Siehe etwa Auerbach an das Direktorium des Länderrats, 12. 8. 1948, BA, Z 1, Bd. 1297.
[259] Niederschrift über die Sitzung des Sonderausschusses für das Entschädigungsgesetz am 5. 9. 1947, BayMJ, 1101b.
[260] Siehe etwa Ringelmann an Hans Kraus (bayer. Finanzminister), 23. 9. 1947, BayHStA, MF 69410.
[261] Statistische Auswertung der Voranmeldungen zum Entschädigungsgesetz, Bayerisches Staatskommissariat für rassisch, religiös und politisch Verfolgte, BayMJ, 1101b, H. 1; Küster an Trabold (württ.-bad. Finanzministerium), 15. 11. 1947, BayHStA, MF 69410.
[262] Protokoll über die Sitzung des Sonderausschusses für das Entschädigungsgesetz am 13. 11. 1947, BayMJ, 1101b, H. 1.
[263] Begründung des Entwurfs des Haftentschädigungsgesetzes, Vormerkung an Leusser (bayer. Staatskanzlei), (Absender unleserlich), 5. 2. 1948, BayHStA, MA 130345.
[264] Er kündigte nach der Sitzung des Sonderausschusses für das Entschädigungsgesetz vom 13. 11. 1947 das Gesetz in der Öffentlichkeit und gegenüber den Verfolgtenverbänden als „Lex Auerbach" an. Vgl. Küster an Trabold, 15. 11. 1947; BayHStA, MF 69410.

zudem einen finanziellen Ausgleich unter den einzelnen Ländern[265]. Ministerialdirigent
Ringelmann vom bayerischen Finanzministerium und der hessische Länderratsbevoll-
mächtige Graf von Wedel versuchten dem Sonderausschuß für das Entschädigungsgesetz überdies nahezubringen, daß ein vorläufiger Aufschub der Haftentschädigung nur
zum besten der Verfolgten sei, da man ihnen vor der bevorstehenden Währungsreform
kein schlechtes Geld auszahlen wolle. Dies war kein bloß rhetorisches Argument:
Bedenken gegen eine Auszahlung der Haftentschädigung in der reichlich vorhandenen
inflationären Reichsmark bestanden auch in Verfolgtenkreisen selbst[266].

Während der Sonderausschuß daraufhin an dem Gesetz festhalten wollte, um es
unmittelbar nach der Währungsreform zu verabschieden[267], beschloß das Direktorium,
daß es erst zusammen mit dem allgemeinen Entschädigungsgesetz kommen sollte[268].
Der Kern des Haftentschädigungsgesetzes wurde schließlich in dessen Entwurf aufgenommen. Unter dem Druck der Finanzverwaltungen wurde dabei noch einmal kräftig
gekürzt: So wurden bei diesen Beratungen aus der Haftentschädigung zuletzt bescheidene 150 DM pro Monat, das heißt fünf DM pro Tag KZ-Haft[269].

c) Konflikte um die Finanzierung

Seit Beginn der Verhandlungen im Sonderausschuß für das Entschädigungsgesetz war
die Frage der Finanzierung einer der Brennpunkte der Diskussion. Dabei standen
theoretisch zwei Möglichkeiten zur Wahl, die mit gegensätzlichen gesellschaftspolitischen Implikationen behaftet waren. Die erste Variante, die auch in den deutschen
Plänen vor Kriegsende dominiert hatte, zielte darauf ab, „die" Nationalsozialisten für
die Wiedergutmachung zahlen zu lassen. Wiedergutmachung bildete hier einen funktio-
nalen Zusammenhang mit der Entnazifizierung. Bei der zweiten Variante sollten die
Kosten dagegen der Allgemeinheit auferlegt und öffentliche Haushaltsmittel in Anspruch genommen werden. Das Sonderfondsgesetz, das in erster Linie aus den bei der
Durchführung der Entnazifizierung anfallenden Bußgeldern sowie anderem NS-Vermögen finanziert werden sollte, hatte sich hauptsächlich an der ersten Alternative
orientiert. Beim Entschädigungsgesetz wurde nun auch die Möglichkeit, Haushaltsmittel heranzuziehen, stärker diskutiert.

Die Anhänger des Prinzips, nur „die" Nationalsozialisten mit den Kosten zu belasten, fanden sich vornehmlich unter den deutschen Verfolgtenverbänden. Eine exem-
plarische Erklärung der VVN Württemberg-Badens zum Entwurf des Haftentschädigungsgesetzes forderte, „daß die Mittel für dieses Gesetz, wie auch für die weiteren
Gesetze der Wiedergutmachung für die politisch, rassisch und religiös Verfolgten und
Geschädigten, einzig und allein von den Schuldigen und Nutznießern des Dritten
Reiches getragen werden müssen". Neben denen, die unter die Entnazifizierung fielen,
wurden auch diejenigen darunter gefaßt, „die sich gegen das Gesetz menschlicher Moral

---

[265] Protokoll der Sitzung des Länderrats-Direktoriums am 12. 2. 1948, BA, Z 1, Bd. 1296.
[266] Protokoll über die Sitzung des Landesausschusses der politisch Verfolgten, Württemberg-Baden am 9. 10.
1947, VVN/BW-Archiv, Geschichte/Dokumente der VVN.
[267] Niederschrift über die Sitzung des Sonderausschusses für das Entschädigungsgesetz am 24. 2. 1948, BayMJ,
1101b, H. 1.
[268] Protokoll der Sitzung des Länderrats-Direktoriums am 26. 2. 1948, BA, Z 1, Bd. 1296.
[269] Niederschrift über die Sitzung des Sonderausschusses für das Entschädigungsgesetz am 6. 8. 1948, BayMJ,
1101b, H. 2.

verstoßen haben, indem sie durch den Krieg Millionen-Vermögen verdient haben, die Kriegsgewinnler als Nutznießer des Naziregimes"[270].
Die politisch Verfolgten lehnten somit ausdrücklich eine Kollektivschuld ab und unterschieden zwischen Nutznießern und Betroffenen des Systems[271], wozu sie sich auch durch ihr eigenes Schicksal legitimiert fühlten. Zudem entsprach die hier geforderte Finanzierung durch das Vermögen von Kriegsgewinnlern und Nutznießern des NS-Regimes sowohl der Analyse des nationalsozialistischen Systems als auch den gesellschaftlichen Zielvorstellungen sozialistischer oder kommunistischer Art. Hier zeigten sich auch Unterschiede zwischen den deutschen und ausländischen Verfolgtenorganisationen. Bei den amerikanischen jüdischen Organisationen hatte niemals große Sympathie für diese Betrachtungsweise bestanden; Nehemiah Robinson hatte bereits während des Krieges kritisiert, daß die Differenzierung zwischen „guten" und „bösen" Deutschen dazu diene, die Gesamtbelastung zu verkleinern[272].
Zudem wollte die VVN durch die Vermeidung einer allgemeinen Steuerbelastung zur Finanzierung der Wiedergutmachung dem Unmut und Neid in der Bevölkerung gegen eine angeblich privilegierte Stellung der Verfolgten entgegenwirken. Deshalb nahmen auch die Bemühungen der Verfolgtenorganisationen zu, sich mit anderen Geschädigtengruppen zu solidarisieren, indem eine Interessengemeinschaft behauptet wurde: „Gleichzeitig erklären wir uns, die Verfolgten des Naziregimes, als ein Teil unseres Volkes, solidarisch mit den durch die Nazipolitik in Not geratenen unbelasteten Neubürgern, Fliegergeschädigten, Kriegsversehrten, den Witwen und Waisen als indirekte Opfer des durch den Nationalsozialismus verschuldeten, verbrecherischen Krieges."[273] Ein besonders rühriger Verfechter des Grundsatzes der direkten Verantwortung der Nationalsozialisten und ihrer Nutznießer war Philipp Auerbach[274], der ständig neue Ideen zur Finanzierung der Wiedergutmachung produzierte. Charakteristisch für seine Pläne war, daß sie in gleicher Weise auf die Interessen der Verfolgten als auch auf die des bayerischen Staates Rücksicht zu nehmen versuchten – ein schwieriges Unterfangen, daß ihm zwar viele Freunde, aber auch zahlreiche Feinde einbrachte. So schlug Auerbach vor, ehemaliges NS-Vermögen zur Finanzierung der Wiedergutmachung heranzuziehen. Im Zusammenhang des von ihm vorgelegten Entwurfes für ein Haftentschädigungsgesetz hatte er auch gefordert, das Vermögen der ehemaligen Konzentrationslager den früheren Häftlingen in Anrechnung auf ihre Wiedergutmachungsansprüche zur genossenschaftlichen Nutzung zu überlassen. Neben der Erfüllung berechtigter Ansprüche der ehemaligen Häftlinge würden dadurch auch, so Auerbach, „Lasten vom unschuldigen Steuerzahler" abgewendet[275].

---

[270] Erklärung der VVN Württemberg-Baden zum Gesetz über vordringliche Entschädigung für die unter nationalsozialistischer Gewaltherrschaft erlittene Haft und der allgemeinen Wiedergutmachung, ca. Januar 1948, VVN/BW-Archiv, Wiedergutmachung – Entschädigungsgesetz.

[271] Ebenda.

[272] Nehemiah Robinson, Indemnifications and Reparations. Jewish Aspects, New York 1944, S. 224. Vgl. auch Erstes Kapitel, Abschnitt I. 4.

[273] Erklärung der VVN Württemberg-Baden zum Gesetz über vordringliche Entschädigung (Anm. 270).

[274] Siehe etwa „Vorschlag des Staatskommissars für rassisch, religiös und politisch Verfolgte zur Regelung der Wiedergutmachung", 19. 1. 1948, WNRC, RG 260, OMGUS Property Division, 103-1/3. Dort heißt es unter anderem: „Wir gehen von dem Gesichtspunkte aus, daß diejenigen, die das Unglück über den vorbezeichneten Personenkreis und über Deutschland hereingebracht haben, sei es durch ihre Mitgliedschaft, sei es durch ihre aktive Unterstützung oder Nutznießung des Nazi-Regimes, mit ihrem Vermögen haftbar sind."

[275] Niederschrift über die Sitzung des Sonderausschusses für das Entschädigungsgesetz am 5. 9. 1947, BayMJ, 1101b, H. 1.

Nicht nur die VVN, sondern auch etwa das bayerische Finanzministerium sympathi-
sierte mit manchen Vorschlägen Auerbachs, versprachen derartige Pläne doch eine
Entlastung der öffentlichen Kassen. Ministerialdirektor Ringelmann erklärte später,
man hätte in seinem Ministerium „die stolze Hoffnung gehabt, daß es möglich sein
werde, die Kosten der Wiedergutmachung allein aus dem beschlagnahmten nationalsozialistischen Gut zu decken"[276]. In den anderen Ländern der US-Zone zeigte man sich
diesen Modellen gegenüber zurückhaltender und verwies stärker auf die Notwendigkeit, Haushaltsmittel zur Finanzierung der Wiedergutmachung heranzuziehen.

Bezeichnend war eine Diskussion im Sonderausschuß für das Entschädigungsgesetz
Anfang 1948, in deren Verlauf Auerbach forderte, daß man allen Nutznießern des
Naziregimes ihre Gewinne wegsteuern sollte. Zudem sollten alle ehemalige NSDAP-
Mitglieder eine Steuer in doppelter Höhe ihres ehemaligen Mitgliedsbeitrages entrichten und überdies die Guthaben der SS und der SA für diesen Zweck zur Verfügung
gestellt werden. Der Vertreter der jüdischen Gemeinden, Benno Ostertag, lehnte diese
Vorschläge aus „Gründen der staatsmännischen Führung des Landes" ab. Durch so
scharfe Maßnahmen werde „eine Majorität geschaffen, die dem Staat feindlich gegenüber stehe"[277]. Der Ausschuß übernahm schließlich die Forderungen Auerbachs zum
Teil und beschloß, die Aufbringung der erforderlichen Mittel für die Entschädigung
dürfe nicht zu Lasten der Allgemeinheit gehen: „Zu diesem Zweck muß in erster Linie
der Vermögenszuwachs der in die Gruppen I-IV (sci. des Befreiungsgesetzes) einge-
reihten Personen einschließlich der Nutznießer aus den Jahren 1933-1945 im Vorrang
vor der Inanspruchnahme für Zwecke der Währungsreform für die Wiedergutmachung
in Anspruch genommen werden."[278]

Aus mehreren Gründen geriet aber die Forderung, daß die Entschädigung in erster
Linie aus dem nationalsozialistischen Vermögen bzw. durch ehemalige Nationalsozialisten und ihre Nutznießer zu bezahlen sei, allmählich immer stärker ins Abseits. Einmal
konnte nicht ohne weiteres von deutscher Seite über alle avisierten Werte verfügt
werden, da sie zum Teil unter alliierter Kontrolle standen. Bei den real zur Verfügung
stehenden Werten handelte es sich dagegen in erster Linie um Immobilien. Deren
Verwertung war aber nicht so schnell möglich, wie man erhofft hatte, da es sonst zu
einem Preisverfall auf dem Grundstücksmarkt gekommen wäre[279] – ein Effekt, der sich
bereits bei der „Arisierung" gezeigt hatte. Zudem war das in Frage kommende Vermögen nicht gleichmäßig über die Länder verteilt. Ein Großteil der Werte aus dem Vermögen der ehemaligen Konzentrationslager befand sich auf bayerischem Boden, weshalb
Bayern in dieser Hinsicht eine gewisse Sonderstellung einnahm[280].

Zu diesen mehr praktischen Schwierigkeiten trat eine grundsätzliche gesellschaftliche
Frage hinzu. Die Anwendung des Prinzips der „direkten Verantwortung" setzte einen
Konsens darüber voraus, wer „die Nazis" und ihre Nutznießer waren und erforderte
darüber hinaus den allgemeinen Willen zu deren Bestrafung. Schien dies etwa im Exil

---

[276] Aussage Richard Ringelmann, Protokoll des Untersuchungsausschusses zur Prüfung der Vorgänge im
Landesentschädigungsamt am 23. 8. 1951, S. 75, BayLt-Archiv.
[277] Protokoll über die Sitzung des Sonderausschusses für das Entschädigungsgesetz am 20. 1. 1948, BA, Z 1, Bd.
1296.
[278] Ebenda.
[279] Aussage Ringelmann, Protokoll des Untersuchungsausschusses zur Prüfung der Vorgänge im Landesentschädigungsamt am 23. 8. 1951, S. 75, BayLt-Archiv.
[280] Niederschrift über die Sitzung des Sonderausschusses für das Entschädigungsgesetz am 5. 9. 1947, BayMJ,
1101b, H. 1.

noch einfach zu sein, hatte sich das im Zuge der Diskreditierung der Entnazifizierung geändert. So blieb auch das finanzielle Ergebnis der Entnazifizierung zugunsten der Wiedergutmachung weit hinter den ursprünglich an sie gesteckten Erwartungen zurück[281]. Zugleich geriet der Ruf nach Bestrafung der Nationalsozialisten zur Finanzierung der Wiedergutmachung in zunehmendem Maße in Konflikt mit der wachsenden Sehnsucht nach der „Ruhe zum Wiederaufbau".

Bezeichnend dafür war das Schicksal der im Entwurf des Entschädigungsgesetzes ursprünglich vorgesehenen Regelung, eine zivilrechtliche Wiedergutmachungspflicht von Denunzianten, gehässigen aktivistischen Personen des öffentlichen Dienstes sowie Personen, die sich sittenwidrig an der „Arisierung" und ähnlichen Vorgängen bereichert hatten, festzulegen. Josef Müller, neuer bayerischer Justizminister und stellvertretender Ministerpräsident, forderte im Sommer 1948 die Streichung der damit zusammenhängenden Abschnitte. Müller warnte, diese Regelung würde zu „zahlreichen, auf persönlicher Gehässigkeit beruhenden unbegründeten Klagen angeblich Verfolgter gegen Beamte und sonstige in der Vergangenheit im öffentlichen Leben gestandene Personen verleiten und nicht zuletzt auch zu einem von bestimmten Stellen inszenierten politischen Kesseltreiben gegen jetzt wieder im öffentlichen Leben stehende Personen mißbraucht werden können." Als Folge einer von Müller prophezeiten Hexenjagd „würde aber eine schwere Beunruhigung in weite Volkskreise getragen und auch für den neuen demokratischen Staat die Arbeits- und Verantwortungsfreude der im öffentlichen Dienst Stehenden in bedenklicher Weise gefährdet werden"[282]. Die Intervention hatte Erfolg: Der Sonderausschuß für das Entschädigungsgesetz strich den betreffenden Artikel, dessen staatszersetzende Wirkung Müller so eindrucksvoll geschildert hatte, und verwies die Geschädigten auf die Vorschriften des Bürgerlichen Gesetzbuches[283]. Die abklingende Entnazifizierung sollte somit nicht im Zuge der Entschädigung für Verfolgte des Nationalsozialismus wieder zum Leben erweckt werden.

Eine Zäsur für alle Finanzierungspläne bildete die Währungsreform in den westlichen Besatzungszonen am 20. Juni 1948, in deren Folge sich sowohl die Rückerstattung als auch die Entschädigung „von dem Parteivermögen weg auf den Staat"[284] verlagerten. So wurden die im Sonderfonds für die Zwecke der Wiedergutmachung gesammelten Geldbeträge aus Parteivermögen und Entnazifizierungsbußen, auf die insbesondere in Bayern große Hoffnungen gesetzt worden war, auf 6,5 Prozent ihres ursprünglichen Betrages abgewertet und schrumpften dadurch zu marginaler Bedeutung. Vorstöße Auerbachs bei der Militärregierung, eine günstigere Quote zu erreichen, blieben erfolglos[285]. Auch waren die öffentlichen Kassen durch den Währungsschnitt leergefegt, während die Länder vorher noch relativ reichlich über Reichsmark verfügt hatten. Zugleich

[281] Küster bei einer Aussprache mit Karl Hauff und Alfred Hausser (beide VVN Württemberg-Baden) am 8.6. 1949, Aufzeichnung in VVN/BW-Archiv, Wiedergutmachung – Entschädigungsgesetz.
[282] Josef Müller an die Justiz- und Finanzministerien der US-Zone, 19.8.1947, BA, Z 1, Bd. 1297. Möglicherweise dachte Müller dabei auch an sich selbst, hatte er sich doch im Dritten Reich als Anwalt tatkräftig an „Arisierungen" beteiligt. Vgl. Johannes Ludwig, Boykott – Enteignung – Mord. Die „Entjudung" der deutschen Wirtschaft, Hamburg u. München 1989.
[283] Protokoll über die Sitzung des Sonderausschusses für das Entschädigungsgesetz am 26.8.1948, BayMJ, 1101b, H. 2.
[284] Sebastian Endres (Bayerisches Landesamt für Vermögensverwaltung und Wiedergutmachung) an Hartlieb (Landeszentralbank), 3.7.1948, BayMF, 1949, Az. IV-N-402.
[285] Murphy an Jack Bennett (Financial Advisor Clays), 13.10.1948, IfZ-Archiv, OMGUS, AG 1948/45/4.

setzte eine breite Debatte über den inneren Ausgleich der durch den Krieg entstandenen Schäden des deutschen Volkes ein. Seit Ende August arbeitete eine trizonale Gutachterkommission, der sogenannte „15-er Ausschuß", an einem Entwurf für einen Lastenausgleich, in dem die Ansprüche von Flüchtlingen, Vertriebenen, Bombengeschädigten, aber auch von Hinterbliebenen, Kriegsgeschädigten sowie auch der Verfolgten des Nationalsozialismus geregelt werden sollten[286]. Infolgedessen gerieten die Entschädigungsansprüche der Verfolgten verstärkt in Konkurrenz zu den Ansprüchen anderer Geschädigtengruppen.

Aus dieser Entwicklung ergab sich die Frage, wie sich Lastenausgleich und Entschädigung für Opfer des Nationalsozialismus zueinander verhalten sollten. Der bayerische Ministerpräsident Ehard unterstrich, man könne den Lastenausgleich und die Entschädigung nicht getrennt voneinander betrachten. Letztlich müßten beide aus demselben Topf bezahlt werden. Zudem vertrat er die Auffassung, daß die Entschädigung nicht für eine Zone gesondert geregelt werden könne[287]. Sowohl die bayerische Regierung als auch die Württemberg-Badens und Großhessens neigten zu diesem Zeitpunkt dazu, die Entschädigung erst einmal bis zu dem bevorstehenden Lastenausgleich aufzuschieben und statt dessen mit einem modifizierten Sonderfondsgesetz die dringendsten Notstände unter den Verfolgten aufzufangen[288]. Die Länder akzeptierten nur widerwillig eine Verpflichtung, die nach ihrer Auffassung eigentlich dem Rechtsnachfolger des Deutschen Reiches zukam. Zudem wurde gerade in Bayern unter Berufung auf die überproportional große Zahl der dort lebenden ehemaligen Verfolgten ein Finanzausgleich unter den Ländern für dringend erforderlich gehalten[289].

Die Finanzminister der US-Zone erklärten deshalb am 13. September, daß „die Mittel der Wiedergutmachungsfonds und die verfügbaren Haushaltsmittel auch nicht entfernt zur Befriedigung der auf Grund dieses Gesetzes zu erwartenden Wiedergutmachungsansprüche" ausreichend seien. Zugleich stellten sie fest, daß die Entschädigungsansprüche der Verfolgten nur im Rahmen der im Lastenausgleich zu regelnden Ansprüche berücksichtigt werden könnten und das Entschädigungsgesetz keinesfalls vor dem Lastenausgleich in Kraft treten könne[290]. Daraufhin schränkte das Länderrats-Direktorium die im abschließenden Entwurf für ein Entschädigungsgesetz des Sonderausschusses vom 26. August vorgesehenen Leistungen zum Teil drastisch ein. Unter anderem wurde die Anerkennungsquote von Vermögensschäden von 30 auf 10 Prozent gesenkt bei gleichzeitiger Limitierung des Höchstbetrages auf 75.000 DM, und nicht zuletzt strich man nunmehr die DP's aus dem Entwurf heraus[291].

Der Sonderausschuß für das Entschädigungsgesetz, in dem nach Auffassung etwa des bayerischen Finanzministeriums ohnehin die Verfolgteninteressen dominierten[292], wurde hierzu gar nicht mehr befragt. Dort hatte sich auch von Anfang an Widerspruch

[286] Vgl. Reinhold Schillinger, Der Entscheidungsprozeß beim Lastenausgleichsgesetz 1945-1952, St. Katharinen 1985, S. 121 ff.
[287] Protokoll der Sitzung des bayerischen Ministerrats am 8.9.1947, BayStK-Archiv.
[288] Ebenda; Beschlußprotokoll über die Sitzung des großhessischen Kabinetts am 18.8.1948, HessHStA, Abt. 503, Nr. 2853.
[289] Josef Müller in Protokoll der Sitzung des bayerischen Ministerrats vom 27.9.1948, BayStK-Archiv.
[290] Beschluß des Finanzausschusses der Länderrates vom 13.9.1948, BA, Z 1, Bd. 1298.
[291] Protokoll der Sitzung des Länderrats-Direktoriums am 17.9. und 23.9.1948, BA, Z 1, Bd. 1298.
[292] Vormerkung aus dem bayerischen Finanzministerium an Ministerpräsident Ehard, 13.2.1948, BayHStA, MA 130345.

dagegen artikuliert, daß die Entschädigungsansprüche der Verfolgten als Teilregelung des Reichsschuldenproblems behandelt und so diese Ansprüche auf eine Stufe mit denen der Flüchtlinge und Bombengeschädigten gestellt würden[293]. Auerbach und die von ihm initiierte Interministerielle Arbeitsgemeinschaft der Sachbearbeiter für Fragen der Betreuung und Wiedergutmachung der drei westlichen Zonen forderten deshalb nunmehr eine bevorrechtigte Stellung der Verfolgten im Zusammenhang des geplanten Lastenausgleichs. Doch sollten deren Ansprüche keinesfalls innerhalb des Lastenausgleichsgesetzes, sondern in einem eigenen Entschädigungsgesetz geregelt werden. Kernstück der Vorschläge der Arbeitsgemeinschaft war deshalb, daß zehn Prozent des Aufkommens aus dem Lastenausgleich zur Finanzierung des Entschädigungsgesetzes verwendet werden sollten[294].

Diese Forderung gelangte in das Entschädigungsgesetz und wurde dort unter den Deckungsmitteln aufgeführt[295]. Tatsächlich sollten aber niemals Mittel aus dieser Quelle in die Entschädigung fließen. Demgegenüber war es nur zweitrangig, daß im Ersten Lastenausgleichsgesetz vom 8. August 1949 selbst, das dem endgültigen Lastenausgleichsgesetz vom August 1952 vorausging, die Verfolgten des Nationalsozialismus schließlich nur am Rande berücksichtigt wurden. Auf Einspruch der Militärregierung hin wurde es als „Soforthilfegesetz" beschlossen und der Sozialleistungscharakter stärker in den Vordergrund gerückt[296]. Demnach konnten bedürftige politisch Verfolgte, die am 21. Juni 1948 im Bereich der DM lebten, Unterhaltshilfe beanspruchen, sofern ihnen nicht Ansprüche aufgrund landesgesetzlicher Entschädigungsgesetze gewährt würden[297].

Im Zuge der Auseinandersetzung um die Finanzierung der Entschädigung und ihres Zusammenhangs mit dem Lastenausgleich wurde schließlich der dritte Abschnitt, der die Rangfolge der Leistungen und die verfügbaren Deckungsmittel bestimmte, zum Dreh- und Angelpunkt des ganzen Entwurfes[298]. Die Ansprüche der Verfolgten wurden in drei Klassen eingeteilt, die „nach Maßgabe der verfügbaren Deckungsmittel" innerhalb verschiedener Fristen zur Auszahlung vorgesehen waren. In der ersten Klasse, die möglichst sofort ausbezahlt werden sollte, befanden sich Kosten für Heilverfahren und Renten an gesundheitlich Geschädigte und Hinterbliebene, Versorgungsbezüge an Beamte und ein Teil der Haftentschädigung. Unter Klasse II fielen der Rest der Haftentschädigung sowie ein erster Teil der Entschädigung für Vermögensschäden, alle übrigen Leistungen in Klasse III. Ansprüche in Klasse II sollten innerhalb der nächsten fünf Jahre und die in Klasse III innerhalb der weiteren fünf Jahre befriedigt werden. Als Deckungsmittel wurde erstens der Sonderfonds für die Zwecke der Wiedergutmachung genannt, durch den man weiterhin über eine haushaltsunabhängige Finanzierungsquelle zu verfügen hoffte. Daneben standen Haushaltsmittel sowie die erhofften Mittel aus

---

[293] Auerbach an Ehard, 7.8. 1947, BayMJ, 1101b, H. 1.
[294] Bayerisches Staatskommissariat für rassisch, religiös und politisch Verfolgte, Grundforderungen zum Lastenausgleich betreffend die Opfer der politischen, rassischen und religiösen Verfolgung, beschlossen auf der 2. interministeriellen Tagung der Wiedergutmachungsreferenten der drei westlichen Zonen in Frankfurt am 15.8. 1948, BayMJ, 1101b, H. 2.
[295] § 39, USEG.
[296] Vgl. Schillinger, Entscheidungsprozeß beim Lastenausgleich, S. 140f.
[297] Gesetz zur Milderung sozialer Notstände (Soforthilfegesetz – SHG), in: Gesetzblatt der Verwaltung des Vereinigten Wirtschaftsgebietes, Nr. 28, 18.8. 1949, S. 205-230.
[298] Siehe auch Ministerialrat Baer, Protokoll der Sitzung des bayerischen Ministerrates am 27.9. 1948, BayStK-Archiv.

dem Lastenausgleich, an deren Verfügbarkeit der Großteil der Leistungen in Klasse II und III geknüpft wurde[299].

Damit wurde die Befriedigung der Entschädigungsforderungen zum Teil bis zu zehn Jahre hinausgeschoben und überdies von einer unsicheren Finanzierungsgrundlage abhängig gemacht. Eine derartige Praxis wurde keiner anderen Geschädigtengruppe zugemutet. Deshalb protestierten die Verfolgten, daß ehemalige Nationalsozialisten und Militaristen Pensionen erhielten, die durch den Nationalsozialismus Geschädigten aber immer weiter vertröstet würden[300]. Hermann Brill, nunmehr Leiter der hessischen Staatskanzlei, erklärte dazu gegenüber Vertretern der VVN, daß nach der Währungsreform „bei den Finanzgewaltigen der einzelnen Länder eine Stimmung geherrscht (habe), die nur als psychopathisch bezeichnet werden könne"[301]. Daß also wie Féaux de la Croix erklärt, „bei Beginn einer zentralen Entschädigungspolitik die Priorität der Wiedergutmachung bereits wie ein Dogma feststand", darf mit Kreikamp zu Recht bezweifelt werden[302]. Doch muß man in Rechnung stellen, daß nach der Währungsreform die sozialpolitische Sprengkraft des Flüchtlingsproblems um vieles größer war als die der Entschädigung für Verfolgte des Nationalsozialismus.

d) Das Entschädigungsgesetz der US-Zone als Präjudiz für die Bundesrepublik?

In der gegenüber dem Entwurf des Sonderausschusses vom 26. August reichlich beschnittenen Fassung verabschiedete das Länderrats-Direktorium am 28. September den Entwurf des Entschädigungsgesetzes und legte ihn der amerikanischen Militärregierung zur Genehmigung vor[303]. Dort kam die Maschinerie nur schwerfällig in Gang. Ein Gutachten William Habers, Clays damaligem Jewish Advisor, das auch dem Länderrat zugespielt wurde, übte indes deutliche Kritik. Haber hatte den Entwurf mit jüdischen Organisationen sowie der IRO diskutiert, weshalb er vor allem den zuletzt erfolgten Ausschluß der DP's aus dem Berechtigtenkreis bemängelte. Aber auch einige andere Regelungen, bei denen offensichtlich der Rechenstift über das Gerechtigkeitsempfinden gesiegt hatte, wurden kritisiert, so etwa die vorgesehene Umtauschrate von zehn zu eins für geldliche Ansprüche, die Erbenstellung der Länder für zu spät angemeldete Ansprüche – es wurde statt dessen analog zur Rückerstattung die Erbenstellung jüdischer Nachfolgeorganisationen gefordert – und die Obergrenze von 75.000 DM für geldliche Forderungen. Gleichzeitig verlangte Haber auch, die gesamte Haftentschädigung in die Klasse I aufzunehmen sowie die Streichung aller Hinweise auf eine Finanzierung durch den Lastenausgleich[304].

Auf der Grundlage des Haberschen sowie weiterer Gutachten verschiedener OMGUS-Abteilungen wurde der Entwurf am 18./19. Januar 1949 vom Legislation Review Board der amerikanischen Militärregierung gründlich besprochen. Der Ausschuß

---

[299] Entwurf und Begründung eines Gesetzes zur Wiedergutmachung nationalsozialistischen Unrechts, Fassung vom 26. 8. 1948, BayMJ, 1101b, H. 2.

[300] Staatskommissar Epstein (Hessen), Protokoll über die Sitzung des Sonderausschusses für das Entschädigungsgesetz am 26. 8. 1948, BayMJ, 1101b, H. 2.; Auerbach an Fraktionen im Süddeutschen Länderrat, 23. 9. 1948, BA, Z 1, Bd. 1298.

[301] Niederschrift über die am 25. 1. 1949 in Friedrichshof, Wiesbaden, stattgefundene außerordentliche Delegiertenkonferenz der VVN, HessHStA, Abt. 502, Nr. 2772c.

[302] Vgl. Ernst Féaux de la Croix, Vom Unrecht zur Entschädigung: Der Weg des Entschädigungsrechts, in: ders. u. Ernst Rumpf, Der Werdegang des Entschädigungsrechts unter national- und völkerrechtlichem und politologischem Aspekt, München 1985, S. 44; Kreikamp, Entstehung des Entschädigungsgesetzes, S. 72.

[303] Protokoll der 34. Tagung des Länderrats am 28. 9. 1948, BA, Z 1, Bd. 1298.

[304] Memorandum von William Haber, 10. 12. 1948, BadWürtHStA, EA1/014, Bü. 249.

machte sich die meisten Kritikpunkte des Jewish Advisors zu eigen, allen voran wiederum den Ausschluß der DP's. Erhebliche Bedenken bestanden zudem wegen der sehr vagen Aussagen über die Finanzierung des Gesetzes[305] – eine Sorge, die durch die zusätzlichen Forderungen Habers nicht geringer wurde. Dem Länderrat wurde deshalb Mitte März mitgeteilt, daß der Entwurf in dieser Form nicht genehmigt werden könne[306]. Offiziell nannte man dem Länderrat nur die Nichteinbeziehung der DP's als Ablehnungsgrund, während die übrigen beanstandeten Punkte der deutschen Seite nur inoffiziell zur Kenntnis gebracht wurden[307]. Der Sonderausschuß für das Entschädigungsgesetz beriet den Entwurf deshalb von neuem und kam dabei nicht nur der ausdrücklichen Aufforderung nach Einbeziehung der DP's nach, sondern berücksichtigte auch eine ganze Reihe der inoffiziellen Beanstandungen. Da auf deutscher Seite allein durch die DP-Regelung mit einer Verdoppelung der Kosten des Gesetzes gerechnet wurde, forderte der Sonderausschuß zugleich eine Anzahl von finanzpolitischen Schritten, die zur Kostendeckung beitragen sollten[308].

Als der Länderrat am 26. April seinen überarbeiteten Entwurf vorlegte[309], war OMGUS zunächst angenehm überrascht. Deshalb empfahl Edward H. Litchfield, Chef der Civil Administration Division, nun die Zustimmung, wenngleich unter einigen Vorbehalten, die die wackelige Finanzierungsbasis des Entschädigungsgesetzes betrafen[310]. Doch türmte sich jetzt ein neues, unerwartetes Hindernis auf. Die amerikanische Militärregierung hatte den Entwurf zu Informationszwecken auch den britischen und französischen Kollegen zukommen lassen. Das führte jedoch dazu, daß die britischen Kontrollratsvertreter durch das Foreign Office beauftragt wurden, gegen den geplanten einzonalen Erlaß des Entschädigungsgesetzes zu intervenieren. London gab sich besorgt, daß nichts geschehen dürfe, was eine ordentliche Regelung des Problems auf der Ebene der kurz vor ihrer Gründung stehenden Bundesrepublik verhindere[311]. Durch die britische Intervention gewannen bei OMGUS die ohnehin vorhandenen Bedenken bezüglich der Finanzierung des Entschädigungsgesetzes die Oberhand. Clay, der das Gesetz befürwortet hatte, war am 15. Mai in die USA zurückgekehrt und als Interimsnachfolger amtierte nun sein bisheriger Stellvertreter General George P. Hays. Dieser antwortete seinem britischen Kollegen postwendend, er werde dem Länderrat mitteilen, daß die Frage des Entschädigungsgesetzes der zukünftigen Bundesrepublik zur Entscheidung vorbehalten bliebe[312].

So fand sich der Länderrat durch die Mitteilung der amerikanische Militärregierung vom 29. Juni in einer eigentümlichen Lage. Der Entwurf wurde ohne Anerkennung oder Ablehnung zurückgestellt. OMGUS lobte ausdrücklich die Bemühungen des Länderrats und den Zweck des Entwurfes. Zugleich aber hieß es, daß wegen des grundsätzlichen Charakters des Entschädigungsgesetzes und der erheblichen daraus herrühren-

[305] Minutes of the Legislative Review Board Meeting, 18./19. 1. 1949, IfZ-Archiv, MF 260, OMGUS 17/256-1/ 1; Memorandum v. E.H. Schwenk, 20. 1. 1949, ebenda.
[306] Hemken (Rechtsabteilung des Länderrats) an die Ministerpräsidenten der US-Zone, 18. 3. 1949, BayMJ, 1101b, H. 2.
[307] Aktennotiz Seidel über Telefongespräch mit Radluff (OMGUS) am 22. 3. 1949, BA, Z 1, Bd. 1298; von Wedel an Mitglieder des Sonderausschusses für das Entschädigungsgesetz, 25. 3. 1949, BayMJ, 1101b, H. 2.
[308] Protokoll über die Sitzung des Sonderausschusses für das Entschädigungsgesetz am 28. 3. 1949, BayMJ, 1101b, H. 2.
[309] Länderrat request L 36-6, 26. 4. 1949, IfZ-Archiv, MF 260, OMGUS, AG 1949/10/5.
[310] Litchfield an Chief of Staff, 1. 6. 1949, IfZ-Archiv, MF 260, OMGUS-CAD 17/256-2/23.
[311] Kenneth McLean an Hays, 20. 6. 1949, IfZ-Archiv, MF 260, OMGUS, AG 1949/10/5.
[312] Hays an McLean, 21. 6. 1949, IfZ-Archiv, MF 260, OMGUS, AG 1949/10/5.

den finanziellen Belastung die künftige Bundesregierung darüber entscheiden müsse. Zudem sei es politisch ungünstig, einen Monat nach Verkündung des Grundgesetzes ein solches Gesetz durch die gesetzgebende Gewalt der Militärregierung zu erlassen[313]. Die inneralliierten Hintergründe dieser Entscheidung waren zu diesem Zeitpunkt auf deutscher Seite nicht bekannt und die offensichtlich vorgeschobene offizielle Begründung konnte wenig überzeugen. Es erhob sich eine Welle von Protesten, die von enttäuschten Vertretern des Länderrats über die Verfolgtenorganisationen bis zu den Landesparlamenten der US-Zone reichte. Zugleich begannen nun Planungen, den Entwurf alternativ auf Länderebene zu beschließen. „Mit Rücksicht auf die Stimmung der Landtage" sollten allerdings bei dieser Gelegenheit die DP's wieder aus dem Entwurf herausgestrichen werden[314]. Doch als Nachrichten durchsickerten, daß der designierte amerikanische Hohe Kommissar John J. McCloy die Entscheidung noch einmal revidieren wolle, wurden die Planungen für eigene Ländergesetze auf Eis gelegt[315], und am 23. Juli beantragte der Länderrat schließlich bei der Militärregierung, ob das Gesetz nicht doch genehmigt werden könnte[316].

Mit dem Eintreffen McCloys in Berlin Anfang Juli vollzog sich eine erneute und nun endgültige Kurskorrektur. Bereits vor seiner Abreise nach Deutschland hatte er auf Vermittlung Präsident Trumans zweimal mit dem Komitee der amerikanischen jüdischen Organisationen unter anderem über das Rückerstattungs- und das Entschädigungsgesetz konferiert[317]. Bei dieser Gelegenheit hatte sich gezeigt, daß McCloy noch keine Ahnung von dieser Materie hatte[318], doch erkannte er schnell die Wichtigkeit der Frage und nahm fortan entscheidenden Einfluß auf den weiteren Gang der Dinge. Eine Denkschrift des neuen Jewish Advisors Harry Greenstein vom 16. Juli gab den letzten Anstoß dafür, daß McCloy sich entschloß, dem Entschädigungsgesetz zur Annahme zu verhelfen. Greenstein hielt den finanziellen Bedenken den politischen und moralischen Primat dieser Forderungen entgegen: „I know of no claim on Germany's resources that has a higher priority than the claims that the proposed law seeks to honor."[319] Was nun folgte, bezeichnete später Jack Raymond in der New York Times als „außergewöhnliche Ein-Mann-Schlacht"[320]. McCloy mußte zugleich Widerstände in seiner eigenen Administration, in Washington und bei der britischen Militärregierung überwinden, um dem Entschädigungsgesetz zum Durchbruch zu verhelfen. Dabei stand er unter großem Zeitdruck, denn er wünschte jetzt das Gesetz noch vor den ersten westdeutschen Bundestagswahlen am 14. August in Kraft gesetzt zu sehen.

Seine Bitte an Washington um Zustimmung für dieses Gesetz unterstrich McCloy

---

[313] Frederick A. Sturm an Rossmann (Generalsekretär des Länderrats), 29. 6. 1949, IfZ-Archiv, MF 260, OMGUS, AG 1949/10/5.

[314] Beyerle an Staatsministerium, 13. 7. 1949, BadWürtHStA, EA 1/920, Bü. 709. Aber auch die VVN hatte gegen die Einbeziehung der DP's agitiert. Vgl. Diskussionsentwurf der VVN Württemberg-Baden zur Ablehnung des Entschädigungsgesetzes durch OMGUS, 22. 3. 1949, VVN/BW-Archiv, Wiedergutmachung – Entschädigungsgesetz.

[315] Auszug aus Protokoll der Sitzung des großhessischen Kabinetts am 20. 7. 1949, HessHStA, Abt. 503, Nr. 502.

[316] Länderrats-Antrag INT-36, 23. 7. 1949, BayHStA, MA 130345.

[317] Jacob Blaustein an Harry Greenstein, 3. 9. 1947, YIVO-Archiv, AJC-files, RG 347, GEN-12, Box 22.

[318] Report on the Meeting between Mr. John McCloy and Representatives of the American Jewish Committee, American Joint Distribution Committee, Jewish Agency for Palestine and the World Jewish Congress, 14. 6. 1949 in Washington, YIVO-Archiv, RG 347, AJC Records, GEN-10, Box 291.

[319] Greenstein an McCloy, 16. 7. 1949, IfZ-Archiv, MF 260, OMGUS, AG 1949/10/5.

[320] Jack Raymond, McCloy Orders Aid to Nazis' Victims, in: New York Times, 9. 8. 1949.

mit düsteren Prophezeiungen. Demnach sei „die Hoffnung auf die Annahme einer allgemeinen Entschädigungsgesetzgebung diesen Charakters durch die neue deutsche Regierung beinahe gleich Null, sofern nicht schwerster Druck durch die alliierten Mächte auf die neue Regierung ausgeübt" werde, doch zweifelte er „an der rechtlichen Grundlage einer solchen Einmischung unter dem neuen Besatzungsstatut." Und indem er dem britischen Wunsch nach Nicht-Präjudizierung geradezu eine Haltung des bewußten Präjudiz entgegensetzte, fuhr McCloy fort: „Taking action now in US Zone will force consideration by other Laender and eventually by Federal Gov(ernmen)t of this issue."[321] Auf diese Weise erhielt das Entschädigungsgesetz der US-Zone in der Politik McCloys die Funktion eines Schrittmachers für eine zukünftige bundesweite Regelung der Entschädigung für Verfolgte des Nationalsozialismus.

Die endgültige Entscheidung fiel schließlich bei persönlichen Gesprächen McCloys mit den Verantwortlichen im State und War Department in Washington. Am 4. August gelang ihm der Durchbruch[322], so daß er sofort nach Berlin telegraphierte: „Go ahead with general claims law"[323]. Doch hatte McCloy dazu erhebliche Bedenken überwinden müssen. Auch in Washington wurde bemängelt, daß weder die Kosten noch die Finanzierungsgrundlagen des Entschädigungsgesetzes klar waren, und auch mögliche zukünftige Rückwirkungen auf die Devisenlage Westdeutschlands riefen Besorgnis hervor[324]. Aber angesichts des früheren Drängens des State Departments auf eine allgemeine Entschädigungsgesetzgebung wurde eingeräumt, daß man sich die Gedanken über die ökonomischen Auswirkungen früher hätte machen müssen. Zum gegenwärtigen Zeitpunkt seien die Auswirkungen einer ablehnenden Entscheidung jedenfalls verheerend: „To disapprove it would place the US in the position of blocking the only substantive move the Germans have made toward indemnification of this sort."[325] Großen Eindruck hinterließ aber vor allem McCloys Argumentation, daß das Entschädigungsgesetz der US-Zone die Bundesregierung sowie auch seine britischen und französischen Kollegen bestimmen könnte, eine bundesweite Gesetzgebung voranzutreiben[326]. Damit verkehrt sich die Annahme Kreikamps, der hier eine „Politik der Nicht-Präjudizierung der künftigen westdeutschen Sozialpolitik"[327] sah, in ihr glattes Gegenteil. Die Bedenken der Briten hatte McCloy hingegen mit einem politischen Kuhhandel beschwichtigt. Er verhandelte die Angelegenheit persönlich mit dem Chef der britischen Militärregierung, Sir Brian H. Robertson, und verknüpfte dabei die britische Zustimmung zum US-Zonen-Entschädigungsgesetz mit dem amerikanischen „Ja" zum Soforthilfegesetz des bizonalen Wirtschaftsrates, an dem umgekehrt den Briten sehr gelegen war[328].

Nun entwickelten sich die Dinge in einem erstaunlichen Tempo weiter. Noch am selben Tag, an dem McCloy der Durchbruch in Washington gelungen war, wurde dem

[321] McCloy an Department of Army, 20.7.1949, IfZ-Archiv, MF 260, OMGUS, AG 1949/10/5.
[322] Das Tagebuch McCloys verzeichnet für den 4.8.1949 ein Gespräch mit Tracy S. Voorhees (War Department), bei dem offensichtlich der Durchbruch gelang. Vgl. Washington Journal, 4.8.1949, WNRC, RG 466, Records of the U.S. High Commissioner for Germany (McCloy Papers), Box 1.
[323] McCloy an Hays, 4.8.1949, IfZ-Archiv, MF 260, OMGUS, AG 1949/10/5.
[324] Voorhees an McCloy, 29.7.1949, IfZ-Archiv, MF 260, OMGUS, AG 1949/10/5.
[325] Memorandum von Geoffrey W. Lewis (stellvertr. Leiter der Deutschlandabteilung des State Department) an Murphy, 27.7.1949, USNA, RG 59, 462.11/7-2749.
[326] Ebenda.
[327] Kreikamp, Entstehung des Entschädigungsgesetzes, S. 74.
[328] Robertson an Hays, 21.7.1949, WNRC, RG 466, McCloy Papers, Box 1; McCloy an Hays, 4.8.1949 (Anm. 323).

Länderrat mitgeteilt, daß das Entschädigungsgesetz jetzt doch genehmigt werde. Formell wurde die erneute Wende um 180 Grad damit begründet, daß entgegen den bisherigen Befürchtungen doch keine Überschneidungen mit dem als Teil des Lastenausgleichs erlassenen bizonalen Soforthilfegesetz auftreten würden. Ausdrücklich hieß es
aber, daß mit der nun erfolgenden amerikanischen Zustimmung keine Billigung der von
den Deutschen vorgeschlagenen Finanzierungsmethoden verbunden sei. Jetzt sah sich
der Länderrat gedrängt, das Gesetz noch vor Bildung der Bundesregierung zu verkünden[329]. Dies geschah noch im August, so daß das Entschädigungsgesetz rückwirkend
zum 26. April 1949 in Bayern, Württemberg-Baden, Hessen und Bremen in Kraft
trat[330]. Anders als das Rückerstattungsgesetz war dies nun ein Gesetz, das weitgehend
auf den deutschen Vorarbeiten beruhte, auch wenn die amerikanische Militärregierung
wesentliche Impulse für das Zustandekommen gegeben hatte.

---

[329] Sturm an Rossmann, 4. 8. 1949, IfZ-Archiv, MF 260, OMGUS, AG 1949/10/5.
[330] Bayern: BayGVOBl, Nr. 20, 29. 8. 1949, S. 195-205. Bremen: Gesetzblatt der Freien Hansestadt Bremen,
Nr. 41, 27. 8. 1949, S. 159-166. Hessen: HessGVOBl, Nr. 26/27, 18. 8. 1949, S. 101-111. Württemberg-Baden: WBRegBl, Nr. 20, 1. 9. 1949, S. 187-196.

Viertes Kapitel: Die Praxis der Wiedergutmachung in der US-Zone (1949-1954)

I. Durchführung des Entschädigungsgesetzes

1. Entschädigung auf Raten

Vier Jahre nach dem Ende des nationalsozialistischen Regimes bestand also in den Ländern der amerikanischen Besatzungszone endlich ein Gesetz, das rassisch, religiös und politisch Verfolgten einen Rechtsanspruch auf Entschädigung ihrer Schäden an Leben, Körper, Gesundheit, Freiheit, Eigentum, Vermögen oder im wirtschaftlichen Fortkommen einräumte[1]. Es löste zugleich das Sonderfondsgesetz ab, bei dem es sich im Grunde nur um eine erweiterte Fürsorgeregelung für Verfolgte des Nationalsozialismus gehandelt hatte, da die Leistungen von der Bedürftigkeit der Antragsteller abhängig waren[2]. Bis zum Sommer 1949 wurden im Rahmen des Sonderfondsgesetzes ca. 42,7 Mio. DM ausgezahlt, davon etwa 17,5 Mio. in Bayern, 13,9 Mio. in Hessen, 5,7 Mio. in Württemberg-Baden und 5,7 Mio. in Bremen[3].

Ende 1952 lagen rund 275.000 Anmeldungen nach dem Entschädigungsgesetz der US-Zone vor, davon allein ca. 177.000 in Bayern, 40.000 in Hessen, 46.000 in Württemberg-Baden und 12.000 in Bremen. Augenfällig ist, daß mit knapp zwei Dritteln der Anträge Bayern die Hauptlast zu tragen hatte, was hauptsächlich mit der Massierung der DP's in diesem Land zusammenhing. Dort hielten sich nach Kriegsende teilweise bis zu 130.000 jüdische und andere DP's auf[4], die als eine schwere wirtschaftliche und soziale Belastung angesehen wurden, mußten doch auf dem Wege über die Besatzungskosten erhebliche Beträge für diese Gruppe aufgebracht werden[5].

Doch bis zur Realisierung der Entschädigungsansprüche war es meist ein langer und oft auch mühseliger Weg. Ende 1951 faßte Eli W. Debevoise, der Rechtsberater des amerikanischen Hohen Kommissars, vor dem Foreign Affairs Committee des US-Kongresses, das sich zu einem Informationsbesuch in Deutschland befand, die Situation bei der Durchführung des Entschädigungsgesetzes in der US-Zone treffend zusammen: „The four Laender (states) in the American Zone have got pretty good laws and they

---

[1] § 1, Gesetz zur Wiedergutmachung nationalsozialistischen Unrechts vom 12. 8. 1949 (USEG), in: Bayerisches Gesetz- und Verordnungsblatt (BayGVOBl), Nr. 20, 29. 8. 1949, S. 195-204.
[2] Vgl. Drittes Kapitel, Abschnitt III. 1.
[3] Report of Survey of General Claims Activities in the US Zone as of March 31, 1950, Office of the U.S. High Commissioner for Germany, Office of Economic Affairs, Property Division, IfZ-Archiv, MF 260, OMGUS-CAD, 17/256-2/23.
[4] Schlußbericht des Untersuchungsausschusses zur Prüfung der Vorgänge im Landesentschädigungsamt (LEA) v. 10. 12. 1953, Bayerischer Landtag, 2. Wahlperiode, Drucksachen, Beilage 5128, S. 4.
[5] Vgl. dazu Institut für Besatzungsfragen, Das DP-Problem. Eine Studie über die ausländischen Flüchtlinge in Deutschland, Tübingen 1950, S. 87-89. Demnach hätten allein die US-Zonen-Länder von 1945 bis März 1949 etwa 800 Mio. RM bzw. DM für die DP's aufgebracht, für alle drei westlichen Zonen zusammen habe der entsprechende Betrag bei ca. zwei Mrd. RM bzw. DM gelegen.

are functioning fairly well. They would function better if the Laender had more money."[6] Die zweifelhafte Finanzierungsgrundlage des Entschädigungsgesetzes der US-Zone drohte nun die guten Absichten dieser Regelung ad absurdum zu führen.

Die Länder hatten den Finanzierungsschwierigkeiten in erster Linie dadurch Rechnung getragen, daß sie die dort festgelegten Ansprüche in drei Klassen eingeteilt und mit unterschiedlichen Erledigungsfristen versehen hatten. Insgesamt mußten die Leistungen so erst bis zum Jahr 1960 erbracht sein[7]. Hessen, Württemberg-Baden und Bremen finanzierten die Entschädigungszahlungen aus dem Staatshaushalt, während Bayern hier zunächst mit den Mitteln einer „Stiftung zur Wiedergutmachung nationalsozialistischen Unrechts" auszukommen hoffte. Hierin waren Werte aus nationalsozialistischen Konzentrationslagern, Sühneabgaben aus der Entnazifizierung etc. gesammelt. In gewisser Weise lebte darin noch der Gedanke fort, daß die Finanzierung der Wiedergutmachung nicht von der Gesamtheit des deutschen Volkes – sprich Steuerzahler – getragen werden sollte, sondern sich vor allem auf das Vermögen nationalsozialistischer Organisationen und Nutznießer stützen müsse. Allerdings hatte sich der Exklusivanspruch der Verfolgten des Nationalsozialismus auf diese Werte immer deutlicher zu einem sehr zweifelhaften Privileg entwickelt, da Mittel dieser Herkunft offensichtlich nur in geringem Umfang aufgebracht werden konnten.

Leistungen nach Klasse II und III des Entschädigungsgesetzes sollte es überdies nur geben, „sofern und soweit die hierzu erforderlichen Deckungsmittel aus dem Lastenausgleich zur Verfügung gestellt werden"[8]. Doch war es von vornherein unwahrscheinlich, daß aus dieser Quelle tatsächlich irgendwelche Mittel fließen würden. Bereits im Zusammenhang des Soforthilfegesetzes waren entsprechende Bemühungen erfolglos geblieben. Und am 15. September sowie erneut am 1. Dezember 1950 lehnte auch das Bundeskabinett einen durch Philipp Auerbach namens des Koordinierungsbüros der interministeriellen Arbeitsgemeinschaft für Wiedergutmachungs- und Entschädigungsfragen gestellten Antrag ab, zehn Prozent des Aufkommens aus dem Lastenausgleich zur Erfüllung der bestehenden Entschädigungsgesetze der Länder zugunsten der Verfolgten des Nationalsozialismus zur Verfügung zu stellen[9]. Angesichts dieser Lage forderte McCloy die Ministerpräsidenten der US-Zone am 9. April dringend dazu auf, sich über alternative Finanzierungsquellen Gedanken zu machen[10].

Dennoch hielten die Länder zunächst noch einige Zeit an der Fiktion fest, auf diesem Wege ihre Finanzierungsprobleme lösen zu können. Während aber Württemberg-Baden bereit war, die Entschädigung nötigenfalls auch aus Haushaltsmitteln zu bezahlen[11], versuchte Bayern die entstehende Finanzierungslücke durch Kredite zu schlie-

---

[6] Office of the U.S. High Commissioner for Germany, Stenographic Record of the Briefing Sessions, November 12, 1951, Headquarters Building, Frankfurt, Transcript of Briefing for the Special Sub-Committee of the House Foreign Affairs Committee (German Study Mission), S. 8, Washington National Record Center, Suitland, (WNRC), RG 466, Records of the U.S. High Commissioner for Germany (McCloy Papers), Box 33.

[7] § 38, USEG.

[8] § 39, ebenda.

[9] 96. Kabinettssitzung am 15.9 und 114. Kabinettssitzung am 1.12. 1950, in: Die Kabinettsprotokolle der Bundesregierung, hrsg. f. d. Bundesarchiv v. Hans Booms, Bd. 2: 1950, bearb. v. Ulrich Enders u. Konrad Reiser, Boppard a.Rh. 1984, S. 694 u. 852.

[10] John J. McCloy an Reinhold Maier, 9.4. 1951, BadWürtHStA, EA 1/920, Bü. 709; ders. an Hans Ehard, 11.4. 1951, BayHStA, MA 114240. Vgl. dazu auch William G. Daniels an Alex F. Kiefer (State Department/Property Division), 24.3. 1951, USNA, RG 59, 262.0041/3-2451.

[11] R. Maier an McCloy, 19.4. 1951, BadWürtHStA, EA 1/920, Bü. 709.

ßen[12]. Dies hatte zur Folge, daß im Sommer 1951, als in Bayern monatlich gerade eine Million DM für das Entschädigungsgesetz bereitstanden, allein 350.000 DM Zinsen gezahlt werden mußten[13]. Doch bald darauf ging man notgedrungen auch hier endgültig dazu über, die Entschädigung aus dem Staatshaushalt zu finanzieren, während die Stiftung zur Wiedergutmachung nationalsozialistischen Unrechts aufgelöst wurde[14].

Damit hatte die Entwicklung, die Finanzierung der Wiedergutmachung zu einer ordentlichen Haushaltsaufgabe zu machen, ihren Abschluß gefunden. Die ursprünglich vorhandene Verknüpfung mit dem Sühnegedanken war dabei endgültig entfallen. Die Finanzierung der Wiedergutmachung auf diesem Wege hatte sich als utopisch erwiesen, zumal die mit diesem Modell verknüpften gesellschaftspolitischen Prämissen inzwischen obsolet waren. Die Entschädigung geriet dadurch natürlich in direkte Konkurrenz zu allen anderen Haushaltsausgaben. Doch auf lange Sicht bildete dies auch die Voraussetzung dafür, daß die erheblichen Summen, die bis heute für diesen Zweck in der Bundesrepublik aufgebracht wurden, überhaupt zur Verfügung gestellt werden konnten. Mit der Übernahme der Finanzierung der Entschädigung auf die öffentlichen Haushalte wurde zwar keine Kollektivschuld anerkannt, aber immerhin einer „Kollektivverantwortung" Rechnung getragen.

Alles in allem zeigte sich Bayern, wie in Washington aufmerksam registriert wurde, in dieser Zeit am wenigsten in der Lage, den finanziellen Anforderungen des Entschädigungsgesetzes gerecht zur werden, was aber auch damit zu tun hatte, daß hier, wie gesagt, mit Abstand die meisten Ansprüche gestellt wurden. Vor allem die große Zahl jüdischer DP's in Bayern schuf auch in dieser Hinsicht enorme Probleme. Nur widerwillig hatten die US-Zonen-Länder die Verpflichtung zur Entschädigung dieser Gruppe übernommen. Wie Ministerpräsident Ehard im November 1951 Bundeskanzler Adenauer mitteilte, waren die Länder „der übereinstimmenden Auffassung, daß die Entschädigung der DP's eine Angelegenheit des Bundes"[15] sei. Dies war noch höflich ausgedrückt. Der deutsche Generalkonsul in London, Max Bachmann, berichtete Herbert Blankenhorn Anfang 1952 über die dort herrschende Unzufriedenheit wegen der Abwicklung der Entschädigung in Bayern und klagte bei dieser Gelegenheit, daß „in höchsten bayerischen Regierungskreisen die Auffassung herrscht, wenn der Herr Bundeskanzler mit der jüdischen Wiedergutmachung Politik treiben will, so müssen die Mittel dafür von Seiten der Bundesregierung aufgebracht werden"[16].

Für die Verfolgten hieß dies nun, daß sie darauf warten mußten, bis ihre Entschädigungsforderungen sukzessive befriedigt wurden. Erst entsprechende Durchführungsverordnungen der einzelnen Länder schufen jeweils die Voraussetzungen dafür, daß Anträge bestimmter Anspruchsgruppen überhaupt bearbeitet werden konnten. Wegen der unterschiedlichen Relation zwischen der jeweiligen Zahl der Ansprüche und den zur Verfügung stehenden Mitteln, wegen wechselnder Prioritäten und aus anderen Gründen verlief dieser Prozeß in den einzelnen Ländern der US-Zone nicht einheitlich: Unterschiede ergaben sich sowohl im Bearbeitungstempo als auch in der Reihenfolge der Befriedigung bestimmter Ansprüche. Überdies wurde die Arbeit an der Durchfüh-

[12] Ehard an McCloy, 7.6. 1951, BayHStA, MA 114240.
[13] Jack K. McFall (Assistant Secretary of State) an Senator Lehmann, 29.8. 1951, USNA, RG 59, 262.0041/6-2951.
[14] Bayerischer Ministerrat, 24.11. 1953, IfZ-Archiv, NL Hoegner, ED 120, Bd. 378.
[15] Ehard an Konrad Adenauer, 23.11. 1951, PA/AA, II 244-13 II, Bd. 6.
[16] Max Bachmann an Herbert Blankenhorn, 11.1. 1952, PA/AA, II 244-11 II, Bd. 1.

rung des Entschädigungsgesetzes der US-Zone im Herbst 1953 durch den Erlaß des Bundesentschädigungsgesetzes unterbrochen.

Mit welchen Schwierigkeiten die Verfolgten bei der Einlösung ihrer Ansprüche nach dem Entschädigungsgesetz zu rechnen hatten, kann am Beispiel der Haftentschädigung besonders gut gezeigt werden. Für viele ehemalige KZ-Häftlinge war dies der einzige Entschädigungsanspruch, den sie besaßen. Die erste Hälfte der Haftentschädigung bis zum Betrag von 3.000 DM war in die erste Rangklasse eingeteilt und wurde deshalb nach Erlaß der Haftentschädigungsverordnungen fällig[17]. Doch forderte insbesondere die VVN die baldige Auszahlung auch der zweiten Rate der Haftentschädigung und protestierte deshalb wiederholt gegen die „Verschleppung ihrer Ansprüche"[18]. Staatssekretär Ringelmann aus dem bayerischen Finanzministerium wehrte dies damit ab, „daß eine große Zahl von Mitgliedern der VVN Kommunisten sind, die als solche im wesentlichen nur Haftentschädigungsansprüche geltend machen konnten." Eine raschere Durchführung der Wiedergutmachung ließe sich zudem „schon aus finanziellen Gründen nicht bewerkstelligen und ... (sci. sei) auch im Entschädigungsgesetz gar nicht vorgesehen"[19]. Hier wurde deutlich, daß die politische Auseinandersetzung mit den Kommunisten die Entschädigung immer stärker belastete: Noch wurden Ansprüche kommunistischer Verfolgter nicht generell in Frage gestellt, doch wertete Ringelmann die „zahlreichen Eingaben und unerfüllbaren Forderungen" der VVN in erster Linie als einen Versuch, „Unruhe in die Kreise der Verfolgten zu tragen und die Autorität der Staatsregierung zu untergraben"[20].

Württemberg-Baden schlug deshalb den Weg ein, die zweite Rate der Haftentschädigung vorzeitig auszuzahlen, sofern diese für den sozialen Wohnungsbau verwendet würde und so nicht „dem wilden Verbrauch oder undurchsichtigen Zwecken" anheimfiele und insbesondere nicht etwa „zur Propagierung einer weiteren Radikalisierung Verwendung" fände[21]. Das schwäbische Modell – frei nach dem Motto: Häusle bauen statt revoluzzern – machte schließlich auch in Hessen Schule[22].

Eine andere Methode, die Abwicklung der Entschädigung zu beschleunigen, war der Vergleich. In Bayern erhielten die Antragsteller einen sogenannten Feststellungsbescheid, in dem die Gesamthöhe ihres Haftentschädigungsanspruchs festgestellt wurde[23]. Während die erste Rate bis zu einer Höhe von 3.000 DM innerhalb eines Monats ausgezahlt wurde, sollte die zweite Rate nach Maßgabe vorhandener Deckungsmittel bis zum 31. März 1954 zur Auszahlung gelangen. Mit den Feststellungsbescheiden entwickelte sich ein schwunghafter Schwarzhandel, wobei Geschäftemacher diese den Verfolgten häufig zu einer Rate von nur 20 Prozent des Nominalwertes abkauften, um sie dann zu gegebener Zeit in voller Höhe einzulösen.

Deshalb tüftelten der Präsident des Landesentschädigungsamts Auerbach und das

---

[17] § 38 Abs. 6, USEG; 1.Verordnung zur Durchführung des Entschädigungsgesetzes (Haftentschädigungsverordnung) vom 28.11.1949, in: BayGVOBl, Nr.28, 10.12.1949, S.287-289.

[18] Siehe etwa Stellungnahme des Landesvorstands der VVN Hessen, 31.3.1950, HessHStA, Abt. 502, Nr.2773a; Carola Carg (VVN Bayern) an Ministerpräsident Ehard, 29.7.1950, BayHStA, MA 114240.

[19] Richard Ringelmann an bayerische Staatskanzlei, 10.11.1950, BayHStA, MA 114240.

[20] Ebenda.

[21] Wolfgang Haußmann (Vorsitzender des Wirtschafts- u. Verkehrsausschusses des Landtags von Württemberg-Baden) an das Staatsministerium, 19.10.1949, BadWürtHStA, EA 1/920, Bü. 709.

[22] Kabinettsvorlage vom 19.3.1951, HessHStA, Abt. 502, Nr.2013.

[23] § 9 Abs.1, 1, Haftentschädigungsordnung.

bayerische Finanzministerium mit dem Segen des Ministerpräsidenten Ehard ein Projekt aus, wonach die Haftentschädigungsfestsetzungsbescheide auf dem Wege über eine Sammelstelle zu einem Kurs von 47 Prozent des Nominalwertes durch ein Bankenkonsortium aufgekauft werden sollten. Zugleich verpflichtete sich der bayerische Staat, die aufgekauften Feststellungsbescheide spätestens zwei Jahre nach Erwerb zum Kurs von 62 Prozent des Nennwertes einzulösen[24]. Auf diese Weise sparte der bayerische Staat ca. 40 Prozent der fälligen Beträge; wichtiger war aber noch die hierdurch eintretende Beschleunigung der Auswanderung jüdischer DP's, da diese ihre Abreise häufig vom Erhalt ihrer Entschädigungszahlungen abhängig machten. So mußten die Entschädigungsberechtigten nachweisen, daß sie die zweite Rate vorzeitig zum Behufe der Auswanderung bzw. zur Begründung einer Existenz und ähnlichen Zwecken benötigten.

Auerbach versuchte diesen Weg auch der hessischen Regierung schmackhaft zu machen, doch kamen hier Bedenken gegen einen derartigen Handel auf. Der hessische Finanzminister Werner Hilpert witterte die Gefahr, daß die ausländische Presse dies als eine „zweite Judenvermögensabgabe" brandmarken könnte sowie daß die Berechtigten diese ungleichen Verträge später anfechten könnten[25]. Württemberg-Baden hatte hingegen bereits eine eigene Variante dieser Praxis entwickelt: Hier erhielten die Geschädigten 60 Prozent des Nominalwertes ihrer zweiten Rate ausbezahlt, sofern sie auf alle übrigen Ansprüche nach dem Entschädigungsgesetz verzichteten[26]. Aus Praktiken dieser Art entwickelte sich ein erheblicher Sumpf halblegaler und illegaler Geschäfte um die Entschädigung, die für das Bild der Wiedergutmachung in der öffentlichen Meinung ausgesprochen nachteilig waren. Davon wird später noch ausführlicher die Rede sein.

2. Die Ausgrenzung von Verfolgten durch Rechtsprechung und Verwaltung

Die Finanzierungsschwierigkeiten führten aber nicht nur zur Streckung der Zahlungen, sondern im Prozeß der Implementierung des Entschädigungsgesetzes durch Verwaltung und Gerichte auch zu einer weiteren Einschränkung des Berechtigtenkreises. Wiederholt stützte die Rechtsprechung ablehnende Urteile damit, „daß schon im Hinblick auf die Beschränktheit der verfügbaren Mittel von vornherein nicht daran gedacht werden konnte, die Fülle natsoz. Unrechts im vollen Umfang wiedergutzumachen, sondern unter den Opfern der natsoz. Verfolgung nach gewissen Gesichtspunkten, hauptsächlich der Würdigkeit, eine gewisse Auswahl getroffen werden mußte"[27]. Auf diesem Wege wurde auch der Grundsatz, daß nicht allein die Schwere der erlittenen Verfolgung, sondern nur der Zusammenhang mit spezifischen Verfolgungsgründen zu einer Entschädigung berechtige, weiter verstärkt. Hierbei handelt es sich wohl um den Punkt, der aus heutiger Perspektive am meisten Schwierigkeiten bei der Bewertung der Strukturen der Entschädigung für Opfer des Nationalsozialismus bereitet.

[24] Philipp Auerbach an Ministerpräsident Georg August Zinn, 12.12.1950, HessHStA, Abt. 502, Nr.2772c; Anklageschrift der 1. Strafkammer des Landgerichts München I, Prozeß gegen Auerbach und drei Andere, S. 66-69, Landgericht München I, Az. 2 KLs 1/52, Bd. I.

[25] Werner Hilpert an Zinn, 22.12.1950, HessHStA, Abt. 502, Nr.2772c.

[26] Anklageschrift der 1.Strafkammer des Landgerichts München I, Prozeß gegen Auerbach und drei Andere, S. 89 (Anm. 24).

[27] Entschädigungskammer München I, Urteil v. 2.5.1951, EK Nr.79/50, in: Rechtsprechung zum Wiedergutmachungsrecht (RzW) 2 (1951), S.289. Siehe auch Wiedergutmachungskammer Stuttgart, Urteil v. 20.4. 1950, ES 3782 – EGR 103, in: RzW 1 (1949/50), S.315; Wiedergutmachungskammer Stuttgart, Urteil v. 29.9. 1950, ES 2979 – EGR 762, in: RzW 2 (1951), S. 10.

Ganz besonders rigoros wurde dieser Grundsatz bei den ausländischen Verfolgten angewandt. Das Entschädigungsgesetz der US-Zone räumte allein rassisch, religiös oder politisch verfolgten DP's, die sich am 1. Januar 1947 in einem DP-Lager befunden hatten, einen Anspruch auf Entschädigung ein – damit blieben alle diejenigen DP's, die vor diesem Zeitpunkt ausgewandert waren, ausgeschlossen[28]. Doch schränkten Rechtsprechung und Verwaltung die nach dem Entschädigungsgesetz bestehenden Ansprüche weiter ein. So wurden im Prinzip nur jüdischen DP's Entschädigungsansprüche zugestanden. Bei nichtjüdischen DP's erkannte man hingegen in der Regel keine rassische, religiöse oder politische Verfolgung an, sondern reihte sie unter die sogenannten Nationalverfolgten ein, für die das Entschädigungsgesetz keine Ansprüche vorsah.

Dies zielte insbesondere auf nichtjüdische Polen. Da sie nicht als Juden verfolgt worden waren, urteilten die Gerichte konstant, daß ihre Verfolgung die Folge nationaler Auffassungen sei, die sich nicht gegen den Nationalsozialismus als solchen gerichtet hätten, sondern Ausdruck eines Volkstumskampfes zwischen Deutschen und Polen gewesen seien, der viel älter als der Nationalsozialismus sei[29]. So wurde allein eine innenpolitische Gegnerschaft zum Nationalsozialismus als Verfolgungsgrund anerkannt, Widerstand gegen die deutsche Besatzung galt hingegen in aller Regel als nationale Regung gegen die Okkupanten[30]. Nur in Ausnahmefällen führte diese Praxis auch zur Anerkennung von Entschädigungsansprüchen etwa von Anhängern der Polnischen Sozialistischen Partei (PPS), da diese wegen ihrer demokratisch-sozialistischen Überzeugung verfolgt worden seien[31].

Über die Nichtentschädigung von Nationalverfolgten nach dem Entschädigungsgesetz bestand auf deutscher Seite große Einmütigkeit. So erklärte auch Otto Küster, „daß die Grenze, die das Gesetz zieht, eben verläuft zwischen politischen Widerstandskämpfern und nationalen Widerstandskämpfern. Wir haben das ausdrücklich so ins Auge gefaßt, daß diejenigen Leute, die im Rahmen des nationalen Widerstandes gegen Deutschland verhaftet worden sind, in dieses Gesetz nicht hineingehören". Deshalb lehnte Küster die Entschädigung der Nationalverfolgten ab[32]. Er beharrte auch hier auf der strengen Unterscheidung von Wiedergutmachung und Reparationen und verwies dabei die Ansprüche der Nationalverfolgten in den Bereich der letzteren: „Die Entschädigung der Opfer von Unmenschlichkeiten, die im Zuge des Nationalitätenkampfes begangen wurden, wird die Sache der Auseinandersetzung von Staat zu Staat sein."[33] So beschlossen auch die Wiedergutmachungsreferenten der elf Länder Mitte 1950, daß nur „derjenige Ausländer, der unter den gleichen Umständen, wenn er ein Deutscher gewesen wäre, verfolgt worden wäre, Anspruch hat, nach dem Gesetz behandelt zu werden"[34].

Die Umsetzung in Verwaltungsrichtlinien zeigt etwa Runderlaß Nr. 110 des hessischen Innenministeriums vom Juli 1952, der alle Entschädigungsbehörden kategorisch anwies, daß nur Ansprüche jüdischer DP's anerkannt werden könnten, Anträge nicht-

---

[28] § 6 (1)3, USEG.

[29] Entschädigungskammer Stuttgart, Urteil v. 5. 12. 1949 – Es 507 (3931), in: RzW 1 (1949/50), S. 125.

[30] OLG Frankfurt a.M., Urteil v. 20. 11. 1950, 2 W 315/50, in: RzW 2 (1951), S. 93; LG München, Urteil v. 22. 11. 1950, EK 109/50, ebenda.

[31] OLG Stuttgart, Urteil v. 12. 4.1950, EGR 24, in: RzW 2 (1951), S. 93.

[32] Protokoll der Sitzung des Koordinierungsausschusses der 11 Länder, 25. 5. 1950, S. 18, BayMJ, 1101a, H. 4.

[33] Vgl. Otto Küster, Anmerkung zu der Entscheidung der Entschädigungskammer Stuttgart vom 5. 12. 1949, Es 507 (3931), in: RzW 1 (1949/50), S. 125.

[34] Ebenda.

jüdischer DP's hingegen abzulehnen seien[35]. Dies wurde damit begründet, daß es sich bei DP's, „die sich auf eine Verfolgung wegen politischer Überzeugung usw. berufen, um Personen (handle), die sich den Anordnungen der deutschen Besatzungsmacht widersetzt oder die sich sonst gegen die deutsche Besatzungsmacht betätigt hatten bzw. von denen eine derartige Betätigung erwartet wurde. Für ihr Verhalten gegenüber der Besatzungsmacht dürften im allgemeinen nicht eine spezifisch antinationalsozialistische Überzeugung, sondern Vaterlandsliebe und Haß gegen den fremden Eroberer bestimmend gewesen sein. Auch die deutschen Dienststellen werden ihre Maßnahmen in aller Regel nicht ‚wegen‘ der politischen Überzeugung des Betreffenden, sondern ohne Rücksicht auf diese lediglich unter dem Gesichtspunkt der militärischen Sicherheit bzw. des Volkstumskampfes getroffen haben."[36] Derartige amtliche Exkulpationen der deutschen Besatzungsherrschaft in Polen lesen sich heute wie purer Zynismus, doch reflektieren sie nur das, was zu dieser Zeit weitverbreiteter Konsens war.

Aber auch für jüdische DP's wurden zusätzliche Hürden errichtet, und zwar insbesondere für denjenigen Teil, der erst nach Kriegsende nach Deutschland gekommen war, die sogenannten „Infiltrees". Während Bayern und Württemberg-Baden beschlossen, sich hier an den Wortlaut des Entschädigungsgesetzes zu halten und den betreffenden Personen bei Nachweis ihrer Verfolgung prinzipiell den ihnen zustehenden Anspruch einzuräumen[37], verhielt sich Hessen hier anders: Dem hessischen Runderlaß Nr. 110 zufolge waren deren Ansprüche pauschal abzulehnen, denn Deutschland habe den Heimatstaaten dieser Menschen die zur Durchführung der Wiedergutmachung erforderlichen Reparationen bereits geleistet. Zusätzlich wurde dies aber auch damit begründet, es habe sich als unmöglich herausgestellt, „die Richtigkeit der Angaben dieser Gruppe von Antragstellern auch nur mit einiger Sicherheit nachzuprüfen"[38]. Das war eine Reaktion auf die Entdeckung von umfangreichen Betrügereien beim Nachweis von Verfolgungen, die allerdings auch eine Folge der verheerenden Beweisnot insbesondere der aus dem Osten kommenden Verfolgten waren.

Der Grundsatz, daß nur deutsche Verfolgte eine Entschädigung erhalten sollten, von dem im Entschädigungsgesetz der US Zone nur aufgrund des amerikanischen Drucks eine partielle Abweichung konzediert worden war, wurde also durch die Auslegung von Gerichten und Behörden weiter verstärkt. Bei dem sogenannten Territorialitätsprinzip, das auf der kategorialen Unterscheidung von Wiedergutmachung und Reparationen basiert und geschädigte Staatsbürger ausländischer Staaten auf ihre eigenen Regierungen verweist, handelt es sich um einen der wesentlichen Pfeiler des deutschen Wiedergutmachungsrechts, der bis heute nicht erschüttert wurde[39].

[35] Runderlaß Nr. 110 des hessischen Ministers des Innern, Abt. VI – Wiedergutmachung, gez. Dr. Schuster, an die Regierungspräsidenten und Verteiler, 1. 7. 1952, S. 2, HessHStA, Abt. 502, Nr. 2772b.
[36] Ebenda.
[37] Küster an die Entschädigungsbehörden und Entschädigungsgerichte des Landes Württemberg-Baden, 20. 8. 1951, BadWürtHStA, EA 1/90, Bü. 709. Siehe auch Mitteilungsblatt des Beirats beim Bayerischen Landesentschädigungsamt, Januar 1952, Nr. 60, S. 4, „Wiedergutmachungsansprüche der DP's".
[38] Runderlaß Nr. 110 des hessischen Innenministeriums vom 1. 7. 1952 (Anm. 35).
[39] Vgl. dazu Ulrich Herbert, Nicht entschädigungsfähig? Die Wiedergutmachungsansprüche der Ausländer, in: Wiedergutmachung in der Bundesrepublik Deutschland, hrsg. v. Ludolf Herbst u. Constantin Goschler, München 1989, S. 292 ff.

Das Entschädigungsgesetz der US-Zone sprach demjenigen, der „wegen seiner politischen Überzeugung" verfolgt worden war, ein Recht auf Entschädigung zu[40]. Hier handelte es sich sozusagen um Urgestein der Entschädigung, denn politisch Verfolgte hatten von Anfang an zum Kern der Berechtigten gezählt. Doch begannen die Gerichte alsbald, aus diesem Brocken eine Heldenstatue mit recht schmaler Silhouette herauszumeißeln: So formulierte das Oberlandesgericht Stuttgart am 17. Februar 1950 exemplarisch, daß als „politische Überzeugung ... nur eine charaktervolle, auf sittlichen Grundlagen beruhende und während einer gewissen Zeitdauer bewährte Grundeinstellung in den Fragen des Verhältnisses zwischen Staat und Einzelpersönlichkeit anerkannt werden" könne[41]. Auch Otto Küster unterstrich, daß man sich bei dem Entschädigungsgesetz nicht mit einer bloßen Gegnerschaft gegen den Nationalsozialismus allein habe begnügen wollen: „Diese kann momentan gewesen sein und traf leider nicht selten zusammen mit einer asozialen, auch und erst recht gegen einen Rechtsstaat sich auflehnenden Gesinnung. Es war ja gerade der Jammer der natsoz. Zeit", so Küster, „daß so wenig vollgültige Persönlichkeiten sich zum Widerstand bereit fanden und daß der Widerstand damit weithin fragwürdigen Existenzen überlassen blieb"[42]. Die Rechtsprechung stellte demgegenüber Maßstäbe auf, die auf die Helden eines klassischen Dramas zielten.

So genügte es nicht allein nachzuweisen, daß eine gegen den Nationalsozialismus gerichtete Tat zu einer Verfolgung geführt hatte, sondern, wie im Juni 1950 gleichfalls das Oberlandesgericht Stuttgart konkretisierte, ein politisch Verfolgter müsse auch beweisen können, „daß die Tat, wegen der er verfolgt und geschädigt wurde, eine Tat aus politischer Überzeugung war." Humanitäre Gründe für sich allein galten dabei als nicht ausreichend[43]. Das führte in der Praxis unter anderem dazu, daß es die Mehrzahl der Entschädigungsgerichte ablehnte, Verfolgte aus dem Kreis der „Weißen Rose" oder des 20. Juli nach dem USEG zu entschädigen. Die Länder mußten deshalb von sich aus mit übergesetzlichen Mitteln eingreifen, um hier zu helfen[44]. Ein anderer Fall, der die Problematik verdeutlicht, ist der des Wehrmachtsoffiziers, der den Befehl zur Sprengung der Brücke bei Remagen nicht rechtzeitig gegeben hatte. Dieser Soldat wurde auf Befehl Hitlers hingerichtet, doch konnte man seinen Angehörigen nach dem USEG nicht helfen, da sein Handeln nicht aus „politischer Überzeugung" erwachsen war[45].

Überdies hatten es Gerichte und Entschädigungsämter häufig etwa mit Personen zu tun, die in Gaststätten oder sonstwo gegen Partei und Führer räsoniert hatten und auf diese Weise unter die Räder der Verfolgungsmaschinerie geraten waren. Verfolgungen, die auf solchen politischen Gelegenheitsäußerungen beruhten, wurden nicht entschädigt[46]. Aber auch beispielsweise „notorische Rechtsbrecher", „chronische Alkoholiker und asoziale Psychopathen" konnten den Gerichten zufolge nicht Träger der geforder-

---

[40] § 1 (1), USEG.
[41] OLG Stuttgart, Urteil v. 17.2. 1950, 2 EGR 2, in: RzW 1 (1949/50), S.248.
[42] Otto Küster, Anmerkung zum Urteil der Entschädigungskammer Stuttgart v. 5.12. 1949, Es 507 (3931), in: RzW 1 (1949/1959), S.125. Auch bei anderen Gelegenheiten äußerte sich Küster sehr scharf gegen die Entschädigungsansprüche „asozialer Typen". Vgl. etwa ders., Anmerkung zum Urteil des OLG Stuttgart vom 6.6. 1950, EGR 16 – Entschädigung, in: RzW 1 (1949/50), S.340.
[43] OLG Stuttgart, Urteil v. 6.6. 1950, EGR 18, in: RzW 1 (1949/50), S.439. Siehe auch OLG Bremen, Urteil v. 8.7. 1952, WE 16/52, in: RzW 3 (1952), S.298.
[44] Ringelmann in Protokoll der 255. Sitzung des Bundestags-Ausschusses für Rechtswesen und Verfassungsrecht am 7.5. 1953, BA, B141/618.
[45] Graf Finckenstein (Bundesinnenministerium), ebenda.
[46] OLG Stuttgart, Urteil v. 9.6. 1950, EGR 14, in: RzW 1 (1949/50), S.315; OLG Stuttgart, Urteil v. 6.6. 1950,

ten politisch ernsthaften und sittlich gefestigten politischen Überzeugung sein[47]. Die Schwierigkeit, eine solche nachzuweisen, brachte aber auch etwa Personen um ihre Entschädigung, die während des Krieges Auslandssender gehört hatten und dafür eingesperrt worden waren[48]. Hier genügte ebenfalls nicht der Nachweis allein, daß sie wegen dieses Vergehens verfolgt worden waren, entscheidend war die zugrundeliegende sittlich gefestigte politische Anschauung. Die giftigsten Blüten trieb diese Rechtskonstruktion aber im Falle der irrtümlich Verfolgten. So urteilten die Gerichte wiederholt, daß keinen Anspruch auf Entschädigung habe, „wer für einen Gegner oder Staatsfeind gehalten worden war, ohne es zu sein"[49]. War also jemand aufgrund einer Namensverwechslung verfolgt worden, so wurde dies als Versehen, aber nicht als entschädigungswürdige Verfolgung betrachtet. Hingegen ging beispielsweise Württemberg-Baden auf Betreiben Küsters einen anderen Weg: hier wurden auch irrtümlich verfolgte Personen entschädigt[50].

Die Auslegung, daß eine zur Entschädigung berechtigende Verfolgung aus einer Tat resultiert haben mußte, die auf einer sittlich gefestigten politischen Grundeinstellung beruhte, führte aber auch zu anderen „ungeheuren Ergebnissen". Beispielsweise wurden wegen Rassenschande zu jahrelangem Zuchthaus verurteilte Personen „von der Wiedergutmachung ausgeschlossen ... mit der Begründung, sie hätten den Geschlechtsverkehr nicht aus sittlich gefestigter Auffassung gepflogen"[51]. So wies etwa die Wiedergutmachungskammer Stuttgart im August 1950 die Forderung eines Klägers nach Entschädigung für seine Haft wegen Rassenschande ab, da es diesem ausschließlich um die „Befriedigung der Geschlechtslust" gegangen sei[52]. Adolf Arndt, Wiedergutmachungsspezialist der SPD, schlug angesichts dessen erzürnt vor, „Richtern, die derartige Urteile fällten, die Akten um die Ohren zu schlagen"[53].

Doch stand Arndt mit seiner Verurteilung solchen Sittenrichtens am Anfang der fünfziger Jahre weitgehend allein. Als beispielsweise die Wiedergutmachungsreferenten der Länder Mitte 1950 die Frage diskutierten, inwiefern Frauen, die wegen sexueller Beziehungen mit Kriegsgefangenen in ein Konzentrationslager gesteckt worden waren, (Auerbach sprach von „erotisch Verfolgten") Entschädigungsansprüche besäßen, wurde diese Forderung allgemein äußerst skeptisch beurteilt. Küster unterstrich unter dem Beifall der übrigen Anwesenden, daß in Württemberg-Baden nur solche Fälle anerkannt würden, in der derartige Taten in den Rahmen einer

EGR 16, in: RzW 1 (1949/50), S.339; LG München, Urteil v. 16.11. 1950, EK 160/50, in: RzW 2 (1951), S.93.
[47] LG Stuttgart, Urteil v. 20.4. 1950, EGR 103, in: RzW 1 (1949/50), S.315; LG Stuttgart, Urteil v. 25.4. 1950, EGR 30, in: RzW 2 (1951), S.93.
[48] Adolf Arndt in Protokoll der 255. Sitzung des Bundestags-Ausschusses für Rechtswesen und Verfassungsrecht am 7.5. 1953, BA, B 141/618.
[49] LG Stuttgart, Urteil v. 1.8. 1950, EGR 127, in: RzW 2 (1951), S.94. Siehe auch OLG Stuttgart, Urteil v. 6.6. 1950, EGR 16, in: RzW 1 (1950), S.339; LG München, Urteil v. 27.11. 1950, EK 139/50, in: RzW 2 (1951), S.94.
[50] Vgl. Otto Küster, Anmerkungen zum Urteil des OLG Stuttgart, v. 6.6. 1950, EGR 16 – Entschädigung, in: RzW 1 (1949/50), S.339f.
[51] Arndt in Protokoll der 252. Sitzung des Bundestags-Ausschusses für Rechtswesen und Verfassungsrecht am 17.4. 1953, BA, B 141/618.
[52] Wiedergutmachungskammer Stuttgart, Urteil v. 1.8. 1950, ES 1474 ERG 127, in: RzW 2 (1951), S.72.
[53] Protokoll der 252. Sitzung des Bundestags-Ausschusses für Rechtswesen und Verfassungsrecht am 17.4. 1953, BA, B 141/618.

politischen Gesamtüberzeugung fielen, denn prinzipiell seien diesbezügliche Verbote auch in anderen Kultur- und Rechtsstaaten üblich gewesen[54].

Immer wieder stößt man also auf dasselbe Grundproblem: Nicht die Tatsache oder die Schwere der erlittenen Verfolgung bildete die Grundlage der Entschädigungsberechtigung, sondern die Motivation der zugrundeliegenden Verfolgung, sei es auf seiten des Verfolgten oder auf der der Verfolger. Dabei spitzte sich die Frage regelmäßig auf die Definition der spezifisch nationalsozialistischen Verfolgung zu. Diese Unterscheidung spielte insbesondere auch hinsichtlich der Ansprüche der aufgrund des Erbgesundheitsgesetzes Zwangssterilisierten, die bereits bei den Verhandlungen um das Entschädigungsgesetz umstritten gewesen waren, eine herausragende Rolle. Doch überwog bei den zuständigen deutschen Stellen die Meinung, daß diese keine Ansprüche besäßen, da meist keine rassischen, religiösen und politischen Gründe vorlägen[55]. Und Küster betonte: „Entscheidend muß der Grund der Sterilisation sein. Für die normal Sterilisierten (wegen Irrsinn, Erbkrankheiten usw.) soll keine Entschädigung gezahlt werden."[56] Auch hier wurde also in erster Linie auf die Tatsache abgehoben, daß die Zwangssterilisation an sich keine typisch nationalsozialistische Maßnahme und somit das Vorhandensein einer entsprechenden Motivation zur Begründung von Wiedergutmachungsansprüchen erforderlich sei.

Der Zentralverband der Sterilisierten und Gesundheitsgeschädigten kämpfte dagegen Anfang der fünfziger Jahre um die Gleichstellung dieser Gruppe mit den rassisch, religiös und politisch Verfolgten und legte zu diesem Zweck mehreren Länderparlamenten einen Gesetzentwurf vor. Staatssekretär Ringelmann meinte dazu im bayerischen Ministerrat, dies „würde zu einer untragbaren Belastung führen"[57]. Hieran wird erneut deutlich, wie eng rechtsgrundsätzliche und fiskalische Argumente verwoben waren. In Württemberg-Baden bestimmte Küster im Dezember 1951 per Runderlaß, daß nur derjenige Wiedergutmachung nach dem Entschädigungsgesetz beanspruchen könne, der „aus rassischen und politischen Gründen unfruchtbar gemacht worden ist ... Eugenische Gründe sind in diesem Sinne keine rassischen Gründe"[58]. Zweck dieses Erlasses war, wie Küster gegenüber dem Rechnungshof seines Landes erläuterte, den Gesetzentwurf des Zentralverbands der Sterilisierten abzufangen[59].

Aus der Frage nach der Motivation der Verfolger als einer Grundlage des Entschädigungsanspruches resultierte aber auch das gravierende Problem, daß Begründungen aus dem Verfolgungszusammenhang in die Entschädigungsverfahren einflossen. Dieses Problem wurde bereits im Zusammenhang der Ablehnung von Ansprüchen der Nationalverfolgten deutlich, doch spielte es auch etwa im Zusammenhang der Beurteilung von Entschädigungsansprüchen der Zigeuner eine verhängnisvolle Rolle. So teilte Otto Küster bereits Anfang 1950 in einem Runderlaß mit, daß die „Prüfung der Wiedergutmachungsberechtigung der Zigeuner und ‚Zigeunermischlinge' ... zu dem Ergebnis

---

[54] Protokoll über die Sitzung des Koordinierungsausschusses der 11 Länder, 25. 5. 1950, S. 13, BayMJ, 1101a, H. 4.

[55] Siehe dazu etwa Protokoll der Sitzung mit Vertretern des hessischen Innenministeriums, der Fachbehörde Wiesbaden, des Verbands für Freiheit und Menschenwürde und der Gewerkschaft, 5. 12. 1950, HessHStA, Abt. 502, Nr. 2773a.

[56] Protokoll über die Sitzung des Koordinierungsausschusses der 11 Länder am 25. 5. 1950, S. 8, BayMJ, 1101a, H. 4.

[57] Bayerischer Ministerrat, 22. 5. 1951, IfZ-Archiv, NL Hoegner, ED 120, Bd. 367.

[58] Staatsanzeiger Württemberg-Baden, Nr. 99, 22. 12. 1951, „Wiedergutmachungsleistungen an Sterilisierte".

[59] Küster an Rechnungshof Württemberg-Baden, 6. 2. 1952, BadWürtHStA, EA 1/920, Bü. 910.

geführt" habe, „daß der genannte Personenkreis überwiegend nicht aus rassischen Gründen, sondern wegen seiner asozialen und kriminellen Haltung verfolgt und inhaftiert worden ist"[60]. Philipp Auerbach warf deshalb eingedenk seiner eigenen Erfahrungen als Häftling im Gestapo-Gefängnis Berlin-Alexanderplatz sowie in Auschwitz in einem Rundschreiben Küster rassische Diskriminierung der Zigeuner vor[61].

Doch auch die Rechtsprechung beteiligte sich seit Beginn der fünfziger Jahre kräftig daran, den Zigeunern die Anerkennung als rassisch Verfolgte streitig zu machen; hierbei handelte es sich um den offenkundigen Fall eines „roll back" in der Wiedergutmachung. Dies wurde in erster Linie daraus ersichtlich, daß die Gerichte den Zeitpunkt, von dem an eine kollektive Verfolgung der Zigeuner angenommen wurde, immer weiter hinausschoben[62]. Den vorläufigen Schlußpunkt dieser Entwicklung setzte schließlich 1956 der Bundesgerichtshof, der den 1. März 1943, das Datum des sogenannten Auschwitz-Erlasses, in dem die Einlieferung des Großteils der Zigeuner in das Vernichtungslager Auschwitz angeordnet wurde, als Startpunkt ihrer allgemeinen rassischen Verfolgung bestimmte[63].

Wenn es um die Entschädigungsansprüche dieser Gruppe ging, griffen die Gerichte zudem regelmäßig auf die Argumentation der nationalsozialistischen Verfolger zurück und rechtfertigten frühere Maßnahmen, insbesondere die durch Himmler am 27. April 1940 angeordnete Umsiedlung der Zigeuner nach dem Generalgouvernement, mit militärischen Erfordernissen[64]. Hierbei spielte auch eine Rolle, daß ehemalige nationalsozialistische Rasseforscher wiederholt als Gutachter in einschlägigen Prozessen zu Rate gezogen wurden[65]. Vielfach unterstellte man in Urteilsbegründungen eine zur Erbanlage erklärte Asozialität und Kriminalität der Zigeuner und rechtfertigte auf diese Weise gleichermaßen die Notwendigkeit gegen sie gerichteter polizeipräventiver Maßnahmen in der nationalsozialistischen Zeit wie ihre Entschädigungsunwürdigkeit. So hieß es in einem Urteil des OLG Stuttgart vom 19. Juni 1953: „Vom sicherheitspolizeilichen und militärischen Standpunkt aus gefährlich, weil zu Spionagediensten verlockend, war der den Zigeunern als Rasse eingeborene Wandertrieb."[66] Hier konnten sich residuale Vorurteile in einer Weise austoben, wie es gegenüber den Juden nicht mehr möglich war: Kein Entschädigungsbeamter oder -richter hätte es gewagt, laut danach zu fragen, ob ein Jude durch sein Verhalten bestimmte gegen ihn gerichtete Maßnahmen herausgefordert habe. Erst Ende 1963 brachte ein Bundesgerichtsurteil schließlich die Wende und erklärte im Gegensatz zur früheren Rechtsprechung und Entschädigungspraxis nunmehr, eine allgemeine rassische Verfolgung der Zigeuner habe bereits seit 1938 bestanden[67].

[60] Runderlaß E 19 vom 22. 2. 1950, zitiert nach J. S. Hohmann, Geschichte der Zigeunerverfolgung in Deutschland, Frankfurt a.M. u. New York 1981, S. 189.
[61] Protokoll über die Sitzung des Koordinierungsausschusses der 11 Länder, 17. 3. 1950, S. 46, BayMJ, 1091 SA.
[62] Wiedergutmachungskammer Karlsruhe, Urteil v. 2.1. 1951, WG II 193, in: RzW 2 (1951), S. 238; OLG Stuttgart, Urteil v. 19. 6. 1953, ERG 310, in: RzW 4 (1953), S. 285 f.; OLG München, Urteil v. 19. 5. 1953, W-EG 21/53, in: RzW 4 (1953), S. 286. Ein abweichendes Urteil fällte hingegen das OLG Frankfurt, das die Anfänge der rassischen Verfolgung der Zigeuner bereits im Jahr 1935 sah. Vgl. OLG Frankfurt, Urteil v. 18. 3. 1952, 2 W 722/51, in: RzW 4 (1953), S. 139.
[63] BGH-Urteil v. 7. 1. 1956, IV ZR 211/55 (Koblenz), in: RzW 7 (1956), S. 113 ff.
[64] Ebenda; OLG München, Urteil v. 19. 5. 1953, W-EG 21/53, in: RzW 4 (1953), S. 286.
[65] Vgl. etwa Arnold Spitta, Entschädigung für Zigeuner? Geschichte eines Vorurteils, in: Herbst/Goschler (Hrsg.), Wiedergutmachung, S. 398 f.
[66] OLG Stuttgart, Urteil v. 19. 6. 1953, RzW 4 (1953), S. 286.
[67] BGH-Urteil v. 18. 12. 1963, IV ZR 108/63 (Düsseldorf), RzW 15 (1964), S. 209-211. Zur Vorgeschichte dieser

Daraus läßt sich das Resümee ziehen, daß unter dem Druck der Finanzierungsprobleme Behörden und Gerichte dazu neigten, den durch das Entschädigungsgesetz der US-Zone vorgegebenen Rahmen weiter zu verengen. Hierbei wirkten sich sowohl der Grundsatz, daß nicht der Schaden an sich, sondern die der Verfolgung zugrundeliegenden Motive der Verfolgten bzw. der Verfolger ausschlaggebend seien, als auch das partielle Fortwirken von Auffassungen und Vorurteilen aus nationalsozialistischer Zeit zuungunsten mancher Verfolgtengruppen aus.

3. Das Ende der Nachkriegszeit in der Entschädigung?

a) Der Fall Philipp Auerbach

Zu den Kräften, die auf die Durchführung der Entschädigung Einfluß nahmen, gesellte sich schließlich auch noch die bayerische Landpolizei, indem sie im Januar 1951 das Bayerische Landesentschädigungsamt in München besetzte. Diese Aktion, die der damalige Präsident der Behörde, Philipp Auerbach, zornig als einen „Generalangriff auf die Wiedergutmachung und das Judentum"[68] qualifizierte, hatte erhebliche Folgen: Aus ihr resultierte nicht nur ein längerer Stillstand und eine allgemeine Diskreditierung der Wiedergutmachung, sondern auch ein spektakulärer Prozeß gegen Auerbach und einige andere, an dessen Ende sich dieser das Leben nahm. Den direkten Auslöser für diese Vorgänge lieferte der sogenannte „Fall Wildflecken", bei dem versucht worden war, im Stile von Gogols „toten Seelen" für 111 fiktive auswanderungswillige jüdische DP's unter Zuhilfenahme des Bayerischen Landesentschädigungsamtes eine Viertelmillion DM Haftentschädigung von der Stuttgarter Entschädigungsbehörde zu erschwindeln. Doch war dies nur die Spitze des Eisbergs; denn darunter verbargen sich tiefgreifende gesellschaftliche und politische Konflikte um die Stellung der Wiedergutmachung und ihres lautstarken Mentors Philipp Auerbach[69].

Unter der Leitung Auerbachs hatte sich das bayerische Staatskommissariat für rassisch, religiös und politisch Verfolgte zu einer Einrichtung entwickelt, die eher außerhalb als am Rande der normalen Behördenstruktur stand. Es war eine Art von Superbehörde, die alle Belange der ehemaligen Verfolgten übergreifend regelte und dabei häufig mit den Kompetenzen anderer Stellen zusammenstieß. Justizminister Josef Müller führte deshalb bereits 1948 scharfe Attacken gegen Auerbach und das von ihm geleitete Staatskommissariat und erklärte gegenüber der Presse, dieser führe sich wie ein Gauleiter auf[70]. Und unter vier Augen bedeutete er, Bayern wolle sich nicht von einem jüdischen „König" regieren lassen[71]. Aber auch im bayerischen Finanzministerium galt das Staatskommissariat als ein Staat im Staate[72], weshalb dort Ende 1948 die Umbildung in ein Landesamt für Wiedergutmachung beschlossen wurde[73]. Die Hauptveränderung

---

Wendung in der höchstrichterlichen Rechtsprechung siehe auch Hans Günter Hockerts, Anwälte der Verfolgten. Die United Restitution Organization, in: Herbst/Goschler (Hrsg.), Wiedergutmachung, S. 269-271.

[68] Vgl. Süddeutsche Zeitung, 29.1. 1951, „Entschädigungsamt unter Polizeibewachung".

[69] Vgl. dazu auch Constantin Goschler, Der Fall Philipp Auerbach. Wiedergutmachung in Bayern, in: Herbst/Goschler (Hrsg.), Wiedergutmachung, S. 77-98.

[70] Vgl. etwa Neue Zeitung, 14. 10. 1948, „Auerbach heftig angegriffen".

[71] So berichtet von Hendrik George van Dam. Vgl. Protokoll einer Besprechung van Dams mit Landgerichtsrat Aman, 27. 7. 1951, LG München I, Akten des Prozesses gegen Auerbach und drei Andere, 2 KLs 1/52.

[72] Finanzminister Hans Kraus an Ehard, 2. 11. 1948, BayHStA, MA 114240.

[73] Verordnung über die Organisation der Wiedergutmachung, 3. 1. 1948, in: BayGVOBl, Nr. 23, 19. 11. 1948, S. 248 f.

bestand darin, daß Auerbach nicht mehr länger eine Doppelstellung als Vertreter des Staates und der Verfolgten einnahm. Man verlieh ihm zwar den wohltönenden Titel „Generalanwalt für Wiedergutmachung", entzog ihm aber zugleich die Verwaltung und Regelung der Wiedergutmachungsansprüche.

Doch ein Jahr später mußte diese Maßnahme weitgehend zurückgenommen werden, da sich die amerikanische Militärregierung an einigen organisatorischen Begleiterscheinungen gestört hatte, die in ihren Augen zu unliebsamen Behinderungen bei der Durchführung des Rückerstattungsgesetzes führten[74]. Deshalb ordnete die bayerische Regierung am 22. November 1949 die Gründung des Landesentschädigungsamtes mit Auerbach als kommissarischem Präsidenten an[75], womit im Grunde genommen wieder alles beim alten war. Die Strukturelemente einer Sonderverwaltung zur Behebung eines akuten Notstands, die der Situation der unmittelbaren Nachkriegszeit entsprachen und die auch auf den Sonderstatus der Opfer des Nationalsozialismus verwiesen, entwickelten sich aber angesichts der angestrebten „Normalisierung" der gesellschaftlichen Stellung der Verfolgten immer stärker zu einem Anachronismus.

In den Amtsräumen des Landesentschädigungsamtes in der Möhlstraße herrschten unter dem Andrang zahlreicher Verfolgter verschiedenster Nationalitäten chaotische Zustände, die von traditionellen Beamten mit einem gewissen Ekel als „Nachgeburt des Krieges, des Zusammenbruchs, des Chaos"[76] bezeichnet wurden. Staatssekretär Ringelmann meinte dazu: „Ich wüßte in meiner Verwaltung keinen Mann, dem ich so etwas zumuten könnte."[77] Die Wiedergutmachung war schon damals kein Feld für ehrgeizige Karrierebeamte. Auerbach hingegen setzte sich hemdsärmelig und häufig unter beträchtlichem Getöse für die Interessen seiner Klientel ein. Seine Devise war, es sei nicht möglich, die Wiedergutmachung im Stile einer normalen Behörde durchzuführen, vielmehr müsse dies nach kaufmännischen Gesichtspunkten geschehen[78]. Er besaß den Ehrgeiz, die Wiedergutmachung soweit als möglich ohne Haushaltmittel zu finanzieren, und solche Töne vernahm man im bayerischen Finanzministerium durchaus wohlgefällig. Lange Zeit hoffte Auerbach, und mit ihm auch die sparsamen Herren am Odeonsplatz, „daß es möglich sein werde, die Kosten der Wiedergutmachung allein aus dem beschlagnahmten nationalsozialistischen Gut zu decken"[79].

Sein Hauptverdienst in den Augen seiner Vorgesetzten war aber, daß er die ihm zu Beginn seiner Amtszeit ausdrücklich gestellte Aufgabe, möglichst bald die DP's aus dem Land zu bringen[80], mit Bravour erledigte. Der Ministerrat hatte ausdrücklich gebilligt, daß die DP-Haftentschädigungsansprüche unter der Bedingung der Auswanderung vorzugsweise abgefertigt werden sollten. „Der Grund", so erklärte Ringelmann vor dem Bayerischen Landtag, „lag darin, daß uns damals jeder DP alles in allem 3 bis 400 Mark im Monat für Verpflegung, Unterkunft, Betreuung, Bewachung usw. kostete und daß trotzdem nicht verhindert werden konnte, daß die DP's eine dauernde Gefähr-

---

[74] Rundschreiben von Kraus an Staatskanzlei etc. vom 14. 9. 1949, BayHStA, MInn 79667.
[75] Zweite Verordnung über die Organisation der Wiedergutmachung vom 22. 11. 1949, in: BayGVOBl, Nr. 27, 29. 11. 1949, S. 276.
[76] Aussage v. Sebastian Endres, Untersuchungsausschuß zur Prüfung der Vorgänge im Landesentschädigungsamt (UA.LEA), 17. Sitzung, 25. 1. 1952, S. 15, BayLt-Archiv.
[77] Aussage v. Ringelmann, UA.LEA, 4. Sitzung, 23. 8. 1951, S. 37, BayLt-Archiv.
[78] Aussage v. Staatsanwalt Hölper, UA.LEA, 2. Sitzung, 16. 8. 1951, S. 47; Aussage v. Ringelmann, UA.LEA, 4. Sitzung, 23. 8. 1951, S. 36 ff., BayLt-Archiv.
[79] Aussage v. Ringelmann, UA.LEA, 4. Sitzung, 23. 8. 1951, S. 75, BayLt-Archiv.
[80] Aussage v. Seifried, UA.LEA, 6. Sitzung, 31. 8. 1951, S. 106, BayLt-Archiv.

dung der öffentlichen Sicherheit darstellten." Zwar hatten die deutschen Verfolgten gegen die bevorzugte Bearbeitung der DP-Ansprüche protestiert, doch hielt Ringelmann dagegen, es seien 80.000 Leute gewesen, „die auf diese Weise mit je 500 Mark aus dem Land entfernt werden konnten"[81]. Entschädigung wurde hier also zu einem Instrument der DP-Auswanderung. Dies tatkräftig durchgeführt zu haben, galt als persönliche Ruhmestat Auerbachs. Bei der Erledigung dieser Aufgabe wurde so manches Auge zugedrückt. In vielen Fällen hatten Bürgermeister und sogar Polizeibehörden, die gleichfalls daran interessiert waren, die DP's so schnell wie möglich loszuwerden, die Abwicklung dadurch beschleunigt, daß sie bereitwillig an Fälschungen der notwendigen Bescheinigungen teilnahmen[82].

Bei dem Versuch, gleichzeitig die (keineswegs homogenen) Interessen der Verfolgten als auch des bayerischen Staates zu verfechten, geriet Auerbach schließlich zwischen alle Fronten. Zu seinem Erzfeind Josef Müller gesellte sich auch die VVN, nachdem sich Auerbach im Mai 1949 endgültig von ihr getrennt hatte. Auch die Juden in Deutschland standen nur noch partiell hinter ihm: den deutschen Juden war er zu betont jüdisch und den ostjüdischen DP's zu deutsch, zudem irritierte sein Machtbewußtsein. Bedeutender war aber die Gegnerschaft der ausländischen jüdischen Organisationen: für ihren Geschmack vertrat er zu intensiv die Interessen der Juden in Deutschland. Vor allem die Jewish Restitution Successor Organization (JRSO) befand sich in einem Dauerkonflikt mit Auerbach und sann bereits seit längerem darüber nach, ihn loszuwerden[83]. Dabei wurde sie auch von dem stellvertretenden amerikanischen Hohen Kommissar Benjamin B. Buttenwieser unterstützt, der im Zivilleben ein Mann der Wall Street war und zugleich auch dem American Jewish Committee angehörte[84].

In dem Bestreben, die Entschädigung möglichst schnell abzuwickeln und eine große Anzahl von Anträgen zu erledigen, wurden die bürokratischen Grundsätze im Landesentschädigungsamt häufig ignoriert. Gerüchte, daß dort nicht alles ordnungsgemäß funktionierte, kursierten bereits früh, doch reagierte das Finanzministerium auf die wachsende Flut der Anschuldigungen zunächst zurückhaltend, lagen solche doch schon allein in der Natur des Amtes. Dazu kam, daß angesichts der Nützlichkeit der Tätigkeit Auerbachs nicht immer alle Mißstände auf die Goldwaage gelegt wurden. So waren auch der Staatskanzlei frühzeitig Hinweise zu Auerbachs fragwürdigem Doktortitel, der später entscheidend mit zu seiner Verurteilung beitrug, bekannt, doch hieß es dort: „Aber für die entscheidende Frage, wie man mit diesen unzähligen DP's ... in irgendeiner Form fertig werden kann, ... hat die Frage des ‚Doktors' keine so entscheidende Rolle gespielt."[85]

Schließlich war es der amerikanische Landeskommissar für Bayern, George N. Shuster, der den Stein ins Rollen brachte. In einer dramatischen Sitzung am 26. Januar 1951 eröffnete er Ministerpräsident Ehard, das Münchner Militärdistriktsgericht habe wegen

[81] Bayerischer Landtag, 2. Wp. 1950-1954, 186. Sitzung am 10. März 1954, Stenographische Berichte, S. 930.
[82] Hoegner im bayerischen Ministerrat, 20.2.1951, IfZ-Archiv, NL Hoegner, ED 120, Bd. 366.
[83] Vgl. auch unten, Abschnitt II. 2.
[84] Jacob Blaustein an Harry Greenstein, 3.9.1949, YIVO-Archiv, AJC-files, RG 347, GEN-12, Box 22; Paul W. Freedman (American Jewish Committee), „Auerbach Jailed", 20.3.1951, S.17-19; ders., „The Philipp Auerbach Tragedy", 17.9.1952, S.30-33, YIVO-Archiv, AJC-files, FAD 1, RG 347, Box 36. Dort findet sich eine ausgezeichnete Analyse der Hintergründe der Koalition gegen Auerbach und vor allem der jüdischen Opposition.
[85] Aussage v. Gumppenberg (Ministerialrat in der bayer. Staatskanzlei), UA.LEA, 18. Sitzung, 1.2.1951, S.32f., BayLt-Archiv.

angeblicher Fälschungen im Bayerischen Landesentschädigungsamt angeordnet, dieses zu schließen und die Akten zu beschlagnahmen[86]. Um die Angelegenheit in deutscher Hand zu behalten, mußte Ehard die deutsche Staatsanwaltschaft einschalten. Noch in derselben Nacht besetzte ein großes Polizeiaufgebot das Landesentschädigungsamt[87], und am 10. März wurde Auerbach schließlich verhaftet.

Kräftig gefördert durch seinen Intimfeind, Justizminister Müller, ergoß sich nun eine wahre Schlammflut über Auerbach und das Landesentschädigungsamt. Die Arbeit dort wurde für einen längeren Zeitraum völlig blockiert, da die Polizei monatelang Räume und Arbeitskräfte in Beschlag nahm und sämtliche Akten und Anträge kontrollierte. Polizeivizepräsident Weitmann entwickelte in der Angelegenheit eine verhängnisvolle Eigeninitiative, indem er sich quasi zur übergeordneten Entscheidungsinstanz aufwarf, wobei er es insbesondere auf die DP's abgesehen hatte[88]. Da die Fälschungen hauptsächlich diese Gruppe betrafen, wurde nun die bisherige Situation gerade umgekehrt und ihre Ansprüche extrem langsam bearbeitet[89]. Auch etwa in Hessen wurde wegen dieser Vorgänge die Bearbeitung von DP-Anträgen vorläufig eingestellt[90]. Während die deutsche Öffentlichkeit ihre Vorurteile über die Empfänger der Wiedergutmachung bestätigt sah, erschien diese Aktion vor allem bei den Verfolgten sowie im Ausland als ein schwerer Schlag gegen eine zügige Wiedergutmachung[91]. Gegen den eingetretenen Stillstand der Entschädigung richteten sich zahlreiche Proteste, darunter auch ein „äußerst unangenehmes" Schreiben McCloys[92].

Der Prozeß gegen Auerbach und drei weitere Mitangeklagte fand in einer politisch und emotional hochgradig aufgeladenen Atmosphäre statt, stand hier doch der prominenteste Jude Bayerns, Mitglied des Direktoriums des Zentralrates der Juden in Deutschland, gerade sieben Jahre nach Kriegsende einem überwiegend aus ehemaligen Nationalsozialisten zusammengesetzten Gericht gegenüber. Als schließlich am 14. August 1952 das Urteil verkündet wurde, waren etliche zumal der schwersten Vorwürfe fallengelassen worden, doch erkannte das Gericht für passive Bestechung, Untreue, Amtsunterschlagung, versuchten Meineid und unbefugte Führung eines Doktortitels auf zwei Jahre und sechs Monate Gefängnis sowie 2.700 DM Geldstrafe[93]. Mit Ausnahme der Vorwürfe wegen seines zu Unrecht geführten

[86] Aussage v. Hirsch, UA.LEA, 15. Sitzung, 7.12. 1951, S. 32 f., BayLt-Archiv.
[87] Aussage v. Ehard, UA.LEA, 10. Sitzung, 12.10. 1951, S. 59 ff., BayLt-Archiv; Bericht von Justizminister Müller über die Besetzung des Landesentschädigungsamtes, Bayerischer Landtag, 2. Wp. 1950-1954, 11. Sitzung am 8.2. 1951, Stenographische Berichte, S. 158 f.
[88] Siehe dazu etwa den Protest von Finanzminister Zorn, ders. an Weitmann, 19.3. 1951, sowie Verband der Jüdischen Invaliden an die Redaktion des Münchner Merkur, 22.3. 1951, BayHStA, MA 114264.
[89] Josef Müller, Protokoll über Besprechung im Justizministerium zwischen Vertretern des Justizministeriums, der deutschen und der amerikanischen Justiz sowie der Polizei am 29.1. 1951, LG München I, Akten des Prozesses gegen Auerbach und drei Andere, 2 KLs 1/52; Friedrich Zietsch im bayerischen Ministerrat, 14.8. 1951, IfZ-Archiv, NL Hoegner ED 120, Bd. 369.
[90] Daniels (HICOG/Property Division) an Alex F. Kiefer (State Department/Property Division), 24.3. 1951, USNA, RG 59, 262.0041/3-2451.
[91] Siehe etwa Max Bachmann (deutscher Generalkonsul in London) an von Trützschler (Auswärtiges Amt), 14.10. 1952, PA/AA, II 244-13 II, Bd. 9.
[92] McCloy an Ehard, 16.5. 1951, BayHStA, MA 114240; Ehard im bayerischen Ministerrat, 22.5. 1951, IfZ-Archiv, NL Hoegner, ED 120, Bd. 367.
[93] Urteil in der Strafsache gegen Auerbach und drei Andere, S. 2 f., LG München I, 2 KLs 1/52.

Doktortitels stritt Auerbach jedoch weiterhin alle Vorwürfe ab[94]. Als gesundheitlich, finanziell und moralisch zerstörter Mann nahm er sich drei Tage nach dem Urteil das Leben.

Strafrechtliche und politische Aspekte sollten bei einer Bewertung sorgfältig auseinanderhalten werden. Juristisch gesehen besteht kein Zweifel, daß Auerbach kein Unschuldslamm war; das gestanden selbst seine Freunde und Gönner ein. Daß es bei der Erfüllung der schwierigen Aufgabe der Fürsorge und Entschädigung der Verfolgten nicht immer vorschriftsmäßig zuging, blieb nicht verborgen, wurde aber lange Zeit nicht als ausschlaggebend bzw. sogar als vorteilhaft für den bayerischen Staat angesehen. Zunächst stand im Vordergrund, daß Auerbach die Vertretung der Interessen der Verfolgten durchaus mit der Wahrung der Interessen der bayerischen Regierung zu verbinden gewußt hatte, was besonders in der Frage der Finanzierung und vor allem der forcierten Auswanderung der DP's deutlich geworden war. Ein vom Bayerischen Landtag eingesetzter Untersuchungsausschuß, der über die Frage, ob Auerbachs vorgesetzte Stellen ihre Dienstaufsicht verletzt hatten (und nicht über die juristische Schuld Auerbachs[95]) befinden sollte, erklärte dazu in seinem Abschlußbericht: „Solche Aufgaben waren nicht mit normalen Mitteln und auch nicht von Persönlichkeiten zu lösen, die zwar getreu dem Gesetz arbeiteten, der außergewöhnlichen Lage gegenüber jedoch ziemlich hilflos gewesen wären."[96] So hatte der jüdische Rechtsanwalt Benno Ostertag während des Prozesses geschrieben: „Auerbach war der Zauberbesen seiner Regierung, den man in die Ecke stellen konnte, wann immer es seiner Regierung lieb war und der kehren mußte, wann immer sie das wollte."[97]

Die Affäre Auerbach läutete das Ende der Nachkriegszeit in der Wiedergutmachung ein. Der bürokratische Sonderstatus dieser Materie, der immer auch eine Sonderstellung der Verfolgten ausdrückte, wurde nun in Bayern endgültig beseitigt. Dies bedeutete auch eine Zäsur für die Arbeit der Entschädigungsbehörden. Karl Heßdörfer sprach von der Auerbach-Affäre als einem Schock, der eine „Art Kontrollzwang" ausgelöst habe[98]. Die Grundlinien der Entschädigungspraxis wurden künftig nicht mehr in der Möhlstraße, sondern am Odeonsplatz festgelegt: Nun setzte die Herrschaft des Finanzministeriums ein, die bis heute anhält.

[94] „Politisches Testament" Auerbachs, 14.8. 1952, LG München I, Akten des Prozesses gegen Auerbach und drei Andere, 2 KLs 1/52.

[95] Juliane Wetzel schreibt irrtümlicherweise, der Untersuchungsausschuß des Bayerischen Landtags habe Auerbach von den in seinem Prozeß gegen ihn erhobenen Vorwürfen freigesprochen, womit sie eine Fehleinschätzung des von Bruno Weil geleiteten „Committee for Fair Play for Auerbach" übernimmt. Vgl. dies., Jüdisches Leben in München 1945-1951. Durchgangsstation oder Wiederaufbau?, München 1987, S. 62. Richtig daran ist nur, daß dieses Gremium, das keine forensischen Funktionen ausübte, die besonderen Umstände des Verhaltens Auerbachs stärker unter politischen Gesichtspunkten würdigte und ihm von daher eher gerecht wurde.

[96] Schlußbericht des Untersuchungsausschusses zur Prüfung der Vorgänge im Landesentschädigungsamt (Anm. 4), S. 15.

[97] Benno Ostertag, „Auerbach und die bayerische Regierung", in: Allgemeine Wochenzeitung der Juden in Deutschland, 22.2. 1952.

[98] Karl Heßdörfer, Die Entschädigungspraxis im Spannungsfeld von Gesetz, Justiz und NS-Opfern, in: Herbst/ Goschler (Hrsg.), Wiedergutmachung, S. 233.

b) Der Fall Otto Küster

Eine ähnliche Entwicklung zeigte sich auch außerhalb Bayerns. Otto Küster hatte als Staatsbeauftragter für Wiedergutmachung in Württemberg-Baden seinem Land den Ruf als „Musterländle" der Wiedergutmachung erworben. Doch machte er es dabei offenbar nicht allen recht. Das Finanzministerium störte sich daran, daß Küster das Entschädigungsgesetz durch Erlasse und Verordnungen häufig so weit wie möglich zugunsten der ehemaligen Verfolgten interpretierte. Daß er dabei nicht wahllos vorging, offenbarte die Untersuchung der Durchführung des Entschädigungsgesetzes[99]. Ein einflußreicher Widersacher erwuchs Küster aber auch in Gebhard Müller, der nach der Vereinigung des Südweststaates 1952 der erste Ministerpräsident Baden-Württembergs wurde. Nach dem Globalabkommen mit Israel, an dessen Zustandekommen der württembergbadische Wiedergutmachungsbeauftragte als stellvertretender Delegationsleiter beteiligt war, hatte Müller Küster zufolge in internen CDU-Zirkeln kolportiert, dieser sei „Adenauer und Schäffer in den Rücken gefallen, hätte die Bundesrepublik an die Juden verraten und uns um viele Milliarden gebracht;" zudem verschwende er „die Steuergelder Württemberg-Badens an die Juden. Wenn er in Stuttgart an die Macht komme, werde er aufräumen"[100]. Nachdem Müller Ministerpräsident geworden war, drehte sich in der Tat alsbald der Wind: Aus der Regierungserklärung wurde der ursprünglich vorgesehene Satz, die Regierung werde „die Wiedergutmachungsarbeit mit dem bisherigen Ernst weiterführen", gestrichen. Der neue Justizminister, Wolfgang Haussmann, teilte Küster überdies mit, zu den Richtlinien der Politik des Herrn Ministerpräsidenten gehöre es, „daß sich das Land Baden-Württemberg in der Wiedergutmachung nicht mehr so vordränge wie bisher"[101].

Schon früher hatte der württemberg-badische Ministerrat den Auerbach-Skandal zum Anlaß genommen, die heimische Entschädigungspraxis einer Sonderuntersuchung durch den Rechnungshof zu unterziehen. Als der Bericht nach längerer Zeit vorlag, lieferte er dem Finanzministerium die gewünschte Munition für die Forderung, daß grundlegende Erlasse des Justizministeriums in Wiedergutmachungssachen künftig an seine interne Zustimmung gebunden sein sollten[102]. Ein Vertreter des Landesfiskus hielt Küster vor, die Beanstandungen des Rechnungshofes zeigten, „daß seitens der Wiedergutmachungsbehörden Entscheidungen getroffen worden sind, die vom Standpunkt des Steuerzahlers nicht gebilligt werden können". Das Finanzministerium gründete darauf die Forderung, daß ihm künftig „der erforderliche Einfluß" gewährt werden müsse. Gegen den Vorwurf, daß die Entschädigungsbehörden „die fiskalischen Interessen außer Acht gelassen hätten", verteidigte sich jedoch Küster, Baden-Württemberg hätte „weit weniger Aufwendungen gehabt als andere Länder, die nicht im Rufe der Wiedergutmachungsfreundlichkeit stehen. 85-90% der beantragten Renten wurden abgewie-

[99] Christian Pross neigt dagegen in seiner Darstellung zu einer gewissen Glorifizierung Küsters, der ihm hauptsächlich als der „gute" Widerpart zum „bösen" Bundesfinanzministerium dient. Diese dichotomische Betrachtungsweise, die die Geschichte der Wiedergutmachung als Western beschreibt, ist zwar sehr griffig, wird aber der Komplexität der Küsterschen Position nicht gerecht. Vgl. ders., Wiedergutmachung. Der Kleinkrieg gegen die Opfer, Frankfurt a.M. 1988, S. 78-91.
[100] Otto Küster an Franz Böhm, 11.7.1954, abgedruckt in: Freiburger Rundbrief, September 1954, Nr. 25/28, S. 8.
[101] Viktor Renner, Landtag von Baden-Württemberg, 1. Wp. 1952-1956, 43. Sitzung am 5.8.1954, Stenographische Berichte, S. 1809.
[102] Erklärung Küsters gegenüber den Mitarbeitern des Amts für Wiedergutmachung, Stuttgart, 1.7.1954, in: Freiburger Rundbrief, September 1954, Nr. 25/28, S. 5.

sen, das", so Küster, „ist ihnen in den anderen Ländern nicht gelungen"[103]. Dieser eigentümliche Stolz illustriert erneut, daß Küsters Ruf als einer der Heroen der Wiedergutmachung nicht auf verschwenderischer Großzügigkeit beruhte.

Schließlich wurde aufgrund einiger dubioser Anschuldigungen gegen Küster seitens eines entlassenen Mitarbeiters ein Untersuchungsausschuß eingesetzt. Unter den gesammelten Vorwürfen rangierte auch die Dienstbeschwerde von Bundesfinanzminister Fritz Schäffer vom 26. Februar 1954, der auf eine Philippika Küsters gegen die Mängel des unter der Regie seines Ministeriums entstandenen Bundesergänzungsgesetzes hin seinen Mitarbeitern den dienstlichen Umgang mit Küster verboten hatte[104]. Küster hatte in einem Vortrag Ende 1953 in Freiburg „in gewissem Sinn zum Ungehorsam aus höherem Gehorsam" gegenüber dem Geist der Wiedergutmachung aufgefordert[105]. Die Untersuchung durch Landgerichtspräsident Teufel, „einem", wie Küster es formulierte, „würdigen Reaktionär aus der idyllischen Fastnachts-Stadt Rottweil"[106], erbrachte schließlich zwar ein 50-seitiges Dossier, aber keinerlei haltbare Vorwürfe.

Doch am 28. Juni 1954 beschloß der Ministerrat, daß künftig alle Anordnungen des Justizministeriums, die von finanzieller Bedeutung für die Wiedergutmachung waren, der Zustimmung des Finanzministeriums bedurften[107]. Dies war der entscheidende Schlag gegen die Unabhängigkeit der Entschädigungspraxis. Zugleich versuchte man auch die persönliche Unabhängigkeit Küsters zu beschneiden. Er wurde aufgefordert, sich verbeamten zu lassen, was Ministerpräsident Müller ihm gegenüber damit schmackhaft gemacht hatte, „sonst hätte man ja nicht einmal die Möglichkeit eines Disziplinarverfahrens gegen ihn"[108]. Die angebotene Beamtenstelle, die eine deutliche Herabstufung seiner Position bedeutet hätte, war für Küster unannehmbar, und genau darauf zielte dieses Manöver auch. So wurde ihm am 30. Juni mit Wirkung zum Ende des Jahres gekündigt.

Diese Vorgänge waren ziemlich durchsichtig, weshalb die baden-württembergische Regierung in der Öffentlichkeit heftig kritisiert wurde. In dieser Situation kam ihr zu Hilfe, daß Müller durch die Indiskretion eines *Spiegel*-Journalisten ein persönlicher Brief Küsters an Franz Böhm, in dem er seinem Zorn über diese Winkelzüge Luft machte, zugespielt wurde. Unter anderem empörte sich Küster dort: „Was die Wiedergutmachung und mich anbelangt, so haben wir keinen Ministerrat, sondern eine Waschküche von tuschelnden Weibern."[109] Dieser Brief lieferte Müller nun einen Vorwand, Küster schließlich am 4. August fristlos zu entlassen, was bemerkenswerterweise quer durch alle Parteien gebilligt wurde. Nur sein ehemaliger Vorgesetzter, Ex-Justizminister Victor Renner, trat vor dem Stuttgarter Landtag für Küster ein[110].

---

[103] Niederschrift der Sitzung einer Kommission im baden-württembergischen Staatsministerium zur Prüfung der Wiedergutmachungszahlungen am 11.2. 1954, BadWürtHStA, EA 1/920, Bü.710.

[104] Vgl. Otto Küster und die individuelle Wiedergutmachung, in: Freiburger Rundbrief, September 1954, Nr.25/28, S. 6; Anlage 1 zu den Verhandlungen des Landtags von Baden-Württemberg, 1. Wp. 1952-1956, 43. Sitzung am 5.8. 1954: Bericht des Justizministeriums über die Beziehungen zwischen Rechtsanwalt Küster und dem Lande Baden-Württemberg, Stenographische Berichte, S. 1838.

[105] Otto Küster, Das Gesetz der unsicheren Hand. Vortrag in Freiburg am 3. 12. 1953, in: Freiburger Rundbrief, Februar 1954, Nr. 21/24, S. 9.

[106] Küster an Böhm, 11. 7. 1954, in: Freiburger Rundbrief, September 1954, Nr. 25/28, S. 8.

[107] Viktor Renner, Klarheit und Wahrheit, ebenda, S. 20.

[108] Ebenda.

[109] Küster an Böhm, 11. 7. 1954, ebenda, S. 8.

[110] Landtag von Baden-Württemberg, 1. Wp. 1952-1956, 43. Sitzung am 5. 8. 1954, Stenographische Berichte, S. 1807-1823.

Ein zeitgenössischer Kommentar bemerkte, der „Fall Küster" sei letztlich „aus dem unmöglichen Bestreben entstanden, die Wiedergutmachung in den normalen Ablauf des sich konsolidierenden öffentlichen Lebens einzubauen. Man wollte ihr Ärgernis beseitigen."[111] Mit dieser Erklärung ist auch die Gemeinsamkeit der Fälle Auerbach und Küster auf den Punkt gebracht. In Bayern wie in Baden-Württemberg kollidierte die Sonderstellung der Wiedergutmachung im Behördenapparat mit einer politischen Konjunktur, die auf eine „Normalisierung" gegenüber den Verfolgten des Nationalsozialismus drängte. Auerbach und Küster waren persönlich höchst verschieden: der eine ein hanseatisch-jüdischer Chaot, der andere ein schwäbisch-protestantischer Pedant; der eine kein Beamter, weil die Regierung seinen Bereich nicht allzu fest etablieren mochte, der andere, weil es seinen persönlichen Prinzipien widerstrebte. Doch erlitten sie das gemeinsame Schicksal, als bürokratische Außenseiter, die ihre außergewöhnliche Aufgabe mit ungewöhnlichen Methoden verfolgten, verstoßen zu werden.

Auch bei den Auswirkungen auf die Entschädigungspraxis ergeben sich Parallelen. Das amtlich inszenierte Kesseltreiben gegen Küster führte in Baden-Württemberg gleichfalls zu einer tiefen Verunsicherung der Entschädigungsbehörden. Schon Anfang 1954 hatte dieser geklagt, daß die verängstigten Landesämter für Entschädigung kaum noch Leistungen bewirkten, da ihnen die Angst vor dem Rechnungshof im Nacken sitze[112]. Dieser atmosphärische Druck oder Kontrollzwang, wie es Heßdörfer im Zusammenhang des bayerischen Beispiels nannte, wurde dadurch, daß die Durchführung der Entschädigung auch hier weitgehend unter die Herrschaft des Fiskus fiel, keineswegs gemindert. In den Finanzministerien, Rechnungshöfen und ihren Behörden wurden und werden bis auf den heutigen Tag Wiedergutmachungsleistungen in erster Linie unter dem Aspekt der Belastung des Staatshaushalts und des Steuerzahlers betrachtet.

Franz Böhm schrieb deshalb unter dem Eindruck der Entlassung Küsters: „Moralität, Gewissen, Wiederherstellung einer zerstörten und beleidigten Ordnung, Rechtschaffenheitsansehen, ethischer Kredit – das sind alles Aktivposten, die sich in den Haushaltsvoranschlag des Bundes und der Länder nicht mit Zahlen einsetzen und nicht in Geld abschätzen lassen. Die Lücke, die Schadensersatzzahlungen in den Etat reißen, ist das einzig Reale, das sich auf Heller und Pfennig nachweisen läßt. Deshalb haben auch die Finanzminister bei keiner anderen Ausgabenposition so viel Mitleid mit dem Steuerzahler wie bei dieser."[113] Dies war nun in gewissem Sinne auch der Preis dafür, daß die Entschädigung zu einer Aufgabe der öffentlichen Hand und damit verstärkt zum Gegenstand innenpolitischer Konkurrenzzwänge geworden war.

---

[111] Vgl. Wort und Wahrheit, „Rückspiegel", September 1954, zit. nach Freiburger Rundbrief, September 1954, Nr. 25/28, S. 17.
[112] Küster an Staatsministerium, 23. 2. 1954 sowie Rechnungshof Baden-Württemberg an baden-württembergisches Finanzministerium, 9. 4. 1954, BadWürtHStA, EA 1/920, Bü. 710.
[113] Franz Böhm, Zum Ausscheiden Otto Küsters, in: Freiburger Rundbrief, September 1954, Nr. 25/28, S. 13.

II. Rückerstattung unter amerikanischer Aufsicht

1. OMGUS und HICOG als Motoren der Rückerstattung

Anders als bei dem unter deutscher Regie durchgeführten Entschädigungsgesetz der
US-Zone blieb die amerikanische Militärregierung bzw. Hohe Kommission im Falle
des Militärregierungsgesetzes Nr. 59, das die Rückerstattung wiederauffindbaren Eigentums regelte, auch an der Durchführung stark interessiert. Nicht umsonst war dieses
Gesetz durch die Militärregierung erlassen worden: Die deutsche Seite war nicht bereit
gewesen, die politische Verantwortung für ein Gesetz, das so stark von den amerikanischen und jüdischen Interessen geprägt war, zu übernehmen[114]. Die erheblichen Gegensätze, die bei der Entstehung des Gesetzes deutlich wurden, kamen natürlich erst
recht bei der Durchführung zum Tragen, zumal diese überwiegend in die Zeit nach
Gründung der Bundesrepublik fiel, als wachsende Souveränitätsansprüche immer stärker mit dem besatzungsrechtlichen Grundcharakter eines solchen Militärregierungsgesetzes kollidierten.

Zweck des Gesetzes war die Regelung der Rückerstattung wiederauffindbaren Vermögens, das in der Zeit vom 30. Januar 1933 bis 8. Mai 1945 aus Gründen der Rasse,
Religion, Nationalität, Weltanschauung oder der politischen Gegnerschaft zum Nationalsozialismus ungerechtfertigt entzogen worden war, an die rechtmäßigen Eigentümer. Es forderte zudem die „schleunige Rückerstattung im größtmöglichen Umfang"[115]. Dieses Ziel des Rückerstattungsgesetzes wurde dem amerikanischen Hohen
Kommissar auch noch einmal eigens zur Pflicht gemacht: Es gehörte zu den Aufgaben,
die er bis zur Ablösung des alliierten Besatzungsstatuts erledigen sollte[116]. Das Amt des
amerikanischen Hohen Kommissars konkretisierte dies und nannte den 31. Dezember
1951 als vorgesehenen Endpunkt für die Durchführung des Gesetzes[117]. Eine solch
ehrgeizige Absicht lag natürlich im Interesse der Geschädigten. Zugleich ging es aber
vor allem darum, so bald als möglich Ruhe auf diesem konfliktträchtigen Gebiet ein-
kehren zu lassen. Daneben wies Washington am 17. November 1949 McCloy u. a. auch
an, eine Übereinkunft mit seinen britischen und französischen Kollegen zu suchen, um
die deutsche Regierung gemeinsam zum baldigen Erlaß eines möglichst eng an das
amerikanische Militärregierungsgesetz Nr. 59 angelehnten bundeseinheitlichen Rück-
stattungsgesetzes zu bewegen[118]. Ziel der amerikanischen Politik war also zunächst
einmal schleunige Abwicklung der Rückerstattung in der US-Zone und dann nach
Möglichkeit Ausdehnung der amerikanischen Regelung auf die Bundesrepublik[119].

Aber bereits im Sommer 1950 wurden die Harmonisierungsbestrebungen zugunsten
der beschleunigten Durchführung des Militärregierungsgesetzes Nr. 59 in der US-Zone

---

[114] Vgl. Drittes Kapitel, Abschnitt II. 4.

[115] § 1, Gesetz Nr. 59 der amerikanischen Militärregierung (USREG), in: Amtsblatt der amerikanischen Militärregierung Deutschlands, Ausgabe G, 10. 11. 1947, S. 1.

[116] Siehe u. a. C.A. McLain (HICOG/General Counsel) an Executive Secretary, o.Dat. (ca. Nov./Dez.1949),
IfZ-Archiv, MF 260, OMGUS-LD 17/200-2/8.

[117] Siehe u. a. McCloy an Ehard, 23. 1. 1950, BayMJ, 1101a, H. 7.

[118] § 34 der Policy Directive vom 17. 11. 1949. Siehe Daniels an State Department, 29. 6. 1950, USNA, RG 59,
262.0041/6-2950.

[119] Siehe auch einen Bericht von Joel D. Wolfsohn (AJDC) über eine Besprechung im State Department am 2. 8.
1949, in der Übereinstimmung mit der entsprechenen Auffassung der amerikanischen jüdischen Organisationen geäußert wurde: Wolfsohn an Simon Segal, 3. 8. 1949, YIVO-Archiv, RG 347, AJC, Records GEN-10,
Box 276.

aufgegeben. Grund dafür waren die wachsenden Schwierigkeiten bei dem amerikanischen Versuch, „gleichzeitig auf zwei Pferden zu reiten"[120], d. h. eine schnelle Abwicklung und eine weitgehende Übernahme der US-Regelung durch Briten und Franzosen zu erreichen. So bat die amerikanische Hohe Kommission Ende Juni das State Department um eine Änderung der bisherigen Richtlinien, die die Harmonisierung der Rückerstattungsgesetzgebung der Bundesrepublik bzw. Bemühungen um den Erlaß eines einheitlichen bundesdeutschen Rückerstattungsgesetzes vorsahen. Weitere Verhandlungen mit den Alliierten erschienen nun als aussichtslos, nachdem mit der Verkündung eines Rückerstattungsgesetzes in der britischen Zone und der geplanten Bestimmung einer Nachfolgeorganisation für erbenloses jüdisches Eigentum in der französischen Zone wenigstens ein Minimum an Einheitlichkeit erreicht worden war[121]. Dazu trat das schwerwiegende Argument, daß die amerikanischen Bestrebungen auf Vereinheitlichung oder Harmonisierung der Rückerstattung deutsche Hoffnungen auf eine Milderung des Gesetzes nährten[122]. Am 19. Juli stimmte US-Außenminister Dean Acheson dem vorgeschlagenen Kurswechsel förmlich zu. Zugleich unterstrich er aber, daß „die Rückerstattungspolitik des Ministeriums hinsichtlich der Auffassung, daß das Programm beschleunigt und so schnell als möglich zum Abschluß gebracht werden soll, unverändert bleibt"[123].

Doch bildete der deutsche Widerstand gegen die alliierten Rückerstattungsgesetze, der sich besonders an der als drakonisch verschrienen Regelung in der US-Zone entzündete, ein ernstes Hindernis für dieses Vorhaben. Vor allem seit Gründung der Bundesrepublik forderten zahlreiche Initiativen auf parlamentarischer Ebene, seitens der Verbände der Rückerstattungsgeschädigten sowie auch der Industrie lautstark die Abmilderung der alliierten Rückerstattungsbestimmungen. Als bevorzugter Weg erschien dazu für eine gewisse Zeit die Vereinheitlichung der alliierten Rückerstattungsgesetze – wobei unterstellt wurde, daß dies zu einer gegenüber dem Gesetz der amerikanischen Zone günstigeren Lösung führen würde[124]. Im Zentrum der Agitation gegen die Rückerstattung standen Interessenverbände der Restitutionsgeschädigten. In der US-Zone bildete sich die „Interessensgemeinschaft der Rückerstattungspflichtigen", die sich im Frühjahr 1950 mit ähnlichen Vereinigungen der anderen Zonen zur „Bundesvereinigung für loyale Rückerstattung" zusammenschloß[125]. Diese Vereinigungen entfalteten eine wirksame lobbyistische Tätigkeit in den Landtagen und im Bundestag. Sie stellten ihre Forderungen unter die Devise einer „loyalen Restitution", ein Begriff der bewußt mehrdeutig gehalten war. Kritisiert wurden sowohl unbezweifelbare Härten der Rückerstattung, etwa im Falle, daß arisiertes Vermögen unwissend aus zweiter Hand erworben war oder daß kleine Bauern aus Staatshand arisiertes Land gekauft hatten, aber das Spektrum reichte auch bis hin zu einer Ablehnung der Rückerstattung in toto[126]. Die Kritik richtete sich dabei hauptsächlich gegen die Fälle, in denen es sich um jüdische Rückerstattungsforderungen handelte, wobei immer wieder deutlich wur-

[120] John Rintels (HICOG/Office of General Counsel/Administration of Justice Division), Minutes of Meeting with the High Commissioner, 10. 4. 1950, WNRC, RG 466, McCloy Papers, Box 12.
[121] Vgl. Fünftes Kapitel, Abschnitt V. 1.
[122] Daniels an State Department, 29. 6. 1950 (Anm. 118).
[123] Acheson an HICOG Frankfurt, Property Division, 19. 7. 1950, USNA, RG 59, 262.0041/6-2950.
[124] Vgl. dazu auch Schwarz, Rückerstattung nach den Gesetzen der Alliierten Mächte, München 1974, S. 69-95.
[125] Highlights of Property Division Activities for May 1950, USNA, RG 59, 262.0041/6-1350.
[126] Ebenda. Vgl. auch Schwarz, Rückerstattung nach den Gesetzen der Alliierten Mächte, S. 71 ff.

de, wie mäßig das Bewußtsein für die kollektive Verfolgungssituation der Juden unter dem NS-Regime hier entwickelt war. So argumentierte die in Berlin erscheinende Zeitschrift *Der Grundbesitz* – Untertitel: „Eine Zeitschrift für Eigentümer und Verwalter" –, daß „ganz allgemein in der Arisierung die tatsächliche Wiedergutmachung gesehen wurde", denn jüdische Spekulanten hätten in der Inflationszeit in großem Umfang Immobilien zu Spottpreisen errafft[127].

Einen Zankapfel bildete aber auch das Verfahren der Rückerstattung. Hauptstreitpunkt war dabei der amerikanische Board of Review in Nürnberg, der als oberste Nachprüfungsinstanz alle Urteile der deutschen Rückerstattungsgerichtsbarkeit überwachte und kassieren konnte[128]. 1950 wurde daraus der Court of Restitution Appeals (CORA). Neben der zentralen Anmeldestelle in Bad Nauheim war dies die einzige Einrichtung, die direkt unter amerikanischer Kontrolle stand, alle übrigen 47 in der US-Zone mit der Durchführung der Rückerstattung befaßten Ämter und Gerichte waren deutsch[129]. Daß es kein vergleichbares Kontrollinstrument gab, das die Entschädigungspraxis der deutschen Ämter und Gerichte hätte überprüfen können, verdeutlicht noch einmal das unterschiedliche amerikanische Engagement im Bereich von Rückerstattung und Entschädigung[130].

Dabei gab es gute Gründe für eine solche Überwachungsinstanz im Bereich der Rückerstattung: Erstens war bei der Auseinandersetzung um die Entstehung des Militärregierungsgesetzes Nr. 59 deutlich geworden, daß es im Widerspruch zu einer Anzahl von herkömmlichen deutschen Rechtsauffassungen stand, insbesondere was den im Bürgerlichen Gesetzbuch verankerten Schutz des gutgläubigen Erwerbers betraf. Hinzu kam, daß beide Seiten, Kläger wie Pflichtige, versuchten, durch Einwirkung auf die Auswahl der Richter für das Rückerstattungsverfahren die Tendenz der Rechtsprechung zu beeinflussen. Bereits im Frühjahr 1948 forderte die amerikanische Militärregierung das American Jewish Distribution Committee (AJDC) ultimativ auf, ihren Vertreter Werner Peiser aus Deutschland zurückzuziehen, nachdem sie erfahren hatte, daß er in den Ländern der amerikanischen Zone die Auswahl der Richter für die Wiedergutmachungskammern der Landgerichte beeinflußt hatte[131]. Umgekehrt wurde Anfang 1949 bekannt, daß besonders in Bayern Bemühungen von interessierter Seite erfolgreich waren, solche Richter zu plazieren, von denen man antijüdische Urteile erwarten konnte[132]. Die Forderung nach der vorzugsweisen Beschäftigung von nichtnationalsozialistisch vorbelasteten Richtern auf diesem Gebiet bereitete allerdings erhebliche praktische Schwierigkeiten: Es gab einfach zu wenige, die dieses Kriterium erfüllten. Hinzu kam, daß die kleine Schar der unbelasteten Richter bereits im Zuge der

---

[127] Der Grundbesitz, Nr. 5, Mai 1949, S. 29.

[128] Ausführungs-Verordnung Nr. 4 zum Gesetz Nr. 59 der amerikanischen Militärregierung, in: Amtsblatt der Militärregierung Deutschland, Amerikanisches Kontrollgebiet, Ausgabe K, 1.9. 1948, S. 1. Vgl. auch Schwarz, Rückerstattung nach den Gesetzen der Alliierten Mächte, S. 275 f.

[129] Auflistung der Wiedergutmachungsämter in E.N. Reinsel an den Leiter des Zentralanmeldeamtes in Bad Nauheim, 21.2. 1948, HessHStA, Abt. 502, Nr. 2773a.

[130] Eine solche Einrichtung schlug noch Ende 1951 der amerikanische Kongreß-Abgeordnete Jacob Javits den US-HICOG-Vertretern vor, doch wurde er belehrt, daß der Zug für eine derartige Maßnahme längst abgefahren sei. Siehe Transcript of Briefing for the Special Sub-Committee of the House Foreign Affairs Committee (German Study Mission), 12.11. 1951 (Anm. 6).

[131] Charles LaFollette (OMGB) an General George P. Hays, 5.3. 1948. Sowie Hays an Clay, 18.3. 1948, IfZ-Archiv, MF 260, OMGUS, AG 1948/184/1.

[132] John M. Raymond an Administration of Justice Branch, Legal Division, Nürnberg, 8.1. 1949, IfZ-Archiv, MF 260, OMGUS-LD 17/214-2/8.

Entnazifizierung verschlissen worden war[133]. So war die amerikanische Militärregierung letztlich zu dem Schluß gekommen, besser nicht direkt in die Personalauswahl einzugreifen, sondern die Entscheidungen dieser Richter scharf zu beobachten[134]. Der hartnäckige deutsche Widerstand gegen eine Rückerstattung nach den Normen des amerikanischen Militärregierungsgesetzes Nr. 59 stellte jedoch die amerikanischen Pläne über einen schleunigen Abschluß des Verfahrens ernstlich in Frage. Das ehrgeizige Ziel der amerikanischen Hohen Kommission, die Abwicklung des Rückerstattungsgesetzes bis Ende 1951 abzuschließen, ging von der Erwartung einer hohen Quote außergerichtlicher Vergleiche aus[135]. Aufgrund kursierender Gerüchte über bevorstehende Milderungen der Bestimmungen sank jedoch auf Seiten der Pflichtigen die Bereitschaft zu derartigen Vergleichen, da sie vielfach, in der Hoffnung, daß sich die rechtliche Lage in der Zwischenzeit zu ihren Gunsten ändern würde, lieber auf dem Weg durch alle Instanzen das Verfahren in die Länge zogen[136].

McCloy und seine Mitarbeiter taten ihr Bestes, um eine solche Entwicklung zu verhindern. Demonstrative Erklärungen bei verschiedenen Anlässen sollten Zweifel an der amerikanischen Entschlossenheit zur uneingeschränkten Durchführung des Rückerstattungsprogramms zerstreuen. So trat im Dezember 1949 das Amt des amerikanischen Hohen Kommissars öffentlich und demonstrativ den Gerüchten über eine Änderung der amerikanischen Rückerstattungspolitik entgegen[137], nachdem auch in den USA bereits besorgte Stimmen laut geworden waren[138]. Großes Aufsehen erregte McCloys Rede in Stuttgart anläßlich der Eröffnung des Amerikahauses am 6. Februar 1950, in der er nicht nur die allgemeinen aktuellen Grundlinien der amerikanischen Deutschlandpolitik darlegte, sondern auch explizit auf Fragen der Wiedergutmachung einging. McCloy zufolge entsprach es „weiterhin der amerikanischen Politik, allen Personen und Organisationen, die durch rassische oder politische Diskriminierung während der Nazizeit ihres Eigentums beraubt wurden, dieses Eigentum zurückzuerstatten oder ihnen eine adäquate Entschädigung zukommen zu lassen. Es entspricht der amerikanischen Politik, daß alle Personen, die aus rassischen, ideologischen oder religiösen Gründen von den Nazis verfolgt wurden und körperliche Schäden oder Verletzungen erlitten, entschädigt werden ... Ein Wiederaufbau ohne Rücksicht auf diese Verpflichtungen würde verkehrt sein und ein Omen für ein zukünftiges Unglück darstellen."[139] Hierbei bezog er sich ausdrücklich auf offizielle Anweisungen, die ihm bei seinem jüngsten Besuch in Washington mitgegeben worden waren.

Wenige Monate später erneuerte McCloy diese Erklärungen anläßlich der Eröffnung des Amerikahauses in Hannover. Dabei tadelte er insbesondere die zögerliche deutsche Haltung bei der Rückerstattung und hob hervor, daß der „Geist und die Schnelligkeit,

[133] Ritter von Lex (Ministerialdirigent im bayer. Innenministerium) an bayerisches Justizministerium, 25. 6. 1948, BayHStA, MInn 79666.
[134] Raymond an OMGUS, Administration of Justice Branch, 8. 1. 1949, IfZ-Archiv, MF 260, OMGUS-LD 17/214-2/8.
[135] Zum Anteil der einzelnen Verfahrensstufen und der Vergleiche vgl. Schwarz, Rückerstattung nach den Gesetzen der Alliierten Mächte, S. 349-356.
[136] McLain an Executive Secretary, (ca.Nov./Dez.1949), IfZ-Archiv, MF 260, OMGUS-LD 17/200-2/8.
[137] Office of the U.S. High Commissioner for Germany, Press Release, 19. 12. 1949, USNA, RG 59, 262.0041, Box 1041.
[138] Siehe z.B. Bruno Weil an HICOG, 17. 11. 1949, IfZ-Archiv, MF 260, OMGUS-LD 17/200-2/8.
[139] Ansprache McCloys in Stuttgart am 6. 2. 1950, in: John J. McCloys Reden zu Deutschland- und Berlinfragen. Publizistische Aktivitäten und Ansprachen des Amerikanischen Hochkommissars für Deutschland 1949-1952, hrsg. v. Erika J. Fischer u. Heinz D. Fischer, Berlin 1986, S. 67.

mit der es (sci. das deutsche Volk) ihr nachkommt, ... in beträchtlichem Ausmaße die Haltung der anderen Völker beeinflussen" werde[140]. Auch bei späteren Gelegenheiten drängten der amerikanische Hohe Kommissar und sein Stab auf die beschleunigte Abwicklung der Rückerstattung[141], und McCloy nutzte weiterhin jede Gelegenheit, die Deutschen darauf hinzuweisen, daß eine Abschwächung der Rückerstattung nicht in Frage komme[142].

Zugleich drängten sie wiederholt auf konkrete Schritte zur schnelleren Abwicklung der Rückerstattungsverfahren. Zu diesem Zwecke fanden regelmäßige Besprechungen mit den zuständigen deutschen Stellen statt, bei denen auf das Bearbeitungstempo gedrückt wurde. McCloy selbst trat mehrfach an die Ministerpräsidenten der US-Zone heran, um geeignete Maßnahmen zur Beschleunigung des Rückerstattungsprogramms anzumahnen. So wies er etwa den württemberg-badischen und den bayerischen Ministerpräsidenten im Januar 1950 darauf hin, daß zur Einhaltung der avisierten Frist bis Ende 1951 eine Verdrei- bzw. Vervierfachung des personellen und materiellen Aufwandes dringend erforderlich sei[143]. Die Entwicklung der Bearbeitungszahlen sowie die Verwirklichung der geforderten Maßnahmen wurde ständig überprüft, wobei die Angesprochenen den Wünschen des Hohen Kommissars freilich nur zum Teil nachkamen[144]. Sowohl finanzielle Schwierigkeiten als auch das bereits erwähnte Problem, genügend unbelastete Juristen für dieses Gebiet zu finden, machten die Erfüllung dieser Wünsche selbst bei gutem Willen schwierig[145].

2. Die JRSO im Konflikt mit den jüdischen Gemeinden und den Ländern

Einer der zentralen Streitpunkte bei der Entstehung des Rückerstattungsgesetzes war die Frage der jüdischen Nachfolgeorganisationen gewesen. Das gemeinsame Komitee der amerikanischen jüdischen Organisationen, das auch entscheidenden Anteil an der Ausgestaltung dieses Gesetzes hatte, begann bereits im Frühjahr 1947 mit den Vorbereitungen für eine solche jüdische Nachfolgeorganisation, wobei es sich vor allem auf die durch den amerikanischen Militärgouverneur Lucius D. Clay gegebenen Zusagen stützte. Im Mai 1947 kam es zur Gründung der „Jewish Restitution Commission" (JRC) mit Sitz in New York. Um die geforderte Repräsentativität zu erreichen, wurden eine ganze Reihe weiterer amerikanischer und außeramerikanischer jüdischer Organisationen aufgenommen, darunter auch die „Interessensvertretung Israelitischer Kultusgemeinden" in der US-Zone, die sich durch Philipp Auerbach vertreten ließ[146]. Im No-

---

[140] Ansprache McCloys in Hannover am 22.5. 1950 vor Kulturpolitikern, in: ebenda, S. 89f.

[141] Siehe dazu Minutes of Meeting Held on November 7, 1950, Headquarters Building, Frankfurt, between the U.S. High Commissioner and the Ministerpresidents of the Four Laender in the U.S Zone, WNRC, RG 466, McCloy Papers, Box 21: „McCloy expressed concern about the tendency among the courts, particularly in Bavaria, to drag their feet in restitution cases, apparently on the assumption that control of a restitution program will be relinquished by the Allies in the next future."

[142] Vgl. Neue Zeitung, 10.10. 1950, „Freiheit und Frieden nur durch gemeinsame Anstrengungen" (Text der Rundfunkansprache McCloys am 8.10.); McCloy an die Ministerpräsidenten der US-Zone, 11.6. 1951, abgedruckt in: Bayerischer Landtag, 2. Wp. 1950-1954, Drucksachen, Beilage 1138.

[143] McCloy an R. Maier, 24.1. 1950, BadWürtHStA, EA 1/90, Bü. 709; McCloy an Ehard, 23.1. 1950, BayMJ, 1101a, H. 7.

[144] Siehe etwa Charles P. Gross an R. Maier, 2.6. 1950 u. 18.7. 1950, BadWürtHStA, EA 1/90, Bü. 709.

[145] Siehe u.a. Konrad (Staatssekretär im bayer. Justizministerium) an Hans Ehard, 3.2. 1950, BayMJ, 1101a, H. 7; Küster an R. Maier, 24.2. 1950, BadWürtHStA, EA 1/90, Bü. 709.

[146] Irwin S. Mason an W.C. Haraldson, 30.1. 1948, IfZ-Archiv, MF 260, OMGUS, POLAD 793/46. Vgl. auch

vember, kurz vor der Verabschiedung des Rückerstattungsgesetzes, wandte sich ihr Präsident Edward M. Warburg schließlich an das State Department mit der Bitte um Anerkennung der JRC als jüdische Nachfolgeorganisation im Rahmen des Militärregierungsgesetzes Nr. 59[147].

Die Absicht des State Departments, diesem Wunsch nachzugeben[148], traf allerdings auf den Widerstand des War Departments. Major General Daniel Noce, der dort Chef der Civil Administration war, teilte dem State Department am 23. Dezember die Auffassung seines Ministeriums mit, „daß eine ausländische oder nichtdeutsche Organisation nicht zur Nachfolgeorganisation für erbenloses Eigentum unter Militärregierungsgesetz Nr. 59 ernannt werden sollte, und daß erbenloses Eigentum von Verfolgten innerhalb Deutschlands für die Hilfe und Rehabilitierung von Personen der selben Herkunft wie die früheren Besitzer verwendet werden sollte"[149]. Angesichts der Tatsache, daß die Amerikaner die alliierten Verhandlungen im Kontrollrat über ein gemeinsames Rückerstattungsgesetz hauptsächlich wegen der Forderung nach einer konfessionellen, nichtdeutschen Nachfolgeorganisation hatten scheitern lassen, war dies eher verwunderlich.

Die amerikanische Militärregierung in Deutschland drängte dagegen nunmehr auf eine schnelle Entscheidung, hatte man doch die Anmeldefrist für die Rückerstattungsansprüche reichlich knapp bemessen: Nur Anmeldungen bis zum 31. Dezember 1948 waren gültig. Die restriktive Ausschlußfrist diente dem Zweck, so rasch als möglich für Rechtssicherheit auf diesem Gebiet zu sorgen. Nachdem Clay dem War Department bedeutet hatte, daß in der Frage einer jüdischen Nachfolgeorganisation bindende Absprachen mit den jüdischen Organisationen bestanden, von denen man nicht ohne Gesichtsverlust Abstand nehmen könne[150], erkannte Washington schließlich Anfang April die Jewish Restitution Commission formell an[151]. Allerdings änderte sie auf Wunsch der amerikanischen Militärregierung ihre Bezeichnung in Jewish Restitution Successor Organization (JRSO) – dies sollte dem Eindruck entgegenwirken, daß es sich hier um eine regierungsamtliche Einrichtung handle[152].

Durch diese Querelen ging kostbare Zeit verloren, weshalb die jüdischen Organisationen versucht hatten, die Arbeit schon vor der offiziellen Anerkennung der JRSO aufzunehmen. Sie entsandten Repräsentanten in die US-Zone, die mit dem Aufspüren des erbenlosen Eigentums beauftragt waren. Neben den Schwierigkeiten, die sich aus der Quasi-Illegalität ihrer Tätigkeit ergaben, machte ihnen dabei insbesondere die häufig ausgesprochen unfreundliche Haltung zu schaffen, mit der sie von den Vertretern der deutschen jüdischen Gemeinden empfangen wurden[153]. Diese sahen ihre eigenen

Ernest H. Weisman, Die Nachfolge-Organisationen, in: Das Bundesrückerstattungsgesetz, von Friedrich Biella u. a., München 1981, S. 728.
[147] Edward M. Warburg an Secretary of State, 3. 11. 1947, USNA, WDCAD, RG 165, Box 358.
[148] Entwürfe für Genehmigungsschreiben von Capt. Hemmendinger (Dept. of State) v. 26. 11. u. 2. 12. 1947, USNA, WDCAD, RG 165, Box 358.
[149] Daniel Noce an Charles E. Saltzman (Assistant Secretary of State), 23. 12. 1947, USNA, WDCAD, RG 165, Box 358.
[150] Clay an Noce, 7. 2. 1948, IfZ-Archiv, MF 260, OMGUS, POLAD 793/46.
[151] War Department, CSCAD, an OMGUS, 3. 4. 1948, IfZ-Archiv, MF 260, OMGUS, AG 1948/184/1.
[152] Hays an Chief of Staff US Army for CSCAD, 31. 1. 1948, IfZ-Archiv, MF 260, OMGUS, POLAD 793/46.
[153] Siehe etwa den geharnischten Brief Werner Peisers (Restitution Consultant des AJDC) vom 30. 11. 1947 an den Vorsitzenden der Israelitischen Kultusgemeinde Württemberg Josef Warscher, in dem er sich über den Hinauswurf eines von ihm beauftragten Vertreters beschwert: „What's on your mind? Since when can a German Jewish community send home an employee of an American Palestine organization backed up by

Interessen am Eigentum der früheren jüdischen Gemeinden durch die JRSO bedroht, die gleichfalls große Teile dieser Werte für sich reklamierte und durch die Ausführungsverordnung Nr. 3 zum Militärregierungsgesetz Nr. 59 in die Nachfolgeschaft des ehemaligen Gemeindevermögens eingesetzt wurde[154]. In der Tat konnten die jüdischen Nachkriegsgemeinden in Deutschland sowohl zahlenmäßig als auch in ihrer Zusammensetzung nur bedingt als Nachfolger der früheren jüdischen Gemeinden gelten[155]. Im Februar 1948 klagte der vom American Joint zur Vorbereitung der Arbeit der JRSO befaßte Werner Peiser seiner vorgesetzten Stelle in Paris: „The more things advance the more obvious becomes the attitude of the German Jewish Communities which strive to eliminate the Successor Organization."[156] Tatsächlich hätte sich zu diesem Zeitpunkt mit einiger Berechtigung auch das Gegenteil behaupten lassen können. Insbesondere Philipp Auerbach geriet über diese Fragen in heftige Konflikte mit der JRSO, der er, wie gesagt, selbst als Vertreter der jüdischen Gemeinden in der US-Zone angehörte, weshalb sie längere Zeit nach einem Weg suchte, ihn loszuwerden[157].

Doch wurden die Ansprüche der JRSO auch von anderer Seite bedroht. Im Dezember 1948 beantragte das Polnische Rote Kreuz, als Nachfolgeorganisation für das erbenlose Eigentum polnischer Staatsangehöriger in der US-Zone anerkannt zu werden. Die Ansprüche überschnitten sich dabei zum großen Teil mit denen der JRSO. Die amerikanische Militärregierung zögerte deshalb, dem Polnischen Roten Kreuz den gewünschten Status zu verleihen, fürchtete sie doch, daß scheinbar geklärte Fragen wieder neu gestellt werden könnten und dies letztendlich in eine Kritik ihrer Politik münden würde, die der JRSO als einer amerikanischen Gesellschaft das Recht, ehemaliges deutsches Eigentum zu beanspruchen und aus Deutschland fortzuführen, zugestand: „It is desirable to avoid further controversy on this subject."[158] Washington vermerkte dazu kategorisch, daß der Antrag des Polnischen Roten Kreuzes auf Anerkennung als Nachfolgeorganisation „abgelehnt werden solle, und daß die JRSO alles Eigentum polnischer Staatsbürger erhalten solle, die unter die in ihrer Ernennung geregelte Zuständigkeit fielen. Es besteht kein rechtliches Hindernis."[159] Der Kalte Krieg und die Verpflichtung gegenüber der JRSO als einer amerikanischen Organisation dürften die Überwindung der eventuell vorhandenen Bedenken erleichtert haben.

Auch Versuche von gewerkschaftlicher Seite, als Nachfolgeorganisationen für erbenloses Gewerkschaftsvermögen ernannt zu werden, hatten keinen Erfolg. Das heißt freilich nicht, daß die Gewerkschaften keine Möglichkeit gehabt hätten, derartiges Vermögen zu beanspruchen; sie mußten allerdings jeweils individuell den Nachweis

more than 5.000.000 Jews?", IfZ-Archiv, MF 260, OMGUS-CAD 17/261-2/1. Vgl. auch Weisman, Nachfolge-Organisationen, S. 785 f.

[154] Ausführungs-Verordnung Nr. 3 zum MRG 59, Amtsblatt der Militärregierung Deutschland, Amerikanisches Kontrollgebiet, Ausgabe J, 1. 8. 1948, S. 3-5.

[155] Vgl. Ben Ephraim, Der steile Weg zur Wiedergutmachung, in: Die Juden in Deutschland, 1958/59 – 5719, Ein Almanach, hrsg.v. Heinz Ganther, Hamburg 1959, S. 296; Harry Maòr, Über den Wiederaufbau der jüdischen Gemeinden in Deutschland seit 1945, Mainz 1961, S. 153f.

[156] Peiser an Georg Weis (AJDC, Paris), 11. 2. 1948, IfZ-Archiv, MF 260, OMGUS-CAD 17/261-2/1.

[157] Jerome J. Jacobson (AJDC, Paris) an Eli Rock (AJDC, New York), 14. 10. 1949, Anlage: Memorandum von Benjamin Ferencz an Moses Leavitt, YIVO-Archiv, RG 347, AJC, Records FAD-1, Box 36; Nehemiah Robinson an Hevesi u. Rock, 13. 11. 1950, ebenda.

[158] Hays an Department of the Army/CSCAD, for Lynch, 18. 12. 1948, IfZ-Archiv, MF 260, OMGUS, AG 1949/9/5.

[159] Department of the Army from CSCAD an OMGUS, 18. 12. 1948, IfZ-Archiv, MF 260, OMGUS, AG 1949/9/5.

führen, daß sie als Nachfolger für das betreffende Vermögen in Frage kamen[160]. So blieb die JRSO schießlich im Bereich der amerikanischen Besatzungszone die einzige Nachfolgeorganisation für erbenloses Eigentum.

Anfang 1950 saß die JRSO in der US-Zone auf einem Berg von etwa 150.000 unerledigten Ansprüchen, von denen nach ihrer Schätzung abzüglich der ungültigen Forderungen etwa 50.000 bis 75.000 Fälle übrig bleiben würden[161]. Dabei sah sich die JRSO enormen Problemen gegenüber, die nicht nur aus dem Widerstand der Rückerstattungspflichtigen, sondern auch aus erheblichen innerjüdischen Konflikten resultierten. Insbesondere die Tatsache, daß das Gutachten Nr. 1 des Nürnberger Appellationsgerichtshofes der JRSO auch den Anspruch auf verspätet eingereichte Individualansprüche zugesprochen hatte, führte zu heftigen Protesten der Betroffenen. Allerdings war die JRSO dann bemüht, in einem „Board of Equity"-Verfahren die daraus entstehenden Härten soweit als möglich abzufedern[162]. So war jedenfalls bis zu diesem Zeitpunkt kein einziger JRSO-Fall durch eine Rückerstattungskammer entschieden[163]. Das eigentliche Ziel der JRSO, nämlich so schnell als möglich Geld aus Deutschland für die Rehabilitierung jüdischer Opfer des Nationalsozialismus im Ausland zu erlangen, war unter diesen Bedingungen in weite Ferne gerückt.

Deshalb traten im Februar 1950 Edward M. Warburg und Nahum Goldmann in New York an McCloy heran und unterbreiteten ihm den Vorschlag, die offenen Rückerstattungsverfahren der JRSO gegen die Zahlung einer Pauschalsumme an die Länder der US-Zone abzutreten. In einem nachgereichten Memorandum machten sie ihm dies unter anderem damit schmackhaft, daß durch derartige Globalabkommen mit den Ländern mehr als die Hälfte der Fälle sofort erledigt würde. Der Vorschlag sei ebenso nützlich für die deutsche Wirtschaft und politische Situation als auch für die Verwirklichung der Ziele der amerikanischen Rückerstattungspolitik[164]. Tatsächlich war McCloy von der vorgeschlagenen Globalregelung angetan, und als er sich am 10. April mit Nahum Goldmann (Jewish Agency), Maurice Boukstein (Jewish Agency), Joseph Schwartz (AJDC) und Benjamin B. Ferencz (JRSO) traf, zeigte er sich außerordentlich entgegenkommend. Zur Zufriedenheit der jüdischen Vertreter erklärte er sich bereit, die Angelegenheit den Ministerpräsidenten der US-Zone nahezubringen, wobei es allerdings „ein schwieriges Problem sei, hier Druck auf die Deutschen auszuüben"[165]. Die Grundidee – schleunige Abwicklung der individuellen Verfahren durch globale Ablösung – erschien ihm geradezu als das Ei des Kolumbus, so daß er nachfragte, ob Ähnliches nicht auch bei der Entschädigung machbar sei. Die Attraktivität dieses Gedankens für McCloy läßt sich damit erklären, daß er hervorragend geeignet schien, zwei gegensätzliche Intentionen seiner Politik zu versöhnen: Einmal strikte Durchführung der Rückerstattung und zum anderen die innen- und außenpolitische Stabilisierung der Bundesrepublik.

---

[160] Hays an OMG Bremen, Manpower Advisor and Property Control Branch, 20. 12. 1948, IfZ-Archiv, MF 260, OMGUS-LD 17/214-2/9.
[161] Warburg u. Goldmann an McCloy, 20.3. 1950, anbei Memorandum: „The overall settlement of JRSO restitution claims in the American Zone of Germany", WNRC, RG 466, McCloy Papers, Box 7.
[162] Vgl. Ben Ephraim, Der steile Weg zur Wiedergutmachung, S. 303-306; Weisman, Nachfolge-Organisationen, S. 751 f., 765 ff.
[163] Warburg u. Goldmann an McCloy, 20.3. 1950 (Anm. 161).
[164] Ebenda.
[165] Minutes of Meeting with McCloy, 10.4. 1950, WNRC, RG 466, McCloy Papers, Box 12.

Schon am nächsten Tag nutzte McCloy die Gelegenheit einer Besprechung mit den Ministerpräsidenten der US-Zone, Hans Ehard (Bayern), Christian Stock (Hessen), Reinhold Maier (Württemberg-Baden) und Wilhelm Kaisen (Bremen), ihnen den Vorschlag eines Globalabkommens mit der JRSO ans Herz zu legen[166]. In der Folge nahmen die Länder alsbald Verhandlungen mit der JRSO auf, wobei HICOG im Hintergrund präsent blieb und mehrfach Treffen organisierte, um den Fortgang der Verhandlungen zu beschleunigen[167]. Doch gerieten die im April aufgenommenen Gespräche zwischen der JRSO und den deutschen Landesvertretern bald ins Stocken, weshalb Ferencz, der die JRSO-Delegation leitete, heftig über die Verschleppungstaktik der Länder klagte. Der stellvertretende amerikanische Hohe Kommissar Buttenwieser stimmte dieser Einschätzung zu, verwies aber darauf, „daß HICOG über keine Mittel verfüge, die Deutschen zur Erfüllung dieser Forderung zu zwingen"[168]. Zwingen im Sinne einer direkten Kontrolle konnten McCloy und seine Mitarbeiter die Deutschen freilich nicht, doch übten sie auch weiterhin hartnäckig Druck auf verschiedenen Ebenen aus.

Als McCloy am 22. August wieder mit den Ministerpräsidenten der US-Zone zusammentraf, las er ihnen die Leviten: Das Abkommen sei als Voraussetzung für die internationale Gleichberechtigung Deutschlands unbedingt erforderlich, die Länder würden jedoch die Verhandlungen blockieren. Er warnte die Ministerpräsidenten dringend davor, auf Erleichterungen der alliierten Vorbehaltsrechte im Bereich der Rückerstattung zu spekulieren: „As long as he had anything to say he would see to it that this reserve power were kept until these just claims of the JRSO were settled satisfactorily and if the Laender governments wouldn't agree to a ,global' settlement, then each individual claim would be prosecuted through all the courts, even if it were to take years"[169]. Letzteres hätte er in Wahrheit allerdings nur zu gerne vermieden.

Drei Tage später brachte HICOG die beiden Parteien in ihrem Hauptquartier in Frankfurt erneut zusammen. Alle Länder erklärten dabei ihre prinzipielle Bereitschaft zu einem Abkommen, machten aber eine Reihe von Schwierigkeiten geltend. So seien die von der JRSO angegebenen Zahlen über die in den Vergleich einzubeziehenden Werte vielfach ungenau oder überhöht, zudem sei die Finanzierung dieses Abkommens ein großes Problem, hier dürfe man auch die Landtage nicht übergehen[170]. Ein wesentliches Hindernis für eine Einigung sei aber auch, daß die „Länder vor die außerordentlich schwierige Aufgabe gestellt (seien), die seitens der JRSO abzutretenden Ansprüche auch gegenüber gutgläubigen Rückerstattungspflichtigen durchzusetzen, was nach deutschem Recht wenig Aussicht auf Erfolg"[171] habe.

Umgekehrt argumentierte die JRSO gegenüber den Ländern gerade damit, daß diese gegenüber ihren Staatsbürgern kulanter vorgehen könnten, als es der JRSO möglich sei. Zur Taktik der JRSO gehörte also primär das „Vorzeigen der Instrumente" – das hieß, die Drohung mit der unnachgiebigen Realisierung ihrer Rückerstattungsansprüche in

[166] Minutes of Meeting between the U.S. High Commissioner and the Ministerpresidents of the four Laender in the U.S. Zone, 11.4. 1950, WNRC, RG 466, McCloy Papers, Box 12.

[167] McCloy an die Ministerpräsidenten der US-Zone, 8.5. 1950, WNRC, RG 466, McCloy Papers, Box 12.

[168] Zachariah Shuster an John Slawson, 11.8. 1950, YIVO-Archiv, RG 347, AJC, FAD-1, Box 27.

[169] Minutes of Meeting between the U.S. High Commissioner and the Ministerpresidents of the four Laender in the U.S. Zone, 22.8. 1950, WNRC, RG 466, McCloy Papers, Box 18.

[170] Protokoll über die Sitzung am 25.8. 1950 in Frankfurt/M., betr. die Durchführung einer Global-Vereinbarung zur Regelung von Rechtsansprüchen der JRSO aus dem MRG 59, BayHStA, MA 114243.

[171] W. Hilpert an Shepard Stone, 22.9. 1950, BadWürtHStA, EA 1/920, Bü. 715.

eigener Regie. Gleichzeitig wurde aber auch die große außenpolitische Bedeutung einer Einigung hervorgehoben, und wenn dies nicht ausreichend schien, wurde auch noch mit dem amerikanischen Hohen Kommissar gedroht, der dieses Spiel bereitwillig mitmachte. So gelang es der JRSO bald, die Länder auseinanderzudividieren. Am einfachsten war die Situation in Bremen, da es hier nur um ca. 85 strittige Objekte ging. Deshalb wurde bereits am 28. Juni 1951 ein Abkommen unterzeichnet, wonach die JRSO 1,5 Mio. DM erhalten sollte[172].

Hessen hingegen hatte es mit Ansprüchen in ganz anderer Größenordnung zu tun. Aber auch hier war bereits gegen Ende des Jahres ein Abkommen in Sicht, das der JRSO 25 Mio. DM zusprach. Grundlage der Berechnung war (wie bei allen diesen Abkommen) nicht der tatsächliche Wert der entzogenen Gegenstände, sondern eine Art Konkursquote, die auf der durchschnittlichen Höhe der bislang erreichten Vergleiche beruhte. Deshalb war das Abkommen, wie Finanzminister Werner Hilpert gegenüber dem hessischen Kabinett erläuterte, „in finanzieller Hinsicht … für das Land auch insofern vorteilhaft, als die vorgeschlagene Abfindungssumme weit unter dem tatsächlichen Wert der abzutretenden Ansprüche liegt." Zudem könne das Land nunmehr Härten ausgleichen, „die sich aus der Durchführung des Mil-Reg. Gesetzes Nr. 59 ergeben haben und das deutsche Wirtschaftsleben in erheblichem Maße belasten"[173]. Am 13. Februar 1951 gab der Hessische Landtag seine Zustimmung. Während die *New York Times* die Bescheidenheit des Abkommens hervorhob, das nur einen Bruchteil der tatsächlich entzogenen Werte bezahlte[174], kritisierte die *Frankfurter Allgemeine Zeitung* das Abkommen scharf, da hier die Wiedergutmachung zu einem Geschäft gemacht würde[175].

Mit Besorgnis betrachteten Württemberg-Baden und Bayern dieses Abkommen, das in ihren Augen die Verhandlungsfront schwächte[176]. Einer der schärfsten Gegner eines Globalabkommens mit der JRSO war Otto Küster. Die Globalisierung der Rückerstattungsforderungen war für ihn gleichbedeutend mit einer Kommerzialisierung der Wiedergutmachung, die deren moralische Grundlagen verdunkle[177]. Beschwörend schrieb Küster am 13. Februar 1951 an Ministerpräsidenten Reinhold Maier: „… eine von der Aktiv- wie von der Passivseite her so umstrittene Masse zu erwerben wäre ein verhängnisvoller Akt. Den Juden selbst und einer jüdischen Organisation verzeiht man allenfalls, daß sie ihre Ansprüche durchfechten. Der beamtenmäßige Prozeßbetrieb eines deutschen Fiskus, der die Ansprüche aufgekauft hat, wird dagegen notwendig Haß und Verachtung auf den Staat ziehen." Besonders verwerflich empfand Küster den Vorschlag der JRSO, quasi zur Tarnung eine GmbH vorzuschieben, „die dann das mit Rabatt gekaufte, dem wahren Berechtigten vorenthaltene Judengut privatkapitalistisch" verwerten könne[178].

Daß die jüdischen Organisationen hier verhältnismäßig unbesorgt um die politisch-

---

[172] Vgl. Weisman, Nachfolge-Organisationen, S. 769. Die effektive Abfindungssumme verringerte sich schließlich noch auf 1,25 Mio. DM.

[173] Kabinettsvorlage des hessischen Finanzministers Hilpert, 24. 11. 1950, HessHStA, Abt. 502, Nr. 2008.

[174] Jack Raymond, „Jews' Claims Cut to Aid Restitution. Fears of German Sovereignity Rise Spur Bulk Settlement with Individual States", New York Times, 13. 2. 1951.

[175] Vgl. Frankfurter Allgemeine Zeitung, 28. 2. 1951, „Fragwürdige Ablösung".

[176] Küster an R. Maier, 1. 3. 1951, BadWürtHStA, EA 1/920, Bü. 715.

[177] Referat Küsters vor der Arbeitstagung jüdischer Juristen in Düsseldorf, in: Staatsanzeiger für Württemberg-Baden, 8. 3. 1952.

[178] Küster an R. Maier, 13. 2. 1951, BadWürtHStA, EA 1/920, Bü. 715.

moralische Wirkung ihrer Forderungen auftraten, hatte seinen Grund darin, daß sie wenig an inneren Vorgängen in Deutschland interessiert waren. Im Gegensatz zu Otto Küster ging es ihnen zumindest zu diesem Zeitpunkt nicht primär um die Verbesserung des deutsch-jüdischen Verhältnisses, sondern darum, schleunigst Mittel für die Betreuung notleidender jüdischer Opfer des Nationalsozialismus aufzubringen – die überwiegend außerhalb Deutschlands lebten. Küster, der dadurch seine eigenen Bemühungen entwertet sah, schrieb deshalb verzweifelt: „Haben für solche jammervollen Projekte die deutschen Wiedergutmachungswilligen Jahr um Jahr geschrieben, geworben und gestritten? Haben dafür unsere jüdischen Mitbürger gelitten?"[179]

Doch auch Württemberg-Baden trat schließlich im März in Verhandlungen ein[180], nachdem zwischenzeitig unter anderem der US-Landeskommissar Charles P. Gross heftig gedrängt hatte, dem hessischen Beispiel zu folgen[181]. Allerdings fand man hier eine etwas veränderte Geschäftsgrundlage für ein Abkommen mit der JRSO. Küster setzte sich wenigstens insoweit durch, als nicht die noch offenen Rückerstattungsprozesse der JRSO übernommen wurden. Statt dessen wurde ein „Plan erwogen, der der JRSO auf Kosten des Landes gewisse Mittel in die Hand geben würde, ohne daß das Land gegenüber Privatpersonen in die Rolle eines Rückerstattungsgläubigers gerät"[182]. So gründete man das Abkommen auf Grundstücke, die bereits im Eigentum der JRSO waren bzw. solche, die durch das Reich oder eine NS-Organisation entzogen worden waren, sowie auf Rückerstattungsansprüche, die sich aus der Ablieferungspflicht von Edelmetallen und Schmuck usw. an Pfandleihanstalten ergaben. Dazu kamen Ansprüche gegen Kreditinstitute aus der Entziehung von Wertpapieren sowie gegen das Deutsche Reich aus der Entziehung von Wertpapieren, Hypotheken, Bankguthaben etc. und schließlich solche, die auf der Zerstörung von Friedhöfen und Synagogen beruhten[183].

Das Ansinnen, für diese Zwecke einen US-Kredit zu erhalten, brachte allerdings eine schroffe Abfuhr des amerikanischen Landkommisars ein: „there is no money available for the purpose you suggest."[184] Nach langem Hin und Her über die endgültige Höhe der Abfindung und die Zahlungsbedingungen wurde schließlich am 29. November 1951 vorbehaltlich der Genehmigung durch den Landtag ein Abkommen in Höhe von 10 Mio. DM zwischen Württemberg-Baden und der JRSO geschlossen. Am 12. Dezember stimmten alle Landtags-Fraktionen einmütig für die Annahme – mit Ausnahme der fünf Abgeordneten der Deutschen Gemeinschaft/Block der Heimatvertriebenen und Entrechteten (DG/BHE)[185], die sich in erster Linie den Vertriebenen verpflichtet fühlten.

Am längsten zog sich die Einigung mit Bayern hin. Dazu trug auch Philipp Auerbach bei, der sich in dieser Frage gegen die JRSO stellte und deshalb ein „schmerzliches Problem für die jüdischen Organisationen darstellte", wie Zachariah Shuster vom American Jewish Committee im Januar 1951 dem bayerischen US-Landeskommissar Geor-

[179] Otto Küster, „Verhängnisvolles Ansinnen", Deutsche Zeitung, 12.2.1951.
[180] Besprechung des württemberg-badischen Finanz- und Justizministeriums mit Vertretern der JRSO, 27.3. 1951, BadWürtHStA, EA 1/920, Bü. 715.
[181] Gross an R. Maier, 14.2.1951, BadWürtHStA, EA 1/920, Bü. 715.
[182] Küster an Beyerle, 20.6.1951, BadWürtHStA, EA 1/920, Bü. 715.
[183] Landtag von Württemberg-Baden, 2. Wp. 1950-1952, 44. Sitzung am 12.12.1951, Stenographische Berichte, S. 1705 f.
[184] H.M. Coverley (Acting Land Commissioner/Württ.-Baden) an R. Maier, 28.6.1951, BadWürtHStA, EA 1/ 920, Bü. 715.
[185] Landtag von Württemberg-Baden, 2.Wp. 1950-1952, 44. Sitzung vom 12.12.1951, Stenographische Berichte, S. 1705-1709.

ge N. Shuster erklärte[186]. Doch am 10. März 1951 wurde, wie gesagt, Auerbach verhaftet[187], wodurch einer der hartnäckigsten Gegner des Abkommens ausgeschaltet war. Ende des Monats teilte schließlich Ministerpräsident Ehard, der noch kurz zuvor im Ministerrat die Auffassung vertreten hatte, „daß man jedenfalls noch nicht zu einem Abschluß kommen könne und es notwendig sei, der JRSO einen dilatorischen Bescheid zu geben"[188], Finanzminister Rudolf Zorn mit, er „halte ... es doch für notwendig, bald zu einem endgültigen Abschluß zu kommen"[189]. Dennoch protestierte Ferencz, dessen wiederholte Schreiben gar nicht oder hinhaltend beantwortet worden waren, vier Wochen später bei Ehard: „Es ist für mich unbegreiflich, daß es entweder ihre oder Dr. Zorns Absicht ist, vorsätzlich die Interessen der jüdischen Überlebenden der Nazi-Verfolgung, die die Almosenempfänger der JRSO sind, mit Füßen zu treten."[190] Daraufhin kam es zu einer Besprechung zwischen Vertretern des bayerischen Staates und der JRSO, in deren gereizter Atmosphäre sich Ehard und Staatssekretär Ringelmann damit rechtfertigten, daß allein die überhöhten Ansprüche der JRSO und die schwierige Haushaltslage des bayerischen Staates bislang eine Lösung verhindert hätten[191].

Zu den bayerischen Bedingungen für ein Abkommen gehörten deshalb neben einer drastischen Reduzierung der Forderungen der JRSO vor allem eine ausländische Anleihe[192]. Während Landeskommissar Shuster auf diesen Gedanken freundlich reagiert haben soll[193], geriet McCloy über einen Brief Ehards, in dem dieser über die schlechte bayerische Finanzlage klagte und deshalb zur Finanzierung eines JRSO-Abkommens einen Auslandskredit forderte, in Rage: Sich nach einem ausländischen Land zur Erledigung dieser Verpflichtungen umzusehen, sei „unrealistisch, wenn nicht gar unmoralisch." McCloy forderte Shuster auf, „persönlich und hart" auf das JRSO-Abkommen zu drängen, da es von „herausragender Bedeutung im Zusammenhang mit jeder konstruktiven Lösung unserer vertraglichen Beziehungen und des neuen politischen Status Deutschlands sei." Zudem werde er sehr zurückhaltend mit weiterer Wirtschaftshilfe für Bayern sein, solange diese Sache nicht bereinigt sei. Zum Abschluß schrieb McCloy: „There are few things more important on our final agenda than this restitution matter, and I wish that you and your staff would concentrate on it, as I am asking the staff in Wuerttemberg-Baden to do likewise."[194]

Die außergewöhnlich schwierigen Verhandlungen zwischen der JRSO und Bayern zogen sich unter der Leitung Ringelmanns und Ferenczs bis Mitte 1952 hin[195]. Am 10. Juni beschloß der bayerische Ministerrat schließlich, das Abkommen, bei dem man sich auf die Zahlung von 20 Mio. DM geeinigt hatte, dem Landtag zuzuleiten[196]. Hier waren die unerledigten Ansprüche der JRSO wiederum eingeschlossen, denn Ziel auf bayeri-

---

[186] Z. Shuster an Slawson, 9.1.1951, YIVO-Archiv, RG 347, AJC, Records FAD-1, Box 27.
[187] Vgl. oben, S. 163.
[188] Bayerischer Ministerrat, 13.3.1951, IfZ-Archiv, NL Hoegner, ED 120, Bd. 367.
[189] Ehard an Zorn, 30.3.1951, BayHStA, MA 114243.
[190] Ferencz an Ehard, 26.4.1951, BayHStA, MA 114243.
[191] Kiefer (Ministerialdirigent im bayer. Finanzministerium), Aufzeichnung über eine Besprechung am 2.5.1951 mit Vertretern der JRSO in der bayerischen Staatskanzlei, ebenda.
[192] Niederschrift der Besprechung am 2.7.1951 in der bayerischen Staatskanzlei mit Vertretern der JRSO, 2.7.1951, ebenda.
[193] Ringelmann in der Sitzung des bayerischen Ministerrats am 13.3.1951, IfZ-Archiv, NL Hoegner, ED 120, Bd. 367.
[194] McCloy an G.N. Shuster, 24.7.1951, WNRC, RG 466, McCloy Papers, Box 29.
[195] Siehe dazu die Unterlagen in BayHStA, MA 114243-44.
[196] Bayerischer Ministerrat, 10.6.1952, IfZ-Archiv, NL Hoegner, ED 120, Bd. 372.

scher Seite war das Ende der Aktivitäten der JRSO auf bayerischem Boden[197]. Nachdem McCloy kurz vor seiner Rückkehr in die Vereinigten Staaten nochmals in dieser Sache interveniert und dazu gedrängt hatte, das Abkommen endlich zu ratifizieren[198], wurde es am 24. Juli 1952 abschließend vor dem Bayerischen Landtag diskutiert. Sprachen sich die zu dieser Zeit in einer Regierungskoalition stehenden CSU und SPD für das Abkommen aus (erstere allerdings nicht vollständig und mit etlichen Vorbehalten), äußerten Bayernpartei, FDP und BHE hingegen erhebliche Bedenken und votierten gegen das Abkommen bzw. enthielten sich der Stimme. Häufig variiertes Argument war dabei, daß, wie es der Bayernpartei-Abgeordnete August Geislhöringer formulierte, „der Not in Israel eine Not von 10 bis 12 Millionen Deutschen im Osten gegenüberstehe"[199]. Der Bayerische Landtag billigte schließlich das Abkommen „mit Mehrheit gegen eine beachtliche Minderheit und bei einigen Stimmenthaltungen"[200].

Die Länder betrachteten also die im Rahmen der Globalabkommen an die JRSO gezahlten Beträge als eine Art von Lösegeld. Damit wollten sie die von deren Tätigkeit ausgehende wirtschaftliche und politische Beunruhigung beseitigen. Auch das ungewöhnlich starke Engagement McCloys sowie seiner regionalen Vertreter hatte neben moralischen Impulsen v.a. auch den Zweck, die gewünschte Liquidation des Rückerstattungsprogramms zu fördern. Hier handelte es sich in gewisser Weise um eine Politik des Schlußstriches, in welchen Zusammenhang ja auch etwa die zur gleichen Zeit virulente Frage der in Landsberg einsitzenden Kriegsverbrecher fiel[201]. So erscheint McCloys Haltung gegenüber den deutschen historischen Belastungen vordergründig als ambivalent: einerseits eine großzügige Amnestie unter den Landsberg-Häftlingen, andererseits energisches Drängen auf zügige Abwicklung der Rückerstattung sowie den Abschluß von Globalabkommen mit der JRSO. Letzteres hatte – beabsichtigt oder nicht – bedeutsame Nebenwirkungen: Auf dem Wege der Globalisierung solcher Rückerstattungsforderungen trat, wie vor allem von Otto Küster beklagt wurde, eine gewisse Abkehr vom Grundsatz einer restaurativen Wiedergutmachung ein. Doch ging es den Beteiligten hier in erster Linie um praktische Zwecke: innen- und außenpolitische Stabilisierung auf der einen, Mittelbeschaffung für notleidende jüdische Verfolgte im Ausland auf der anderen Seite.

3. Quantitative Bilanz

Aufgrund der ausführlichen statistischen Begleitung der Durchführung des Militärregierungsgesetzes Nr. 59 in der US-Zone lassen sich hier auch einige quantitative Ergebnisse der Rückerstattung wiederauffindbaren Vermögens darstellen[202]. Fragt man nach der Zahl der Rückerstattungsfälle, so muß dabei zwischen Individualansprüchen und

---

[197] Zietsch an Ehard, 18. 2. 1952, BayHStA, MA 114244.
[198] McCloy an Ehard, 18. 7. 1952, ebenda.
[199] Bayerischer Landtag, 2. Wp. 1950-1954, 103. Sitzung am 24. Juli 1952, Stenographische Berichte, S. 2644.
[200] Ebenda, S. 2649.
[201] Vgl. Thomas Alan Schwartz, Die Begnadigung deutscher Kriegsverbrecher. John J. McCloy und die Häftlinge von Landsberg, in: Vierteljahrshefte für Zeitgeschichte 38 (1990), S. 375-414.
[202] Vgl. dazu auch Schwarz, Rückerstattung nach den Gesetzen der Alliierten Mächte, S. 345-373.- Bei der Darstellung der Durchführung des Entschädigungsgesetzes der US-Zone wurde in der vorliegenden Arbeit dagegen vor allem deshalb auf eine statistische Auswertung verzichtet, als dieses letztlich nur eine Zwischenstufe zum Bundesentschädigungsgesetz darstellt und man somit keine abschließenden Ergebnisse präsentieren kann.

JRSO-Ansprüchen unterschieden werden. Die Individualansprüche beliefen sich alles in allem auf ca. 87.000[203]. Die JRSO hatte zwar zunächst über 160.000 Ansprüche angemeldet, darunter befanden sich aber zahlreiche Doppelanmeldungen oder solche, die auf bloßen Verdacht hin eingereicht worden waren, so daß die tatsächliche Zahl der Fälle etwa um die Hälfte niedriger lag[204].

Das von McCloy formulierte Ziel, die Rückerstattung in der US-Zone bis Ende 1951 abzuschließen, wurde trotz der massiven Interventionen zugunsten einer schleunigen Abwicklung nicht ganz erreicht. Dennoch verlief sie insgesamt gesehen zügig. Waren Ende 1949 gerade erst 14,1 v.h. der individuellen Rückerstattungsansprüche einschließlich der noch nicht bearbeiteten Ansprüche gegen das Deutsche Reich erledigt[205], so lag dieser Wert zwei Jahre später immerhin bei 62,2 Prozent. (Für diesen Zeitraum wiesen die Statistiken die Reichsansprüche noch nicht getrennt aus. Ohne diese war die Erledigungsquote noch ein Stück höher.) Nach Ablauf eines weiteren Jahres, Ende 1953, waren bereits 92,7 Prozent dieser Verfahren abgewickelt[206]. Auch die Arbeit der JRSO hatte entsprechende Fortschritte gemacht, wozu vor allem beigetragen hatte, daß bis Anfang 1954 über 56.000 Fälle im Rahmen der Globalabkommen mit den US-Zonen-Ländern geregelt wurden[207]. So konnte ein Vertreter von HICOG zu dieser Zeit feststellen: „It appears to us that for all practical purposes restitution in kind through the Agencies has been completed under U.S. MG Law 59 and that the Restitution Agencies are, for the most part, engaged in the settlement of claims against the Reich."[208] Doch war es zwar „bereits möglich, Urteile gegen das Reich zu erlangen, aber", wie Bruno Weil Mitte 1951 schrieb, „die materielle Erledigung wird durch den Umstand gehindert, daß es an gesetzlichen Bestimmungen fehlt, durch die die Haftbarmachung des Reichs und der Länder verwirklicht werden könnte"[209]. Dies betraf beispielsweise auch die Wertsachen, die die jüdischen Verfolgten im Februar 1939 abliefern mußten[210]. Die Regelung der auch als „Dritte Masse" bezeichneten Rückerstattungsansprüche gegen das Deutsche Reich erfolgte erst 1957 durch das Bundesrückerstattungsgesetz[211].

Zu welchen Resultaten führte nun die Durchführung des Militärregierungsgesetzes Nr. 59 in der US-Zone? Alles in allem betrug der Wert des dort rückerstatteten wiederauffindbaren Vermögens über eine Milliarde DM. Zählt man die entsprechenden Werte für die britische und französische Zone sowie Westberlin dazu, so gelangt man für die

---

[203] Vgl. ebenda, Tabelle 1: Rechtsanhängige, erledigte und noch anhängige Fälle einschließlich der Reichsansprüche (Ohne Nachfolgeorganisationen), S.385.

[204] McCloy an Acheson, 15.3. 1950, USNA, RG 59, 262.0041/3-1550; Highlights of Property Disposition Activities for Month of June 1950, USNA, RG 59, 262.0041.

[205] Summary. Cumulative Statistical Report for Restitution Authorities. 10 November 1947 to 31 December 1949, BayMJ, 1101a, H. 14.

[206] Vgl. Schwarz, Rückerstattung nach den Gesetzen der Alliierten Mächte, Tabelle 2: Rechtshängige, erledigte und noch anhängige Fälle *ohne* Reichsansprüche (Ohne Nachfolgeorganisationen), S.386. Siehe auch Unterlagen in BayMJ, 1101a, H.14.

[207] Knox Lamb (HICOG/Deputy General Counsel) an Walter Roemer (Bundesjustizministerium), 8.2. 1954, BayMJ, 1101a, H. 4. Schwarz gibt insgesamt 60.000 auf diesem Wege geregelte Fälle an. Vgl. ders. Rückerstattung nach den Gesetzen der Alliierten Mächte, S. 368.

[208] Lamb an Roemer, 8.2. 1954 (Anm. 207).

[209] Bruno Weil, Der Stand der Rückerstattung in der amerikanischen Zone, in: Deutsche Zeitung und Wirtschaftszeitung, 18.8. 1951.

[210] Otto Küster, Wiedergutmachung als elementare Rechtsaufgabe, Frankfurt a.M. 1953, S.6.

[211] Vgl. dazu Friedrich Biella u.a., Das Bundesrückerstattungsgesetz, München 1981.

Bundesrepublik auf einen annäherungsweisen Betrag von etwa 3,5 Mrd. DM[212]. Der Großteil entfiel dabei auf die individuelle Rückerstattung. So waren Ende 1951, als die Rückerstattung wertmäßig etwa zur Hälfte abgewickelt war, etwa 512 Mio. DM an individuelle Kläger rückerstattet worden, während die JRSO gerade erst bescheidene 8,7 Mio. DM realisiert hatte[213]. Vor diesem Hintergrund wird auch die Dringlichkeit verständlich, mit der die JRSO die Globalabkommen mit den Ländern der US-Zone, die ihr am Ende insgesamt ca. 47 Mio. DM einbrachten, verfolgte.

Walter Schwarz bezifferte den Gesamtanteil der JRSO an den Ergebnissen der Rückerstattung auf bescheidene acht Prozent[214], was angesichts des wesentlich höheren Anteils an der Zahl der Gesamtansprüche überrascht. Doch waren die einzelnen Ansprüche von höchst unterschiedlichem Wert. Gerade die „großen Brocken", d.h. größere Firmen etc., wurden in aller Regel auf dem individuellen Wege zurückerstattet, und dies meist schon in den ersten Jahren. So meldete McCloy im März 1950 nach Washington, daß unter anderem die Kaufhauskette Hertie, Aktien der Deutschen Magnetit AG im Wert von zehn Mio. DM, eine Zellulosefabrik im Wert von sieben Mio. DM und einige andere größere Objekte auf dem Wege des außergerichtlichen Vergleichs rückerstattet worden waren[215]. Der JRSO hingegen blieben meist Ansprüche von geringerem Wert, die zudem häufig stärker umstritten waren. Auch akzeptierte sie im Rahmen der von ihr abgeschlossenen Vergleiche relativ bescheidene Quoten, um so schnell wie möglich an Mittel für ihre caritative Arbeit zu gelangen.

Die historische Bedeutung der JRSO muß jedoch wesentlich höher veranschlagt werden, als aus dem erzielten finanziellen Anteil hervorgeht, sofern man die Angelegenheit unter dem Gesichtspunkt der mit der Rückerstattung einhergehenden gesellschaftlichen Turbulenzen betrachtet. Ihr Auftreten sorgte für erhebliche Beunruhigung unter den Betroffenen und reaktivierte in Deutschland zugleich häufig alte Vorurteile über internationalen jüdischen Kapitalismus. Dies verstärkte sich auch dadurch, daß sich die JRSO-Forderungen weniger auf die großen Arisierungsfälle richteten, als vielmehr neben dem früheren jüdischen Gemeindeeigentum auf die kleineren Fälle, bei denen die Pflichtigen vielfach im Zuge der Rückerstattung selbst in große Schwierigkeiten gerieten. So wurde die JRSO geradezu zum Symbol für den oktroyierten Charakter der Rückerstattung und stand zumindest in den ersten Jahren im Mittelpunkt der Auseinandersetzungen.

Freilich betraf nicht die ganze Rückerstattung wiederauffindbaren Vermögens ausschließlich jüdisches Eigentum, wenngleich es sich dabei um den weitaus größten Teil gehandelt haben dürfte. Exakte Angaben sind allerdings auf der Grundlage der vorhandenen Statistiken nicht möglich. Andere bedeutende Kategorien waren etwa das Vermögen von Parteien, Gewerkschaften, Kirchen und anderen politischen und caritativen Organisationen. Auch in diesem Bereich wurde eine Anzahl von Globalabkommen mit den einzelnen Ländern geschlossen[216]. Die Rückerstattung für diese Gruppen basierte allerdings nicht nur auf dem Militärregierungsgesetz Nr. 59, sondern vor allem auch auf der Kontrollratsdirektive Nr. 50. Darin war die Rückgabe des ehemaligen Vermögens

---

[212] Vgl. Schwarz, Rückerstattung nach den Gesetzen der Alliierten Mächte, S. 364.
[213] Office of the U.S. High Commissioner for Germany, Office of Economic Affairs, Report for the Month Ending December 31, 1950, USNA, RG 59, 262.0041/1-1751.
[214] Vgl. Schwarz, Rückerstattung nach den Gesetzen der Alliierten Mächte, S. 362.
[215] McCloy an Acheson, 15.3. 1950, USNA, RG 59, 262.0041/3-1550.
[216] Siehe etwa bayerischer Ministerrat, 9.6. u. 20.6. 1953, IfZ-Archiv, NL Hoegner, ED 120, Bd. 376, 378.

von Parteien, Gewerkschaften, Genossenschaften und sonstigen demokratischen, religiösen und caritativen Organisationen, das sich unter dem im Zuge der alliierten Vermögenskontrolle beschlagnahmten Eigentum der NSDAP und damit zusammenhängender Organisationen befand, geregelt[217].

Einen Anhaltspunkt über die Verteilung jüdischen und nichtjüdischen Vermögens bei der Rückerstattung gibt die Aufteilung der rückerstatteten Werte nach der Staatsangehörigkeit bzw. dem Wohnsitz der Berechtigten. Nimmt man das Stichjahr 1957, so lebten 44 Prozent der Berechtigten in den USA, 18 Prozent in Deutschland, neun Prozent in Großbritannien, fünf Prozent in der Schweiz, fünf Prozent in Israel und acht Prozent in Mittel- und Südamerika[218], wobei unter den über 80 Prozent der Berechtigten aus dem Ausland der Großteil jüdischer Herkunft gewesen sein dürfte. In Anbetracht dieses hohen Auslandsanteils stellte es natürlich ein besonderes Problem dar, daß die DM erst von 1953 an schrittweise frei konvertierbar wurde, abgeschlossen war dieser Prozeß erst 1958[219]. Der Sonderstatus der JRSO zeigt sich auch daran, daß sie bereits 1951 eine Genehmigung zum Transfer erbenlosen Eigentums ins Ausland erhielt[220]. Der große Anteil der Ansprüche aus den USA, zu denen ja auch noch die JRSO gezählt werden muß, verweist zudem noch einmal auf die Ratio des nachhaltigen und herausragenden Interesses der US-Politik an der Rückerstattung: Hierbei handelte es sich eben auch um ein Stück Wahrung der Vermögensinteressen amerikanischer Staatsbürger.

[217] Kontrollratsdirektive Nr. 50: Verfügung über Vermögenswerte, die den in der Kontrollratsproklamation Nr. 2 und im Kontrollratsgesetz Nr. 2 aufgeführten Organisationen gehört haben, Amtsblatt des Kontrollrats in Deutschland, Nr. 15, 31. 5. 1947, S. 275-278. Vgl. auch Drittes Kapitel, S. 116 f.
[218] Vgl. Schwarz, Rückerstattung nach den Gesetzen der Alliierten Mächte, S. 366.
[219] Vgl. Christoph Buchheim, Die Wiedereingliederung Westdeutschlands in die Weltwirtschaft 1945-1958, München 1990, S. 158-170.
[220] Vgl. AJC Contributions to Postwar Economic Rehabilitation of Jewish Victims of Nazi Persecution, September 1965, AJC-Archiv, JSX, Subject Restitution 65-66.

Fünftes Kapitel: Rahmenbedingungen der Wiedergutmachung in der Frühzeit der Bundesrepublik Deutschland

I. Vergleich der rechtlichen Entwicklung in der britischen und französischen Zone mit der US-Zone

Die Gründung der Bundesrepublik im Sommer 1949 markiert einen wichtigen Einschnitt in der Entwicklung der Wiedergutmachung. Dies betrifft zunächst einmal den rechtlichen Aspekt. Während die Durchführung der noch in der Besatzungszeit getroffenen Regelungen gerade allmählich anlief, setzten zugleich schrittweise Tendenzen zur Vereinheitlichung der bisherigen Länderregelungen sowie zur Regelung neuer, bislang offen gebliebener Fragen auf Bundesebene ein. Bisher war diese Entwicklung in jeder Zone weitgehend isoliert verlaufen, und selbst innerhalb dieser bestand nur zum Teil Einheitlichkeit. Beispiele für überzonale Regelungen bis dahin sind rar. Zu erwähnen wäre allenfalls die Einbeziehung von Opfern des Nationalsozialismus in das Soforthilfegesetz des Vereinigten Wirtschaftsgebietes[1] sowie ein ebenfalls dort erlassenes Gesetz über die Regelung der Ansprüche der Verfolgten in der Sozialversicherung[2]. So zog eine Übersicht über die Wiedergutmachung in der Bundesrepublik aus dem Bundesfinanzministerium 1950 das Fazit, „daß die geltende Gesetzgebung an Buntscheckigkeit und Uneinheitlichkeit kaum zu übertreffen ist"[3].

Bislang stand die Entwicklung in der US-Zone im Mittelpunkt dieser Arbeit. Wie sah aber die parallele Entwicklung in der britischen und französischen Zone aus? Unterschieden sich die dort geschaffenen Strukturen grundlegend von denen der US-Zone? Und welche Erklärungen lassen sich für die getrennte Entwicklung in den einzelnen Zonen geben?

1. Britische Zone

Auch in der britischen Zone gab zunächst die Militärregierung den Ton in der Frage der Behandlung der ehemaligen Verfolgten des Nationalsozialismus an. Am 4. Dezember 1945 erließ sie für alle Länder ihrer Zone die Zonenpolitische Anweisung (ZPA) Nr. 20, in der Sondervergünstigungen bei der Lebensmittelversorgung, bei der Arbeitsplatz- und Wohnungsbeschaffung sowie finanzielle Hilfen zugunsten rassisch, religiös und politisch Verfolgter angeordnet wurden. Die Anordnung bezweckte keinen „Ausgleich

---

[1] Zum Soforthilfegesetz vgl. Drittes Kapitel, S. 143.
[2] Gesetz über die Behandlung der Verfolgten des Nationalsozialismus in der Sozialversicherung, in: Gesetzblatt der Verwaltung des Vereinigten Wirtschaftsgebietes, Nr. 31, 27. 8. 1949, S. 263 f. Dort wurde die Anrechnung der Verfolgungszeiten als Ersatzzeiten in der Kranken- und Rentenversicherung geregelt.
[3] Vormerkung von Friedrich Kuschnitzky, 12. 5. 1950, BA, B 126/12523.

für erlittenes Unrecht", sondern eine „Gratifikation, die den ehemaligen Häftlingen einen besseren Lebensstandard ermöglichen" sollte. Ähnlich wie in der US-Zone zielten auch hier die ersten Schritte auf die Fürsorge und Rehabilitierung der ehemaligen Verfolgten. Bemerkenswert war jedoch ein zusätzlicher pädagogischer Impuls: Der „deutschen Öffentlichkeit" sollte vor Augen geführt werden, „daß demjenigen, der als Gegner des Nationalsozialismus gelitten hat, angemessene Anerkennung gezollt wird"[4]. Da die erlittene Verfolgung auf diese Weise moralisch positiv bewertet wurde, war es wiederum konsequent, daß hier die Betreuung der aus kriminellen Gründen Inhaftierten explizit ausgeschlossen war.

Seit Ende 1945 berieten die Länder der britischen Zone über ein zoneneinheitliches Entschädigungsgesetz, doch setzte sich schließlich sowohl bei der britischen Militärregierung als auch im Zonenbeirat der britischen Zone die Auffassung durch, daß ein entsprechender Schritt den einzelnen Ländern überlassen bleiben sollte[5]. Dabei setzte sich Nordrhein-Westfalen an die Spitze der Entwicklung. Am 5. März 1947 beschloß der dortige Landtag ein Gesetz über die Gewährung von Unfall- und Hinterbliebenenrenten an die Opfer der Nazi-Unterdrückung[6], das auch einer entsprechenden Regelung in Hamburg als Vorbild diente: Am 28. April stimmte die Hamburger Bürgerschaft einem Sonderhilfsrentengesetz zu. Durch diese Regelungen erhielten rassisch, religiös und politisch Verfolgte Rentenansprüche für Schäden an Körper, Gesundheit oder Leben auf der Grundlage der gesetzlichen Unfallversicherung[7]. Ähnliche Regelungen folgten im Verlauf dieses Jahres in Niedersachsen und Schleswig-Holstein[8]. Auch das nordrhein-westfälische Haftentschädigungsgesetz vom 11. Februar 1949, das Verfolgte des Nationalsozialismus ähnlich wie in der US-Zone mit 150 DM pro Haftmonat entschädigen wollte, besaß Vorbildcharakter für die britische Zone. Im Juli folgten Hamburg, Niedersachsen und Schleswig-Holstein diesem Beispiel[9]. Damit existierten in der britischen Zone zwar Regelungen für die Haftentschädigung, jedoch keine umfassenden Entschädigungsregelungen für Gesundheits- und Existenzschäden, wie sie im Entschädigungsgesetz der US-Zone festgelegt wurden. Deshalb war die britische Zone im Hinblick auf die Entschädigung zunächst auch das Sorgenkind der Bundesrepublik.

[4] Nils Asmussen, Der kurze Traum von der Gerechtigkeit. „Wiedergutmachung" und NS-Verfolgte in Hamburg nach 1945, Hamburg 1987, S. 27f. Vgl. dazu auch „Die Wiedergutmachung für die Opfer der nationalsozialistischen Verfolgung in Hamburg", hrsg. v. Senat der Freien und Hansestadt Hamburg, Hamburg 1960, S. 12f.
[5] Vgl. Asmussen, Der kurze Traum, S. 45f.
[6] Gesetz- und Verordnungsblatt (GVOBl) Nordrhein-Westfalen, Nr. 32 v. 24.12. 1947, S. 225ff. Vgl. auch Ernst Féaux de la Croix, Vom Unrecht zur Entschädigung: Der Weg des Entschädigungsrechts, in: Féaux de la Croix u. Helmut Rumpf, Der Werdegang des Entschädigungsrechts unter national- und völkerrechtlichem und politologischem Aspekt, München 1985, S. 26.
[7] Vgl. Amussen, Der kurze Traum, S. 49-52. Rolf Theis kehrt die Kausalität gerade um. Vgl. ders., Wiedergutmachung zwischen Moral und Interesse. Eine kritische Bestandaufnahme der deutsch-israelischen Regierungsverhandlungen, Frankfurt a.M. 1989, S. 44.
[8] Gesetz über die Gewährung von Sonderhilfe für Verfolgte der nationalsozialistischen Gewaltherrschaft (Personenschadengesetz) v. 22. 9. 1948, in: Niedersächsisches GVOBl, Nr. 23, 1948, S. 77; Gesetz über die Gewährung von Renten an die Opfer des Nationalsozialismus, 4.3. 1948, in: GVOBl für Schleswig-Holstein, Nr. 10, 1.6. 1948, S. 74ff. Vgl. auch Féaux de la Croix, Vom Unrecht zur Entschädigung, S. 25f. u. 30f.
[9] Hamburg: Gesetz über die Entschädigung für Freiheitsentziehung aus politischen, weltanschaulichen, religiösen oder rassischen Gründen (Haftentschädigungsgesetz) v. 16.8. 1949, in: GVOBl, Nr. 34, 18.8. 1949, S. 165-167; Niedersachsen: Gesetz über die Entschädigung für Freiheitsentziehung durch Maßnahmen der nationalsozialistischen Gewaltherrschaft (Haftentschädigungsgesetz) v. 31.7. 1949, in: GVOBl, Nr. 71, 6.8. 1949, S. 185f.; Schleswig-Holstein: Haftentschädigungsgesetz, 4.7. 1949, in: GVOBl, Nr. 21, 21.8. 1949, S. 161f. Vgl. auch Féaux de la Croix, Vom Unrecht zur Entschädigung, S. 23f., 26f. u. 31; Asmussen, Der kurze Traum, S. 54-60.

Bei der Rückerstattung wiederauffindbaren Eigentums hingegen, die auch in der britischen Zone als selbständiger Bereich abgetrennt wurde, kam es zu einer zoneneinheitlichen Regelung, indem hier die britische Militärregierung am 12. Mai 1949, eineinhalb Jahre nachdem in der amerikanischen und französischen Zone bereits ein derartiges Gesetz in Kraft getreten war, das Militärregierungsgesetz Nr. 59 verkündete. Dabei handelte es sich um eine vereinfachte Fassung des US-zonalen Rückerstattungsgesetzes, womit die Amerikaner schließlich einen Teilerfolg bei der Verfolgung ihres Ziels, die Briten zur Übernahme ihrer eigenen Regelung zu bewegen, erreicht hatten[10]. Die deutsche Seite, die zuvor selbst an einer Rückerstattungsregelung gearbeitet hatte – die Entwürfe wurden allerdings von Walter Schwarz als beschämend qualifiziert[11] –, war an der Formulierung dieses Gesetzes nicht beteiligt worden[12].

Man kann also zusammenfassend feststellen, daß ähnlich der amerikanischen Militärregierung auch die britische anfänglich bedeutenden Anteil an den Maßnahmen zur Fürsorge und Entschädigung der Verfolgten des Nationalsozialismus in ihrer Zone hatte. Doch bremste die britische Politik wiederholt die weitere Entwicklung. Die politischen Rückwirkungen des Palästina-Konflikts, aber auch die finanzielle Schwäche Großbritanniens nach dem Krieg, die eine gewisse Zurückhaltung, der eigenen Besatzungszone Belastungen aufzuerlegen, erforderlich machte, entwickelten hier eine retardierende Wirkung auf alle Initiativen zum weiteren Ausbau der Wiedergutmachung, wie besonders am Beispiel Hamburgs untersucht worden ist[13].

2. Französische Zone

Die französische Zone war in dieser Hinsicht erfolgreicher, auch wenn hier die Anfänge der Fürsorge und Wiedergutmachung für Verfolgte des Nationalsozialismus aufgrund der territorialen Neugliederungen und Zersplitterung besonders uneinheitlich waren. Wiederum gaben die Vorgaben der Besatzungsmacht wichtige Impulse. Bereits am 8. September 1945 ordnete die französische Militärregierung in Baden die Einrichtung von Betreuungsstellen für Opfer des Nationalsozialismus an[14]. Darunter fielen alle im Zuge der nationalsozialistischen Verfolgung Inhaftierten und ihre Angehörigen. Ziel war ähnlich wie bei den entsprechenden Maßnahmen in den anderen Zonen vor allem die Fürsorge für notleidende Verfolgte. Derartige Anstrengungen unternahmen alle Länder und Landesverwaltungen der französischen Zone, wobei Rheinland-Pfalz nach seiner Gründung Ende August 1946 eine Schrittmacherrolle übernahm[15].

Im Frühjahr 1946 begannen auch in der französischen Zone koordinierte deutsche

---

[10] Siehe zu diesen Bemühungen etwa General George P. Hays (OMGUS) an Department of Army for CSUSA for CSCAD, 30. 12. 1948, IfZ-Archiv, MF 260, OMGUS, AG 1948/185/1.

[11] Vgl. Walter Schwarz, Rückerstattung nach den Gesetzen der Alliierten Mächte, München 1974, S. 64 f.

[12] Vgl. ebenda; Amussen, Der kurze Traum, S. 47 f.

[13] Vgl. Ursula Büttner, Not nach der Befreiung. Die Situation der deutschen Juden in der britischen Besatzungszone 1945 bis 1948, in: Das Unrechtsregime. Internationale Forschung über den Nationalsozialismus, Bd. 2: Verfolgung – Exil – Belasteter Neubeginn, hrsg. v. Ursula Büttner, Hamburg 1986, S. 380 f., 387-397; Asmussen, Der kurze Traum; Theis, Wiedergutmachung zwischen Moral und Interesse, S. 44-59.

[14] Amtsblatt der Militärregierung Baden, Französisches Besatzungsgebiet, Nr. 8, 4. 10. 1945, S. 18 f. Vgl. auch Féaux de la Croix, Vom Unrecht zur Entschädigung, S. 17; Rainer Hudemann, Anfänge der Wiedergutmachung. Französische Besatzungszone 1945-1950, in: Geschichte und Gesellschaft 13 (1987), S. 187.

[15] Vgl. Hudemann, Anfänge der Wiedergutmachung, S. 197. Eine Übersicht über die zahlreichen Regelungen in der französischen Zone findet sich bei Féaux de la Croix, Vom Unrecht zur Entschädigung, S. 17 ff., 27-30, 32-37, 58 ff.

Planungen zur Regelung von Rückerstattung und Entschädigung auf Zonenebene. Hieraus ging der sogenannte „Koblenzer Entwurf" hervor, der Rückerstattung und Entschädigung zunächst gemeinsam behandelte und der – zwischenzeitig mehrfach überarbeitet – bis Ende 1948 in der Diskussion eine Rolle spielte. Bei der Arbeit an diesem Entwurf gab es wiederholt Kontakte zum Stuttgarter Länderrat, und dabei erfolgte auch eine gewisse Koordination mit den entsprechenden Arbeiten in der US-Zone[16].

Doch im November 1947 handelte auch in der französischen Zone die Militärregierung aus eigener Machtvollkommenheit und erließ zeitgleich mit dem Militärregierungsgesetz Nr. 59 der amerikanischen Zone die Verordnung Nr. 120, in der die Rückerstattung wiederauffindbaren Eigentums für das französisch besetzte Gebiet geregelt wurde[17]. Diese Verordnung war ohne deutsche Beteiligung zustandegekommen, dafür hatte die innerfranzösische Restitutionsgesetzgebung wichtige Impulse gegeben, die zumindest passagenweise wörtlich übernommen worden war[18]. Auch hier hatte die Verlagerung der Beratungen auf die Ebene des alliierten Kontrollrats jegliche deutsche Partizipation verhindert. Die französische Delegation hatte bei den Kontrollratsverhandlungen um ein gemeinsames Rückerstattungsgesetz insbesondere an den von amerikanischer Seite geforderten jüdischen Nachfolgeorganisationen für erbenloses Eigentum Anstoß genommen[19]. In ihrem eigenen zonalen Gesetz trug Frankreich nun diesen Bedenken Rechnung und ließ diese Werte in einen Fonds fließen, der zur Finanzierung der Entschädigung dienen sollte[20]. Erst 1951 änderte sich die französische Position, und auch in der französischen Zone wurden nun jüdische Nachfolgeorganisationen genehmigt[21]. In mancher Hinsicht entsprach die Verordnung Nr. 120 mehr den deutschen Wünschen als die Rückerstattungsregelungen der anderen Zonen. Ein Beispiel dafür war die günstigere Stellung gutgläubiger Erwerber von jüdischem Eigentum in der VO Nr. 120[22]. So wurde das Rückerstattungsgesetz der französischen Zone teilweise sogar zum Vorbild für deutsche Bestrebungen zur Änderung insbesondere des amerikanischen Militärregierungsgesetzes Nr. 59[23].

Im Juni 1948 erließ die französische Militärregierung schließlich die Verordnung No. 164, die die Länder der französischen Zone zur Ausarbeitung von Entschädigungsregelungen anwies und den Rahmen der gewünschten Leistungen absteckte[24]. Sie bestimmte zugleich, daß die Finanzierung nicht aus Haushaltmitteln, sondern in erster Linie durch besondere Maßnahmen erfolgen sollte. Dazu gehörten insbesondere das bei der Rückerstattung anfallende erbenlose Vermögen sowie Erlöse aus dem Heimfall von Vermögenswerten nationalsozialistischer Organisationen und aus der Entnazifizie-

---

[16] Vgl. Hudemann, Anfänge der Wiedergutmachung, S. 196-198, 207 f.
[17] VO Nr. 120 über die Rückerstattung geraubter Vermögensobjekte, 10. 11. 1947, in: Journal Officiel, Amtsblatt des französischen Oberkommandos in Deutschland, Nr. 119, 14. 11. 1947, S. 1219-1222.
[18] Vgl. Schwarz, Rückerstattung nach den Gesetzen der Alliierten Mächte, S. 292-294; Hudemann, Anfänge der Wiedergutmachung, S. 203 f.
[19] Vgl. Drittes Kapitel, S. 119 f.
[20] Artikel 9, VO Nr. 120.
[21] Vgl. Schwarz, Rückerstattung nach den Gesetzen der Alliierten Mächte, S. 293.
[22] Artikel 3, 6, VO Nr. 120.
[23] Vgl. dazu Sechstes Kapitel, Abschnitt I. 1.
[24] VO Nr. 164 über die Entschädigung der Opfer des Nazismus vom 29. 6. 1948, in: Journal Officiel, Amtsblatt des französischen Oberkommandos in Deutschland, S. 1583 ff. Vgl. auch Féaux de la Croix, Vom Unrecht zur Entschädigung, S. 18 f.

rung[25]. Damit hielt man in der französischen Zone weiterhin an einer Linie fest, die in den anderen Westzonen bereits weitgehend aufgegeben worden war. Anfang 1950 folgten die Länder Baden, Rheinland-Pfalz und Württemberg-Hohenzollern dieser Aufforderung und erließen jeweils Gesetze über die Entschädigung der Opfer des Nationalsozialismus, die in gemeinsamen Beratungen entstanden waren und deren Struktur stark an das Entschädigungsgesetz der US-Zone angelehnt war[26]. An der Saar hatte es ein derartiges Entschädigungsgesetz sogar bereits 1948 gegeben, das somit das erste dieser Art im besetzten Deutschland darstellte[27].

3. Wer ist schuld an der Zersplitterung des Wiedergutmachungsrechts?

Walter Schwarz und Ernst Féaux de la Croix schieben in ihren Darstellungen der französischen Politik den Schwarzen Peter dafür zu, daß es in der Besatzungszeit zu keiner überzonal koordinierten Politik im Bereich der Wiedergutmachung gekommen war[28]. Demgegenüber versucht Rainer Hudemann, der auch auf diesem Feld die Rehabilitierung der französischen Besatzungspolitik vom Vorwurf der Obstruktion anstrebt, diesen Makel von ihr zu nehmen. Zu diesem Zweck verweist er auf die Beteiligung deutscher Stellen aus der französischen Zone an informellen Kontakten mit den Sachverständigen aus anderen Zonen, was viel dazu beigetragen habe, daß sich in den Grundstrukturen einige wesentliche Gemeinsamkeiten herausbildeten[29]. Zudem verteidigt er auch die französische Haltung in den Kontrollratsverhandlungen, die er als durchaus konstruktiv bewertet. Daß die Franzosen schließlich nicht bereit waren, die amerikanische Regelung zu unterstützen, begründet Hudemann mit deren eigenständigem Demokratisierungskonzept für Deutschland[30].

Tatsache ist, daß die amerikanische Militärregierung als einzige darum kämpfte, ihr Modell zumindest für die Westzonen als verbindlich durchzusetzen. Dies berechtigt aber gewiß nicht dazu, die fehlende Bereitschaft auf französischer und britischer Seite, diese Regelungen zu übernehmen, als Obstruktionspolitik zu qualifizieren. Die Untersuchung der alliierten Verhandlungen über Fragen der Wiedergutmachung im Kontrollrat hatte gezeigt, daß grundsätzliche gesellschaftspolitische Differenzen, aber auch innenpolitische Verpflichtungen eine alliierte Einigung auf diesem Gebiet verhinderten[31]. Doch hat es aus heutiger Sicht auch eine positive Seite, daß keine alliierte Einigung über die Köpfe der Deutschen hinweg gelang: Wiedergutmachungsgesetze des Kontrollrats wären, so wie es auch den durch die Militärregierungen erlassenen Rückerstattungsgesetzen widerfuhr, stets mit dem Odium des alliierten Diktats behaftet geblieben. Demgegenüber sorgte die alliierte Nichteinigung zwar für aus der Verfolgten-

---

[25] Artikel 10, VO Nr. 164.

[26] Vgl. Hudemann, Anfänge der Wiedergutmachung, S. 213.

[27] Amtsblatt der Verwaltungskommission des Saarlandes, 1948, S. 1122-1129. Vgl. auch Féaux de la Croix, Vom Unrecht zur Entschädigung, S. 30.

[28] Vgl. Schwarz, Rückerstattung nach den Gesetzen der Alliierten Mächte, S. 293; Féaux de la Croix, Vom Unrecht zur Entschädigung, S. 36.

[29] Vgl. Hudemann, Anfänge der Wiedergutmachung, S. 196 f.

[30] Vgl. ebenda, S. 201.

[31] Vgl. Drittes Kapitel, S. 118-121. Dort wo wie in Berlin alliierte Einigung unbedingt erforderlich war, war sie im übrigen auch möglich: Am 26. Juli 1949 erließen die drei Westmächte, die in der Alliierten Kommandantur für Berlin vertreten waren, ein gemeinsames Rückerstattungsgesetz für Westberlin, das weitgehend auf der Regelung in der britischen Zone beruhte. Vgl. Schwarz, Rückerstattung nach den Gesetzen der Alliierten Mächte, S. 67.

perspektive unerwünschte Verzögerungen auf dem Wege zu einer Wiedergutmachung, hielt aber wenigstens die Möglichkeit offen, daß diese Materie von deutscher Seite in eigener Verantwortung geregelt und so zumindest partiell auch zum Ausdruck eines Selbstreinigungsprozesses werden konnte.

Allerdings vermochte sich unter den Rahmenbedingungen der Zerstückelung in getrennte Besatzungszonen auch die deutsche Seite nicht über den mangelnden alliierten Konsens hinwegzusetzen. Dies zeigen die vergeblichen Versuche Philipp Auerbachs, eine überzonale Zusammenarbeit auf deutscher Ebene im Bereich der Verfolgtenbetreuung und Wiedergutmachung zuwege zu bringen. Bereits im Dezember 1946 hatte er in Tegernsee eine Interzonenkonferenz der staatlichen Wiedergutmachungsbeauftragten sowie der rassisch, religiös und politisch Verfolgten der drei westlichen Zonen organisiert. Dort wurde neben zahlreichen Beschlüssen zur Verbesserung der Lage der Verfolgten auch der Vorschlag Auerbachs zur Gründung eines vierzonalen Interzonensekretariats angenommen[32]. Doch hatte die amerikanische Militärregierung auf diese Initiative ablehnend reagiert: „four-zonal economic unity in Germany should be effected prior to the discussion of four-zonal unity problems"[33].

So kam es bis 1949 zu keiner gemeinsamen deutschen Politik im Bereich der Wiedergutmachung, wenngleich Entwürfe und Informationen auf interministerieller Ebene ausgetauscht wurden. Auch hatten seit 1948 – wiederum unter Auerbachs Ägide – Tagungen der Wiedergutmachungsreferenten der drei westlichen Besatzungszonen stattgefunden, die zwar keinen regierungsamtlichen Charakter besaßen, aber gemeinsame Stellungnahmen zur Entwicklung der Wiedergutmachung erarbeiteten. Daraus ging 1949 die „Interministerielle Arbeitsgemeinschaft der Sachbearbeiter für Wiedergutmachungs- und Entschädigungsfragen für rassisch, religiös und politisch Verfolgte in der amerikanischen, britischen und französischen Zone" hervor, der Auerbach als Leiter vorstand. Doch über eine beratende Funktion gelangte auch dieses Gremium vor der Gründung der Bundesrepublik nicht hinaus.

Zusammenfassend läßt sich sagen, daß zwar in den Grundprinzipien trotz aller Widrigkeiten ein gewisses Maß an Übereinstimmung erreicht worden war. Vor allem im Bereich der Rückerstattung wiederauffindbaren Eigentums, den die Alliierten überwiegend in eigener Zuständigkeit geregelt hatten, hatte sich das amerikanische Modell weitgehend als Prototyp durchsetzen können. Aber besonders im Bereich der Entschädigung blieben zahlreiche Probleme bestehen. Die Rechtsungleichheit wirkte sich nicht zuletzt in unterschiedlichen Fristen und Zuständigkeiten aus, häufig zum Nachteil der Verfolgten. Zudem differierten die Ansprüche der Verfolgten je nach Zone oder Land zum Teil beträchtlich. Der schwerwiegendste Punkt war jedoch, daß in der britischen Zone eine allgemeine Entschädigungsgesetzgebung noch überhaupt fehlte. So bestanden also unter den einzelnen Ländern und Zonen erhebliche rechtliche Disparitäten, von denen der amerikanische Hohe Kommissar McCloy die Entfachung einer Dynamik zugunsten einer Vereinheitlichung in der Bundesrepublik auf dem Niveau des Entschädigungsgesetzes der US-Zone erwartete[34].

[32] Notizen von Herrn Staatskommissar Dr. Auerbach über das zu gründende Interzonensekretariat, 9. 12. 1946, im Protokoll der Interzonentagung in Tegernsee, 7.-9. 12. 1946, NL Hoegner, IfZ-Archiv, ED 120, Bd. 327.
[33] G.H. Garde (AG/OMGUS) an Director/OMGB, IfZ-Archiv, MF 260, OMGUS-CAD 3/173-1/21.
[34] Vgl. Drittes Kapitel, S. 147.

II. Veränderungen der innen- und außenpolitischen Rahmenbedingungen

1. Wiedergutmachung im Spannungsfeld zwischen Bund und Ländern

Als Folge der Gründung der Bundesrepublik ergab sich ein Dualismus zwischen den Ländern als den bisherigen Trägern der Wiedergutmachungsanstrengungen und dem Bund. Zwar blieb die Durchführung der Wiedergutmachung zum größten Teil Ländersache, doch bestand bei der künftigen Gesetzgebung durch das Grundgesetz (Art.74, Nr. 9) eine Konkurrenz zwischen Bund und Ländern. Zugleich intensivierten die Länder nun ihre Kontakte auch über die Zonengrenzen hinweg, woran vor allem Philipp Auerbach großen Anteil hatte, der die bereits früher aufgenommene inoffizielle Zusammenarbeit der Wiedergutmachungsreferenten der Länder ausbaute. Aus den von ihm initiierten Vorläufern in der Zeit vor Gründung der Bundesrepublik entstand das „Koordinierungsbüro der Interministeriellen Arbeitsgemeinschaft für Wiedergutmachungs- und Entschädigungsfragen in der Bundesrepublik Deutschland", das Anfang 1951 schließlich in die „Konferenz der Obersten Wiedergutmachungsbehörden in der Bundesrepublik Deutschland" umgebildet wurde.

Nach Auerbachs Verhaftung im März 1951 löste Otto Küster diesen als Leiter der Konferenz ab und verlegte die Geschäftsstelle von München nach Stuttgart[35]. Sowohl die Ambitionen Auerbachs wie auch Küsters waren zunächst vor allem darauf gerichtet, die Entschädigung auf Länderebene zu regeln und auszubauen. Diesem Zweck sollte ursprünglich auch der Ende 1951 gegründete Sonderausschuß für Wiedergutmachungsfragen des Bundesrates[36] dienen, der bald die Konferenz als zentrales Organ der Länder an Bedeutung überflügelte. Im Oktober 1953 ging ohnehin die Koordinierungsaufgabe unter den Ländern auf regelmäßige Tagungen der Wiedergutmachungsreferenten der Länder über, zu denen auch Vertreter der zuständigen Bonner Ministerien hinzugezogen wurden[37].

Auf Bundesebene bildeten sich entsprechende Strukturen erst mit einer gewissen Verzögerung aus. Der von Adenauer in einem Interview mit dem Herausgeber der *Allgemeinen Wochenzeitung der Juden in Deutschland*, Karl Marx, Ende 1949 vorgebrachte Gedanke, im Bundesinnenministerium ein Referat für jüdische Angelegenheiten einzurichten und einem deutschen Juden zu übertragen[38], wurde nicht verwirklicht, nachdem der Zentralrat der Juden in Deutschland schließlich abgewinkt hatte[39]. Hoffnungen auf diesen Posten hatte sich auch Philipp Auerbach gemacht[40]. So wurden die einzelnen Bereiche der Wiedergutmachung auf verschiedene Bundesressorts verteilt: Das Bundesfinanzministerium wurde für die Entschädigung federführend, das Bundesinnenministerium für die Wiedergutmachung für den öffentlichen Dienst, das Bundes-

---

[35] Protokolle des Koordinierungsbüros, BayMJ, 1091. Vgl. auch Féaux de la Croix, Vom Unrecht zur Entschädigung, S. 42f. u. 60f., der allerdings die Vorläufer in der Besatzungszeit übersah.
[36] Deutscher Bundestag, 74. Sitzung vom 7. 12. 1951, Stenographische Berichte, Bd. 4, S. 832.
[37] Vgl. Féaux de la Croix, Vom Unrecht zur Entschädigung, S. 62.
[38] Interview Karl Marx mit Konrad Adenauer, Allgemeine Wochenzeitung der Juden in Deutschland, 25. 11. 1949.
[39] Direktorium des Zentralrates der Juden in Deutschland an Ritter v. Lex (Bundesinnenministerium), 16. 10. 1950, Handakten Auerbach im Besitz Hendryk Ingsters.
[40] Interview des Verfassers mit Hendryk Ingster am 27. 7. 1987. Siehe auch Auerbach an Ringelmann, 26. 11. 1949, Akten des bayerischen Finanzministeriums, Az. IV-N-402, Bd. VII-IX.

justizministerium für Rückerstattung und Strafrechtspflege und das Bundesarbeitsministerium für Wiedergutmachung auf dem Gebiet der Sozialversicherung[41]. Im Bundestag wurden Wiedergutmachungsfragen zunächst vor allem im Aussschuß für Rechtswesen und Verfassungsrecht behandelt, erst 1955 wurde ein eigener Bundestagsausschuß für Wiedergutmachung gegründet. Aus dieser Situation ergab sich ein kompliziertes Ineinandergreifen von politischen Aktivitäten auf Länder- und Bundesebene.

2. Alliierte Kontrolle der Wiedergutmachung in der Bundesrepublik?

Auch nach der Gründung der Bundesrepublik blieben die Alliierten zunächst ein wichtiger Faktor in der Wiedergutmachungsfrage, wenngleich ihr Einfluß nun sukzessive zurückging. Der Alliierte Kontrollrat war im Sommer 1949 durch die Alliierte Hohe Kommission abgelöst worden. Deren Befugnisse waren in dem am 21. September 1949 in Kraft getretenen Besatzungsstatut niedergelegt, das – zwischendurch mehrfach geändert – bis zum 5. Mai 1955 gültig blieb. War die Bundesrepublik durch das Besatzungsstatut auch im Hinblick auf die Wiedergutmachung konkret gebunden?

Ernst Féaux de la Croix und Walter Schwarz widersprechen sich hierbei in ihren Darstellungen. Probleme ergaben sich dabei vor allem aus der Interpretation des Absatzes 2(b) des Besatzungsstatuts, der die „Restitutionen" unter alliierten Vorbehalt stellte[42]. Féaux de la Croix vertritt die Auffassung, daß sich dieser Vorbehalt nur auf die äußeren Restitutionen bezog[43], eine Auffassung, die in der ersten Zeit nach Gründung der Bundesrepublik bis in höchste deutsche politische Kreise herrschte[44]. Schwarz zufolge war damit hingegen auch die innere Restitution, d. h. also die Rückerstattung, gemeint[45]. Das Problem dabei ist, daß, wenn man so will, beide Recht haben, nämlich Féaux de la Croix im Hinblick auf die ursprüngliche Intention und Schwarz im Hinblick auf die spätere Auslegung durch die Alliierte Hohe Kommission. Um dies zu erklären, muß man zunächst einen Blick auf die Entstehung der betreffenden Abschnitte des Besatzungsstatuts werfen.

Bereits auf der Londoner Sechs-Mächte-Konferenz 1948 wurden die Grundzüge der Beziehungen zwischen den Besatzungsmächten und einer künftigen Bundesregierung festgelegt. Diese wurden den westdeutschen Ministerpräsidenten am 1. Juli 1948 im dritten der sogenannten „Frankfurter Dokumente" mitgeteilt[46]. Unter den dort kurz skizzierten alliierten Vorbehaltsrechten befand sich aber keinerlei direkter Bezug auf die Ansprüche der Verfolgten des Nationalsozialismus, vielmehr zielten diese vorrangig auf die Beruhigung der französischen Seite angesichts der in London beschlossenen

---

[41] Kurzprotokoll über die interministerielle Referentenbesprechung im Bundesjustizministerium am 16.5. 1950, BA, B 126/12523.

[42] Besatzungsstatut, 12. 5. 1949, in: Amtsblatt der Hohen Alliierten Kommission in Deutschland, Nr. 1, 23. 9. 1949, S. 13-15.

[43] Vgl. Féaux de la Croix, Vom Unrecht zur Entschädigung, S. 124 f.

[44] Votum Oberregierungsrat Gumbels (Bundeskanzleramt), Adenauer vorzulegen, 20. 12. 1949, BA, B 136/1124; Kurzprotokoll der 98. Sitzung des Bundestagsausschusses für Rechtswesen und Verfassungsrecht, 18. 4. 1951, BA, B 126/12523.

[45] Vgl. Schwarz, Rückerstattung nach den Gesetzen der Alliierten Mächte, S. 82 f.

[46] Dokumente zur künftigen politischen Entwicklung Deutschlands ("Frankfurter Dokumente"), insbesondere Dokument Nr. 3 (Grundzüge eines Besatzungsstatuts), Frankfurt, 1. 7. 1948, in: Der Parlamentarische Rat 1948-1949, Akten und Protokolle, Bd. 1: Vorgeschichte, bearb. v. Johannes Volker Wagner, Boppard am Rhein 1975, S. 33-36; Wolfgang Benz, Von der Besatzungsherrschaft zur Bundesrepublik. Stationen einer Staatsgründung 1946-1949, Frankfurt a. M. 1984, S. 159-162.

Westeinbindung der drei westlichen Zonen Deutschlands. Auf der Grundlage dieses Dokuments und zusätzlicher, gleichfalls auf der Londoner Sechs-Mächte-Konferenz verabschiedeter Anweisungen beriet seit August ein Ausschuß der drei westlichen Militärregierungen über den endgültigen Inhalt eines Besatzungsstatuts[47]. Bereits Ende Oktober legte dieser einen ersten Entwurf vor. Unter den dort vorgesehenen alliierten Vorbehaltsrechten fand sich auch die Verpflichtung, „das Eigentum von Opfern der Nazi-Verfolgung zu schützen und zurückzuerstatten"[48]. Nach Auffassung der US-Delegation sollte dies sowohl Deutsche wie auch Nicht-Deutsche einschließen, wogegen Briten und Franzosen zunächst nichts einzuwenden hatten[49]. Damit war also neben der äußeren auch die innere Restitution in diesem Entwurf verankert worden. Auffallend ist hier wiederum der Vorrang der Restitution vor der Entschädigung persönlicher Schäden, für die keine entsprechende Bestimmung vorgesehen wurde[50]. Im Dezember beendete der Ausschuß der Militärregierungen seine Arbeit und legte einen nochmals modifizierten Entwurf vor, in dem an dieser Bestimmung zugunsten der Rückerstattung für Opfer des Nationalsozialismus, wenn auch in veränderter Formulierung, festgehalten wurde[51].

Doch änderte sich dies, als nun die Beratungen auf Regierungsebene fortgesetzt wurden. Auf der Eröffnungssitzung der neuen Gesprächsrunde im Londoner Foreign Office am 17. Januar 1949 fragten die französischen und britischen Delegationen nach, ob die US-Regierung nur ausländische Opfer oder auch deutsche Staatsangehörige, die aus rassischen, religiösen oder politischen Gründen verfolgt worden seien, schützen wolle. Selbst lehnten sie es ausdrücklich ab, deutsche Staatsbürger in diesem Zusammenhang zu berücksichtigen[52]. In der am 2. April 1949 in London beschlossenen Fassung des Besatzungsstatuts wurden deshalb die Rückerstattungsansprüche deutscher Staatsangehöriger nicht mehr in die alliierten Vorbehaltsrechte einbezogen. Nunmehr waren nur noch Vermögensinteressen ausländischer Staatsbürger berücksichtigt, und auch der potentielle Ausweitungen implizierende Begriff der Verfolgten des Nationalsozialismus war eliminiert worden[53].

Daran änderten auch die abschließenden Beratungen auf der Washingtoner Außen-

---

[47] Einen sehr hilfreichen Überblick über Chronologie und Grundprobleme der alliierten Verhandlungen um das Besatzungsstatut gibt Wolfram Werner (Bearbeiter), In: Der Parlamentarische Rat 1948-1949, Bd. 4, Ausschuß für das Besatzungsstatut, Boppard am Rhein 1989, S. XIII-XVII.

[48] Art. II, Abs. 2(f), Draft Joint Text of the Occupation Statute, Proposal by the Tripartite Committee on the Occupation Statute, 25. 10. 1948, in: Foreign Relations of the United States (FRUS), 1948, Bd. II: Germany and Austria, Washington, D.C., 1973, S. 619.

[49] Robert Murphy an Secretary of State, 19. 1. 1949, IfZ-Archiv, MA 1409/93, 740.00119/Control (Germany), 1-1949.

[50] Max Isenbergh, ein Vertreter des American Jewish Committee, erhielt bei Gesprächen mit OMGUS-Angehörigen, vermutlich von Hans Simons, Ende 1948 die Auskunft, daß eine zunächst vorgesehene Bestimmung über alliierte Vorbehaltsrechte im Bereich der Entschädigung fallengelassen worden sei, nachdem in der US-Zone ein Entschädigungsgesetz in Vorbereitung sei. (Max Isenbergh an Foreign Affairs Department/AJC, 27. 12. 1948, YIVO-Archiv, RG 347, AJC, Records GEN-10, Box 282). Doch erscheint dieses Argument wenig schlüssig, denn dann hätte man ja analog auch auf eine Bestimmung zugunsten der Rückerstattung verzichten können.

[51] Art. II, Abs. 2(f), Draft Joint Text of Occupation Statute, 17. 12. 1948, in: FRUS 1948 II, S. 655: „To protect and restitute property belonging to non-German states or their nationals and property of victims of Nazi persecution".

[52] Julius C. Holmes (Leiter der US-Delegation in London) an Acting Secretary of State, 17. 1. 1949, in: FRUS 1949, Bd. III: Council of Foreign Ministers; Germany and Austria, Washington 1974, S. 9f.

[53] Joint Text of the Occupation Statute Proclamation, 2. 4. 1949, in: FRUS 1949 III, S. 65-73, insbesondere Art. II, Abs. 2(f), S. 66.

ministerkonferenz vom 5. bis 8. April nichts mehr, wo der endgültige Text des Besatzungsstatuts festgelegt wurde[54]. Der alliierte Vorbehalt bezüglich der Restitutionen im Besatzungsstatut (Abs. (2b)) war somit eigentlich nur auf die äußere Restitution bezogen. Doch der amerikanische Hohe Kommissar faßte, wie sich dann zeigen sollte, sehr wohl auch die inneren Restitutionen unter diesen Begriff[55]. Zugleich leiteten die Amerikaner aus diesem Artikel auch Kontrollrechte für den Bereich der Entschädigung ab[56]. Überdies gab die alliierte Zuständigkeit für die DP's (Abs. (2d)) gleichfalls eine gewisse Handhabe zur Beeinflussung der Entschädigung. Besonders wichtig war, daß vor dem Inkrafttreten des Grundgesetzes erlassene alliierte Gesetze weiterhin unter Vorbehalt standen (Abs. 7), worunter auch die alliierten Rückerstattungsgesetze fielen[57].

Doch trotz dieser Bestimmungen des Besatzungsstatuts war die alliierte Kontrolle der Wiedergutmachung in der Bundesrepublik in deren Anfangsjahren deutlich schwächer als vor der Weststaatsgründung. Dies galt vor allem für den Ausbau der bisherigen Regelungen. In dieser Beziehung konnte alliierter Einfluß oder gar Druck fortan nur als Wirkung der allgemeinen politischen „bargaining power" wirksam werden, jedoch nicht aufgrund eines konkreten Auftrags des Besatzungsstatuts. Rückblickend erklärte dazu der amerikanische Hohe Kommissar John J. McCloy, daß die Alliierten keine förmlichen gesetzgeberischen Rechte im Bereich der Wiedergutmachung besessen hätten: „We could exert pressure, we could persuade, but we couldn't dictate."[58]

3. Organisation der Verfolgteninteressen: Fragmentierung und Zusammenschluß

Bedeutsame Veränderungen ergaben sich aber auch auf dem Feld der Interessenvertretung durch die Verfolgten. Bei diesen lassen sich zwei Hauptgruppen unterscheiden: Einmal die jüdischen Verfolgten, auf der anderen Seite alle übrigen Verfolgten, von denen vor allem die nichtjüdischen deutschen Verfolgten wichtig waren. (Daneben spielten ausländische nichtjüdische Verbände eine eher marginale Rolle.) Dabei zeigen sich organisations- und daraus resultierend wirkungsgeschichtlich zwei ganz unterschiedliche Entwicklungen.

Martin Hirsch, SPD-Bundestagsabgeordneter, Verfassungsrichter und langjähriger Vorsitzender des Bundestags-Wiedergutmachungsausschusses, erklärte bei Gelegenheit einer Tagung Mitte der achtziger Jahre über die unterschiedlichen Chancen der Durchsetzung von Wiedergutmachungsinteressen: „Aber generelle Schwierigkeiten hatten am meisten die politisch Verfolgten und die Zigeuner, die weitgehend zunächst vergessen oder falsch behandelt worden sind. Die politisch Verfolgten sind z.T. selber daran schuld, weil sie sich sehr schnell zersplittert haben."[59] Tatsächlich hatte Anfang der

---

[54] Occupation Statute Defining the Powers to be Retained by the Occupation Authorities, Washington, 8.4. 1949, in: FRUS 1949 III, S. 179-181.

[55] Vgl. Viertes Kapitel, Abschnitt II. 2.

[56] Memorandum von Frank J. Miller (HICOG/Property Group) vom 12.8. 1949, IfZ-Archiv, MF 260, OM-GUS-CO 11/44-2/27.

[57] Besatzungsstatut, 12.5. 1949, in: Amtsblatt der Hohen Alliierten Kommission in Deutschland, Nr. 1, 23.9. 1949, S. 13-15.

[58] Interview mit John J. McCloy am 23.2. 1972, Jacob Blaustein Oral History Project, William E. Wiener Oral History Library of the American Jewish Committee.

[59] Martin Hirsch, Folgen der Verfolgung. Schädigung – Wiedergutmachung – Rehabilitierung, in: Die Bundesrepublik Deutschland und die Opfer des Nationalsozialismus, Protokolldienst 14/84, Bad Boll 1984, S. 19-32.

fünfziger Jahre eine starke Fragmentierung der deutschen Verfolgtenverbände stattgefunden, deren Vorboten freilich schon seit etwa 1948 zu erkennen gewesen waren. Es war bereits die Rede davon, daß sich 1946 in allen vier Zonen als eine einheitliche Organisation der rassisch, religiös und politisch Verfolgten die Vereinigung der Verfolgten des Naziregimes (VVN) gebildet hatte, in der prinzipiell alle deutschen Opfer des Nationalsozialismus vertreten waren. Noch im April 1948 pries Eugen Kogon, der zu dieser Zeit selbst dem Vorstand der hessischen VVN angehörte, in den *Frankfurter Heften* diese Organisation „mit ihren dreihunderttausend Mitgliedern in Deutschland" als das „einzige große politische Forum, wo Deutsche der verschiedensten Herkunft, Konfession und Parteizugehörigkeit aufgrund einer gemeinsam durchkämpften und durchlittenen Vergangenheit noch zusammenwirken." Die VVN genieße zwar „beim deutschen Volk kein sonderlich gutes Ansehen", da ihre Mitglieder immer noch mit dem Odium ihrer einstigen Verfolgung behaftet seien. Doch sei sie „kein Verband der Einflußlosen: Dutzende von deutschen Ministern, Staatssekretären und Parteiführern in allen Besatzungszonen, Hunderte von maßgebenden Männern und Frauen des öffentlichen Lebens gehören ihr an"[60]. Doch genau ein Jahr später trug Kogon an selber Stelle seine früheren Hoffnungen auf eine tragende politische Rolle des europäischen Widerstandes zu Grabe[61]. Und enttäuscht revidierte er seine euphorischen Bemerkungen über die Rolle der VVN in der deutschen Gesellschaft: „Legen wir's zum übrigen."[62]

Die Gemeinsamkeit der erlittenen Verfolgungen konnte die politischen Differenzen innerhalb der VVN nicht überbrücken, vor allem nachdem sich diese immer stärker im Ost-West-Konflikt engagierte. Die SPD, die unter Kurt Schumacher einen strikt antikommunistischen Kurs vertrat, distanzierte sich zuerst von der VVN, in der Kommunisten eine zunehmend stärkere Rolle spielten. Der Unvereinbarkeitsbeschluß des SPD-Parteivorstands vom Mai 1948, der die gleichzeitige Zugehörigkeit bei SPD und VVN untersagte, stellte die Fronten endgültig klar, wenngleich sich dies unter den Parteimitgliedern erst mit einiger Verzögerung durchsetzte. Zugleich wurden eine Zentralstelle für politisch verfolgte Sozialdemokraten, die die Mitwirkung an der Fortentwicklung der Wiedergutmachung zur Aufgabe hatte, sowie die mit ihr verbundene „Arbeitsgemeinschaft verfolgter Sozialdemokraten" (AvS) gegründet[63].

Die Entwicklung der VVN zur kommunistischen Restorganisation verlief somit als ein sich wechselseitig verstärkender Prozeß: Auf die Vergrößerung des kommunistischen Einflusses reagierten die anderen politischen Gruppen mit der Aufkündigung der Zusammenarbeit, wodurch der kommunistische Charakter der VVN weiter zunahm. Am 4. Februar 1950 schließlich wurde in Düsseldorf von ehemaligen VVN-Mitgliedern als gezielt antikommunistische Gegengründung zur VVN der Bund der Verfolgten des Naziregimes (BVN) gegründet[64]. Der erste Vorsitzende des BVN, der Journalist und CDU-Politiker Peter Lütsches, hatte bereits im Vorfeld der Gründung Kontakt mit der

[60] Eugen Kogon, Politik der Versöhnung, in: Frankfurter Hefte, 3. Jg., H. 4, April 1948, S. 317-324, hier: S. 321.
[61] Ders., Der politische Untergang des europäischen Widerstandes, in: Frankfurter Hefte, 4. Jg., H. 5, Mai 1949, S. 405-413, hier: S. 405.
[62] Ebenda, S. 410f.
[63] Jahrbuch der Sozialdemokratischen Partei Deutschlands 1948/49, hrsg. v. Vorstand der SPD, Hannover 1949, S. 130. Vgl. auch Susanne Miller, Die Behandlung des Widerstands gegen den Nationalsozialismus in der SPD nach 1945, in: Büttner (Hrsg.), Das Unrechtsregime, Bd. 2, S. 417f.
[64] Vgl. Widerstand. Gestern und Heute, hrsg. vom Bund der Verfolgten des Naziregimes (BVN), o.O. 1950, S. 2ff.; 1 Jahr BVN, hrsg. v. Bundessekretariat des Bundes der Verfolgten des Naziregimes, Düsseldorf 1950.

Bundesregierung hergestellt, um dort Unterstützung für die geplante Spaltung der VVN zu gewinnen. Adenauer begrüßte diese Initiative nachdrücklich[65], und bald darauf trat er von der VVN, der er selbst angehört hatte, zum BVN über[66].

Die damit entstandenen Hauptgruppierungen der politisch Verfolgten VVN, BVN und AvS zogen nun auch in Wiedergutmachungsangelegenheiten keineswegs an einem gemeinsamen Strang. Insbesondere zwischen VVN und BVN herschte ein ständiger Schlagabtausch. Doch gelang dem BVN nie der zahlenmäßig große Durchbruch, während anderseits die VVN als einstmals bedeutendste deutsche Verfolgtenorganisation immer weiter marginalisiert wurde. Sie richtete sich zunehmend stärker nach einem kommunistischen Antifaschismuskonzept aus und stellte sich politisch scharf gegen Adenauers Westintegrationspolitik[67]. Das führte bereits im September 1950 zum Beschluß des Bundeskabinetts, die Zugehörigkeit zur VVN künftig mit Berufsverbot im öffentlichen Dienst zu ahnden[68]. Die Bundesregierung empfahl den Landesregierungen, sofort entsprechende Maßnahmen zu ergreifen[69], was auch insofern Folgen für die Durchführung der Wiedergutmachung besaß, als eine ganze Reihe von Mitarbeitern der Entschädigungsbehörden der VVN angehörte. Am 26. Juli beschloß das Bundeskabinett schließlich das Verbot des Rates der Vereinigung der Verfolgten des Naziregimes, d. h. der Dachorganisation der VVN[70].

Weitere deutsche nichtjüdische Verbände blieben gleichfalls ohne große Bedeutung. Ein Anfang der fünfziger Jahre gegründeter „Zentralverband der Sterilisierten und Gesundheitsgeschädigten im Bundesgebiet e.V." versuchte vergeblich prominente Politiker zu einer Schirmherrschaft über ihren Verband zu gewinnen. Aber sowohl Bundespräsident Theodor Heuss als auch der bayerische Ministerpräsident Ehard lehnten dieses Ansinnen ab[71]. Die Zigeuner hingegen, um ein anderes Beispiel zu nennen, waren in dieser Zeit von einer Organisation ihrer Interessen noch weit entfernt; erst 1979 trat hier durch die Gründung des „Zentralrats der Sinti und Roma" eine Änderung ein. So kann man konstatieren, daß etwa seit Beginn der fünfziger Jahre keine einheitliche Interessenvertretung der deutschen Verfolgten mehr existierte, was entscheidend zu ihrer weitgehenden Einflußlosigkeit im Bereich der Wiedergutmachung beitrug. Die Ursachen für diese Entwicklung liegen überwiegend in der mangelnden Homogenität der Interessen dieser Gruppe, oder anders gesagt: das Verfolgungserlebnis war von einem primären zu einem sekundären Faktor bei der gesellschaftlichen und politischen Orientierung der ehemaligen deutschen Verfolgten geworden.

---

[65] 41. Kabinettssitzung am 3.2.1950, in: Die Kabinettsprotokolle der Bundesregierung, hrsg. f. d. Bundesarchiv v. Hans Booms, Bd. 2: 1950, bearbeitet v. Ulrich Enders u. Konrad Reiser, Boppard a. Rh. 1984, S. 184.

[66] Adenauer an Peter Lütsches, 8.5.1950, Adenauer. Briefe, Rhöndorfer Ausgabe, hrsg. v. Rudolf Morsey u. Hans-Peter Schwarz, Bd. 3: 1949-1951, bearb. v. Hans Peter Mensing, Berlin 1985, S. 207.

[67] Nach dem Zusammenbruch der SED-Herrschaft in der DDR Ende 1989 mußte die mittlerweile zur VVN-BdA (Bund der Antifaschisten) umgeformte VVN ihre Arbeit weitgehend einschränken, da sie einen Großteil ihrer finanziellen Mittel von dort erhalten hatte.

[68] 97. Kabinettssitzung am 19. September 1950, in: Kabinettsprotokolle der Bundesregierung, Bd. 2, S. 702f.

[69] Beschluß der Bundesregierung, gez. Adenauer, 19.9.1950, HessHStA, Abt. 502, Nr. 2007. Als Beispiel für daraus resultierende Maßnahmen siehe etwa die „Richtlinien für die Entlassung von Staatsbediensteten wegen politischer Betätigung gegen die demokratische Grundordnung", erlassen vom hessischen Minister des Innern am 19.10.1950, in: Staats-Anzeiger für das Land Hessen, Nr. 42, 21.10.1950, S. 425.

[70] 164. Kabinettssitzung am 26.7.1951, in: Kabinettsprotokolle der Bundesregierung, Bd. 2, S. 565f.

[71] Siehe dazu Der Notschrei. (Untertitel: Kampf- und Aufklärungsorgan der durch Naziterror Verstümmelten, Gesundheitsgeschädigten und Euthanasiehinterbliebenen), Jg. 1951, Nr. 3, 24.12.1951; bayerischer Ministerrat, 22.5.1951, IfZ-Archiv, NL Hoegner, ED 120, Bd. 367.

Ging also der Weg auf Seiten der deutschen, nichtjüdischen Verfolgten hin zu einer Zersplitterung, nahm die Entwicklung auf jüdischer Seite gerade den umgekehrten Verlauf. Zum einen hatte die 1948 erfolgte Gründung des Staates Israel, der sich als jüdische Gesamtvertretung betrachtete, große Bedeutung für die künftige Formulierung und Durchsetzung von Wiedergutmachungsansprüchen gegen Deutschland. Daneben entfaltete aber vor allem die im Oktober 1951 gegründete „Jewish Conference on Material Claims against Germany", kurz Claims Conference, eine beträchtliche Wirkung auf diesem Gebiet. Martin Hirsch, der als langjähriger Vorsitzender des Bundestags-Wiedergutmachungsausschusses den Einfluß der Claims Conference kennengelernt hatte, erklärte einmal, daß diese „letztenendes eine Gründung von Konrad Adenauer war, nicht der Juden selber"[72]. Auf den ersten Blick erscheint dies einleuchtend, erfolgte doch die Gründung dieses Zusammenschlusses von 22 jüdischen Organisationen unmittelbar auf Adenauers Erklärung vor dem Bundestag am 27. September 1951, in der er unter anderem die Bereitschaft zu Verhandlungen mit dem Staat Israel und Vertretern des Judentums erklärt hatte[73]. Der Bundeskanzler wünschte aus praktischen Gründen eine einheitliche jüdische Vertretung als Gesprächspartner. Doch reichen die Anfänge einer Kooperation der jüdischen Organisationen bereits wesentlich weiter zurück. Eine intensive Zusammenarbeit auf dem Gebiet der Wiedergutmachung hatte es ja bereits seit 1945 gegeben. Insbesondere das gemeinsame Komitee der Jewish Agency for Palestine, des American Jewish Joint Distribution Committee, des World Jewish Congress und des American Jewish Committee hatte auf dem Gebiet der Rückerstattungs- und Entschädigungsgesetzgebung in der amerikanischen Besatzungszone beachtliche Erfolge verbuchen können. Dieses Komitee arbeitete auch 1950/51 weiter daran, die Durchführung dieser Gesetze in der Bundesrepublik zu sichern.

Israelische Vorstöße, die darauf abzielten, die Frage der jüdischen Kollektivansprüche wieder auf den Tisch zu bringen[74], führten dazu, daß Nahum Goldmann Anfang Februar 1951 bei einer Besprechung dieses Komitees in New York vorschlug, daß es sich zum Zwecke von Verhandlungen mit Bonn erweitern solle. Er gedachte ihm dabei eine Mittlerrolle zu, für den Fall, daß Israel aus politisch-psychologischen Gründen nicht in direkte Verhandlungen mit der Bundesrepublik eintreten könne[75]. Eine große Rolle bei derartigen Überlegungen spielte aber auch, daß der Alleinvertretungsanspruch jüdischer Interessen durch Israel auf Widerstand eines Teils der jüdischen Organisationen stieß. Vor allem das American Jewish Committee, das eine Schlüsselrolle bei den Beziehungen zur amerikanischen Regierung einnahm, war nicht bereit, die Interessen der Diaspora-Juden völlig denen Israels unterzuordnen[76].

Die Regierungserklärung Adenauers vor dem Bundestag am 27. September 1951 war somit nur das Signal, nicht aber der Anlaß zur Gründung der Claims Conference. Nahum Goldmann übernahm namens des jüdischen Weltkongresses die Initiative und lud am 25. Oktober 22 jüdische Organisationen aus aller Welt nach New York ein. Dies war die Geburtsstunde der Claims Conference, deren erster und langjähriger Präsident

[72] Hirsch, Folgen der Verfolgung, S. 29.
[73] Deutscher Bundestag, 165. Sitzung vom 27. 9. 1951, Stenographische Berichte, Bd. 9, S. 6697f.
[74] Vgl. dazu Sechstes Kapitel, S. 257.
[75] Notes on Meeting No. 51-2 of the Four Organizations, 7.2. 1951, YIVO-Archiv, RG 347, AJC, Records GEN-10, Box 291.
[76] Siehe dazu Simon Segal an John Slawson, „Meeting April 26th on Israeli Reparations Claim", 8.5. 1951, YIVO-Archiv, RG 347, AJC, Records GEN-10, Box 282.

Goldmann wurde. Einem solchen Zusammenschluß war von israelischer Seite ursprünglich vornehmlich die Rolle eines Akklamationsorgans zugunsten der eigenen Forderungen zugedacht worden. Tatsächlich entwickelte sich diese aber zu einem Gegengewicht zu Israel[77].

Doch nicht nur zwischen dem Staat Israel und den Diaspora-Juden existierten solche Spannungen. Innerjüdische Schwierigkeiten von großer Relevanz für die Frage der Wiedergutmachung bestanden auch insbesondere im Verhältnis zu den Juden in Deutschland. Wiederholt gab es Schwierigkeiten, weil sich letztere von ihren Glaubensbrüdern benachteiligt fühlten. Auf der 2. Plenarversammlung des World Jewish Congress 1948 in Montreux hatte sich dieser noch deutlich gegen das Bestehen neuer jüdischer Gemeinden in Deutschland gewandt[78], und ein Rest dieser Vorbehalte lag auch nach ihrer offiziellen Rehabilitierung 1950 noch in der Luft. Seit Juli dieses Jahres bestand mit dem Zentralrat der Juden in Deutschland eine gemeinsame Vertretung der jüdischen Interessen in der Bundesrepublik. Ausschlaggebend für diese Gründung war, wie ihr langjähriger Generalsekretär Hendrik George van Dam später erklärte, „zweifellos ... die Problematik der Wiedergutmachung"[79]. Hierbei traten wiederholt Konflikte mit der Claims Conference auf, weshalb der Zentralrat Anfang 1953 sogar kurz vor dem Austritt aus dieser stand, um seine Wiedergutmachungsinteressen in eigener Regie zu verfolgen[80].

Trotz dieser und anderer heftiger innerer Konflikte zeigte sich die Claims Conference nach außen hin stets geschlossen. Eine Folge ihres Auftretens war dabei aber auch, daß sich die Tendenz, wonach jüdische Forderungen separat von denen aller anderen Opfer des Nationalsozialismus verfolgt wurden, weiter verfestigte. Dies ging soweit, daß die Claims Conference sogar ablehnte, die Forderungen von Nicht-Glaubensjuden mitzuvertreten, obwohl die Nationalsozialisten in dieser Hinsicht keinen Unterschied gemacht hatten[81]. Vereinzelt gab es Versuche, gegen diese Abschottung anzugehen. Bruno Weil, der Präsident der Axis Victims League, der schon 1942 vergeblich versucht hatte, zu einer Zusammenarbeit in Wiedergutmachungsfragen mit den jüdischen Organisationen zu kommen, schrieb am 24. Oktober, einen Tag vor Gründung der Claims Conference, an Frederick Goldschmidt von der URO in London: „Vergessen Sie bitte bei der ganzen Sache nicht, daß es sich nicht nur um jüdische Dinge handelt ... Wenn Dr. Adenauer aus politischen Gründen sich an Israel und die jüdischen Organisationen gewandt hat, so weiß doch jederman, daß von der israelischen Reparationsforderung abgesehen, alle anderen Fragen nur auf einer alle Rassen, Nationen und Religionen (die verfolgt worden sind) gleichermaßen umfassenden Basis geregelt werden können. Das Gegenteil würde bedeuten ... daß die nationalistischen und rassischen Grundsätze

---

[77] Vgl. Ronald W. Zweig, German Reparations and the Jewish World. A History of the Claims Conference, Boulder und London 1987, S. 52 ff.

[78] Vgl. Kurt R. Grossmann, Die jüdischen Auslandsorganisationen und ihre Arbeit in Deutschland, in: Die Juden in Deutschland. 1951/52 – 5712. 1958/59 – 5719. Ein Almanach, hrsg. v. Heinz Ganther, Hamburg 1959, S. 158-161.

[79] Vgl. Hendrik George van Dam, Die Juden in Deutschand nach 1945, in: Judentum. Schicksal, Wesen und Gegenwart, hrsg. v. Franz Böhm und Walter Dirks, Bd. II, Wiesbaden 1965, S. 888-916, hier, S. 900. Siehe dazu auch Summarisches Protokoll der Sitzung des Zentralrates am 7.1. 1951 in Hamburg, LBI-Archiv, Council of Jews from Germany, Folder 24.

[80] Bericht von Benjamin B. Ferencz über ein Treffen zwischen dem Zentralrat, der URO, dem JTC, dem AJDC und der JRSO in Bad Godesberg am 8.2. 1953, LBI-Archiv, Council of Jews from Germany, Folder 20.

[81] Vgl. etwa Benjamin B. Ferencz, Lohn des Grauens. Die verweigerte Entschädigung für jüdische Zwangsarbeiter. Ein Kapitel deutscher Nachkriegsgeschichte, Frankfurt a.M. usw. 1981, S. 74.

Hitlers noch nach seinem Tode anerkannt werden würden."[82] Nach Beginn der Verhandlungen der Claims Conference mit der deutschen Delegation in Wassenaar reichten Bruno Weil und Fritz Moses namens der Axis Victims League sowie weitere in den USA angesiedelte Verfolgtenverbände[83] vergeblich eine Eingabe an die jüdischen und deutschen Delegationen ein, in der eine internationale und interkonfessionelle Konferenz gefordert wurde[84].

So standen einem starken, geeinten Block jüdischer Wiedergutmachungsinteressen weiterhin zahlreiche andere Organisationen gegenüber, die kein entsprechendes Gewicht in die Waagschale werfen konnten. Die Claims Conference entwickelte sich dabei zu der mit Abstand einflußreichsten Verfolgtenlobby. Ihre Erfolge wären wohl nicht denkbar gewesen, wenn nicht immer noch Restbestände der Vorstellung über die wirtschaftliche und politische Macht des „Weltjudentums" in deutschen Köpfen herumgespukt hätten[85]. Daran knüpften die jüdischen Organisationen mitunter auch gezielt an – realere Instrumente, durch die sie diesen nützlichen Mythos hätten ersetzen können, standen ihnen seit der Gründung der Bundesrepublik kaum mehr zur Verfügung.

III. Wandlungen der gesellschaftlichen Partizipation

1. Die Parlamentarisierung der Wiedergutmachung und die Rolle der Parteien

Erhebliche Bedeutung hatte aber auch, daß die Wiedergutmachung seit der Gründung der Bundesrepublik nicht mehr länger weitgehend hinter verschlossenen Türen verhandelt wurde. Vor allem auch die US-Militärregierung hatte in der Zeit bis 1949 wiederholt zu verhindern gewußt, daß die Entschädigung und insbesondere die Rückerstattung Gegenstand deutscher parlamentarischer Beratungen wurden. Da sich dies nun änderte, wurden die Parlamente verstärkt zu Ansprechpartnern von „Wiedergutmachungs-Lobbyisten". Dazu gehörten zum einen die Verfolgtenorganisationen, aber auch eher philanthropisch gestimmte Gruppen, wie etwa die von Erich Lüth und Rudolf Küstermaier im August 1951 gestartete Initiative „Friede mit Israel"[86]. Umgekehrt hatten sich aber auch beispielsweise die Rückerstattungsbetroffenen in lautstark auftretenden Vereinigungen organisiert und traten massiv an Parteien und Parlamente heran.

Das Interesse der im Bundestag vertretenen Parteien an der Wiedergutmachung war dabei sehr unterschiedlich ausgeprägt. Für die CDU besaß die Frage der Wiedergutmachung weder vor noch in den ersten Jahren nach Gründung der Bundesrepublik besondere Priorität. Ihre Aufmerksamkeit galt von Anfang an weniger den Verfolgten des Nationalsozialismus im besonderen als den zahlreichen Opfern des Krieges im allgemeinen. Die Leitsätze der CDU im Rheinland und Westfalen vom September 1945

---

[82] Weil an Frederick Goldschmidt, 24.10.1951, LBI-Archiv, Council of Jews from Germany, Folder 17.
[83] Die K.Z. American Association of Former Inmates of Concentration Camps und die American Association of Former European Jurists.
[84] Bruno Weil, Adolf Hamburger usw. an die US-Botschaft in Den Haag, 23.3.1952, LBI-Archiv, Council of Jews from Germany, Folder 17.
[85] Vgl. dazu auch Michael Wolffsohn, Globalentschädigung für Israel und die Juden? Adenauer und die Opposition in der Bundesregierung, in: Wiedergutmachung in der Bundesrepublik Deutschland, hrsg. v. Ludolf Herbst u. Constantin Goschler, München 1989, S. 189.
[86] Vgl. Erich Lüth, Die Friedensbitte an Israel 1951. Eine Hamburger Initiative, Hamburg 1976.

forderten etwa gleichermaßen eine „besondere Fürsorge" für „Opfer des nationalsozialistischen Regimes und des Krieges"[87] und betonten damit die Gleichstellung dieser
beiden Geschädigtenkreise. Überdies wurde der Begriff der nationalsozialistischen Verfolgung zum Teil recht eng gefaßt: So hieß es über diese Gruppe in einem vorläufigen
Entwurf für ein Programm der CDU, das im Juni 1945 in Köln entstand: „In Ehrfurcht
neigen wir uns vor den Blutzeugen des christlichen Glaubens und der bürgerlichen
Freiheit, die dem Nationalsozialismus zum Opfer fielen."[88] Erhebliche Teile der Opfer
des NS-Regimes waren mit dieser Charakterisierung sicherlich nur unvollkommen
erfaßt.

Eine herausragende Rolle in der Frage der Wiedergutmachung in den Reihen der
CDU spielte unzweifelhaft Konrad Adenauer, vor allem in seiner Amtszeit als Bundeskanzler[89]. Dabei konzentrierte sich Adenauers persönliches Engagement auf den speziellen Aspekt der Wiedergutmachung für die Juden. Jedoch erscheinen die Vorgänge
um die Judenverfolgung im Dritten Reich in den Worten Adenauers häufig seltsam
unwirklich, wie durch eine dicke Nebelwand hindurch gesehen. Als Karl Marx, der
Herausgeber des *Jüdischen Gemeindeblatts für die britische Zone*, im Frühjahr 1947
Adenauer um einen Beitrag für seine Zeitschrift bat, sandte dieser ihm die Zeilen: „Den
deutschen Juden ist unter dem Nationalsozialismus bitterstes Unrecht geschehen …
Ich habe soviel ausgezeichnete jüdische Männer und Frauen in Deutschland kennengelernt – z.T. mußten sie emigrieren –, daß ich mich freuen würde, wenn sie möglichst
bald nach Deutschland zurückkehren würden." Zugleich sprach sich Adenauer dort
auch für Genugtuung und Hilfe nach Kräften für die jüdischen Gemeinden aus[90].

In seiner ersten Regierungserklärung vor dem Bundestag am 21. September 1949 fand
Adenauer zwar von den Flüchtlingen und Vertriebenen über die Opfer des Bomben-
kriegs für alle möglichen Geschädigtengruppen Worte, nicht aber für die Verfolgten des
Nationalsozialismus[91]. Die heftige Kritik an dieser Unterlassung bewegte ihn bald
darauf, Karl Marx, der mittlerweile Herausgeber der *Allgemeinen Jüdischen Wochenzeitung für Deutschland* war, ein Interview zu geben und dort das Versäumte nachzu-
holen. In diesem am 25. November 1949 veröffentlichten Gespräch erklärte der Kanzler
erstmals die Absicht der Bundesregierung, die Verbrechen an den Juden wiedergutzumachen. Als ein erstes unmittelbares Zeichen, so Adenauer, wolle die Bundesregierung
„dem Staat Israel Waren zum Wiederaufbau im Werte von 10 Millionen DM zur
Verfügung stellen"[92]. Doch beklagte sich Marx ein Jahr später bitter bei Bundesjustizminister Dehler, daß aus „all den Zusagen, die Hr. Dr. Adenauer gemacht hat und aus
all den Versprechungen, die er darüber hinaus in der Unterhaltung gegeben hat," nichts

[87] "Leitsätze der Christlich Demokratischen Partei in Rheinland und Westfalen September 1945, in: Konrad
Adenauer und die CDU der britischen Besatzungszone 1946-1949. Dokumente zur Gründungsgeschichte der
CDU Deutschlands, hrsg. v. d. Konrad-Adenauer-Stiftung, Bonn 1975, S. 112.

[88] "Ein Ruf zur Sammlung des Deutschen Volkes. Vorläufiger Entwurf zu einem Programm der Christlichen
Demokraten Deutschlands, vorgelegt von den Christlichen Demokraten Kölns im Juni 1945", in: ebenda,
S. 106.

[89] Vgl. hierzu auch Hans-Peter Schwarz, Adenauer. Der Aufstieg: 1876-1952, Stuttgart 1986, S. 897 ff.

[90] Konrad Adenauer an die Synagogengemeinde Köln: Artikel für das „Jüdische Gemeindeblatt", 25. 4. 1947, in:
Adenauer. Briefe, Bd. 1, Rhöndorfer Ausgabe, hrsg. v. Rudolf Morsey u. Hans-Peter Schwarz, bearb.v. Hans
Peter Mensing, Berlin 1983, S. 473 f.

[91] Deutscher Bundestag, 6. Sitzung v. 21. 9. 1949, Stenographische Berichte, Bd. 1, S. 36.

[92] Konrad Adenauer, Interview mit Karl Marx am 11. 11. 1949, in: Allgemeine Wochenzeitung der Juden in
Deutschland, 25. 11. 1949.

geworden sei[93]. Aus dieser Beschwerde resultierte immerhin, daß die Bundesregierung über Dehler das Gespräch mit Marx suchte, der dabei auch israelische Interessen vertrat[94]. Dies trug wesentlich dazu bei, daß Adenauer schließlich am 27. September 1951 in einer feierlichen Regierungserklärung vor dem Bundestag die Bereitschaft der Bundesregierung, mit Vertretern des Judentums und des Staates Israel über die Lösung des materiellen Wiedergutmachungsproblems zu verhandeln, erklärte[95]. Künftig zeigte er sich auch bereit, erhebliche Widerstände seiner Koalitionspartner und auch aus seiner eigenen Partei zu überwinden, um zu diesem Ziel zu gelangen. Doch ist es nicht möglich, pars pro toto zu nehmen und Adenauers Engagement für ein Abkommen mit Israel und der Claims Conference mit seinem Einsatz für die Wiedergutmachung für Opfer des Nationalsozialismus insgesamt gleichzusetzen. Abgesehen von diesem – wiewohl sehr wichtigen – Spezialfall nahm er kaum persönlichen Anteil an dieser Materie.

Bei einem Blick auf Adenauers Koalitionspartner erweist sich, daß hier die Bedeutung des Themas Wiedergutmachung eher noch geringer geschätzt wurde. Seitens der CSU exponierte sich auf diesem Gebiet besonders Fritz Schäffer, der im ersten Bundeskabinett als Finanzminister amtierte. Dabei trat er in erster Linie durch seinen hartnäckigen Widerstand gegen ein Abkommen mit Israel und der Claims Conference sowie gegen die Regelung der Wiedergutmachung durch den Bund hervor[96]. Doch ähnlich wie bei Adenauer, dessen Haltung nicht allein durch Parteipolitik, sondern auch durch die Staatsräson beeinflußt wurde, ist bei Schäffer zu fragen, was an seiner Einstellung auf das Konto einer CSU-spezifischen Haltung zur Wiedergutmachung ging und was den Auswirkungen seines Amtes als Finanzminister anzurechnen war. Dafür, daß Schäffers fortgesetzte Gegnerschaft zu allen Wiedergutmachungsleistungen durch den Bund sozusagen das Ergebnis einer unparteiischen, quasi ressortimmanenten Sparsamkeit entsprang, könnte man etwa das Resultat einer Gegenprobe anführen: Er widersetzte sich sehr wohl auch solchen Ausgaben, die nichts mit der Wiedergutmachung zu tun hatten, mit einer gleichartigen Hartnäckigkeit. Problematisch im Sinne einer politisch-moralischen Bewertung seines Verhaltens ist jedoch, daß Schäffer bei seinen Einsparungsbemühungen kaum bereit war, einen kategorialen Unterschied zwischen den finanziellen Konsequenzen etwa aus der Senkung der Kaffee- und Teesteuer und aus der Entschädigung für Verfolgte des Nationalsozialismus zu machen[97].

Neben die Sachlogik des Finanzressorts traten mitunter aber auch Elemente eines traditionellen antijüdischen Weltbildes: So erteilte Schäffer im März 1952 allen Oberfinanzdirektionen den Auftrag, eine Schätzung über die von Juden nach dem Krieg begangenen Steuer- und Devisenvergehen auf dem Gebiet der Bundesrepublik zu erstellen, um so den jüdischen Wiedergutmachungsforderungen eine Zahl über die von dieser Seite erfolgte Schädigung der deutschen Volkswirtschaft entgegenhalten zu kön-

---

[93] Karl Marx an Thomas Dehler, 11.11.1950, BA, B 126/12560.
[94] Siehe etwa Adenauer an Dehler, 1.12.1950, AdL, N 1/3151; Dehler an Wilde (Bundeskanzleramt), 5.2.1951, ebenda; Dehler an Blücher, 5.7.1951, ebenda. Siehe auch Blücher in der FDP-Vorstandssitzung am 20.9. 1951, in: FDP-Bundesvorstand. Die Liberalen unter dem Vorsitz von Theodor Heuss und Franz Blücher. Sitzungsprotokolle 1949-1954, bearbeitet von Udo Wengst, Erster Halbband, 1.-26. Sitzung, 1949-1952, Düsseldorf 1990, S. 280f.
[95] Deutscher Bundestag, 165. Sitzung vom 27.9.1951, Stenographische Berichte, Bd. 9, S. 6697f.
[96] Siehe dazu Sechstes Kapitel.
[97] Sondersitzung des Kabinetts am 20.5.1953, Die Kabinettsprotokolle der Bundesregierung, Bd. 6: 1953, bearb. v. Ulrich Enders u. Konrad Reiser, hrsg. f. d. Bundesarchiv v. Hans Booms, Boppard a. Rh. 1989, S. 303f.

nen[98]. Gegen die daraus entstandene Schätzung, die auf höchst fragwürdige Weise zu dem Ergebnis kam, daß „die Juden" seit der Währungsreform den deutschen Fiskus um mehr als zehn Mrd. DM betrogen hätten, rebellierte schließlich das Wiedergutmachungsressort des Bundesfinanzministeriums. Ministerialrat Magen wies Schäffer auf die verheerenden Wirkungen hin, die bei Bekanntwerden „dieser gegen die Juden gerichteten amtlichen Maßnahmen" zu erwarten seien. „Auf die Frage", so Magen, „in welchem Umfang auch bei amtlichen Stellen durch diese Statistiken der Antisemitismus gefördert werden wird, in dieser Vorlage einzugehen, möchte ich mir versagen."[99] Düpiert ließ Schäffer daraufhin dieses heiße Eisen fallen[100]. Wenngleich dieser Vorfall das Fortbestehen antijüdischer Vorurteile überdeutlich zeigt, wird daraus doch auch ersichtlich, daß sich mit solchen in der Bundesrepublik – wenigstens offiziell – keine Politik mehr machen ließ.

Wie dünn das Eis war, auf dem sich viele Politiker noch bewegten, wurde auch bei der FDP sichtbar. Dort prägte neben Vizekanzler Blücher insbesondere Bundesjustizminister Dehler das Bild seiner Partei in der Frage der Wiedergutmachung. Einen tieferen Einblick in seine Einstellung zur Wiedergutmachung gab er auf der Arbeitstagung jüdischer Juristen im Bundesgebiet und Berlin im Dezember 1951, als er sich gegen Vorwürfe des stellvertretenden amerikanischen Hohen Kommissars verteidigte. Buttenwieser hatte kritisiert, daß nicht versucht werde, das Naziunrecht wiedergutzumachen, außerdem sei es erschütternd, daß sich das deutsche Volk nicht gegen Männer wie Dehler in der Regierung auflehne. Dieser hielt beleidigt dagegen: „Es wäre viel mehr Möglichkeit in Deutschland gewesen, das was unsere Pflicht ist zu tun, wenn nicht eine verhängnisvolle Politik uns gehemmt hätte, eine Politik der Alliierten … Und es ist für mich bitter …, daß immerhin unter dem Namen eines jüdischen Politikers, Morgenthau, jahrelang Politik gemacht wurde … Welche Möglichkeiten wurden dem deutschen Volke mit solchen Maßnahmen genommen, seine Pflicht zu erfüllen, wieder gutzumachen."[101] Dehler verwies überdies auf die schweren sozialen Lasten, die die Bundesrepublik zu tragen hatte, namentlich die Versorgung der ca. 10 Mio. Vertriebenen[102]. Daß er hier also mangelndes deutsches Engagement bei der Wiedergutmachung auf eine quasi jüdisch inspirierte alliierte Politik zur Vernichtung der deutschen wirtschaftlichen Leistungskraft zurückführte, sorgte für einige Aufregung[103].

Zugleich hatte Dehler aber auch die Verpflichtung des deutschen Volkes zur Wiedergutmachung insbesondere an den Juden unterstrichen, wobei er eine schicksalhafte Verkettung dieser beiden Völker annahm: „Eine meiner Erkenntnisse in dieser verruchten Nazizeit, alles was das deutsche Volk den Juden antat, geschah ihm wieder. Man nahm den Juden die politische Freiheit, und das deutsche Volk verlor die Freiheit; man nahm den Juden das Leben, Millionen Deutsche verloren das Leben, man nahm ihnen Hab und Gut, und Millionen Deutsche verloren Hab und Gut." Aus dieser angenommenen deutsch-jüdischen Schicksalsgemeinschaft folgerte Dehler schließlich für die

[98] Ministerialrat Hans Gurski an Schäffer, 12. 5. 1952, BA, B 126/51544; vgl. dazu auch Christian Pross, Wiedergutmachung. Der Kleinkrieg gegen die Opfer, Frankfurt a.M. 1988, S. 65.
[99] Ministerialrat Magen an Schäffer, 21. 5. 1952, BA, B 126/51544.
[100] Schäffer an Abteilungen V und VI des Bundesfinanzministeriums, 24. 5. 1952, BA, B 126/51544.
[101] Die Arbeitstagung jüdischer Juristen im Bundesgebiet und Berlin am 15. und 16. Dezember 1951 in Düsseldorf, Sonderveröffentlichung der Allgemeinen Wochenzeitung der Juden in Deutschland, S. 23 f.
[102] Dehler an die Arbeitstagung jüdischer Juristen, 17. 12. 1951, ebenda, S. 63.
[103] Siehe dazu die Dokumentation, ebenda.

Zukunft: „Es gilt, was gesagt wurde, dem deutschen Volk wird widerfahren, was es auch jetzt tut, an ihm wird nur vom Schicksal wiedergutgemacht werden, was es den Juden wieder gutmacht."[104] Wiedergutmachung für die Juden war damit bei Dehler die Voraussetzung der geforderten Wiedergutmachung für die Deutschen.

Bei Dehler resultierte aus dieser schicksalhaften Verknüpfung der deutschen und jüdischen Geschichte immerhin noch die Forderung, daß der erste Schritt Wiedergutmachung für die Juden sein müsse, und tatsächlich gehörte Dehler wenigstens partiell zu den Förderern einer aktiven Wiedergutmachungspolitik[105]. Im Kreise der rechtskonservativen DP wurde aus der hier zugrundeliegenden Gleichsetzung des deutschen und jüdischen Schicksals dann schon eher ein Aufrechnen und die geforderte Reihenfolge der Wiedergutmachung demzufolge gerade umgekehrt. So schrieb Bundesverkehrsminister Hans-Christoph Seebohm im Mai 1952 an Franz Böhm: „Wenn ich jederzeit bereit bin, die sittliche Wiedergutmachungspflicht gegenüber der Judenschaft anzuerkennen, so kann ich das nur tun, wenn auch die übrigen Kräfte in der Welt bereit sind, ihre sittliche Wiedergutmachungspflicht gegenüber den deutschen Heimatvertriebenen zu erfüllen ... Die Methoden, die seitens (sci. der) nationalsozialistischen Führung gegen die Juden angewandt wurden und die wir alle auf das erbittertste verurteilen, stehen deshalb durchaus den Methoden zur Seite, die gegen die deutschen Heimatvertriebenen angewandt worden sind."[106] Dies bedeutete, wie Michael Wolffsohn zutreffend bemerkte, die Gleichsetzung von Holocaust und Vertreibung[107], aber auch die Priorität der Wiedergutmachung für die deutschen Heimatvertriebenen.

Auf Seiten der Opposition äußerte hingegen die SPD ein kontinuierliches und großes Interesse an der Wiedergutmachung. Wie geschildert, hatten bereits während des Krieges erste diesbezügliche Überlegungen im sozialdemokratischen Exil eingesetzt. Nach dem Krieg griff insbesondere der Vorsitzende der SPD Kurt Schumacher diese Frage wiederholt auf. In ersten Stellungnahmen warf er die Wiedergutmachung für Verfolgte des Nationalsozialismus allerdings in eins mit den Reparationen für andere Staaten, wobei es ihm auch darum ging festzustellen, „daß die Grenzen jeder Wiedergutmachung in der Erhaltung der letzten Lebensnotwendigkeiten des eigenen Volkes liegen"[108]. Doch auf dem zweiten Parteitag der SPD Ende Juni 1947 in Nürnberg unterstrich Schumacher unter besonderer Hervorhebung der jüdischen Opfer des Nationalsozialismus die Verpflichtung des deutschen Volkes zur Wiedergutmachung und Entschädigung. Daß bislang in dieser Richtung zu wenig geschehen sei, lastete er aber, ähnlich wie später Dehler, in erster Linie dem Versagen der Alliierten an, denen keine Einigung in dieser Frage geglückt sei[109].

Auch in einem Interview mit dem in New York erscheinenden *Aufbau* wiederholte er dieses Argument und fügte hinzu, daß „durch den Mangel an Direktion ... der gesamte moralische Gedanke der Wiedergutmachung völlig unterminiert worden" sei. In der Sprache Schumachers erschien das deutsche Volk somit als ein Kind, das eine

---

[104] Begrüßungsansprache Dehlers, ebenda, S. 25 f.
[105] Vgl. Sechstes Kapitel.
[106] Seebohm an Böhm, 21. 5. 1952, BA, B 136/1127.
[107] Vgl. Wolffsohn, Globalentschädigung für Israel und die Juden, S. 178.
[108] Aufruf Kurt Schumachers vom Sommer 1945, „Konsequenzen deutscher Politik", in: Kurt Schumacher, Reden und Schriften, hrsg. v. Arno Scholz und Walther G. Oschlewski, Berlin 1962, S. 41 f.
[109] Protokoll der Verhandlungen des Parteitages der Sozialdemokratischen Partei Deutschlands vom 29. 6. -2. 7. 1947 in Nürnberg, Hamburg 1947, S. 50 f.

elterliche Bestrafung erwartete und nach deren Ausbleiben alsbald jegliches Schuldgefühl abschüttelte. Doch änderte er hier anscheinend seine Auffassung, denn auf dem dritten SPD-Parteitag im Sommer 1948 bedauerte Schumacher in seinem (wegen Krankheit von Andreas Gayk verlesenen) Referat „das Fehlen eines deutschen Initiativwillens" in der Behandlung der Wiedergutmachung als etwas, „das auf mitfühlende Menschen beschämend wirken und dem deutschen Volk in der Weltöffentlichkeit Schaden bringen muß"[110].

Neben der Tatsache, daß zahlreiche Sozialdemokraten selbst verfolgt worden waren, bildete auch die Bedeutung der Wiedergutmachungsfrage für die internationalen Beziehungen der SPD ein wichtiges Motiv für ihr Engagement auf diesem Feld. Einerseits spielte sie eine gewisse Rolle auf dem dornigen Weg zur Wiederaufnahme der SPD in die Sozialistische Internationale. Zugleich war sie auch von großer Bedeutung für die erstrebte Anerkennung durch die amerikanischen Gewerkschaften[111]. Im September/ Oktober 1947 reisten Kurt Schumacher und Fritz Heine auf Einladung der American Federation of Labor (AFL) durch die USA, und bei dieser Gelegenheit trafen sie unter anderem auch mit Vertretern des American Jewish Committee sowie des Jewish Labor Committee, einer amerikanischen jüdischen Gewerkschaftsorganisation, zusammen[112]. Den Höhepunkt dieser Reise bildete eine Rede Schumachers auf dem Jahreskongreß der AFL in San Francisco. Dort bekräftigte er (unter Auslassung der Vorwürfe an die Besatzungsmächte) namens seiner Partei, „daß das deutsche Volk zur Wiedergutmachung und Entschädigung an die Juden verpflichtet"[113] sei.

Unter dem Einfluß der Versuche der SPD, wieder in den Kreis der internationalen sozialistischen Organisationen aufgenommen zu werden bzw. Anerkennung durch die amerikanischen Gewerkschaften zu erhalten, war also auch hier besonders die Frage der Wiedergutmachung für die Juden stark akzentuiert worden. Die jüdischen Organisationen versuchten in der Folge, diesen Faden aufzugreifen. Ende 1948 reiste Max Isenbergh im Auftrag des American Jewish Committee mit der Absicht nach Westdeutschland, bei den laufenden Beratungen des Parlamentarischen Rates in Bonn die Aufnahme einer Klausel in das Grundgesetz zu erreichen, mit der die moralische Notwendigkeit der Rückerstattung und Entschädigung für Verfolgte des Nationalsozialismus dort verankert werden sollte. Die – letztlich vergeblichen – Hoffnungen konzentrierten sich dabei auf die SPD[114].

Zu diesem Zweck führte Isenbergh zusammen mit Zachariah Shuster im Januar 1949 eine Reihe von Gesprächen mit hochrangigen Funktionären der SPD sowie der Gewerkschaften, darunter Georg Reuter, Generalsekretär des bayerischen Gewerkschaftsbundes, Fritz Heine und Erich Ollenhauer aus dem SPD-Parteivorstand[115]. Im Gegenzug für die erbetene Unterstützung der Rückerstattung und Entschädigung boten sie

---

[110] Protokoll der Verhandlungen des Parteitages der Sozialdemokratischen Partei Deutschlands vom 11. bis 14. 9. 1948 in Düsseldorf, Hamburg 1948, S. 33.

[111] Vgl. Shlomo Shafir, Die SPD und die Wiedergutmachung gegenüber Israel, in: Herbst/Goschler (Hrsg.), Wiedergutmachung, S. 194f; ders., Kurt Schumacher und die Juden, in: Tribüne 28 (1989), S. 131-133.

[112] Schumacher an Erich Ollenhauer aus San Francisco: Bericht über die ersten Wochen des USA-Besuches, 7. 10. 1947, in: Schumacher. Reden – Schriften – Korrespondenzen, hrsg. v. Willy Albrecht, Bonn 1985, S. 559-562; ebd., Vorbemerkungen von W. Albrecht, S. 131f.

[113] Rede Schumachers am 14. 10. 1947 auf dem Jahreskongreß der AFL in San Francisco, ebd., S. 565.

[114] Max Isenbergh an das Foreign Affairs Department des American Jewish Committee, 27. 12. 1948, YIVO-Archiv, RG 347, AJC, Records GEN-10, Box 282.

[115] Isenbergh an Foreign Affairs Department des AJC, Memorandum über Gespräche mit SPD-Führern in Deutschland, 10. 1. 1949, YIVO-Archiv, RG 347, AJC, Records GEN-10, Box 280.

ihnen Hilfe bei der Verbesserung des Verhältnisses zu den amerikanischen Gewerkschaften an[116]. Die Angesprochenen reagierten positiv, und Fritz Heine versprach, daß die SPD in den Beratungen des Parlamentarischen Rates einen entsprechenden Versuch zur Verankerung einer Wiedergutmachungsklausel im Grundgesetz unternehmen wolle[117].

Dieser Vorstoß des American Jewish Committee über eine deutsche Partei demonstriert erneut die veränderten politischen Rahmenbedingungen der Wiedergutmachung. In den ersten Nachkriegsjahren hatten sich die jüdischen Anstrengungen auf die Militär- bzw. die alliierten Regierungen konzentriert. Nun wurde es für die jüdischen Organisationen zunehmend erforderlich, auch an die Deutschen selbst heranzutreten, da die Amerikaner ebenso wie die anderen Westmächte nicht mehr bereit schienen, sich in dieser Frage übermäßig zu exponieren. So empfahl Isenbergh, künftig eine Art Doppelstrategie zu verfolgen, wonach die Deutschen mit Hilfe der Alliierten und die Alliierten mit Hilfe der Deutschen zur Unterstützung der jüdischen Wiedergutmachungsforderungen bewegt werden sollten[118].

Die SPD jedenfalls blieb sich ihrer Rolle als Fürsprecher der Wiedergutmachung, insbesondere für die Juden, auch in der Bundesrepublik treu. Schumacher kritisierte heftig, daß Adenauer in seiner ersten Regierungserklärung zwar alle möglichen Kategorien von Geschädigten ausdrücklich erwähnt hatte, aber nicht auf die deutschen Verfolgten des Nationalsozialismus eingegangen war, die „doch zu den wenigen außenpolitischen Aktiven des deutschen Volkes und der deutschen Außenpolitik" gehörten. Als „zu matt und zu schwach" befand Schumacher insbesondere auch, was Adenauer dort „über die Juden und über die furchtbare Tragödie der Juden im Dritten Reich gesagt" habe[119].

Zwar engagierte sich die SPD als einzige der im Bundestag vertretenen Parteien geschlossen für die Wiedergutmachung. Zugleich existierte aber auf der Ebene unterhalb der Parteiführer teilweise eine „große Koalition" der Wiedergutmachungsbefürworter, die sich nicht an Parteigrenzen orientierte. Dazu gehörten auf Seiten der SPD inbesondere Adolf Arndt, Otto-Heinrich Greve sowie Jakob Altmaier (einer der wenigen jüdischen Bundestagsabgeordneten)[120], auf Seiten der Union vor allem Franz Böhm und Eugen Gerstenmaier[121]. Auch Bundespräsident Theodor Heuss spielte wiederholt eine positive Rolle in dieser Angelegenheit[122]. Hierin kam erneut zum Ausdruck, daß die Bemühungen um die Wiedergutmachung auf deutscher Seite häufig den Zug eines ausgeprägten Einzelkämpfertums trugen, wie auch an den Gestalten Otto Küsters und Philipp Auerbachs zu sehen war.

---

[116] Isenbergh an Eugen Hevesi (AJC), 28. 1. 1949, YIVO-Archiv, RG 347, AJC, Records GEN-10, Box 280.
[117] Isenbergh an Foreign Affairs Department/AJC, 10. 1. 1949, YIVO-Archiv, RG 347, AJC, Records GEN-10, Box 280; Fritz Heine an Z. Shuster und Isenbergh, 25. 1. 1949, ebenda.
[118] Ebenda.
[119] Deutscher Bundestag, 6. Sitzung am 21. 9. 1949, Stenographische Berichte, Bd. 1, S. 36.
[120] Vgl. dazu Willy Albrecht, Ein Wegbereiter: Jakob Altmaier und das Luxemburger Abkommen, in: Herbst/Goschler (Hrsg.), Wiedergutmachung, S. 205-213.
[121] Vgl. dazu Sechstes Kapitel.
[122] Siehe dazu etwa McCloy an Acheson, 2. 10. 1951, WNRC, RG 466, Records of the U.S. High Commissioner for Germany (McCloy Papers), Box 32; AJC Contributions to Postwar Economic Rehabilitation of Jewish Victims of Nazi Persecution, September 1965, AJC-Archiv, JSX, Subject Restitution 65-66.

2. Die christlichen Kirchen: Von der Judenmission zur Wiedergutmachung für Israel

Bei einem Thema, das sich so sehr auf dem Grat zwischen Politik und Moral bewegt wie die Wiedergutmachung, scheint die Frage legitim, in welcher Weise sich die christlichen Kirchen, die für die Vermittlung ethischer Kategorien in der deutschen Gesellschaft zwar längst nicht mehr das Monopol, doch immer noch große Bedeutung besitzen, damit befaßten. Gewiß sollte man den in anderem Zusammenhang vorgebrachten methodischen Einwand Heinz Hürtens beherzigen, daß „nicht eine irgendwie moralisch begründete Erwartung" die Interpretation des kirchlichen Verhaltens bestimmen dürfe[123]. Aber angesichts der Tatsache, daß nach einer anfänglichen Stille seit etwa 1949/50 zunehmend kirchliche Stimmen zugunsten der Wiedergutmachung für Verfolgte des Nationalsozialismus laut wurden, ist die Frage berechtigt, warum gerade da und nicht bereits vorher. Eine grundsätzliche Feststellung läßt sich dabei sowohl für die katholische als auch die evangelische Kirche treffen: Ihre Auseinandersetzung mit der Frage der Wiedergutmachung bezog sich zunächst primär auf die jüdischen Verfolgten. Hierin liegt auch bereits ein wesentlicher Grund für das verzögerte Einsetzen dieser Debatte: Beide Kirchen mußten sich hier der heiklen Frage nach der Bedeutung der traditionellen christlichen Judenfeindschaft für den rassistischen Antisemitismus in der NS-Zeit stellen. Die Beschäftigung mit diesem Thema fiel so zum Teil auch mit der eigenen Vergangenheitsbewältigung zusammen.

Diese Schwierigkeiten waren auf protestantischer Seite besonders groß, hatte sich doch im Dritten Reich unter der von den „Deutschen Christen" beherrschten Mehrheit gar kein und auch innerhalb der „Bekennenden Kirche", die eine distanziertere Stellung zum Nationalsozialismus eingenommen hatte, nur vereinzelter Widerspruch gegen die Judenverfolgung geregt. Die Ambivalenz des Protestantismus zwischen partieller Opposition und einer generell starken Verhaftung mit national-konservativen und auch völkischen Ideen[124] personifizierte sich etwa in Martin Niemöller, der das NS-Regime ursprünglich begeistert begrüßt hatte, sich dann über kirchliche Fragen zum aktiven Gegner Hitlers wandelte, deshalb 1937 verhaftet wurde und 1938 bis 1945 als Sonderhäftling in Sachsenhausen und Dachau verbrachte. Während er im Ausland als Symbol des deutschen Widerstands galt, lehnte zugleich die VVN seine Mitgliedschaft ab, nachdem er in einem Interview u. a. erklärt hatte, bei Kriegsausbruch vom KZ aus den Antrag auf Einberufung in die Kriegsmarine gestellt zu haben. Als sich die hessische KZ-Betreuungsstelle Büdingen deshalb im Sommer 1947 vorübergehend weigerte, ihm die Verfolgten zustehenden Sonderrechte zuzuerkennen, beschwerte sich Niemöller: „Sie unterstützen wohl nur Judenfreunde?"[125] Niemöller wiederum war es, der den entscheidenden Anstoß zu dem berühmten Stuttgarter Schuldbekenntnis gab, das anläßlich der Tagung des Rates der Evangelischen Kirche in Deutschland (EKD) im Oktober 1945 in Stuttgart entstand. Dort hieß

[123] Heinz Hürten, Katholische Kirche und nationalsozialistischer Krieg, in: Die deutschen Eliten und der Weg in den Zweiten Weltkrieg, hrsg. v. Martin Broszat usw., München 1989, S. 137.

[124] Vgl. Werner Jochmann, Evangelische Kirche und politische Neuorientierung in Deutschland 1945, in: Deutschland in der Weltpolitik des 19. u. 20. Jahrhunderts, hrsg. v. Immanuel Geiss u. Bernd Jürgen Wendt, Düsseldorf 1973, S. 548 ff.

[125] R. Wallach an Director, PW & DP Division/OMGUS, Report on Pastor Niemöller, 22. 8. 1947, IfZ-Archiv, MF 260, OMGH, 8/66-2/1. Vgl. auch Der Spiegel, Nr. 32, 9. 8. 1947, S. 4, „Nur Judenfreunde. Zusatzkarte für Martin Niemöller"; Dietmar Schmidt, Martin Niemöller. Eine Biographie, Stuttgart ³1983, S. 102f.

es unter anderem, daß „durch uns ... unendliches Leid über viele Völker und Länder gebracht worden" sei, „wir klagen uns an, daß wir nicht mutiger bekannt, nicht treuer gebetet, nicht fröhlicher geglaubt und nicht brennender geliebt haben"[126]. So allgemein diese Erklärung auch gehalten war, ging sie vielen deutschen Protestanten sowohl an der Basis als auch in der Kirchenleitung noch zu weit[127]. Eine Minderheit kritisierte aber auch, daß kein Bezug insbesondere auf die Verbrechen an den Juden erfolgt war. So befaßte sich der Bruderrat der Evangelischen Kirche in Deutschland auf einer Tagung am 8. April 1948 speziell mit der „Judenfrage". Die beklagten Verbrechen an den Juden wurden dabei in der theologischen Perspektive des christlichen Auftrags zur Judenmission behandelt: „Daß Gott nicht mit sich spotten läßt, ist die stumme Predigt des jüdischen Schicksals, uns zur Warnung, den Juden zur Mahnung, ob sie sich nicht bekehren möchten zu dem, bei dem allein ihr Heil steht."[128] Diese Tendenz, den Holocaust als heilsgeschichtliche Etappe einzuordnen, korrespondierte übrigens auch mit der Holocaust-Deutung einer orthodox-jüdischen Minderheit[129].

Doch hatte ja im Dritten Reich anders als im Mittelalter der Übertritt zum Christentum gerade nicht vor Verfolgung geschützt. Die evangelische Kirche nahm angesichts des 1933 einsetzenden Terrors auch gegen Christen jüdischer Herkunft eine zwiespältige Haltung ein. Während sich aber die offiziellen Organe der Evangelischen Kirche in Deutschland von diesem Problem distanzierten, unternahm die „Bekennende Kirche" zum Teil Anstrengungen, den rassisch verfolgten evangelischen Christen zu helfen. Aus diesem Engagement für die sogenannten „Christenjuden" in der NS-Zeit entwickelten sich aber auf protestantischer Seite nach dem Krieg erste Anstöße für eine Beschäftigung mit dem Wiedergutmachungsproblem. Probst Heinrich Grüber, während des Dritten Reichs Leiter des sogenannten Büro Grüber, das vor allem rassisch verfolgten evangelischen Christen bei der Auswanderung zu helfen versucht hatte[130], kritisierte im März 1949 öffentlich, daß die evangelische Kirche in Deutschland zwar zu „mancherlei Nöten und Fragen der Zeit Stellung genommen habe", doch sei „von keiner kirchenamtlichen Stelle ein grundsätzliches Wort zur Wiedergutmachungsfrage gesagt worden"[131]. Dies bewahrheitete sich erneut auf der Synode der EKD in Weißensee vom 23.-27. April 1950, wo zwar ein „Wort zur Judenfrage" beschlossen, die Frage der Wiedergutmachung aber wiederum ausgespart wurde.

Innerhalb der Hierarchie der EKD dominierte in dieser Zeit die Befürchtung, beim Kirchenvolk auf Ablehnung für derartige Forderungen zu stoßen. So entschuldigte das

---

[126] Erklärung des Rates der Evangelischen Kirche in Deutschland gegenüber den Vertretern des Ökumenischen Rates der Kirchen, 19. 10. 1945, Kirchliches Jahrbuch für die Evangelische Kirche in Deutschland 1945-1948, 72.-75. Jg., Gütersloh 1950, S. 26.

[127] Vgl. etwa Jochmann, Evangelische Kirche und politische Neuorientierung, S. 558 f.

[128] Wort des Bruderrates der Evangelischen Kirche in Deutschland zur Judenfrage, Darmstadt, 8. 4. 1948, Kirchliches Jahrbuch für die Evangelische Kirche in Deutschland 1945-1948, S. 224-227, hier: S. 225. Vgl. auch (ebenda, S. 222 f.) das „Anschreiben an die Pfarrämter wegen der Verpflichtung der Gemeinden gegenüber den Juden" von Oberkirchenrat Stählin (Oldenburgische Kirche) vom 6. 12. 1947, in der diese Argumentation bereits vorgezeichnet ist.

[129] Vgl. Michael Wolffsohn, Ewige Schuld? 40 Jahre Deutsch-Jüdisch-Israelische Beziehungen, München u. Zürich ²1988, S. 67.

[130] Vgl. Probst Heinrich Grüber, Erinnerungen aus sieben Jahrzehnten, Köln u. Berlin 1968, S. 103-145; Jochen-Christoph Kaiser, Protestantismus, Diakonie und „Judenfrage" 1933-1941, in: Vierteljahrshefte für Zeitgeschichte (VfZ) 37 (1989), S. 702 f.

[131] Vgl. Probst H. Grüber, 8. 3. 1949, Kirche und Wiedergutmachung, in: Rundbrief zur Förderung der Freundschaft zwischen dem alten und dem neuen Gottesvolk – im Geiste der beiden Testamente (Freiburger Rundbrief), Nr. 4, Juli 1949, S. 12.

Kirchliche Jahrbuch der EKD für 1953 die bisherigen bescheidenen Anstrengungen auf diesem Gebiet in folgender Weise: „Die Kirche mußte ja auch die seelische und wirtschaftliche Lage des Volkes, zu dem sie sprach, im Auge haben, wenn sie nicht völlig in den Wind reden wollte. Die Masse des deutschen Volkes sah sich in den ersten Jahren nach dem Zusammenbruch durch Hungersnot, Reparationen und Demontagen, durch Kriegsschäden und Flüchtlingselend ständig in der nackten Existenz bedroht und war auf Mahnungen zu größeren Opfern überhaupt nicht ansprechbar. Darum konnte zunächst wohl auch die Kirche nicht mehr von ihren Gliedern erwarten als Beweise des guten Willens und der Einsicht, daß man die Wiedergutmachungsfrage nicht stillschweigend auf sich beruhen lassen durfte."[132] Im Mittelpunkt der Argumentation stand also die Schonung eines Volkes, das gerade damit beschäftigt war, seine eigenen Wunden zu lecken. Offensichtlich bestand keine große Neigung, die scheinbare Gunst der Stunde, die Stellung der Kirche in der Gesellschaft zu stärken, durch unpopuläre Forderungen aufs Spiel zu setzen. Dies führte insgesamt zu dem Ergebnis, daß die evangelische Kirche die erste Zeit nach dem Krieg zwar energisch für die Betroffenen der Entnazifizierung und auch für verurteilte Kriegsverbrecher eintrat, nicht aber für die Opfer der nationalsozialistischen Verfolgung[133].

Daß sich hier zumindest eine partielle Wandlung ergab, hatte wiederum mit der Auseinandersetzung mit dem christlich-jüdischen Verhältnis zu tun, die auch in der evangelischen Kirche von einigen engagierten Kreisen betrieben wurde. So trat der „Deutsche evangelische Ausschuß für Dienst an Israel" Anfang März 1951 an die Bundesregierung mit der Bitte heran, „die Wiedergutmachung nationalsozialistischen Unrechts, das in seinem stärksten Ausmaße den Juden und den ihnen durch die Nürnberger Rassegesetze Gleichgestellten zugefügt wurde, als ganz besonders dringlich zu behandeln"[134]. Auch der Rat der EKD unterstützte dieses Schreiben durch Eingaben in diesem Sinne[135]. Allerdings galt hier die besondere Aufmerksamkeit den Protestanten jüdischer Abstammung, für die sich der Rat der Evangelischen Kirche speziell im Zusammenhang der Verhandlungen mit Israel und der Claims Conference in Wassenaar 1952 einsetzte, da diese die sogenannten Nicht-Glaubensjuden nicht berücksichtigten[136]. Juden und Christen verhielten sich in dieser Frage sehr ähnlich und konzentrierten die Bemühungen in erster Linie auf die Angehörigen ihres eigenen Glaubens.

Vergleicht man damit die Entwicklung auf Seiten der katholischen Kirche, findet man neben Parallelen auch einige Unterschiede. Auch hier bildete die intensivierte Auseinandersetzung mit dem christlich-jüdischen Verhältnis angesichts der vergangenen nationalsozialistischen Verbrechen den zentralen Zugang zur Frage der Wiedergutmachung. Wiederum waren es vor allem Kreise, die bereits im Dritten Reich versucht hatten, (katholischen) rassisch Verfolgten zu helfen, die hier den Hauptmotor bildeten. Gertrud Luckner, die in jener Zeit eine Hilfsstelle geleitet hatte, die auf katholischer

---

[132] Kirchliches Jahrbuch für die Evang. Kirche in Deutschland 1953, 80. Jg., Gütersloh 1954, „Die Lage nach 1945. Schuldfrage und Wiedergutmachungsproblem", S. 307.
[133] Vgl. Clemens Vollnhals, Die Evangelische Kirche zwischen Traditionswahrung und Neuorientierung, in: Von Stalingrad zur Währungsreform. Zur Sozialgeschichte des Umbruchs in Deutschland, hrsg. v. Martin Broszat, Klaus-Dietmar Henke u. Hans Woller, München 1988, S. 142f.
[134] Kirchliches Jahrbuch für die Evang. Kirche in Deutschland 1953, S. 308, dort Wortlaut des Schreibens abgedruckt.
[135] Ebenda.
[136] Ebenda, S. 309f.

Seite ähnliche Aufgaben wie das Büro Grüber auf protestantischer übernahm, und deshalb 1943 verhaftet wurde, setzte nach dem Krieg ihre Tätigkeit in einer Arbeitsstelle für ehemals vom Nationalsozialismus Verfolgte fort. Um sie herum bildete sich ein Arbeitskreis, der sich der grundsätzlichen Frage des christlich-jüdischen Verhältnisses widmete. Zu diesem Zweck wurde auch eine eigene Zeitschrift mit dem programmatischen Titel *Rundbrief zur Förderung der Freundschaft zwischen dem alten und dem neuen Gottesvolk* gegründet, nach ihrem Erscheinungsort auch kurz *Freiburger Rundbrief* genannt[137]. Sie wurde zu einem Podium der christlichen Diskussion über das Verhältnis zu den Juden bzw. zur Wiedergutmachung an ihnen und anderen Verfolgten.

Da die katholische Kirche nach dem Krieg nicht wie die evangelische durch eine von schweren inneren Auseinandersetzungen über die eigene Vergangenheit begleitete Neuorganisation belastet war, fiel es ihr leichter, sich mit diesen Fragen zu beschäftigen. Bereits im September 1948 kam eine erste offizielle katholische Stellungnahme zum christlich-jüdischen Verhältnis zustande, bei der auch die Wiedergutmachung angesprochen wurde. In einer vom 72. Deutschen Katholikentag in Mainz beschlossenen Erklärung hieß es: „Das geschehene Unrecht fordert Wiedergutmachung im Rahmen des Möglichen. Es handelt sich hierbei nicht bloß um die gerechte Verteilung vorhandener Güter, sondern um die Rückgabe widerrechtlich entwendeter." Auch hier wurde ein Aufruf gegen den Antisemitismus an die Gläubigen gerichtet, der wiederum auf der durch den Apostel Paulus ausgesprochenen Erwartung beruhte, daß sich das jüdische Volk eines Tages zum Christentum bekehren würde (Roemer 11, 25 ff.)[138]. Diese Erklärung zur Wiedergutmachung bildete den Gegenpol zur gleichzeitig erhobenen Forderung nach einem abschließenden „Versöhnungsgesetz", durch welches ein Schlußstrich unter die als gescheitert bezeichnete Entnazifizierung gezogen werden sollte[139]. Versöhnungsgesetz und Wiedergutmachung als korrespondierende Maßnahmen sollten die Vorbedingung für die innere Befriedung der deutschen Gesellschaft leisten. Im kirchlichen, sozusagen vorpolitischen Raum wurde so eine Forderung formuliert, die in der folgenden Zeit erhebliche politische Bedeutung erlangte[140].

Zwar waren es auch auf katholischer Seite eher nur kleine Zirkel, die sich dieser Frage aktiv annahmen, doch immerhin erreichten sie, daß die Wiedergutmachung auf der Tagesordnung blieb, wobei weiterhin in erster Linie das Verhältnis zu den Juden im Mittelpunkt stand. So erarbeitete die Freiburger Arbeitsgruppe Anfang 1951 eine „Katechese über Christenheit und jüdisches Volk", die mit Billigung der meisten katholischen Bischöfe an alle katholischen Pfarrer und hauptberuflichen Religionspädagogen in Deutschland verschickt wurde. Darin wurde auch versucht, weitverbreitete Vorurteile gegenüber der Wiedergutmachung an den Juden zu bekämpfen. Als Beispiele solcher Vorurteile wurde etwa zitiert: „'Ansprüche bestehen nicht, da die Flüchtlinge auch nichts bekommen' (Bayr. Witwe mittleren Alters); 'Erst soll man gegen die Deut-

---

[137] Gertrud Luckner, Memorandum über die Tätigkeit der Arbeitsstelle für ehemals vom Nationalsozialismus Verfolgte, in: Freiburger Rundbrief, Nr. 4, Juli 1949, S. 19. Zu den katholischen Hilfsmaßnahmen für NS-Verfolgte vgl. auch Lutz-Eugen Reutter, katholische Kirche als Fluchthelfer im Dritten Reich. Die Betreuung von Auswanderern durch den St.Raphaels-Verein, Recklinghausen-Hamburg 1971.

[138] Entschließung des Deutschen Katholikentages zur Judenfrage, in: Der Christ in der Not der Zeit. Der 72. Deutsche Katholikentag vom 1. bis 5. September 1948 in Mainz, hrsg. v. Generalsekretariat des Zentralkomitees der Katholiken Deutschlands zur Vorbereitung der Katholikentage, Paderborn 1949, S. 330.

[139] Freiburger Rundbrief, Nr. 5/6, Dezember 1949, „Mainz 1948 – Bochum 1949", S. 5 f.

[140] Vgl. Sechstes Kapitel, Abschnitt IV. 3.

schen gerecht sein, dann können auch die Juden Gerechtigkeit verlangen' (alte Bauersfrau Nordrhein-Westfalen); 'der Jude muß sich an den Staat halten, nicht an den jetzigen Besitzer' (Postbeamter mittleren Alters, ebda.)" usw[141]. Die hier erkennbare gemeinsame Tendenz der Urteile läßt erneut darauf schließen, daß die deutsche Bevölkerung sich zu dieser Zeit in nicht unerheblichem Ausmaße in erster Linie selbst als Opfer betrachtete.

Die besondere Konzentration auf die Wiedergutmachung für die Juden zeigte sich auch daran, daß auf katholischer Seite gleichfalls für ein Abkommen mit Israel geworben wurde und die deutschen Verhandlungen in Wassenaar vereinzelt publizistisch unterstützt wurden. Rupert Angermair, Professor für Moraltheologie an der katholischen theologischen Hochschule in Freising, veröffentlichte eine ausführliche Stellungnahme zur „Wiedergutmachung an die Juden als moralische Pflicht". Der Restitution an die Juden müsse die Priorität vor allen anderen Leistungen ähnlicher Art zugesprochen werden. Dabei sah er nur eine einzige Ausnahme, nämlich die Wiederaufrüstung Deutschlands[142]. Auch Otto Küster und Franz Böhm, die beiden deutschen Delegationsleiter bei den Verhandlungen mit Israel und der Claims Conference 1952, standen dem Freiburger Kreis nahe und bezogen von dort moralische Rückendeckung für ihre Politik[143]. Allerdings verbanden katholische wie evangelische Kirche auch eigene Interessen mit den Israel-Verhandlungen: Beide versuchten in diesem Zusammenhang die Rückgabe des in Israel konfiszierten christlichen Missionseigentums zu erreichen[144].

Verfolgt man die Entwicklung über die zeitliche Begrenzung dieser Untersuchung hinaus weiter, ergibt sich, daß sich seit Ende der fünfziger Jahre ein deutlicher Wandel dieser zwischen Indifferenz und intensivem partiellem Engagement wechselnden Haltung abzeichnete[145]. Vor allem die evangelische Kirche befaßte sich nun umso nachdrücklicher mit der Vergangenheitsbewältigung – ein äußeres Zeichen ist die Gründung der „Aktion Sühnezeichen" 1958. Im Zuge dieses Wandels entfiel nicht nur die Verknüpfung mit dem christlichen Missionsanspruch gegenüber den Juden, sondern auch die Beschränkung der Perspektive allein auf die jüdischen Verfolgten wich allmählich einer differenzierteren Betrachtung des Verfolgungsspektrums. Bereits 1954 erschien in den *Freiburger Rundbriefen* erstmals ein Beitrag zur Problematik der verfolgten Zigeuner[146]. Die „Aktion Sühnezeichen" arbeitete gleichzeitig an der Versöhnung mit Israel, Polen und der Sowjetunion[147]. In den achtziger Jahren schließlich wurde insbesondere die evangelische Kirche geradezu zu einer Plattform zur Artikulation der Forderungen

---

[141] Freiburger Rundbrief, Januar 1951, Nr. 10/11, „Schlagworte deutscher Judenfeindschaft und ihre Überwindung", S. 9 ff.

[142] Rupert Angermair, Die Wiedergutmachung an die Juden als moralische Pflicht, in: Freiburger Rundbrief, August 1952, Nr. 17/18, S. 3.

[143] Siehe etwa die ausführliche Dokumentation anläßlich der Entlassung Küsters, Freiburger Rundbrief, September 1954, Nr. 25/28, S. 3-24.

[144] Siehe dazu etwa Max Habicht (Vertreter und Rechtsberater des Lutherischen Weltbundes) an Bundesfinanzministerium, Auswärtiges Amt und Bundeswirtschaftsministerium, 2.9. 1952, PA/AA, II 244-13, Bd. 4; Aufzeichnung Janz (Auswärtiges Amt) für von Trützschler betr. Verhandlungen über das in Israel belegene Vermögen des Erzbischöflichen Stuhls in Köln, 17.3. 1953, PA/AA, II 244-13, Bd. 7.

[145] Vgl. dazu Wolffsohn, Ewige Schuld?, S. 133 ff.

[146] Vgl. Heinz Kraschutzki, Der Zigeuner, in: Freiburger Rundbrief, September 1954, Nr. 25/28, S. 25 f.

[147] Vgl. dazu Aktion Sühnezeichen – Friedensdienste e.V., in: Der deutsch-israelische Dialog. Dokumentation eines erregenden Kapitels deutscher Außenpolitik, hrsg. v. Rolf Vogel, Teil III: Kultur, Bd. 6, München usw. 1989, S. 175-214.

der sogenannten „vergessenen Opfer"[148]. Erst vor kurzem engagierte sich Aktion Sühnezeichen als Träger einer Beratungsstelle für Verfolgte des Nationalsozialismus in Köln, die vor allem solchen Verfolgten helfen soll, die bis heute noch keine Entschädigung erhalten haben. Dies kann man auch als Bestätigung dafür ansehen, daß der Protestantismus insgesamt stärker auf aktuelle gesellschaftliche Trends reagiert – im positiven wie im negativen.

3. Öffentliche Meinung: „Was tun, wenn ein ganzes Volk bockt"

Die Entwicklung der Wiedergutmachung in den ersten Nachkriegsjahren erfolgte ohne Rücksicht auf die öffentliche Meinung der deutschen Bevölkerung. Die Alliierten, die diesen Prozeß steuerten, hatten dazu allen Grund: Dort wo die Volksmeinung sichtbar oder – in seltenen Fällen – gezielt erfragt wurde, zeigte sich, daß sie einer Wiedergutmachung für die Opfer des Nationalsozialismus nicht allzu gewogen war[149]. Nach der Gründung der Bundesrepublik gewann der Faktor öffentliche Meinung zwar insgesamt ein größeres Gewicht im politischen Prozeß, doch blieb die Wiedergutmachung alles in allem ein Gebiet, auf dem Leistungen eher entgegen als wegen der öffentlichen Meinung beschlossen wurden[150].

Eine erste breiter angelegte Untersuchung der Einstellungen der deutschen Bevölkerung zur Frage der Wiedergutmachung fiel gerade mit der Gründung der Bundesrepublik zusammen. Bei der vom Allensbacher Meinungsforschungsinstitut im August 1949 durchgeführten Befragung[151] offenbarte sich bereits ein Phänomen, das auch für die meisten späteren Untersuchungen galt: In der Regel zielten die Fragen speziell auf die Einstellungen zur Wiedergutmachung für die Juden. Damit folgte die Meinungsstudie dem allgemeinen Trend, denn nach den ersten Nachkriegsjahren, in denen andere Verfolgtengruppen, namentlich die politisch Verfolgten, gleichfalls einen beträchtlichen Teil der Aufmerksamkeit auf sich gezogen hatten, fokusierte die Frage der Wiedergutmachung zusehends auf die jüdischen Verfolgten. Bei der Auswertung der Untersuchungen bleibt also zu bedenken, daß die Fragestellungen der Interviewer sozusagen selbst erst auf ihre historische Bedingtheit geprüft werden müssen.

In der genannten Erhebung des Allensbacher Instituts vom August 1949 wurde einer repräsentativen Auswahl von Bürgern der Bundesrepublik zunächst folgende Frage gestellt: „Glauben Sie, daß Deutschland gegenüber den noch lebenden deutschen Juden die Pflicht zur Wiedergutmachung hat?"[152] Hierauf antworteten 54 Prozent mit Ja und 31 Prozent mit Nein, 15 Prozent äußerten sich unentschieden. Gerade einmal gut die Hälfte der Befragten sprach sich also für eine – in der Frage nicht näher spezifizierte – Wiedergutmachung für die Juden aus, wobei wohlgemerkt nur

---

[148] Vgl. etwa Die Bundesrepublik Deutschland und die Opfer des Nationalsozialismus. Tagung vom 25.-27. 11. 1983 in der Evangelischen Akademie Bad Boll, Protokolldienst 14/84, Bad Boll 1984.
[149] Vgl. dazu etwa Drittes Kapitel, S. 100f.
[150] Für die spezielle Frage des Israel-Abkommens untersuchte dies Michael Wolffsohn, Das Wiedergutmachungsabkommen mit Israel: Eine Untersuchung bundesdeutscher und ausländischer Umfragen, in: Westdeutschland 1945-1955. Unterwerfung, Kontrolle, Integration, hrsg. v. Ludolf Herbst, München 1986, S. 203-218.
[151] Vgl. Elisabeth Noelle und Erich Peter Neumann, Jahrbuch der öffentlichen Meinung. 1947-1955, Allensbach 1956, S. 130.
[152] Vgl. im folgenden ebenda.

von den deutschen Juden die Rede war – ein Großteil der jüdischen Verfolgten fiel ohnehin nicht in diese Kategorie.

Eine zweite Frage zielte hingegen auf die Einstellungen gegenüber der Rückerstattung: „Wenn ein Nichtjude nach 1933 ein jüdisches Geschäft gekauft hat, und der frühere Besitzer verlangt nun die Rückgabe unter den gleichen Bedingungen: würden Sie sagen, seine Ansprüche bestehen zu Recht oder zu Unrecht?" Hier, wo nun die praktischen Konsequenzen einer möglichen Wiedergutmachung den Befragten deutlicher vor Augen standen, fielen die Antworten bereits ein ganzes Stück zurückhaltender aus: Berechtigte Ansprüche, vorausgesetzt, das NS-Regime sei die eindeutige Ursache des Verkaufs, sahen 39 Prozent der Befragten. „Zu Unrecht" meinten 28 Prozent, „Kommt darauf an" 25 Prozent, acht Prozent waren „unentschieden". Natürlich war die Rückerstattung derjenige Prozeß, der die Interessen der deutschen Bevölkerung am unmittelbarsten traf: Anders als die Entschädigung, die finanziell über den Staat abgewickelt wurde, drohte sie jedem Bürger, der in der NS-Zeit jüdisches Eigentum erworben hatte, auf direkte Weise.

Mit größerer methodischer Raffinesse ging eine Meinungserhebung der amerikanischen Hohen Kommission vor, bei der 1.200 Bundesdeutsche im Oktober 1951 – also einen Monat nach Adenauers Erklärung zur jüdischen Frage vor dem Bundestag – zu ihrer Meinung bezüglich der Wiedergutmachung für die Juden und damit zusammenhängenden Themen befragt wurden[153]. Hier wurde nämlich die Frage nach der Wiedergutmachung für die Juden nicht isoliert, sondern in verschiedenartigen Kontexten gestellt. Den Befragten wurde zunächst eine Auswahl von fünf Gruppen, die durch den Krieg oder das Dritte Reich Schaden erlitten hatten, vorgelegt, worauf sie entscheiden konnten, welche davon Hilfe durch die Bundesrepublik erhalten sollten. Dabei sprachen sich immerhin 68 Prozent für die Gewährung von Hilfe an die Juden aus, 21 Prozent waren dagegen und 11 Prozent äußerten keine Meinung. Für sich genommen ein beachtlicher Wert, doch relativierte sich dieser durch die anderen Ergebnisse: Hilfe für Kriegswitwen und -waisen befürworteten nämlich 96 Prozent, bei Luftkriegsopfern waren dies 93 Prozent und bei Flüchtlingen und Vertriebenen aus dem Osten immerhin noch 90 Prozent.

Interessant an dieser Befragung ist, daß hier auch eine weitere Kategorie der Wiedergutmachungsansprüche berücksichtigt wurde, nämlich die Angehörigen derer, die im Zusammenhang des gescheiterten Attentats vom 20. Juli 1944 hingerichtet wurden. Hier sprachen sich 73 Prozent der Bevölkerung für Hilfe aus[154], was vor dem Hintergrund einer verbreiteten mißbilligenden Stimmung gegenüber dem Anschlag gesehen werden muß[155]. Immerhin lagen die Verschwörer damit aber noch ein Stück vor den Juden. Auch wenn diese Frage niemals gestellt wurde, so ahnt man zumindest, wie

[153] Siehe eine Zusammenfassung der Ergebnisse dieser Befragung in Report No. 113 (5 December 1951), „German Opinions on Jewish Restitution and some Associated Issues", in: Public Opinion in Semisovereign Germany. The HICOG Surveys, 1949-1955, hrsg. v. Anna J. Merritt u. Richard L. Merritt, Urbana u. Chicago, London 1980, S. 146; eine ausführlichere Fassung, die auf derselben Untersuchung basiert: „German Public Opinion Survey on Restitution", AJC-Archiv, Blaustein Library, Restitution & Indemnification, Germany – AJC.
[154] German Public Opinion Survey on Restitution (Anm. 153).
[155] Report No. 114, 5. 12. 1951, „The July 20 Plot on Hitler's Life: Does it Afford a Rallying Point for Rightist Groups?", in: Merritt/Merritt (Hrsg.), HICOG Surveys, S. 147. Demnach billigten im Oktober 1951 38 % der westdeutschen Bevölkerung das Attentat auf Hitler, während es 24 % mißbilligten und 38 % sich unsicher waren.

die Ergebnisse ausgefallen wären, wenn man etwa Kommunisten, Zigeuner und andere Wiedergutmachungsaspiranten in den Fragenkatalog aufgenommen hätte. Die Untersuchung rückte anschließend denjenigen Befragten, die sich positiv zur Wiedergutmachung für Juden ausgesprochen hatten, kritisch auf den Leib. Sie fragte man nun, welche Gruppe ihrer Meinung nach den ersten bzw. den letzten Anspruch auf Hilfe haben sollte. Dabei waren gerade zwei Prozent der Auffassung, daß Juden den ersten Anspruch haben sollten, während 17 Prozent die Juden auf den letzten Platz setzten[156]. Man muß nicht gleich Antisemitismus zur Erklärung heranziehen, wenn eine große Mehrheit der Deutschen lieber Kriegswitwen- und waisen als Juden entschädigen wollte. Gleichwohl ergab sich bei weiteren Fragen eine Korrelation zwischen der Wiedergutmachungsbereitschaft und der Einstellung gegenüber den Juden. Das eigentlich überraschende Ergebnis der Untersuchung war dabei aber nicht, daß zwei Drittel der Antisemiten sich gegen Wiedergutmachung für die Juden aussprachen (gegenüber etwas mehr als einem Drittel der Nicht-Antisemiten), sondern daß auch unter denen, die sich für die Wiedergutmachung aussprachen, beträchtliche antisemitische Neigungen existierten[157]. So erklärten 21 Prozent der Befragten, daß die Juden teilweise selbst dafür verantwortlich seien, was ihnen im Dritten Reich geschehen sei. Gleichwohl befürworteten 59 Prozent dieser Gruppe eine Wiedergutmachung für die Juden[158]. Wiedergutmachungsbereitschaft und antisemitische bzw. antijüdische Einstellungen bildeten also keine absoluten Gegensätze.

Die absoluten Prozentwerte für oder gegen Wiedergutmachung für die Juden muß man jedenfalls, wie deutlich wurde, mit großer Vorsicht handhaben. Aussagekräftiger sind hingegen die relativen Werte gegenüber anderen Geschädigtengruppen, da hier das „Volksempfinden" vermutlich am deutlichsten zum Ausdruck kommt. Ohne Zweifel bewegten die Nöte der Kriegswitwen und -waisen, der Bombengeschädigten oder der Ostflüchtlinge und -vertriebenen die deutsche Bevölkerung wesentlich stärker als die der Verfolgten, zumal derer, die im Ausland lebten. Deshalb erklärten auch im August 1952 44 Prozent der Befragten, es sei überflüssig, daß Deutschland drei Mrd. DM in Waren an Israel als Wiedergutmachung bezahle, während sich weitere 24 Prozent zwar zustimmend äußerten, aber die Summe zu hoch fanden. Nur 11 Prozent sprachen sich hingegen für einen solchen Schritt aus[159].

Die aufgeführten demoskopischen Ergebnisse belegen somit die in vielen Stimmungsberichten und Einzeläußerungen greifbare überwiegend ablehnende Haltung der bundesdeutschen Bevölkerung gegenüber der Wiedergutmachung. Besonders heftig trat diese dann in Erscheinung, wenn sie für den Einzelnen nicht nur indirekt als Belastung des Staatshaushalts, sondern, wie bei der Rückerstattung, direkt spürbar wurde. Natürlich spielte es eine erhebliche Rolle, daß die Frage der Wiedergutmachung für Opfer des Nationalsozialismus Anfang der fünfziger Jahre in einem Kontext mit

[156] German Public Opinion Survey on Restitution (Anm. 153).
[157] Ebenda.
[158] HICOG Surveys, Report No. 113 (Anm. 153).
[159] Noelle/Neumann, Jahrbuch der öffentlichen Meinung, 1947-1955, S. 130. 21% äußerten sich unentschieden. Als HICOG die Untersuchung wenige Monate später (im Dezember 1952) wiederholte, sprachen sich sogar 49% der Befragten gegen das Abkommen aus gegenüber 26% Zustimmung. Vermutlich hatte sich nun ein Teil der vormalig Unentschiedenen erklärt. Siehe Report No. 167 (12 January 1953), „A Year End Survey of Rightist and Nationalist Sentiments in West Germany", in: Merritt/Merritt (Hrsg.), HICOG Surveys, S. 197-199. Vgl. dazu auch Michael Wolffsohn, Untersuchung bundesdeutscher und ausländischer Umfragen, S. 206-212.

zahlreichen dringenden sozialpolitischen Aufgaben stand, die überwiegend eine Folge des verlorenen Krieges waren.

Dabei wurde die Frage der Verantwortung für diese verschiedenartigen Schäden kaum zugunsten der Verfolgten beantwortet, wie demgegenüber etwa manche jüdische Organisationen, aber auch einige deutsche Persönlichkeiten forderten. Die Untersuchungen von HICOG Anfang der fünfziger Jahre ergaben wiederholt, daß mehr als die Hälfte der Westdeutschen sich weder dafür schuldig fühlte, was den Juden im Dritten Reich zugefügt worden war, noch dafür verantwortlich, diese Untaten wiedergutzumachen[160]. Es gibt keine Anhaltspunkte dafür, daß dieses Verhältnis gegenüber anderen Geschädigtengruppen günstiger ausfiel. Franz Böhm, langjähriger Kämpfer für die Wiedergutmachung in den Reihen der CDU, brachte diese Stimmungslage auf folgende Formel: „Schuldige an der Verfolgung hat es nicht gegeben, und wo steht geschrieben, daß Unschuldige eine Schuld wiedergutmachen sollen?"[161] Vor diesem Hintergrund waren natürlich alle Bestrebungen zur Verbesserung der Wiedergutmachung für Opfer des Nationalsozialismus außerordentlich schwierig, blies ihnen doch der Wind der öffentlichen Meinung frontal ins Gesicht. So klagte Franz Böhm 1952: „Was soll man tun, wenn ein ganzes Volk bockt...?"[162]

IV. Klimawechsel

1. Abbau der Privilegien: „keinen Alte-Kämpfer-Mythos ... "

Das politische Klima gegenüber den Verfolgten des Nationalsozialismus und der Wiedergutmachung hatte sich bereits wenige Jahre nach dem Kriegsende in auffälliger Weise gewandelt. Wilhelm Hoegner zufolge bestand 1950 „kein Zweifel daran, daß die Ansichten über eine notwendige Wiedergutmachung in den Jahren 1945 bis 1947 anders waren als heute"[163]. Dies machte sich auf verschiedene Weise bemerkbar. Noch bevor die eigentliche Wiedergutmachung, d. h. Entschädigung und Rückerstattung, überhaupt richtig in Gang gekommen war, wurden bestimmte Vergünstigungen, die den Verfolgten unmittelbar nach Kriegsende zur Erleichterung ihrer Rehabilitierung und gesellschaftlichen Wiedereingliederung eingeräumt worden waren, immer stärker in Frage gestellt. Ob es um Wohnungen, um Arbeitsplätze oder um die Regelungen für bezahlten Sonderurlaub ging, der Widerstand gegen Sonderrechte der Verfolgten, die ursprünglich meist auf Anordnungen der Militärregierung zurückgingen[164], wurde überall größer.

Auf Grund solcher Bestimmungen hatte man unmittelbar nach Kriegsende vielfach Wohnungen und Wohnungseigentum ehemaliger nationalsozialistischer Aktivisten an Verfolgte verteilt bzw. im Zuge der politischen Säuberung freigewordene Arbeitsplätze mit solchen besetzt. Doch der in jener Zeit noch weithin akzeptierte Grundsatz, den

---

[160] HICOG Surveys, Report No. 113 (Anm. 153), No. 167 (Anm. 159).

[161] Franz Böhm, „Wie besiegen wir die Trägheit des Herzens? Gedanken zur Wiedergutmachung", in: Frankfurter Allgemeine Zeitung, 13.1. 1955.

[162] Zitiert nach Otto Küster, Grundlinien der deutschen Wiedergutmachung, in: Die Bundesrepublik Deutschland und die Opfer des Nationalsozialismus, Tagung in der Evangelischen Akademie Bad Boll, S. 89.

[163] Zit. nach MdL Gabriel Mayer (CSU), Bayerischer Landtag, 1. Wp. 1946-1950, 177. Sitzung vom 6.9. 1950, Stenographische Berichte, S. 827.

[164] Vgl. Zweites Kapitel, Abschnitt II.3.

Nationalsozialisten zu nehmen und den Verfolgten zu geben, wurde ausgerechnet im Zuge der Entnazifizierung zunehmend strittig. Bereits Mitte 1947 berichtete Otto Küster über die Verhältnisse in Württemberg-Baden, daß immer häufiger „Verfolgte, die in Wohnungen und Hausrat von Belasteten eingewiesen waren, nach dem Abschluß des Spruchkammerverfahrens in oft wenig erfreulicher Weise aus dem Besitz gesetzt werden, ohne daß es möglich ist, ihnen auch nur die nötigste Ausstattung anderweitig zu verschaffen"[165]. Ähnlich verhielt es sich in den anderen deutschen Ländern. Auch bei den Arbeitsplätzen wurde die Konkurrenz durch wieder rehabilitierte Ex-Nationalsozialisten immer stärker. So klagte der Vorsitzende der christlichen Hilfsstelle für rassisch Verfolgte nichtjüdischen Glaubens, M. Mayer, Anfang 1949 dem württembergbadischen Ministerpräsident Reinhold Maier: „Wir sind heute bereits wieder so weit, daß während überzeugteste Nazis, mit breitem Lächeln von den sicheren Warten bester Stellen aus, ihre umbuhlte Gunst verteilen, der rassisch Verfolgte seinen Arbeitsplatz wieder verlassen muß, um zu weichen vor den zurückkehrenden Nazis."[166]

Auch in Bayern wurde dies zu einem Problem, wie 1949 von der Regierung vorgelegte Zahlen über Einstellungen und Entlassungen ehemaliger Parteigenossen und Verfolgter im öffentlichen Dienst zeigten: 6.239 nichtentlassenen Beamten standen 14.400 wiedereingestellte ehemalige Parteigenossen gegenüber. Bei den Angestellten standen 2.535 im Dienst verbliebenen Angestellten 9.527 wiedereingestellte Pg's gegenüber. Demgegenüber wurden 282 Verfolgte als Beamte eingestellt, von denen 17 wieder entlassen wurden; von 801 eingestellten Angestellten aus diesem Kreis wurde sogar 266 wieder gekündigt. Der SPD-Abgeordnete Josef Kiene zog daraus im Mai 1949 vor dem Bayerischen Landtag den Schluß, „daß die Personalpolitik darauf abgestellt ist, die ehemaligen Parteigenossen-Beamten wieder in Stellungen unterzubringen"[167]. Diese Entwicklung, die nicht nur in Bayern, sondern auch in den anderen Ländern zu erkennen war, bewegte schließlich den amerikanischen Hohen Kommissar McCloy dazu, Adenauer zum Einschreiten aufzufordern. In einer Besprechung am 17. November 1949 teilte er ihm mit: „Wir beobachten jedoch die Tendenz gewisser Gruppen und gewisser sehr hoher Individuen, andere, die während der Naziperiode Widerstand geleistet haben, wo sehr schwer Widerstand zu leisten war, zu verdrängen"[168].

Die für die Betreuung der Verfolgten zuständigen Stellen versuchten ihr Möglichstes, um dieser Entwicklung entgegenzusteuern. So hatte Staatskommissar Auerbach noch Mitte 1948 vergeblich versucht, in Bayern ein „Gesetz zur Sicherung einer demokratischen Verwaltung" zu initiieren. Dadurch sollte einerseits die Einstellung ehemaliger aktiver Nationalsozialisten und Militaristen in die Verwaltung verhindert und umgekehrt die der politisch und rassisch Verfolgten gefördert werden[169]. Doch kam dieser

[165] Otto Küster, württemberg-badisches Justizministerium/Abteilung Wiedergutmachung, 3.7. 1947, Monatsbericht für Juni 1947, VVN/WB-Archiv, Wiedergutmachung-Entschädigungsgesetz. Siehe zur Wohnungsproblematik auch z.b. Schreiben der Nassauischen Heimstätte, GmbH, an den hessischen Innenminister Zinnkann, 13.1. 1950, HessHStA, Abt. 503, Nr. 473.
[166] M. Mayer an R. Maier, 2.1. 1949, BadWürtHStA, EA 1/920, Bü. 709.
[167] Anfrage MdL Josef Kiene (SPD), Personalpolitik der Regierung, Bayerischer Landtag, 1. Wp. 1946-1950, 111. Sitzung vom 31.5. 1949, Stenographische Berichte, S. 192. Zum Vergleich: Aus dem Kreis der Flüchtlinge wurden 5.749 Beamte und 19.974 Angestellte eingestellt, von denen 4.947 wieder entlassen wurden.
[168] Wortprotokoll der Besprechung der Hohen Kommissare mit Adenauer am 17.11. 1949, in: Adenauer und die Hohen Kommissare, Bd. 1: 1949-1951, hrsg. v. Hans-Peter Schwarz in Verbindung mit Reiner Pommerin, bearb. v. Frank-Lothar Kroll u. Manfred Nebelin, München 1989, S. 26f.
[169] Neue Zeitung, 10.6. 1948, „Dr. Auerbach reicht Gesetzentwurf ein"; Auerbach an Ehard, 29.5. 1948, BayHStA, MA 114263.

216 Rahmenbedingungen der Wiedergutmachung

Vorschlag, falls er jemals Chancen auf Erfolg gehabt haben sollte, zur Unzeit. Hier
bestätigte sich nun, daß die „Entnazifizierung nach dem ‚Befreiungsgesetz' nicht mehr
eine Säuberung des öffentlichen Lebens von den Nazis, sondern eine Säuberung der
Nazis von ihrer Stigmatisierung war"[170], wie es Lutz Niethammer ausdrückte. Die
Fortsetzung einer Privilegierung der Verfolgten auf Kosten ehemaliger Nationalsozialisten führte so zu der Schwierigkeit, daß die im Zuge der Entnazifizierung betriebene
Auflösung der gesellschaftlichen Kategorie „Ex-Nazi" behindert wurde. Umgekehrt
stieß aber auch die mögliche Verfestigung einer mit gewissen Privilegien verbundenen
gesellschaftlichen Gruppe „Verfolgte des Nationalsozialismus" auf wachsenden Widerstand. Der Vorwurf lautete, man wolle keinen neuen „Alte-Kämpfer-Mythos" haben[171]. Freilich sahen auch den Verfolgten nahestehende Kreise, daß die dirigistische
Verteilung des Mangels keine endgültige Lösung sein konnte. Wie der hessische
Staatssekretär Hermann Brill Anfang 1949 erklärte, war das „eigentliche Problem nur
dadurch zu lösen, daß Wohnungen wieder aufgebaut und Möbel neu beschafft
würden"[172].

Im Zeichen dieser Kontroverse verhandelte der Bayerische Landtag Ende 1948 einen
Entwurf für ein Gesetz zum Schutz der Arbeits- und Wohnungsverhältnisse ehemaliger
Verfolgter des Nationalsozialismus. Finanzminister Friedrich Zietsch (SPD) unterstrich, man wolle damit dem entgegenwirken, daß diese auf dem Arbeitsmarkt wieder
benachteiligt würden „und aus den Wohnungen in die sie eingewiesen wurden, ver-
drängt werden, damit die früheren politisch belasteten Inhaber wieder eingewiesen
werden können"[173]. Auch Wilhelm Hoegner beklagte, „daß die politisch Verfolgten der
Jahre 1933 bis 1945 heute wieder Gefahr laufen, neuerdings verfolgt zu werden. Eine
Reihe von Maßnahmen, die zugunsten der politisch Verfolgten in den Jahren 1945/46
getroffen wurden, würden jetzt wieder rückgängig gemacht. Man entziehe ihnen die
Wohnungen und die Möbelbenutzung, die man ihnen zugestanden hatte."[174] Der CSU-
Abgeordnete Josef Krempl kritisierte jedoch den Entwurf damit, daß „durch dieses
Gesetz Leute betroffen werden, die gar nicht Nazi waren oder die zum mindesten
wieder in die deutsche Volksgemeinschaft der Nichtnazis eingegliedert" worden seien.
In anderen Worten: Die Rehabilitierung der ehemaligen Verfolgten gefährde die Rehabilitierung der Ex-Nationalsozialisten. Zugleich entgegnete er dem Vorwurf, letztere
begünstigen zu wollen, er könne schließlich dafür eintreten, „daß die Denazifizierung
doch endlich einmal aufhört"[175]. Damit verlieh Krempl einer weitverbreiteten Stimmung Ausdruck. Die Forderung nach Besserstellung der ehemaligen Verfolgten auf
Kosten ehemaliger Nationalsozialisten stieß deshalb auf zunehmenden Widerstand jener, die ihrerseits den generellen Abschied von derartigen Etikettierungen verlangten.
Gleichwohl passierte der Entwurf als „Gesetz zum Schutz der Arbeits- und Wohn-

---

[170] Lutz Niethammer, Problematik der Entnazifizierung in der BRD, in: Verdrängte Schuld, verfehlte Sühne:
Entnazifizierung in Österreich 1945-1955, hrsg. v. Sebastian Meissl, München 1986, S. 25.
[171] Im Zusammenhang der Auseinandersetzung um einen bezahlten Sonderurlaub für Verfolgte des Nationalsozialismus hieß es in den VVN-Nachrichten. Mitteilungsblatt der Vereinigung der Verfolgten des Naziregimes Württemberg-Baden, April 1949, „Um den Sonderurlaub für 1949": „Aus gut unterrichteten Kreisen
erfahren wir, daß die Gewährung des Zusatzurlaubes für unseren Personenkreis von den Unternehmern mit
der Begründung abgelehnt wird, man wolle keinen „Alte-Kämpfer-Mythus" züchten."
[172] Niederschrift über die außerordentliche Delegiertenkonferenz der VVN am 25.1. 1949 in Wiesbaden,
HessHStA, Abt. 502, Nr. 2772 c.
[173] Bayerischer Landtag, 1. Wp. 1946-1950, 96. Sitzung vom 16.12. 1948, Stenographische Berichte, S. 407.
[174] Ebenda.
[175] Ebenda, S. 407f.

verhältnisse der aus religiösen, rassischen und politischen Gründen Verfolgten" im Januar 1949 die parlamentarischen Hürden[176]. Doch in einer Entscheidung vom 17. November 1950 hob der Bayerische Verfassungsgerichtshof dieses Gesetz als verfassungswidrig auf. Er begründete diesen Schritt in erster Linie damit, daß der Gesetzgeber die Feststellung des von diesem Gesetz zu schützenden Personenkreises entgegen der bayerischen Verfassung einer nachgeordneten Verwaltungsbehörde, dem Bayerischen Landesentschädigungsamt, übertragen habe[177]. Den eigentlichen Kern des Problems bildete aber, daß die Privilegierung einer Sondergruppe innerhalb der Gesellschaft im Bereich des Wohnens und Arbeitens immer weniger akzeptiert wurde. So meldete die *Süddeutsche Zeitung* das Urteil der bayerischen Verfassungsrichter unter der bezeichnenden Schlagzeile „Verfolgte nicht mehr bevorzugt"[178].

Aus dem Gleichheitsgebot der bayerischen Verfassung wie des Grundgesetzes resultiert in der Tat, daß es keine privilegierten Gruppen in der deutschen Gesellschaft geben solle. Doch wurde allzu schnell vergessen, welche kompensatorische Funktion die Sondervorrechte für die ehemaligen Verfolgten besaßen. Ihrer Natur nach waren diese bewußt als Übergangslösung konzipiert gewesen, doch erhebt sich die Frage, inwieweit sie ihre Aufgabe bis zum Beginn der fünfziger Jahre erfüllt hatten. Eben dies bestritt Hoegner und klagte im September 1950 vor dem Bayerischen Landtag, daß „sich die früheren Nationalsozialisten ihres Besitzes erfreuen, während ihre Opfer vielfach ohne Entschädigung und zum Teil als Arbeitslose" herumliefen[179]. So kommt man nicht umhin festzustellen, daß in aller Regel den ehemaligen Nationalsozialisten die gesellschaftliche Rehabilitierung schneller gelang als den vormalig Verfolgten.

2. Gedenktage: Opfer des Nationalsozialismus und Opfer des Krieges

Die veränderte Stellung der Verfolgten des Nationalsozialismus in der deutschen Gesellschaft an der Wende zu den fünfziger Jahren offenbarte sich auch im Bereich der politischen Symbolik. So hatten sich nach dem Ende des Dritten Reiches zunächst jährliche Gedenkveranstaltungen zu Ehren der Opfer der nationalsozialistischen Verfolgung eingebürgert. An diesen Feierlichkeiten beteiligten sich anfänglich durchwegs auch hochgestellte öffentliche Würdenträger. Typisch für den Ablauf dieser Veranstaltungen war etwa das Programm der 1. Dachau-Gedächtniskundgebung im Mai 1947: Dazu gehörte neben einem feierlichen Verdi-Requiem im Münchner Prinzregententheater unter anderem auch eine Ansprache des stellvertretenden Ministerpräsidenten

---

[176] BayGVOBl, Nr. 3-4, 18.1. 1949, S. 23.
[177] Entscheidung des Bayerischen Verfassungsgerichtshof vom 17.11. 1950, in: BayGVOBl, Nr. 31, 30.12. 1950, S. 263-266. Vgl. auch Mitteilungsblatt des Landesausschusses der politisch Verfolgten, Nr. 49, 1.12. 1950; Klaus-Günter Dietel, Die Arbeitsverhältnisse der Verfolgten des Nationalsozialismus – Zugleich ein Beitrag zur ideellen Wiedergutmachung, Diss. Würzburg 1966, S. 233.
[178] Vgl. Süddeutsche Zeitung, 21.11. 1950.
[179] Bayerischer Landtag, 1. Wp. 1946-1950, 177. Sitzung vom 6.9. 1950, Stenographische Berichte, S. 827. Es bleibt allerdings schwierig, diesen häufig geäußerten zeitgenössischen Befund auch quantitativ zu verifizieren. Die amerikanische Militärregierung in Württemberg-Baden kam im Oktober 1949 aufgrund der Auswertung von Arbeitslosigkeitsstatistiken in ihrem Gebiet zu dem Ergebnis, daß keine organisierten Anstrengungen sichtbar seien, die Verfolgten zu diskriminieren. Vgl. James H. Campbell an Dep. Land Commissioner, 20.10. 1949, IfZ-Archiv, Mf 260, OMGWB, 12/76-2/19. Die Dissertation von Klaus-Günter Dietel über die Arbeitsverhältnisse des Nationalsozialismus beschäftigt sich nur mit den juristisch-normativen Aspekten dieses Themas und enthält kein Material zu der Frage, wie sich die Beschäftigungsverhältnisse dieser Gruppe real verhielten.

Rahmenbedingungen der Wiedergutmachung

Hoegner[180], der damit die Anerkennung und Verbundenheit des bayerischen Staates mit den ehemaligen Verfolgten demonstrierte.

Auch der „Tag der Opfer des Faschismus", der seit 1946 überall in Deutschland und auch international am zweiten Sonntag im September begangen wurde, erfreute sich zunächst derartiger offizieller Wertschätzung. Auf der zu diesem Anlaß veranstalteten öffentlichen Kundgebung an der Münchner Feldherrnhalle am 14. September 1947 hielt der bayerische Innenminister Seifried eine Ansprache, in der er erklärte, den „heldenhaften Opfern und Verfolgten" gebühre „nicht nur unsere volle Anerkennung" und „größte Achtung" des ganzen Volkes, „sondern auch jegliche wirtschaftliche Sicherung"[181]. Und in Württemberg-Baden beispielsweise beschloß der Ministerrat 1948 wie schon in den Vorjahren, daß der Gedenktag für die Opfer des Faschismus am 12. September durch die Regierung unterstützt werde, daneben sollte das Kultusministerium Schulfeiern am Vormittag anordnen und das Innenministerium an die Landräte und Oberbürgermeister Anweisungen erteilen, bei der Durchführung der Feiern mitzuhelfen[182]. Und auch 1949 ließ sich die bayerische Regierung wenigstens noch durch einen Staatssekretär bei der Gedenkveranstaltung am Tag der Opfer des Faschismus in München vertreten[183].

Dieses offizielle Wohlwollen verflüchtigte sich an der Schwelle zu den fünfziger Jahren. Im Mai 1950 fragte Bundesinnenminister Gustav Heinemann bei der Interministeriellen Arbeitsgemeinschaft für Wiedergutmachungs- und Entschädigungsfragen nach, ob es nicht möglich sei, den Gedenktag für die Opfer des Faschismus „wegen gemeindlicher Feste oder lokaler Feiern im Interesse der Belebung des Fremdenverkehrs" in den Spätherbst zu verlegen. Die Arbeitsgemeinschaft wies diesen Vorschlag entschieden zurück und hielt am zweiten Sonntag im September fest[184]. Die im Gegenzug erhobene Aufforderung, die Bundesregierung möge von sich aus ein Gesetz einbringen, „das diesen Tag der Opfer des Faschismus als Bundestrauertag verkündet"[185], lief jedoch den Intentionen des Innenministers genau entgegen. Als die VVN für den 10. September die Durchführung solcher Veranstaltungen vorbereitete, versuchte Heinemann dem zuvorzukommen, wozu er in der Sitzung des Bundeskabinetts vom 11. August 1950 „an die wiederholt erhobene Forderung (erinnerte), für die Kriegsopfer einen Gedenktag zu veranstalten. Die Länder seien der Meinung, daß man dieses Gedenken in Verbindung bringen sollte mit einem Verfassungsgedenktag und einem Gedenktag für die deutsche Einheit." Als Termin schlug er den ersten Sonntag im September vor[186]. Da Bundespräsident Theodor Heuss gegen eine solche Zusammenlegung eines „Totengedenktages und einer Verfassungsfeier" war, fand schließlich statt dessen

Programm der 1. Dachau-Gedächtniskundgebung, 17./18. 5. 1947, BayHStA, MA 114 262.
[181] 14. 9. 1947, Ansprache Innenminister J. Seifried anläßlich der öffentlichen Kundgebung an der Feldherrnhalle zum „Tag der Opfer des Faschismus", BayHStA, MA 114 263.
[182] Niederschrift über die Sitzung des württemberg-badischen Ministerrats, 28. 7. 1948, BadWürtHStA, EA 4/001, Bü. 57a.
[183] Ansprache von Staatssekretär Dr. Grieser zum „Tag der Opfer des Faschismus" am 11. 9. 1949 in München, BayHStA, MA 114 263.
[184] Protokoll über die Sitzung des Koordinierungsausschusses der 11 Länder am 25. 5. 1950, BayMJ 1101a, H.4; Auerbach an Innenminister Gustav Heinemann, 27. 5. 1950, abgedruckt in Mitteilungsblatt des Landesausschusses der politisch Verfolgten, Nr. 44, 1. 7. 1950, „Gedenktag für die Opfer des Faschismus".
[185] Auerbach an Heinemann, 27. 5. 1950 (Anm. 184).
[186] 89. Kabinettssitzung am 11. 8. 1950, in: Kabinettsprotokolle der Bundesregierung, Bd. 2, S. 626.

am 7. September 1950, dem Jahrestag der ersten Bundestagssitzung, eine Feierstunde statt[187].

Aber auch bei den Länderregierungen war die offizielle Bereitschaft zur Unterstützung des Gedenkens an die Verfolgten des Nationalsozialismus am Schwinden. Vor allem verringerte sich die Neigung, diese Geschädigtengruppe, wie in der ersten Nachkriegszeit häufig geschehen, gesondert herauszustellen. So sprach sich etwa der bayerische Ministerrat bei der Beratung darüber, wie man den sechsten Jahrestag der Befreiung des Konzentrationslagers Dachau begehen solle, gegen eine Kundgebung im Bayerischen Landtag aus ("nachdem auch keinerlei Einigung unter den politisch Verfolgten bestehe"). Zum Ausgleich wurde beschlossen, im Anschluß an eine Aufführung des „Fidelio" in der Staatsoper im Bayerischen Landtag eine kurze Gedenkfeier abzuhalten[188].

Der Ablauf dieser Veranstaltung am 24. April 1951 ist höchst bezeichnend für die mittlerweile eingetretene Veränderung des Stellenwerts der Verfolgten im Bereich der öffentlichen Symbolik. Landtagspräsident Georg Stang hielt vor den bayerischen Volksvertretern eine Rede, in der er zunächst der rassisch, religiös und politisch Verfolgten des Nationalsozialismus gedachte, um dann diese „Gedächtnisstunde an die Opfer des Faschismus" auszuweiten zu einem Gedenken an die im Zweiten Weltkrieg gefallenen Soldaten, an die Opfer des Bombenkrieges sowie die Flüchtlinge und Vertriebenen (bzw. mittlerweile „Heimatvertriebenen"). Und nachdem er die Wiedergutmachung für die Verfolgten angemahnt hatte, fuhr er fort: „Ein gleich hohes Maß an Fürsorge aber müssen auch die Bombengeschädigten erfahren ... und ebenso die Heimatvertriebenen"[189]. An diesem Beispiel zeigt sich, wie sehr die sozial- und gesellschaftspolitische Konkurrenz anderer Geschädigtengruppen nunmehr die Verfolgten in den Hintergrund drängte. Daß ausgerechnet der Jahrestag der Befreiung des Konzentrationslagers Dachau zur Gelegenheit genommen wurde, die Wiedergutmachungsansprüche der Verfolgten durch die Ansprüche der Kriegsgeschädigten sowie der Flüchtlinge und Vertriebenen zu relativieren, unterstreicht diesen Prozeß in aller Deutlichkeit.

Diese Entwicklung erfaßte alsbald auch den Gedenktag für die Opfer des Faschismus bzw. des Nationalsozialismus, wie er mittlerweile zumeist genannt wurde. Etwa seit 1951 gingen die Landesregierungen allgemein dazu über, diesen mit dem Volkstrauertag im November zusammenzulegen[190]. Bereits seit 1948 hatte es auf kommunaler oder regionaler Ebene wieder derartige Gedenkstunden zum Volkstrauertag gegeben, an dem in erster Linie der Opfer des Krieges gedacht wurde. Hier bestand eine Tradition seit der Weimarer Republik; im Dritten Reich war dieser Tag dann als Heldengedenktag gefeiert worden[191]. Die Vertreter der Verfolgten reagierten auf diese Quasi-Aufhebung des Tages der Opfer des Nationalsozialismus mit großer Bestürzung[192].

[187] Vgl. ebenda, Anm. 57.
[188] Bayerischer Ministerrat, 2. 4. 1951, IfZ-Archiv, NL Hoegner, ED 120, Bd. 367.
[189] Kundgebung zum Gedenken an die Opfer des Nationalsozialismus im Bayerischen Landtag, 2. Wp. 1950-1954, 19. Sitzung am 24. 4. 1951, Stenographische Berichte, S. 480. Vgl. dazu auch Mitteilungsblatt des Landesausschusses der politisch Verfolgten, Nr. 53, Mai 1951, „Der 6. Jahrestag der Befreiung".
[190] Siehe etwa bayerischer Ministerrat, 21. 8. 1951, IfZ-Archiv, NL Hoegner, ED 120, Bd. 369; hessische Ministerialdirigentenkonferenz, 24. 9. 1951, HessHStA, Abt. 502, Nr. 2014.
[191] Vgl. dazu Lutz Niethammer, Wer trauert um wen? Zu den Volkstrauertagen in der Bundesrepublik, in: Deutsche Rundschau, 11/1963, S. 23f.
[192] Vgl. etwa Mitteilungsblatt des Beirats beim Bayerischen Landesentschädigungsamt, Nr. 56, August/September 1951, „Totengedenktag".

Nunmehr wurde im Bereich der öffentlichen Symbolik zunehmend der Unterschied zwischen den Opfern des Nationalsozialismus und den Opfern des Krieges aufgehoben. Solche Tendenzen existierten schon länger: Bereits 1946 hatte, wie Konrad Adenauer berichtete, die CDU im Zonenbeirat der britischen Zone „zu einem kommunistischen Antrag auf Einrichtung eines Gedächtnistages für die Opfer des Faschismus einen Zusatzantrag gestellt, wonach auch der Opfer des Krieges gedacht werden soll, da diese Kriegsopfer ebenfalls Opfer des Nationalsozialismus seien"[193]. Doch erst Anfang der fünfziger Jahre konnte sich diese Gleichbehandlung von Verfolgten und Kriegsopfern auf breiter Front durchsetzen: 1952 wurde der Volkstrauertag in allen Bundesländern einheitlich eingeführt und auf den zweiten Sonntag vor dem ersten Advent gelegt[194].

Bei Gelegenheit der erstmaligen Durchführung des Volkstrauertages am 20. November 1952 hielt Bundespräsident Theodor Heuss eine Ansprache im Plenarsaal des Bundeshauses in Bonn, bei der er unter anderem ausführte: „Die Mal- und Mahnsteine wachsen – dies gilt den Opfern der Bombenangriffe, dies wächst an dem Rand eines Konzentrationslagers, dies steht auf dem und dem jüdischen Friedhof ... Hier die Folge der wüsten technischen Gewalt, dort die Folge der sittlichen Zerrüttung. Und wir stehen betreten, bedrückt vor *beiden* steinernen Zeugen. Es wird schon so sein: mancher wird murren, daß ich diese Opfer einer bösen Politik in *einem* nenne."[195] Hier kam nun geradezu programmatisch zum Ausdruck, daß letztlich alle gemeinsam Opfer des gleichen Schicksals, der selben „bösen Politik" seien und somit auch das Gedenken den gleichen Stellenwert einnehmen sollte. Aus der damaligen Perspektive betrachtet war es dabei allerdings vor allem ungewöhnlich, ja mutig, daß Heuss in diese Reihe auch die Verfolgten des Nationalsozialismus aufnahm[196].

In einem vieldiskutierten Aufsatz gab der Schweizer Philosoph Hermann Lübbe zu bedenken: „Daß man der Toten, die im Glauben an eine Sache gestorben sind, ineins mit den Menschen gedenkt, die weil sie dieser Sache im Wege standen, sterben mußten – das hat seinen unmittelbaren Ort im religiösen Lebenszusammenhang."[197] Im irdischen Lebenszusammenhang bereitete dies aber vielfach große Pein. So schrieb Karl Marx, Herausgeber der *Allgemeinen Wochenzeitung der Juden in Deutschland*, im November 1950 an Bundesjustizminister Dehler: „Ich habe längst aufgehört zu glauben, daß man einmal (sci. im Bundestag) eine Gedenkstunde einlegt, eine Gedenkstunde allerdings, die nicht zusammengelegt wird mit den Opfern des Krieges, weil es den Vertretern der Juden nicht zugemutet werden kann, möglicherweise neben den Hinterbliebenen eines SS-Mannes zu sitzen, der zuerst Mörder an Juden war, und dann Opfer

[193] Konrad Adenauer im Protokoll über die Tagung des Zonenausschusses der CDU für die britische Zone vom 26. bis 28. Juni 1946 in Neuenkirchen/Kr. Wiedenbrück, in: Konrad Adenauer und die CDU der britischen Besatzungszone, 1946-1949. Dokumente zur Gründungsgeschichte der CDU Deutschlands, hrsg. v. d. Konrad-Adenauer-Stiftung, Bonn 1975, S. 157.
[194] Vgl. Niethammer, Wer trauert um wen?, S. 23 ff.; Jan Hille, Volkstrauertag. Zum Wandel der politischen Kultur eines Gedenktages 1919-1972, Magisterarbeit, LMU München 1989, S. 90 ff.
[195] "Unser Opfer ist Eure Verpflichtung: Frieden!" Die Ansprache des Bundespräsidenten Theodor Heuss am Volktrauertag im Bundeshaus, in: Bulletin des Presse- und Informationsamtes der Bundesregierung, 20. 11. 1952, Nr. 181, S. 1597 f.
[196] Hille irrt hier insofern, als er der Auffassung ist, daß bei dieser Gelegenheit überhaupt erstmals auch die NS-Verfolgten in das öffentliche Gedenken einbezogen wurden. Tatsächlich handelte es sich um zwei selbständige Stränge, die nunmehr zusammengelegt wurden. Vgl. ders., Volkstrauertag, S. 95 f.
[197] Hermann Lübbe, Der Nationalsozialismus im deutschen Nachkriegsbewußtsein, in: Historische Zeitschrift 236 (1983), S. 591.

des Krieges wurde."[198] Diese beiden Positionen bezeichnen die Extrempunkte in einer Diskussion, die die zentralen Fragen der sogenannten Vergangenheitsbewältigung betrifft[199].

Wo aber liegen die Ursprünge dieser Problematik? Zunächst wäre auf einen praktischen, politischen Zweck hinzuweisen. Die Gedenktage für die Opfer des Nationalsozialismus waren zu einem wichtigen Instrument der politischen Selbstdarstellung der VVN geworden. Im Zuge der zuvor beschriebenen Auseinandersetzung mit dieser Organisation lag es natürlich nahe, ihr dieses Podium zu nehmen. Weitere Gründe finden sich auf einer mehr grundsätzlichen Ebene: Die ständige Hervorhebung der Verfolgten des Nationalsozialismus erneuerte zwangsläufig auch stets die Frage nach der Verantwortung und Schuld. Demgegenüber konnte das Gedenken an die selbst erlittenen Opfer entlastend wirken: „Für Kriegstote, so hat man den Eindruck, wird die Erinnerung bei uns oft weit weniger aus Pietät denn aus der Absicht, Schuld aufzurechnen, wachgehalten", schrieben Alexander und Margarete Mitscherlich 1967[200]. Dieser vielfach feststellbare Wunsch nach Aufrechnung der Opfer war allerdings zu Beginn der fünfziger Jahre von einem umfassenderen Bedürfnis überlagert: Darin, daß alle Seiten – die Verfolgten, die Verfolger, aber auch die in das Geschehen Hineingerissenen – als Opfer eines letztlich gemeinsam erlittenen Schicksals definiert wurden, drückte sich eine gesellschaftlich stark verbreitete Sehnsucht nach einem generellen Ende derartiger Polarisierungen aus.

3. Versöhnung statt Entnazifizierung?

Ein eindringliches Beispiel für den Wunsch nach solcher innenpolitischer Versöhnung lieferte der hessische Ministerpräsident Georg August Zinn (SPD) am 16. März 1950 vor dem Bundestag. Unter allgemeinem Beifall forderte er, die Gemeinsamkeit des Konflikts zwischen Vaterland und Menschheit „möge eine Brücke zwischen den Männern und Frauen des deutschen Widerstands und jenen sein, die durch die Männer und Frauen von Stalingrad repräsentiert werden"[201]. Die Forderung nach einem Ende des Gegenseitigen-Schuld-Aufrechnens und nach Versöhnung der verschiedenen Seiten gehörte in den Anfangsjahren der Bundesrepublik zu den Konstanten der politischen Diskussion. Dies ist eine Entwicklung, wie sie nach dem Übergang von Diktaturen in demokratische Gesellschaften häufig zu beobachten ist, was damit zusammenhängt, daß derartige Auseinandersetzungen zwangsläufig politisch und gesellschaftlich destabilisierend wirken. Damit einher geht freilich meistens in erster Linie die Forderung an die ehemaligen Opfer nach Verzicht auf Vergeltung sowie auf Wiedereingliederung derjenigen, die zuvor auf Seiten des Unterdrückungssystems standen.

So umwarben im ersten Bundestagswahlkampf 1949 bzw. in den Landtagswahlkämpfen 1950 nahezu alle Parteien die früheren NSDAP-Mitglieder und sprachen sich deshalb für die Beendigung der Entnazifizierung aus. Die CDU warb im Vorfeld der

---

[198] Karl Marx an Thomas Dehler, 11.11.1950, BA, B 126/12360.

[199] Vgl. zu diesem Begriff Eckhard Jesse, „Vergangenheitsbewältigung" in der Bundesrepublik Deutschland, in: Der Staat 26 (1987), S. 539-565.

[200] Alexander und Margarete Mitscherlich, Die Unfähigkeit zu trauern. Grundlagen kollektiven Verhaltens, München 1967, S. 43.

[201] Deutscher Bundestag, 47. Sitzung am 16.3.1950, Stenographische Berichte, Bd. 2, S. 1611. Siehe auch Arndt, Deutscher Bundestag, 229. Sitzung am 11.9.1952, Stenographische Berichte, Bd. 13, S. 10433.

Landtagswahlen in Schleswig-Holstein sogar mit einem Plakat, auf dem den ehemaligen Nationalsozialisten Schwarz-Rot-Weiß umrandet „Wiedergutmachung" in Aussicht gestellt wurde, wie Bundestags-Rechtsaußen Adolf von Thadden ihr später höhnisch vorhielt[202]. Auch im Bundestag wurden seit Beginn der ersten Legislaturperiode zahlreiche Anträge zur Beendigung der Entnazifizierung eingebracht[203]. Der Ausschuß zum Schutze der Verfassung hatte schließlich über ein stattliches Bündel derartiger Anträge zu beraten. Auftragsgemäß arbeitete er eine Reihe von Maßnahmen aus, die dem Abschluß der Entnazifizierung dienen sollten. Doch erweiterte der Ausschuß das ursprünglich vorgesehene Programm um einen bedeutenden Punkt[204]: Die Bundesregierung wurde nun zugleich auch aufgefordert, „den Entwurf eines Wiedergutmachungsgesetzes für alle im Bundesgebiet wohnenden politisch, rassisch oder religiös verfolgten Personen vorzulegen, das die Bestimmungen des im amerikanischen Besatzungsgebiet auf Länderratsbasis erlassenen zoneneinheitlichen Gesetzes von 1949 zeitgemäß für das gesamte Bundesgebiet fortbildet"[205]. Am 15. Dezember 1950 passierte die Vorlage in unveränderter Form den Bundestag[206].

Hier wurde also noch einmal die politische Zusammengehörigkeit von Entnazifizierung und Wiedergutmachung zum Ausdruck gebracht, wenn auch in bemerkenswert veränderter Form: Hatte in den ersten Nachkriegsjahren ein breiter Konsens bestanden, daß die Wiedergutmachung Hand in Hand mit einer umfassenden politischen Reinigung gehen müsse, war dies unter dem Eindruck der immer mächtiger werdenden Forderung nach einem Ende solcher personeller Säuberungsbemühungen und nach weitestgehender Rehabilitierung der ehemaligen Nationalsozialisten zwangsläufig anders geworden. Dies mußte Auswirkungen für die Ansprüche der ehemaligen Verfolgten haben. Hatte das Paradigma der Zusammengehörigkeit von Entnazifizierung und Wiedergutmachung in der ersten Nachkriegszeit Ansätze einer Strukturreform impliziert, insofern als eine gewisse Verschiebung der gesellschaftlichen Balance zwischen ehemaligen Nationalsozialisten und Verfolgten zugunsten letzterer angestrebt worden war, wurde dies nun dem Hauptgesichtspunkt der „Versöhnung" untergeordnet. Die strukturverändernden Momente wurden dabei ad acta gelegt. Versöhnung bedeutete aber auch, daß der individuelle Zusammenhang zwischen Opfern und Tätern bei der Wiedergutmachung nationalsozialistischer Verfolgung weiter zurücktrat, ein Prozeß, der ja bereits seit Ende der vierziger Jahre zu beobachten war.

Anfang der fünfziger Jahre fand dieser nun seinen weitgehenden Abschluß. Äußeres Zeichen dafür war, daß die Kosten der Entschädigung nun gänzlich auf die öffentlichen Haushalte übergingen. Entsprechend einer vielfach erhobenen Forderung haftete nun der Staat für die nationalsozialistischen Verbrechen, individuelle Verantwortung existierte nur noch im Bereich der Rückerstattung fort, wo sie weiterhin ein großes Ärgernis blieb – aber auch hier war ja bezeichnenderweise durch den Abschluß von Globalabkommen mit der JRSO ein Wandel eingetreten. Anderseits hatten deutsche Bevöl-

[202] Deutscher Bundestag, 92. Sitzung am 18.10.1950, Stenographische Berichte, Bd. 5, S.3436.
[203] Ein Überblick zu diesen Anträgen findet sich im Mündlichen Bericht des Ausschusses zum Schutze der Verfassung (5. Ausschuß), – Deutscher Bundestag, 1. Wp. 1949-1953, Drucksache Nr.1658, 24.11.1950, Beilagen-Bd. 8.
[204] Walter Menzel (SPD), Deutscher Bundestag, 92. Sitzung vom 18.10.1950, Stenographische Berichte, Bd. 5, S.3432f.
[205] Mündlicher Bericht des Ausschusses zum Schutze der Verfassung (5. Ausschuß), – Deutscher Bundestag, 1. Wp. 1949-1953, Drucksache Nr.1658, 24.11.1950, Beilagen-Bd. 8.
[206] Deutscher Bundestag, 108. Sitzung am 15.12.1950, Stenographische Berichte, Bd. 5, S.4071.

kerung und Politiker in ihrer Mehrzahl auch eine Kollektivschuld stets abgelehnt[207]. In der Tat kann Schuld außerhalb eines metaphysischen Deutungsrahmens immer nur individuell sein. Doch wurde nun für einige Zeit zugleich auch das intensive Fragen nach der individuellen Schuld in den Hintergrund gerückt, da dieses den erwünschten innenpolitischen Befriedungsprozeß störte. Einen theoretischen Ausweg formulierte Theodor Heuss, der am 7. Dezember 1949 in einer Rede anläßlich einer Feierstunde der Gesellschaft für christlich-jüdische Zusammenarbeit in Wiesbaden den Begriff der „kollektiven Scham" prägte[208]. Darunter konnte sehr wohl auch eine kollektive Haftung gefaßt werden.

In dieses Bild lassen sich nun die gesammelten Bausteine einfügen: Die Thematisierung der Sonderrolle der Verfolgten des Nationalsozialismus durch eigene Gedenktage war ebenso wie die Fortführung bestimmter Vorrechte dieser Gruppe gegenüber ehemaligen Nationalsozialisten geeignet, die allgemein geforderte „Versöhnung" zu stören. Das Reden von den Opfern evozierte auch ein Fragen nach den Tätern und störte damit zugleich die „gewisse Stille", von der Hermann Lübbe als dem „sozialpsychologisch und politisch nötige(n) Medium der Verwandlung unserer Nachkriegsbevölkerung in die Bürgerschaft der Bundesrepublik Deutschland"[209] sprach. Lübbe zufolge war eben diese Stille bzw. „trügerische Ruhe", wie es Peter Steinbach bezeichnete[210], in den fünfziger Jahren die Voraussetzung dafür, daß neben Millionen von Flüchtlingen und Vertriebenen auch die große Zahl mehr oder weniger belasteter Ex-Nationalsozialisten insgesamt gesehen relativ reibungslos in die bundesrepublikanische Nachkriegsgesellschaft integriert werden konnte. Sie wird bei ihm damit zur Voraussetzung dafür erhoben, daß sich überhaupt ein demokratischer Grundkonsens sowie eine breite Akzeptanz der Bundesrepublik durchsetzen konnte. Zugleich legte Lübbe Wert darauf, daß das mit der Stille verbundene Schweigen nicht mit Vergessen oder gar Verdrängen gleichzusetzen sei und bezog damit Position in der Diskussion um die sogenannte „Vergangenheitsbewältigung"[211].

Demgegenüber hatten etwa Theodor W. Adorno sowie Alexander und Margarete Mitscherlich in den sechziger Jahren dieses Schweigen als Nicht-Aufarbeiten bzw. Verdrängen interpretiert. Letztere entwickelten die These, daß sich in einem sozialpsychologischen Prozeß zur Vermeidung einer kollektiven Melancholie aufgrund des Verlustes des „Führers" als kollektivem Ich-Ideal eine Derealisation der nationalsozialistischen Vergangenheit sowie auch die „Abwehr der Trauer um die zahllosen Opfer der Hitlerschen Agression" herausgebildet hätten. Während die Motive des Nicht-Reden-Wollens von der nationalsozialistischen Vergangenheit bei den Mitscherlichs dabei im Unterbewußtsein angesiedelt wurden[212], hatte Adorno bereits früher den Einwand erhoben, die „Tilgung der Erinnerung (sei) eher eine Leistung des allzu wachen Be-

---

[207] Vgl. etwa Report No. 51 (2 April 1947), in: Anna J. Merritt u. Richard L. Merritt, Public Opinion in Occupied Germany, The OMGUS Surveys, 1945-1949, Urbana, Chicago, London 1970, S. 149.
[208] Vgl. auszugsweise Veröffentlichung der Rede in: Die Juden in Deutschland, 1951/52 – 5712, 1958/59 – 5719, Ein Almanach, hrsg. v. Heinz Ganther, Hamburg 1959, S. 11.
[209] Lübbe, Nationalsozialismus im deutschen Nachkriegsbewußtsein, S. 585.
[210] Peter Steinbach, Nationalsozialistische Gewaltverbrechen. Die Diskussion in der deutschen Öffentlichkeit nach 1945, Berlin 1981, S. 48.
[211] Vgl. Lübbe, Nationalsozialismus im deutschen Nachkriegsbewußtsein, S. 587-589.
[212] Mitscherlich, Unfähigkeit zu trauern, S. 34-36.

wußtseins als dessen Schwäche gegenüber der Übermacht unbewußter Prozesse"[213]. Lübbe auf der einen Seite und Adorno bzw. den Mitscherlichs auf der anderen ging es dabei im Kern primär um die Stabilität bzw. die Legitimität des demokratischen Grundkonsenses der Bundesrepublik, wie er sich in den fünfziger Jahren herausgebildet hatte[214].

Läßt sich somit bei der Frage nach der Funktion dieser gewissen Stille ein kleinster gemeinsamer Nenner finden, so resultieren die Differenzen also hauptsächlich aus der Frage nach den Kosten dieser Stille, wie sie etwa Gotthard Jasper und Lutz Niethammer erneut aufwarfen[215]. Gerade für den Zusammenhang der Wiedergutmachung ist diese von besonderer Bedeutung. Erfolgte die geforderte Versöhnung auch mit den Opfern des Nationalsozialismus oder nur einseitig zugunsten der ehemaligen Nationalsozialisten? Wurden die Verfolgten sozusagen auf dem Altar der gesellschaftspolitischen Integration und Stabilisierung der Bundesrepublik geopfert oder erhielten sie ihren gebührenden Anteil? Lübbe vertritt hier die These, daß sich zumindest als Norm „Verhältnisse symmetrischer Diskretion" entwickelt hätten[216]. Dies wurde – meines Erachtens zu Recht – als wirklichkeitsfremd kritisiert[217]. Bereits Carlo Schmid vermißte diese Diskretion gerade auf Seiten der ehemaligen Nationalsozialisten: „Es ist doch allmählich so geworden, daß auch der ehemalige SS- und SD-Mann sich als Opfer des Nationalsozialismus zu betrachten beginnt"[218], erklärte er am 22. Februar 1951 vor dem Bundestag. Als vorläufige Antwort kann man jedenfalls geben, daß die Wiedergutmachung für Verfolgte des Nationalsozialismus an der Wende zu den fünfziger Jahren im Lastenheft der Bundesrepublik eine weniger exponierte Stellung einnahm, als es in den Ländern unmittelbar nach Kriegsende der Fall gewesen war.

---

[213] Theodor W. Adorno, Was bedeutet: Aufarbeitung der Vergangenheit, in: ders., Eingriffe. Neun kritische Modelle, Frankfurt a.M. 1963, S. 129.

[214] Vgl. dazu auch Jesse, „Vergangenheitsbewältigung", S. 551 f. u. 558.

[215] Vgl. Gotthard Jasper, Wiedergutmachung und Westintegration. Die halbherzige justizielle Aufarbeitung der NS-Vergangenheit in der frühen Bundesrepublik, in: Herbst (Hrsg.), Westdeutschland 1945-1955, S. 185; Lutz Niethammer, Zum Wandel der Kontinuitätsdiskussion, ebenda, S. 79.

[216] Vgl. Lübbe, Nationalsozialismus im deutschen Nachkriegsbewußtsein, S. 587.

[217] Vgl. etwa Niethammer, Wandel der Kontinuitätsdiskussion, S. 79.

[218] Deutscher Bundestag, 120. Sitzung am 22.2. 1951, Stenographische Berichte, Bd. 6, S. 4592.

Sechstes Kapitel: Ausbau der Wiedergutmachung in der Bundesrepublik Deutschland bis 1953

I. Ausbau der Ländergesetzgebung oder Vereinheitlichung durch den Bund?

1. Die Länder und die Kursbestimmung der Bundesressorts

Durch die Gründung der Bundesrepublik wurde auch die Frage der Vereinheitlichung der bisher auf Länderebene geschaffenen, höchst ungleichen Wiedergutmachungsregelungen akut. Doch standen die diesbezüglichen Bemühungen im Zeichen einer bemerkenswerten Reziprozität: Für ein bundeseinheitliches Entschädigungsrecht setzten sich hauptsächlich in- und ausländische Verfolgtenverbände sowie die Alliierte Hohe Kommission ein. Protagonisten einer Vereinheitlichung des Rückerstattungsrechts waren hingegen in erster Linie die Restitutionspflichtigen sowie ihre Interessenvertreter in Verbänden und Parlamenten, die sich davon eine Milderung insbesondere des US-zonalen Rückerstattungsgesetzes versprachen. Demgegenüber strebten die Verfolgtenverbände und die Alliierten für diesen Bereich die Beibehaltung der bisherigen zonalen Gesetze sowie eine Regelung der Rückerstattungsansprüche gegen das Deutsche Reich an. Diese gegensätzlichen Interessen bildeten das Grundmaterial für komplizierte Konstellationen und Koalitionen.

Besonders die FDP machte sich in jener Zeit zum Sprachrohr der zahllosen Beschwerden und Klagen über eine ungerechte Durchführung der Rückerstattung, mit denen Abgeordnete aller Parteien und Regierungsstellen bestürmt wurden. So forderte ihre Bundestags-Fraktion am 4. November 1949 die Bundesregierung in einem Antrag dazu auf, mit den Besatzungsmächten über ein ersatzweises einheitliches Rückerstattungsrecht zu verhandeln und vorläufig ein einstweiliges Moratorium für alle schwebenden Verfahren zu erwirken[1]. Im Bundeskabinett waren die Auffassungen jedoch zunächst gespalten[2]. Während Adenauer eine schleunige Abwicklung der Rückerstattung nach geltendem Besatzungsrecht befürwortete, beklagten Vizekanzler Blücher und Finanzminister Schäffer „die groben Ungerechtigkeiten und die Gefahren für die Wirtschaft"[3]. Bundesjustizminister Dehler erkundigte sich deshalb im Auftrag des Kabinetts in einem Rundbrief an die Justizministerien der Bundesländer vom 6. Februar

---

[1] Deutscher Bundestag, 1. Wp. 1949-1953, Drucksache Nr. 159, 4.11. 1949, Antrag der Abgeordneten Nöll v.d. Nahmer usw. betr. Vereinheitlichung des Rückerstattungsrechts, Anlagen-Bd. 1.
[2] Protokoll der 32. Kabinettsitzung am 21.12. 1949, in: Die Kabinettsprotokolle der Bundesregierung, hrsg. v. Bundesarchiv v. H. Booms, Bd. 1: 1949, bearb. v. Ulrich Enders u. Konrad Reiser, Boppard a.Rh. 1982, S.277.
[3] Note von Bundesjustizminister Dehler, 21.12. 1949, BA, B 141/407.

1950, ob die Länder zum gegenwärtigen Zeitpunkt eine Vereinheitlichung der alliierten Rückerstattungsgesetze für zweckmäßig hielten[4].

Ein ähnliches Schreiben sandte Dehler am 4. Mai auch an das Koordinierungsbüro der Interministeriellen Arbeitsgemeinschaft für Wiedergutmachungs- und Entschädigungsfragen in der Bundesrepublik Deutschland. Von dort wünschte er überdies eine Stellungnahme zu der Frage, inwieweit es zu einem innerdeutschen Ausgleich zugunsten sogenannter loyaler Rückerstattungspflichtiger kommen sollte bzw. auf welchem Wege „das Problem der Rechtsnachfolge für Verbindlichkeiten des früheren deutschen Reichs und der ehemaligen NSDAP gelöst werden könnte". Hier wurde bereits deutlich, daß der Bundesjustizminister, der die Aussichten einer Änderung der alliierten Restitutionsgesetze skeptisch beurteilte[5], die Befriedigung der Ansprüche der Rückerstattungsgeschädigten auf dem Wege ihrer Verknüpfung mit den Reichsforderungen der Verfolgten des Nationalsozialismus anstrebte. Zugleich erkundigte er sich aber auch nach der Auffassung des Koordinierungsbüros zu einem einheitlichen Entschädigungsgesetz für das gesamte Bundesgebiet[6].

Bei diesen Umfragen ergab sich, daß die Länder zwar zumeist prinzipiell eine Änderung der bestehenden Rückerstattungsgesetze wünschten, doch angesichts der starren Haltung der Alliierten erschien dies der Mehrheit als unerreichbar[7]. Statt dessen plädierte aber insbesondere das Koordinierungsbüro dafür, schleunigst ein Ergänzungsgesetz zur Regelung der Rückerstattungsansprüche gegen das Reich zu schaffen[8]. Für den Bereich der Entschädigung lehnte hingegen die Mehrzahl der Länder eine Vereinheitlichung auf Bundesebene ab, allenfalls wünschte sie ein Dachgesetz zur Angleichung der Fristen und Zuständigkeiten. Eine abweichende Haltung nahmen hier allerdings einige Länder der britischen Besatzungszone ein; vor allem Niedersachsen, aber auch Schleswig-Holstein und Nordrhein-Westfalen drängten auf ein Bundesentschädigungsgesetz[9]. Nicht von ungefähr waren dies gerade die Länder, die noch keine eigenen Entschädigungsgesetze besaßen und deshalb diese Aufgabe nun gerne an den Bund delegiert hätten.

Der Wunsch der Ländermehrheit ging dagegen zu dieser Zeit dahin, die Entschädigung auf dem Verwaltungswege weiterzuentwickeln sowie fehlende Gesetze auf Länderebene zu vervollständigen und so eine legislative Behandlung der Materie durch den Bund zu vermeiden. Ein wichtiges Motiv war gewiß, die Verfolgten nicht erneut in Unsicherheit über die Durchführung der bestehenden Gesetze zu stürzen. Hinzu trat aber das Bestreben der Länder, in diesem Bereich die bisherige Selbständigkeit gegenüber dem Bund zu bewahren. So meinte auch Auerbach, man müsse „dem Bunde beweisen, daß wir als Länder die Wiedergutmachung handhaben können. Ich glaube

[4] Dehler an die Justizministerien der Länder, 6.2. 1950, BA, B 136/1124.
[5] Ebenda.
[6] Dehler an das Koordinierungsbüro der Interministeriellen Arbeitsgemeinschaft für Wiedergutmachungs- und Entschädigungsfragen in der Bundesrepublik Deutschland, 4.5. 1950, BayMJ 1101a, H. 4.
[7] Siehe zu den Antworten der Länder auf die Anfrage Dehlers BayMJ, 1101a, H. 4.; Vormerkung Rotberg (bayer. Justizministerium), 6.4. 1950, B 141/402; Auerbach (Präsident des Koordinierungsbüros) an Dehler, 27.5. 1950, BA, B 126/12523.
[8] Auerbach an Dehler, 27.5. 1950, BA, B 126/12523.
[9] Werner Hofmeister (niedersächs. Justizminister) an Dehler, 6.3. 1950, BayMJ, 1101a, H. 4; sowie an 24.6. 1950, BA, B 126/12523. Vgl. dazu auch Ernst Féaux de la Croix, Vom Unrecht zur Entschädigung: Der Weg des Entschädigungsrechts, in: ders. u. Helmut Rumpf, Der Werdegang des Entschädigungsrechts unter national- und völkerrechtlichem und politologischem Aspekt, S. 51.

nicht, „daß der Bund sich eignet, dieses Gesetz, wie wir es haben, weiter auszubauen."[10]

Nunmehr entschied sich auch das Bundesjustizministerium dafür, die alliierten
Rückerstattungsgesetze nicht anzutasten und die Entschädigung weiterhin den Ländern
zu überlassen[11]. Demgegenüber vertrat der Wiedergutmachungsreferent des Bundesfinanzministeriums, Ministerialrat Friedrich Kuschnitzky, zunächst die Auffassung, gewisse Fragen der Entschädigung seien so vordringlich, „daß der zu ihrer Lösung verfas-
sungsmäßig berufene deutsche Gesetzgeber kaum länger in abwartender Haltung ver-
harren" könne. „Wie tägliche Eingaben beweisen", so Kuschnitzky, „erwarten weite
Kreise der Rechtsuchenden im Inland wie im Ausland von der Bundesrepublik, deren
führende Staatsmänner bei jeder Gelegenheit betonen, die neue Bundesrepublik sei
Rechtsfortsetzerin des früheren Deutschen Reiches, die baldige Herstellung einer
Rechtseinheit vor allem auf dem Gebiet der Wiedergutmachung, auf dem es sich ja nicht
nur um Rechtsfragen, sondern um Ehrenfragen der Nation handelt."[12]

Diese Äußerungen standen vor dem Hintergrund der am 5. Mai 1950 durch die
Alliierte Hohe Kommission an die Bundesregierung ergangenen Aufforderung, Gesetze auszuarbeiten, um eine Anzahl von gravierenden Mißständen im Bereich der Entschädigung für Verfolgte des Nationalsozialismus zu beseitigen. Das alliierte Schreiben
bemängelte neben den als Resultat der auseinanderfallenden Ländergesetzgebung bestehenden Entschädigungslücken und der ungleichmäßigen finanziellen Belastung der
Länder vor allem auch die fehlende Gleichstellung der DP's mit den deutschen Verfolgten[13].- Die deutsche Reaktion ging aus einer Serie von Besprechungen der Bundesministerien der Justiz, des Innern, der Finanzen, der Wirtschaft und für den Marshallplan
hervor; sie ist bezeichnend für die mittlerweile bestehenden deutschen Spielräume gegenüber alliierten Forderungen. Alle beteiligten Ressorts erachteten es für aussichtslos,
die Alliierten zu einer Änderung der bestehenden Rückerstattungsgesetze zu bewegen,
weshalb insbesondere das Bundesjustizministerium erneut für einen innerdeutschen
Ausgleich für sogenannte Restitutionsgeschädigte[14] warb. Nahm man also auf deutscher Seite von der Vereinheitlichung des Rückerstattungsrechts überwiegend schweren
Herzens Abstand, war umgekehrt im Bereich der Entschädigung ein solcher Verzicht
erwünscht: Allein der Vertreter Schäffers plädierte bemerkenswerterweise zunächst
auch hier für „eine einheitliche und erschöpfende Regelung durch Bundesgesetz"[15].
Doch nachdem alle anderen Ressorts bekundeten, daß es hierfür zu spät sei[16],
schwenkte auch das Bundesfinanzministerium auf diese Linie ein. Künftig war es der
standhafteste Verfechter der am 21. Juni 1950 gefaßten Beschlüsse, wonach „von jeder
die Ländergesetzgebung ersetzenden oder erübrigenden Gesetzgebung des Bundes abzusehen" sei. Allenfalls sollte ein Dachgesetz erlassen werden, zunächst wollte man

---

[10] Protokoll über die Sitzung des Koordinierungsausschusses der 11 Länder am 17.3. 1950, BayMJ 1091SA. Vgl.
dazu auch Protokoll vom 25.5. 1950, BayMJ 1101a, H. 4; Féaux de la Croix, Vom Unrecht zur Entschädigung, S. 47.
[11] Dehler an Staatssekretär Otto Lenz (Bundeskanzleramt), 1.5. 1950, BA, B 136/1124.
[12] Vormerkung von Ministerialrat Friedrich Kuschnitzky (Bundesfinanzministerium), 12.5. 1950, BA, B 126/
12523.
[13] J.E. Slater (Generalsekretär der AHK) an Herbert Blankenhorn, 5.5. 1950, BA, B 126/12523.
[14] Kurzprotokoll über die interministerielle Referentenbesprechung im Bundesjustizministerium am 16.5. 1950,
BA, B 126/12523.
[15] Kurzprotokoll über die interministerielle Referentenbesprechung im Bundesjustizministerium am 19.5. 1950,
BA, B 126/12523.
[16] Ebenda.

aber den Erfolg der von den Ländern auf dem Verwaltungswege angekündigten Koordinierungsmaßnahmen abwarten. Dabei beriefen sich die Bundesressorts ausdrücklich darauf, daß man sich dem mehrheitlichen Wunsch der Bundesländer füge. Bundesfinanzminister Schäffer, dessen Haus nunmehr federführend für die Entschädigung war, sollte einen Kabinettsbeschluß herbeiführen, auf dessen Grundlage man dann der Alliierten Hohen Kommission die gewünschte Antwort erteilen würde[17].

2. Bundesregierung gegen Bundesgesetze

Nachdem sich die Bundesressorts darauf verständigt hatten, im Bereich der Entschädigung keine Schritte zu unternehmen, schien Eile nicht erforderlich und die Alliierte Hohe Kommission wurde erst einmal mit einem hinhaltenden Zwischenbescheid abgespeist[18]. In dieser Haltung ließen sich Schäffer und Dehler auch nicht beirren, als Auerbach, diesmal namens der Arbeitsgemeinschaft für Freiheit, Recht und Menschenwürde, im Juli von seiner bisherigen Position abrückte und ein bundeseinheitliches Entschädigungsgesetz auf der Basis des US-Zonen-Gesetzes forderte[19]. Dabei konnten sich die Minister insbesondere auf das Koordinierungsbüro der elf Länder berufen, das weiterhin an der Länderzuständigkeit festhielt. Dort wurde schließlich unter Einfluß Küsters am 23. November ein ausdrücklicher Beschluß gefaßt, wonach das Rückerstattungsrecht abschließend durch die Militärregierungsgesetze geregelt und andererseits die Entschädigung auch künftig der Landesgesetzgebung überlassen bleiben sollte.[20] Zudem arbeitete dieses Ländergremium an einem internen Verwaltungsabkommen, durch das die bisher uneinheitlichen Stichtage koordiniert und Zuständigkeitslücken geschlossen werden sollten, um zumindest einem Teil der bisherigen Beschwerden die Grundlage zu entziehen. Doch zeigten die langwierigen Verhandlungen bis zum Zustandekommen dieses Abkommens deutlich, welche Grenzen hier der Länderinitiative gesetzt waren[21].

In der Frage der Rückerstattung verliefen die Fronten jedoch anders. Nachdem es intern unter allen damit befaßten amtlichen deutschen Stellen als ausgemacht galt, daß an eine Abmilderung der alliierten Rückerstattungsgesetze nicht zu denken sei, drängten sowohl das Koordinierungsbüro als auch Dehler auf eine vorgezogene Regelung der rückerstattungsrechtlichen Reichsverbindlichkeiten[22]. Während es aber den Wiedergutmachungsexperten der Länder in erster Linie um die Ansprüche der Verfolgten des Nationalsozialismus aus der sogenannten „Dritten Masse" ging, zielte der Bundesjustizminister erneut vor allem auf die Rückgriffsansprüche der „loyalen Rückerstattungspflichtigen" gegen das Reich bzw. die Bundesrepublik. Letztere wurden dabei

[17] Kurzprotokoll über die am 21.6. 1950 stattgefundene interministerielle Rererentenbesprechung zu Fragen der Rückerstattung und Entschädigung sowie Aktenvermerk Kuschnitzky vom 21.6. 1950, BA, B 126/12523.
[18] Dittmann an Oberst G.P. Glain (Generalsekretär der AHK), 21.6. 1950, BA, B 126/12523.
[19] Koordinierungsbüro der Interministeriellen Arbeitsgemeinschaft für Wiedergutmachungs- und Entschädigungsfragen in der Bundesrepublik Deutschland, Rundschreiben Nr. 27/50, 3.7. 1950, BayMJ, 1091 SA. Siehe auch Dehler an Schäffer, 3.8. 1950, BA, B 141/408; Schäffer an Dehler, 7.9. 1950, BA, B 141/408.
[20] Vormerkung Kuschnitzky, 25.11. 1950, BA, B 126/12523.
[21] Siehe Protokoll über die Sitzung des Koordinierungsausschusses der 11 Länder am 25.5. 1950, BayMJ 1101a, H. 4; Koordinierungsbüro der Interministeriellen Arbeitsgemeinschaft für Wiedergutmachungs- und Entschädigungsfragen in der Bundesrepublik Deutschland, Rundschreiben Nr. 28/50, 12.7. 1950, BayMJ 1991 SA. Zum Abkommen über die Bereinigung von Stichtagslücken und der Doppelzuständigkeiten in den Entschädigungsgesetzen vom 9.10. 1951 vgl. auch Féaux de la Croix, Vom Unrecht zur Entschädigung, S. 61.
[22] Dehler an Schäffer, 3.8. 1950, BA, B 141/408.

zum Motor der Ansprüche der Verfolgten, da es offensichtlich zu weit gegangen wäre, die Ansprüche der Rückerstattungsgeschädigten vor denen der Opfer des Nationalsozialismus zu befriedigen. Derartige Koppelungsgeschäfte wurden charakteristisch für die Bemühungen um den Ausbau der Wiedergutmachungsgesetzgebung auf Bundesebene. Doch war Schäffer nicht bereit, die rückerstattungsrechtlichen Verbindlichkeiten des Reiches vorab zu regeln, da dies „nicht aus dem Gesamtproblem der Reichsverbindlichkeiten herausgelöst werden sollte"[23]. Damit wandte sich der Bundesfinanzminister gleichermaßen gegen Ansprüche der Verfolgten wie der Rückerstattungsgeschädigten.

Die im Bundesjustizministerium entwickelten Pläne, die rückerstattungsrechtlichen Verpflichtungen vorab zu regeln und bei dieser Gelegenheit auch die Ansprüche der loyalen Rückerstattungspflichtigen zu regeln, schienen dort angesichts der heftigen innenpolitischen Wellen, die die Durchführung der alliierten Rückerstattungsgesetze schlugen, und angesichts der Aussichtslosigkeit einer Änderung dieser Gesetze als einzig gangbarer Weg, hier zu schlichten. In der Tat betonte McCloy in einer Rundfunkansprache am 8. Oktober erneut das Festhalten an der alliierten Kontrolle im Bereich der Rückerstattung[24]. Doch unverdrossen begehrte zwei Tage später die Bundestagsfraktion der CDU/CSU von der Bundesregierung in einem Antrag Auskunft darüber, was sie zu tun gedenke, „um die offenkundigen Härten des Militärregierungsgesetzes Nr. 59 zu beheben". Dabei wollte sie insbesondere wissen, ob diese Schritte zur Abänderung des Gesetzes zugunsten gutgläubiger Erwerber unternommen habe bzw. einen Ausgleich ihrer Ansprüche aus öffentlichen Mitteln erwäge[25].

Aus außenpolitischen Gründen waren der Bundesregierung derartige Bekundungen des Deutschen Bundestages äußerst unangenehm. Zu Recht fürchtete sie, man werde im Ausland derartige Bestrebungen sehr genau registrieren, wodurch das Klima für Milderungen der Rückerstattungspraxis bei den bevorstehenden Verhandlungen um die Revision des Besatzungsstatuts beeinträchtigt würde[26]. Deshalb hatte auch der Bundestags-Ausschuß für Rechtswesen und Verfassungsrecht, der den FDP-Antrag vom 4. November 1949 behandelte, auf Wunsch der Regierung die Beratungen ausgesetzt, um deren außenpolitische Kreise nicht zu stören[27]. Aus demselben Grund wies Dehler in seiner Antwort vor dem Bundestag am 4. November 1950 namens der Bundesregierung alle Hoffnungen auf eine Änderung der alliierten Rückerstattungsgesetze nachdrücklich zurück[28]. Seine Ansprache war mindestens ebenso an das Ausland adressiert wie an den Bundestag, und tatsächlich registrierte HICOG befriedigt, daß die Bonner Regierung hier erstmals in dieser kontroversen Angelegenheit offen Stellung bezogen habe[29]. Umgekehrt wurde Dehler für seine Ausführungen auf deutscher Seite heftig gescholten. Die *Bayerische Hausbesitzer Zeitung* etwa ernannte ihn quasi zum Justizminister der

---

[23] Schäffer an Dehler, 7.9.1950, BA, B 141/408.

[24] Vgl. Neue Zeitung, 10.10.1950, „Freiheit und Frieden nur durch gemeinsame Anstrengungen".

[25] Deutscher Bundestag, 1. Wp. 1949-1953, Drucksache Nr. 1455, Anfrage Nr. 125 der Fraktion der CDU/CSU betr. Rückerstattungsgesetz Nr. 59 und V.O. Nr. 120, 10.10.1950, Anlagen-Bd. 7.

[26] Dehler an MdB Nöll v.d. Nahmer, 17.1.1951, BA, B 126/12360.

[27] Carlo Schmid, Deutscher Bundestag, 120. Sitzung am 22.2.1951, Stenographische Berichte, Bd. 6, S.4594.

[28] Deutscher Bundestag, 1. Wp. 1949-1953, Drucksache Nr. 1567, Der Bundesminister der Justiz (Dehler) an den Präsidenten des Deutschen Bundestags, 4.11.1950, betr. Anfrage Nr. 125 der Fraktion der CDU/CSU, Anlagen-Bd. 7.

[29] Office of the United States High Commissioner for Germany, Office of Economic Affairs, Property Division, Report for the Month Ending November 30, 1950, USNA, RG 59, 262.0041/12-1350. Auch Bruno Weil von der Axis Victims League äußerte sich positiv über die Ansprache Dehlers. Vgl. ders. an Henry Byroade (State Department/Bureau of German Affairs), 18.12.1950, USNA, RG 59, 262.0041/12-1850.

Alliierten und bezichtigte ihn wütend der Kapitulation „im Angesicht des ungeheuren, an zahlreichen hilf- und rechtlosen Staatsbürgern sich vollziehenden Unrechts vor den von ihm befürchteten Angriffen aus dem Ausland"[30]. Doch hatte Dehler tatsächlich nur ausgesprochen, was im Kreise aller verantwortlichen deutschen Stellen schon seit geraumer Zeit begriffen worden war. Umso dringlicher war für ihn die Frage eines von deutscher Seite zu schaffenden Ausgleichs für die sogenannten gutgläubigen Rückerstattungspflichtigen.

Daß an den alliierten Rückerstattungsgesetzen nicht mehr zu rütteln war, bestätigte die Alliierte Hohe Kommission der Bundesregierung bald darauf auch noch einmal expressis verbis. Zugleich drang sie erneut auf deren beschleunigte Abwicklung. In ihrem Schreiben vom 21. November wies sie aber auch darauf hin, daß sie „besonders an der Notwendigkeit eines Bundesentschädigungsgesetzes interessiert" sei und bat um die Übersendung eventuell vorhandener Gesetzentwürfe[31]. Nicht wissen konnte die Bundesregierung allerdings, daß hinter den Kulissen erhebliche alliierte Differenzen darüber bestanden, welche Maßnahmen im einzelnen im Zusammenhang der geforderten bundesdeutschen Entschädigungsregelung verlangt werden sollten. Die im Entwurf des Schreibens zunächst vorhandenen diesbezüglichen Hinweise waren deshalb getilgt worden, um eine alliierte Verständigung abzuwarten[32].

Aber auch der der Bundesregierung nahestehende Bund der Verfolgten des Naziregimes (BVN) hatte sich in einer Eingabe vom 5. Dezember für ein Bundesentschädigungsgesetz ausgesprochen[33]. Diese Forderung erhob am 15. Dezember erstmals auch der Bundestag, der an diesem Tage den mündlichen Bericht des Ausschusses zum Schutze der Verfassung über den Abschluß der Entnazifizierung gebilligt hatte. Dort wurde, wie gesagt, auch eine bundeseinheitliche Entschädigungsregelung nach dem Vorbild des US-Zonen-Gesetzes angeregt[34]. Als Bundesinnenminister Lehr sowie Finanzstaatssekretär Hartmann vor dem Bundestag eindringlich dafür plädierten, nicht seitens des Bundes in die Entschädigung einzugreifen, um die erfolgreiche Bearbeitung dieser Materie durch die Länder nicht zu gefährden, fügte Berichterstatter Hermann Brill jedoch beinahe entschuldigend hinzu, daß dieser Punkt rein tendenziell gemeint sei. Man habe im Ausschuß nur an eine Rahmengesetzgebung des Bundes gedacht, in der nicht das materielle Recht im einzelnen geregelt wäre, sondern nur der Kreis der Berechtigten und die Termine, die zu beachten seien, bundeseinheitlich festgesetzt sein sollten[35].

Immerhin brachten alle diese Anstöße die Haltung der beteiligten Bundesministerien vorübergehend etwas ins Wanken, und im Hause Schäffers wurde sogar kurzzeitig erwogen, den Erlaß eines Rahmengesetzes vorzuschlagen[36]. Doch Mitte Januar 1951 waren diese Zweifel wieder verflogen und das Bundesfinanzministerium gab die Devise aus, zumindest vorläufig gebe es keinen Grund, von den Referentenbeschlüssen vom

---

[30] Ulrich König, Eine Gefahr für den inneren Frieden, in: Bayerische Hausbesitzer Zeitung. Offizielles Organ des Landesverbandes Bayerischer Haus- und Grundbesitzer Vereine e.V., 2. Jg., Nr. 8, 15. 4. 1951.
[31] Slater an Dittmann (Bundeskanzleramt), 21. 11. 1950, BA, B 126/12523.
[32] McCloy an Acheson, 6. 11. 1950, USNA, RG 59, 262.0041/11-250. Vgl. auch unten, Abschnitt V. 5.
[33] Vorlage Gumbels für Adenauer, 20. 12. 1950, BA, B 136/1124.
[34] Mündlicher Bericht des Ausschusses zum Schutze der Verfassung, Deutscher Bundestag, 1. Wp. 1949-1953, Drucksache Nr. 1658, 24. 11. 1950, Abs. Vb, Beilagen-Bd. 8. Vgl. dazu auch Fünftes Kapitel, Abschnitt IV. 3.
[35] Deutscher Bundestag, 108. Sitzung am 15. 12. 1950, Stenographische Berichte, Bd. 5, S. 4068f.
[36] Vorlage Gumbels für Adenauer, 20. 12. 1950, BA, B 136/1124.

21. Juni 1950 abzurücken[37]. Bundeskanzleramtsreferent Karl Gumbel stellte für die entscheidende Kabinettssitzung am 30. Januar 1951 Argumente für die Annahme der Vorlage Schäffers zusammen. Dabei spielte weiterhin eine wichtige Rolle, daß die Länder selbst überwiegend keine Regelung durch den Bund wünschten. Doch rückten nun zunehmend auch eigene Motive des Bundes in den Vordergrund. So sei es mit einem Rahmengesetz wohl nicht getan, da man damit die Rechtsungleichheit unter den Ländern nicht beseitigen könne. Bei einem umfassenden Bundesentschädigungsgesetz drohe jedoch, so Gumbel, die Gefahr, daß einige rechtliche Dämme bersten könnten. Insbesondere sah er das Territorialitätsprinzip gefährdet und befürchtete darüber hinaus auch ein Präjudiz für die Haftung des Bundes für die Reichsverbindlichkeiten[38]. Offensichtlich dämmerte der Bundesregierung, daß die Bundesrepublik auch hinsichtlich der Wiedergutmachung mehr war als nur die Summe von zwölf Bundesländern und dies zu weitergehenden Ansprüchen führen würde.

Im Sinne dieser Empfehlungen beschloß das Bundeskabinett am 30. Januar die Vorlage Schäffers, wonach „vorerst von einer über das Gesetz zur Regelung der Wiedergutmachung nationalsozialistischen Unrechts für Angehörige des öffentlichen Dienstes hinausgehenden, die Wiedergutmachungsgesetze der Länder abändernden oder sie erübrigenden Bundesgesetzgebung abzusehen"[39] sei. Das Wort „vorerst" sollte dabei signalisieren, daß sich diese Haltung ändern könnte, sofern die Anstrengungen der Länder nicht erfolgreich seien[40]. Am 20. Februar wurde auch die Alliierte Hohe Kommission offiziell von diesem Beschluß informiert[41].

3. Initiativen im Bundestag

Zwei Tage, nachdem die Bundesregierung der Alliierten Hohen Kommission mitgeteilt hatte, daß sie vorläufig nicht an die Ausarbeitung eines Bundesentschädigungsgesetzes denke, befaßte sich der Bundestag mit einer Interpellation der SPD-Fraktion, in der die Bundesregierung aufgefordert wurde, eben dieses zu tun. Außerdem schlug die SPD hier vor, den Staat Israel als Repräsentanten des erbenlosen jüdischen Eigentums anzuerkennen[42]. Carlo Schmid begründete den Antrag vor dem Bundestag und prangerte dabei die Verschiedenheit der Entschädigungsregelungen in den einzelnen Ländern an, die entgegen den Beteuerungen der Ländermehrheit und den Hoffnungen der Bundesregierung nur unzulänglich auf dem Wege neuer Ländergesetzgebung und Verwaltungsvereinbarungen vereinheitlicht werden könnten. Da es „ein unmöglicher Zustand" sei, „daß es ausschließlich vom Zufall des Wohnsitzes abhängen soll, ob ein Opfer des Nationalsozialismus Wiedergutmachung bekommt oder nicht", forderte er dringend den Erlaß eines Bundesentschädigungsgesetzes. Doch sei die „ursprüngliche

---

[37] Vormerkung Gumbels, 18.1. 1951, BA, B 136/1124; Schäffer, Entwurf eines Kabinettsbeschlusses, 18.1. 1951, BA, B 126/12360.

[38] Vermerk Gumbels für die Kabinettssitzung, Zu Punkt 8, 26.1. 1951, BA, B 136/1124.

[39] Vgl. Schäffer, Entwurf eines Kabinettsbeschlusses, 18.1. 1951 (Anm. 37); Protokoll der 126. Kabinettssitzung am 30.1. 1951, in: Die Kabinettsprotokolle der Bundesregierung, hrsg. f. d. Bundesarchiv v. Hans Booms, Bd. 4: 1951, bearb. v. Ursula Hüllbüsch, Boppard a.Rh. 1988, S. 122f.

[40] Vormerkung Gumbels, 18.1. 1951 (Anm. 37).

[41] William G. Daniels (HICOG) an State Department, 8.3. 1951, USNA, RG 59, 262.0041/3-851.

[42] Deutscher Bundestag, 1. Wp. 1949-1953, Drucksache Nr. 1828, Interpellation der SPD vom 24.1. 1951 betr. Vorlage des Entwurfs eines Wiedergutmachungsgesetzes, Anlagen-Bd. 9; Deutscher Bundestag, 120. Sitzung am 22.2. 1951, Stenographische Berichte, Bd. 6, S. 4589-4599.

Bereitschaft einer Art von fiskalischem Geiz gewichen". Besonders kritisierte er dabei die Befürchtungen der Bundesregierung, daß bei einer Übernahme der Entschädigung auf den Bund „ein Run sämtlicher anderer Gläubiger des Deutschen Reiches ausgelöst werden könnte", weshalb diese Last bei den Ländern besser aufgehoben sei. Doch seien, so Schmid, derartige fiskalische Rechenkunststücke zur Schonung des Bundessäckels angesichts des elementaren Phänomens „Konzentrationslager" fehl am Platze. Demgegenüber forderte er eine „Rangordnung unter den Gläubigern unseres Vaterlandes Deutschland", bei der die Opfer des Nationalsozialismus einen ersten Platz einnehmen sollten. Dabei hob er die Juden besonders hervor, weshalb der Staat Israel durch ein Bundesgesetz Rechtsnachfolger für alle erbenlosen Rückerstattungs- und Wiedergutmachungsansprüche werden sollte[43]. Dieser Vorschlag, der auf den jüdischen SPD-Bundestagsabgeordneten Jakob Altmaier zurückging[44], kollidierte allerdings direkt mit den Interessen der jüdischen Nachfolgeorganisationen.

Demgegenüber verteidigte Finanzstaatssekretär Hartmann die Linie des Kabinettsbeschlusses vom 30. Januar, wonach man von einem Bundesentschädigungsgesetz absehen wolle. Allerdings wies er darauf hin, daß die Bundesregierung einen eigenen Entwurf vorlegen würde, falls die Bemühungen der Länder zur Vereinheitlichung auf dem Gesetzes- oder Verwaltungswege zu keinem befriedigenden Ergebnis führten[45]. Im Rechtsausschuß des Bundestags ergänzte Ministerialdirektor Roemer – er war mittlerweile vom bayerischen in das Bundesjustizministerium gewechselt – ein weiteres Argument der Bundesregierung gegen die Diskussion eines Bundesentschädigungsgesetzes: „Das werde nämlich zur Folge haben, daß die Länder der britischen Zone, die die ganze Zeit über schon auf ein finanzielles Einspringen des Bundes hofften und deshalb ihre eigenen gesetzgeberischen Maßnahmen verzögert haben, nun erst recht auf der Stelle treten würden"[46]. Am 10. Mai bekräftigte Adenauer schließlich gegenüber dem Bundestag den Kabinettsbeschluß vom 30. Januar, wonach die Bundesregierung „die Vorlage eines Bundesgesetzes nur dann vertreten (könnte), wenn der Ausgleich unter den Ländern wider Erwarten nicht gelingen sollte"[47].

Für einige Zeit war nun der Rechtsausschuß des Bundestag der Brennpunkt der weiteren Entwicklung. Bei diesen Ausschußberatungen wurde das Prinzip der „Koppelungsgeschäfte" ganz besonders deutlich. Die von der SPD geforderte Diskussion eines Bundesentschädigungsgesetzes war nur um das Zugeständnis vor allem an die CDU/CSU möglich, daß zugleich über eine innerdeutsche Ausgleichsregelung für die Rückerstattungsgeschädigten beraten werde. Die Unionsparteien standen in dieser Frage unter ständig wachsendem Druck[48]. Deshalb einigten sich die Mitglieder des Ausschusses bald darauf, daß Rückerstattung und Entschädigung gleichzeitig durch ergänzende Bundesgesetze geregelt werden müßten[49].

[43] Deutscher Bundestag, 120. Sitzung am 22.2. 1951, Stenographische Berichte, Bd. 6, S. 4591 ff.
[44] Vgl. Willy Albrecht, Ein Wegbereiter: Jakob Altmaier und das Luxemburger Abkommen, in: Wiedergutmachung in der Bundesrepublik Deutschland, hrsg. v. Ludolf Herbst u. Constantin Goschler, München 1989, S. 207.
[45] Deutscher Bundestag, 120. Sitzung am 22.2. 1951, Stenographische Berichte, Bd. 6, S. 4593 f.
[46] Protokoll der 98. Sitzung des Bundestags-Ausschusses für Rechtswesen und Verfassungsrecht, 18.4. 1951, BA, B 126/12523. Ähnlich äußerte sich dort auch Kuschnitzky.
[47] Deutscher Bundestag, 1. Wp. 1949-1953, Drucksache Nr. 2241, Adenauer an den Präsidenten des Deutschen Bundestags, 10.5. 1951, Anlagen-Bd. 11.
[48] Vormerkung Gumbels, 24.10. 1951, BA, B 136/1125.
[49] Protokolle des Bundestags-Ausschusses für Rechtswesen und Verfassungsrecht, 16.5. und 18.5. 1951, BA, B

Engagierten sich so die Unionsvertreter im Rechtsausschuß hauptsächlich für ein „Rückerstattungsausgleichsgesetz", dem ein Großteil dieser Beratungen galt[50], lag den SPD-Abgeordneten, vor allem Carlo Schmid und Adolf Arndt, primär an einem Bundesentschädigungsgesetz. Sie drangen wiederholt darauf, daß man bei der Wiedergutmachung nicht darauf warten dürfe, was die Alliierten von den Deutschen verlangten, vielmehr müsse diese wichtige Materie in eigener Zuständigkeit der Deutschen geregelt werden. So forderte etwa Carlo Schmid, die deutsche Seite müsse einen eigenen Entwurf fertigstellen, um „dann mit diesem Entwurf auf den Petersberg zu gehen und zu sagen: Das wollen wir an Stelle des bisher geltenden Rechtes setzen"[51].

Gegenüber den Vorstellungen der SPD, die auf eine umfassende Gesamtregelung der Entschädigung auf Bundesebene hinausliefen, verteidigten die Vertreter der Koalitionsparteien zunächst die abwartende Haltung der Regierung. Schützenhilfe erhielten sie dabei unter anderem von Otto Küster, der die Beibehaltung der Entschädigung auf Länderebene auch vor dem Rechtsausschuß verteidigte[52] und in einem ausführlichen Memorandum für Adenauer erklärte: „Durchweg aber ist die Lage heute so, daß es sich verbietet, von Bundes wegen neu anzufangen, wenn nicht der hochempfindliche und seiner Natur nach der größten Beschleunigung bedürftige Vorgang Wiedergutmachung um eines ungewissen Erfolges willen in ein lebensgefährliches Stocken geraten soll"[53]. Darüber hinaus forderte er aber auch die finanzielle Unterstützung der Länder durch den Bund bei der Entschädigung sowie ein Bundesgesetz zur Regelung der sogenannten Ansprüche der „Dritten Masse" (d. h. der geldlichen Rückerstattungsansprüche gegen das Deutsche Reich).

Am 6. Dezember erstellte der vom Rechtsausschuß zur Beratung dieser Frage eingesetzte Unterausschuß schließlich einen vorläufigen Bericht über die bisherigen Beratungen. Wesentliche Fortschritte waren nicht erzielt worden, vielmehr hatten sich Koalitionsparteien und SPD-Opposition in einige grundsätzliche Konflikte verbissen. Einig war man sich geworden, daß ein ergänzendes Gesetz im Bereich der Rückerstattung einen Ausgleich für die gröbsten Härten der als unverrückbar angesehenen alliierten Rückerstattungsgesetze schaffen sollte. Daneben wurde ein Rahmengesetz des Bundes im Bereich der Entschädigung angeregt, wenngleich dessen Konturen unklar geblieben waren. Während die Koalitionsparteien und das Bundesfinanzministerium den Bund weiterhin so weit als möglich aus der finanziellen Verantwortung heraushalten wollten und allenfalls ein Rahmengesetz zur Vereinheitlichung der Fristen, der Regelung der DP-Ansprüche und der Höchstgrenzen der Entschädigung wünschten, machte sich Arndt namens der SPD dafür stark, daß die ganze Entschädigung, abgesehen von der Haftentschädigung, durch den Bund geregelt werden sollte[54].

So wurde Ende 1951 im Bundeskanzleramt das Fazit gezogen, daß man in der bereits seit zwei Jahren verhandelten Frage, ob der Bund Maßnahmen zur Wiedergutmachung

126/12523; Winckler (bayer. Bevollmächtigter beim Bund) an das bayerische Justizministerium, 21.5. 1951, BayMJ 1101a, H. 4.

[50] Aufzeichnung von Kuschnitzky, 7. 11. 1951, BA, B 126/12523.
[51] Protokoll der 98. Sitzung des Bundestags-Ausschusses für Rechtswesen und Verfassungsrecht, 18.4. 1951, BA, B 126/12523.
[52] Protokoll der 100. Sitzung des Bundestags-Ausschusses für Rechtswesen und Verfassungsrecht, 25.4. 1951, BA, B 126/12523.
[53] Otto Küster an Adenauer, 12.7. 1951, BA, B 136/1124.
[54] Auszug aus dem Stenographischen Protokoll der 141. Sitzung des Bundestags-Ausschusses für Rechtswesen und Verfassungsrecht, 6. 12. 1951, BA, B 136/1125.

ergreifen solle, abgesehen von der Wiedergutmachung für den öffentlichen Dienst, noch nicht viel weiter gekommen sei. Doch bestanden hier mittlerweile erhebliche Bedenken über die Weisheit dieser Politik. Die Erklärung Adenauers vom 27. September über das Verhältnis zu den Juden und das damit verbundene Bekenntnis zur Wiedergutmachung habe Erwartungen geweckt, die „sich aber in naher Zukunft nicht erfüllen werden, wenn die Wiedergutmachung in bisheriger Weise weiter behandelt wird. Das Bundesfinanzministerium", so Bundeskanzleramtsreferent Gumbel, „scheint die Erklärung des Herrn Bundeskanzlers dahin auszulegen, daß eine Wiedergutmachung nur im Rahmen der finanziellen Möglichkeiten des Bundes in Aussicht gestellt worden sei. Dies bedeutet aber, daß unter den gegenwärtigen Umständen eine Wiedergutmachung durch den Bund überhaupt ausgeschlossen ist."[55] Dies beschrieb ziemlich präzise die tatsächliche Position des Bundesfinanzministeriums. Unbeirrt vertrat es die Auffassung, Ansprüche gegen das ehemalige Reich aus dem Entschädigungs- und Rückerstattungsrecht sollten nicht vorweg behandelt, sondern in einem allgemeinen Gesetz über Reichsverbindlichkeiten geregelt werden[56].

Deshalb bat auch Dehler am 20. Dezember Adenauer, ein gemeinsames Gespräch mit seinem Ministerkollegen Schäffer zu arrangieren, um die bestehenden tiefgreifenden Differenzen, die sich aus dessen kategorischer Vertagung der Rückerstattungsansprüche gegen das Reich sowie der Ansprüche bislang nicht entschädigter Verfolgter des Nationalsozialismus ergaben, auszuräumen[57]. Der Bundeskanzler hatte seinerseits bereits in einer Besprechung mit den Alliierten Hohen Kommissaren am 25. Oktober signalisiert, daß wahrscheinlich ein Rahmengesetz des Bundes im Bereich der Entschädigung kommen werde[58]. So mehrten sich Ende 1951 die Anzeichen, daß die bisherige abwartende Haltung des Bundes, die sich im Prinzip immer noch auf dem Boden des Kabinettsbeschlusses vom 30. Januar bewegte, allmählich aufweichte. Gumbel warnte Staatssekretär Otto Lenz eindringlich, daß die Schuld an der bisherigen Misere ohne Zweifel der Bundesregierung zugeschoben werde: „Ich glaube, daß man die Dinge nicht so weiter treiben lassen kann, sondern die Bundesregierung klipp und klar erklären muß, ob und was zur Durchführung der Wiedergutmachung geschehen wird."[59] Doch bildete der Widerstand des Bundesfinanzministeriums vorläufig ein unüberwindbares Hindernis für alle derartigen Bestrebungen.

II. Das Bundesgesetz zur Wiedergutmachung für den öffentlichen Dienst: Ein Alibi für das 131er-Gesetz?

Während also Ende 1951 bei der Bundesregierung allmählich die Auffassung reifte, daß man wohl mindestens ein Rahmengesetz zur Vereinheitlichung der unterschiedlichen Entschädigungsgesetze der Länder werde schaffen müssen, bestand für eine spezielle

---

[55] Gumbel an Staatssekretär Lenz, 11.12. 1951, BA, B 136/1125.
[56] Vormerkung Gumbels, 24.10. 1951, BA, B 136/1125.
[57] Dehler an Adenauer, 20.12. 1951, BA, B 136/1125.
[58] Aufzeichnung Hallsteins über Besprechung Adenauers mit den Alliierten Hohen Kommissaren vom 25.10. 1951, in: Adenauer und die Hohen Kommissare, 1949-1951, hrsg. v. Hans-Peter Schwarz in Verbindung mit Reiner Pommerin, bearb. v. Frank-Lothar Kroll u. Manfred Nebelin, München 1989, S. 559.
[59] Gumbel an Lenz, 11.12. 1951, BA, B 136/1125.

Gruppe der Verfolgten bereits eine umfassende Regelung: Am 11. Mai 1951 war das
Gesetz zur Regelung der Wiedergutmachung nationalsozialistischen Unrechts für An-
gehörige des öffentlichen Dienstes (BWGöD) in Kraft getreten, am selben Tag wie das
Gesetz zur Regelung der Rechtsverhältnisse der unter Artikel 131 des Grundgesetzes
fallenden Personen – und hier liegt auch bereits der Schlüssel zur Beantwortung der
Frage, warum es zu so einer schnellen Sonderregelung für verfolgte Beamte kam[60].

Bereits am 11. November 1949 hatte der Bundestags-Ausschuß für Beamtenrecht in
einem mündlichen Bericht das Parlament dazu aufgefordert, die Bundesregierung mit
dem Entwurf eines Gesetzes zu beauftragen, „das die Wiedergutmachungsansprüche
der durch den Nationalsozialismus benachteiligten Angehörigen des öffentlichen Dienstes regelt"[61]. Im Anschluß daran forderte der Bericht zugleich auch den Entwurf eines
Gesetzes zur Regelung der Rechtsverhältnisse und Versorgungsansprüche der sogenannten 131er. Dies war genaugenommen auch der Kern des Berichts, der auf einen
Antrag der FDP zur Versorgung ehemaliger Berufssoldaten und ihrer Angehörigen
zurückging[62]. Die Regelung der Ansprüche der nach einer Zählung von Januar 1950
etwa 450.000 unter den Artikel 131 GG fallenden Personen – darunter als größte
Gruppe ehemalige Berufssoldaten, gefolgt von Beamten aus den deutschen Ostgebieten, der DDR und anderen Staaten sowie im Zuge der Entnazifizierung entlassenen
Beamten aus den Westzonen – war die vordringliche beamtenrechtliche Streitfrage der
frühen fünfziger Jahre[63]. Diese Gruppe hatte etwa seit 1948 mit großem Nachdruck auf
ihre Ansprüche gepocht, und einer der Erfolge war der Grundgesetzartikel 131, der die
Bundesrepublik dazu verpflichtete, ihre Rechtsverhältnisse durch ein Bundesgesetz zu
regeln[64].

Daß überhaupt die Verlegenheit entstand, ehemals verfolgte und die nach dem Krieg
vertriebenen und entlassenen Beamten (d. h. genaugenommen, auch die im öffentlichen
Dienst tätigen Angestellten und Arbeiter) in einen Zusammenhang zu stellen, rührte
zunächst daher, daß die bislang bestehenden Ländergesetze die außerhalb des Gebietes
der Bundesrepublik verfolgten deutschen Beamten meist nicht berücksichtigten. So
bestand die Gefahr, daß man die unter Artikel 131 GG fallenden Personen, die dem
NS-Regime bis zum Schluß gedient hatten und zum Teil selbst Nationalsozialisten
gewesen waren, günstiger stellen würde als die häufig schon 1933 durch das Gesetz zur
Wiederherstellung des Berufsbeamtentums geschädigten Beamten. Da dies auch aus
Gründen der politischen Symbolik nicht akzeptabel war, mußte also zugleich eine
entsprechende ergänzende Regelung für die durch den Nationalsozialismus geschädigten Beamten geschaffen werden. Auslöser war aber die Entwicklung im Bereich der
131er. Auch hier lag also wieder eine Art von „Koppelungsgeschäft" vor.

---

[60] So bereits Otto Gnirs, Die Wiedergutmachung im öffentlichen Dienst, in: Hugo Finke u. a., Entschädigungs-
verfahren und sondergesetzliche Entschädigungsregelungen, München 1987, München 1987, S. 266; Udo
Wengst, Beamtentum zwischen Reform und Tradition. Beamtengesetzgebung in der Gründungsphase der
Bundesrepublik Deutschland 1948-1953, Düsseldorf 1988, S. 222-235.

[61] Deutscher Bundestag, 1. Wp. 1949-1953, Drucksache Nr. 216, mündlicher Bericht des Ausschusses für Beamtenrecht über den Antrag der Fraktion der Freien Demokratischen Partei, Drucksache Nr. 96, betr. Wiederherstellung der staatsbürgerlichen Gleichberechtigung für Militär-Pensionäre und deren Hinterbliebene,
11. 11. 1949, Anlagen-Bd. 1.

[62] Deutscher Bundestag, 1. Wp. 1949-1953, Drucksache Nr. 96, Antrag der Fraktion der FDP betr. Wiederherstellung der staatsbürgerlichen Gleichberechtigung für Militärpensionäre und deren Hinterbliebene, 13. 10.
1949, Anlagen-Bd. 1.

[63] Vgl. Bernd Wunder, Geschichte der Bürokratie in Deutschland, Frankfurt a.M. 1986, S. 164 u. 166f.

[64] Vgl. dazu Wengst, Beamtentum, S. 58-65.

Im Bundesinnenministerium wurde nunmehr ein Entwurf zur Regelung der Wiedergutmachung für den öffentlichen Dienst ausgearbeitet, der allerdings nur die bestehenden Ländergesetze ergänzen sollte und deshalb darauf abzielte, die bislang meist unberücksichtigten Beamten aus den Gebieten außerhalb der Bundesrepublik gleichzustellen. Zugleich schien es aber Bundesinnenminister Heinemann politisch gerechtfertigt, den durch nationalsozialistische Verfolgungsmaßnahmen benachteiligten Angehörigen des öffentlichen Dienstes eine Vorrangstellung gegenüber den übrigen Verdrängten einzuräumen[65]. In diesem Punkt kam es jedoch zu längeren Konflikten mit dem Bundesfinanzministerium, das dafür eintrat, die Wiedergutmachungsregelung einfach an den entsprechenden Entwurf des Gesetzes zur Regelung der Ansprüche nach Artikel 131 GG anzuhängen[66]. Bedenken wegen der kategorialen Verschiedenheit dieser Ansprüche existierten hier offenbar nicht. Nach wiederholten Beratungen im Kabinett und Überarbeitungen des Entwurfs[67] konnte sich aber Heinemann mit seiner Grundkonzeption durchsetzen, und am 16. August überwies die Bundesregierung schließlich den Entwurf eines Gesetzes zur vorläufigen Regelung der Wiedergutmachung nationalsozialistischen Unrechts für verdrängte Angehörige des öffentlichen Dienstes an den Bundestag[68].

Doch auch wenn die Wiedergutmachungsregelung für den öffentlichen Dienst nun unter der Flagge eines selbständigen Entwurfes segelte, diktierte die Entwicklung im Bereich des 131-Gesetzes weiterhin Tempo und Umfang. Am 13. September 1950 fand die erste Lesung des Entwurfs eines Gesetzes zur Regelung der Rechtsverhältnisse der 131er im Bundestag statt, tags darauf die des Wiedergutmachungsgesetzes für den öffentlichen Dienst. Zwar wies auch Staatssekretär Ritter von Lex, der den Entwurf namens des Bundesinnenministers vor dem Bundestag vertrat, in seiner Rede darauf hin, daß es einem Gebot der Gerechtigkeit entspreche, das Gesetz über die Wiedergutmachung für den öffentlichen Dienst vor dem zur Regelung der Ansprüche aus Art. 131 GG zu verabschieden[69]. Doch auf der parlamentarischen Agenda war die Reihenfolge gerade umgekehrt.

Daß nunmehr im Sog der 131er-Regelung eine Vorabregelung für einen speziellen Kreis der Opfer des Nationalsozialismus getroffen werden sollte, schuf eine komplizierte politische Situation. Karl Weber erklärte namens der CDU/CSU-Fraktion, es ginge grundsätzlich nicht an, daß die Angehörigen des öffentlichen Dienstes vorweg und bevorzugt entschädigt würden, wenn auch andererseits zuzugestehen sei, „daß in diesen Fällen das begangene Unrecht durchweg besonders in die Augen springt und der Kreis der Geschädigten leichter abzugrenzen und damit die finanzielle Auswirkung besser zu überblicken" sei[70]. Doch räumte auch er ein, daß es „nicht angängig" sei, „nunmehr, nachdem im Rahmen des Art. 131 die Ansprüche der entnazifizierten Beam-

---

[65] Heinemann, 25.3. 1950, in: Die Kabinettsprotokolle der Bundesregierung, hrsg. f.d. Bundesarchiv v. Hans Booms, Bd. 2: 1950, bearb.v. Ulrich Enders u. Konrad Reiser, Boppard a.Rh. 1984, Anm. 11, S.327.

[66] Vgl. Wengst, Beamtentum, S. 223 f.

[67] 58. Kabinettssitzung am 13.4. 1950, in: Kabinettsprotokolle der Bundesregierung, Bd. 2, S. 309; 59. Kabinettssitzung am 21.4. 1950, ebenda, S. 327 f.; 70. Kabinettssitzung am 31.5. 1950, ebenda, S. 415; 75. Kabinettssitzung am 20.6. 1950, ebenda, S. 468; 82. Kabinettssitzung am 11.7. 1950, ebenda, S. 527.

[68] Deutscher Bundestag, 1. Wp. 1949-1953, Drucksache Nr. 1287, Adenauer an Präsidenten des Bundestags, 16.8. 1950, Anlage: Entwurf eines Gesetzes zur vorläufigen Regelung der Wiedergutmachung nationalsozialistischen Unrechts für verdrängte Angehörige des öffentlichen Dienstes, Anlagen-Bd. 5.

[69] Deutscher Bundestag, 85. Sitzung am 14.9. 1950, Stenographische Berichte, Bd. 5, S. 3211.

[70] Ebenda, S. 3212.

ten geregelt werden, diejenigen, die durch den Nationalsozialismus geschädigt worden
sind, noch schlechter zu stellen"[71]. Hermann Brill unterstrich gleichfalls den Wunsch,
daß Angestellte der früheren politischen Parteien, der Gewerkschaftsverbände, sozialer
Vereinigungen usw. in diese Regelung aufgenommen werden sollten[72].

Auch der Bundestags-Ausschuß für Beamtenrecht, dem der Entwurf zur weiteren
Beratung vorlag, war sich der politischen Symbolik bewußt, die sich aus der Parallelität
des Wiedergutmachungsgesetzes für den öffentlichen Dienst mit der 131er-Regelung
ergab. Deshalb übernahm er die Forderung, daß dieses Gesetz mit Vorrang vor dem
131er-Gesetz verabschiedet werden müsse[73]. Zugleich stellte er Grundsätze zur weiteren Behandlung des Entwurfes auf, die die bisherige Konzeption grundlegend veränderten. Am wichtigsten war in diesem Zusammenhang, daß nicht nur, wie bisher geplant, das bestehende Länderrecht ergänzt, sondern eine endgültige und umfassende
Regelung der Wiedergutmachungsansprüche aller Angehörigen des öffentlichen Dienstes geschaffen werden sollte. Auch dies geschah im Hinblick auf die entsprechénde
Regelung zugunsten der 131er. Dabei sollten folgende Grundsätze gelten: Volle Anrechnung der verlorenen Dienstzeit auf das Besoldungsdienstalter und die ruhegehalts-
fähige Dienstzeit, Anerkennung der einer normalen Dienstlaufbahn entsprechenden
Beförderungen sowie Berechnung des Ruhegehaltes nach den im Augenblick der Schädigung geltenden Rechtsgrundsätzen[74].

Ein Unterausschuß des Ausschusses für Beamtenrecht machte sich zunächst an die
Arbeit, doch gingen die weiteren Beratungen des Entwurfs bald auf das Bundesinnen-
und das Bundesfinanzministerium unter Heranziehung der zuständigen Länderministe-
rien über[75]. Dieses ungewöhnliche Verfahren diente dazu, die Angelegenheit zu beschleunigen und damit nicht in Verzug gegenüber dem Gesetz zur Regelung der Ansprüche aus Artikel 131 GG zu geraten[76]. Der Ausschuß für Beamtenrecht, der anschließend den Entwurf noch einmal behandelte, legte das Ergebnis am 31. Januar vor
und bat den Bundestag um seine Zustimmung. Der Wunsch des Ausschusses nach
einem „Vollgesetz" war hier erfüllt worden und ebenso auch die übrigen zu Beginn der
Beratungen aufgestellten Forderungen. Die Hauptgrundsätze der erreichten Regelung
waren demgemäß, daß die verfolgten Beamten ein Recht auf Wiedereinstellung hatten,
und zwar in einer Position, die sie auf einer hypothetischen Dienstlaufbahn erreicht
hätten. Entgangene Beförderungen wurden also nachgeholt. Außerdem sollte ihnen
eine Entschädigung für die beschäftigungslose Zeit zustehen, allerdings erst für die Zeit
ab 1950[77].

Bei der zweiten und dritten Lesung des Entwurfes vor dem Bundestag am 15. Februar und 5. April 1951 begründete der Berichterstatter des Ausschusses für Beamtenrecht,
Oskar Wackerzapp (CDU), die Tatsache, daß hier nur ein kleines Teilstück der Wiedergutmachung vorab geregelt werde, ähnlich wie vor ihm Weber mit den besonders

[71] Deutscher Bundestag, 85. Sitzung am 14. 9. 1950, Stenographische Berichte, Bd. 5, S. 3212.
[72] Ebenda, S. 3214.
[73] Kurzprotokoll der 61. Sitzung des Bundestags-Ausschusses für Beamtenrecht, 3. 11. 1950, IfZ-Archiv, Dm
    001.
[74] Ebenda.
[75] 114. Kabinettssitzung am 1. 12. 1950, in: Kabinettsprotokolle der Bundesregierung, Bd. 2, S. 858.
[76] Vgl. Wengst, Beamtentum, S. 229.
[77] Deutscher Bundestag, 1. Wp. 1949-1953, Drucksache Nr. 1882, Mündlicher Bericht des Ausschusses für
    Beamtenrecht über den Entwurf eines Gesetzes zur Regelung der Wiedergutmachung nationalsozialistischen
    Unrechts für Angehörige des öffentlichen Dienstes, Anlagen-Bd. 9.

238 Ausbau der Wiedergutmachung bis 1953

günstigen Voraussetzungen in diesem Bereich, da hier ein gewisser Schematismus herrsche und insbesondere auch die finanziellen Auswirkungen übersehbar seien. Damit rechtfertigte er auch, daß die Behandlung dieser Gruppe „im allgemeinen umfassender und vollständiger sein (dürfte), als dies für alle übrigen geschädigten Gruppen möglich sein wird." Dies war aber nur die halbe Wahrheit, denn vorrangig ging es darum, daß hier ein Vergleichsstandard für das, wie es hieß, „große Heer der heimatvertriebenen und verdrängten Beamten ..., die ebenfalls, wenn auch auf anderer Grundlage, wohlbegründete Ansprüche anzumelden haben"[78], geschaffen werden sollte.

Da der Gesetzgeber offensichtlich bereit war, die Ansprüche der 131er generell großzügiger zu regeln als die der Verfolgten, mußte er auf dem begrenzten Gebiet der Wiedergutmachung für den öffentlichen Dienst eine Inkonsequenz begehen und eine Regelung treffen, die vorteilhafter war als die für die übrigen Verfolgten. Hier wurde also gerade so viel getan wie nötig war, um den Vorwurf zu vermeiden, daß die verfolgten Beamten schlechter gestellt würden als die vertriebenen und entnazifizierten. Die relativ großzügige Wiedergutmachungsregelung für verfolgte Beamte war damit im Grunde ein Alibi für die Regelung der 131er-Ansprüche, die wenn schon nicht moralische, so gewiß doch faktische Priorität genossen. So endete Wackerzapp seine Rede mit der Feststellung, daß durch die Wiedergutmachung für den öffentlichen Dienst nunmehr die Bahn frei sei für den baldigen Erlaß des großen Gesetzes nach Art. 131[79]. Demgegenüber forderte Otto Arnholz (SPD) in diesem Zusammenhang die Bundesregierung dazu auf, daß sie „unverzüglich den Entwurf eines umfassenden Wiedergutmachungsgesetzes vorlegt und sich nicht der Gefahr des Vorwurfs aussetzt, sie zögere mit einer solchen Vorlage so lange, bis die meisten Wiedergutmachungsberechtigten verstorben seien"[80].

Am 5. April 1951, also wunschgemäß noch vor dem 131er-Gesetz, nahm der Bundestag das BWGöD an[81]. Doch türmten sich zuletzt noch Hindernisse im Bundesrat auf. Hauptquelle dieser Turbulenzen war Otto Küster, der bereits am 30. November 1950 beim Bundesinnenministerium gegen den Entwurf protestiert hatte. In der Hauptsache richteten sich die Einwände dagegen, daß an Stelle des ursprünglich geplanten subsidiären Gesetzes, das nur die Lücken in der bestehenden Ländergesetzgebung schließen wollte, nun ein umfassendes Wiedergutmachungsgesetz für den öffentlichen Dienst gesetzt werden sollte. Küster wollte es statt dessen lieber bei der ursprünglichen Konzeption belassen. „Es kommt hinzu," schrieb er, „daß es gegenüber der öffentlichen Meinung ein schlechtes Bild gibt, wenn wieder einmal ein umfassender Gesetzgebungsakt zu Gunsten der öffentlichen Bediensteten erginge, der diesen ganzen Personenkreis, sonst aber niemand erfaßt."[82]

Seinen Widerstand gegen die Pläne der Bundesregierung setzte Küster auch im Bundesrat fort, hier als Berichterstatter des Rechtsausschusses. Dieser plädierte schließlich in der Bundesrats-Sitzung am 19. April dafür, den Vermittlungsausschuß anzurufen[83].

[78] Deutscher Bundestag, 118. Sitzung am 15.2. 1951, Stenographische Berichte, Bd. 6, S. 4510.
[79] Ebenda
[80] Deutscher Bundestag, 130. Sitzung am 5.4. 1950, Stenographische Berichte, Bd. 6, S. 4972.
[81] Ebenda. Die Schlußabstimmung über das Gesetz zur Regelung der Ansprüche aus Artikel 131 GG fand am 10.4. 1951 statt. Siehe Deutscher Bundestag, 136. Sitzung am 10.4. 1951, Stenographische Berichte, Bd. 6, S. 5099-5104.
[82] Küster an Bundesinnenministerium, 30. 11. 1950, HessHStA, Abt. 503, Nr. 473.
[83] Sitzungsberichte des Deutschen Bundesrats, 54. Sitzung am 19.4. 1951, S. 265 ff.

Küster erläuterte die Gründe des Rechtsausschusses, wobei er erneut Übertreibungen des Wiedergutmachungsgedankens zugunsten der Beamten kritisierte. So forderte er eine Abschwächung der vorgesehenen großzügigen Regelung der aus politischen Gründen unterbliebenen Beförderung sowie eine Einschränkung der Fälle, in denen dienstfähige Beamte, die aber keinen Dienst versahen, dennoch volle Bezüge oder volle Ruhebezüge bekommen sollten, ohne daß ihnen das anderweitig erzielte Einkommen angerechnet würde. „In diesen Fällen", so Küster, „geschieht also sehr viel mehr, als daß der Schaden wiedergutgemacht wird. Das ist umso weniger mit dem gesamten Recht der Wiedergutmachung in Einklang zu bringen, als auf allen anderen Gebieten die Wiedergutmachungsansprüche nicht entfernt voll befriedigt werden." Heftig beklagte er, daß etwa Hinterbliebene von Getöteten oder solche Personen, die durch Verletzungen in Konzentrationslagern bleibende Gesundheitsschäden erlitten hätten, äußerst kleine Entschädigungen erhielten, während auf der anderen Seite jemand, der z.B irgendwo Generaldirektor geworden sei, daneben dennoch das volle Gehalt eines Ministerialdirektors vom Staat erhielte. Zugleich kritisierte er aber unter anderem auch, daß der Anspruch der emigrierten verfolgten Beamten aus dem Gesetz zu Unrecht herausgelassen worden sei, obwohl die Länder zum Teil bereits anders verfuhren[84].

Küster, der in der Beamtenrechtsdiskussion auch generell eine kritische Haltung einnahm[85], prangerte zu Recht die entstehenden Disproportionalitäten im Bereich der Wiedergutmachung an. Während auf der einen Seite gegenüber den Verfolgten des Nationalsozialismus ständig mit der finanziellen Notlage des Staates argumentiert wurde, um die Bescheidenheit der Entschädigungsleistungen zu rechtfertigen, erfolgte auf der anderen Seite für den öffentlichen Dienst eine großzügige Regelung. Dies lag zum einen daran, daß zumindest Bundesinnenminister Heinemann zunächst geglaubt hatte, die finanzielle Gesamtbelastung aus dieser Regelung werde sich in maßvollen Grenzen halten[86], zumal die Länder ja bereits einen Großteil der Aufgabe erledigt hätten[87]. Tatsächlich erreichten die Aufwendungen aus diesem Gesetz bis 1986 nach einer annähernden Schätzung des Bundesfinanzministeriums ein Volumen von ca. fünf Mrd.

---

[84] Ebenda, S. 266. Diese Frage wurde später durch das am 18.3.1952 ergangene Gesetz zur Regelung der Wiedergutmachung nationalsozialistischen Unrechts für die im Ausland lebenden Angehörigen des öffentlichen Dienstes geregelt, allerdings nur, sofern diese in Ländern lebten, die die Bundesrepublik diplomatisch anerkannten. Vgl. Bundesgesetzblatt (BGBl), Teil I, Nr. 10, 21.3. 1952, S. 137f.; 182. Kabinettssitzung am 26. 10. 1952, in: Kabinettsprotokolle der Bundesregierung, Bd. 4, S. 721.

[85] So begründete Küster seine Weigerung, sich in Baden-Württemberg verbeamten zu lassen, am 2. 10. 1952 auf folgende Weise: „Ausschlaggebend ist meine Überzeugung, daß das z. Zt. in voller Reaktion begriffene Beamtenrecht dem deutschen Staatswesen zum Verhängnis werden wird, wenn es nicht von der Wurzel her reformiert wird. Es kann nicht dabei bleiben, daß einerseits der Beamte nur im Weg der Strafe entlassen werden kann und daß andererseits das Aufkündigen des Dienstes mit dem Verlust der Alters- und Familienversorgung bestraft wird." Vgl. Anlage 1 zu den Verhandlungen des Landtags von Baden-Württemberg, 43. Sitzung, 5. 8. 1954, S. 1834.

[86] In der Kabinettssitzung am 20. 6. 1950 schätzte Heinemann, daß etwa 600 Personen im Bereich der Bundesverwaltung unter diese Regelung fallen würden. Vgl. Kabinettsprotokolle der Bundesregierung, Bd. 2, S. 468. Diese Ziffer beruhte allerdings noch auf der Voraussetzung, daß nur ein Ergänzungsgesetz zu den bereits bestehenden Länderregelungen geschaffen würde. Tatsächlich waren es bis 1986 über 10.000 positiv entschiedene Fälle. Vgl. Deutscher Bundestag, 10. Wp. 1982-1986, Drucksache Nr. 6287, Bericht der Bundesregierung über Wiedergutmachung und Entschädigung für nationalsozialistischen Unrecht sowie über die Lage der Sinti, Roma und verwandter Gruppen vom 31. 10. 1986, S. 25, Anlagen Bd. 341. Für eine Zwischenbilanz vom Sommer 1954 siehe auch Mitteilungsblatt des Beirats für Wiedergutmachung, Nr. 91/92, August/Sept. 1954, „Die Wiedergutmachung für Angehörige des öffentlichen Dienstes vor dem Abschluß". Demzufolge waren bis dahin 2.500 Personen nach dem BGWöD zu ihrem Recht gekommen.

[87] Bayerischer Ministerrat, 10. 4. 1951, IfZ-Archiv, NL Hoegner, ED 120, Bd. 367.

DM[88]. Der Hauptgrund für diese Großzügigkeit im speziellen Fall der verfolgten Beamten war jedoch, um es noch einmal zu wiederholen, daß hier ein Vergleichsstandard für die Regelung der Ansprüche nach Artikel 131 GG geschaffen wurde.

Auch im Bundesrat offenbarte sich zuletzt noch einmal die politische Vorrangigkeit der 131er-Regelung: Dieses Gesetz, das Ministerpräsident Hans Ehard zufolge „wenigstens den Anfang einer Befriedung im Innern"[89] schaffen sollte, konnte aus Gründen der politischen Symbolik nicht vor dem BWGöD erlassen werden. Deshalb zog der Bundesrat der schnelleren Verabschiedung des 131er-Gesetz zuliebe die vorgesehene Anrufung des Vermittlungs-Ausschusses in der Frage des BWGöD zurück[90]. Damit stand der Verkündung beider Gesetze am 11. Mai 1951 nichts mehr im Wege[91].

Wurde somit dem Wiedergutmachungsgesetz für den öffentlichen Dienst ein symbolischer Vorrang eingeräumt, so genoß das 131er-Gesetz die faktische Priorität. Dies zeigte sich auch bei den künftigen Novellierungen des BWGöD, die nicht etwa an die Entwicklung der späteren Bundesentschädigungsgesetzgebung, sondern an die des 131er-Gesetzes gekoppelt wurden. Dadurch verschärften sich die Diskrepanzen zwischen der Wiedergutmachung für Beamte und der für die übrigen Verfolgten noch weiter. Zum Beispiel wurden die Anmeldefristen nach dem BWGöD sachlich und zeitlich parallel zum 131er-Gesetz im Verlaufe einiger Novellierungen praktisch ganz aufgehoben, während die strengen Ausschlußfristen des Bundesentschädigungsgesetzes bestehen blieben[92] – wer dort zu spät kam, bekam gar nichts. Auch Klagen vor dem Bundesverfassungsgericht auf Verletzung des Gleichheitsgrundsatzes blieben erfolglos[93].

Den politischen Vorrang des 131er-Gesetzes gegenüber dem BWGöD bestätigt auch die Praxis dieser Regelungen. Die Wiedereinstellung – der Kernpunkt der beiden Gesetze – funktionierte, Klagen aus dem Verfolgtenkreis zufolge, bei den vertriebenen und entnazifizierten Beamten erheblich besser als bei den verfolgten. Ungleichbehandlung zwischen beiden Gruppen entstand dabei schon allein durch den Instanzenweg: Wurden Anträge von 131ern direkt durch die Zweigstellen der Oberfinanzdirektionen anerkannt, fungierten diese bei den Berechtigten nach BWGöD nur als Anmeldebehörden, die Entscheidungsbefugnis lag hingegen ausschließlich bei den entsprechenden Bundesbehörden. In einem konkreten Fall durchwanderten die Akten eines nach diesem Gesetz klagenden ehemaligen Polizeibeamten binnen eines Jahres 15 Behörden in der ganzen Bundesrepublik, ohne daß es zu einer Entscheidung gekommen wäre[94].

[88] Deutscher Bundestag, Drucksache Nr. 10/6287, S. 25. Genaue Zahlenangaben sind nicht möglich, da die Ausgaben aufgrund des BWGöD bei einer Vielzahl von Dienstbehörden anfallen. Berücksichtigt werden muß, daß unter diesem auch die Versorgungszahlungen für frühere Bedienstete jüdischer Gemeinden oder öffentlicher Einrichtungen enthalten sind, die aus dem Haager Protokoll Nr. 1 mit der Claims Conference resultieren.
[89] Sitzungsberichte des Deutschen Bundesrats, 55. Sitzung, 27. 4. 1951, S. 292.
[90] Sitzungsberichte des Deutschen Bundesrats, 54. Sitzung, 19. 4. 1951, S. 266 f u. 55. Sitzung, 27. 4. 1951, S. 292-298; Deutscher Bundestag, 1. Wp. 1949-1953, Drucksache Nr. 2223, Ehard an Adenauer, 27. 4. 1951, Anlagen-Bd. 11.
[91] Gesetz zur Regelung der Wiedergutmachung nationalsozialistischen Unrechts für Angehörige des öffentlichen Dienstes v. 11. 5. 1951, in: BGBl I, Nr. 21, 12. 5. 1951, S. 291-296; Gesetz zur Regelung der Rechtsverhältnisse der unter Artikel 131 des Grundgesetzes fallenden Personen v. 11. 5. 1951, in: BGBl I, Nr. 22, 13. 5. 1951, S. 307-322.
[92] Vgl. Wengst, Beamtentum, S. 76; Gnirs, Wiedergutmachung im öffentlichen Dienst, S. 300 f.
[93] Vgl. Gnirs, Wiedergutmachung im öffentlichen Dienst, S. 301; Georg Herbert, Entschädigungsrechtsprechung und Grundgesetz, in: Rechtsprechung zum Wiedergutmachungsrecht (RzW) 30 (1979), S. 81-94.
[94] Friedrich Zietsch (bayer. Finanzminister) an Bundesinnenminister Lehr, 29. 9. 1952, BA, B 106/62773.

Zudem haperte es manchenorts an einer loyalen Durchführung der Wiedereinstellung der verfolgten Beamten. Wie Eugen Budde namens des BVN beklagte, gebe es „Pg-Mehrheitsgruppen in einigen Behörden, die dies verhindern wollen, um insbesondere die höheren Etatstellen unter sich verteilen zu können"[95]. Ein prominentes Beispiel dafür war das Auswärtige Amt[96], wo der hohe Anteil ehemaliger Nationalsozialisten unter den Mitarbeitern schließlich sogar einen eigenen Bundestags-Untersuchungsausschuß veranlaßte[97]. Als bei einer Umfrage unter den Bundesressorts nach der Zahl der bei ihnen beschäftigten Berechtigten nach dem BWGöD gefragt wurde, gab wiederum ausgerechnet das Auswärtige Amt die mit weitem Abstand höchste Zahl an. Auch im Bundesinnenministerium, das die Umfrage veranstaltet hatte, schüttelte man über diese erstaunliche Auskunft den Kopf[98].

Das Bundeskabinett kam dem Drängen des BVN auf Erlaß von Richtlinien zur Verbesserung dieser Situation nur zum Teil nach[99]. Die Klagen über die Bevorzugung ehemaliger Pg-Beamter gegenüber den ehemals verfolgten Beamten bei der Wiedereinstellung hielten zunächst auch weiterhin an[100]. So trägt das BWGöD ein Janusgesicht: Betrachtet man es aus der Perspektive der Wiedergutmachung für die übrigen Verfolgten des Nationalsozialismus, so erscheint die darunter fallende Gruppe der verfolgten Beamten als außerordentlich privilegiert. Aus der Perspektive der 131er-Regelung fallen hingegen die Benachteiligungen dieser Gruppe ins Auge, die weniger im Text des Gesetzes, als in der Praxis hie und da auftraten. Dies entspricht im ganzen dem Charakter des BWGöD als einem kompensatorischen Ausgleich für die Regelung der 131er-Ansprüche.

III. Wiedergutmachung und Souveränität: Rückerstattung und Entschädigung bei der Revision des Besatzungsstatuts

1. Alliierte Konflikte um ein deutsches Wiedergutmachungsprogramm

Neben diesen innenpolitischen Vorgängen gewannen aber zu Beginn der fünfziger Jahre erneut außenpolitische Faktoren erheblichen Einfluß auf die weitere Entwicklung der Wiedergutmachung in der Bundesrepublik. Wesentliche Anstöße erfolgten vor allem im Rahmen der Verhandlungen über den Deutschlandvertrag und die Ablösung der alliierten Vorbehaltsrechte im Besatzungsstatut. Von Anfang an hatte bei den Alliierten das Ziel bestanden, diese Reservatrechte im Zuge einer Selbstliquidation schrittweise aufzugeben[101]. Auf der Londoner Konferenz der drei Außenminister im Mai

---

[95] Eugen Budde (BVN) an die Innenministerien der Länder, 7.12.1950, HessHStA, Abt. 503, Nr. 473.

[96] Budde an Hallstein, 22.12.1951 (Abschrift von Lütsches, 28.12.1951), BA, B 106/62773.

[97] Siehe dazu Deutscher Bundestag, 1. Wp. 1949-1953, Drucksache 3465, Schriftlicher Bericht des Untersuchungsausschusses (47.Ausschuß) gem. Antrag der Fraktion der SPD betr. Prüfung, ob durch die Personalpolitik Mißstände im Auswärtigen Dienst eingetreten sind (Drs. 2680), 18.6.1952, Anlagen-Bd. 18.

[98] Vorlage von Hermann (Bundesinnenministerium) an Lehr, 19.3.1952, BA, B 106/62773.

[99] 118. Kabinettssitzung am 21.12.1950, in: Kabinettsprotokolle der Bundesregierung, Bd. 2, S.907; 164. Kabinettssitzung am 26.7.1951, ebenda, Bd. 4, S.564. Vgl. auch Mitteilungsblatt des Landesausschusses der politisch Verfolgten, Nr.51, 1.3.1951, „Bevorzugte Einstellung politisch Verfolgter in den Bundesdienst".

[100] Vgl. Mitteilungsblatt des Beirats für Wiedergutmachung, Nr.64, Mai 1952, „Ein Jahr Wiedergutmachung für Angehörige des öffentlichen Dienstes. Ein Gesetz, das niemand befriedigt".

[101] Vgl. Ludolf Herbst, Option für den Westen. Vom Marshallplan bis zum deutsch-französischen Vertrag, München 1989, S.111; Elmer Plischke, Revision of the Occupation Statute for Germany. September 21, 1949

1950 wurde deshalb die Gründung der Intergovernmental Study Group on Germany (ISG) beschlossen, die Vorschläge über das Vorgehen bei der zu gegebener Zeit avisierten Ablösung des Besatzungsstatuts ausarbeiten sollte[102].

Von Juli 1950 bis Mai 1951 berieten die Delegationen der drei Westmächte in London über diese Fragen, wobei sie in ständigem Meinungsaustausch mit ihren heimischen Regierungen sowie der Alliierten Hohen Kommission in Deutschland standen. Zu einem der schwierigsten Punkte entwickelte sich bald die vorgesehene Ablösung der alliierten Vorbehaltsrechte im Bereich der „internal restitution", die seit November in einem speziellen Unterausschuß, dem Restitution Committee, verhandelt wurde[103]. Die Schwierigkeiten entstanden hauptsächlich bei der Frage der Entschädigung, denn obgleich die Hohen Kommissare am 5. Mai 1950 gemeinschaftlich ein bundeseinheitliches Entschädigungsgesetz gefordert hatten[104], waren sich die Alliierten allenfalls über die Notwendigkeit einer Bundesregelung, aber keineswegs über deren Umfang einig.

Das State Department und ebenso McCloy hielten im Prinzip eine Ausweitung des Entschädigungsgesetzes der US-Zone auf Bundesebene für die beste Lösung[105]. Die Vorstellungen der Briten und Franzosen liefen hingegen auf eine wesentliche Erweiterung des Kreises der Anspruchsberechtigten hinaus, denn sie wünschten, daß auch nichtdeutsche Verfolgte des Nationalsozialismus in eine künftige Bundesregelung aufgenommen würden. Paris sprach dabei nur von Verfolgungen auf deutschem Boden einschließlich der eingegliederten Gebiete und dachte dabei in erster Linie an die französischen Zwangsarbeiter. London hingegen wollte deutsche Handlungen in den vom Deutschen Reich besetzten Gebieten mit einschließen[106]. Dies hätte die Sprengung des strengen Territorialitätsprinzips, das sich in der Bundesrepublik bislang entwickelt hatte, bedeutet. Die USA widersetzten sich jedoch den Wünschen ihrer Partner nach Ausdehnung des entschädigungsberechtigten Personenkreises. Im State Department hieß es, daß die Bundesrepublik durch ein derartig ausgeweitetes Entschädigungsprogramm finanziell weit überfordert würde, wobei der Gedanke an die künftigen Verteidigungslasten der Bundesrepublik ein wichtige Rolle spielte. Hier wurde strikt zwischen Schäden in Folge rassischer, religiöser und politischer Verfolgung und solchen, die auf Kriegsfolgen zurückgingen, unterschieden. Letztere waren nach amerikanischer Auffassung durch das Pariser Reparationsabkommen größtenteils endgültig geregelt und durften deshalb nicht zum Gegenstand einer solchen Entschädigungsregelung werden[107].

- March 7, 1951, Historical Division, Office of the Executive Secretary, Office of the U.S. High Commission for Germany, 1952, S. 15.

[102] Siehe dazu Foreign Relations of the United States (FRUS), 1950, Bd. IV: Central and Eastern Europe; The Soviet Union, Washington 1980, S. 737 f. (Editorial Note). Vgl. auch Plischke, Revision of the Occupation Statute, S. 15 f.

[103] Amerikanischer Delegierter war Jacques Reinstein, der bereits an den ersten Entschädigungsdiskussionen des State Department 1943/44 sowie bei der Verhandlung des Pariser Reparationsabkommens 1945/46 beteiligt gewesen war.

[104] Vgl. oben, Abschnitt I. 1.

[105] Siehe dazu etwa State Department an Embassy London, 28. 8. 1950, USNA, RG 59, 262.0041/8-2950; McCloy an Acheson, 8.12. 1950, USNA, RG 59, 262.0041/12-850.

[106] Douglas (London) an Acheson, 1.8. 1950, USNA, RG 59, 396.1-ISG/8-150; Holmes (London) an Acheson, 7.9. 1950, USNA, RG 59, 396.1-ISG/9-450.

[107] Acheson an Embassy London, 4. 12. 1950, USNA, RG 59, 396.1-ISG/11-2650; Frederick A.O. Schwarz (HICOG/General Counsel) an State Department, 24. 11. 1953, Enclosure C: Chronological Developments Leading to the Allied-German Agreement set forth in Chapter Four „Compensation for Victims of Nazi Persecution" of the Settlement Convention, USNA, RG 59, 262.0041/9-2453.

London und Paris akzeptierten schließlich widerwillig, daß die Entschädigung für nationalsozialistische Verfolgung und für Kriegsfolgen strikt voneinander abgegrenzt werden sollten. Das bedeutete den Ausschluß der französischen Zwangsarbeiter und aktiven Widerstandskämpfer, deren Schicksal als „normale" Kriegsfolge definiert wurde. Doch bestanden die Franzosen dafür auf der Einbeziehung von etwa 300.000 französischen Juden und ca. 280.000 politischen Verfolgten, zu denen sie unter anderem Geiseln, die unter Verletzung der Haager Konvention verfolgt worden waren, rechneten. Die Briten hielten ihrerseits daran fest, daß die Bundesrepublik alle Personen entschädigen müsse, die auf dem Reichsgebiet einschließlich Österreichs oder Elsaß-Lothringens und jedes anderen annektierten Gebiets verfolgt worden waren und die nun auf dem Gebiet der Bundesrepublik oder eines westlichen Lands einschließlich Österreichs lebten. Zudem lehnte London wie Paris strikt ab, irgendwelchen Vorschlägen zuzustimmen, die Personen diskriminierten, die auf deutschem Boden aus rassischen, religiösen oder politischen Gründen verfolgt worden waren. Die Franzosen standen hierbei nach eigenem Bekunden unter erheblichem innenpolitischen Druck, weshalb sie eher bereit waren, das ganze Projekt einer bundeseinheitlichen Entschädigungsregelung fallen zu lassen als einer solchen Diskriminierung zuzustimmen. Die Betroffenheit reichte hier bis in höchste politische Kreise. So war etwa Pierre de Gaulle, der Bruder von General de Gaulle, ein Opfer deutscher Sippenhaft gewesen, und auch etwa Léon Blum oder der Erzbischof von Montaubon hatten zu den politischen Gefangenen des Deutschen Reiches gezählt[108]. Aber auch die britische Delegation verwies darauf, daß ihre Position durch Zugeständnisse an britische Gruppen festgelegt sei[109], wozu etwa Emigranten und ehemalige Angehörige der polnischen Exilarmee gehörten[110].

So steckten die Verhandlungen der ISG Ende 1950 vor allem in der Frage des Entschädigungsgesetzes in einer Sackgasse[111]. Der Zwischenbericht des Fachausschusses an den Koordinierungsausschuß vom 24. November nannte als notwendige Bedingungen für die Aufhebung der Vorbehaltsrechte den „Erlaß eines zufriedenstellenden Entschädigungsgesetzes durch die Bundesrepublik", wobei die Bedeutung des Begriffes „zufriedenstellend" ungeklärt blieb. Damit hatte sich der Ausschuß zu einer diplomatischen Leerformel geflüchtet, um die tatsächliche Uneinigkeit notdürftig zu kaschieren. Eindeutig war hingegen die Forderung, die Bundesrepublik müsse die bestehende alliierte Gesetzgebung im Bereich der inneren Rückerstattung beibehalten und durchführen[112]. Auch als Ende Januar 1951 die Verhandlungen im Restitution-Committee der ISG wiederaufgenommen wurden, blieben die alliierten Differenzen in der Frage der Entschädigung bestehen. Weiterhin versuchten die USA in erster Linie eine Ausdehnung des Standards der US-Zone auf die übrigen Zonen zu erreichen[113], während vor allem die Briten hartnäckig die Einbeziehung im Ausland lebender Verfolgter, besonders der DP's und Emigranten, festhielten[114]. Auch die französischen Delegierten

[108] Siehe dazu Hermann Brill im Protokoll der 267. Sitzung des Bundestags-Ausschusses für Rechtswesen und Verfassungsrecht, 13. 6. 1953, BA, B 136/620.
[109] Douglas (London) an Acheson, 13. 11. 1950, USNA, RG 59, 396.1-ISG/11-1350.
[110] F.A.O. Schwarz an State Department, 24. 9. 1953, USNA, RG 59, 262.0041/9-2453.
[111] Julius C. Holmes (London) an Acheson, 19. 11. 1950, USNA, RG 59, 396.1-ISG/11-1950.
[112] Holmes an Acheson, 25. 11. 1950, USNA, RG 59, 396.1-ISG/11-2450.
[113] Acheson an US-Botschaft in London und HICOG Frankfurt, 26. 1. 1951, USNA, RG 59, 262.0041/1-1251.
[114] Walter A. Gifford (London) an Acheson, 7. 3. 1951, USNA, RG 59, 396.1-ISG/3-751.

blieben dabei, keine alliierte Forderung nach Entschädigung zu akzeptieren, die nicht alle Verfolgten des Nationalsozialismus – d. h. auch ihre Landsleute – einschloß[115].

Weniger Schwierigkeiten bereitete die Frage der Rückerstattung. Wie gesagt, waren sich die drei Mächte bereits zu Beginn der Gespräche darüber einig geworden, daß die unveränderte Durchführung der alliierten Rückerstattungsgesetze gewährleistet bleiben müsse. Allerdings kam das Restitution Committee zu der Auffassung, daß die „alliierten Review Boards über die innere Rückerstattung nach der Beendigung der Vorbehaltsrechte nicht erhalten bleiben können"[116]. Hier waren die Alliierten also zu einem gewissen Entgegenkommen gegenüber den deutschen Wünschen bereit. Doch wurde jede mögliche Abschwächung der bisherigen Regelungen von heftigen Protesten der jüdischen Organisationen begleitet, die diese Verhandlungen aufmerksam beobachteten und durch zahlreiche Petitionen und Delegationen zu beeinflussen suchten[117].

Der Abschlußbericht der ISG an die Regierungen zur Frage der Vorbehaltsrechte im Bereich der Restitutionen vom 4. Mai 1951 empfahl schließlich, die Bundesregierung zu verpflichten, alle bestehenden alliierten Gesetze und Bestimmungen im Bereich der inneren Rückerstattung zu erhalten und durchzuführen. Allerdings schlug er vor, an Stelle der bisherigen zonalen obersten Boards of Review ein gemeinsames gemischtes Gericht zu setzen, in dem auch eine deutsche Minderheitsbeteiligung vorgesehen war. In der Frage der Entschädigung konnte der Bericht jedoch nur einen Fehlschlag vermelden, da sich das Restitution Committee bis zum Schluß nicht zu einigen vermocht hatte, welche Maßnahmen von den Deutschen zur Beseitigung der Lücken der Entschädigungsgesetzgebung gefordert werden sollten. Weiterhin lehnten die USA, die vor allem die finanzielle Belastung der Bundesrepublik im Auge hatten, die aus dem starken Druck heimischer Verfolgtengruppen resultierenden Wünsche ihrer Alliierten ab, die eine wesentliche Ausweitung des entschädigungsberechtigten Kreises zur Folge gehabt hätten. So blieb als Minimalkonsens nur die Feststellung, daß in den vertraglichen Abmachungen über die „internal restitution" die Bundesregierung verpflichtet werden sollte, „jegliche zu diesem Zeitpunkt existierende Entschädigungsgesetzgebung zu erhalten und durchzuführen"[118]. Deutliches Zeichen der alliierten Ratlosigkeit war, daß sie sich Fortschritte bei der Einigung auf einen gemeinsamen Standpunkt ausgerechnet aus Anstößen bei den kommenden Gesprächen mit der deutschen Seite erhofften[119].

Von Mai bis August 1951 führte ein Sonderausschuß der Alliierten Hohen Kommission mit der durch Wilhelm Grewe geleiteten deutschen Delegation zur Ablösung des Besatzungsstatuts Vorgespräche über die Beendigung der alliierten Vorbehaltsrechte[120]. Wilhelm Grewe, Professor für öffentliches Recht und Völkerrecht in Freiburg, sprach in seinen Erinnerungen von einer anfänglich bedrückenden Atmosphäre: „Nach dem 10. Mai 1951 fuhr ich mit meinen Begleitern regelmäßig einmal in der Woche zur Sitzung

[115] Gifford an Acheson, 19.4. 1951, USNA, RG 59, 396.1-ISG/4-1951.

[116] Holmes an Acheson, 12.12. 1950, USNA, RG 59, 396.1-ISG/12-1150.

[117] Siehe als ein Beispiel unter vielen American Jewish Committee, American Joint Distribution Committee, Jewish Agency for Palestine, World Jewish Congress an McCloy, 31.7. 1951, USNA, RG 59, 262.0041/8-251; sowie Unterlagen in YIVO-Archiv, RG 347, AJC-Records, GEN-10, Box 282 u. 291.

[118] Intergovernmental Study Group on Germany, Report to Governments by Heads of Delegations on the Reserved Power with Respect to Restitution, (IGG/P(51)89 Final), Appendix I, 4.5. 1951, USNA, RG 59, 396.1-ISG/7-2751.

[119] Siehe dazu auch Gifford an Acheson, 19.4. 1951, USNA, RG 59, 396.1-ISG/4-1951.

[120] Vgl. dazu Kabinettsprotokolle der Bundesregierung, Bd. 4, Einleitung, S. XXIX.

auf den Petersberg. Was sich dort abspielte, verdient allerdings kaum die Bezeichnung 'Verhandlung'."[121] Tatsächlich ging es den Alliierten in diesen Gesprächen in erster Linie darum, die deutschen Positionen zu ihren eigenen Vorschlägen kennenzulernen. Doch die von Grewes Ausführungen suggerierte absolute Bedeutungslosigkeit der deutschen Vorstellungen trifft zumindest für den Bereich der Wiedergutmachung nicht zu.

So waren die Alliierten zur Klärung der bei den ISG-Verhandlungen offen gebliebenen Fragen geradezu brennend an der deutschen Haltung zur Rückerstattung und Entschädigung interessiert. Doch zu ihrer Enttäuschung wollte Grewe, dessen Verhandlungsführung durch einen im Auswärtigen Amt gebildeten Koordinierungsausschuß unter Leitung Walter Hallsteins gelenkt wurde[122], am 18. Juli keine Stellungnahme zu dieser Frage abgeben, da der Rechtsausschuß des Bundestages seine gegenwärtig laufenden Beratungen noch nicht abgeschlossen habe[123]. Bei dieser Haltung blieb er auch, als ihm zwei Wochen später ein Memorandum der Alliierten Hohen Kommission zur Frage der Rückerstattung und Entschädigung, das sich weitgehend im Rahmen des ISG-Berichtes bewegte und somit den Umfang der geforderten Erweiterungen der Entschädigung nicht näher definierte[124], zur Begutachtung vorgelegt wurde[125].

Ähnlich einsilbig verhielt sich Grewe gegenüber den geforderten Verbesserungen der Entschädigung für DP's, die im Zusammenhang der Ablösung des Artikels 2(d) des Besatzungsstatuts, der die alliierten Vorbehaltsrechte im Bereich dieser Personengruppe regelte, stand. Bereits auf der New Yorker Außenministerkonferenz im September 1950 hatten die Alliierten ein Programm zum weiteren Abbau der Kontrollen des Besatzungsstatuts erstellt, das zugleich mit der ersten Revision des Besatzungsstatuts am 7. März 1951 als Decision No. 10 der Alliierten Hohen Kommission bekannt gemacht wurde. Diese forderte unter anderem als Voraussetzung für den Verzicht auf den Artikel 2(d) auch vorherige Maßnahmen der Bundesregierung zugunsten der Entschädigung der Opfer des Nationalsozialismus aus dem Kreis der DP's[126]. Am 5. Juli wurden Grewe und seine deutschen Kollegen erneut mit diesem Wunsch konfrontiert. Sie waren aber auch jetzt nicht bereit, eine Stellungnahme abzugeben, da die Angelegenheit noch im Zusammenhang der Entschädigungsgesetzgebung für deutsche Verfolgte beraten werde[127].

Die Alliierte Hohe Kommission bilanzierte die Ergebnisse dieser Vorgespräche in einem Bericht an die drei Außenminister, in dem der alliierte und der deutsche Standpunkt in der Frage der Rückerstattung und Entschädigung sowie auch in der speziellen Frage der Entschädigung der DP's gegenübergestellt wurde. Entsprechend den Be-

121 Wilhelm G. Grewe, Rückblenden, 1976-1951, Frankfurt a.M. usw. 1979, S.134.
122 Vgl. ebenda, S.130f.
123 Extract from SPCOM/FED/M (51)8, 18.7. 1951, USNA, RG 59, Records of the Central European Division 1944 53, Occupation Statute, Box 5.
124 Appendix „E" to SPCOM/FED/M (51) 10, Internal Restitution, 1.8. 1951, USNA, RG 59, Records of the Central European Division 1944-53, Occupation Statute, Box 5.
125 Extract from SPCOM/FED/M (51)10, 3.8. 1951, USNA, RG 59, Records of the Central European Division 1944-53, Occupation Statute, Box 5.
126 Decision No. 10. Program for the Revision of Occupation Controls, Art. 2(b), in: Plischke, Revision of the Occupation Statute, S. 80. Vgl. dazu auch François-Poncet an Adenauer, 20.3. 1951, Anlage: Relinquishment of the Reserved Powers under Paragraph 2(d) of the Occupation Statute, USNA, RG 59, Records of the Central European Division 1944-53, Occupation Statute, Box 5.
127 SPCOM/FED/Memo (51)12, 6.7. 1951, USNA, RG 59, Records of the Central European Division 1944-53, Occupation Statute, Box 5.

schlüssen der Brüsseler Außenministerkonferenz vom Dezember 1950 sollten die alliierten Vorbehaltsrechte im Bereich der Rückerstattung und Entschädigung künftig durch vertragliche Abmachungen mit der Bundesrepublik ersetzt werden. Soweit es die Forderung nach Verbesserung der Entschädigung betraf, verwiesen die Hohen Kommissare auf die ungelösten Streitpunkte der ISG. Auch im Bereich der Rückerstattung hielten sie sich an die bereits in London beschlossenen Grundsätze, abgesehen von einer nicht unbedeutenden Erweiterung: Sie forderten, daß die Bundesregierung verpflichtet werden müsse, für die geldlichen Rückerstattungsansprüche gegen das Reich aufzukommen – hier bestand bislang noch eine empfindliche Lücke im Rückerstattungsrecht. Für die deutsche Delegation vermerkte der Bericht hingegen nur, sie habe in diesen Punkten „keine Position" eingenommen[128]. Entsprechend verhielt es sich auch bei der Zusammenstellung der Positionen zur Verbesserung der Entschädigung im Bereich der DP's[129].

Hier zeigte sich nun in aller Deutlichkeit die Krux dieser Beratungen: Es existierte keine offizielle deutsche Politik zu diesen Fragen, die über ein bloßes Reagieren hinausgegangen wäre. Die Wiedergutmachungspolitik der Bundesregierung, das wird im folgenden wiederholt deutlich werden, erschöpfte sich überwiegend darin, Forderungen abzuwarten und dann soweit als möglich herunterzuhandeln. Die deutsche Seite hatte damit die Chance vertan, zu diesem Zeitpunkt die Initiative bei der Gestaltung der Konturen einer künftigen bundeseinheitlichen Entschädigungsregelung zu übernehmen, was angesichts der gegebenen Uneinigkeit der Alliierten, die geradezu auf solche Impulse gewartet hatten, sicherlich präjudizierende Wirkung gehabt hätte.

Im September 1951 trafen in Washington die Außenminister der drei westlichen Alliierten zusammen, um die Ergebnisse der Vorbesprechungen mit den Deutschen zu beraten. Bei dieser Gelegenheit beschlossen sie die endgültigen Anweisungen an die Hohen Kommissare über das weitere Vorgehen bei den bevorstehenden Verhandlungen über die Ablösung des Besatzungsstatuts durch einen Deutschlandvertrag. Dabei beabsichtigten die Alliierten, in einer Reihe von Zusatzverträgen ihre bisherigen Vorbehaltsrechte durch vertragliche Abmachungen zu ersetzen, wozu auch die inneren Restitutionen gehörten. Die Beschlüsse der drei alliierten Außenminister vom 13. September 1951 auf diesem Gebiet waren das erste und zugleich auch letzte Beispiel einer gemeinsamen alliierten grundsätzlichen Stellungnahme zur Frage der Wiedergutmachung.

Was die Rückerstattung anbelangte, so folgten die drei Außenminister den Empfehlungen, die aus den vorausgegangenen ausführlichen Beratungen resultierten. In erster Linie sollte die Durchführung der alliierten Rückerstattungsgesetze in den vertraglichen Abmachungen mit der Bundesrepublik gesichert werden, und zwar auf dem Mindestniveau der gegenwärtigen Gesetze. Bei der Entschädigung standen die Außenminister dagegen vor der Notwendigkeit, Kompromisse in den offen gebliebenen Fragen zu finden. Die Hohen Kommissare wurden daher angewiesen, vertraglich festzulegen, daß in den Ländern, in denen noch keine Entschädigungsgesetze bestanden, solche geschaffen werden sollten. Zudem sollte garantiert werden, daß die Entschädigungsgesetzge-

---

[128] Report of the Allied High Commission Concerning the Establishment of a new Relationship between the Allied Powers and Germany, 9. 8. 1951, Annex 7c: Internal Restitution (Occupation Statute, Para 2(b)), USNA, RG 59, 762A.00/8-951.

[129] Ebenda, Annex 7(g), Displaced Persons and Refugees (Occupation Statute, Para. 2(d)).

bung in der gesamten Bundesrepublik auf dem bisher günstigsten Niveau vereinheitlicht, durchgeführt und garantiert werde. Dies implizierte die Ausweitung der US-Zonen-Regelung auf das gesamte Bundesgebiet. Die umstrittene Einbeziehung ausländischer Verfolgter in die Entschädigung war dagegen in eine Formulierung gekleidet, die wortreich ihre tatsächliche Unverbindlichkeit vernebelte: „The High Commissioners should inform the Federal Chancellor and other appropriate German leaders that in the view of the Three Foreign Ministers, the failure of the Federal Republic thus far to provide any significant measure of compensation to victims of Nazi persecution, including those resident abroad, constitutes a major obstacle to the acceptance of the German people by the free peoples of the world as equal partners in their activities." Es sollte deshalb, so die Außenminister, nicht nötig sein, daß die alliierten Regierungen explizite Forderungen aufstellen müßten, die zur Erfüllung dieser moralischen Verpflichtung der deutschen Regierung erforderlich seien[130].

Damit hatten sich die USA, die den Entwurf dieser Erklärung geliefert hatten[131], weitgehend durchgesetzt: Die Ausweitung des Standards des US-Zonen-Gesetzes auf die Bundesrepublik war praktisch zur verbindlichen Verpflichtung erhoben worden, während die von britischer und französischer Seite geforderte Einbeziehung ausländischer Verfolgter nur als moralischer Imperativ und nicht als konkrete Verpflichtung formuliert war. Amerikanische Bedenken über die deutsche finanzielle Leistungsfähigkeit hatten hier den Ausschlag gegeben. Zudem wuchs im State Department das Bedürfnis, die Verantwortung für die Entschädigung der Verfolgten des Nationalsozialismus so weit als möglich auf die Deutschen abzuwälzen, nicht zuletzt, um sich endlich dem als lästig empfundenen Druck der Wiedergutmachungslobby zu entziehen[132]. Hierbei gerieten die USA aber in Konflikt mit ihren britischen und französischen Alliierten, die im Zuge der Ablösung des Besatzungsstatuts gern noch einige offene Rechnungen beglichen hätten. Dieser Gegensatz wurde auch durch die in Washington versammelten Außenminister nicht endgültig bereinigt.

---

[130] Beschlüsse der drei Außenminister in Washington vom 13. 9. 1951, zit. nach Aide-Memoire von Geoffrey W. Lewis (State Department) an Henri Ruffin (franz. Botschaft), 13. 10. 1953, USNA, RG 59, 262.0041, Box 1053. Der Vergleich mit dem in FRUS abgedruckten Entwurf der Beschlüsse vom 10. 9. ergibt in den hier interessierenden Passagen wörtliche Übereinstimmung. Vgl. Draft Instructions From the Three Foreign Ministers to the AHC, Punkt 18 (Internal Restitution), 10. 9. 1951, in: FRUS 1951, Bd. III/1: European Security and the German Question, Washington, D.C., 1981, S. 1205.

[131] State Department, Bureau of German Affairs, Draft Directive From the Foreign Ministers to the Allied High Commission on Contractual Arrangements, 21. 8. 1951, WNRC, RG 466, Records of the U.S. High Commissioner for Germany (McCloy Papers), Box 30. Zur weiteren Entwicklung dieser Auffassung siehe auch Draft Instructions From the Three Foreign Ministers to the Allied High Commission, (WFM T-5a), 10. 9. 1951, in: FRUS 1951 III/1, S. 1205.

[132] Vgl. dazu unten, S. 250.

2. Die deutsch-alliierten Verhandlungen über das Überleitungsabkommen

Am 24. September informierten die Hohen Kommissare Adenauer persönlich über den Inhalt der Washingtoner Außenminister-Beschlüsse[133]. Danach verhandelten sie bis zum 14. November mit der Bundesregierung über die Entwürfe eines Generalvertrags sowie einer Anzahl zusätzlicher Abkommen[134]. Schließlich ging es um die aus Krieg und Besatzung resultierenden Fragen, worunter auch die Rückerstattung und Entschädigung fielen. Die Gespräche im Bonner Vorort Mehlem verliefen auf drei Ebenen: Auf der untersten Ebene wurden Verhandlungsgruppen zur Behandlung der Einzelprobleme eingerichtet, dazu gehörte auch ein Ausschuß für „Innere Rückerstattung und Innere Wiedergutmachung", der auf deutscher Seite durch Legationsrat von Trützschler[135] vom Auswärtigen Amt und auf alliierter durch Eli W. Debevoise, dem Rechtsberater des amerikanischen Hohen Kommissars, geleitet wurde. Ungelöste Fragen gelangten vor den Koordinierungsausschuß, was auch dort strittig blieb, wurde schließlich zwischen Adenauer und den Hohen Kommissaren besprochen[136].

Im Spätherbst 1951 überreichten die Alliierten die Entwürfe für Teil III (Rückerstattung) und Teil IV (Entschädigung) des Vertrages zur Regelung aus Krieg und Besatzung entstandener Fragen. Sie beruhten auf den Beratungen der ISG in London sowie dem Bericht der Hohen Kommissare an die Außenminister. In manchen Details gingen diese Entwürfe ein Stück über den Washingtoner Kompromiß hinaus und brachten einige der dort abgeblockten britischen und französischen Vorschläge wieder aufs Tapet. Der Entwurf für Teil III bestimmte in sieben Artikeln die Aufrechterhaltung und Durchführung der alliierten Rückerstattungsgesetze sowie die Verpflichtung der Bundesrepublik zur Übernahme der Rückerstattungsverbindlichkeiten des Deutschen Reiches[137]. Der Entwurf für Teil IV sah hingegen die deutsche Verpflichtung vor, eine angemessene Entschädigung für körperliche oder seelische Verletzung, Freiheitsberaubung, Schädigung der finanziellen Aussichten und des Eigentums (mit Ausnahme des wiederauffindbaren Eigentums) für Opfer des Nationalsozialismus ohne Diskriminierung irgendwelcher Gruppen oder Klassen zu gewährleisten. Dazu sollte die Bundesrepublik unter anderem die Länderentschädigungsgesetze beibehalten sowie „eine bundesgesetzliche Regelung zur Änderung oder totalen Ablösung dieser Vorschriften" bewerkstelligen, „wobei die bisher geltende günstigste Landesregelung maßgebend sein sollte"[138].

---

[133] Statement by André François-Poncet (HICOG-Chairman) to Adenauer Concerning the Agreements Reached at Washington, 24.9. 1951, in: FRUS 1951 III/2, S. 1532.

[134] Vgl. Kabinettsprotokolle der Bundesregierung, Bd. 4, Einleitung, S. XXX.

[135] Blankenhorn hatte zunächst die Ansprüche des Bundesfinanzministeriums auf Besetzung dieses Postens abgeblockt. Dort bestand eine „äußerst reservierte Haltung" gegenüber den Forderungen der AHK. Siehe v. Trützschler an Hallstein, 27.10. 1951, PA/AA, II 241-27g, Bd. 1. Gleichwohl spielte das Bundesfinanzministerium, das in diesem Ausschuß durch Ministerialrat Kuschnitzky vertreten war, bei diesen Gesprächen eine sehr dominante Rolle.

[136] Grewe, Rückblenden, S. 146f. Vgl. zu den Verhandlungen auch Ernst Féaux de la Croix, Internationalrechtliche Grundlagen der Wiedergutmachung, in: ders. u. Helmut Rumpf, Der Werdegang des Entschädigungsrechts unter national- und völkerrechtlichem und politologischem Aspekt, München 1985, S. 128-136.

[137] Alliierter Entwurf zur Erörterung mit der deutschen Berichterstattergruppe, SPCOM/P(51)23(C), 8.11. 1951, Abkommen über Maßnahmen und gewisse Interessen der drei Mächte und die Übertragung bestimmter Befugnisse auf die Bundesrepublik, Teil III, Innere Restitution, PA/AA, II 241-27 g, Bd. 1.

[138] Alliierter Entwurf zur Erörterung mit der deutschen Expertengruppe, SPCOM/P(51)23(D), 29.10. 1951, Vereinbarung über Maßnahmen und einzelne Interessen der drei Mächte und die Übertragung bestimmter Verantwortlichkeiten auf die Bundesrepublik, Teil IV, Entschädigung für die Opfer der Nazi-Verfolgung, PA/AA, II 241-27 g, Bd. 1.

Zunächst waren die Deutschen nur widerwillig bereit, diese Fragen überhaupt mit den Alliierten zu diskutieren, sie bezweifelten, ob diese in den Geltungsbereich des Besatzungsstatuts fielen[139]. Da die alliierten Entwürfe bei den am 1. Dezember beginnenden Besprechungen im Ausschuß für Innere Wiedergutmachung fertig auf dem Tisch lagen, blieb den Deutschen schließlich aber nichts anderes übrig, als zu versuchen, „dem alliierten Entwurf einige „Giftzähne zu ziehen und ihn den deutschen Vorstellungen anzunähern"[140], wie Grewe mit Bezug auf das Gesamtpaket der alliierten Forderungen formulierte. Dabei kristallisierten sich alsbald einige zentrale Konfliktpunkte heraus.

Im Bereich der Entschädigung war vor allem die Frage der Einbeziehung der sogenannten Nationalverfolgten kontrovers. Sie ließ die Verhandlungen im Januar 1952 ins Stocken geraten. Die Alliierten hatten auf britische und französische Veranlassung hin zunächst gefordert, daß „Verfolgung aus Gründen der Nationalität" unter die Entschädigungsgründe aufgenommen werden sollte, um eine angemessene Entschädigung für Verfolgte im Ausland und Flüchtlinge (einschließlich nichtrepatriierbarer Polen usw.) zu erreichen. Dagegen wehrte sich die deutsche Delegation mit Händen und Füßen. Schließlich schlug sie einen Kompromiß vor, wonach Nationalverfolgte nur unter der Bedingung entschädigt werden sollten, daß ihnen unter schwerer Mißachtung der Menschenrechte ein dauernder Gesundheitsschaden zugefügt worden sei. Falls jedoch ihr Heimatstaat bereits Entschädigung für Kriegs- und Besatzungsschäden geleistet habe, sollten die Betroffenen nur entschädigt werden, sofern sie als politische Flüchtlinge nicht mehr länger unter dem Schutz ihres Heimatstaates stünden[141].

Die deutsche Delegation stützte ihre Auffassung mit ähnlichen Argumenten, wie sie in den vorangegangenen interalliierten Verhandlungen auch von den USA gegen den von Paris und London geförderten Wunsch nach Einbeziehung der Nationalverfolgten vorgebracht worden waren: Eine Entschädigungspflicht bestehe nicht, wenn die Verfolgungen kriegsbedingt gewesen seien, zumal solche Forderungen im Rahmen der Reparationsabkommen von Potsdam und Paris kollektiv geregelt worden seien. Der Kern der Argumentation war auch hier, daß zwischen den Folgen des Krieges und denen der nationalsozialistischen Verfolgung streng unterschieden werden müsse[142]. Auch Otto Küster hatte in dieser Frage der deutschen Delegation den Rücken gestärkt und geschrieben, durch die Einbeziehung der Nationalverfolgten würden „die beiden grundverschiedenen Vorstellungen Wiedergutmachung und Kriegsentschädigung miteinander vermengt und die Wiedergutmachung würde ... im allgemeinen Bewußtsein zu einer Folge des verlorenen Kriegs"[143]. Daß gleichwohl für einen kleinen Kreis der Nationalverfolgten eng begrenzte Leistungen angeboten wurden, war demnach in den

---

[139] Report by the Allied High Commission for Germany to the Foreign Ministers of the United States, France, and the United Kingdom on the Status of Contractual Negotiations with the Federal Republic of Germany, 17. 11. 1951, in: FRUS 1951 III/2, S. 1589. Zu diesen häufig wiederkehrenden deutschen Bedenken vgl. auch Fünftes Kapitel, Abschnitt II. 2.

[140] Grewe, Rückblenden, S. 146.

[141] Niederschriften über die Besprechungen des Unterausschusses „Innere Rückerstattung und Innere Wiedergutmachung", 1. 12. u. 14. 12.1951 sowie 9. 1. u. 15. 1. 1952, PA/AA, II 241-27g, Bd. 1 u. 2; Chronological Developments Leading to the Allied-German Agreement set forth in Chapter Four „Compensation for Victims of Nazi Persecution" of the Settlement Convention, Encl. C. zu F.A.O. Schwarz an State Department, 24. 9. 1953, S. 4, USNA, RG 59, 262.0041/9-2453.

[142] Ebenda.

[143] Küster an Auswärtiges Amt, z.Hd. Wolff (Bundesfinanzministerium) u. Roemer (Bundesjustizministerium), 21. 12. 1951, PA/AA, II 241-27g, Bd. 1.

Augen der deutschen Delegation eine Übererfüllung des rechtlich Gebotenen, die allein auf humanitären Erwägungen beruhe[144].

Vor allem die französische Delegation, die in dieser Frage strikte Anweisungen ihrer Regierung besaß, lief gegen diese Auffassung Sturm. Ihr war besonders daran gelegen, die Ansprüche zahlreicher französischer Verfolgter, die wegen ihrer Nationalität in deutsche Konzentrationslager verschleppt worden waren, wenigstens zum Teil durchzusetzen[145]. Wähnten sich die Deutschen in dieser Frage einer alliierten Einheitsfront gegenüber, klafften die Meinungen ihrer Verhandlungspartner tatsächlich weiterhin stark auseinander. Washington war in diesem Punkt der heimliche Verbündete Bonns. Dort teilte man die rechtlichen Bedenken gegen die Einbeziehung der Nationalverfolgten und befand sogar: „Moreover, the German formulation by providing for compensation to political refugees who cannot share in the reparations share of their governments is more generous than the U.S. would have demanded but is a welcome addition."[146]

Am liebsten hätte das State Department auch den Zusatz gestrichen, die Entschädigung müsse „angemessen" sein, denn damit, so Acheson, würden sich die Alliierten nur unnötigerweise Schwierigkeiten aufhalsen, indem sie in der Frage, was angemessen sei und was nicht, eine gewisse Mitverantwortung übernähmen. Dagegen wollte das State Department endlich von seiner Rolle als Adressat für Wiedergutmachungsforderungen loskommen: „The Department feared that the inclusion of this word in Chapter Four of the Settlement Convention would continue to subject the U.S. to pressure from many sources to force and amendment of the German Compensation Laws."[147] Nachdem aber die deutsche Delegation dem französischen Drängen in dieser Frage nachgegeben hatte, verzichtete McCloy auf weiteren Widerstand, da die Streichung des „angemessen" zu diesem Zeitpunkt den Deutschen Anlaß zu Fehlinterpretationen gäbe[148].

Mit der Forderung nach genereller Einbeziehung der Nationalverfolgten konnte sich die französische Delegation jedoch nicht durchsetzen, zumal auch die Briten sich schließlich der amerikanischen Auffassung annäherten[149]. So verständigten sich die Alliierten auf einen Kompromiß, der im Prinzip die deutsche Formulierung in etwas weiter gefaßter Form übernahm, worauf auch eine Einigung mit den Deutschen nicht mehr schwierig war. Statt „unter gröblicher Mißachtung der Menschenrechte", wie diese vorgeschlagen hatten, einigte sich der Ausschuß auf „unter Mißachtung der Menschenrechte"[150]. So hieß es schließlich, daß „Personen, die aus Gründen der Nationalität unter Mißachtung der Menschenrechte verfolgt wurden und gegenwärtig politische Flüchtlinge sind, die den Schutz ihres früheren Heimatlandes nicht mehr genießen, eine angemessene Entschädigung erhalten, soweit ihnen ein dauernder Gesundheitsschaden zugefügt worden ist"[151].

Was vordergründig wie ein Verhandlungserfolg der deutschen Delegation aussah,

---

[144] Niederschriften über die Besprechungen des Unterausschusses „Innere Rückerstattung und Innere Wiedergutmachung", 9.1. u. 15.1. 1952, PA/AA, II 241-27g, Bd. 2; Chronological Developments Leading to the Allied-German Agreement, 24.9. 1953 (Anm. 141).

[145] Draft Minutes of Allied-German Meeting held at Mehlem on February 1, 1952, zit. nach Chronological Developments Leading to the Allied-German Agreement, 24.9. 1953 (Anm. 141), S. 5.

[146] Vgl. Acheson an HICOG Bonn, 24.1. 1952, USNA, RG 59, 262.0041/1-2552.

[147] Ebenda.

[148] McCloy an Acheson, 1.2. 1952, USNA, RG 59, 262.0041/2-152.

[149] Ebenda.

[150] Niederschrift über die 7. Besprechung des Unterausschusses „Innere Rückerstattung und Innere Wiedergutmachung" am 27.2. 1952, PA/AA, II 241-27g, Bd. 3.

[151] Vertrag zur Regelung aus Krieg und Besatzung entstandener Fragen, Vierter Teil, Entschädigung für Opfer

war in erster Linie auf die Tatsache zurückzuführen, daß die amerikanische Position in diesem Punkt weitgehend identisch mit der deutschen war, auch wenn dies durch den Zwang zu einem geschlossenen alliierten Auftreten gegenüber den Deutschen nach außen hin nicht so deutlich geworden war. Die Franzosen fanden sich aber mit dieser Niederlage nicht endgültig ab, und so erklärte der französische Delegierte Patey, seine Regierung behalte sich vor, „nach Unterzeichnung des Vertragswerkes in einem Brief an den Herrn Bundeskanzler alle Rechte geltend zu machen, auf die die französische Regierung glaubt, bei einer endgültigen Schuldenregelung mit der Bundesrepublik (möglicherweise in einem Friedensvertrag) Anspruch zu haben" [152].

Schwieriger als die Einigung auf die deutschen Maßnahmen im Bereich der Entschädigung war die Verständigung bei der Rückerstattung. Auch die deutsche Delegation empfand es als „auffallend, daß die Alliierten das Schwergewicht auf die Restitutionen und nicht auf die Entschädigung legen". Dahinter vermutete sie zu Recht den in dieser Frage stärkeren Druck interessierter Kreise in Washington und London [153]. Hinzu kam, daß in der Frage der Entschädigung weiterhin beträchtliche interalliierte Differenzen bestanden, was auch auf ihr gemeinsames Auftreten gegenüber den Deutschen ausstrahlte.

Die Auseinandersetzung um die Rückerstattung konzentrierte sich vor allem auf zwei Punkte. Ein erstes großes Problem ergab sich aus der Zusammensetzung der obersten Rückerstattungsgerichte, in denen bislang in der amerikanischen und britischen Zone ausschließlich alliierte Richter saßen, während in der französischen Zone eine gemischte deutsch-französische Kammer existierte. Bei den alliierten Verhandlungen der ISG in London sowie der Hohen Kommissare hatte sich ein Konsens herausgebildet, nach Möglichkeit ein gemischtes deutsch-alliiertes oberstes Rückerstattungsgericht einzurichten, wobei jedoch die alliierten Richter die Mehrheit behalten sollten. Gegen diese Pläne unternahmen die jüdischen Organisationen und ihnen gewogene Abgeordnete des US-Kongresses eine Vielzahl von Interventionen im State Department und bei den Hohen Kommissaren. Dazu gehörte auch ein Besuch von Vertretern mehrerer jüdischer Organisationen am 18. September im State Department, bei dem diese darauf drängten, daß die bisherigen alliierten Gerichte auch künftig beibehalten werden sollten. Doch Jacques Reinstein aus der Deutschlandabteilung verteidigte die geplanten gemischten Gerichte und unterstrich, wenn es nach ihm ginge, erhielten die Deutschen sogar Parität bei der Besetzung dieser Kammern: „Persons intimately familiar with the German scene are convinced that Allied courts are untenable, and accordingly the Department is not prepared to demand them." [154]
Eine gute Woche später sprach auch eine Abordnung einer Anzahl amerikanischer Verfolgten-Organisationen in dieser Sache vor. Wie Henry Byroade, der Leiter der Deutschlandabteilung, bei dieser Gelegenheit erklärte, akzeptierte das State Department zwar ihre Forderung nach Beibehaltung der alliierten Rückerstattungsgesetze

---

der nationalsozialistischen Verfolgung, Abs.1, Verträge der Bundesrepublik Deutschland, Serie A: Multilaterale Verträge, Nr. 62-68, Bd. 7, hrsg. v. Auswärtigen Amt, Bonn usw. 1957, S. 279.
[152] Niederschrift über die 7. Besprechung des Unterausschusses „Innere Rückerstattung und Innere Wiedergutmachung" am 27.2. 1952, PA/AA, II 241-27g, Bd. 3.
[153] Aufzeichnung v. Brückner für v. Trützschler, 20. 12. 1951, PA/AA, II 241-27g, Bd. 1.
[154] Department of State, Memorandum of Conversation, 18. 9. 1951, Lewis, Reinstein u. Baker (State Department) mit Seymour Rubin (AJDC), Bowles (WJC), Rock (JRSO), USNA, RG 59, 262.0041/9-1851.

sowie nach einem Verbot eines Wiederaufrollens bereits abgewickelter Fälle, doch die
Forderung, die alliierten Gerichte beizubehalten, schlug er auch ihnen ab. Verständnis
dafür versuchte er durch Hinweise auf den politischen Hintergrund zu gewinnen: Der
kritische Punkt der Überleitungsverträge sei die Zustimmung des Bundestags. „If the
government should fail on that vote, the coalition would be destroyed and it is extreme-
ly doubtful that we could get a better government. Furthermore the defense of Europe
may hang on this vote"[155]. Um angesichts des massiven Drängens dieser Organisationen wenigstens guten Willen zu zeigen, teilte das State Department McCloy mit, man
halte die Beibehaltung der alliierten Gerichte zwar nicht für opportun, doch könne er
auf eigene Verantwortung einen Versuch in dieser Richtung unternehmen[156]. Weder die
Briten noch die Franzosen waren von dieser Idee angetan, doch willigten sie ein,
wenigstens einen Versuchsballon zu starten. Da sich dabei herausstellte, daß die Fortführung alliierter oberster Rückerstattungsgerichte nach dem Ende des Besatzungsstatuts für die Deutschen absolut indiskutabel war, wurde dieser Gedanke, der ohnehin
auch auf alliierter Seite keine Freunde besaß, jedoch schnell begraben[157].

Aber auch so war die Pille für die Deutschen bitter genug. Als die alliierte Delegation
ihnen am 18. Dezember im Ausschuß für Innere Wiedergutmachung das geplante Statut
eines obersten Rückerstattungsgerichts mit gemischter Zusammensetzung, aber alliierter Majorität vorlegte, herrschte dort herbe Enttäuschung, und so wurde die Frage an
den Lenkungsausschuß weitergeleitet[158]. Briten und Franzosen waren ohnehin geneigt,
den Deutschen in diesem Punkt nachzugeben und ein paritätisch besetztes deutsch-
alliiertes Gericht mit neutralem Vorsitz hinzunehmen, wie sie in internen alliierten
Diskussionen zu verstehen gaben. Überdies hatte bereits der Abschlußbericht der Hohen Kommissare nach den Vorgesprächen einen Verhandlungsspielraum in dieser Frage
konzediert[159]. Doch beharrte die amerikanische Delegation zunächst weiter auf der
ursprünglich vorgeschlagenen Konzeption, die eine alliierte Majorität vorsah[160].
Schließlich kam die Frage auf der Tagesordnung der Besprechungen zwischen Adenauer und den Hohen Kommissaren. Dabei schlug der Bundeskanzler vor, ein paritätisch
besetztes deutsch-alliiertes Gericht mit einem neutralen Vorsitzenden zu schaffen. Dies
sei nötig, „um zu verhindern, daß der Antisemitismus wieder neuen Auftrieb erhal-
te"[161]. Auf Wunsch McCloys fragte das State Department Goldmann, Blaustein sowie
den Kongreßabgeordneten Javits, ob sie Adenauers Forderung zustimmen könnten.
Gleichwohl hielten diese an einer alliierten Majorität fest, woran auch der Hinweis auf
die angebliche Antisemitismus-Gefahr nichts änderte. Javits erklärte ausdrücklich, er

---

[155] Department of State, Memorandum of Conversation, 27. 9. 1951, Byroade, Lewis u. Baker (State Depart-
ment) m. Jacob K. Javits (Kongreßabgeordneter/New York), Stein, Callman, Muller u. Prager (American
Federation of Jews from Central Europe), Weil u. Higgins (Axis Victims League), Weigert (Association of
Former European Jurists), USNA, RG 59, 262.0041/9-2751.

[156] State Department an McCloy, 29. 9. 1951, WNRC, RG 466, McCloy Papers, Box 32.

[157] McCloy an Acheson, 15. 12. 1951, USNA, RG 59, 262.0041/12-1551.

[158] Niederschrift über die 3. Besprechung des Unterausschusses „Innere Rückerstattung und Innere Wiedergutmachung" am 18. 12. 1951, PA/AA, II 241-27g, Bd. 1; McCloy an Acheson, 20. 12. 1951, USNA, RG 59,
262.0041/12-2051.

[159] Report of the Allied High Commission Concerning the Establishment of a new Relationship between the
Allied Powers and Germany, 9. 8. 1951 (Anm. 128).

[160] McCloy an Acheson, 22. 12. 1951, USNA, RG 59, 262.0041/12-2251.

[161] Protokoll der Besprechung Adenauers mit den Hohen Kommissaren v. 8. 1. 1952, in: Adenauer und die
Hohen Kommissare 1952, hrsg. v. Hans-Peter Schwarz in Verb. m. Rainer Pommerin, bearb. v. Frank-
Lothar Kroll u. Manfred Nebelin, München 1990, S. 2 f.

wolle dieses Risiko eingehen[162], und Blaustein und Goldmann ergänzten, mit einem gewissen Maß an deutschem Antisemitismus müsse man so oder so rechnen[163].

Doch gestalteten sich die Verhandlungen weiterhin dadurch kompliziert, daß Adenauer ein Junktim mit einer anderen zentralen Streitfrage herstellte, nämlich mit der alliierten Forderung nach der Übernahme der rückerstattungsrechtlichen Verbindlichkeiten des Deutschen Reiches. Auch hier war es auf den unteren Verhandlungsebenen zu keiner Einigung gekommen, denn die deutsche Delegation hatte verlangt, diese Forderung durch den Zusatz „entsprechend ihrer Zahlungsfähigkeit und dem Grundgesetz" einzuschränken. Sie stellte sich auf den Standpunkt, die rückerstattungsrechtlichen Verpflichtungen dürften nur im Gesamtzusammenhang aller anderen finanziellen Verpflichtungen der Bundesrepublik, einschließlich des Abkommens über die Auslandsschulden und des Verteidigungsbeitrags, gesehen werden. Auch Hallstein lehnte es ab, für diese Frage eine vorgezogene Sonderregelung zu treffen, gab es doch nach seiner Auffassung eine ganze Reihe von Verpflichtungen, die genau so wichtig seien[164]. Diese Position fand ihre Hauptstütze in Schäffer und dem von ihm geleiteten Bundesfinanzministerium[165]. Dehler und das Bundesjustizministerium traten hingegen mittlerweile intern für eine Vorabregelung der Reichsverbindlichkeiten ein – nicht zuletzt deshalb, weil sie in diesem Zusammenhang die Rückgriffsansprüche der deutschen Rückerstattungsgeschädigten gegen das Reich regeln wollten[166].

Während also die deutsche Seite der Rückerstattung für Verfolgte des Nationalsozialismus keine höhere Priorität gegenüber anderen dringenden finanziellen Verpflichtungen einräumte, unterschied sich der alliierte Standpunkt davon zumindest graduell. Auch hier wurde zwar nach einem Interessenausgleich gesucht, doch bestand gleichwohl die Auffassung, daß diese Forderungen vorab erfüllt werden sollten. Dazu trug erneut der Wunsch nach Beruhigung dieser konfliktreichen Materie bei. So telegraphierte Acheson an HICOG: „Reason for settling this category of claims ahead of others is that these claims form part of complex of persecutee problems and will remain source of pressure and trouble until settled"[167]. Konzessionen sollten deshalb allenfalls beim Zahlungsmodus, nicht aber im Grundsätzlichen gemacht werden.

Auch diese Frage mußte schließlich auf höchster Ebene beraten werden. Die deutschen Widerstände resultierten dabei hauptsächlich daraus, daß nach Auskunft ihrer Experten für diesen Bereich mit einer Summe von fünf bis sieben Mrd. DM zu rechnen sei[168], während die alliierten Experten mit einem Betrag von maximal einer Mrd. DM kalkulierten[169]. Bei der Besprechung mit den Hohen Kommissaren am 22. Januar 1952

[162] Acheson an HICOG, 11.1.1952, WNRC, RG 466, McCloy Papers, Box 36.
[163] Department of State, Memorandum of Conversation, Lewis mit Goldmann und Blaustein, 14.1.1952, USNA, RG 59, 262.0041/1-1452.
[164] HICOG an State Department, 19.1.1952, USNA, RG 466, McCloy Papers, Box 35. Siehe auch Niederschrift der 2. Besprechung des Unterausschusses „Innere Rückerstattung und Innere Wiedergutmachung" am 14.12.1951, PA/AA, II 241-27g, Bd. 1; Auszug aus der kurzen Niederschrift über die 7. Besprechung des Hauptausschusses am 19.1.1952, PA/AA, II 241-27g, Bd. 1.
[165] Siehe etwa Schäffer an Auswärtiges Amt, Anlage: Memorandum zu Art. 5(a) des Teiles III des Abkommen – Rückerstattungsrechtliche Verbindlichkeiten des Reichs, 10.1.1952, PA/AA, II 241-27g, Bd. 2.
[166] Dehler an Adenauer, 20.12.1951, Anlage: Memorandum, BA, B 136/1125. Vgl. dazu auch oben, Abschnitt I.1.
[167] Acheson an HICOG, Bonn, 8.2.1952, USNA, RG 59, 262.0041/1-2652.
[168] Siehe dazu etwa Schäffer an Auswärtiges Amt, 10.1.1952 (Anm. 165).
[169] Stellungnahme der alliierten Sachverständigen zu dem deutschen Memorandum über Art. 5(a) des Teiles III des Abkommens, Anlage zu Debevoise an Trützschler, 11.2.1952, PA/AA, II 241-27g, Bd. 2.

argumentierte Adenauer nun vor allem damit, daß vor dem Hintergrund solcher Belastungen kein Bundestag bereit wäre, einem alliiert dominierten obersten Rückerstattungsgericht zuzustimmen. Geschickt verband er dieses Argument mit der Frage der Zustimmung der SPD zu einem deutschen Verteidigungsbeitrag. Zugleich lockte er aber damit, daß er sein Urteil noch einmal überdenken könnte, falls der Gesamtbetrag der Rückerstattungsverbindlichkeiten des Deutschen Reiches auf ein bis zwei Mrd. DM begrenzt würde[170]. Die Opposition spielte insofern eine nützliche Rolle für die Verhandlungstaktik Adenauers: Unter Hinweis auf erhebliche Widerstände im Bundestag gegen allzu hohe deutsche Konzessionen, konnte er die Alliierten unter einen gewissen Druck setzen, in manchen Einzelfragen Zugeständnisse zu machen, da diese primär daran interessiert waren, die politische und militärische Westintegration der Bundesrepublik voranzubringen. Im Verhältnis dazu waren die Fragen der Rückerstattung und Entschädigung für Verfolgte des Nationalsozialismus ohnedies nur ein Nebenthema, wenngleich kein unbedeutendes.

In beiden Fällen schufen schließlich alliierte Konzessionen die Voraussetzung für eine Einigung. Auf der Londoner Konferenz der drei Außenminister im Februar 1952 wurde beschlossen, daß die geldlichen Rückerstattungsforderungen gegen das Reich unter die Währungsreform fallen sollten und damit zehn zu eins abgewertet würden. Die Außenminister glaubten, die dadurch gegebene drastische Verringerung der rückerstattungsrechtlichen Geldverbindlichkeiten werde es Adenauer ermöglichen, dem Vorschlag einer alliierten Majorität in den Obersten Rückerstattungsgerichten zuzustimmen. Doch ermächtigten sie zugleich die Hohen Kommissare, der deutschen Forderung nach einem paritätisch besetzten Gericht mit neutralem Vorsitzenden zuzustimmen, falls die Deutschen den alliierten Vorschlag nicht akzeptieren sollten[171]. Am 1. März unterbreiteten die Alliierten diese Vorschläge im Koordinierungsausschuß, doch reagierte Hallstein weniger angetan als erhofft. Da das Argument der finanziellen Überforderung nun weitgehend entkräftet schien, brachte er wieder die angebliche Antisemitismus-Gefahr ins Spiel; einer alliierten Majorität in einem gemischten Obersten Rückerstattungsgericht wollte er deshalb nach wie vor nicht zustimmen[172]. Erst nach mehreren weiteren Besprechungen der Hohen Kommissare mit Adenauer gelang hier ein Durchbruch. Nachdem der Bundeskanzler zunächst erneut gefordert hatte, daß die rückerstattungsrechtlichen Geldverbindlichkeiten des Reiches nur im Zusammenhang der deutschen Gesamtverbindlichkeiten gesehen werden dürften[173], akzeptierte er schließlich im April den alliierten Vorschlag, die Gesamtsumme dieser Forderungen auf 1,5 Mrd. DM zu begrenzen, wobei zugleich die RM-Forderungen eins zu zehn abgewertet werden sollten[174]. Da die Alliierten ohnehin mit einem Betrag rechneten, der unter einer Milliarde DM lag, fiel ihnen dieses Zugeständnis nicht allzu schwer.

In der Frage der Zusammensetzung der obersten Rückerstattungsgerichte war eine

[170] Protokoll der Sitzung Adenauers mit den Hohen Kommissaren am 22.1.1952, in: Adenauer und die Hohen Kommissare 1952, S.9f; McCloy an Acheson, 23.1.1952, USNA, RG 59, 262.0041/1-2352.

[171] Memorandum von Slater an McCloy, Hays u.a., 10.3.1952, WNRC, RG 466, McCloy Papers, Box 38.

[172] Ebenda.

[173] Bericht über Treffen der Hohen Kommissare mit Adenauer am 11. März in Schreiben McCloys an State Department, 12.3.1952, WNRC, RG 466, McCloy Papers, Box 37; Aufzeichnung Brückner für Adenauer, 21.3.1952, PA/AA, II 241-27g, Bd. 3.

[174] Protokoll des Treffens Adenauers mit den Hohen Kommissaren am 4.4. und 9.4.1952, in: Adenauer und die Hohen Kommissare 1952, S.38f. u. 70f. Siehe auch HICOG an State Department, 5.4.1952 und 10.4.1952, WNRC, RG 466, McCloy Papers, Box 39 u. 40.

Lösung bereits früher erreicht worden. Am 25. März hatten die Alliierten schließlich dem deutschen Wunsch nachgegeben und paritätisch besetzten Kammern mit einem neutralen Vorsitzenden zugestimmt[175]. Daß sie die Forderung nach einer alliierten Majorität überhaupt so lange aufrecht erhalten hatten, beruhte weniger auf eigener Überzeugung als auf dem Drängen jüdischer und anderer interessierter Organisationen. Das Zugeständnis paritätischer Kammern unter neutralem Vorsitz war bereits von Anbeginn der Verhandlungen als Option bereitgehalten worden, doch hatten die Alliierten zunächst die deutsche Schmerzgrenze ausgelotet und damit die eigenen innenpolitischen Verpflichtungen erfüllt.

Nach der Klärung dieser Grundfragen wurde im weiteren nur noch redaktionell an den Entwürfen gearbeitet[176], und am 26. Mai 1952 unterzeichneten Adenauer, Schuman, Acheson und Eden schließlich den Überleitungsvertrag im Rahmen des Deutschlandvertrags. Durch das Scheitern dieses Vertragswerkes in der französischen Nationalversammlung an der Frage der Europäischen Verteidigungsgemeinschaft konnte das Gesamtvertragswerk zwar erst 1955 nach erneuten Verhandlungen endgültig in Kraft treten[177], doch minderte dies nicht die Bedeutung der in Abschnitt III und IV des Überleitungsabkommens festgehaltenen alliierten Forderungen. Diese bezeichneten der deutschen Seite unmißverständlich den Preis, der für die Aufgabe der alliierten Vorbehaltsrechte im Bereich der Rückerstattung und Entschädigung zu entrichten war.

Offensichtlich lag dabei das Schwergewicht auf der Rückerstattung[178]: Teil III des Vertrages bestimmte vor allem, daß die Bundesrepublik die alliierten Gesetze zur Regelung der Rückerstattung feststellbarer Vermögenswerte an Verfolgte des Nationalsozialismus sowie auch zur Rückerstattung und Übertragung von Vermögenswerten an Genossenschaften, Gewerkschaften, Wohltätigkeitsorganisationen und andere demokratische Organisationen gemäß Kontrollratsdirektive Nr. 50 und den entsprechenden zonalen Militärregierungsgesetzen in vollem Umfange und beschleunigt durchführen müsse. Außerdem sollte die Bundesrepublik alle geldlichen Rückerstattungsforderungen gegen das Deutsche Reich bis zu einem Gesamtbetrag von 1,5 Mrd. DM erfüllen, wobei sie hinsichtlich Zeit und Methode dieser Zahlungen ihre Zahlungsfähigkeit berücksichtigen durfte. Die nach den Rückerstattungsgesetzen bestimmten Nachfolgeorganisationen für erbenloses Eigentum und Treuhandkörperschaften sollten Gemeinnützigkeitsstatus erhalten und von Steuern und Lastenausgleichsabgaben befreit sein – dies war ein Punkt gewesen, für den sich die jüdischen Organisationen sehr stark eingesetzt hatten[179]. Zuletzt war auch Aufbau und Zusammensetzung des künftigen paritätisch besetzten Obersten Rückerstattungsgerichtes bestimmt.

Demgegenüber verpflichtete sich die Bundesrepublik im Vierten Teil des Abkommens dazu, „Personen, die wegen ihrer politischen Überzeugung, ihrer Rasse, ihres Glaubens oder ihrer Weltanschauung verfolgt wurden und hierdurch Schaden an Le-

---

[175] Niederschrift über die 9. Besprechung des Unterausschusses „Innere Rückerstattung und Innere Wiedergutmachung" am 25.3. 1952, PA/AA, II 241-27 g, Bd. 3.
[176] Siehe dazu PA/AA, II 241-27 g, Bd. 4 u. 5.
[177] Vgl. dazu Féaux de la Croix, Internationalrechtliche Grundlagen, S. 136-139.
[178] Siehe zum folg. Vertrag zur Regelung aus Krieg und Besatzung entstandener Fragen, Dritter Teil: Innerer Rückerstattung, in: Verträge der Bundesrepublik Deutschland, Serie A: Multilaterale Verträge, Nr. 62-68, Bd. 7, hrsg. vom Auswärtigen Amt, Bonn usw. 1957, S. 251-279.
[179] Siehe etwa Department of State, Memorandum of Conversation, 27. 4. 1951, Webb und Lewis mit Leavitt, Robinson, Rock, Warburg und Rubin, USNA, RG 59, 262.0041/4-2751.

ben, Körper, Gesundheit, Freiheit, Eigentum, Vermögen oder an ihrem wirtschaftlichen Fortkommen erlitten haben ..., eine angemessene Entschädigung ... sicherzustellen". Außerdem sollten „Personen, die aus Gründen der Nationalität unter Mißachtung der Menschenrechte verfolgt wurden und gegenwärtig politische Flüchtlinge sind, die den Schutz ihres früheren Heimatlandes nicht mehr genießen, eine angemessene Entschädigung erhalten, soweit ihnen ein dauernder Gesundheitsschaden zugefügt worden ist"[180]. Zur Erfüllung dieser Verpflichtung durften die künftigen Rechtsvorschriften im Bereich der Entschädigung nicht ungünstiger ausfallen als bisher. Zudem verpflichtete sich die Bundesrepublik dazu, „beschleunigt Rechtsvorschriften zu erlassen, welche die gegenwärtig in den verschiedenen Ländern geltenden Rechtsvorschriften ergänzen und abändern und welche ... im gesamten Bundesgebiet eine nicht weniger günstige Grundlage für die Entschädigung bilden als die gegenwärtig in den Ländern der amerikanischen Zone geltenden Rechtsvorschriften"[181]. Es folgten Bedingungen für eine gerechte Durchführung dieses Programms sowie die Verpflichtung der Bundesrepublik zur Mittelbereitstellung. Doch auch hier wurde ihr zugestanden, Zeit und Methode der Entschädigungszahlungen ihrer Zahlungsfähigkeit anzupassen.

Féaux de la Croix relativiert die Bedeutung des Überleitungsabkommens für die weitere Entwicklung der Wiedergutmachung mit dem Argument, daß viele der dort festgelegten Bestimmungen „Selbstgänger" gewesen seien, d. h. früher oder später auch ohne alliierte Nachhilfe gekommen wären. Er spekuliert weiter darüber, ob es nicht durch ein geschickteres Taktieren möglich gewesen wäre, gerade im Bereich der „Nicht-Selbstgänger" zu einigen wesentlich bescheideneren Wiedergutmachungsregelungen im Überleitungsabkommen zu gelangen[182]. Dies wirft ein bezeichnendes Licht auf die Problematik dieses Abkommens und der vorangegangenen Verhandlungen. Franz Böhm nannte es 1953 eine „Perversion des Denkens", daß die Deutschen „in eifrigen Verhandlungen und unter Vergießung von viel diplomatischen Verhandlungs-Schweißes" versucht hätten, die Forderung der Alliierten herunterzuhandeln, „daß wir Deutsche unsere deutschen Mitbürger, an denen Verbrechen begangen worden sind, ausreichend entschädigen". Sarkastisch stellte Böhm fest: „Wir überließen nicht nur den siegreichen Mächten die Wahrnehmung der Interessen unserer Mitbürger gegen die eigene Regierung, sondern wir empfanden es als einen Verhandlungserfolg, als es uns gelang, die Interessen unserer deutschen Mitbürger zu schädigen."[183] Allerdings verkannte Böhm, wenn er mit Penetranz auf die geschädigten *deutschen* Mitbürger hinwies, daß es den Alliierten zum Teil bei diesen Verhandlungen gerade auch um die nichtdeutschen Verfolgten des Nationalsozialismus ging!

Neben Carlo Schmid[184] bezeichnete es vor allem Adolf Arndt wiederholt als beschämend, daß die Wiedergutmachung quasi als alliiertes Oktroi komme und nicht die Bundesregierung von sich aus eine eigene Initiative ergreife und selbst Maßstäbe für dieses Gebiet formuliere. So erklärte er am 11. September 1952 vor dem Bundestag: „Eine der peinlichsten Bestimmungen der umstrittenen Verträge mit den westlichen

---

[180] Vertrag zur Regelung aus Krieg und Besatzung entstandener Fragen, Vierter Teil: Entschädigung für Opfer der nationalsozialistischen Verfolgung, S. 279-283, hier S. 279.

[181] Ebenda, S. 281.

[182] Vgl. Féaux de la Croix, Internationalrechtliche Grundlagen, S. 142-146, insbes. S. 146.

[183] Franz Böhm, in: Otto Küster, Wiedergutmachung als elementare Rechtsaufgabe, Frankfurt a.M. 1953, S. 23.

[184] Protokoll der 98. Sitzung des Bundestags-Ausschusses für Rechtswesen und Verfassungsrecht, 18. 4. 1951, BA, B 126/12523.

Besatzungsmächten ist die uns *auferlegte* Wiedergutmachung. Als ob es nicht unser ureigenstes Anliegen sein müßte, diese gesetzgeberische Aufgabe selbst zu lösen."[185] Tatsächlich verdeutlicht die Entstehung des Überleitungsabkommens erneut, daß ein politisches Konzept der Bundesregierung im Bereich der Wiedergutmachung allenfalls ex negativo existierte, bestehende Chancen, eigene Vorstellungen einzubringen, blieben ungenutzt. Da durch diese politische Verhaltensweise, die die Wiedergutmachung offensichtlich als Hol- und nicht als Bringschuld auffaßte, jeweils nur auf entsprechend starken Druck reagiert wurde, ist es kein Wunder, daß die Strukturen der Wiedergutmachung in so hohem Maße die unterschiedliche Fähigkeit der Verfolgten des Nationalsozialismus, ihre Interessen wirkungsvoll zu organisieren bzw. Unterstützung zu mobilisieren, widerspiegeln.

IV. Das Luxemburger Abkommen mit Israel und der Claims Conference

1. Der steinige Weg zu direkten Gesprächen

a) Die Formulierung der israelischen Globalforderung und die alliierten und jüdischen Reaktionen

Als ein weiterer Faktor in der Auseinandersetzung um die Wiedergutmachung trat gegen Anfang der fünfziger Jahre auch der neugegründete Staat Israel auf den Plan. Dies führte bei den jüdischen Organisationen, die sich bislang um die Ansprüche jüdischer Opfer des Nationalsozialismus gekümmert hatten, zu manchen Irritationen: Als etwa im Sommer 1949 die Nachricht kursierte, daß die israelische Regierung eine Liste von Schadensersatzforderungen gegen Deutschland und deutsche Staatsangehörige für zerstörtes, beschlagnahmtes oder erbenloses Eigentum aufgestellt hatte, die der künftigen Bundesregierung vorgelegt werden sollte, befürchtete man bei der United Restitution Organization (URO), daß es nun zu einem „Konkurrenzkampf der verschiedenen an dem Vermögen interessierten Stellen" kommen werde[186].

Diese israelischen Pläne beschränkten sich zunächst auf individuelle Ansprüche israelischer Staatsbürger bzw. auf den Transfer erbenlosen jüdischen Eigentums nach Israel. Bald wurde jedoch auch der kollektive jüdische Wiedergutmachungsanspruch wieder aufgegriffen, der seit der Pariser Reparationskonferenz nicht weiter verfolgt worden war. Schon im Januar 1950 fragte Schalom Adler-Rudel von der Jewish Agency, der bereits während des Krieges an solchen Plänen gearbeitet hatte[187], die amerikanischen jüdischen Organisationen nach ihrer Meinung zu dem Gedanken, „wieder Verhandlungen mit den Alliierten über das Problem der Reparationen für das jüdische Volk als

---

[185] Deutscher Bundestag, 229. Sitzung, 11.9. 1952, Stenographische Berichte, Bd. 13, S. 10434f. In der 163. Sitzung des Bundestags-Ausschusses für Rechtswesen und Verfassungsrecht am 21.2. 1952 hatte Arndt erklärt: „Die Wiedergutmachung ... sei ... eine deutsche Angelegenheit. Eine Abmachung des Inhalts, daß Deutschland sich durch internationalen Vertrag zur innerdeutschen Wiedergutmachung verpflichte, sei nicht einmal zu wünschen." (BA, B 141/409).

[186] URO/Hannover an URO/London, 7.6. 1949, LBI-Archiv, AR 5890/16, Council of Jews from Germany. Zur URO vgl. auch Hans Günter Hockerts, Anwälte der Verfolgten. Die United Restitution Organization, in: Herbst/Goschler (Hrsg.), Wiedergutmachung, S. 249-272.

[187] Vgl. Erstes Kapitel, Abschnitt II. 2.

Ganzes aufzunehmen"[188]. Dort reagierte man jedoch zurückhaltend: die Idee sei „zwar gerecht und wünschenswert, doch extrem schwierig, wenn nicht aussichtslos zu realisieren"[189].

Auf der anderen Seite befand sich Israel in einem innenpolitischen Dilemma zwischen der gravierenden wirtschaftlichen Notlage, derentwegen Leistungen von Deutschland dringend erwünscht waren, und den politisch-psychologischen Hürden, die einer jeden Kontaktaufnahme mit den Deutschen im Weg standen[190]. Dennoch verhandelte im Verlaufe des Frühjahrs und Sommers 1950 Kurt Mendelsohn, der Direktor der israelischen Steuerbehörde, diskret mit offiziellen Vertretern von Bund und Ländern über den Transfer deutscher Sperrmark mittels deutscher Warenexporte nach Israel. Dabei war daran gedacht, Entschädigungsansprüche israelischer Staatsbürger im Rahmen eines Globalabkommens abzugelten, ähnlich wie es die JRSO für die ihr zustehenden erbenlosen Rückerstattungsansprüche versuchte. Der Bundesfinanzminister versuchte jedoch, derartige Vorschußzahlungen der Bundesrepublik zu verhindern[191]. Allenfalls wollte Schäffer zulassen, daß die Länder, aus deren Gesetzgebung die Ansprüche resultierten, ein solches Globalabkommen – Mendelsohn hatte die Größenordnung von 100 Mio. DM genannt – finanzieren würden[192]. Doch fürs erste befreite die Alliierte Hohe Kommission die deutsche Seite aus der Verlegenheit: Diese pochte auf die alliierte Devisenbewirtschaftung und hatte bereits in einem Schreiben vom 11. Mai 1950 unterstrichen, daß nach ihrer Auffassung die deutsche Wirtschaft zur Zeit noch nicht in der Lage sei, sich die Ausfuhr von Waren gegen Bezahlung in DM erlauben zu können[193]. Daß sich die deutsche Regierung in dieser Frage nun hinter dem Rücken der Hohen Kommissare versteckte, stieß auf jüdischer und israelischer Seite auf herbe Kritik. Bitter wurde dort bemerkt, „daß die Bonner Regierung es in vielen anderen Dingen verstanden hat, gegenüber der HICOG auf den Tisch zu schlagen und Dinge, die ihr am Herzen lagen, durchzusetzen. Diese Einstellung scheint bei den Fragen, die mit der Rückerstattung des jüdischen Besitzes und des Transfers verbunden sind, bei der Bonner Regierung nicht vorhanden zu sein."[194]

So hielt man es Anfang 1951 in Israel für unergiebig, weiterhin direkte Gespräche mit Bonn zu suchen, solange von dort kein deutliches Zeichen des guten Willens komme. Deshalb richteten sich die nächsten Schritte an die vier Siegermächte. Im Mittelpunkt einer ersten Note vom 16. Januar 1951 standen Fragen der Rückerstattungs- und Entschädigungsgesetzgebung. Israel forderte die Beibehaltung der alliierten Vorbehaltsrechte und die Verbesserung der Entschädigungsgesetzgebung namentlich durch Ausweitung des US-Zonen-Gesetzes auf die ganze Bundesrepublik. Weitere Wünsche wa-

---

[188] Adler-Rudel an Max Isenbergh (AJC), 30.1.1950, YIVO-Archiv, RG 347, AJC Records, GEN-10, Box 282.

[189] AJC/New York, an AJC/Paris, 28.2.1950, YIVO-Archiv, RG 347, AJC Records, GEN-10, Box 282.

[190] Vgl. Nana Sagi, Wiedergutmachung für Israel. Die deutschen Zahlungen und Leistungen, Stuttgart 1981, S. 49-53; Yeshayahu A. Jelinek, Israel und die Anfänge der Shilumim, in: Herbst/Goschler (Hrsg.), Wiedergutmachung, S. 127-133.

[191] Schäffer an Hartmann, betr. Kabinettssitzung am 9.6.1950, BA, NL Schäffer, 168/33.

[192] Kurzbericht über die 15. Sitzung des Bundesrats-Finanzausschusses am 9.6.1950, BA, B 126/12523; Vormerkung von Ministerialdirektor K. Augustin (hess. Finanzministerium), 13.6.1950, BA, B 126/12359; Schäffer an Hartmann, betr. Kabinettssitzung am 9.6.1950 (Anm. 191); 72. Kabinettssitzung am 9.6.1950, in: Kabinettsprotokolle der Bundesregierung, Bd. 2, S. 438.

[193] Hays (AHK) an Adenauer, 11.5.1950, PA/AA, II 244-10, Bd. 1; Vormerkung Kuschnitzky, 23.2.1951, BA, B 126/12360; Konrad Adenauer, Erinnerungen, Bd. 2: 1953-1955, Stuttgart 1966, S. 133f.

[194] Das Zitat stammt aus einem Briefwechsel von Karl Marx mit einem ungenannten Vertreter der israelischen Regierung. Siehe Dehler an Schäffer, 5.2.1952, AdL, N 1/3151.

ren die Beschleunigung der laufenden Rückerstattungs- und Entschädigungsverfahren
sowie – besonders wichtig – die Lösung der Transferfrage. Zugleich kündigte die israelische Regierung eine eigene Reparationsforderung an[195]. Dies geschah schließlich
durch eine zweite Note vom 12. März, die unter Berufung auf die Verluste des jüdischen Volkes durch deutsche Hand sowie die Eingliederungskosten für etwa 500.000
Einwanderer aus früher vom Deutschen Reich besetzten Ländern Reparationen für
Israel als Entschädigung für das jüdische Volk forderte. Unter Bezug auf die Eingliederungskosten wurde die Forderung auf 1,5 Mrd. Dollar beziffert[196].

Die Sowjetunion reagierte weder auf die erste noch auf die zweite Note. Anders die
drei Westmächte: Vor allem auf Drängen der Briten[197] wurden die Antworten der
westlichen Alliierten im Rahmen der laufenden ISG-Beratungen in London koordiniert, da die israelischen Forderungen in engem Zusammenhang mit den dort bespro-
chenen Fragen standen. Neu an der ersten Note war dabei eigentlich nur, daß nunmehr
der Staat Israel als Statthalter der Interessen des jüdischen Volkes auftrat. Daran nahm
jedoch die britische Delegation Anstoß. Sie bestritt, daß Israel befugt sei, für alle
ehemaligen deutschen jüdischen Emigranten zu sprechen, hätten doch die meisten von
ihnen Zuflucht in den USA, Großbritannien oder Frankreich gefunden[198]. Der Tenor
der zwar abgestimmten, aber getrennt abgefaßten alliierten Antwortschreiben war dann
schließlich freundlich, aber unverbindlich: Übereinstimmend hieß es dort, die westlichen Alliierten würden ihr Augenmerk weiterhin auf diese Fragen richten, wenngleich
insbesondere der Forderung nach einer Aufhebung der einem Transfer von Wiedergutmachungsleistungen entgegenstehenden Bestimmungen im Augenblick nicht stattgege-
ben werden könne[199].

Die zweite israelische Note war hingegen um einiges brisanter, denn hier wurde ein
neuartiger Anspruch präsentiert: Reparationen für das jüdische Volk an Israel. Diese
Forderung stellte die westlichen Alliierten vor schwierige völkerrechtliche Fragen, weshalb sich die Beratungen, die auch hier durch die ISG koordiniert wurden, geraume Zeit
beanspruchten. Währenddessen lief die israelische Diplomatie auf vollen Touren, um
die Auswärtigen Ämter der angesprochenen Länder zu einer positiven Haltung gegenüber der Forderung nach 1,5 Mrd. Dollar Reparationen für Israel zu bewegen. Der
israelische Finanzstaatssekretär David Horowitz begab sich im April auf eine Rundreise
durch die Hauptstädte der westlichen Alliierten, fand dabei jedoch abgesehen von
aufmunternden Worten nirgends konkrete Unterstützung[200].

---

[195] Israelische Note vom 16. 1. 1951, in: Documents Relating to the Agreement between the Government of
Israel and the Government of the Federal Republic of Germany (Signed on 10 September 1952 at Luxemburg), hrsg. v. State of Israel, Ministry of Foreign Affairs, 1953, S. 13-16, hier: S. 16. Die Note an die
Sowjetunion unterschied sich wegen der unterschiedlichen Situation in der Sowjetischen Besatzungszone in
den einzelnen Forderungen. Vgl. Note Israels vom 16. 1. 1951, ebenda, S. 17-19.

[196] Israelische Note vom 12. 3. 1951 an die vier Besatzungsmächte, in: Documents Relating to the Agreement,
S. 20-24, hier: S. 24.

[197] Department of State, Memorandum of Conversation, Prud'homme u. Margolies (State Department) mit
Penson (brit. Botschaft in Washington), 31. 1. 1951, USNA, RG 59, 396.1-ISG/1-3151.

[198] Gifford (London) an Acheson, 9. 3. 1951, USNA, RG 59, 396.1-ISG/3-651.

[199] Britische Note vom 20. 3. 1951, in: Documents Relating to the Agreement, S. 28 f; Note der USA vom 21. 3.
1951, ebenda, S. 30-32; französische Note 21. 3. 1951, ebenda, S. 32 f.

[200] Siehe dazu etwa Acheson an US-Botschaft in London, 12. 4. 1951, USNA, RG 59, 396.1-1-ISG/4-1151;
Department of State, Memorandum of Conversation, Abba Eban (israel. Botschafter in Washington), Horowitz, Byroade, Alexander Kiefer, 10. 4. 1951, in: FRUS 1951, Bd. V: The Near East and Africa, Washington,
D.C., 1982, S. 630 f. Vgl. auch Sagi, Wiedergutmachung, S. 63-65; Michael Wolffsohn, Das deutsch-israelische Wiedergutmachungsabkommen von 1952 im internationalen Zusammenhang, in: VfZ 36 (1988), S. 697 f.

Wie sich bei den Beratungen der ISG bald zeigte, stimmten die drei Westmächte darin überein, daß die Berechtigung der israelischen Regierung, Reparationen von Deutschland zu fordern, vom völkerrechtlichen Standpunkt her zweifelhaft sei. Doch sollte ihr freigestellt werden, ihre Forderung zum Zeitpunkt eines Friedensvertrages zu präsentieren. Kern der israelischen Forderung waren nach Auffassung der ISG die unzureichenden Leistungen, die aus Artikel 8 des Pariser Reparationsabkommens resultierten. Doch war man sich einig, daß alle beteiligten Staaten nur einen Bruchteil ihrer tatsächlichen Verluste ersetzt bekommen hätten. So bestimmten die Delegierten als Leitlinie ihrer Antwort, daß auf die umfangreichen alliierten Maßnahmen im Bereich der Rückerstattung, der Entschädigung und der Reparationen für nichtrepatriierbare Flüchtlinge hingewiesen werden sollte und daß weitere Schritte nur im Zusammenhang eines Friedensvertrages erfolgen könnten[201].

Eine massive Erweiterung der deutschen Verpflichtungen, wie sie aus der israelischen Reparationsforderung resultierte, war also mit dem Generalzweck der ISG-Beratungen nicht vereinbar: Hier ging es darum, die durch das Besatzungsstatut bestehenden Beschränkungen der Bundesrepublik nach Möglichkeit auf dem Wege von Selbstverpflichtungen der deutschen Seite zu liquidieren. Bedenkt man, daß Großbritannien und Frankreich bei derselben Gelegenheit gezwungen waren, ihre eigenen Forderungen nach Ausweitung der deutschen Wiedergutmachungsleistungen erheblich zurückzustecken[202], kann es nicht überraschen, daß die Alliierten keine Bereitschaft zeigten, sich hier zum Anwalt für Israels Sache zu machen. So erklärten sie sich in ihren drei Antwortnoten, die alle vom 5. Juli datierten, unter Berufung auf das Pariser Reparationsabkommen übereinstimmend für außerstande, Deutschland zum gegenwärtigen Zeitpunkt neue Reparationszahlungen aufzuerlegen[203]. Israel blieb also nichts anderes übrig, als selbst an Deutschland heranzutreten, wenn es solche Ansprüche realisieren wollte. Um einen „freiwilligen deutschen Hilfsbeitrag an Israel" nicht zu behindern, wurden die alliierten Antwortnoten auf Wunsch der israelischen Regierung gegenüber der Bundesregierung geheimgehalten[204].

Auch bei den jüdischen Organisationen in den USA hatten die israelischen Noten zunächst alles andere als einhellige Zustimmung ausgelöst. Wortführer der Kritiker war das American Jewish Committee, das in Fragen der Eigenständigkeit der jüdischen Diaspora traditionell sehr empfindlich war. Dort herrschte zunächst die Auffassung, der Staat Israel habe kein Recht, Forderungen auf Entschädigung und Rückerstattung für das jüdische Volk als Ganzes zu stellen. Besonders verärgert war man darüber, daß die erste israelische Note vom 16. Januar ohne Rücksprache mit einer der amerikanischen jüdischen Organisationen veröffentlicht worden war[205]. Die zweite israelische Note, die die Reparationsforderung enthielt, wurde vom American Jewish Committee sogar noch kritischer bewertet. Die Argumentation dieser Note sei äußerst konfus, und

---

[201] Gifford an Acheson, 19.4. 1951, USNA, RG 59, 396.1-ISG/4-1951.

[202] Vgl. oben, Abschnitt III.

[203] Acheson an Eban, 5. 7. 1951, in: FRUS 1951 V, S.748-752. Britische Antwortnote vom 5. 7. 1951, in: Documents Relating to the Agreement, S. 36 f. Französische Antwortnote vom 5.7. 1951, ebenda, S. 39-41.

[204] Acheson an US-Botschaft in London, 3. 7. 1951, in: FRUS 1951 V, S. 742. Der Verlauf einer Besprechung bei Adenauer mit Abs, Böhm und anderen am 5. 4. 1952 bestätigt, daß sich jedenfalls die USA an diese Abmachung hielten. Siehe Aufzeichnung der Besprechung vom 5. 4. 1952, BA, NL Blankenhorn, 351/17.

[205] Eugen Hevesi (AJC) an Jacob Blaustein, 24. 1. 1951, YIVO-Archiv, RG 347, AJC Records, GEN-10, Box 291.

schließlich: „The resulting document offers so many openings for critical attack which may seriously affect the issue itself."[206] Auch Simon Segal hieb namens des AJC bei einer Besprechung des Komitees der vier jüdischen Organisationen am 28. März in diese Kerbe. Überdies hielt er den Zeitpunkt der Veröffentlichung dieser Note für unglücklich, da hierdurch die laufenden Verhandlungen mit den US-Zonen-Ländern über Globalabkommen gefährdet würden[207]. In dieser Umgebung hätte man sich anfänglich lieber auf den Abschluß der bisherigen Wiedergutmachungsmaßnahmen konzentriert, als hier durch neuartige Forderungen unabsehbare Risiken zu schaffen.

Die beiden israelischen Noten wurden also zunächst weder bei den Alliierten noch bei den amerikanischen jüdischen Organisationen besonders freundlich aufgenommen. Erklärt sich dies im Falle der drei Westmächte aus der Unvereinbarkeit mit dem geplanten Abbau der Souveränitätsbeschränkungen Deutschlands und dem damit einhergehenden Rückzug aus der Verantwortung im Bereich der Wiedergutmachung, so hatte dies bei den jüdischen Organisationen andere Gründe: Die israelischen Forderungen gefährdeten ihren bislang aufrechterhaltenen Alleinvertretungsanspruch. Zudem bedeuteten die israelischen Reparationsforderungen eine gewisse Konkurrenz im Rahmen der bisher entwickelten Strukturen der Wiedergutmachung, die vor allem auf individuelle Entschädigung und Rückerstattung zielten.

Um hier zu vermitteln, diskutierte Nahum Goldmann, der Vorsitzende der Jewish Agency, bei Gesprächen mit der israelischen Regierung im März 1951 die künftige Aufgabenteilung zwischen dem Staat Israel und den amerikanischen jüdischen Organisationen. Dabei wurde festgelegt, daß sich die israelische Regierung auf das Problem der Reparationen beschränken solle. Demgegenüber oblägen den jüdischen Organisationen künftig – in enger Zusammenarbeit mit Israel – Fragen der Rückerstattung, des erbenlosen Eigentums, Forderungen gegen das Reich usw. Israel würde also nicht für alle Juden sprechen, sondern nur für die von ihm aufgenommenen jüdischen Überlebenden[208]. Unter dem ausdrücklichen Vorbehalt, daß der israelische Reparationsanspruch ausschließlich auf der Grundlage der Eingliederungskosten jüdischer Überlebender in Israel basiere, stellte sich so schließlich auch das Komitee der vier amerikanischen jüdischen Organisationen hinter die israelischen Forderungen[209].

Der Verzicht auf die dort zunächst vorhandene reservierte Haltung gegenüber der israelischen Initiative trug bald erste Früchte. Eine Delegation des American Jewish Committee unter Leitung ihres Präsidenten Jacob Blaustein vereinbarte bei einem Gespräch mit dem amerikanischen Hohen Kommissar McCloy im Hause des Senators Averell Harriman im Juni 1951, daß Bundeskanzler Adenauer und die deutsche Regierung neben anderem zu einer Reihe von Schritten auf dem Gebiet der Wiedergutmachung bewegt werden sollten[210]. Dies hatte zur Folge, daß, verglichen mit den Skepti-

---

[206] AJC, Comments on the Note Adressed on March 12, 1951, by the Government of Israel to the United States, Great Britain, France and the Soviet Union, (o.Dat.) ca. Ende März 1951, YIVO-Archiv, RG 347, AJC Records, GEN-10, Box 282.
[207] Notes on the Meeting of the Four Organizations (Jewish Agency, AJDC, AJC, WJC), 28.3.1951, YIVO-Archiv, RG 347, AJC Records, GEN-10, Box 291.
[208] Ebenda.
[209] Simon Segal (AJC) an John Slawson (AJC), 8.5.1951: Bericht über Treffen bei der Jewish Agency am 26.4., YIVO-Archiv, RG 347, AJC Records, GEN-10, Box 282; Jacob Blaustein an Acheson, 5.6.1951, ebenda.
[210] Blaustein an McCloy, 24.8.1965, AJC-Archiv, JSX, Subject Restitution 65-66. Vgl. auch Yeshayahu A. Jelinek, McCloy, Blaustein, and the Shilumim: A Chapter in American Foreign Affairs. (Erscheint voraussichtlich Anfang 1992 als Occasional Paper des Deutschen Historischen Instituts in Washington).

kern im State Department, McCloy fortan eine erkennbar freundlichere Haltung gegenüber den israelisch-jüdischen Forderungen an den Tag legte; er war überdies in dieser
Angelegenheit gewiß mehr als nur ein „Implementator" der Richtlinien aus Washington[211]. Daß man bald darauf auf Wunsch des amerikanischen Hohen Kommissars auch
davon abging, hier von Reparationen zu sprechen[212], steht vermutlich gleichfalls damit
in Verbindung: Die verbale Abgrenzung von der Reparationsthematik und damit auch
die Betonung der Einzigartigkeit dieser Ansprüche waren wichtige Voraussetzungen
zur Überwindung der Hindernisse, die sich aus der Befangenheit des Denkens in traditionellen völkerrechtlichen Kategorien ergaben.

b) Adenauers Entschluß zu Verhandlungen

Die israelischen Noten an die Alliierten waren, wie geschildert, durch die das Jahr 1950
hindurch an den Tag gelegte intransigente Haltung der Bundesregierung motiviert
gewesen. Umso überraschender war es, daß die ersten deutschen Reaktionen auf die
israelische Initiative verhältnismäßig positiv ausfielen. Offensichtlich hatten die israelischen Anstrengungen im Verein mit einer Anzahl von Bemühungen einzelner Persönlichkeiten wie Karl Marx, Jakob Altmaier und anderen die deutsche Haltung zu diesen
Fragen wenigstens an manchen Stellen in Bewegung gebracht[213]. Wie Goldmann dem
Komitee der amerikanischen jüdischen Organisationen bereits Ende März mitteilte,
hatten hohe offizielle Kreise signalisiert, daß die deutsche Regierung die Angelegenheit
diskutieren wolle. Vertrauenswürdig erschien jedoch vor allem die Mitteilung des jüdischen Bundestagsabgeordneten Jakob Altmaier, daß Adenauer bereit sei, mit einem
autorisierten Vertreter der Juden zusammenzutreffen[214]. Tatsächlich kam es am 19.
April in Paris unter größter Geheimhaltung zu einer Begegnung Adenauers, der von
seinem außenpolitischen Ratgeber Herbert Blankenhorn begleitet wurde, mit Horowitz sowie dem israelischen Botschafter Maurice Fischer. Doch stand die Unterredung
unter keinem glücklichen Stern: Horowitz forderte Adenauer dazu auf, eine Geste der
Anerkennung gegenüber der israelischen Forderung zu unternehmen. Der Bundeskanzler zeigte sich gegenüber diesem Wunsch zwar persönlich aufgeschlossen, fürchtete aber angeblich die Reaktion der SPD. Vor allem aber erklärte er sich außerstande,

[211] Saul Kagan am 15.3. 1991 bei einem Symposiums des Deutschen Historischen Instituts, Washington, in New
York zum Thema „Holocaust und Shilumim".
[212] Blaustein an Eban, 23.7. 1951, YIVO-Archiv, RG 347, AJC Records, GEN-10, Box 282. Zum Problem der
Bezeichnung der israelischen Forderung vgl. auch Jelinek, Israel und die Anfänge der Shilumim, S. 120.
[213] Yeshayahu A. Jelinek versucht diesen Knoten zu durchschlagen: Aufgrund einiger Indizien sieht er die
Möglichkeit, daß die Übermittlung der israelischen Noten an die Alliierten mit vorheriger Zustimmung
Adenauers erfolgt sei. Vgl. ders., Political Acumen, Altruism, Foreign Pressure or Moral Debt – Konrad
Adenauer and the „Shilumim", in: Tel Aviver Jahrbuch für deutsche Geschichte 19 (1990), S. 86. Dies
erscheint jedoch angesichts der aus den von mir eingesehenen Quellen hervorgehenden deutschen Haltung in
dieser Phase als gänzlich unwahrscheinlich, abgesehen vom Fehlen eines direkten Belegs für diese Annahme.
Siehe dazu insbesondere die Dokumentation der Kontakte Dehlers und Karl Marx Ende 1950/Anfang 1951;
AdL, N 1/3151. Zur Rolle Altmaiers vgl. Willy Albrecht, Ein Wegbereiter: Jakob Altmaier und das Luxemburger Abkommen, in: Herbst/Goschler (Hrsg.), Wiedergutmachung, S. 208 f.
[214] Notes on the Meeting of the Four Organizations, 28.3. 1951, YIVO-Archiv, RG 347, AJC Records, GEN-
10, Box 291. Namentlich Dehler hatte sein Anfang 1951 Karl Marx wiederholt vorsichtige Signale in dieser
Richtung gegeben, der dies wiederum der israelischen Regierung zur Kenntnis brachte. Siehe dazu etwa Karl
Marx an Dehler, 18.4. 1951, AdL, N 1/3151. Auch das deutsche Konsulat in Washington bemühte sich in
dieser Frage mehrfach um Kontakt zu den jüdischen Organisationen. Siehe Segal an Slawson, 8. 5. 1951
(Anm. 209).

einen solchen Schritt ohne Zustimmung der USA zu unternehmen, sei er doch von amerikanischer finanzieller Beihilfe für Deutschland abhängig[215].

Den Israelis war nicht entgangen, daß die SPD erst vor kurzem im Bundestag die Forderung nach Wiedergutmachungsleistungen an Israel eingebracht hatte[216], so daß dieses Argument Adenauers offensichtlich vorgeschoben war. Deshalb hakten sie als nächstes, noch bevor die alliierten Antwortnoten eingetroffen waren, in Washington nach. Doch sowohl der israelische Premierminister David Ben-Gurion als auch der israelische Botschaftsrat Moshe Keren sahen sich bei ihren Gesprächen im State Department mit amerikanischen Bedenken über die wirtschaftlichen Auswirkungen dieses Plans konfrontiert. Ähnlich wie zuvor Außenminister Acheson beschied auch Henry Byroade, Leiter der Deutschlandabteilung, er stehe dem Gedanken einer deutschen Geste gegenüber Israel zwar wohlwollend gegenüber, doch müsse die israelische Reparationsforderung im Lichte der Auswirkungen auf die deutsche Wirtschaft untersucht werden. Er versprach aber, daß die in den nächsten Tagen eintreffende offizielle amerikanische Antwort die israelische Forderung oder die Möglichkeit, Deutschland zu einer Geste gegenüber Deutschland zu bewegen, nicht gefährden würde[217].

Bereits vor dem Eintreffen der alliierten Antwortnoten war somit klar, daß für Israel der Weg zu der angestrebten Globalentschädigung nur über direkte Gespräche mit den Deutschen führen konnte. Als größte Hürde dafür erwies sich jedoch die geforderte Erklärung des Bundeskanzlers, in der er im Namen der Bundesrepublik die Verantwortung des neuen demokratischen Deutschlands „für die nationalsozialistischen Verbrechen anerkenne(n) und Israel und das Weltjudentum feierlich zu Verhandlungen über eine Entschädigung einlade(n)" sollte[218]. Eine solche Erklärung wurde bereits seit geraumer Zeit von verschiedener Seite dringend angemahnt: In dieser breit gefächerten Koalition trafen sich etwa der Vorsitzende der europäischen Sektion des Jüdischen Weltkongresses Noah Barou[219], der einflußreiche Kolumnist der *New York Times* Jack Raymond[220], der deutsch-jüdische Verleger Karl Marx, Rudolf Küstermaier und Erich Lüth mit ihrer Aktion „Friede mit Israel" und nicht zuletzt auch McCloy, der Adenauer mehrfach auf die Notwendigkeit einer solchen Erklärung hinwies[221]. Wichtige

---

[215] Vgl. Felix E. Shinnar, Bericht eines Beauftragten. Die deutsch-israelischen Beziehungen 1951-1966, Tübingen 1967, S. 14; Bericht von Moshe Keren bei einer Besprechung mit Byroade und Baker am 29.6. 1951, WNRC, RG 466, McCloy Papers, Box 28; Acheson an US-Botschaft in London, 3.7. 1952, in: FRUS 1951 V, S. 742. Michael Brecher (Decisions in Israel's Foreign Policy, London usw. 1974, S. 78) und Lily Gardner Feldman (The Special Relationship between West Germany and Israel, London und Sydney 1984, S. 55) führen das Zustandekommen dieses Treffens auf amerikanischen Druck zurück, wobei sie sich allein auf persönliche Aussagen von Horowitz stützen. Dem ist entgegenzuhalten, daß die überlieferten Aufzeichnungen der diesbezüglichen Besprechungen von Horowitz im State Department keinerlei Rückschluß auf eine derartige amerikanische Intervention zulassen. Siehe etwa Acheson an US-Botschaft in London, 12.4. 1951 (Anm. 200); Memorandum of Conversation, Eban, Horowitz, Byroade, Kiefer, 10.4. 1951 (Anm. 200).

[216] Vgl. oben, Abschnitt I.3.

[217] Department of State, Memorandum of Conversation, Ben-Gurion, Acheson, Eban, Lewis, Jones, Waldo, 8.5. 1951, in: FRUS 1951 V, S. 669; Department of State, Memorandum of Conversation, Keren, Byroade, Baker, 29.6. 1951, WNRC, RG 466, McCloy Papers, Box 28.

[218] Vgl. Goldmann, Mein Leben als deutscher Jude, München u. Wien 1980, S. 378f.

[219] Herbert Blankenhorn, Verständnis und Verständigung. Blätter eines politischen Tagebuchs 1949-1979, Frankfurt a.M. usw. 1980, S. 139; Tagebuch-Blankenhorn, Eintrag vom 4.4. 1950, BA, NL Blankenhorn, 351/3.

[220] Tagebuch-Blankenhorn, Eintrag vom 6.4. 1950, BA, NL Blankenhorn, 351/3. Daß Raymond auch für die spätere Berichterstattung über die Wassenaar-Verhandlungen in der amerikanischen Presse eine bedeutende Rolle spielte, zeigt Norbert Frei, Wiedergutmachungspolitik im Urteil der amerikanischen Öffentlichkeit, in: Herbst/Goschler (Hrsg.), Wiedergutmachung, S. 220-225, 228.

[221] Vgl. Blaustein an McCloy, 24.8. 1965 (Anm. 210).

Schrittmacherdienste leistete dabei immer wieder Blankenhorn, der zunächst als Leiter der Verbindungsstelle zur Alliierten Hohen Kommission und dann der Politischen Abteilung des Auswärtigen Amtes großen Einfluß darauf hatte, daß sich Adenauer aus seiner anfänglichen Lethargie in dieser Frage löste. Der Bundeskanzler war schließlich überzeugt von der „Bedeutung einer Erklärung zur Judenfrage für (die) öffentliche Weltmeinung"[222], über deren Text Blankenhorn und Barou seit Frühjahr 1951 monatelang verhandelten. An der Redaktion der Erklärung beteiligten sich neben der israelischen Regierung und den amerikanischen jüdischen Organisationen auch der Stab des amerikanischen Hohen Kommissars[223]. Hauptstreitpunkt bildete die von jüdischer Seite geforderte Anerkennnung einer Kollektivschuld des deutschen Volkes, wobei sich Adenauer durchsetzte, der dies strikt ablehnte[224]. Am 27. September 1951 gab er schließlich die „Regierungserklärung zur Judenfrage"[225] vor dem Bundestag ab. Er erklärte unter anderem die Bereitschaft der Bundesregierung, „gemeinsam mit Vertretern des Judentums und des Staates Israel ... eine Lösung des materiellen Wiedergutmachungsproblems herbeizuführen". Allerdings betonte er auch die „Grenzen, die der deutschen Leistungsfähigkeit durch die bittere Notwendigkeit der Versorgung der zahllosen Kriegsopfer und der Fürsorge für die Flüchtlinge und Vertriebenen gezogen" seien[226].

Adenauers Rede war ein Markstein in dieser Angelegenheit, doch, wie McCloy an Blaustein schrieb, bestand das Problem nun darin, die Bundesregierung dazu zu bewegen, die in der vom Bundestag feierlich angenommenen Erklärung enthaltenen Grundsätze in die Tat umzusetzen[227]. Zu diesem Zweck erfolgte einige Wochen später in New York die Gründung der Claims Conference, was Goldmann auf israelischen Wunsch hin bereits seit Sommer 1951 vorbereitet hatte[228]. Am 26. Oktober wurde dort eine Resolution angenommen, worin der Anspruch des Staates Israel unter Bezug auf die Eingliederung von Verfolgten des Nationalsozialismus in Israel unterstützt wurde. Daneben stand aber als gleichberechtigte Forderung, daß auch die bislang von den jüdischen Organisationen gegen Deutschland erhobenen Rückerstattungs- und Entschädigungsansprüche befriedigt werden müßten[229]. Damit hatte sich die Claims Conference dagegen verwahrt, als reines Akklamationsorgan für die israelischen Forderungen zu fungieren[230].

Diese Erklärung überreichte Goldmann, der zum Präsidenten der Claims Conference gewählt worden war, am 8. November förmlich dem State Department. In der Erwartung eines Unterstützungsgesuchs hatte Geoffrey W. Lewis, stellvertretender Leiter der

[222] Vgl. Adenauer bei Tee-Empfang am 6.9. 1951, BA, NL Blankenhorn, 351/7a.

[223] Oral Memoir of Benjamin J. Buttenwieser, 1. 6. 1977, William E. Wiener OHL of the AJC, Jacob Blaustein Oral History Project.

[224] Vgl. Kai von Jena, Versöhnung mit Israel? Die deutsch-israelischen Verhandlungen bis zum Wiedergutmachungsabkommen von 1952, in: VfZ 34 (1986), S. 463 f.; Yeshayahu A. Jelinek, Political Acumen, S. 87 f.

[225] So Adenauer in der 175. Kabinettssitzung am 26. 9. 1951, in: Kabinettsprotokolle der Bundesregierung, Bd. 4, S. 662.

[226] Deutscher Bundestag, 165. Sitzung am 27.9. 1951, Stenographische Berichte, Bd. 9, S. 6697 f.

[227] McCloy an Secretary of State for Blaustein, 2. 10. 1951, WNRC, RG 466, McCloy Papers, Box 32.

[228] Vgl. Nahum Goldmann, Staatsmann ohne Staat. Autobiographie, Köln u. Berlin 1970, S. 313 f.; Fünftes Kapitel, Abschnitt II. 3.

[229] Resolution der Conference on Jewish Material Claims against Germany, New York, 26. 10. 1951, in: Documents Relating to the Agreement, S. 46.

[230] Vgl. auch Zweig, German Reparations and the Jewish World: A History of the Claims Conference, Boulder and London 1987, S. 15-18.

Deutschlandabteilung, Goldmanns Gesprächspartner, Staatssekretär James Webb, vor dem Gespräch ausführlich präpariert: Webb solle Goldmann die Hoffnung des State Departments auf ein großzügiges deutsches Angebot mitteilen, zugleich aber darauf hinweisen, daß jede Lösung „die andauernde Notwendigkeit finanzieller Hilfen durch diese Regierung und die zusätzlichen Verteidigungslasten, die die deutsche Regierung vermutlich bald übernehmen" werde, in Rechnung stellen müsse. Auch komme nicht in Frage, McCloy damit zu beauftragen, auf die Höhe der Zahlungen einzuwirken und Adenauer zu schleunigen Verhandlungen mit den jüdischen Organisationen zu drängen. Überhaupt dürften Adenauer und McCloy angesichts der momentan wichtigen Fragen – Grotewohl-Vorschläge; Deutschlandvertrag; Europäische Verteidigungsgemeinschaft – nicht allzusehr mit diesen Problemen belastet werden[231]. Vom State Department konnten sich also die Claims Conference und Israel zu diesem Zeitpunkt zwar ein gewisses Maß an Wohlwollen, aber keine konkrete Unterstützung erhoffen.

Doch auch ohne solchen Rückhalt wurde die erste Begegnung Goldmanns mit Adenauer am 6. Dezember 1951, die nach der Ansprache des Bundeskanzlers vor dem Bundestag am 27. September nunmehr möglich geworden war, zu einem Erfolg. Unter größter Geheimhaltung trafen sich die beiden nur in Begleitung Barous und Blankenhorns in einem Londoner Hotel. Bei dieser Gelegenheit erklärte sich Adenauer zu Verhandlungen mit der Claims Conference und Israel bereit und stellte Wiedergutmachungsleistungen für Israel in Form von Warenlieferungen in Aussicht. Zugleich akzeptierte er die israelische Note vom 12. März als Verhandlungsgrundlage und bekräftigte dies, indem er einen von Goldmann entworfenen Brief ausfertigte[232]. Zur Überraschung Blankenhorns, der hierfür bei einem Gespräch mit Goldmann am Vortag keine Chance gesehen hatte[233], war Adenauer somit auf die israelische Forderung nach einer Mrd. Dollar – das war der auf die Bundesrepublik entfallene 2/3-Anteil der Gesamtforderung – eingegangen.

Man kann diesen Schritt nicht auf unmittelbare Zwänge zurückführen; vielmehr war dies eine der berühmten „einsamen Entscheidungen" Adenauers, die ohne vorherige Absprache mit seinem Kabinett erfolgten. Nachdem er mittlerweile dazu entschlossen war, eine Lösung in der Frage der israelischen Wiedergutmachungsforderungen aktiv anzustreben – wozu vielfältige in- und ausländische Anstöße kräftig beigetragen hatten –, und er sich in seiner Erklärung vor dem Bundestag auch feierlich dazu verpflichtet hatte, bewegte ihn offenbar die bewegende Gesprächssituation in London zu der folgenreichen Zusicherung an Goldmann. Allerdings zeigte die weitere Entwicklung, daß der Bundeskanzler die finanzielle Komponente dieser Verpflichtung zunächst nur als sehr unverbindlich beurteilte, d. h. nach Maßgabe dessen, was er als tatsächliche deutsche Leistungsfähigkeit betrachtete. Hieraus resultierten im wesentlichen auch die späteren Schwierigkeiten während der Verhandlungen[234].

[231] Lewis an Webb, 6. 11. 1951, USNA, RG 59, 262.0041/11-651.
[232] Siehe Goldmann, Leben als deutscher Jude, S. 382-387; ders., Adenauer und das jüdische Volk, in: Konrad Adenauer und seine Zeit. Politik und Persönlichkeit des ersten Bundeskanzlers. Bd. 1: Beiträge von Weg- und Zeitgenossen, hrsg. v. Dieter Blumenwitz u. a., Stuttgart 1976, S. 431 f.; Adenauer, Erinnerungen, Bd. 2: 1953-1955, S. 137-139. Text des Briefes u. a. abgedruckt in: Adenauer, Rhöndorfer Ausgabe, Briefe, hrsg. v. Rudolf Morsey u. Hans-Peter Schwarz, bearb. v. Hans-Peter Mensing, Bd. 4: 1951-1953, Berlin 1987, S. 150.
[233] Siehe Goldmann, Adenauer und das jüdische Volk, S. 431.
[234] Dafür spricht auch die Art, in der Adenauer das Kabinett erstmals über diese Begegnung informierte. Siehe Aufzeichnung Schäffers über Kabinettssitzung am 18.12. 1951, BA, NL Schäffer, 168/33; Im Zentrum der

c) Erwartungen und Strategien im Vorfeld der Gespräche

In einer dramatischen Sitzung, der tagelange gewalttätige Protestdemonstrationen vorausgegangen waren, beschloß die Knesseth am 9. Januar 1952, Adenauers Verhandlungsangebot anzunehmen[235]. Auch die Claims Conference beriet in der folgenden Zeit ihre Verhandlungsziele. Während Israel einen Globalanspruch in Höhe von einer Mrd. Dollar, d. h. 4,2 Mrd. DM, stellte, setzte die Claims Conference einen eigenen Globalanspruch in Höhe von 500 Mio. Dollar fest und forderte daneben eine Reihe von Verbesserungen der bundesdeutschen Wiedergutmachungsgesetzgebung[236]. Zur Vermeidung von Überschneidungen stützte sich der israelische Globalanspruch auf die Eingliederungskosten für jüdische Opfer des Nationalsozialismus, während die Claims Conference ihre Forderung mit Ansprüchen auf erbenloses Eigentum begründete[237]. Bei einem erneuten Treffen in London am 17. Februar legten schließlich Goldmann und Adenauer Ort und Zeitpunkt der geplanten Konferenz fest: Sie sollte in einem Monat auf neutralem Boden im niederländischen Wassenaar beginnen[238].

Seine Berater hatten Adenauer dazu geraten, die Kontakte zu den Juden nur über Goldmann laufen zu lassen, um nicht in innerjüdische Auseinandersetzungen verwickelt zu werden[239]. Darüber war inbesondere dessen Stellvertreter in der Claims Conference, Jacob Blaustein, ziemlich erbost[240]: Er stand in dieser Angelegenheit stets etwas im Schatten des weltmännischen und auch ein wenig eitlen Goldmann und versuchte dies unter anderem durch eigene Kontakte zu Adenauer, die ihm McCloy mehrfach vermittelte, zu kompensieren[241]. Der persönliche Gegensatz zwischen Goldmann und Blaustein besaß auch eine Entsprechung in der angestrebten Verhandlungstaktik: Blaustein vertraute primär auf seine ausgezeichneten Kontakte zur Truman-Administration, die bis zum Präsidenten persönlich reichten. Er favorisierte eine Lösung, wonach die amerikanische Regierung den Umfang der von Deutschland zu erbringenden Leistungen festsetzen sollte. Dem widersetzte sich Goldmann vehement: „Over my dead body. I'll get much more than the State Department would ever suggest." Dabei hielt er sich einiges auf seine Fähigkeit zugute, gegenüber Adenauer den richtigen Gesprächston zu treffen. Blaustein hingegen, so Goldmann, hätte niemals eine derartige persönliche Beziehung zu Adenauer aufbauen können, „speaking German, on Goethe and on Bach, and God knows"[242]. Von amerikanischer Seite hingegen erwartete Goldmann nicht allzu viel. Deshalb sah er auch davon ab – so etwa bei einem Treffen am Tage nach der

Macht. Das Tagebuch von Staatssekretär Lenz 1951-1953, bearb. v. Klaus Gotto, Hans-Otto Kleinmann und Reinhard Schreiber, Düsseldorf 1989, Eintrag vom 18. 12. 1951, S. 200.

[235] Vgl. Sagi, Wiedergutmachung für Israel, S. 86.

[236] Vgl. ebenda, S. 88-98; Zweig, German Reparations, S. 57f.

[237] Siehe dazu die Eröffnungsansprachen der Delegationen Israels und der Claims Conference in Wassenaar am 21. 3. 1952, in BA, B 141/418, abgedruckt in: Documents Relating to the Agreement, S. 71-74 und 75-79.

[238] Aufzeichnung Alexander Bökers aus London vom 17. 2. 1952, PA/AA, II-244-13, Bd. 1.

[239] Dies hatte McCloy zufolge der Bundeskanzler berichtet. Siehe dazu Schreiben von Segal an Blaustein u. Slawson, 25. 1. 1952, anbei Bericht über Treffen mit McCloy am 15. und 16.2 und mit Byroade am 16. 2. 1952, YIVO-Archiv, RG 347, AJC Records, GEN-10, Box 291; sowie Blankenhorn an Heinz D. Krekeler (deutscher Botschafter in USA), 10. 1. 1952, IfZ-Archiv, ED 135, NL Krekeler, Bd. 43.

[240] Siehe Goldmann, Leben als deutscher Jude, S. 389.

[241] McCloy bezeichnete Blaustein als „pretty horn-handed, vigorous oil merchant who had a sense of public reponibility as his career went on and wished to do something with the wealth and the power and the influence that he exerted", Interview mit McCloy, 23. 2. 1972, William E. Wiener Oral History Library of the AJC, Jacob Blaustein Oral History Project.

[242] Interview mit Nahum Goldmann, 24. 11. 1971, William E. Wiener OHL of the AJC, Jacob Blaustein Oral History Project.

ersten Begegnung mit Adenauer in London – McCloy als Vermittler anzurufen und zur Unterstützung bestimmter jüdischer Forderungen oder gar konkreter Beträge zu drängen; vielmehr bat er ihn nur, seinen Einfluß zur Durchsetzung der allgemeinen Prinzipien, die diesen Verhandlungen zugrundelagen, geltend zu machen[243]. Daß der Einsatz von amerikanischer Seite bzw. seitens der Westalliierten zugunsten der jüdischen Sache begrenzt sein werde, machten sie auch der israelischen Regierung noch einmal deutlich. Diese waren in einer israelischen Note vom 30. November 1951 erneut gebeten worden, auf die Bundesrepublik Druck zur Erfüllung der in der Regierungserklärung vom 27. September in Aussicht gestellten Maßnahmen auszuüben[244]. Der britische Außenminister Anthony Eden antwortete am 10. Januar 1952, die britische Regierung erwarte das Ergebnis deutsch-israelischer Gespräche mit „sympathetic interest", wolle aber keinesfalls selbst in diese eingreifen[245]. Ähnlich die Antwort seines amerikanischen Kollegen Acheson vom 24. Januar: „The United States will await with sympathetic interest the outcome of the negotiations."[246] Die französische Regierung antwortete gar nicht, was das zukünftige Ausmaß ihres Interesses am Schicksal dieser Verhandlungen ziemlich exakt ausdrückte. Die anglo-amerikanische Formel des „sympathetic interest" machte hingegen zwar deutlich, daß es kein direktes Engagement in den Verhandlungen geben werde, war aber andererseits auch elastisch genug, um Spielraum für mehr oder weniger massiven moralischen Druck auf die Deutschen offen zu lassen.

Zu einem ersten Test der alliierten Haltung kam es bereits vor Verhandlungsbeginn, und zwar durch die innerdeutsche Opposition gegen die Verhandlungen mit Israel und der Claims Conference. Schäffer lehnte diese grundsätzlich ab und hatte bereits in der Kabinettssitzung am 18. Dezember 1951, in der die Minister erstmalig über Adenauers Besprechung mit Goldmann informiert wurden, erklärt, daß „der Bundeshaushalt nicht in der Lage sei, vor Entscheidung über den Verteidigungsbeitrag und über die Frage der Auslandsschulden irgendwelche Beträge nach dieser Richtung hin aufzubringen"[247]. Bei den Vorbesprechungen der zuständigen Bundesressorts, denen das Bundesfinanzministerium ostentativ fern blieb, stießen die geplanten Verhandlungen gleichfalls auf Bedenken. Im Mittelpunkt stand das Verhältnis zu der am 28. Februar beginnenden Londoner Schuldenkonferenz, bei der mit 65 Gläubigerstaaten über die Regelung der deutschen Vor- und Nachkriegsschulden verhandelt werden sollte[248]. Ähnliche Vorbehalte existierten auch in deutschen Industrie- und Wirtschaftskreisen. Hermann Josef Abs, der Leiter der deutschen Delegation in London, versuchte Adenauer, bei dem sein Wort beträchtliches Gewicht besaß, wiederholt von seinen heftigen Bedenken gegen die

---

[243] Zachariah Shuster (AJC) an Slawson, 10.12.1951, Anlage: Bericht über Treffen von Goldmann und Ferencz mit McCloy am 7.12.1952, YIVO-Archiv, RG 347, AJC Records, GEN-10, Box 275.

[244] Israelische Note an die USA vom 30.11.1951, in: Documents Relating to the Agreement, S. 47-50; entsprechende Noten an Großbritannien und Frankreich siehe ebenda, S. 50-53; S. 53-56.

[245] Britische Note an Israel vom 10.1.1952, ebenda, S. 62.

[246] Note der USA an Israel vom 24.1.1952, ebenda, S. 63.

[247] Aufzeichnung Schäffers zur Kabinettssitzung am 18.12.1951, BA, NL Schäffer, 168/33. Siehe auch Hartmann an Hallstein, 18.2.1952, PA/AA, II 244-13, Bd. 1. Zur Opposition Schäffers vgl. Michael Wolffsohn, Globalentschädigung für Israel und die Juden? Adenauer und die Opposition in der Bundesregierung, in: Herbst/Goschler (Hrsg.), Wiedergutmachung in der Bundesrepublik Deutschland, S. 161-190.

[248] Aufzeichnungen über interministerielle Besprechungen am 6., 8. und 21.2.1952, BA, B 136/1127 sowie PA/AA, II 244-13, Bd. 1. Vgl. auch v. Jena, Versöhnung mit Israel, S. 467; Huhn, Die Wiedergutmachungsverhandlungen in Wassenaar, in: Herbst/Goschler (Hrsg.), Wiedergutmachung in der Bundesrepublik Deutschland, S. 142f.

Aufnahme von Verhandlungen mit Israel zu überzeugen, „da diese eine Regelung der deutschen Auslandsschulden bei der Londoner Konferenz in Frage stellen würden"[249].

Aus diesem Grund warb Abs in London Anfang März bei dem US-Delegierten, Botschafter Warren Lee Pierson, für den Gedanken, die Wassenaar-Konferenz bis nach dem Ende der Londoner Verhandlungen zu verschieben bzw. sie wenigstens nach London zu verlegen, um so mehr Kontrolle über die deutsch-israelisch-jüdischen Verhandlungen zu gewinnen. Doch auch wenn die amerikanische Seite großes Verständnis für die wirtschaftlichen Bedenken von Abs zeigte, lehnte sie doch eine Verschiebung oder eine Verlegung strikt ab, um den Erfolg der Wiedergutmachungsverhandlungen nicht zu gefährden[250]. Diese Haltung wurde von Acheson ausdrücklich bestätigt und schließlich durch McCloy auch Adenauer persönlich nahegebracht[251]. Hier zeichnete sich nun deutlich ein Wandel der amerikanischen Taktik ab: Nachdem die Angelegenheit mittlerweile zum Gegenstand direkter deutsch-israelisch-jüdischer Verhandlungen geworden war, setzten sich die USA in zunehmendem Maße für einen erfolgreichen und für beide Seiten tragbaren Ausgang ein, ohne selbst dafür in die direkte Verantwortung eintreten zu wollen.

Zwar wurde der Beginn der Verhandlungen nicht verschoben, doch einen Teilerfolg erzielten die innerdeutschen Gegner der Gespräche in Wassenaar gleichwohl. Als der zum Leiter der deutschen Delegation bestimmte Franz Böhm, Frankfurter Professor für Bürgerliches, Handels- und Wirtschaftsrecht, am 21. Februar dem Bundeskanzler vorgestellt wurde, erfuhr er zu seinem Erstaunen, daß offenbar noch keine Entscheidung über den Inhalt der deutschen Verhandlungsangebote getroffen war. Vielmehr sollte er die Gespräche in Wassenaar hinhaltend führen, damit man abwarten könne, wie sich die Dinge in London entwickeln. Auf Böhms verwunderte Frage, was im Haag eigentlich verhandelt werden sollte, meinte Adenauer: „Stellen Sie doch einmal fest, was die Herren eigentlich wollen." Dies war, wie Böhm bemerkte, zu diesem Zeitpunkt eigentlich schon recht genau bekannt[252]. Der Bundeskanzler war hingegen der Auffassung, daß er die Forderung Israels zwar mündlich und schriftlich „dem Grunde nach anerkannt habe, über die Höhe und Modalitäten der Abwicklung habe man (sci. aber) im einzelnen noch nicht gesprochen"[253]. Dementsprechend sah die endgültige deutsche Verhandlungsstrategie vor, daß sich die Konferenz in zwei Abschnitten vollziehen sollte: In einer ersten Phase müsse sich die deutsche Delegation darauf beschränken, „die Forderungen der Gegenseite anzuhören"[254]. Erst sobald die Größenordnung der aus den Londoner Verhandlungen resultierenden Verpflichtungen bekannt sein würde, könnten dann schließlich in einer zweiten Phase die tatsächliche Höhe und die Modalitäten der deutschen Leistungen bestimmt werden[255].

---

[249] Vgl. Hermann J. Abs, Konrad Adenauer und die Wirtschaftspolitik der fünfziger Jahre, in: Konrad Adenauer und seine Zeit, Bd. 1, S. 240.

[250] Gifford an State Departement, 3. 3. 1952, WNRC, RG 466, McCloy Papers, Box 37.

[251] Acheson an Gifford, 7. 3. 1952, WNRC, RG 466, McCloy Papers, Box 37; McCloy an State Department, 10. 3. 1952, ebenda, Box 38.

[252] Vgl. Franz Böhm, Das deutsch-israelische Abkommen 1952, in: Konrad Adenauer und seine Zeit, Bd. 1, S. 449.

[253] Vorlage von Rust an Adenauer, 22. 2. 1952, BA, B 136/1127.

[254] Aufzeichnung v. Trützschlers für Blankenhorn über eine Besprechung im Auswärtigen Amt am 8. 3. 1952, BA, NL Blankenhorn, 351/17.

[255] Besprechung über die Vorbereitung der Konferenz mit Vertretern des Staates Israel und des Auswärtigen Amts am 8. 3. 1952, BA, NL Blankenhorn, 351/17.

2. Brennpunkt Wassenaar

a) Verhandlungen unter Vorbehalt

Als am 21. März 1952 die Gespräche in Wassenaar begannen, sahen sich also die Vertreter des Staates Israel und der Claims Conference einer deutschen Delegation gegenüber, die zwar in personeller Hinsicht ihren Wünschen sehr entgegenkam, der aber die Hände weitgehend gebunden waren. So unterstrich Böhm in seiner Eröffnungsansprache erneut, daß zunächst nur die israelischen und jüdischen Ansprüche, ihre Höhe und Begründung im einzelnen geklärt werden sollten, um dann von der Bundesregierung im Lichte der deutschen Zahlungsfähigkeit geprüft zu werden[256]. Diese Taktik war nicht eben dazu angetan, die auf jüdischer Seite bestehende große Nervosität zu mildern[257].

Die deutsche Delegation verhandelte parallel mit den Delegationen Israels und der Claims Conference. Letztere sprach in der ersten Phase nur über ihre Forderungen auf dem Gebiet der Gesetzgebung, die sie in einer Liste mit 24 Punkten unterbreitete[258]. Die Claims Conference-Delegation unter Leitung Moses Leavitts war angewiesen, dieser Frage Priorität vor ihrer Globalforderung einzuräumen[259]. Im Bereich der Rückerstattung begehrte sie in erster Linie die Aufrechterhaltung der geltenden Rückerstattungsgesetze sowie die Regelung der rückerstattungsrechtlichen Reichsverbindlichkeiten. Umfangreiche Wünsche bestanden vor allem im Bereich der Entschädigung: Das Entschädigungsrecht der US-Zone sollte auf die ganze Bundesrepublik einschließlich Westberlins ausgedehnt werden. Eine ganze Reihe von Forderungen zielte auf die Beschleunigung und erleichterte Durchführung der Verfahren. Daneben stand aber auch der Wunsch, den Berechtigtenkreis erheblich auszudehnen. Dies bezog sich einmal auf die Emigranten, Untergetauchten, vor 1947 ausgewanderten DP's sowie die jüdischen Gemeindebediensteten. Gravierender war jedoch die gewünschte Erweiterung der territorialen Voraussetzungen der Anspruchsberechtigung. So forderte die Claims Conference die Einbeziehung von Verfolgten aus der Ostzone, aus den Gebieten des Deutschen Reiches östlich der Oder-Neiße-Linie sowie aus den zeitweise eingegliederten Gebieten – letzteres zielte vor allem auf Österreich. Der Einbeziehung dieser Gebiete in eine Regelung maß die Claims Conference auch deshalb entscheidende Bedeutung zu, weil ihr eigener Globalanspruch in Höhe von 500 Mio. Dollar auf dem Anspruch auf erbenloses Vermögen ebendort beruhte[260].

Die gewünschte Aufweichung des Territorialitätsprinzips erwies sich als der brisanteste Punkt der Forderungen. Die Beschränkung auf Verfolgte, die zu Beginn ihrer Verfolgung auf dem Gebiet der späteren Bundesrepublik gelebt hatten, war ein Erbe der Entstehung der Entschädigungsgesetze auf Länderebene und bedeutete den Ausschluß eines erheblichen Teils der Verfolgten. Nach zähen Verhandlungen war die deutsche Delegation hier zu einem Kompromiß bereit, an dessen Zustandekommen

---

[256] Siehe dazu auch die Erklärung der deutschen Delegation bei Beginn der Verhandlungen in Wassenaar am 21.3.1952, BA, B 141/418, abgedruckt in: Documents on the Agreement, S. 79f.
[257] Siehe dazu etwa Benjamin B. Ferencz an Saul Kagan, 3.3.1952, WNRC, RG 466, McCloy Papers, Box 38.
[258] Katalog der Forderungen der Conference Delegation auf dem Gebiet der Gesetzgebung, Anlage 1 zur Kabinettsvorlage Schäffers vom 9.5.1952, BA, B 126/12524.
[259] Vgl. Zweig, German Reparations, S. 23.
[260] Moses Leavitt, Report No. 4 to the Presidium, 31.3.1952, YIVO-Archiv, RG 347, AJC Records, GEN-10, Box 290.

hauptsächlich Otto Küster beteiligt war[261]. Demnach sollten Emigranten aus dem Reichsgebiet vom 31. Dezember 1937 östlich der Oder-Neisse-Linie, aus Danzig, dem Memel- sowie dem Sudetenland zwei Drittel der Entschädigung im Rahmen der im Bundesgebiet geltenden Entschädigungsgesetzgebung erhalten. Emigranten aus Österreich sollten hingegen nur die Hälfte der dort vorgesehenen Entschädigung für Sonderabgaben einschließlich der Reichsfluchtsteuer bekommen – auch diese eingeschränkte Regelung war nur unter großen Vorbehalten konzediert worden. Bezeichnend für die Einstellung der deutschen Delegation war die Spitze Böhms in der Sitzung vom 26. März gegen Österreich, „das, statt seine Mithaftung anzuerkennen, sich als überfallenes Kind hätscheln" lasse[262].

Mit der Forderung nach Entschädigung der Verfolgten, die aus dem Gebiet der DDR stammten, war die Claims Conference hingegen gänzlich erfolglos geblieben, während eine ganze Reihe der übrigen Wünsche berücksichtigt worden war[263]. Doch stellte die deutsche Delegation die „Gemeinsamen Empfehlungen für die deutsche Gesetzgebung auf den Gebieten der Entschädigung und Rückerstattung" vom 8. April 1952 am Ende noch einmal ausdrücklich unter Vorbehalt: Ihre Regierung müsse die Angelegenheit unter dem Gesichtspunkt der Leistungsfähigkeit der Bundesrepublik erst noch prüfen[264]. Dennoch war die Claims Conference zu diesem Zeitpunkt mit den bislang erreichten Fortschritten im großen und ganzen zufrieden[265].

Erheblich stärker litten dagegen von Anfang an die Beratungen der von Giora Josephthal und Felix E. Shinnar geleiteten Israel-Delegation unter den Auswirkungen der deutschen Verhandlungstaktik. Sie stand unter doppeltem Druck der innerisraelischen Verhandlungsgegner und der heimischen wirtschaftlichen Notlage und akzeptierte das von deutscher Seite eingeschlagene Verfahren deshalb nur widerwillig. Die Gespräche drehten sich zunächst vor allem um die israelischen Berechnungen über die Eingliederungskosten für etwa 500.000 jüdische Opfer des Nationalsozialismus. Mit Hilfe des Bundesvertriebenenministeriums errechnete die deutsche Delegation einen Gesamtbetrag von etwa 4,5 Mrd. DM, wovon zwei Drittel, d.h. drei Mrd. DM, auf die Bundesrepublik entfielen[266]. Josephthal drängte heftig auf ein konkretes deutsches Angebot noch vor Beginn der Verhandlungspause, und Küster und Böhm waren schließlich geneigt, diesem Wunsch zu folgen[267]. Doch vor allem Schäffer und Abs protestierten vehement gegen eine solche Absicht[268],

[261] Siehe dazu die Berichte von Moses Leavitt an das Präsidium der Claims Conference, Report No. 1 (26.3. 1952) bis Report No. 7 (9.4. 1952), YIVO-Archiv, RG 347, AJC Records, GEN-10, Box 290; Bericht Böhms über den Stand der Verhandlungen mit der Claims Conference, 2.4. 1952, BA, NL Blankenhorn, 351/17.
[262] Tagebuch Küster, Eintrag vom 26.3. 1952, ACDP, NL Küster (I-084-001A).
[263] Ebenda; Gemeinsame Empfehlungen für die deutsche Gesetzgebung auf den Gebieten der Entschädigung und Rückerstattung, 8. 4. 1952, BA, B 141/415; Tagebuch Küster, Eintrag vom 8. 4. 1952, ACDP, NL Küster (I-084-001A).
[264] Leavitt, Report No. 6 to the Presidium, 8.4. 1952, u. Report No. 7, 9.4. 1952, YIVO-Archiv, RG 347, AJC Records, GEN-10, Box 290; Böhm an Leavitt, 8.4. 1952, BA, B 141/415.
[265] Department of State, Memorandum of Conversation, Goldmann, Rubin, Lewis, Reinstein u. Moores, 7.4. 1952, USNA, RG 59, 262.0041/4-752.
[266] Vgl. Böhm, Das deutsch-israelische Abkommen 1952, S.452.
[267] Tagebuch Küster, Eintrag vom 27. und 28.3. sowie 3.4. 1952, ACDP, NL Küster (I-084-001 A); Bericht Böhms über den Stand der Verhandlungen mit Israel, 1.4. 1952, BA, NL Blankenhorn, 351/17.
[268] Ebenda, Eintrag vom 1.4. 1952; Bericht Böhms vom 1.4. 1952, BA, NL Blankenhorn, 351/17; Abs an Adenauer, 31.3. 1952, BA, NL Blankenhorn, 351/17; Gifford an State Department, 31.3. 1952, WNRC, RG 466, McCloy Papers, Box 39.

weshalb Adenauer schließlich zur Klärung dieser Differenzen für den 5. April eine Krisensitzung mit den Leitern der deutschen Delegationen in Wassenaar und London anberaumte.

Im Vorfeld dieser Sitzung meldete sich auch McCloy wieder zu Wort. Während einer Besprechung der Hohen Kommissare mit Adenauer am Vortag hatte ihn ein Telefonanruf erreicht, der ihn von Besorgnissen des State Departments über ein mögliches Scheitern der Verhandlungen unterrichtete[269]. Ein Schreiben Achesons, das McCloy tags darauf erhielt, bestätigte dies. Demnach hatte der israelische Botschafter unter Hinweis auf die kritische innenpolitische Situation in Israel dringend um eine Intervention zur Rettung der vom Scheitern bedrohten Wassenaar-Gespräche gebeten. Acheson betonte hier erneut sein Verständnis für die deutschen finanziellen Bedenken, die zum Teil auch seine eigenen waren. Doch wünschte er auf der Grundlage eines für beide Seiten tragbaren Kompromisses einen Erfolg der Verhandlungen und wies McCloy deshalb an: „Ger(man)s sh(ou)ld recognize unfortunate repercussions which w(ou)ld ensue if they now appear to have been insincere in their offer to negotiate. U(nited) S(tates) sh(ou)ld not of course attempt (to) tell (the) Ger(man)s what sh(ou)ld be magnitude or type of their offer to Israeli and Jewish org(anisation)s."[270] Wiederum sind beide Elemente der gewandelten amerikanischen Taktik erkennbar: Hier wünschte man nunmehr den Erfolg der Verhandlungen, doch wurde die Lösung des Dilemmas zwischen wirtschaftlichen und moralischen Erfordernissen den Deutschen überlassen – vor allem, um nicht am Ende in die finanzielle Verantwortung für ein Abkommen hineingezogen zu werden. Noch vor der Sitzung vom 5. April informierte McCloy Adenauer über die in Washington aufgekommenen Befürchtungen[271].

Die Sitzung selbst verlief turbulent: Adenauer teilte zunächst mit, die USA seien offensichtlich über einen möglichen Sturz der israelischen Regierung beunruhigt und folgerte, „wenn USA so starkes Interesse an dem Zustandekommen eines Abkommens zwischen der Bundesrepublik und Israel haben, so sollten sie uns helfen, damit wir wirklich leisten können"[272]. Hier offenbart sich die Zweischneidigkeit amerikanischer Interventionen: Stellungnahmen zugunsten eines Abkommens wurden auf deutscher Seite notorisch als Zahlungsbereitschaft aufgefaßt, zumal die entscheidende Frage, so der Bundeskanzler, lautete: „Wie sollen wir es bezahlen."[273] Die deutsche Delegation solle vorläufig lieber die Stiftung eines Krankenhauses anbieten und die Festsetzung einer Summe bis zur Klärung der Leistungsfähigkeit vertagen[274], meinte Adenauer weiter. Doch vor allem der Beredsamkeit Küsters gelang es schließlich, den Bundeskanzler auch gegen den Widerstand von Abs[275] davon zu überzeugen, daß die deutsche

---

[269] Adenauer und die Hohen Kommissare 1952, Verlaufsprotokoll der Sitzung vom 4.4. 1952, Anm. 5, S. 37. Dort ist irrigerweise von einem Anruf Achesons die Rede, während tatsächlich Staatssekretär David Bruce der Anrufer war.

[270] Acheson an McCloy, 4.4. 1952, in: FRUS 1952-1954,Bd. IX/1. The Near and Middle East, Washington, D.C., 1986, S. 913f. Israel hatte ähnliche Interventionen auch in Frankreich und Großbritannien unternommen, damit jedoch keinen Erfolg gehabt. Vgl. Huhn, Die Wiedergutmachungsverhandlungen in Wassenaar, S. 147.

[271] Sagi (Wiedergutmachung für Israel, S. 139) hält diese Intervention für „praktisch nutzlos". Huhn (Wiedergutmachungsverhandlungen in Wassenaar, S. 148) macht sie dagegen verantwortlich für die Sinnesänderung Adenauers.

[272] Protokoll der Sitzung im Palais Schaumburg am 5.4. 1952, BA, NL Blankenhorn, 351/17.

[273] Tagebuch Küster, Eintrag vom 5.4. 1952, ACDP, NL Küster (I-084-001 A).

[274] Ebenda. Vgl. auch Böhm, Das deutsch-israelische Abkommen 1952, S. 453.

[275] Protokoll der Sitzung im Palais Schaumburg am 5.4. 1952, BA, NL Blankenhorn, 351/17.

Delegation ermächtigt werde, in Wassenaar eine Summe von drei Mrd. DM als israelischen *Anspruch* anzuerkennen. Die effektive Höhe der deutschen Leistungen und der Zahlungsmodus sollten allerdings weiterhin offen bleiben.

Als McCloy anschließend von diesem Ergebnis informiert wurde, zeigte er zunächst deutliche Sympathie für die von Abs vorgebrachten Bedenken gegen das geplante Angebot[276]. Die Erfüllung der israelischen Forderungen war für ihn offensichtlich niemals Selbstzweck, sondern vor allem ein Mittel, um die Belastungen der internationalen Stellung der Bundesrepublik zu verringern. In der ganzen Angelegenheit verlor McCloy nie sein Gesamtinteresse aus den Augen – innen- und außenpolitische Stabilisierung der Bundesrepublik bei gleichzeitiger Einbindung in den Westen –, und dies hieß eben auch, daß er die neuen Verpflichtungen in Grenzen halten wollte. McCloy stimmte dem deutschen Vorschlag schließlich zu, doch was Bonn für ein deutliches Entgegenkommen hielt, erschien der israelischen Delegation am 7. April nur als ein erneutes Hinhalten[277]: Aufgebracht über den Vorschlag, „Feststellung der Schuld und effektive Leistung zu trennen", forderte sie nun ultimativ Höhe, Zeitraum und Konditionen des deutschen Angebots zu erfahren. Statt dessen wurde ihr tags darauf beschieden, die deutsche Delegation könne erst einen Monat nach Wiederbeginn der Londoner Verhandlungen, d. h. am 19. Juni, eine Erklärung dieser Art an Israel abgeben[278]. Dies bedeutete das vorläufige Aus für die Wassenaar-Gespräche.

b) Die Krise und ihre Überwindung

Während die Verhandlungen mit den Delegationen Israels und der Claims Conference ruhten, suchten diese nach Unterstützung ihrer Position. Jacob Blaustein setzte auf seine guten Beziehungen zum Weißen Haus und schlug bei einem persönlichen Treffen mit US-Präsident Truman am 7. April vor, dieser möge bei seiner nächsten Pressekonferenz sein Interesse an einem baldigen Erfolg dieser Verhandlungen erklären und damit Adenauer, der guten Willens sei, einen kleinen Stoß geben. Wenige Tage später versprach ihm Truman telefonisch eine derartige öffentliche Stellungnahme. Doch vergewisserte sich dieser anschließend bei seinem Außenminister, ob eine solche Erklärung opportun sei[279]. Acheson riet Truman jedoch davon ab, sah er doch die Gefahr, daß die Verhandlungsparteien aus einer solchen öffentlichen Erklärung des amerikanischen Präsidenten die Hoffnung zögen, daß die USA zur Finanzierung eines derartigen Abkommens bereit seien – wie gezeigt, waren derartige Befürchtungen wohlberechtigt. Daher sei es besser, so Acheson, der Bundesregierung die amerikanischen Hoffnungen auf ein erfolgreiches Ergebnis sowie die Empfehlung, daß die Haager Gespräche zum frühest möglichen Zeitpunkt wieder beginnen sollten, auf privatem Wege mitzutei

[276] Vgl. Abs, Adenauer und die Wirtschaftspolitik der fünfziger Jahre, S.241; Böhm, Das deutsch-israelische Abkommen, S.454. Siehe auch Tagebuch-Küster, Eintrag vom 5.4. 1952, ACDP, NL Küster (I-084-001 A); Aufzeichnung von Wolff (Bundesfinanzministerium) über Sitzung vom 5.4. 1952, BA, B 126/54544.
[277] Tagebuch Küster, Eintrag vom 7.4. 1952, ACDP, NL Küster (I-084-001 A); Erklärung der deutschen Delegation, 5.4. 1952, in: Documents on the Agreement, S.82; Aufzeichnung Böhms, 7.4. 1952, BA, NL Blankenhorn, 351/17.
[278] Tagebuch Küster, Eintrag vom 8.4. 1952, ACDP, NL Küster (I-084-001 A); Note der israelischen Delegation vom 8.4. 1952, in: Documents on the Agreement, S.82ff; Erklärung der deutschen Delegation vom 9.4. 1952, in: ebenda, S.85.
[279] Blaustein an Truman, 11. u. 18.4. 1952, YIVO-Archiv, RG 347, AJC Records, GEN-10, Box 276; Truman an Blaustein, 30.4. 1952, ebenda. Wolffsohn datiert das Gespräch Blausteins mit Truman irrtümlicherweise auf den 21. April. Vgl. ders., Das deutsch-israelische Wiedergutmachungsabkommen, S.702.

len[280]. Noch am selben Tag instruierte er McCloy in diesem Sinne, nicht ohne erneut darauf hinzuweisen, daß er sich der deutschen Zwangslage, die Verpflichtungen aus London und Wassenaar erfüllen zu müssen, bewußt sei. Wichtig war aber sein Zusatz: „We are anxious, however, that this dilemma is resolved by Germans"[281].

Goldmann, der sich bislang bewußt aus den Verhandlungen herausgehalten hatte[282], setzte dagegen vor allem auf den direkten Kontakt zu Adenauer. Am 20. April trafen die beiden im Rhöndorfer Haus des Bundeskanzlers zusammen, und hier vertrat der Gastgeber den Standpunkt, daß die „Regelung des Schuldenkomplexes der Londoner Konferenz vordringlich sei, um die Kreditwürdigkeit Deutschlands wiederherzustellen und damit auch in die Lage versetzt zu werden, eine Wiedergutmachung an Israel zu leisten"[283]. Umgekehrt hatte er zuvor bei Abs um Verständnis für die Bedeutung Wassenaars für die wirtschaftliche Zukunft Deutschlands geworben: „Ich glaube, daß wenn es uns gelingt, das Judentum wenigstens in seinen führenden Männern zu versöhnen, wir dann doch auf wirtschaftliche Hilfe in stärkerem Maße rechnen können, als wenn dieser schroffe Gegensatz weiterbesteht."[284] Wohlwissend, wie sehr dies miteinander verknüpft war, wollte Adenauer beides: den Erfolg in London und in Wassenaar. Nur war er sich noch nicht darüber klar geworden, wie sich beides zugleich finanzieren ließ. Dagegen forderte Goldmann am 20. April den Vorrang der jüdischen vor den kommerziellen Forderungen in London, da diese moralischer Natur seien[285]. Deshalb drängte er Adenauer, bis spätestens Anfang Mai ein deutsches Angebot vorzulegen, was ihm der Bundeskanzler zunächst auch in Aussicht stellte.

Die klärenden Gespräche auf deutscher Seite ließen jedoch bis Mitte Mai auf sich warten. In der Zwischenzeit mußte Goldmann dem israelischen Ministerpräsidenten Ben-Gurion, der angesichts der verzweifelten wirtschaftlichen Situation seines Landes nunmehr bereit gewesen wäre, auch mit einer deutlich niedrigeren deutschen Offerte vorlieb zu nehmen, gut zureden, die Nerven zu behalten und an der bisherigen Forderung festzuhalten[286]. Es zeigte sich jedoch, daß die israelische Notlage auch auf deutscher Seite nicht unbemerkt geblieben war. Abs wollte die Gelegenheit beim Schopf packen und plädierte nun für jährliche Warenlieferungen an Israel in Höhe von 100 Mio. DM. Selbst dies ging jedoch Schäffer noch zu weit. Er sah für die nächsten Jahre keine Möglichkeit, diese Summe im Inland aufzubringen und regte statt dessen die Finanzierung durch eine amerikanische Anleihe an, die die amerikanischen Juden tunlichst selbst finanzieren sollten[287].

[280] Acheson an Truman, 22. 4. 1952, in: FRUS 1952-1954 IX/1, S. 917-919, hier: S. 919.
[281] Acheson an McCloy, 22. 4. 1952, ebenda, S. 919 f.
[282] Goldmann, Leben als deutscher Jude, S. 390.
[283] Besprechung Wiedergutmachung Adenauer-Goldmann, 19. 4. 1952, BA, NL Blankenhorn, 351/11.
[284] Adenauer an Abs, 8. 4. 1952, in: Adenauer, Briefe, Bd. 4, S. 198 f.
[285] Besprechung Wiedergutmachung Adenauer-Goldmann, 19. 4. 1952 (Anm. 283); Goldmann, Leben als deutscher Jude, S. 392. Wie sich dieses Argument umdrehen ließ, zeigte Dehler: Er stellte sich am 20. Mai im Bundeskabinett auf den Standpunkt, daß Israel keinen finanziellen Anspruch habe, denn: „Moralische Forderungen seien eben nur moralisch." Tagebuch Lenz, Eintrag vom 20. 5. 1952, S. 340.
[286] Goldmann, Adenauer und das jüdische Volk, S. 428; ders., Leben als deutscher Jude, S. 394 f. Vgl. auch Yeshayahu A. Jelinek, Die Krise der Shilumim/Wiedergutmachungsverhandlungen im Sommer 1952, VfZ 38 (1990), S. 128.
[287] Aufzeichnung Blankenhorns über eine Besprechung mit Adenauer, Abs, Böhm, Küster, Schäffer, Erhard, Blücher, Dehler, Hallstein u. a. im Palais Schaumburg am 14. 5. 1952, BA, NL Blankenhorn, 351/16; Tagebuch Küster, Aufzeichnung vom 14. 5. 1952, ACDP, NL Küster (I-084-001 A); Aufzeichnung Böhm, 15. 5. 1952, BA, NL Blankenhorn, 351/12. Vgl. dazu auch Jena, Versöhnung mit Israel?, S. 472 f; Wolffsohn, Globalentschädigung für Israel und die Juden?, S. 173 f.

Ähnlich entwickelte sich die Diskussion auch im Bundeskabinett. Als Böhm dort am 16. Mai erneut warnte, daß ein deutsches Angebot von 100 Mio. DM jährlich an Israel sofort abgelehnt werden würde, beharrten Abs und Schäffer auf ihren Standpunkten, wogegen Erhard wie schon früher für ein großzügigeres Angebot eintrat[288]. Adenauer war darum bemüht, „einen Ausweg zu finden, der das Scheitern der Verhandlungen verhindere"[289] und führte dafür an: „Wiederherstellung unseres Kredits in der Welt hängt von dem Erfolg beider Verhandlungen ab. Das aber ist der Zweck des Ganzen."[290] Die Frage für Adenauer war nur, wieviel man dafür in Wassenaar zu geben bereit sein mußte. Im Konflikt zwischen dem Wunsch nach einem Erfolg der Verhandlungen und der Sorge um die Finanzierung eines Abkommens täuschte auch er sich über die Schmerzgrenze der Israelis und stimmte schließlich dem Vorschlag von Abs zu: Dieser wollte bei einem wenige Tage später stattfindenden Gespräch mit Shinnar und Keren, den Leitern der israelischen Delegationen in Wassenaar und London, die Reaktion auf ein inoffizielles 100-Millionen-DM-Angebot, das unter der Voraussetzung amerikanischer Hilfeleistung vielleicht noch aufgestockt werden könnte, sondieren[291]. In der Sicht von Abs war eine für Israel befriedigende Offerte ohnehin nicht möglich, vielmehr käme es „lediglich darauf an, ein Angebot zu machen, das in der Weltöffentlichkeit als eine vernünftige Basis betrachtet werde"[292]. Doch als er am 19. Mai in London den Israelis seinen Vorschlag unterbreitete, handelte es sich, wie von Böhm vorhergesagt, eine schroffe Abfuhr ein[293].

Zwei Tage vor dieser mißglückten Aktion waren die Leiter der deutschen Wassenaar-Delegation, Böhm und Küster, aus Protest gegen die deutsche Verhandlungstaktik demonstrativ zurückgetreten. Küster hatte dies bereits seit einem heftigen Zusammenstoß mit Schäffer am 7. Mai geplant[294]. Bewußt gingen die beiden mit diesem Schritt an die Öffentlichkeit, um damit Druck auf die politische Führung auszuüben. Küster kritisierte, daß hinter dem ihm erteilten Auftrag „kein ernster und durchdachter Entschluß der Bundesregierung" gestanden habe[295] – dem zweiten Teil seines Arguments wird man zustimmen können. Im Bundeskabinett wertete man den Rücktritt der deutschen Delegationsführer mehrheitlich als eine Art Dolchstoß in den Rücken der deutschen Sache, durch den man den unerfüllbaren Forderungen Israels ausgeliefert werde[296], und auch Adenauer schien zunächst einer solchen Deutung anzuhängen[297]. Als er am 19. Mai Böhm zu einem Gespräch zitierte, begann er mit Vorwürfen, suchte aber zugleich nach einem Ausweg aus der verfahrenen Situation. So hörte er sich schließlich den Vorschlag Böhms an, wo-

---

[288] Protokoll der 220. Kabinettssitzung, 16.5.1952, in: Die Kabinettsprotokolle der Bundesregierung, hrsg. f. d. Bundesarchiv v. Hans Booms, Bd. 5: 1952, bearb. v. Kai von Jena, Boppard a. Rh. 1989, S. 327 ff.

[289] Ebenda, S. 329.

[290] Aufzeichnung Seebohms über Kabinettssitzung vom 16.5.1952, BA, NL Seebohm, 178/7b.

[291] Protokoll der 220. Kabinettssitzung, 16.5.1952, in: Kabinettsprotokolle der Bundesregierung, Bd. 5, S. 328 f.

[292] Tagebuch Lenz, Eintrag vom 22.5.1952, S. 342.

[293] Notiz von Abs und Wolff über die Unterhaltung mit Keren und Shinnar am 19.4.1952, BA, NL Blankenhorn, 351/16; Shinnar, Bericht eines Beauftragten, S. 40 f.

[294] Tagebuch Küster, Einträge vom 7.5.–20.5.1952, ACDP, NL Küster (I-084-001 A); Böhm, Das deutsch-israelische Abkommen, S. 459.

[295] Vgl. etwa Frankfurter Rundschau, 21.5.1952, „Leiter der deutschen Delegation bietet Rücktritt an".

[296] 221. Kabinettssitzung vom 20.5.1952, in: Kabinettsprotokolle der Bundesregierung, Bd. 5, S. 342; Tagebuch Lenz, Eintrag vom 20.5.1952, S. 337 u. 340.

[297] Sondersitzung des Kabinetts am 20.5.1952, in: Kabinettsprotokolle der Bundesregierung, Bd. 5, S. 348.

nach der israelischen Delegation eine Zahlung von drei Mrd. DM angeboten werden sollte, die während einer Dauer von acht bis zehn Jahren in Warenleistungen zu erfüllen wäre[298].

In den folgenden zwei Tagen reifte bei Adenauer die Auffassung, daß sich die Verhandlungen nur durch einen solchen Schritt retten ließen – woran ihm im Gegensatz zu manchem seiner Minister sehr gelegen war. Zu dieser Entscheidung hatte neben der ungünstigen Publicity infolge des Rücktritts Böhms und Küsters[299] auch ein am 21. Mai eingegangener Brief Goldmanns, der auf den mißlungenen Vorstoß von Abs in London reagierte, wesentlich beigetragen[300]. Er enthielt einen dringenden Appell an den Bundeskanzler, die Verhandlungen durch ein akzeptables Angebot zu retten. Die Vorschläge, die Abs in London unterbreitet hatte, seien hingegen beleidigend und ließen keine Bereitschaft der Bundesrepublik, „irgendwelche wirklichen Opfer für die Wiedergutmachung zu leisten", erkennen[301].

Im nachhinein war Adenauer die Sache peinlich: Als ihn am 21. Mai auch noch General Julius Klein, der Vorsitzende der jüdischen Kriegsveteranenorganisation in den USA, aufsuchte, um ihn gleichfalls zu einem befriedigenden deutschen Angebot zu drängen, erklärte er, Abs habe sich in London taktlos verhalten und sei bereits zurückbeordert worden[302]. Direkt im Anschluß an dieses Gespräch erschien der Gescholtene zu einer Unterredung mit dem Bundeskanzler. Abs Bericht über den völligen Mißerfolg seiner Mission brachte das Faß schließlich zum Überlaufen: Nachdem Adenauer so klar geworden war, daß ohne ein substantielles deutsches Angebot keine Aussicht auf einen Fortgang der Gespräche bestand, bat er nunmehr Böhm, sein zwei Tage zuvor skizziertes Angebot Goldmann privat zu unterbreiten, um damit die Gespräche wieder in Gang zu bringen[303].

Böhm traf Goldmann sowie mehrere Vertreter der israelischen Delegation zwei Tage später in Paris und fand dabei weitgehende Zustimmung für seinen Vorschlag, der auf drei Mrd. DM Gesamtsumme für Israel, einer Erfüllungszeit von acht bis zwölf Jahren und der Beschränkung auf Warenlieferungen basierte. „Dies", so Goldmann später, „waren Angebote, über die sich reden ließ."[304] Zwar blieben einige Kritikpunkte auf israelisch-jüdischer Seite bestehen – so die in ihren Augen zu geringen Anfangsannuitäten, die Beschränkung auf Warenlieferungen und die lange Laufzeit. Doch unternahm Goldmann sogar von sich aus einen wichtigen Schritt, um die weiteren Verhandlungen zu erleichtern: Eigenmächtig reduzierte er den Globalanspruch der Claims Conference auf weniger als ein Viertel der ursprünglichen Forderung von 500 Mio. Dollar auf 400-500 Mio. DM. Zugleich sollte dieser Betrag der an Israel zu leistenden Summe zuge-

---

[298] Böhm, Das deutsch-israelische Abkommen, S. 459f.
[299] Siehe dazu Adenauer in der Sondersitzung des Kabinetts am 20. 5. 1952, in: Kabinettsprotokolle der Bundesregierung, Bd. 5, S. 348.
[300] Adenauer, Erinnerungen, Bd. 2, S. 145.
[301] Goldmann an Adenauer, 19. 5. 1952, in: Der deutsch-israelische Dialog. Dokumentation eines erregten Kapitels deutscher Außenpolitik, hrsg. v. Rolf Vogel, Teil I: Politik, Bd. 1, München usw. 1989, S. 65f.
[302] Tagebuch Klein, Eintrag vom 21. 5. 1952, Maj. Gen. Julius Klein Collection, Diary 1952, JWV-Archiv; Shepard Stone an McCloy, 21.5. 1951, WNRC, RG 466, McCloy Papers, Box 42. Auch in seinen Erinnerungen gab Adenauer vor, von dem Vorschlag von Abs nichts gewußt zu haben (Adenauer, Erinnerungen, Bd. 2, S. 147). Vgl. dazu auch v. Jena, Versöhnung mit Israel?, S. 473 f.
[303] Bericht Adenauers in der Sondersitzung der Bundesregierung am 23.5. 1952, in: Kabinettsprotokolle der Bundesregierung, Bd. 5, S. 353f; Böhm, Das deutsch-israelische Abkommen, S. 460f.
[304] Goldmann, Leben als deutscher Jude, S. 397.

schlagen werden, wobei sich dann Israel und die Claims Conference über die Aufteilung einigen könnten[305].

Wie Shinnar schrieb, hatte Böhm bei diesen Gesprächen vom 23. Mai immer wieder darauf hingewiesen, daß er keine autorisierten Vorschläge machen könne, „sondern mit uns klären wolle, auf welche Regelung wir eingehen könnten"[306]. Dies war nun erreicht, doch lag noch immer kein verbindliches Angebot der deutschen Regierung vor. An diesem Punkt erfolgte die bislang massivste Intervention von amerikanischer Seite: Wie McCloy gegenüber Julius Klein angekündigt hatte, sollte bei der bevorstehenden Unterzeichnung des Deutschland- und des EVG-Vertrages eine deutliche Stellungnahme zur gewünschten Wiederbelebung der Verhandlungen mit Israel und der Claims Conference erfolgen[307]. So geschah es dann auch: Als US-Außenminister Acheson am 25. Mai in Bonn mit Adenauer zusammentraf, hielt er ihm in dringender Form das amerikanische Interesse an einer für beide Seiten befriedigenden Lösung in den Verhandlungen mit Israel vor Augen. Heftig kritisierte er Berichte, wonach die Bundesrepublik auf amerikanische Hilfe zur Finanzierung eines derartigen Abkommens hoffe, da sich die Deutschen auf diese Weise der moralischen Verantwortung entzögen. Für diesen Zweck könne Deutschland keine US-Hilfe erwarten. Adenauer versuchte ihn unter Hinweis auf die erfolgreiche Böhm-Mission damit zu beschwichtigen, daß die Verhandlungen bereits wieder in Gang gekommen seien[308].

Ähnlich relativiert auch Michael Wolffsohn die Bedeutung der Demarche Achesons, indem er sich darauf beruft, daß der Durchbruch ja bereits zwei Tage zuvor, bei dem Gespräch Böhms mit Goldmann, erfolgt sei[309]. Doch tatsächlich war die Angelegenheit zu diesem Zeitpunkt immer noch in der Schwebe, weshalb man den Wert dieser Intervention ruhig etwas höher bewerten darf, als Wolffsohn dies tut. Als nämlich Adenauer am 28. Mai Goldmann zu einem Gespräch einlud, konnte er noch immer keine Entscheidung über ein verbindliches deutsches Angebot präsentieren. Doch gab er sich bei dieser Gelegenheit entschlossen, zu einer Lösung auf Grundlage der Vorschläge Böhms zu gelangen[310]. Erneute Vorstöße McCloys bei Adenauer und Heuss dienten gleichfalls diesem Zweck[311].

Am 10. Juni trafen Adenauer und seine Berater in Bonn mit Goldmann und Shinnar zusammen und fixierten nun endlich die Bedingungen eines verbindlichen deutschen Angebots, das auf den Ergebnissen der Besprechungen Böhms in Paris beruhte. Schwierigkeiten gab es allerdings vor allem in der Frage des Globalanspruchs der Claims Conference, dem die deutsche Seite sehr ablehnend gegenüberstand. Man einigte sich schließlich darauf, die Globalansprüche der Claims Conference und Israels gemeinsam zu behandeln, wobei ein Gesamtbetrag von 3,4 bis 3,5 Mrd. DM bestimmt wurde[312].

[305] Bericht Böhms über die Besprechung mit Goldmann und den israelischen Delegationsmitgliedern vom 23. 5. 1952 in Paris, in: Vogel, Der deutsch-israelische Dialog, Teil I, Bd. 1, S. 67-72.

[306] Shinnar, Bericht eines Beauftragten, S. 43.

[307] Tagebuch Klein, Eintrag vom 21. 5. 1952 (Anm. 302).

[308] McCloy an State Department, 25. 5. 1952, in: FRUS 1952-1954 IX/1, S. 938.

[309] Vgl. Wolffsohn, Das deutsch-israelische Wiedergutmachungsabkommen, S. 704.

[310] Goldmann, Leben als deutscher Jude, S. 398; Adenauer, Erinnerungen, Bd. 2, S. 151 f.

[311] AJC-Contributions to Postwar Economic Rehabilitation of Jewish Victims of Nazi Persecution, September 1965, AJC-Archiv, JSX, Subject Restitution 65-66.

[312] Niederschrift über die Besprechung zwischen Goldmann, Shinnar, Hallstein, Böhm, Frowein und Abs am 10. 6. 1952 (in Ggw. Adenauers), PA/AA, II 244-13, Bd. 2; Goldmann, Mein Leben als deutscher Jude, S. 398-403; Böhm, Das deutsch-israelische Abkommen 1952, S. 462-464; Shinnar, Bericht eines Beauftragten, S. 46-48.

Hans-Peter Schwarz spricht von der „unverfrorene(n) Chuzpe" Goldmanns, mit der er am 10. Juni 500 Mio. Dollar für die Claims Conference beim Bundeskanzler „herausgeschlagen" habe[313]. Dabei übersieht er, daß Goldmann diese Forderung bereits früher freiwillig auf ein knappes Viertel dieser Summe reduziert hatte. Drastischer hatte den hier verborgenen Vorwurf einst Schäffer formuliert, der Goldmann später, wann immer er in sein Büro kam, mit den Worten zu begrüßen pflegte: „Hier kommt ja der Mann, der uns einige hundert Millionen Mark gestohlen hat. Aber trotzdem gebe ich ihm eine gute Zigarre."[314]

Doch bis dahin war es noch ein weiter Weg. Als am 17. Juni die Ergebnisse dieses Treffens im Kabinett besprochen wurden, zürnte Schäffer, daß er bei dem Gespräch übergangen worden war und bezeichnete die Resultate als unannehmbar. Die Globalansprüche Israels und der Claims Conference stellte er sachlich in Frage, in jedem Falle aber würden sie die Finanzierung der Individualansprüche gefährden. Die Quintessenz seiner Ausführungen war, daß kein Geld für diese Zwecke da sei[315]. Doch endete die Sitzung mit einer Schlappe für Schäffer. Adenauer unterstrich die „überragende Bedeutung der Angelegenheit im Verhältnis zur gesamten westlichen Welt und insbesondere zu den USA. Der ergebnislose Abbruch von Verhandlungen mit Israel würde die schwersten politischen und wirtschaftspolitischen Gefahren für die Bundesrepublik heraufbeschwören; deshalb müßten selbst erhebliche finanzielle Opfer in Kauf genommen werden, um mit Israel zu einer Einigung zu gelangen."[316] Nach den letztgenannten Interventionen Achesons und McCloys kann es nicht überraschen, daß er zu dieser Auffassung gelangt war. Auch auf das Kabinett wirkte dies überzeugend: Es stimmte „in überwältigender Mehrheit für die Fortsetzung der Verhandlungen"[317] und billigte die Beschlüsse vom 10. Juni. Damit war der Weg zur Fortsetzung der Verhandlungen frei.

c) Von der Wiederaufnahme der Gespräche zur Ratifizierung

Am 24. Juni wurden die Gespräche in Wassenaar wieder aufgenommen. Die deutsche Delegation, diesmal mit Böhm, aber ohne Küster, dessen Stelle von Trützschler aus dem Auswärtigen Amt eingenommen hatte, war nun durch Vertreter des Finanz- und Justizministeriums verstärkt worden. Fortan wehte der Wind aus einer anderen Richtung, wie Frederick Goldschmidt von der Claims Conference-Delegation beschrieb: „Während im ersten Teil der Verhandlungen die maßgebende Persönlichkeit auf deutscher Seite Rechtsanwalt Küster gewesen war, hatten wir nunmehr den Eindruck, daß der Lauf der Verhandlungen durch eine im Haag nicht anwesende Persönlichkeit bestimmt wurde, nämlich durch Bundesfinanzminister Schäffer."[318] Trotz der vorherigen Ankündigung war die Claims Conference-Delegation schwer enttäuscht, daß ein Teil der „Gemeinsamen Empfehlungen" vom April 1952, auf die sich beide Delegationen in der ersten Verhandlungsphase geeinigt hatten, aus finanziellen und politischen Grün-

[313] Vgl. Hans-Peter Schwarz, Adenauer. Der Aufstieg: 1876-1952, Stuttgart 1986, S. 903.
[314] Goldmann, Leben als deutscher Jude, S. 387.
[315] 228. Kabinettssitzung vom 17. 6. 1952, in: Kabinettsprotokolle der Bundesregierung, Bd. 5, S. 395-398. Siehe dazu auch Schäffer an Ministerialrat Spieler (Bundeskanzleramt), 18. 6. 1952, Nachtrag zum Protokoll der Sitzung vom 17. 6. 1952, BA, NL Schäffer, 168/33.
[316] 228. Kabinettssitzung vom 17. 6. 1952, in: Kabinettsprotokolle der Bundesregierung, Bd. 5, S. 398.
[317] Tagebuch Blankenhorn, Eintrag vom 17. 6. 1952, BA, NL Blankenhorn, 351/10.
[318] Bericht von F. Goldschmidt (Council for the Protection of the Rights and Interests of Jews from Germany) über die Gespräche in Wassenaar, 1. 9. 1952, LBI-Archiv, Council of Jews from Germany, Folder 19.

den gestrichen worden war. Die neue Linie der deutschen Delegation stellte zunächst jede Regelung, die über die vertraglichen Abmachungen im Dritten und Vierten Teil des Überleitungsabkommens mit den Alliierten hinausging, in Frage[319].

Insbesondere betraf das die zunächst konzedierten Ausweitungen des Kreises der Anspruchsberechtigten auf Verfolgte aus den vom Deutschen Reich besetzten und annektierten Gebieten. Nun wurden die Ansprüche von Österreich-Emigranten auch vom Bonner Kabinett endgültig abgelehnt[320]. Ähnlich verhielt es sich mit den Auswanderern aus den Gebieten des Deutschen Reiches östlich der Oder-Neiße-Linie, aus Danzig, dem Memel- und dem Sudetenland, denen in der ersten Verhandlungsphase eine 2/3-Entschädigung in Aussicht gestellt worden war. Doch entstand hier schließlich ein eigenartiger Kompromiß: Verfolgte aus den sogenannten Vertreibungsgebieten im Sinne des Lastenausgleichsgesetzes, von denen man annehmen konnte, daß sie den Vertreibungsmaßnahmen gegen Deutsche ausgesetzt gewesen wären, erhielten Entschädigungsansprüche, die im wesentlichen denen glichen, die Vertriebene nach dem Lastenausgleich beanspruchen konnten – Verfolgte wurden so zu fiktiven Vertriebenen ernannt[321]. Wieder einmal erwiesen sich Hilfsmaßnahmen für Kriegsgeschädigte als Motor für Verbesserungen zugunsten der Opfer des Nationalsozialismus.

Auch mit einigen anderen Forderungen gelang es der Claims Conference, über den durch Artikel III und IV des Überleitungsabkommens gesteckten Rahmen hinauszugelangen. Hatten sich die Deutschen gegenüber den Alliierten noch erfolgreich geweigert, sich auf einen Zeitraum zur Erfüllung der individuellen Entschädigungsansprüche festzulegen, so verpflichteten sie sich nunmehr zur Durchführung in maximal zehn Jahren. Aber auch etwa die Entschädigung für jüdische Gemeindebedienstete, für Leben in der Illegalität, für Ausbildungsschäden und für die sog. „Doppelverfolgten", d. h. Verfolgte, die als politische Flüchtlinge aus der SBZ bzw. DDR in die Bundesrepublik gelangten, sowie die Gleichstellung von Zwangsarbeit mit Freiheitsentziehung waren derartige Erfolge der Claims Conference. Wichtig war auch, daß nunmehr Staatenlose und politische Flüchtlinge unter den Verfolgten wenigstens eine Entschädigung für Freiheitsentzug bzw. für Schaden an Gesundheit und Leben erhalten sollten. Am 8. August wurden schließlich diese und andere Punkte als „Vorgesehene Regelungen über den Ausbau der Wiedergutmachungsgesetzgebung" von beiden Delegationen beschlossen[322]. Darüber hinaus erhielt die

[319] Ebenda; Report No. 8 to the Presidium by Moses A. Leavitt, 26. 7. 1952, YIVO-Archiv, RG 347, AJC Records, GEN-10, Box 282; Tagebuch Küster, Eintrag vom 2. 5. 1952, ACDP, NL Küster (I-084-001 A); Kabinettsvorlage Schäffers vom 5. 9. 1952, BA, B 126/12524; Frowein, Entwurf II, Instruktion an die Delegation für die Wiedergutmachungsverhandlungen im Haag, o. Dat., BA, B 126/51544.

[320] 245. Kabinettssitzung am 8. September 1952, in: Kabinettsprotokolle der Bundesregierung, Bd. 5, S. 550f. u. 557f.

[321] Goldschmidt, 1. 9. 1952, Bericht über die im Juni, Juli und August geführten Verhandlungen zwischen der Delegation der Deutschen Bundesrepublik und der Delegation der Claims Conference, LBI-Archiv, Council of Jews from Germany, Folder 19. In der späteren Praxis wirkte sich diese Regelung vielfach höchst unglücklich aus, wurden doch ehemalige jüdische NS-Verfolgte aus den Vertreibungsgebieten dazu gezwungen, ihr „Bekenntnis zum deutschen Sprach- und Kulturkreis" zu dokumentieren. Vgl. Walter Schwarz, Die Wiedergutmachung nationalsozialistischen Unrechts durch die Bundesrepublik Deutschland. Ein Überblick, in: Herbst/Goschler (Hrsg.), Wiedergutmachung in der Bundesrepublik Deutschland, S. 47.

[322] Vorgesehene Regelungen über den Ausbau der Wiedergutmachungsgesetzgebung, 8. 8. 1952, Anlage 3 zur Kabinettsvorlage Schäffers vom 5. 9. 1952, BA, B 126/12524. Vgl. auch Sagi, Wiedergutmachung für Israel, S. 166-168 (mit einigen Ungenauigkeiten!).

Claims Conference die Zusicherung, bei der künftigen Umsetzung der Vereinbarungen beteiligt zu werden[323].

Schwieriger gestaltete sich die Frage des Globalanspruchs der Claims Conference. Böhm forderte nun weisungsgemäß einen Nachweis über die Zusammensetzung dieser Forderung[324]. Die Claims Conference-Delegation rechnete daraufhin vor, daß sich das Deutsche Reich durch Raubzüge im Reichsgebiet und in den besetzten Gebieten jüdisches Vermögen in Höhe von etwa 1,9 Mrd. Dollar einverleibt habe[325]. Überdies verwies sie darauf, daß die der Claims Conference angeschlossenen Organisationen bereits etwa 1,1 Mrd. Dollar für die Rehabilitierung jüdischer Opfer des Nationalsozialismus ausgegeben hätten[326]. Demgegenüber wollte Böhm auf der Grundlage der erbenlosen Ansprüche nur 95 Mio. DM als berechtigt anerkennen. Jedoch schlug er vor, der Claims Conference zusätzlich einen Härtefonds in Höhe von 305 Mio. DM zur Verfügung zu stellen. Dahinter steckte die Überlegung, daß sich die Ablehnung einiger in der ersten Verhandlungsphase in Aussicht gestellter Verbesserungen der Entschädigungsgesetzgebung auf diese Weise leichter vertreten ließe. Dies bedeutete also eine Verlagerung von Individualansprüchen auf kollektive Leistungen zugunsten der Claims Conference. Überdies forderte Böhm auch, daß zehn Prozent dieser Summe zugunsten der sogenannten Nicht-Glaubensjuden abgezogen werden sollten, da die Claims Conference die Zuständigkeit für diese Gruppe ablehnte[327]. Den Vertretern des Finanzministeriums in der deutschen Delegation ging das alles viel zu weit. Ministerialdirektor Wolff beschwerte sich am 4. Juli bei Schäffer über die Delegationsleitung, die „sich nur schwer und selten gegenüber Forderungen und Wünschen der Gegenseite zu einem klaren Nein zu entschließen" vermöge und selbst bei eigentlich unmöglichen Forderungen „immer noch die Neigung" hätte, „nach Kompromißformeln zu suchen"[328].

Auch der Bundesfinanzminister selbst stellte am 11. Juli im Kabinett die Ansprüche der Claims Conference erneut grundsätzlich in Frage[329]. Goldmann protestierte gegen diesen Vorstoß, der im Widerspruch zu den Absprachen mit Adenauer vom 10. Juni stand. Hintersinnig erinnerte er den Bundeskanzler daran, „daß in unserer letzten Besprechung, als von einem der Beteiligten die Frage nach der detaillierten Begründung dieses Globalanspruches gestellt wurde, Sie es gerade waren, der sehr weise und mit voller Berechtigung darauf hinwies, daß die detaillierte Diskussion dieses Fragenkomplexes, die natürlich in die Öffentlichkeit dringen würde, und der detaillierte Nachweis des schrecklichen Charakters dieser Sonderaktionen gegen die Juden, denkbar unerwünscht wäre vom Standpunkt unserer gemeinsamen Zielsetzung"[330]. Auch McCloy warnte Adenauer kurz vor seiner endgültigen Rückkehr nach den USA, eine Vertagung oder gar Ablehnung der jüdischen Forderung durch das Kabinett „könnte nicht nur die

---

[323] Leavitt, Report No. 8 to the Presidium, 26. 7. 1952, (Anm. 319); Leavitt an Böhm, 8. 9. 1952, in: Documents on the Agreement, S. 159; Böhm an Leavitt, 8. 9. 1952, ebenda, S. 160.

[324] Protokoll über die Sitzung im Palais Schaumburg, 23. 6. 1952, Hallstein, Böhm, Blankenhorn u. a., PA/AA, II 244-13, Bd. 3.

[325] Dokument der Claims Conference vom 30. 6. 1952 zur Begründung des Globalanspruchs, PA/AA, II 244-13, Bd. 2.

[326] Siehe zusammenfassende Aufzeichnung Ludwigs über die Sitzung mit der Claims Conference am 27. 6. 1952, nachmittags, PA/AA, II 244-13, Bd. 2.

[327] Berichte Böhms vom 2. 7. und 14. 7. 1952 an Bundesregierung, BA, B 149/419 und PA/AA, II 244-13, Bd. 3. Vgl. auch Huhn, Wiedergutmachungsverhandlungen in Wassenaar, S. 156.

[328] Wolff an Schäffer, 4. 7. 1952, BA, B 126/51544.

[329] 234. Kabinettsitzung am 11. Juli 1952, Kabinettprotokolle der Bundesregierung, Bd. 5, S. 452.

[330] Goldmann an Adenauer, 11. 7. 1952, BA, B 141/415.

gesamten Arbeiten der Haager Konferenz gefährden, sondern vor allem hinsichtlich der Aussöhnung Deutschlands mit dem jüdischen Volk, die für Deutschlands Zukunft und internationale Stellung so bedeutsam ist, schwerwiegende Folgen haben"[331].

Diese Interventionen waren zu diesem Zeitpunkt weniger ausschlaggebend für die Haltung Adenauers, der ja den Globalanspruch der Claims Conference bereits explizit anerkannt hatte[332], als dazu wichtig, einige widerstrebende Mitglieder seiner Regierung zu beeindrucken. So schlug Staatssekretär Hallstein der Ministerrunde am 15. Juli vor, der Claims Conference eine Globalentschädigung von 450 Mio. DM anzubieten. Daneben sollten weitere, von der Bundesrepublik zu verteilende 50 Mio. DM als Härtefonds für Nicht-Glaubensjuden zur Verfügung gestellt werden. Dafür machte Hallstein weniger rechtliche als politische Erwägungen geltend: Insbesondere würde hierdurch „voraussichtlich eine günstige Atmosphäre für die Aufbringung einer äußeren Anleihe geschaffen, die die vorgesehenen Leistungen an Israel sehr erleichtern würden"[333]. In einem vorangegangenen Brief an Adenauer hatte er dagegen die Nachteile eines Scheiterns der Verhandlungen betont: Neben einer verstärkten politischen Agitation inbesondere der amerikanischen Juden seien auch wirtschaftliche Nachteile etwa durch „Boykotthetze" zu erwarten[334]. Auch der Bundeskanzler wies dann vor dem Kabinett „auf die große wirtschaftliche Macht des Judentums in der Welt", zugleich aber auch „auf das ungeheuerliche Ausmaß des deutscherseits den Juden in ganz Europa angetanen Unrechts" hin[335]. Moralische Begründung und pragmatisches Kalkül gingen hier Hand in Hand, auffällig dabei besonders die Dramatisierung des jüdischen Einflusses.

Schäffer beharrte jedoch auf seiner Ablehnung und drohte dabei insbesondere damit, daß die Finanzierung der Individualentschädigung durch die zusätzliche Globalentschädigung an die Claims Conference gefährdet sei. Dem hielt Adenauer entgegen, daß gerade die Globalentschädigung für die Claims Conference „die Bundesrepublik praktisch sehr entlasten würde, weil sie ja jeden Hilfsbedürftigen, der sich an sie wende, an die CC verweisen könne und müsse"[336]. Tatsächlich übte die deutsche Delegation in den Verhandlungen großen Druck aus, daß die Globalentschädigung der Claims Conference zur Rehabilitierung und Fürsorge bedürftiger Verfolgter, die keine Entschädigung im Rahmen der deutschen Gesetzgebung erhalten konnten, verwendet würde[337]. Adenauer setzte sich schließlich erneut durch, auch wenn die Schlußabstimmung im Kabinett nur eine Stimme Mehrheit gegen Schäffer, Hellwege, Dehler und Kaiser zugunsten des Antrags Hallsteins ergab[338].

Weniger Schwierigkeiten machten in der zweiten Phase die Gespräche mit der Israel-Delegation, die sich hauptsächlich um technische Fragen drehten. Probleme bereitete dabei in erster Linie der israelische Wunsch nach einer Wertsicherungsklausel, mit der sie sich gegen eventuelle Risiken einer inflationären Entwicklung absichern wollten, während umgekehrt die deutsche Seite auf einer Katastrophenklausel bestand, die eine

[331] McCloy an Adenauer, vorgelegt am 15.7. 1952, BA, NL Blankenhorn, 351/16.
[332] Siehe dazu auch Aufzeichnung Hallsteins für Adenauer, 7.7. 1952, PA/AA, II 244-13, Bd. 2; Hallstein an Böhm, 7.7. 1952, ebenda.
[333] 235. Kabinettssitzung am 15.7. 1952, in: Kabinettsprotokolle der Bundesregierung, Bd. 5, S. 456 f.
[334] Aufzeichnung Hallsteins für Adenauer, 7.7. 1952 (Anm. 332).
[335] 235. Kabinettssitzung am 15.7. 1952, in: Kabinettsprotokolle der Bundesregierung, Bd. 5, S. 457.
[336] Ebenda.
[337] Vgl. dazu auch Zweig, German Reparations, S. 24 f. u. 60 f.
[338] 235.Kabinettssitzung am 15.7. 1952, in: Kabinettsprotokolle der Bundesregierung, Bd. 5, S. 458; Tagebuch-Blankenhorn, Eintrag vom 15.7. 1952, BA, NL Blankenhorn, 351/13.

Handhabe im Falle einer dramatischen Verschlechterung der deutschen Zahlungsfähigkeit geben sollte[339].

Bedrohlich waren jedoch Einflüsse von außen: Die arabischen Nachbarstaaten Israels reagierten auf die Nachrichten von den geplanten deutschen Leistungen an ihren Gegner mit heftigen Protesten, da sie hierdurch die wirtschaftliche und militärische Lage im Nahen Osten zu ihren Ungunsten verändert sahen[340]. Sowohl die Schalmeienklänge der deutsch-arabischen Freundschaft als auch die dumpfen Trommelwirbel eines Handelsboykotts, die aus dem Nahen Osten drangen, waren willkommene Verstärkung im Orchester der innerdeutschen Gegner des Abkommens mit Israel. Besonders Finanzminister Schäffer und der aufstrebende Bundestagsabgeordnete Franz-Josef Strauß[341] waren dort tonangebend. Angesichts dieser Wirkung der arabischen Proteste wandte sich Adenauer drei Tage vor der entscheidenden Kabinettsabstimmung über die in Wassenaar ausgehandelten Abkommen hilfesuchend an McCloys Amtsnachfolger Walter Donelly. Wie dieser dem State Department berichtete, war der Bundeskanzler entschlossen, die Angelegenheit zum Erfolg zu führen. Adenauer zweifelte nicht daran, die Opposition überstimmen zu können, doch hätte er es als Stärkung seiner Politik begrüßt, darauf verweisen zu können, daß die Vereinigten Staaten bereit seien, sich für die Beschwichtigung der arabischen Drohungen einzusetzen[342]. Am selben Tag noch gab Acheson Donelly positiven Bescheid: „You may authorize Chancellor to make statement to effect US is willing to use its good offices to try to abate Arab pressure and to endeavor to persuade at least some of the Arab states to abandon their threats."[343] Überdies wurde Adenauer über die Anstrengungen, die die USA in dieser Hinsicht bereits unternommen hatten, informiert. So hatte Byroade, der inzwischen vom Leiter der Deutschlandabteilung zum Staatssekretär für Nahost-, südasiatische und afrikanische Angelegenheiten aufgestiegen war, gegenüber dem syrischen Botschafter die deutschen Leistungen an Israel verteidigt: Das State Department habe sich niemals in die deutsch-israelischen Verhandlungen eingemischt, aber gegenüber der deutschen politischen Führung die Haltung eingenommen, daß das deutsche Volk Israel aus moralischen Gründen Reparationen schulde[344]. Mit diesen Erklärungen gewappnet stellten sich Adenauer und Hallstein in der Kabinettssitzung am 8. September dem Argument der Gefährdung der deutsch-arabischen Beziehungen entgegen[345]. So handelte es sich hier also keineswegs um einen Bluff[346], vielmehr bestand auf amerikanischer Seite tatsächlich die Absicht, den Bundeskanzler in dieser Sache zu stützen.

---

[339] 236. Kabinettssitzung am 18. 7. 1952, in: Kabinettsprotokolle der Bundesregierung, Bd. 5, S. 468; 237. Kabinettssitzung am 25. 7. 1952, ebenda, S. 479; Sondersitzung des Kabinetts am 12. 8. 1952, ebenda, S. 505-507; 245. Kabinettssitzung am 8. 9. 1952, ebenda, S. 552 ff. Vgl. auch Huhn, Wiedergutmachungsverhandlungen in Wassenaar, S. 158 f.

[340] 245. Kabinettssitzung am 8. 9. 1952, Kabinettsprotokolle der Bundesregierung, Bd. 5, S. 549; PA/AA, II 244-13, Bd. 4 u. 5; Memorandum der Delegation der arabischen Staaten Ägypten, Irak, Jemen, Jordanien, Libanon, Saudi-Arabien und Syrien an die Regierung der Bundesrepublik Deutschland, 31. 10. 1952, BA, B 126/51545.

[341] Siehe dazu BA, B 126/51545; Tagebuch-Blankenhorn, Eintrag vom 16. 10. 1952, BA, NL Blankenhorn, 351/14; Tagebuch Lenz, Eintrag vom 18. 8. 1952, S. 412.

[342] Walter J. Donelly an State Department, 6. 9. 1952, in: FRUS 1952-1954 IX/1, S. 991.

[343] Acheson an Donelly, 6. 9. 1952, ebenda, S. 992.

[344] State Department an US-Botschaft/Damaskus, 22. 8. 1952, ebenda.

[345] 245. Kabinettssitzung am 8. 9. 1952, in: Kabinettsprotokolle der Bundesregierung, Bd. 5, S. 549 u. 551 f.

[346] Diese Auffassung vertritt hingegen Michael Wolffsohn, dessen Argumentation jedoch auch grobe faktische Irrtümer, so z. B. eine falsche Zuordnung Byroades, enthält. Vgl. ders. Globalentschädigung für Israel und die Juden? in: Herbst/Goschler (Hrsg.), Wiedergutmachung, S. 183.

Neben außenpolitischen bestanden aber auch finanzpolitische Einwände fort. Vor allem Finanzminister Schäffer beharrte darauf, daß eine Ratifizierung der Abmachungen mit Israel und der Claims Conference unmöglich sei, „wenn nicht gleichzeitig die Deckung für die Ausgaben beschlossen werde"[347]. Adenauer, der Schäffer zuvor unter Hinweis auf außenpolitische Gründe vergeblich beschworen hatte, der Unterzeichnung des Abkommens zuzustimmen[348], gelang es jedoch, den Bundesfinanzminister zu überspielen. Am 8. September erwirkte er so einen Kabinettsbeschluß, wonach den Abmachungen mit Israel und der Claims Conference zugestimmt würde, allerdings mit der Maßgabe, „daß die Weiterleitung an den Bundesrat nur unter gleichzeitiger Vorlage eines Deckungsvorschlages, über den das Kabinett noch im einzelnen nach Vortrag des Bundesfinanzministers zu beschließen haben werde, erfolgt"[349]. Damit hatte der Bundeskanzler den Weg zur Unterzeichnung der Abkommen geebnet, wenngleich die endgültige Klärung der Finanzierungsfrage vertagt war. So konnten Adenauer, der israelische Außenminister Sharett und Goldmann am 10. September in Luxemburg ihre Unterschriften unter das mühsam ausgehandelte Paket setzen. Dem Vertrag mit Israel über eine Globalentschädigung in Höhe von drei Mrd. DM standen zwei Protokolle mit der Claims Conference zur Seite. Protokoll Nr. 1 enthielt die ausgehandelten Grundsätze für die Verbesserung der bestehenden Wiedergutmachungsgesetzgebung, Protokoll Nr. 2 regelte die Globalentschädigung für die Claims Conference in Höhe von 450 Mio. DM[350].

Bis zur endgültigen Ratifizierung sorgten aber vor allem die arabischen Proteste weiterhin für Aufregung, wie Adenauer Donelly fünf Tage nach der Unterzeichnung des Abkommens in Luxemburg mitteilte. Erneut bat er um die Hilfe der USA, einen eventuellen arabischen Boykott deutscher Waren, der Wasser auf die Mühlen der innerdeutschen Gegener des Abkommens wäre, abzuwenden[351]. Die USA selbst bekamen den Zorn der arabischen Staaten zu spüren, denn dort herrschte die Auffassung vor, daß diese die Deutschen zu dem Abkommen gezwungen hätten – eine Meinung, die durch private Äußerungen deutscher Kabinettsmitglieder und Politiker bewußt genährt wurde[352]. Die US-Diplomatie bestritt dies und verwies statt dessen auf die moralische Berechtigung dieser Forderungen. Um dies den arabischen Staaten schmackhaft zu machen, verwies sie auch auf die präjudizierende Wirkung des Abkommens im Hinblick auf die Ansprüche arabischer Flüchtlinge aus Palästina an Israel[353]. Gleichwohl bestanden keine Illusionen darüber, daß Schweigen wie Reden in jedem Falle als Eingeständnis der amerikanischen Verantwortung für dieses Abkommen gewertet werden würde[354]. Doch wurde bereits hellsichtig das Resultat der arabischen Drohgebärden prognostiziert: „While threat of boycott may be carried out even if only on a token or temporary basis, Embassy's opinion is that there is so much latent pro-German sympathy in

---

[347] 245. Kabinettssitzung am 8.9. 1952, in: Kabinettsprotokolle der Bundesregierung, Bd. 5, S. 554.

[348] Adenauer an Schäffer, 28.8. 1952, BA, B 136/1130.

[349] Ebenda, S. 554-558, hier: S. 557. Vgl. auch Wolffsohn, Globalentschädigung für Israel und die Juden?, S. 182 f.; Huhn, Die Wiedergutmachungsverhandlungen in Wassenaar, S. 159.

[350] Siehe Documents to the Agreement, S. 125-168.

[351] Donelly an State Department, 16.9. 1952, in: FRUS 1952-1954 IX/1, S. 999.

[352] So z.B. auch von Dehler. Vgl. Tagebuch Lenz, Eintrag vom 22.2. 1953, S. 564.

[353] Lobenstine (US-Chargé im Libanon) an State Department, 30.9. 1952, in: FRUS 1952-1954 IX/1, S. 1013 f.

[354] Bruce (Acting Secretary of State) an US-Botschaft im Libanon, 22.10. 1952, ebenda, S. 1037.

Arab world (on basis enemy of their enemy is their friend) that German interest will not in long run suffer irreparably because of agreement particularly while US is such a convenient whipping boy."[355]

Tatsächlich sorgten die arabischen Proteste zwar für eine gewisse Verzögerung der Ratifizierung, da erst das Ergebnis deutscher Beschwichtigungsversuche in Ägypten abgewartet wurde[356], eine ernstliche Gefährdung stellten sie aber nicht mehr dar. Auch die Versuche Schäffers, dem der Vertrag „um zwei Milliarden zu teuer"[357] war, die Finanzierungsfrage noch einmal als Stolperstein in die Debatte zu werfen, endeten letztlich in einem lauten Grummeln des Finanzministers. Bei der Sitzung am 13. Februar 1953, in der es um die Weiterleitung an den Bundesrat ging, stimmte er zwar dagegen, verzichtete aber darauf, formell Widerspruch einzulegen[358].

Zuvor hatte Hallstein im Auftrag des Bundeskanzlers noch einmal die außen- und innenpolitischen Gründe für eine baldige Ratifizierung des Abkommens genannt: Sowohl der neue amerikanische Außenminister Dulles als auch der neue amerikanische Hohe Kommissar hatten sich dafür eingesetzt[359]. Auch sei die Ratifizierung des Israel-Vertrages eine wichtige atmosphärische Vorbedingung für Adenauers bevorstehenden USA-Besuch. Überdies habe die SPD ihre Unterstützung zugesagt[360]. Letztere war bei der Abstimmung im Bundestag auch dringend erforderlich: Lediglich die Fraktion der SPD stimmte am 18. März 1953 einstimmig für das Abkommen, während aus den Reihen der Regierungskoalition eine beträchtliche Anzahl von Stimmenthaltungen, darunter, sehr zum Ärger des Bundeskanzlers[361], auch Finanzminister Schäffer, kamen[362]. Adenauer war also in dieser Angelegenheit bis zuletzt dem Grundsatz treu geblieben, sich seine Unterstützung zur Durchführung dieses Vorhabens dort zu holen, wo sie zu finden war.

Anders als in den übrigen Bereichen der Wiedergutmachung, so läßt sich summieren, war das Luxemburger Abkommen mit Israel und der Claims Conference ganz wesentlich vom persönlichen Einsatz Adenauers geprägt, der, nachdem er einmal zu der Auffassung gelangt war, daß hier etwas getan werden müsse, erhebliche innenpolitische Widerstände überwand, um ans Ziel zu gelangen. Zahlreiche Anstöße von inner- und außerhalb Deutschlands hatten ihn von der Wichtigkeit eines deutlichen Zeichens an die Adresse Israels und der Juden in aller Welt für die internationale Reputation der Bundesrepublik überzeugt und so seine Entscheidung, ihnen direkte Gespräche über ihre Wiedergutmachungsforderungen anzubieten und dabei schließlich die israelische

---

[355] Lobenstine an State Department, 30. 9. 1952, ebenda, S. 1014.
[356] 273. Kabinettssitzung am 3. 2. 1953, in: Die Kabinettsprotokolle der Bundesregierung, hrsg. f.d. Bundesarchiv v. Hans Booms, Bd. 6: 1953, bearbeitet von Ulrich Enders und Konrad Reiser, Boppard a.Rh. 1989, S. 153.
[357] Aufzeichnung Schäffers über die Kabinettssitzung am 3. 2. 1953, BA, NL Schäffer, 168/33.
[358] 273. Kabinettssitzung am 3. 2. 1953, in: Kabinettsprotokolle der Bundesregierung, Bd. 6, S. 153; 275. Kabinettssitzung am 13. 2. 1953, ebenda, S. 172 f.; Schäffer an Hartmann, 13. 2. 1953, BA, NL Schäffer, 168/33. Vgl. dazu auch Wolffsohn, Globalentschädigung für Israel und die Juden?, S. 186.
[359] Siehe auch Adenauer an Schäffer am 12. 2. 1953 (in: Adenauer, Briefe, Bd. 3, S. 342): „Es ist aber aus allgemein politischen Gründen unbedingt notwendig, den Vertrag mit Israel in den Bundesrat zu bringen. Herr Conant, der mir heute seinen Antrittsbesuch machte, fing selbst davon an und machte mich darauf aufmerksam, wie wichtig die baldige Ratifizierung sei."
[360] 275. Kabinettssitzung am 13. 2. 1953, in: Kabinettsprotokolle der Bundesregierung, Bd. 6, S. 171 f.
[361] Tagebuch Lenz, Eintrag vom 18. 3. 1953, S. 591 f.
[362] Deutscher Bundestag, 255. Sitzung vom 18. 3. 1953, Stenographische Berichte, Bd. 15, S. 12362-12366.

Note vom 12. März 1951 als Verhandlungsgrundlage zu akzeptieren, vorbereitet. Wesentlichen Anteil daran, daß diese Einflüsse kanalisiert wurden und den Bundeskanzler schließlich dazu bewegten, von prinzipiell bekundeter Bereitschaft zu konkretem Handeln zu wechseln, hatte Blankenhorn besessen, was ihm später nicht nur Dank eintrug[363].

Doch muß zugleich betont werden, daß in der ersten Phase der Angelegenheit – bis zum Beginn der Verhandlungen – keineswegs amerikanischer Druck den Ausschlag gab, auch wenn McCloy ein wichtiges Glied in der Kette der Intervenen war. Wie gezeigt, bestanden vor allem im State Department zunächst erhebliche Bedenken gegen die israelische Reparationsforderung. Dies verwandelte sich aber in ein aktives Eintreten für den Erfolg dieser Verhandlungen, nachdem durch Adenauers Erklärung vor dem Bundestag und das Ergebnis seiner Londoner Besprechung mit Goldmann Ende 1951 klargestellt war, daß es sich hierbei um eine deutsch-jüdisch-israelische Angelegenheit handelte und somit keine direkte amerikanische Verantwortung bestand.

Der moralische Druck seitens der USA während der Verhandlungen diente überwiegend dazu, Adenauer gegenüber den Opponenten im Kabinett den Rücken zu stärken bzw. ihn gelegentlich an seine eigenen Prinzipien zu erinnern, sofern die Sache aus dem Ruder zu laufen drohte: Der Bundeskanzler wünschte zwar prinzipiell, sehr im Gegensatz zu großen Teilen seiner Regierung und der deutschen Bevölkerung, ein Abkommen mit Israel und der Claims Conference, doch geriet er angesichts der von ihm nicht von vornherein klar bedachten finanziellen Konsequenzen mehrfach gefährlich ins Schwanken und so in das Fahrwasser einer Argumentation, in die sich gelegentlich neben deutsch-nationalen auch antisemitische Töne mischten[364]. Vereinfacht gesagt bestand die Problematik darin, daß Adenauer zwar ein Abkommen dringend anstrebte, zugleich aber so wenig wie möglich dafür bezahlen wollte, während andererseits McCloy und das State Department gleichfalls den Verhandlungserfolg wünschten, aber in keinem Fall hinnehmen wollten, daß dies zu irgendwelchen finanziellen Belastungen der USA führte. Daraus ergab sich um die Frage, wer eigentlich für das Abkommen verantwortlich sei, teilweise eine Art von Katz-und-Maus-Spiel, das bis heute in der Historiographie nachwirkt.

McCloy beschrieb seine eigene Rolle für das Zustandekommen der Luxemburger Abkommen später damit, daß sein Einfluß und sein Druck bzw. Einwirken „auf Adenauer, um ihn dazu zu bewegen, an dem breiten, großzügigen Grundkonzept festzuhalten, ein wichtiger Faktor" für den Erfolg der Verhandlungen gewesen sei (das war genau das, was Goldmann von ihm erwartet hatte[365]). Ohne seinen Einfluß, so McCloy, wäre das Abkommen zwar nicht gescheitert, aber vermutlich bescheidener ausgefallen: „I think that Adenauer was quite prepared to lead his country into an acknowledgement of the indebtness, but I think the extent and the character and the spirit of it was something to which I may immodestly say I contributed."[366] Um die Details des Abkommens oder gar um bestimmte Beträge kümmerten sich die USA dagegen nicht, und insbesondere Goldmann war daran wohlweislich keineswegs interessiert. Wie er

[363] Siehe dazu die aufschlußreichen Bemerkungen im Tagebuch Lenz, Eintrag vom 2.3. 1953, S. 571f.
[364] So bemerkte Adenauer am 6. 9. 1952 zum Israel-Abkommen, „daß leider in Deutschland antisemitische Tendenzen wieder festzustellen wären und leider auch innerhalb der CDU." Siehe Tagebuch-Lenz, Eintrag vom 6.9. 1952, S. 429.
[365] Vgl. oben, S. 267.
[366] Interview mit McCloy am 23.2. 1972 (Anm. 241).

später berichtete, besuchte er, nachdem die Deutschen seine Forderungen akzeptiert hatten, Byroade im State Department und fragte ihn: „'Now that I got it signed, eight hundred twenty-three million, suppose I would have come to you, what would you have suggested?' ... He says, '... I would have said two hundred, two hundred fifty million dollars is enough.'"[367] So läßt sich mit einigem Recht vermuten, daß eine von den Alliierten bzw. den USA oktroyierte Regelung eine erheblich bescheidenere Summe beinhaltet hätte als die deutsche Seite – zwar nicht kampflos, aber letztlich aus eigener Verantwortung – am Ende zu geben bereit war.

Die finanziellen Bedenken der deutschen Gegner des Abkommens darf man nicht ohne weiteres auf die leichte Schulter nehmen. Annuitäten an Israel in Höhe von 200 Mio. DM waren angesichts eines damaligen Bundeshaushalts von etwa 20 Mrd. DM keine Lappalie. Doch standen sich auf deutscher Seite zwei verschiedene Betrachtungsweisen gegenüber. Fritz Schäffer war dabei Prototyp einer „statischen" Betrachtungsweise: Er setzte Einnahmen und Ausgaben in ein direktes Verhältnis und versuchte hier eine Übereinstimmung herzustellen. Demgegenüber schrieb Ludwig Erhard auf dem Höhepunkt der Auseinandersetzungen mit Schäffer im April 1952 an Adenauer, „daß wir uns selbst preisgeben würden, wenn wir nicht auf wirtschaftliche Expansion setzen ... In einer mehr dynamischen Beurteilung der Entwicklung und vor allem unter politischem Aspekt könnte es aber durchaus sein, daß eine höhere Schuldanerkenntnis im Endeffekt den deutschen Interessen besser dient, dann nämlich, wenn wir die deutsche Kreditwürdigkeit stärken und schließlich vielleicht sogar die Juden der Welt mit der deutschen Vergangenheit versöhnen."[368]

Innere finanzielle Erwägungen standen so im Konflikt mit außenpolitischen Erfordernissen: Das Luxemburger Wiedergutmachungsabkommen war zwar keine Eintrittskarte der Bundesrepublik für die Westintegration, doch wäre ein Scheitern der Verhandlungen kontraproduktiv für diesen Prozeß gewesen. Nachdem Adenauer bei seiner Rede vor dem Bundestag und gegenüber Goldmann bestimmte Hoffnungen geweckt hatte, wäre ein solcher Mißerfolg als erneute deutsche Wortbrüchigkeit ausgelegt worden. Das aber hätte die Eingliederung der Bundesrepublik in den Kreis der freien Völker und ihren Anspruch, ein neues, demokratisch geläutertes Deutschland zu verkörpern, mit einer schwerwiegenden moralischen Hypothek belastet.

Die moralische war von der finanziellen Seite des deutschen Kredits nicht zu trennen, das zeigte sich in dieser Angelegenheit deutlich. Vor allem Adenauer realisierte dies sehr genau. Doch geriet sein eigener politischer Kompaß wiederholt unter den Einfluß mächtiger Magnetberge, namentlich Schäffer und Abs. Zudem besaß auch der Bundeskanzler für sein entschlossenes Handeln in dieser Frage eine ganze Reihe gewichtiger realpolitischer Motive, die vor allem mit dem deutschen Ansehen in der Welt und ganz besonders in den USA zusammenhingen. Dies wird auch dadurch bestätigt, daß sich Adenauer in anderen, für die internationale Reputation der Bundesrepublik weniger brisanten Aspekten der Wiedergutmachung keineswegs mit vergleichbarer Intensität einsetzte. So bleibt das Luxemburger Abkommen in vielerlei Hinsicht ein Sonderfall in der Geschichte der Wiedergutmachung, der stärker unter außen- als unter innenpolitischen Vorzeichen steht.

---

[367] Interview mit Goldmann am 24. 11. 1971 (Anm. 242).
[368] Erhard an Adenauer, 16. 4. 1952, BA, NL Blankenhorn, 351/11.

V. Das erste Bundesentschädigungsgesetz 1953

1. Umschwung durch Junktim?

Die Vereinbarungen von Mehlem und Wassenaar besaßen erhebliches Gewicht für die weitere Entwicklung der innerdeutschen Wiedergutmachung. Doch bereits vor Abschluß dieser Verhandlungen hatte sich, wie zuvor geschildert, die Stimmung allmählich zugunsten bundeseinheitlicher Regelungen verschoben. Wie schon bei der Regelung der Wiedergutmachung für den öffentlichen Dienst spielte auch hierbei ein – allerdings etwas anders gelagertes Junktim – eine wichtige Rolle: Die Zustimmung zu einem Bundesrahmen- bzw. Bundesergänzungsgesetz im Bereich der Entschädigung wurde nun insbesondere von großen Teilen der Regierungskoalition von einer Regelung der rückerstattungsrechtlichen Reichsansprüche der Verfolgten des Nationalsozialismus, aber auch der sogenannten „loyalen Rückerstattungspflichtigen" abhängig gemacht. Der Sinn dieses aus heterogenen Elementen zusammengeschnürten Gesamtpakets bestand dabei vor allem darin, auf diesem Wege den massiven Protesten der deutschen Rückerstattungsgeschädigten die Spitze abzubrechen. Nicht nur die Meinung des Bundestags-Rechtsausschusses hatte sich seit Ende 1951 in diese Richtung bewegt[369], sondern auch Justizminister Dehler machte sich nun für eine baldige Regelung stark und fand dabei Unterstützung beim Bundeskanzleramt[370].

Aber auch hier stellte sich der Bundesfinanzminister quer. Schäffer schloß eine Vorabregelung der Rückerstattungsansprüche gegenüber den gesamten Reichsverbindlichkeiten kategorisch aus und erklärte zugleich, daß die Finanzlage des Bundes einstweilen kein Einspringen im Bereich der Entschädigung zulasse[371]. Auch im Bundestags-Rechtsausschuß sträubte sich der Vertreter des Finanzressorts, Ministerialrat Kuschnitzky, auftragsgemäß, vor „Abschluß der großen internationalen Verhandlungen ... konkrete Erklärungen zur finanziellen Seite der Frage abzugeben"[372]. Hier ist daran zu erinnern, daß umgekehrt bei den Vorbesprechungen mit den Alliierten über die Ablösung des Besatzungsstatuts es der deutsche Vertreter abgelehnt hatte, eine Stellungnahme abzugeben, bevor der Bundestags-Rechtsausschuß eine Meinung gefaßt hätte[373]. Das wirft ein bezeichnendes Licht auf die hinhaltende Politik der Bundesregierung, die offensichtlich darauf abzielte, durch ein solches doppeltes Spiel Wiedergutmachungsleistungen des Bundes auf die lange Bank zu schieben.

Der Rechtsausschuß überging jedoch die Einwände des Bundesfinanzministeriums und beauftragte am 18. Januar 1952 einen Unterausschuß damit, Vorschläge für eine Regelung der Entschädigung sowie einen Härteausgleich in der Rückerstattung auszuarbeiten[374] – das Junktim dieser konträren Fragen war hier also erneut ausdrücklich festgehalten. Gleichfalls gegen den Widerstand des Bundesfinanzmini-

[369] Vgl. oben, Abschnitt I.3.
[370] Dehler an Adenauer, 20.12.1951, BA, B 136/1125; Vorlage Gumbels für Adenauer, 9.1.1952, ebenda.
[371] Vorlage Gumbels für Adenauer, 9.1.1952 (Anm.370).
[372] Vermerk von Kuschnitzky, 18.1.1952; Protokoll der 148. Sitzung des Bundestags-Ausschusses für Rechtswesen und Verfassungsrecht am 18.1.1952, BA, B 126/12523.
[373] Vgl. oben, Abschnitt III.1.
[374] Protokoll der 148. Sitzung des Bundestags-Ausschusses für Rechtswesen und Verfassungsrecht am 18.1.1952, BA, B 126/12523.

steriums wurde auf Betreiben von Bundesjustizministerium und Bundeskanzleramt Anfang Februar ein Bundesrahmengesetz für die Entschädigung auch unter die vordringlichen Gesetzesvorhaben der Bundesregierung aufgenommen[375]. Konkurrierend dazu hatte der Bundesrat eine eigene Initiative entfaltet und am 7. Dezember 1951 einen ständigen Ausschuß für Wiedergutmachungsfragen eingesetzt[376]. Dieser Ausschuß unter Leitung des Bremer Senators Gerhard van Heukelum strebte eine bundesgesetzliche Entschädigungsregelung an, nachdem inzwischen auch in den Ländern die ursprüngliche Mehrheit gegen ein Bundesentschädigungsgesetz abgebröckelt war. Hauptmotiv war hier der Wunsch, den Bund an den finanziellen Lasten der Länder, die aus der Schließung der bestehenden entschädigungsrechtlichen Lücken, aber auch aus der Erfüllung bestehender Verpflichtungen entstanden, zu beteiligen. Wiederum versuchte Kuschnitzky namens des Bundesfinanzministeriums abzuwiegeln und erklärte, „daß der Entwurf eines Bundesrahmengesetzes schon längst vorgelegt worden wäre, wenn nicht die Frage der finanziellen Deckung noch völlig ungeklärt wäre". Statt dessen warb er dafür, daß die Länder die fehlenden Regelungen von sich aus ergänzen sollten[377].

Unbeeindruckt beauftragte der Wiedergutmachungs-Ausschuß des Bundesrats am 27. März 1952 einen Unterausschuß, den Entwurf eines umfassenden Bundesentschädigungsgesetzes auszuarbeiten. Damit waren die Einwände des Bundesjustizministeriums und des Vertreters Württemberg-Badens, die lediglich ein Rahmen- oder Richtliniengesetz für angebracht gehalten hatten, überstimmt worden[378]. Unter Federführung Otto Küsters begann der Unterausschuß im April mit der Arbeit am Entwurf eines Initiativgesetzes des Bundesrats. Das Bundesfinanzministerium, aber auch das Bundesjustizministerium registrierten diese Aktivitäten von Anfang an mit unverhohlener Abneigung. Vor allem im Hause Schäffers konnte man sich mit dem Vorhaben, finanzielle Lasten auf den Bund abzuwälzen, in keiner Weise anfreunden. Nach anfänglicher Beteiligung zogen sich deshalb beide Ressorts aus den Beratungen zurück, um später jede Mitverantwortung für diesen Entwurf zurückweisen zu können[379].

Das ohnehin schon komplizierte Bild wurde aber bald darauf noch unübersichtlicher: Am 18. Juni 1952 legte die SPD-Fraktion im Bundestag einen eigenen Entwurf für ein „Gesetz zur Anerkennung des deutschen Widerstandes und zur Wiedergutmachung nationalsozialistischen Unrechts" vor. Dieser löste sich stark von den Strukturen der bisherigen Entschädigungsgesetzgebung und nahm auch bewußt keine Rücksicht auf die Verpflichtungen aus dem Überleitungsabkommen. Er folgte vielmehr der von der SPD vertretenen Devise, daß die Entschädigung eine deutsche Angelegenheit sei und man deshalb nicht, wie von Regierungsseite befürwortet, erst das Ergebnis der internationalen Verhandlungen abwarten solle[380]. Bemerkenswert an dem Entwurf war, daß er

[375] Ministerialrat Belau an Schäffer, 12.2. 1952, BA, B 126/12523.
[376] Sitzungsberichte des Deutschen Bundesrats, 74. Sitzung am 7.12. 1951, S. 832.
[377] Kurzprotokoll über die 1. Sitzung des Bundesrats-Sonderausschusses für Wiedergutmachungsfragen am 8.2. 1952, BayMF, Az. IV N-403-33, Bd. 1.
[378] Kurzprotokoll über die 2. Sitzung des Bundesrats-Sonderausschusses für Wiedergutmachungsfragen am 27.3. 1952, BayMF, Az. IV N-403-33, Bd. 1.
[379] Kurzprotokolle des Unterausschusses des Bundesrats-Sonderausschusses für Wiedergutmachungsfragen, Sitzungen am 7. u. 21.5. 1952, BayMF, Az. IV-N-403-33, Bd. 1.; Kuschnitzky an Hartmann, 5.6. 1952, BA, B 126/12524.
[380] Arndt, Protokoll der 163. Sitzung des Bundestags-Ausschusses für Rechtswesen- und Verfassungsrecht am 21.2. 1952, BA, B 141/409.

in einem ersten Teil ausdrücklich die Anerkennung des Widerstandes gegen das NS-Regime formulierte[381], um damit ein Zeichen gegen die zunehmende gesellschaftliche Stigmatisierung dieser Menschen zu setzen. Zugleich versuchte der SPD-Entwurf, von der Formel der rassisch, religiös und politisch Verfolgten abzukehren, die auch etwa Kuschnitzky als „eine Art Verewigung der Nazi-Terminologie"[382] kritisierte. Einen Anspruch auf Wiedergutmachung sollte derjenige haben, der „durch nationalsozialistische Verfolgungs- oder Unterdrückungsmaßnahmen, die sich gegen die Menschen- und Bürgerrechte ... richteten", Unrecht erlitten hatte[383]. Dies implizierte natürlich eine erhebliche Ausweitung des Verfolgungsbegriffes. Hinzu kam, daß der Entwurf im Vergleich zu bisher bestehenden Entschädigungsregelungen stärker auf die Interessen der politisch Verfolgten zugeschnitten war.

Wie nicht anders zu erwarten, war die SPD-Vorlage, die die ganze Wiedergutmachungslast ausschließlich dem Bund zuwies und die Frage der Finanzierung durch die Ausgabe von Bundesschuldverschreibungen lösen wollte, „für das Bundesfinanzministerium ganz unannehmbar"[384]. Féaux de la Croix blieb der in seinem Hause herrschenden Einschätzung auch später treu und bezeichnet den Entwurf in seiner Darstellung als „offensichtlich grob gesagt hingehauen"[385]. Doch auch das Bundesjustizministerium reagierte frostig, vor allem deshalb, weil die SPD hier ein Vollgesetz forderte, während die Bundesregierung nur ein Rahmen- und Ergänzungsgesetz auf der Grundlage des US-Zonen-Entschädigungsgesetzes für angebracht hielt[386].

Auch im Bundestags-Rechtsausschuß hielt die Koalitionsmehrheit daran fest, „daß die Initiative für die in Aussicht genommene Gesetzgebung bei der Bundesregierung zu liegen habe"[387]. Dort legte Berichterstatter Karl Weber (CDU) am 26. Juni zwei Anträge vor, die stark von einer „Formulierungshilfe" geprägt waren, die Landgerichtsrätin Becker vom Bundesjustizministerium erstellt hatte[388]. Der erste Antrag schlug vor, die Bundesregierung zur Vorlage eines Entwurfes für ein Gesetz, „das die Entschädigung der Opfer des Nationalsozialismus durch ein Bundesergänzungs- und Rahmengesetz regelt", aufzufordern. Dabei sollten die in den Ländern bereits bestehenden Rechtsvorschriften in einer Weise ergänzt werden, daß insgesamt das gegenwärtige Niveau der US-Zone erreicht würde[389]. Der Entwurf stieß auf breite Zustimmung, doch ergänzte der Ausschuß als Zugeständnis an die SPD einen Passus, in dem der Widerstand gegen

---

[381] Siehe § 1, Entwurf der SPD-Fraktion für ein Gesetz zur Anerkennung des deutschen Widerstandes und zur Wiedergutmachung nationalsozialistischen Unrechts, Deutscher Bundestag, 1. Wp. 1949-1953, Drucksache Nr. 3472, 18.6. 1952, Anlagen-Bd. 18.: „Wer aus Überzeugung oder um seines Glaubens oder Gewissens willen der nationalsozialistischen Gewaltherrschaft Widerstand leistete, um die Menschenrechte zu verteidigen oder einem Verfolgten beizustehen oder der Zerstörung Deutschlands Einhalt zu gebieten oder sich gegen die Unterdrückung aufzulehnen, hat sich um das Wohl des deutschen Volkes und Staates verdient gemacht. Sein Verhalten war rechtmäßig."
[382] Protokoll der 255. Sitzung des Bundestags-Ausschusses für Rechtswesen und Verfassungsrecht, 7.5. 1953, BA, B 141/618.
[383] § 1, Entwurf der SPD-Fraktion für ein Gesetz zur Anerkennung des deutschen Widerstandes und zur Wiedergutmachung nationalsozialistischen Unrechts (Anm. 381).
[384] Vermerk Kuschnitzky, 27.6. 1952, (mit zustimmenden Anstreichungen durch Hartmann und Schäffer), BA, B 126/12524.
[385] Vgl. Féaux de la Croix, Vom Unrecht zur Entschädigung, S. 66.
[386] Vermerk (Autor unleserlich) für Staatssekretär Walter Strauß (Bundesjustizministerium), 10. 9. 1952, BA, B 141/409.
[387] Vermerk Kuschnitzkys vom 27.6. 1952, BA, B 126/12524.
[388] Becker an Weber, 14.6. 1952, BA, B 126/12524; Vermerk Kuschnitzkys, 27.6. 1952, BA, B 126/12524.
[389] Antrag Webers betr. Entschädigung, (Ausschuß-Drucksache Nr. 67 des Bundestags-Ausschusses für Rechtswesen und Verfassungsrecht), 18.6. 1952, BA, B 126/12524.

den Nationalsozialismus als rechtmäßig anerkannt wurde. Dies führte allerdings zu anhaltenden Kontroversen, die sich teils an der „Kriminellenproblematik" entzündeten, aber auch daran, daß ein Teil der Abgeordneten ausdrücklich die Einbeziehung von Sabotageakten als Widerstandshandlungen ablehnte[390].- Der zweite Antrag Webers enthielt dagegen quasi den Preis für die Bereitschaft der Unions-Vertreter, nunmehr eine Bundesentschädigungsregelung zu unterstützen: Darin wurde nicht nur die Regelung der rückerstattungsrechtlichen Ansprüche von Verfolgten des Nationalsozialismus, sondern auch die Entschädigung der sogenannten loyalen Rückerstattungspflichtigen angeregt[391].

Als dann der Rechtsausschuß schließlich am 3. Juli seine Ergebnisse in einem mündlichen Bericht vorlegte, wurde so die Bundesregierung sowohl zur Vorlage eines Bundesgesetzes im Bereich der Entschädigung als auch der Rückerstattung aufgefordert[392]. Ein solches Junktim kam insbesondere den Wünschen des Justizministeriums sowie der CDU-Bundestagsfraktion und ihrer konservativen Partner entgegen, die großes Interesse daran hatten, in diesem Zusammenhang zugleich auch die Härten der besatzungsrechtlich angeordneten Rückerstattung auf seiten der Pflichtigen zu bereinigen. Hingegen lehnte es das Bundesfinanzministerium weiterhin ab, den Rückerstattungsgeschädigten Rechtsansprüche zu eröffnen[393] – der Rotstift des Finanzressorts setzte also nicht allein bei den Verfolgten des Nationalsozialismus an.

Der Bericht des Rechtsausschusses formulierte eine Reihe von Richtlinien für das geforderte Bundesergänzungsgesetz, mit denen die Ergebnisse der Verhandlungen mit den Alliierten und der Claims Conference berücksichtigt wurden. Wie im Bundesjustizministerium bemerkt wurde, blieben diese allerdings „im ganzen erheblich hinter diesem Programm zurück, da die Bundesregierung im Rechtsausschuß bewußt nur die ganz unstrittigen Punkte angeregt hat"[394]. Die Koalitionsmehrheit im Ausschuß hatte also tunlichst vermieden, mehr zu fordern, als die Bundesregierung in den internationalen Verhandlungen bereits zugesagt hatte, wozu neben der „Formulierungshilfe" des Bundesjustizministeriums auch einschüchternde Kostenberechnungen des Bundesfinanzministeriums beigetragen hatten[395]. Ganz anders der rückerstattungsrechtliche Teil des Berichtes: Dieser enthielt neuartige, innenpolitisch motivierte Forderungen, vor allem auch nach Entschädigung der Rückerstattungsgeschädigten, die nun von einer solchen „Huckepacklösung" profitieren sollten. In der Sitzung vom 11. September – einen Tag nach der Unterzeichnung der Abkommen mit Israel und der Claims Conference in Luxemburg – nahm der Bundestag die Ausschußvorlage an[396].

---

[390] Deutscher Bundestag, 229. Sitzung am 11.9. 1952, Stenographische Berichte, Bd. 13, S.10431, 10436f. u. 10444; Vermerk von Regierungspräsident Schmidt, 7.7. 1952, BA, B 126/12524.
[391] Antrag Webers betr. Rückerstattung (Ausschußdrs. Nr. 68 des Bundestags-Ausschusses für Rechtswesen und Verfassungsrecht), 18.6. 1952, BA, B 126/12524; Vermerk Kuschnitzkys vom 27.6. 1952, ebenda.
[392] Deutscher Bundestag, 1. Wp. 1949-1953, Mündlicher Bericht des Ausschusses für Rechtswesen und Verfassungsrecht, Drucksache Nr. 3583, Drucksachen-Bd. 19.
[393] Siehe etwa Vorlage Koppe an Schäffer, 16.7. 1952, BA, B 126/12524.
[394] Vermerk für W. Strauß, 10.9. 1952 (Anm. 386).
[395] Siehe dazu den Aktenvermerk von Regierungsrat Ludwig (Bundesfinanzministerium) vom 25.6. 1952 über die Sitzung des Rechtsausschusses am 13.6. 1952, BA, B 126/12524.
[396] Deutscher Bundestag, 229. Sitzung am 11.9. 1952, Stenographische Berichte, Bd. 13, S.10445.

2. Die defensive Initiative des Bundesfinanzministeriums

Spätestens seit Herbst 1952 war ein bundeseinheitliches Entschädigungsgesetz nicht mehr aufzuhalten: Sowohl der Vierte Teil des Überleitungsabkommens als auch das Haager Protokoll Nr. 1 enthielten die Verpflichtung, schleunigst eine Entschädigungsregelung auf dem Mindeststandard des US-Zonen-Gesetzes für das Bundesgebiet zu schaffen. Auch der Bundestag hatte, wie gesagt, die Bundesregierung aufgefordert, in dieser Beziehung tätig zu werden. Am 22. September drängte schließlich Dehler den Bundesfinanzminister, unverzüglich mit den Vorarbeiten zu einem Bundesentschädigungsgesetz zu beginnen[397]. Zu Recht befürchtete er, das Bundesfinanzministerium werde versuchen, die Arbeiten so lange hinauszuzögern, bis eine Verabschiedung in der laufenden Legislaturperiode nicht mehr möglich sei[398]. Prompt antwortete Schäffer, eine bundesgesetzliche Entschädigungsregelung noch in dieser Legislaturperiode führe zu einem beträchtlichen Haushaltsdefizit, und dies könne er in einem Wahljahr nicht verantworten[399].

Doch bald darauf sprang das Bundesfinanzministerium, das bis dahin eine ausgesprochene „Verzögerungs- und Sabotagetaktik"[400] verfolgt hatte, auf den abfahrenden Zug auf. Ausschlaggebend war vor allem, daß der Bundesrats-Sonderausschuß für Wiedergutmachungsfragen am 15. Oktober seinen Entwurf eines Initiativgesetzes vorgelegt hatte[401], so daß im Hause Schäffers nunmehr die Furcht aufstieg, gegenüber dem Bundesrat ins Hintertreffen zu geraten[402]. Dem zuständigen Referenten Kuschnitzky erschien dies insbesondere deshalb als mißlich, weil der Bundesrats-Entwurf „fast die ganze Last der Wiedergutmachung dem Bunde aufbürdet und auch in materiell-rechtlicher Hinsicht unseren Intentionen nicht entspricht ... Diesem Gesetzentwurf", so Kuschnitzky, „wird wirksam nur durch eine eigene Vorlage begegnet werden können."[403]

Zu diesem Zwecke lud das Bundesfinanzministerium nunmehr die zuständigen Referenten des Bundesjustiz- und Bundesinnenministeriums in ein am 24. November beginnendes Konklave in der Bundesfinanzschule in Siegburg ein, um dort einen eigenen Entwurf eines Bundesergänzungsgesetzes auszuarbeiten. Dieser sollte den in Mehlem und Wassenaar eingegangenen Verpflichtungen Rechnung tragen und zugleich auf den geltenden Ländergesetzen aufbauen. Das war insofern wesentlich, als, so Kuschnitzky, bei der „Regelung der Wiedergutmachungslast ... grundsätzlich davon auszugehen sein (dürfte), daß die Länder mindestens in dem bisherigen Umfang Wiedergutmachungsschuldner bleiben." Ziel dieser Arbeiten war also, „dem Bundesratsentwurf möglichst mit einer eigenen Vorlage zu begegnen"[404]. Die Halbherzigkeit dieses Unternehmens offenbarte sich auch darin, daß das Bundesfinanzministerium „mit Rücksicht auf die angespannte Haushaltslage" zunächst vorgesehene Mittel für die Entschädigung wieder

---

[397] Dehler an Schäffer, 22. 9. 1952, BA, B 141/417.
[398] Vermerk von Becker für W. Strauß und Dehler, 18. 4. 1952, BA, B 141/417.
[399] Schäffer an Dehler, 25. 9. 1952, BA, B 141/417.
[400] Goldmann an Hallstein, 10. 10. 1952, PA/AA, II 244-13, Bd. 4. Siehe auch Böhm, Aktennotiz über Besprechung mit Dehler am 29. 10. 1952, PA/AA, II 244-13, Bd. 5.
[401] Niederschrift über die 5. Sitzung des Bundesrats-Sonderausschusses für Wiedergutmachungsfragen, 15. 10. 1952, BayMF, Az. IV-N 403-33, Bd. 2; Entwurf eines Bundesentschädigungsgesetzes, BR-Drucksache Nr. 413/52.
[402] Böhm, Aktennotiz über Besprechung mit Wolff und Kuschnitzky am 29. 10. 1952, PA/AA, II 244-13, Bd. 5.
[403] Kuschnitzky an Schäffer, 5. 11. 1952, BA, B 126/12522.
[404] Kuschnitzky an Schäffer, 21. 11. 1952, ebenda.

aus dem Bundeshaushalt 1953/54 herausgestrichen hatte[405]. Die Beratungen des Siegburger Konklaves zogen sich bis Ende Januar hin[406]. Aus dem ursprünglich angestrebten „Ergänzungsgesetz" war bei dieser Gelegenheit ein „Vollgesetz" geworden, hatte sich doch jede andere Lösung als unpraktikabel erwiesen. Dabei waren die Autoren nahe am Vorbild des Entschädigungsgesetzes der US-Zone geblieben, das ja sowohl im Überleitungsabkommen als auch im Haager Protokoll Nr. 1 als Mindeststandard definiert worden war, und hatten dieses um Einzelparagraphen ergänzt, mit denen den dort aufgestellten zusätzlichen Forderungen Genüge geleistet werden sollte[407].

Damit trat das Bundesfinanzministerium nun dem Bundesrats-Entwurf entgegen. Schon am 18. Dezember war es Finanzstaatssekretär Hartmann, indem er die Vorlage des Regierungsentwurfs bis Januar in Aussicht stellte, gelungen, im Bundesrat eine knappe Mehrheit dafür zu gewinnen, dessen eigenes Initiativgesetz bis Ende Januar 1953 zurückzustellen – nicht ohne bei dieser Gelegenheit deutlich zu machen, daß die Bundesregierung in keinem Fall bereit sein würde, dem Vorschlag des Bundesrates zu folgen. Dies begründete er hauptsächlich damit, daß die Abmachungen von Mehlem und Wassenaar dort nicht ausreichend berücksichtigt worden seien[408]. Tatsächlich war der Bundesrats-Entwurf – anders als der Entwurf des Bundesfinanzministeriums – von der strikten Fortentwicklung des US-Zonen-Gesetzes abgegangen, um bei dieser Gelegenheit Schwächen, die bei seiner Durchführung mittlerweile deutlich geworden waren, beseitigen zu können. Hiermit stand er in einem gewissen Gegensatz zu der Forderung des Überleitungsabkommens sowie dem Haager Protokoll Nr. 1. Am schwersten wog jedoch, daß die DP's, deren Ansprüche der Bundesrat in einem eigenen Gesetz regeln wollte, hier nicht berücksichtigt wurden. Zu dieser Entwicklung hatte aber auch nicht zuletzt der bewußte Boykott der vorangegangenen Beratungen durch die zuständigen Bundesressorts beigetragen.

Da, anders als vom Bundesfinanzministerium zugesagt, Ende Januar 1953 erst der in Siegburg erstellte Referentenentwurf vorlag, nahm der Bundesrat im Februar die Beratungen an seinem eigenen Entwurf wieder auf[409]. Am 20. Februar verabschiedete er schließlich den Initiativgesetzentwurf eines Bundesentschädigungsgesetzes an den Bundestag. Dabei hatte er an der Fassung, die der Rechts- und Innenausschuß am 13. November empfohlen hatten – dem sogenannten Novemberentwurf –, eine ganze Reihe von Änderungen vorgenommen, die auf die Empfehlungen des Finanzausschusses zurückgingen und denen der Sonderausschuß für Wiedergutmachungsfragen weitgehend gefolgt war. Vergeblich protestierte der baden-württembergische Justizminister Renner, daß bei diesen Vorschlägen fiskalische Interessen dominierten: „Diese Bestimmungen sind nicht in der noblen Gesinnung getroffen worden, wie man sie hätte erwarten können. In unserem staatlichen Leben haben wir bisher für andere Dinge Geld gehabt und haben dabei nicht so eng gerechnet."[410] Der Vorsitzende des Sonderausschusses für Wiedergutmachung, Senator Heukelum, wies diese Vorwürfe empört zurück. Aller-

[405] Kuschnitzky an Schäffer, 5. 11. 1952 (Anm. 403).
[406] Erster Referentenentwurf eines Bundesentschädigungsgesetzes, 27. 1. 1952, BA, B 141/617. Vgl. dazu auch Féaux de la Croix, Vom Unrecht zur Entschädigung, S. 74-77.
[407] Siehe dazu Kuschnitzky im Protokoll der 252. Sitzung des Bundestags-Ausschusses für Rechtswesen und Verfassungsrecht, 17. 4. 1952, BA, B 141/618.
[408] Sitzungsberichte des Deutschen Bundesrats, 98. Sitzung am 18. 12. 1952, S. 619-623.
[409] Sitzungsberichte des Deutschen Bundesrats, 100. Sitzung am 6. 2. 1953, S. 57-63, 74.
[410] Ebenda, S. 62.

292   Ausbau der Wiedergutmachung bis 1953

dings hätte es der Sonderausschuß, so Heukelum, für erforderlich gehalten, auch auf die
finanzielle Leistungsfähigkeit des Bundes Rücksicht zu nehmen. Zugleich stand hier
aber auch eine prinzipielle Frage zur Debatte: Heukelum vertrat die Auffassung, man
sollte „sich nicht allzusehr gesetzesrestaurativ benehmen als vielmehr sozial", und das
hieß für ihn, „Not zu lindern ... wo es am allernotwendigsten ist". Deshalb habe der
Sonderausschuß ähnlich wie beim Lastenausgleich „soziale und in beschränktem Umfang quotale Gesichtspunkte zugrundegelegt"[411]. Dies bedeutete vor allem eine Beschränkung des Ausgleichs der hohen Eigentums- und Vermögensschäden.

Dagegen lehnte es Otto Küster ab, bei der Entschädigung für Verfolgte des Nationalsozialismus eine Analogie zum Lastenausgleich herzustellen: Dort gehe es um „Volks-
genossen, die ins Unglück" geraten seien, denen man „mit den Mitteln der Gesamtheit
einen Teil des Schadens abnehmen" wolle. Doch habe es, so Küster, keinen Sinn,
„soziale oder quotale Erwägungen anzustellen, wenn man Unrecht wiedergutmachen
will, das im Namen der Volksgesamtheit begangen worden ist. Ebenso gut könnte man
die Wiedergutmachung überhaupt verweigern."[412] Für ihn war diese ein unbedingter
rechtlicher Anspruch, keinesfalls dürfe sie, wie unmittelbar nach dem Krieg, als staatliche Fürsorge-Aufgabe behandelt werden; ihm ging es um ein „Gesetz, das in der Welt
des Rechts heilende Wirkung haben soll". Nach seiner Berechnung würden die vorgesehenen Kürzungen allenfalls zehn Prozent der Kosten einsparen, doch zugleich die
moralische Wirkung der restlichen 90 Prozent vernichten[413]. Bei späterer Gelegenheit
bemühte Küster die Aristotelische Unterscheidung zwischen der wiederherstellenden
und der austeilenden Gerechtigkeit zur Verdeutlichung seiner Auffassung: Wiedergutmachung gehörte ihm zufolge notwendigerweise in den Bereich der wiederherstellenden Gerechtigkeit[414]. Was den „verschlimmbesserten" Länderratsentwurfs betraf, so
teilte auch Küster die Auffassung des Bundesfinanzministeriums, daß er den Anforderungen der internationalen Vereinbarungen nicht Genüge leisten würde[415]. Baden-
Württemberg lehnte so im Bundesrat als einziges Bundesland den revidierten Initiativgesetzentwurf ab und favorisierte weiter die Novemberfassung, die Küsters Hand-
schrift trug[416]. So konkurrierten nun zwei Versionen des Bundesrats-Entwurfs mit dem
der Bundesregierung sowie dem SPD-Entwurf.

Das Bundesfinanzministerium setzte jedoch alle Hebel in Bewegung, um den Initiativgesetzentwurf des Bundesrats zu blockieren – der Entwurf der SPD war aufgrund
der politischen Kräfteverhältnisse ohnehin chancenlos. So begann nun ein Spiel auf Zeit
– immer mit Blick auf das Ende der laufenden Legislaturperiode. Zum einen wurde
deshalb auf Antrag Schäffers der Initiativgesetzentwurf der Länderkammer vier Monate
lang nicht an den Bundestag weitergeleitet, mit der Begründung, daß in naher Zukunft
ein Regierungsentwurf vorgelegt würde und der Bundesrats-Entwurf nicht vor diesem

---

[411] Van Heukelum in Sitzungsberichte des Deutschen Bundesrats, 101. Sitzung am 20. 2. 1953, S. 105. Siehe auch
    ders. an Bundestagspräsident Reinhold Maier, 18. 2. 1953, in: Unterlagen zum Bundesentschädigungsgesetz,
    hrsg. v. d. Landesregierung Baden-Württemberg (Schwarzbuch), Stuttgart, März 1953, S. 87f.
[412] Küster, ebenda.
[413] Ebenda.
[414] Otto Küster, Wiedergutmachung als elementare Rechtsaufgabe, Frankfurt a.M. 1953, S. 10f.
[415] Küster an van Heukelum, 17.1. 1953, BayMF, Az. IV-N 403-35, Bd. 4.
[416] Sitzungsberichte des Deutschen Bundesrats, 101. Sitzung am 20. 2. 1953, S. 107. Siehe dazu auch R. Maier an
    den Deutschen Bundestag, März 1953, in: Unterlagen zum Bundesentschädigungsgesetz (Schwarzbuch),
    S. 3f.

behandelt werden sollte[417]. Die verfassungsrechtlichen Bedenken des Bundesinnenministeriums verhallten ungehört[418]. Zugleich schlug man im Bundesfinanzministerium bei den Arbeiten an dem eigenen Entwurf eine betont gemächliche Gangart ein. Von Februar bis März fanden dort zahlreiche Besprechungen mit den anderen Bundesressorts, den Ländern, den innerdeutschen Verfolgtenverbänden sowie der Claims Conference statt. Bei dieser Gelegenheit wurden Hunderte von Änderungsvorschlägen vorgebracht, angesichts derer die Einhaltung des Zeitplans kaum mehr möglich schien[419]. Im Zuge dieser Beratungen verschlechterte sich das Verhältnis zwischen den zuständigen Referenten des Bundesfinanzministeriums und des Bundesjustizministeriums dramatisch. Landgerichtsrätin Becker, die auch an den Verhandlungen in Mehlem und Wassenaar teilgenommen hatte und großen Anteil an der Ausarbeitung des Siegburger Entwurfes besaß, verzweifelte schließlich an der Verzögerungstaktik des Bundesfinanzministeriums und beschwerte sich deshalb, „daß das federführende Bundesressort nicht ernsthaft den ehrlichen Willen hat, das Gesetz noch in dieser Legislaturperiode verabschiedet zu sehen"[420]. Letzter Auslöser dieses Protestes war die an sie von dieser Seite ergangene Aufforderung gewesen, das Bundesfinanzministerium dabei zu unterstützen, die Beschäftigung des Bundestags-Rechtsausschusses mit den verschiedenen Entwürfen für ein Bundesentschädigungsgesetz hinauszuschieben[421]. Dort drängte nämlich vor allem die SPD darauf, möglichst bald die Beratungen aufzunehmen, während die Koalitionsvertreter weiterhin lieber den Regierungsentwurf abwarten wollten. Auch Otto-Heinrich Greve (SPD) zürnte deshalb, das Bundesfinanzministerium „sei bestrebt, die Wiedergutmachung solange zu verschleppen, bis der letzte Verfolgte verstorben sei"[422].

Als der Rechtsausschuß am 17. April schließlich die Beratungen aufnehmen konnte, lag seitens der Bundesregierung immer noch lediglich ein Referentenentwurf vor. Dennoch einigte sich der Rechtsausschuß auf diesen als Grundlage eines Bundesentschädigungsgesetzes. Dazu hatte auch Otto Küster beigetragen, der dort zwar gleichfalls die zeitliche Verschleppung durch das Bundesfinanzministerium kritisierte, aber für den Inhalt des Entwurfs ausgesprochen lobende Worte fand (während er nach der Verabschiedung einer der schärfsten Kritiker war): Der Entwurf des Bundesfinanzministeriums sei insgesamt günstiger für die Verfolgten als der des Bundesrats, ja sogar als seine eigene November-Fassung. Die internationalen Vereinbarungen seien stärker berücksichtigt und dem Gedanken des Schadensersatzes werde mehr Rechnung getragen. Um noch eine Chance zu haben, in der laufenden Legislaturperiode zu einem

---

[417] Kabinettsvorlage Schäffers, 25. 3. 1953, BA, B 136/1131; Blücher an den Präsidenten des Deutschen Bundestags, 7. 5. 1953, BA, B 136/1131.

[418] Staatssekretär Ritter von Lex (Bundesinnenministerium) an Staatssekretär Lenz (Bundeskanzleramt), 8. 4. 1953, BA, B 136/1131.

[419] Siehe Aufzeichnungen über diese Besprechungen in BA, B 126/12532.

[420] Vermerk Becker für Strauß und Dehler, 7. 3. 1953, BA, B 141/617. In einem zusammenfassenden Bericht über die Spannungen mit dem Bundesfinanzministerium schloß Becker: „Läßt man jedoch (sci. die BFM) in der bisherigen Weise weiter gewähren, so halte ich die Tätigkeit im Wiedergutmachungsreferat des Bundesjustizministerium, wie ich glaube, nicht nur für mich, sondern für jeden, der auf Fairness auch im öffentlichen Leben Wert legt und die Wiedergutmachung nicht nur als formelle Äußerlichkeit oder als soziale Spende, sondern als Rechtsnotwendigkeit ansieht, für unmöglich." Becker an Dehler, 21. 7. 1953, BA, B 141/621.

[421] Vermerk Beckers für W. Strauß und Dehler, 7. 3. 1953, BA, B 141/617.

[422] Aktenvermerk Kuschnitzkys vom 7. 4. 1953, Bericht über Sitzung des Bundestags-Ausschusses für Rechtswesen und Verfassungsrecht am 27. 3. 1953, BA, B 126/12522.

Entschädigungsgesetz zu kommen, sollte man sich also auf den Entwurf des Bundesfinanzministeriums stützen[423].

Diese Eloge verwunderte auch den SPD-Abgeordneten Arndt, der jedoch im Interesse der Beschleunigung des Verfahrens ebenfalls einwilligte, den Regierungsentwurf zum Ausgangspunkt zu nehmen[424]. Die als Folge der Verzögerungspolitik des Bundesfinanzministeriums entstandene Zeitnot wirkte nunmehr als Druckmittel auf alle diejenigen Kräfte, die an der baldigen Verabschiedung eines Bundesentschädigungsgesetzes interessiert waren. Ihnen war nun klar, daß dies, wenn überhaupt, allein auf der Grundlage des Regierungsentwurfs noch möglich sein konnte. Küster machte sich später große Vorwürfe, in der entscheidenden Sitzung des Rechtsausschusses zugunsten des Entwurfes des Bundesfinanzministeriums plädiert zu haben, dies sei nur deshalb erfolgt, weil ihm die Claims Conference in der Nacht zuvor zugesetzt hätte, dieses Opfer zu bringen[425]. Tatsache ist, daß die Claims Conference offiziell mitteilte, daß für sie allein der Regierungsentwurf in Frage komme[426].

Der Rechtsausschuß beriet von April bis Juni ausführlich über den Referentenentwurf des Bundesfinanzministeriums und formulierte dabei eine Vielzahl von Verbesserungsvorschlägen. Die Haltung der Koalitionsparteien war jedoch zwiespältig. Zum einen unterstrichen sie, daß auch sie unbedingt daran interessiert seien, daß das Bundesentschädigungsgesetz noch in der laufenden Legislaturperiode verabschiedet werde. Zugleich wurde von dieser Seite aber erneut gefordert, „daß die Verabschiedung erst dann erfolgen solle, wenn die Bundesregierung eine Vorlage zur Entschädigung der sogenannten gutgläubigen Rückerstattungspflichtigen vorlegt"[427]. Die Vorbereitungen hierfür steckten jedoch, wie Kuschnitzky mitteilte, erst in den Anfängen, so daß es nicht möglich war, diese beiden Gesetze zur gleichen Zeit zu erlassen[428]. Hermann Brill begrüßte dies im Rechtsausschuß, anders als die Koalitionsparteien, auch als Ausdruck einer richtigen politischen Prioritätensetzung[429].

Nachdem nun der Entwurf des Bundesfinanzministeriums seinen Zweck erfüllt hatte, den konkurrierenden Gesetzentwurf des Bundesrats aus dem Rennen zu werfen, signalisierte Schäffer immer offener seinen Wunsch auf Verschiebung des Bundesentschädigungsgesetzes in die nächste Legislaturperiode. Dabei zählte er darauf, daß der Bundesrat ohnehin wegen der im Regierungsentwurf vorgesehenen Kostenaufteilung zwischen Bund und Ländern den Vermittlungsausschuß anrufen würde. (§ 77 des Entwurfs legte die gesamten Entschädigungslasten, mit Ausnahme gewisser Gruppen Heimatvertriebener, DP's und Nationalverfolgter, den Ländern auf.) Lag der Konflikt aber

---

[423] Protokoll der 252. Sitzung des Bundestags-Ausschusses für Rechtswesen und Verfassungsrecht am 17. 4. 1953, BA, B 141/618.

[424] Ebenda.

[425] Küster an Böhm, 11. 4. 1954, in: Freiburger Rundbrief, September 1954, Nr. 25/28, S. 9. Dort datierte er diese Sitzung allerdings irrtümlicherweise auf den 20. April.

[426] Vermerk von Kuschnitzky für Wolff, 22. 6. 1953, BA, B 126/12532.

[427] Aufzeichnung Blankenhorn für Adenauer, 26. 5. 1953, BA, B 136/1131. Siehe auch etwa Weber (CDU) im Protokoll der 252. Sitzung des Bundestags-Ausschusses für Rechtswesen und Verfassungsrecht am 17. 4. 1953 sowie Wilhelm Laforet (CDU/CSU) im Protokoll der 254. Sitzung am 4. 5. 1953, BA, B 141/618. Sowie auch Tagebuch-Eintrag von Lenz vom 24. 6. 1953: „Die DP und FDP wollen sich beim Wiedergutmachungsgesetz der Stimme enthalten, weil sie für ein Junktim zwischen beiden Gesetzen sind." In: Tagebuch Lenz, S. 657.

[428] Siehe dazu Kuschnitzky im Protokoll der 254. Sitzung des Bundestags-Ausschusses für Rechtswesen und Verfassungsrecht am 4. 5. 1953, BA, B 141/618.

[429] Siehe dazu Brill, ebenda.

erst einmal beim Vermittlungsausschuß – so Schäffers Kalkulation – war an eine Verabschiedung in der laufenden Legislaturperiode nicht mehr zu denken[430].

Bei den Verfolgtenorganisationen innerhalb und außerhalb Deutschlands herrschte begreiflicherweise größte Empörung über die sich abzeichnende Verschleppung des Bundesentschädigungsgesetzes[431]. Doch auch in Bonn bereitete dies Sorge. Wiederum stand das Auswärtige Amt auf Seiten der Wiedergutmachungsbefürworter. Herbert Blankenhorn warnte Adenauer – den dieses Thema im übrigen kaum tangierte – am 26. Mai eindringlich vor den vor allem in außenpolitischer Hinsicht verheerenden Folgen. Es sei zu befürchten, so Blankenhorn, „daß eine Verschiebung der Verabschiedung des Gesetzes bis zum Zusammentritt eines neuen Parlaments nicht nur als ein Bruch der wiederholt gegebenen Zusagen des Herrn Bundeskanzlers und der Bundesregierung ausgelegt werden, sondern auch einen guten Teil der positiven Auswirkungen der Unterzeichnung und fristgemäßen Ratifizierung des Israel-Vertrages wett machen würden". Eine Verabschiedung durch den Bundestag noch in dieser Legislaturperiode sei deshalb auch aus außenpolitischen Gründen unbedingt erforderlich[432].

Solche Überlegungen führten dazu, daß wenige Tage später das Kabinett dem Entwurf des Bundesfinanzministeriums zustimmte und ihn nunmehr offiziell an den Bundestag weiterleitete. Auch Schäffer hatte sich dafür ausgesprochen, wobei er allerdings weiterhin auschloß, „daß das Bundesergänzungsrecht noch vor Beginn der nächsten Wahlperiode des Bundestags verkündet werden kann"[433]. Tatsächlich bestand zu diesem Zeitpunkt bei Einhaltung des ordentlichen Gesetzgebungsverfahrens kaum noch eine Chance dafür, zumal der Bundesfinanzminister bereits die Sollbruchstelle der finanziellen Lastenverteilung zwischen Bund und Ländern einkalkuliert hatte[434].

3. Verabschiedung als Provisorium

Doch bald darauf stellte Hermann Brill mit einem ungewöhnlichen Antrag im Rechtsausschuß alle bisherigen Kalkulationen auf den Kopf. Namens der SPD-Fraktion schlug er dort am 18. Juni vor, „den Regierungsentwurf in der Fassung des dritten Referentenentwurfs so, wie er vom Kabinett gebilligt ist, anzunehmen und die Novellierung dieses Entwurfs dem nächsten Bundestag zu überlassen". Als Eventualvorschläge unterbreitete er daneben die Annahme des Bundesrats-Initiativgesetzentwurfes bzw. die Ausdehnung des Entschädigungsgesetzes der US-Zone auf die britische Zone. Für die SPD-Fraktion bedeutete dies Brill zufolge, „ein außerordentliches Entgegenkommen ... Wir haben uns dazu bereit gefunden, weil wir der Überzeugung sind, daß dieser Bundestag nicht auseinandergehen darf, ohne daß diese Regelung erfolgt ist."[435] Es war klar, daß sich die Diskussion auf den ersten Vorschlag konzentrieren würde. Die Reaktion der Koalitionsparteien war zunächst gemischt. Eugen Gerstenmaier (CDU) stellte sich vorbehaltlos hinter den diesen Vorschlägen zugrundeliegenden Gedanken

[430] Sondersitzung des Kabinetts am 20. 5. 1953, in: Kabinettsprotokolle der Bundesregierung, Bd. 6, S. 303 ff.; Becker an Dehler, 22. 5. 1953, BA, B 141/620.
[431] Siehe dazu etwa Zentralverband der durch die Nürnberger Gesetze Betroffenen Nicht-Jüdischen Glaubens an Adenauer, 23. 5. 1953, BA, B 136/1131.
[432] Aufzeichnung Blankenhorns für Adenauer, 26. 5. 1953, BA, B 136/1131.
[433] 295. Kabinettssitzung am 29. 5. 1953, in: Kabinettsprotokolle der Bundesregierung, Bd. 6, S. 316.
[434] Siehe dazu auch Memorandum von Herbert S. Schoenfeldt (Claims Conference), 8. 6. 1953, BA, B 136/1131.
[435] Protokoll der 269. Sitzung des Bundestags-Ausschusses für Rechtswesen und Verfassungsrecht am 18. 6. 1953, BA, B 141/621.

und begründete dies damit, daß sich im Schatten des Gesetzes zu Artikel 131 GG „ein Rechts- und Selbstbewußtsein der nationalsozialistischen Reaktion entwickelt (habe), das in umgekehrt proportionalem Verhältnis" zu dem des deutschen Widerstandes stehe, der immer mehr in die Defensive gedrängt würde. Deshalb sprach er sich entsprechend dem Hauptvorschlag der SPD für die „Annahme des Regierungsentwurfs aus, um einer sich ausbreitenden Resignation bei den Widerstandskämpfern einen gewissen Riegel vorzuschieben"[436].

Sein Fraktionskollege Karl Weber stellte diesen Gedanken jedoch auf den Kopf: Er hob die Gefahren des Aufkommens einer neuen Welle des Antisemitismus hervor, denen man am besten dadurch beikomme, daß man, wie im Antrag des Rechtsausschusses vom 3. Juli 1952 festgelegt, zugleich mit dem Entschädigungsgesetz auch die Entschädigung der Rückerstattungsgeschädigten regele. Damit rückte er den Gedanken eines Junktims wieder in den Vordergrund. „Die gleichzeitige Annahme eines solchen Gesetzes", so Weber, „würde jedenfalls die endgültige Entscheidung für die CDU-Fraktion erheblich erleichtern." Auch werde „man mit dem Bundesentschädigungsgesetz einen sehr viel leichteren Stand in der Öffentlichkeit haben ..., wenn man gleichzeitig auch die anderen Forderungen, die seiner Meinung nach auf derselben Ebene lägen, erfüllen könne."[437] Der DP-Abgeordnete Hans Ewers verstärkte diesen Wink mit der öffentlichen Meinung: „Man müsse sich im klaren sein, daß die Annahme des Bundesentschädigungsgesetzes ohne die gleichzeitige Verabschiedung eines Härteausgleichsgesetzes in der Rückerstattung bei denjenigen vermutlichen Nazigegnern (sic!), die man als Landwirte enteignet habe, um Autobahnen zu bauen oder Rüstungsanlagen zu schaffen und die man in Land entschädigt habe, für das irgendeine öffentliche Stelle als Eigentümer im Grundbuch eingetragen gewesen sei und bei denen sich dann herausgestellt habe, daß dieses Land einige Jahre vorher einem Juden weggenommen worden sei, und die es heute zurückgeben müßten, Entrüstungsstürme hervorrufen werde."[438] Die SPD wies diese Verbindung zwischen der Entschädigung der Verfolgten und der Rückerstattungsgeschädigten empört zurück, und Friedrich Wilhelm Wagner zeigte sich bestürzt darüber, „daß man der Bevölkerung der deutschen Bundesrepublik die Entschädigung derjenigen, die durch den Nationalsozialismus ... verfolgt worden seien ..., akzeptabel machen müsse"[439].

Schwierigkeiten bereitete auch der ausdrückliche Wunsch der SPD, den Regierungsentwurf unverändert zu verabschieden. Kuschnitzky, der wiederum das Bundesfinanzministerium vertrat, bot an, die bisher vom Ausschuß beratenen Ergebnisse noch in den Entwurf einzuarbeiten, und auch einige Koalitionsabgeordnete äußerten entsprechende Anregungen. Doch lehnte dies die SPD-Fraktion kategorisch ab. Arndt erklärte, daß keinerlei Änderung möglich sei, denn eine solche „würde das Zugeständnis enthalten, als ob die Vorlage die Änderungswünsche befriedige und als ob man keine anderen Wünsche habe, und würde damit den Charakter der Notannahme des Gesetzes verändern ... Für die SPD gehe es eben auch darum, durch die En-bloc Annahme zum Ausdruck zu bringen, daß man nichts anderes mehr machen k ö n n e."[440] So sollte also dieses Gesetz mitsamt allen deutlich gewordenen Mängeln verabschiedet werden, um

---

[436] Ebenda.
[437] Ebenda. Siehe dazu auch Hans Ewers (DP) und Eduard Leuze (FDP), ebenda.
[438] Ebenda.
[439] Ebenda.
[440] Ebenda.

nur ja nicht die Erfordernis einer grundlegenden Novellierung in der nächsten Legislaturperiode in Frage zu stellen.

Vor diesem Hintergrund entschloß sich Schäffer zu einer Wende um 180 Grad. Schnell erkannte er die taktischen Möglichkeiten, die in dieser Situation lagen, und drängte jetzt auf die Beschleunigung des Bundesentschädigungsgesetzes – mit der bauernschlauen Maßgabe, daß gemäß dem Antrag der SPD keinerlei Veränderungen an dem Entwurf vorgenommen werden dürften und daß dies auch die vorgesehene Kostenaufteilung einschließen müsse. Damit wollte er nun dem Bundesrat, der am selben Tage die vorgesehene Kostenverteilung strikt abgelehnt hatte[441], den Schwarzen Peter zuschieben. Dem CDU/CSU-Fraktionsvorsitzenden Heinrich von Brentano schrieb Schäffer: „Wenn die Kostenverteilung im Sinn des Vorschlags des Regierungsentwurfs durchgehen soll, dann ist die einzige Möglichkeit jetzt die, den Bundesrat unter Zeitdruck zu stellen und ihm die Verantwortung zu überschieben, wenn er den Vermittlungsausschuß anruft und dadurch den Gesetzentwurf vor dem 3. 7. nicht mehr zustandekommen läßt."[442] Auf diese Weise gedachte Schäffer den Bundesrat zu erpressen, da dieser kaum bereit sein würde, den Sündenbock für das Scheitern des Entwurfes zu spielen.

Daraufhin gab bei nächster Gelegenheit auch die CDU/CSU-Fraktion ihr Einverständnis mit dem Vorschlag der SPD – unveränderte Annahme des Regierungsentwurfes – bekannt[443]. Der Preis dafür war allerdings, daß auch das Kriegsgefangenenentschädigungsgesetz noch in dieser Legislaturperiode durchgesetzt werden sollte[444]; die Liste der Koppelungsgeschäfte wurde so um eine neue Variante bereichert. Nunmehr peitschte man den Entwurf des Bundesergänzungsgesetzes in ungeheurer Eile durch. Noch am selben Tag fand die erste[445], am 2. Juli die zweite und dritte Lesung im Bundestag statt, bei der absprachegemäß keine Änderungsanträge gestellt wurden. Allein die KPD und die DP widersetzten sich diesem Vorgehen[446]. Der Berichterstatter des Rechtsausschusses Weber erklärte, dies stelle etwas in der Parlamentsgeschichte wohl kaum Dagewesenes vor, doch dürfe der erste Bundestag nicht nach Hause gehen, „ohne auf diesem Gebiet eine Regelung geschaffen zu haben"[447]. Insbesondere Arndt, Greve und Wagner von der SPD, aber auch Gerstenmaier namens der CDU/CSU unterstrichen dabei noch einmal ausdrücklich die Notwendigkeit einer schleunigen Novellierung durch den kommenden Bundestag[448].

Noch einmal flackerte der Widerstandsgeist Schäffers auf, war er doch mit dieser Entscheidung immer noch nicht ganz glücklich, und so versuchte er, unter anderem im heimatlichen Bayern Helfer dafür zu gewinnen, das Bundesentschädigungsgesetz, aber auch das Gesetz über die Entschädigung der früheren Kriegsgefangenen im Bundesrat in die Zeit nach den Wahlen zu verschleppen[449]. Aber wenige Tage später nahm er

[441] Sitzungsberichte des Deutschen Bundesrats, 110. Sitzung am 19.6. 1953, S. 295-298.
[442] Schäffer an v. Brentano, 19.6. 1953, BA, B 126/12523. Siehe auch Schäffer an Ehlers, 19.6. 1953, BA, B 126/ 12523; Schäffer an Laforet, 19.6. 1953, BA, B 126/12523.
[443] Protokoll der 270. Sitzung des Bundestags-Ausschusses für Rechtswesen und Verfassungsrecht am 24.6. 1953, BA, B 141/621.
[444] Schäffer an Fischer-Menshausen und Kuschnitzky, 25.6. 1953, BA, B 126/12523.
[445] Deutscher Bundestag, 275. Sitzung am 24.6. 1953, Stenographische Berichte, Bd. 17, S. 13643f.
[446] Deutscher Bundestag, 279. Sitzung am 2.7. 1953, Stenographische Berichte, Bd. 17, S. 14007-14013.
[447] Ebenda, S. 14008.
[448] Schriftliche Erklärungen der Abgeordneten Arndt, Greve und Wagner, ebenda, S. 14046-14048; Gerstenmaier im Deutschen Bundestag, 282. Sitzung am 29.7. 1953, Stenographische Berichte, Bd. 17, S. 14269.
[449] Schäffer an Ringelmann, 3.7. 1953, BayMF, Az. IV-N 403-33, Bd. 5, 1953.

diesen Vorstoß wieder zurück, da ihm die politischen Gründe für die unverzügliche Verabschiedung des Bundesentschädigungsgesetzes nunmehr durchschlagend schienen[450]. Als Schäffer eine Woche später, am 17. Juli, bei einer Reise nach Washington mit Geoffrey W. Lewis, dem amtierenden Leiter der Deutschlandabteilung des State Departments zusammentraf, wurden ihm diese auch noch einmal bestätigt: Lewis teilte ihm offiziell mit, daß von amerikanischer Seite ein solcher Schritt noch in der laufenden Legislaturperiode gewünscht werde[451].

Auch der Bundesrat stellte, um weitere Verzögerungen zu verhindern, seine erheblichen Bedenken gegen den Entwurf zurück, forderte aber gleichfalls eine unverzügliche Novellierung durch den kommenden Bundestag[452]. Nachdem den Ländern zuletzt auch noch einige kleinere Zugeständnisse in der Frage der Kostenaufteilung gemacht wurden[453], konnte die Bundesregierung dem Bundesentschädigungsgesetz schließlich am 25. August die Zustimmung erteilen[454].

4. Bilanz: Fortschritte und Defizite

Unter dem Druck der Verhältnisse – d. h. in erster Linie der durch das Bundesfinanzministerium verursachten Zeitnot – war also ein Bundesentschädigungsgesetz zustandegekommen, das von Anfang an auf breite Kritik stieß und jedenfalls kaum als Visitenkarte eines demokratisch geläuterten Deutschlands taugte. Wie gesagt, war die SPD nur um den Preis, daß dessen Konstruktionsmängel nicht noch notdürftig kaschiert wurden, überhaupt bereit gewesen, dem höchst ungewöhnlichen Verfahren, in dem das schließlich am 1. Oktober 1953 in Kraft getretene Bundesergänzungsgesetz (BErgG)[455] verabschiedet wurde, zuzustimmen; „das aber freilich in einer Gestalt, von der niemand gemeint hatte, so solle es im Gesetzblatt zu lesen stehen als Deutschlands Wiedergutmachungsgesetz"[456].

Gleichwohl brachten die 113 Paragraphen des neuen Gesetzes gegenüber der bisherigen Situation einige Verbesserungen mit sich, die vor allem auf die Umsetzung der im Vierten Teil des Überleitungsabkommens und im Haager Protokoll Nr. 1 enthaltenen Forderungen zurückzuführen waren: So wurden nunmehr empfindliche Lücken geschlossen, die in einigen Ländern vor allem der britischen Zone mit bislang völlig unzureichenden Gesetzen bestanden. Für die Verfolgten in „Nordrhein-Westfalen, Niedersachsen und Schleswig-Holstein (gab es) erst jetzt einen eigentlichen Entschädigungsanspruch ... für Existenzschäden, für die erpreßten Abgaben (das freilich mit einem großen Aber) und für sonstige Vermögensschäden außerhalb der Rückerstattung"[457]. Auch erhielten verschiedene „besondere Verfolgtengruppen" – wenn auch stark eingeschränkte – Ansprüche. Dazu gehörten Verfolgte aus den Vertreibungsge-

---

[450] Hartmann an Ringelmann, 10.7. 1953, BayMF, Az. IV-N 403-33, Bd. 5.

[451] Department of State, Memorandum of Conversation, Saul Kagan u. A.F. Moores (GEA), 23.7. 1953, USNA, RG 59, 262.0041/7-2353; Neue Zeitung, 18.7. 1953, „Schäffer beim Präsidenten der Weltbank".

[452] 11. Sitzung des Bundesrats-Sonderausschusses für Wiedergutmachungsfragen, 10. 7. 1953, BayMF, Az. IV-N 403-33, Bd. 5; Sitzungsberichte des Deutschen Bundesrats, 113. Sitzung am 17. 7. 1953, S.364-369; Entschließung des Bundesrats vom 17.7. 1953, BR-Drucksache Nr. 4661.

[453] Deutscher Bundestag, 282. Sitzung am 29.7. 1953, Stenographische Berichte, Bd. 17, S.14269f. Vgl. auch Féaux de la Croix, Vom Unrecht zur Entschädigung, S. 80f.

[454] Kabinettssitzung am 25.8. 1953, Kabinettsprotokolle der Bundesregierung, Bd. 6, S.436.

[455] BGBl I, Nr. 62, 21.9. 1953, S. 1387-1408.

[456] Otto Küster, Das Gesetz der unsicheren Hand, in: Freiburger Rundbrief, Februar 1954, Nr. 21/24, S. 3.

[457] Vgl. ebenda, S. 4.

bieten, Staatenlose und politische Flüchtlinge sowie Nationalverfolgte[458]. Dies ist natürlich noch keine erschöpfende Aufzählung der positiven Neuerungen. Im Vordergrund der zeitgenössischen Rezeption standen aber vor allem die Defizite und auch die Rückschritte. Die Kritik fällt dabei in drei Kategorien: Erstens wurde moniert, daß das Bundesergänzungsgesetz Verschlechterungen gegenüber bisherigen Regelungen mit sich bringe, zweitens, daß es den internationalen Vereinbarungen mit den Alliierten und der Claims Conference nicht gerecht werde, und drittens, daß abgesehen von seiner materiell-rechtlichen Qualität ein eklatanter Mangel an handwerklicher Qualität bestehe. Otto Küster legte insbesondere auf den letzten Punkt großen Nachdruck: „Er bewirkt die Stockung, die Sie schon überall bemerken, er bewirkt die Willkür der Ergebnisse, die empörenden Begründungen, das Dschungel der Scheinprobleme, in denen sich jeder gute Wille festläuft und die die Verwaltungskraft aufzehren, und schließlich die Flucht aller guter Juristen vor einer Sache, in der man keine Arbeit mit dem Gefühl aus der Hand legen kann, hier sei nun nach Menschenkraft wieder ein kleines Stück Recht geschaffen worden."[459]

Zugleich hatte aber auch eine Entwicklung ihren vorläufigen Abschluß gefunden, die schon mit den ersten Entschädigungsregelungen nach dem Krieg eingesetzt hatte: Mit dem Bundesergänzungsgesetz, das durch alle folgenden Novellierungen hindurch den Kern des deutschen Entschädigungsrechts bildete, war das Prinzip, daß die Verfolgten keinen zivilrechtlichen Anspruch, sondern einen Anspruch gegen die öffentliche Hand besaßen, endgültig zementiert. Wie Kuschnitzky im Rechtsausschuß des Bundestags betonte, ging dieser „nicht auf volle Schadloshaltung im Sinne des bürgerlichen Rechts, sondern auf Entschädigung nach Maßgabe der im Gesetz normierten Schadenstatbestände und nach Maßgabe der in den festgelegten Grenzen vorgesehenen Entschädigungsregelung"[460]. Das bedeutete, wie Küster anklagte, daß nicht nach denselben Grundsätzen wiedergutgemacht wurde, nach denen man wiedergutmachen würde, wenn irgendein Straßenpassant durch einen Autobus der Bundespost durch Verschulden des Chauffeurs zu Schaden käme[461]. Ein Rechtsanspruch wurde auf diese Weise durch einen staatlichen Fürsorgeanspruch ersetzt, was Franz Böhm als Symptom dafür ansah, daß sich die deutsche Gesellschaft auf dem Weg vom Rechtsstaat zum Wohlfahrtsstaat befände[462]. So begründete das Bundesentschädigungsgesetz (wie auch die früheren Länderregelungen) nicht nur Ansprüche, sondern vernichtete zugleich auf Staatsdeliktrecht beruhende Ansprüche, aber wohl doch solche, die entgegen Küsters Annahme, daß derartige Forderungen durch deutsche Gerichte realisiert worden wären, falls nicht die Entschädigungsgesetzgebung dazwischen gekommen wäre[463], nur geringe Durchsetzungschancen gehabt hätten. Dafür sprechen jedenfalls die äußerst mageren Ergebnisse der zivilrechtlichen Forderungen ehemaliger KZ-Zwangsarbeiter gegen die Firmen, die sie während des Krieges beschäftigt hatten[464].

[458] § 67–76, BErgG.
[459] Küster, Gesetz der unsicheren Hand, S. 4.
[460] Protokoll der 255. Sitzung des Bundestags-Ausschusses für Rechtswesen und Verfassungsrecht, 7.5. 1953, BA, B 141/618.
[461] Vgl. Küster, Das andere Grundgesetz, in: Die Gegenwart 8 (1953), S. 295–297.
[462] Vgl. Nachwort von Franz Böhm zu Küster, Wiedergutmachung als elementare Rechtsaufgabe, S. 21.
[463] Vgl. Küster, Wiedergutmachung als elementare Rechtsaufgabe, S. 15.
[464] Vgl. Benjamin B. Ferencz, Lohn des Grauens. Die verweigerte Entschädigung für jüdische Zwangsarbeiter. Ein Kapitel deutscher Nachkriegsgeschichte, Frankfurt usw. 1981; Constantin Goschler, Streit um Almosen. Die Entschädigung der KZ-Zwangsarbeiter durch die deutsche Nachkriegsindustrie, in: Dachauer Hefte 2

Neben dieser grundsätzlichen Erwägung nannte Küster auch eine Reihe von Punkten, in denen das Gesetz hinter dem schon früher Erreichten oder dem Versprochenen zurückgeblieben war: So hatte der Verfolgte keinen Anspruch, wenn er nicht bewies, daß „persönlich gegen ihn eine amtlich gebilligte Maßnahme gerichtet wurde". Auch die Hinterbliebenen von Verfolgten, die den Freitod wählten, erhielten „nichts ohne den Beweis, daß das amtlich gebilligt worden war". Gleichfalls ohne Entschädigung blieb, etwa wenn jemand von seinem verhetzten Arbeitgeber ohne amtliche Nachhilfe entlassen wurde. Verfolgte, die ihre Altersversorgung verloren hatten, weil ihre Versorgungskasse zerschlagen worden war, wurden „auf Gewährungen aus dem Härtefonds verwiesen." Im Gegensatz zu allen verfolgten Beamten, die ab 1. April 1951 volle Entschädigung und für die Zeit dahin maximal 25.000 DM erhielten, galt dieser Betrag für alle verfolgten Nichtbeamten als Höchstbetrag der Entschädigung. Auch wurde die Erstattung der Sonderabgaben, die 1938 nach der Reichskristallnacht Juden abgepreßt worden waren, praktisch ausgeschlossen. Als „kleine Neckerei von der Art, wie sie schon der Gauleiter liebte", bezeichnete Küster schließlich, daß „Existenzschädigungen ab 1933 nicht nur zur Einkommenssteuer, sondern auch zum Notopfer Berlin herangezogen werden"[465]. Auch die Liste der Kritikpunkte ist hiermit natürlich bei weitem noch nicht erschöpft.

Auffälligerweise spielte eine markante Einschränkung des Kreises der Wiedergutmachungsberechtigten gegenüber dem Entschädigungsgesetz der US-Zone im Gegensatz zu heute in der zeitgenössischen Diskussion kaum eine Rolle: Schränkte das USEG ein, keinen Anspruch auf Entschädigung habe, wer der nationalsozialistischen Gewaltherrschaft Vorschub geleistet habe[466], hieß es nun zusätzlich „oder einer anderen Gewaltherrschaft"[467]. Überdies war nun auch ausgeschlossen worden, „wer die freiheitlich demokratische Grundordnung bekämpft"[468]. Allein die KPD protestierte gegen diese auf die Kommunisten zielenden Neuerungen[469], während sonst ein hohes Maß an allgemeiner Zustimmung herrschte.

Gotthard Jasper zufolge sei es unklar gewesen, ob hiermit der generelle Ausschluß der Kommunisten von den Wiedergutmachungsleistungen intendiert gewesen sei oder ob nur besonders aktive Gegner der freiheitlich-demokratischen Grundordnung der Bundesrepublik ausgeschlossen werden sollten[470]. Die vorangegangenen Erörterungen im Bundestags-Rechtsausschuß zeigen jedoch ganz eindeutig, gegen wen sich diese Klauseln richten sollten: Dort erläuterte Kuschnitzky, einer der Mitautoren des Gesetzes, am 7. Mai 1953, daß der Ausschluß von Personen, die die freiheitlich-demokratische Grundordnung bekämpften, auf das Entschädigungsgesetz von Berlin (West) zurückging. „Die Vertreter des Landes Berlin hätten in den Besprechungen großen Wert darauf gelegt, daß die Bestimmung so übernommen werde, wie sie sich in Berlin bestens

(1986), S. 175-194; Wolfgang Benz, Der Wollheim-Prozeß. Zwangsarbeit für I.G. Farben in Auschwitz, in: Herbst/Goschler (Hrsg.), Wiedergutmachung, S. 303-326.
[465] Küster, Wiedergutmachung als elementare Rechtsaufgabe, S. 5 f.
[466] § 1 (1) 1, USEG.
[467] § 1 (4) 1, BErgG.
[468] § 1 (4) 4, BErgG.
[469] Siehe etwa Oskar Müller (KPD) im Deutschen Bundestag, 279. Sitzung am 2. 7. 1953, Stenographische Berichte, Bd. 17, S. 14013.
[470] Vgl. Gotthard Jasper, Die disqualifizierten Opfer. Der Kalte Krieg und die Entschädigung für Kommunisten, in: Herbst/Goschler (Hrsg.), Wiedergutmachung, S. 367.

bewährt habe."[471] Hiergegen wurden im Rechtsausschuß massive Bedenken vorgebracht, da die Berliner Formulierung nur aus der besonderen Kampfsituation in Berlin
zu erklären sei, während eine solche Formulierung für ein Bundesentschädigungsgesetz
zu weitgehend sei[472]. Zwar hatte auch der zum Vergleich herangezogene Bundesrats-
entwurf eines Bundesentschädigungsgesetzes eine entsprechende Bestimmung vorgesehen. Jedoch präzisierte dieser, daß derjenige keinen Entschädigungsanspruch haben
sollte, der „kraft Urteils des Bundesverfassungsgerichts ein Grundrecht verwirkt hat,
weil er es zum Kampf gegen die freiheitliche demokratische Grundordnung mißbraucht
hat, oder wegens eines Vergehens gegen diese Grundordnung rechtskräftig zu Frei-
heitsstrafen verurteilt worden ist"[473]. Damit waren recht enge Kriterien für die Verwir-
kung des Entschädigungsanspruches aufgestellt worden.

Kuschnitzky beschwichtigte deshalb, „daß die Formulierung (sci. des Regierungsentwurfes) auch gar nicht so gemeint sei, daß jedes Mitglied der KPD vom Wiedergutmachungsanspruch ausgeschlossen werde. Man habe es vielmehr auf die aktive Tätigkeit,
auf das Bekämpfen der freiheitlichen demokratischen Grundordnung abgestellt. Man
wolle jedoch nicht SED-Mitgliedern, die nunmehr über die Zonengrenze in die Bundesrepublik strömten, nachdem sie in der der Ostzone jahrelang mitgemacht hätten ...,
auch noch Entschädigungsleistungen zubilligen". Im Hinblick auf die Formulierung
„oder einer anderen Gewaltherrschaft" "sei auch an Personen gedacht, die jetzt aus der
Tschechoslowakei kämen und dort dem Gottwald-Regime gedient hätten"[474].

Im Kern bestand somit ein breiter Konsens darüber, daß diese Bestimmung in erster
Linie Funktionäre der SED oder anderer kommunistischer Regimes sowie betont aktiv
auftretende Funktionäre und nicht einfache Mitglieder der KPD treffen sollte, auch war
ausschließlich die Rede von kommunistischer Betätigung nach 1945. In diesem Sinne
legte auch der führende Kommentar von Georg Blessin und Hans Wilden, Oberregie-
rungsräte im Bundesfinanz- bzw. Bundesjustizministerium, die neuen Ausschlußbe-
stimmungen aus[475]. Doch wurde die endgültige Entscheidung über die genaue Auslegung dem Bundesverfassungsgericht überlassen[476]. Jasper zufolge entwickelte die
Rechtsprechung eine Auslegung, die teilweise wesentlich restriktiver war, als es in der
Intention der Gesetzesautoren lag. Natürlich ist dies nicht vom stark antikommunistischen Meinungsklima vor allem der fünfziger Jahre zu trennen. Erst durch spätere
Novellierungen des Bundesentschädigungsgesetzes erfolgte hier eine Korrektur[477].

Überblickt man also die Spanne von den ersten Entschädigungsgesetzen auf Länderebene, insbesondere dem maßstabbildenden USEG, zum ersten Bundesentschädigungsgesetz, so werden markante Veränderungen des Berechtigtenkreises deutlich, die unter
Einfluß innen- und außenpolitischer Faktoren zustandekamen: In der Frühzeit lag der
Schwerpunkt – neben den rassisch Verfolgten – auf den politisch Verfolgten; die Ent-

---

[471] Protokoll der 255. Sitzung des Bundestags-Ausschusses für Rechtswesen und Verfassungsrecht am 7. 5. 1953,
BA, B 141/618.
[472] Siehe etwa Wolff u. Obergerichtsrat Lenz, ebenda.
[473] Bundesrats-Drucksache 413/52, Entwurf eines Bundesentschädigungsgesetzes.
[474] Protokoll der 255. Sitzung des Bundestags-Ausschusses für Rechtswesen und Verfassungsrecht am 7. 5. 1953,
BA, B 141/618.
[475] Vgl. Georg Blessin u. Hans Wilden, Bundesentschädigungsgesetze. Kommentar, München u. Berlin 1954,
S. 100-102.
[476] Kuschnitzky im Protokoll der 255. Sitzung des Bundestags-Ausschusses für Rechtswesen und Verfassungsrecht am 7. 5. 1953, BA, B 141/618.
[477] Vgl. Jasper, Entschädigung für Kommunisten, S. 368-379.

schädigung bildete hier geradezu ein Gegengewicht zur Rückerstattung, die ihre Hauptbedeutung für jüdische Verfolgte besaß. Doch mit dem BErgG hatten die politisch Verfolgten relativ gesehen an Bedeutung verloren und waren zum Teil sogar von der Ausgrenzung bedroht. Damit einher ging die Verlagerung auf im Ausland lebende Berechtigte; dorthin gingen nach einer neueren Schätzung schließlich etwa 80 Prozent der Entschädigungsleistungen[478]. Dies korrespondierte auch mit einer Verschiebung bei den Hauptakteuren unter den Verfolgtenorganisationen: Die VVN war seit Anfang der fünfziger Jahre zur Bedeutungslosigkeit herabgesunken, während nun die Claims Conference für viele Jahre einen bedeutenden Einfluß auf die Durchführung und Verbesserung der Entschädigungsgesetzgebung in der Bundesrepublik ausübte.

5. Abschied vom alliierten Engagement?

Eine Zäsur bedeutete das Bundesergänzungsgesetz aber auch im Hinblick auf das alliierte Engagement, das für die Anfänge der Wiedergutmachung eine so bedeutende Rolle gespielt hatte. Die Alliierten hatten sich nach Abschluß des Überleitungsabkommens mit weiteren Schritten im Bereich der Entschädigung zunächst zurückgehalten. Doch im Juni 1953 regten die Briten einen alliierten Vorstoß in der Angelegenheit des soeben vorbereiteten Bundesentschädigungsgesetzes an[479]. Darauf reagierten zunächst auch die USA positiv, denn dort wünschte man, daß das vorgesehene Gesetz gemäß den Bestimmungen des Überleitungsabkommens das Mindestniveau des US-Zonen-Gesetzes erreichen sollte[480]. Bei der Alliierten Hohen Kommission wurde jedoch registriert, daß das geplante Bundesgesetz teils günstiger, teils ungünstiger als das USEG war. Da aber die Claims Conference im Hinblick auf die dort implizierten Verbesserungen darauf drängte, daß das Gesetz selbst mit den offensichtlichen Mängeln noch in der laufenden Legislaturperiode verabschiedet werden sollte[481], wurden die Bedenken zunächst zurückgestellt.

Zugleich beschloß die Alliierte Hohe Kommission, nach Verabschiedung des Gesetzes der deutschen Bundesregierung einen Brief zu schicken, worin die Beanstandungen moniert werden sollten. Doch über deren Umfang gingen die Meinungen weit auseinander. Wünschte die amerikanische Seite allein diejenigen Punkte zu bemängeln, in denen das Bundesentschädigungsgesetz hinter den Forderungen des Vierten Teils des Überleitungsabkommens zurückblieb, so wollten London und Paris nunmehr bei dieser Gelegenheit weitergehende Wünsche präsentieren. Dabei wurden diejenigen Punkte, mit denen sich Briten und Franzosen bei den ISG-Verhandlungen nicht hatten durchsetzen können, erneut aufgetischt. Dies betraf vor allem die Ausweitung des entschädigungsberechtigten Kreises auf ausländische Opfer des Nationalsozialismus, die in ein deutsches Konzentrationslager oder als Zwangsarbeiter verschleppt worden waren. Dahinter stand auf britischer Seite der Druck polnischer Exilgruppen, während in Frankreich vor allem ein erhebliches Interesse an der Entschädigung der ehemaligen französischen Zwangsarbeiter bestand[482]. Das State Department zeigte sich jedoch un-

---

[478] Vgl. Karl Heßdörfer, Die finanzielle Dimension, in: Herbst/Goschler (Hrsg.), Wiedergutmachung, S. 59.

[479] Knox Lamb (HICOG) an State Department, 13.11.1953, USNA, RG 59, 262.0041/11-1353.

[480] John F. Dulles an HICOG, 13.7.1953, USNA, RG 59, 262.0041/7-353.

[481] Frederick G. Hulse an State Department, 27.7.1953, Anlage 3: Draft of Tripartitely Agreed Paper on Federal General Compensation Law, 23.6.1953, USNA, RG 59, 262.0041/7-2753.

[482] James B. Conant an Dulles, 24.7.1953, USNA, RG 59, 262.0041/7-2453. Vgl. dazu auch oben, Abschnitt III.

nachgiebig und wies alle Forderungen, die über die Erfüllung des Vierten Teils des Überleitungsabkommens hinausgingen, zurück. Außenminister Dulles wies darauf hin, daß die Angelegenheit im Zusammenhang der alliierten Vorbesprechungen zur Revision des Besatzungsstatuts auf höchster Ebene geklärt worden sei und es keinen Grund dafür gebe, nunmehr von der auf der Washingtoner Außenministerkonferenz vom September 1951 festgestellten Linie abzuweichen: „British proposal would open Federal Republic to liability for fantastic sums of money and indirectly would reopen entire reparation problem."[483] Dies war keine gute Ausgangssituation für einen alliierten Kompromiß.

Nahezu ein halbes Jahr diskutierte die Alliierte Hohe Kommission über den Inhalt des geplanten Briefes an Adenauer und stritt dabei um jedes Komma. Während Briten und Franzosen die Bundesrepublik zu weitergehenden Leistungen auffordern wollten, hatten aus amerikanischer Sicht die Forderungen an die Deutschen mit der Erfüllung der im Überleitungsabkommen festgehaltenen Bestimmungen ein Ende; alles, was darüber hinaus ging, war für sie Sache einer unabhängigen Entscheidung der Bundesrepublik, zu der sie nur durch ihr eigenes Gewissen veranlaßt werden könnte[484]. In diesem Zusammenhang registrierte die amerikanische Hohe Kommission mit Wohlgefallen, daß sich auf deutscher Seite starke Kräfte regten, die auf eine Verbesserung des Bundesentschädigungsgesetzes drängten, namentlich im Bundesrat. Dies wurde als ein beruhigendes Zeichen dafür gewertet, daß man die Angelegenheit nun in der Hand der Deutschen belassen könne und ein alliiertes Engagement nicht mehr erforderlich sei[485].

Auch als Vertreter der britischen und französischen Botschaft am 13. Oktober in dieser Sache im State Department vorstellig wurden, wurden sie erneut auf den amerikanischen Willen zur Begrenzung des Engagements auf dem Feld der Wiedergutmachung verwiesen: „From the beginning it had been the view of this Government that the Allies would be well advised to confine themselves to general comments on the moral obligation of the German people and the Federal Government to compensate victims of Nazi persecution and avoid getting involved in the details of, and hence in the responsibility for, the precise measures taken by the German authorities to discharge this obligation."[486] Wieder wird die amerikanische Taktik deutlich, und sie ähnelt der im Zusammenhang der Wassenaar-Verhandlungen verfolgten: Moralischer Druck auf die Deutschen, aber keine spezifischen Forderungen. So hatte das State Department Schäffer am 17. Juli den Wunsch nach schleuniger Verabschiedung des Bundesentschädigungsgesetzes unterbreitet[487], während der von britischer und französischer Seite geäußerte Wunsch nach Intervention in die Details dieser Regelung von selber Stelle strikt abgelehnt wurde. Dabei erfolgte regelmäßig der Hinweis auf die finanziellen Risiken der britischen und französischen Forderungen. Gefährlich schien in diesem Zusammenhang insbesondere, daß auf diese Weise auch Ansprüche seitens der Sowjetunion oder ihrer osteuropäischen Satelliten provoziert werden könnten, lebte doch ein

[483] Dulles an HICOG, 28.7. 1953, USNA, RG 59, 262.0041/7-2453.
[484] Dulles an HICOG, 8.10. 1953, USNA, RG 59, 262.0041/9-2453.
[485] Siehe etwa Knox Lamb (HICOG) an State Department, 13.11. 1953, USNA, RG 59, 262.0041/11-1353.
[486] Lewis (Department of State), Memorandum of Conversation, Lewis, Reinstein u. William A. Fowler mit Frederick J. Leishman (brit. Botschaft) u. Henri Ruffin (franz. Botschaft), 13.10. 1953, USNA, RG 59, 262.0041/10-1353.
[487] Vgl. oben, Abschnitt V. 3.

beträchtlicher Teil der Opfer des Nationalsozialismus hinter dem Eisernen Vorhang[488].
So dokumentierte das Schreiben der Alliierten Hohen Kommission an Adenauer vom
10. Dezember 1953, in dem die Wünsche der drei Westmächte an die deutsche Entschädigungsgesetzgebung ausgeführt wurde, schließlich den verbliebenen alliierten Minimalkonsens. Darin wurde erstens darauf hingewiesen, daß das Bundesergänzungsgesetz
in einigen Punkten hinter den Anforderungen des Überleitungsabkommens zurückblieb – so weit herrschte ja auch Einigkeit unter den Alliierten. Zum zweiten hieß es
aber, daß eine große Zahl von Verfolgten des Nationalsozialismus, darunter viele im
Ausland lebende, noch gänzlich ohne Ansprüche sei. Die Entschädigung dieser Opfer
bleibe eine moralische Verpflichtung der Bundesrepublik, doch erhob die Alliierte
Hohe Kommission keine konkreten Forderungen, auf welche Weise diese zu erfüllen
sei[489]. Anders als Féaux de la Croix glaubt, war damit nicht die Möglichkeit impliziert,
daß es sich die Alliierten auch anders überlegen könnten[490] – tatsächlich markierte
dieses Schreiben – sehr zum Verdruß Frankreichs und Großbritanniens – den Abschied
von gemeinsamen alliierten Interventionen zugunsten von Verbesserungen der bundesdeutschen Entschädigungsgesetzgebung.

Die Note führte schließlich zu einer Besprechung der Alliierten Hohen Kommission
mit deutschen Sachverständigen am 13. Dezember 1954. Gemeinsam vertraten dort die
Alliierten nur die Forderung nach Beseitigung der Defizite des Bundesergänzungsgesetzes gegenüber dem Vierten Teil des Überleitungsabkommens, wozu sich die deutsche
Seite auch positiv äußerte. Dagegen argumentierten Briten und Franzosen mit ihrer
nunmehr präzisierten Forderung nach Einbeziehung der sogenannten Westverfolgten
ins Bundesentschädigungsgesetz nicht mehr auf der Grundlage eines alliierten Konsenses. Auf deutscher Seite wollte man in dieser Frage keinesfalls nachgeben[491]. Dabei kam
ihr zu Hilfe, daß anders als man dort glaubte[492], die Alliierten sich nicht mehr auf
gemeinsamen Druck verständigen konnten.

Dementsprechend lag es auch in der Konsequenz dieser Entwicklung, daß Frankreich
und Großbritannien nach der Auflösung der Alliierten Hohen Kommission 1955 zusammen mit sechs weiteren westeuropäischen Staaten im Juni 1956 auf direktem Wege die
Forderungen zur Entschädigung der Westverfolgten an die Bundesrepublik erhoben.
Diese Aktion, der sich später weitere vier Staaten anschlossen, mündete schließlich in die
elf sogenannten Globalabkommen mit den Weststaaten, die Anfang der sechziger Jahre
abgeschlossen wurden[493]. Das französisch-britische Ansinnen auf Entschädigung nichtdeutscher Verfolgter des Nationalsozialismus hatte sich somit aus dem Zusammenhang
des alliierten Besatzungsregimes herausgelöst und in einem anderen politischen Bezugs-
rahmen, dem der europäischen Integration, schließlich zumindest teilweise Erfolg.

Den Rückzug insbesondere ihrer amerikanischen „Schutzmacht" aus der direkten

---

[488] Vgl. ebenda. Siehe auch F.A.O. Schwarz, 24. 9. 1953, USNA, RG 59, 262.0041/9-2453.

[489] Alliierte Hohe Kommission an Adenauer, 10. 12. 1953, (Entwurf vom 29. 10. 1953), Anlage zu Knox Lamb
an State Department, 13. 11. 1953, USNA, RG 59, 262.0041/11-1353.

[490] Vgl. Ernst Féaux de la Croix, Staatsvertragliche Ergänzungen der Entschädigung, in: ders. u. Helmut Rumpf,
Der Werdegang des Entschädigungsrechts unter national- und völkerrechtlichem und politologischem
Aspekt, München 1985, S. 202.

[491] Conant an Dulles, 14. 12. 1954, USNA, RG 59, 262.0041/12-1454. Vgl. auch Féaux de la Croix, Staatsvertragliche Ergänzungen, S. 202f.

[492] Féaux de la Croix (Staatsvertragliche Ergänzungen, S. 203 f.) vertritt weiterhin die entgegengesetzte deutsche
Einschätzung, wonach gemeinsamer alliierter Druck in dieser Angelegenheit bestanden habe.

[493] Vgl. ebenda, S. 204-288.

Verantwortung für die Wiedergutmachung bekamen auch die jüdischen Organisationen zu spüren. Die amerikanische Hohe Kommission bemühte sich zwar noch, einige „Restposten" abzuwickeln, zu denen neben der korrekten Durchführung der alliierten Rückerstattungsgesetze auch der Erlaß eines Gesetzes zur Entschädigung der rückerstattungsrechtlichen Geldverbindlichkeiten des Deutschen Reiches gehörten[494]. Doch hielt sie sich dabei strikt an den Rahmen des Überleitungsabkommens, obwohl es wegen des Widerstandes der französischen Nationalversammlung gegen die EVG-Verträge nicht ratifiziert worden war. Auch Hendrik George van Dam, Generalsekretär des Zentralrates der Juden in Deutschland, erhielt bei einem Besuch im State Department im Frühjahr 1954 die Auskunft, es sei US-Politik, soviel Verantwortung als möglich den Deutschen zu überlassen und so zu handeln, als wenn die Abkommen in Kraft seien. Zugleich lehnte es die amerikanische Politik auch konsequent ab, sich als Mittler zwischen den verschiedenen jüdischen Interessen zu betätigen[495].

Doch bestätigte auch Adenauer dem Präsidenten der Claims Conference Goldmann auf dessen Bitte hin, daß die Bundesrepublik unter allen Umständen diejenigen Teile der Bonner Verträge beachten werde, die mit der Rückerstattung und Entschädigung der Verfolgten des Nationalsozialismus zu tun hatten[496]. Bald stellte die Claims Conference jedoch ihrerseits Forderungen, die über das im Überleitungsabkommen bzw. im Haager Gesetzgebungsprogramm Festgelegte hinausgingen und wurde dabei zum Motor der weiteren Entwicklung. Dabei war sie jedoch weitgehend auf sich alleine gestellt – die amerikanische Hohe Kommission unterstützte sie dabei nur soweit es im Rahmen ihrer eigenen Bestrebungen lag[497]. Das Ende der Besatzungszeit war hier also deutlich spürbar: Anders als früher konnten die jüdischen Organisationen nun nicht mehr auf massive Unterstützung ihrer Forderungen rechnen, sondern mußten versuchen, mit Hilfe moralischer Argumente zu überzeugen oder auch mit der Möglichkeit wirtschaftspolitischer Beeinträchtigungen zu drohen. Das schloß nicht aus, daß es auch in Zukunft zu punktueller diplomatischer Unterstützung seitens der USA kam. Doch handelte es sich dabei nun um indirekten, moralischen Druck, während zuvor auch direkter, politischer Druck zur Erreichung konkreter Ziele ausgeübt worden war. Dies trug letztlich auch dem gewandelten Charakter der deutsch-amerikanischen Beziehungen Rechnung.

Bezeichnend für diese Veränderungen ist, unter welchen Umständen John McCloy wieder in der Wiedergutmachungs-Angelegenheit auftauchte: In quasi ehrenamtlicher Funktion unterstützte er die Claims Conference seit 1954 bei ihrem Kampf um Entschädigung für ehemalige Zwangsarbeiter bei Krupp und anderen deutschen Industrieunternehmungen. Mit dieser inoffiziellen Tätigkeit setzte sich McCloy für bessere Beziehungen zu Deutschland ein[498]. Was nach dem Kriege als ein wichtiges Ziel der amerikanischen Deutschlandpolitik begonnen hatte, war somit nunmehr zu einem Stoff für Goodwill-Aktionen eines Elder-Statesman geworden.

[494] Siehe etwa Conant an Goldmann, 27.7. 1954, USNA, RG 59, 262.0041/7-2854.
[495] Department of State, Office of German Affairs, Memorandum of Conversation, Horst Pelckmann (deutsche Gesandtschaft), van Dam, Lewis, Cecil B. Lyon, 24.3. 1954, USNA, RG 59, 262.0041/3-2454.
[496] Adenauer an Goldmann, 21.9. 1954, USNA, RG 59, 262.0041/11-1754.
[497] Siehe etwa Knox Lamb (HICOG) an State Department, 18.8. 1954, USNA, RG 59, 262.0041/8-1854.
[498] Interview mit John J. McCloy am 23.2. 1972 (Anm.242). Vgl. auch Ferencz, Lohn des Grauens, S. 107ff.

Zusammenfassung

Beteiligte Parteien und Interessen

Bis zum Ende der nationalsozialistischen Herrschaft war auf deutscher Seite der Gedanke, daß neben Reparationen an die überfallenen Staaten auch in irgendeiner Form eine Entschädigung für im Deutschen Reich verfolgte Individuen erfolgen müsse, ein Thema, das nur kleine Zirkel im Widerstand oder im Exil beschäftigte. Solche Forderungen standen vor allem im Zusammenhang einer angestrebten Neugestaltung des politischen und sozialen Lebens. Daneben wurde aber auch die Notwendigkeit einer Wiedergutmachung als Voraussetzung für die politische Kreditwürdigkeit Deutschlands und die Wiederanknüpfung internationaler Beziehungen nach dem Krieg gesehen. Doch auch in den ersten Jahren nach Kriegsende, von 1945 bis 1949, blieb die Wiedergutmachung auf deutscher Seite überwiegend die Angelegenheit einiger Fachleute in den neu aufgebauten Landesverwaltungen. Eine breite, gesellschaftlich verankerte Diskussion fehlte in dieser Phase. Dazu trug wesentlich bei, daß die Besatzungsmächte, zumal die USA, den Einfluß der Länderparlamente auf die Wiedergutmachung gezielt gering hielten. So spielte sich die Entwicklung vor allem in Ausschüssen und Expertenzirkeln ab. Erst nach der Gründung der Bundesrepublik kam es zu einer Änderung. Nun verbreitete sich die Diskussion der Wiedergutmachung ganz erheblich. Nicht nur die politischen Parteien und die Parlamente setzten sich jetzt mit dieser Frage auseinander, sondern auch andere gesellschaftliche Gruppen wie etwa die christlichen Kirchen. Die Folge davon war aber auch, daß die Wiedergutmachung verstärkt in einen Wettbewerb verschiedener gesellschaftlicher und politischer Interessen geriet. Symptomatisch dafür ist, daß nun die gegen die Wiedergutmachung gerichteten Ambitionen gleichfalls organisiert auftraten, vor allem in diversen Vereinigungen der Rückerstattungspflichtigen.

Hauptinteressenten in der Wiedergutmachungsfrage waren natürlich die Verfolgten selbst. Allerdings bildeten diese keine homogene Gruppe, und so verlief auch die Organisation ihrer Interessen vielfach wieder entlang der Trennungslinien, die die Verfolgung teils erst gezogen, teils von vorgängigen Gruppenidentitäten übernommen hatte. Das hieß auch, daß Verfolgte, die außerhalb der Organisationen standen, zugleich bei der Durchsetzung ihrer Wiedergutmachungsforderungen benachteiligt waren.

Einen Vorsprung in dieser Hinsicht besaßen vor allem die jüdischen Wiedergutmachungsforderungen: Bereits während des Krieges hatten jüdische Persönlichkeiten und Organisationen in Großbritannien, Palästina und den USA an solchen Plänen gearbeitet. Unter dem Einfluß zionistischer Gedanken erfolgte die Weichenstellung, die jüdischen Ansprüche separat zu verfechten. Dabei spielte der beabsichtigte Aufbau eines jüdischen Staates in Palästina eine wichtige Rolle, weshalb von jüdischen Organisationen wiederholt auch die Gleichstellung des jüdischen Volkes mit einem reparationsberechtigten Staat angestrebt wurde. Die Alternative, die darin bestanden hätte, das Krite-

rium der Verfolgung, und nicht eine bestimmte Gruppenzugehörigkeit zum Ausgangspunkt von Wiedergutmachungsforderungen zu machen, blieb demgegenüber auch
langfristig in einer Außenseiterposition.

Nach dem Krieg entwickelte sich aus dieser Zusammenarbeit ein Komitee von zunächst fünf, später vier großen amerikanischen jüdischen Organisationen[1], das vor
allem in der US-Zone bedeutenden Einfluß auf die Entwicklung der Wiedergutmachung nahm. Das Verhältnis zu den wiedererstandenen jüdischen Gemeinden in
Deutschland war dabei allerdings kompliziert: Letztere standen aus der Sicht der Juden
im Ausland zunächst prinzipiell unter dem Verdacht der Kollaboration mit den Deutschen. Das gemeinsame Komitee der amerikanischen jüdischen Organisationen bildete
zugleich den Kern der im Dezember 1951 gegründeten Claims Conference, deren erster
Präsident Nahum Goldmann war. Damit einher ging ein bedeutsamer Wandel in der
Vorgehensweise: Hatten die jüdischen Organisationen anfangs hauptsächlich versucht,
über die Alliierten bzw. vor allem über die amerikanische Regierung vorzugehen, waren sie nun zunehmend darauf angewiesen, mit den Deutschen direkt zu verhandeln.
Dies betraf vor allem auch den Staat Israel, der seit Anfang der fünfziger Jahre gleichfalls jüdische Wiedergutmachungsforderungen vertrat, was zugleich zu Spannungen mit
den bisher in dieser Sache tonangebenden jüdischen Organisationen führte. Die Erfolge
der jüdischen Seite in der Wiedergutmachungsfrage geben gleichwohl keinen Anlaß zur
Mystifikation des jüdischen Einflusses: Es handelte sich jeweils um durch zähe politische Kleinarbeit erreichte Kompromisse, die auch viele Niederlagen einschlossen.

Planmäßigen Vorarbeiten während des Krieges und zunehmender organisatorischer
Straffung jüdischer Wiedergutmachungsinteressen in der folgenden Zeit standen auf
Seiten der nichtjüdischen Verfolgten gerade gegenläufige Tendenzen gegenüber. Andere ausländische Verfolgtenorganisationen konnten keine vergleichbare Bedeutung erlangen. Innerhalb Deutschlands scheiterte das Experiment einer gemeinsamen Interessenvertretung der Verfolgten: Die Vereinigung der Verfolgten des Naziregimes (VVN)
verlor bereits 1948 ihre Funktion als übergreifende Vertretung aller deutschen Verfolgten, neben ihr bildete sich eine ganze Reihe rivalisierender Verfolgtenverbände. Konnte
die VVN in den ersten Nachkriegsjahren noch damit rechnen, Unterstützung ihrer
Forderungen durch Mitglieder in amtlichen und Regierungsfunktionen zu erhalten, so
traten bald andere Loyalitäten in den Vordergrund. Das Fehlen einer einheitlichen
Interessenvertretung der Verfolgten in Deutschland, die sich für die Wiedergutmachung hätte einsetzen können, resultierte so vor allem daraus, daß infolge des von der
VVN favorisierten Antifaschismuskonzepts und ihrem zunehmenden Selbstverständnis
als außerparlamentarische Opposition gegen Wiederbewaffnung und Westintegration
eine starke Polarisierung unter den Verfolgten eintrat und der ohnehin wackelige Konsens zerbrach.

Ein wesentlicher Faktor für die Entwicklung der Wiedergutmachung waren in den
hier im Mittelpunkt stehenden Jahren bis etwa 1953 die Alliierten. Besondere Bedeutung kam dabei den USA zu: Allein hier hatten bereits während des Krieges konkrete
Planungen über die künftige Entschädigung verfolgter Minderheiten in Deutschland
bzw. über die Rückerstattung des ihnen entzogenen Vermögens begonnen. Anstoß war

---

[1] Es handelte sich dabei um den World Jewish Congress, das American Joint Distribution Committee, die
Jewish Agency for Palestine, das American Jewish Committee und zunächst auch noch die American Jewish
Conference.

vor allem das Erlebnis der durch das Deutsche Reich verursachten Flüchtlingswelle, die als Gefahr für den inneren Frieden der Einwanderungsländer empfunden wurde. Während aber die Einigung in der Frage der Entschädigung für verfolgte Minderheiten im Deutschen Reich als Folge der Morgenthau-Debatte mißlang, wurde das Prinzip der Rückerstattung bereits als offizieller Auftrag an die künftige amerikanische Militärregierung erteilt.

Erst nach Kriegsende wurde die Wiedergutmachungsfrage auch auf alliierter Ebene aufgegriffen. So benutzten die USA das Forum der Pariser Reparationskonferenz sowie des Alliierten Kontrollrats für entsprechende Initiativen. Allerdings zeigte sich, daß keine weitergehende alliierte Einigung in diesen Fragen möglich war, denn hier standen sich die unterschiedlichen gesellschaftspolitischen Konzeptionen der Siegermächte im Wege. Deshalb wurden die Anstrengungen bald auf Zonenebene verlagert. Gleichwohl erfolgten wiederholt Versuche zu einer überzonalen Koordination der Entwicklung zumindest unter den westlichen Alliierten. Diese wurden auch nach der Gründung der Bundesrepublik zunächst in der Alliierten Hohen Kommission fortgesetzt, doch glückte auch hier nur eine begrenzte alliierte Übereinstimmung. So zeichnete sich bereits vor dem Ende der Alliierten Hohen Kommission 1955 die künftig getrennte Marschrichtung der Alliierten in dieser Frage ab.

Deutsche oder alliierte Initiative?

1945 bis 1949 waren die Militärregierungen die Hauptmotoren der Entwicklung im Bereich der Wiedergutmachung in den drei westlichen Zonen. Bereits die Fürsorgemaßnahmen für ehemalige Verfolgte des Nationalsozialismus orientierten sich stark an den alliierten Vorgaben, wie sie zum Teil schon vor Kriegsende durch die European Advisory Commission in London festgelegt worden waren. Wie am Beispiel der amerikanischen Militärregierung gezeigt wurde, lieferte diese dann auch den Bauplan, nach dem der Ausbau der Wiedergutmachungsgesetzgebung in ihrer Zone erfolgte. Im Frühjahr 1946 bestimmte die amerikanische Militärregierung die Aufteilung in Rückerstattung, vorläufige und endgültige Entschädigung.

Das frühzeitige amerikanische Dringen auf die gesetzliche Regelung der Wiedergutmachung verfolgte auch das Ziel, die Verfolgten des Nationalsozialismus aus der Sonderbetreuung herauszuführen, die im Rahmen der Fürsorge und anfänglichen kompensatorischen Privilegierung dieser Gruppe entstanden war. Die Wiedergutmachung sollte dabei einer durch ständige Unzufriedenheit genährten verfestigten Gruppenidentität entgegenwirken und war somit in dieser Perspektive auch ein Instrument der gesellschaftlichen Integration der Verfolgten. Potentielle Störenfriede der vor allem auf amerikanischer Seite gewünschten sozialen „Amorphisierung" dieser Gruppe waren insbesondere die politisch Verfolgten.

Unabhängig von der amerikanischen Initiative existierten auf deutscher Seite eigene Überlegungen zur Wiedergutmachung. So hätte es vermutlich auch ohne direkten Anstoß der Militärregierung Wiedergutmachungsregelungen der Länder gegeben, doch sicherlich mit bescheideneren Ergebnissen. Dies läßt sich auch für die anderen Zonen sagen. So blieb der deutschen Seite in der Besatzungszeit in unterschiedlichem Maße die Möglichkeit, auf die konkrete Gestaltung der Wiedergutmachung Einfluß zu nehmen, wie exemplarisch am Beispiel der US-Zone zu erkennen ist: Daß das dortige Rückerstattungsgesetz als ein Militärregierungsgesetz erlassen wurde, war durchaus folgerich-

tig, denn es entsprach in seiner endgültigen Form nicht dem deutschen politischen
Willen. Hier war es vor allem den amerikanischen jüdischen Organisationen gelungen,
sich durchzusetzen. Zugleich wirkte es wenigstens zum Teil als Vorbild für die späteren
Rückerstattungsregelungen in der britischen und französischen Zone. Das Entschädigungsgesetz der US-Zone war hingegen zwar durch OMGUS initiiert worden, jedoch
in seiner Substanz ein deutsches Gesetz. Erst am Schluß der Verhandlungen griff die
Militärregierung nochmals ein und erzwang einige Änderungen. Wesentlich war dabei,
daß sich McCloy trotz finanzieller Bedenken, die auch auf amerikanischer Seite vorhanden waren, mit seiner Auffassung durchsetzte, mit diesem Gesetz ein Präjudiz für die
künftige Behandlung der Entschädigung in der Bundesrepublik zu schaffen – eine Saat,
die letztlich auch aufging.

Seit Bestehen der Bundesrepublik änderte sich die Rollenverteilung im Bereich der
Wiedergutmachung erheblich. Der Schwerpunkt der alliierten Aktivitäten lag nun auf
der Kontrolle noch in der Besatzungszeit eingeleiteter Maßnahmen, vor allem der
Rückerstattung, auf deren zügige Durchführung besonders die amerikanische Seite
großen Wert legte. Zugleich drängten die Alliierten aber auch auf die Vereinheitlichung
der Entschädigungsgesetzgebung. Als die verbliebenen alliierten Vorbehaltsrechte in
den Verhandlungen um die Revision des Besatzungsstatuts zur Disposition gestellt
wurden, stellten sie im Dritten und Vierten Teil des Überleitungsabkommens eine
Reihe von Forderungen im Bereich der Rückerstattung und Entschädigung an die
Bundesrepublik.

Während aber die amerikanische Seite, die in den ersten Nachkriegsjahren bewußt
ihre Rolle als Schrittmacher der Wiedergutmachung gepflegt hatte, nun nach Abschluß
der bereits eingeleiteten Maßnahmen einen generellen Rückzug aus der Verantwortung
für die deutsche Wiedergutmachung anstrebte, hätten Großbritannien und Frankreich
bei dieser Gelegenheit gerne noch einige eigene Forderungen durchgesetzt. Dazu gehörte vor allem die Einbeziehung gewisser Gruppen ausländischer Verfolgter des Nationalsozialismus, etwa der französischen Zwangsarbeiter oder polnischer Emigranten,
an deren Entschädigung Paris und London ein starkes Interesse besaßen. Doch scheiterte dies am amerikanischen Widerstand, da Washington keine Aufweichung der
Grenze zwischen Wiedergutmachung und Reparationen zulassen wollte.

Diese Situation bildete auch den Rahmen für die alliierten Reaktionen auf die israelische Reparationsforderung an Deutschland, die zunächst äußerst zurückhaltend behandelt wurde. Erst nachdem Konrad Adenauer die Bereitschaft zu einem Abkommen auf
dem Wege direkter deutsch-israelisch-jüdischer Verhandlungen signalisiert hatte, trat
vor allem auf amerikanischer Seite ein Wandel der dort eingenommenen Haltung ein,
der zum Ziel hatte, den Erfolg dieser Initiative zu sichern. Die USA bekundeten während kritischer Phasen der Wassenaar-Gespräche mehrfach ihr „sympathetic interest"
an einem günstigen Ausgang dieser Verhandlungen und hielten Adenauer damit auf
dem einmal eingeschlagenen Kurs bzw. stärkten ihm den Rücken gegenüber innen- und
außenpolitischen Anfechtungen. Ein Abkommen mit Israel und den jüdischen Organisationen in aller Welt besaß außergewöhnliche politische Symbolkraft, und dies hatte
den Bundeskanzler (nach etlichen Tritten ans Schienbein) bewogen, die Angelegenheit,
anders als die übrigen mit der Wiedergutmachung zusammenhängenden Fragen, zur
„Chefsache" zu erklären. Adenauer versprach sich hiervon eine günstige Wirkung auf
die Öffentlichkeit der USA und der Welt, die bei dem schwierigen Geschäft der

politischen und ökonomischen Wiedereingliederung der Bundesrepublik von Vorteil sein würde.

Ohne Zweifel wurde also seit 1949 – anders als zuvor – die deutsche Seite immer mehr zum dominierenden Part in dieser Angelegenheit. Auf diese Weise geriet die Wiedergutmachung sehr stark unter den Einfluß innenpolitischer Konflikte und Zwänge. Dies zeigt sich insbesondere daran, daß der Ausbau der Wiedergutmachung wiederholt im Zeichen von „Koppelungsgeschäften" stand. Auf diese Weise wurde ein Junktim zwischen Leistungen für Verfolgte des Nationalsozialismus und zugunsten anderer Gruppen hergestellt. Dabei konnten die Gewichte verschieden liegen: Wurde das Bundesgesetz zur Wiedergutmachung im öffentlichen Dienst praktisch aus Symmetriegründen bzw. als Alibi für die innenpolitisch vorrangige Frage eines 131er-Gesetzes benötigt, so blieben andererseits starke Bestrebungen, den Erlaß eines Bundesentschädigungsgesetzes mit einer Regelung der Ansprüche der Rückerstattungsgeschädigten zu verknüpfen, vorerst erfolglos. Erst 1969 wurde diese Frage schließlich im Reparationsschadensgesetz geregelt[2].

Auffällig ist jedoch, daß die Bundesregierung sich in den hier untersuchten Jahren in der Frage der Wiedergutmachung ausgesprochen zurückhaltend verhielt: Sie besaß kein Konzept für diesen Bereich, sondern reagierte jeweils nur, wenn der Druck ausreichend stark war. Vorhandene Chancen, die Wiedergutmachung damit als eigenständige deutsche Leistung darzustellen, wurden damit vertan. Doch davon, daß sich die Bundesrepublik „die Marshall-Plan-Hilfe und die Integration in das westliche Bündnis mit der Wiedergutmachung" erkaufte, kann keine Rede sein[3].

Gegensätzliche Funktionen der Wiedergutmachung für Verfolgte in der Bundesrepublik und im Ausland

Da die ehemaligen Verfolgten des Nationalsozialismus – nicht nur die ausländischen, sondern auch die deutschen – nach dem Krieg teils in der Bundesrepublik, zum überwiegenden Teil aber im Ausland lebten, ergaben sich zwei gegensätzliche Zielrichtungen des Interesses an der Wiedergutmachung. Eine erste war auf diejenigen Verfolgten, die in Deutschland lebten, gerichtet und betraf deshalb hauptsächlich die deutsche Gesellschaft. Wiedergutmachung stand hier in intensiver Wechselwirkung zur sozialen und politischen Gesamtentwicklung und berührte dabei alle Aspekte, die zur Stellung der Verfolgten in der deutschen Gesellschaft beitrugen. Dies konnte zwischen den Polen einer möglichst reibungslosen Integration der Verfolgten in die deutsche Nachkriegsgesellschaft und der Auffassung, die Wiedergutmachung sei ein Instrument der Gesellschaftsreform, variieren. Die zweite Zielrichtung bezog sich dagegen vorrangig auf diejenigen Opfer des Nationalsozialismus, die außerhalb Deutschlands lebten. Wiedergutmachung war hier in erster Linie ein Instrument zur Rehabilitierung von Verfolgten im Ausland. Die Wirkungen auf die deutsche Gesellschaft spielten deshalb bei dieser Betrachtungsweise keine Rolle. Diese grundsätzliche Dichotomie zwischen den äußeren und den inneren Aspekten der Wiedergutmachung hatte sich bereits in den ersten Überlegungen während des Krieges herausgebildet und sich im Prozeß der Normierung der Wiedergutmachung weiter vertieft.

---

[2] Gesetz zur Abgeltung von Reparations-, Restitutions-, Zerstörungs- und Rückerstattungsschäden vom 12. 2. 1969, BGBl I, Nr. 13, 14. 2. 1969, S. 105.
[3] So hingegen Christian Pross, Wiedergutmachung. Der Kleinkrieg gegen die Opfer, Frankfurt a.M. 1988, S. 292.

In der deutschen Politik herrschte zunächst eine nahezu vollständige Konzentration auf die Verfolgten in Deutschland. Das hatte vor allem auch praktische Gründe. Die obersten staatlichen Handlungseinheiten waren die Länder, und sie fühlten sich zumindest in dieser Frage durchaus nicht als die Nachfolger des Deutschen Reiches. Doch nach der Gründung der Bundesrepublik entfiel dieses Argument: Nunmehr überlagerten sich immer mehr die inneren und die äußeren Aspekte der Wiedergutmachung. In diesem Prozeß nahm die Bedeutung der Wiedergutmachung für die Verfolgten im Ausland erheblich zu, was auch mit einer Verschiebung des Einflusses der Verfolgtenorganisationen weg von den deutschen Organisationen hin zur Claims Conference korrespondierte.

Auf amerikanischer Seite verlief in dieser Hinsicht eine gewisse Trennungslinie zwischen der Militärregierung bzw. der amerikanischen Hohen Kommission und der US-Administration in Washington. Während erstere aus ihrer Vor-Ort-Perspektive mehr die Wirkungen der Wiedergutmachung auf die deutsche Gesellschaft im Blick hatten, war letztere stärker an der Beseitigung der sozialen Folgekosten der nationalsozialistischen Verfolgung im Ausland sowie den Vermögensinteressen naturalisierter deutscher Emigranten in den USA interessiert. In innen- wie in außenpolitischer Hinsicht hatte die Wiedergutmachung hierbei vor allem die Aufgabe, für eine Beruhigung zu sorgen: Sollte nach innen gesehen verhindert werden, daß sich eine – sei es durch Verelendung oder durch Privilegierung – gesellschaftlich herausgehobene Gruppe der Verfolgten des Nationalsozialismus dauerhaft verfestigte, war umgekehrt später im Zeichen der Westintegration der Bundesrepublik eine Erfüllung gewisser moralischer Mindestforderungen – deren genaue Bestimmung den Deutschen selbst überlassen wurde – zur atmosphärischen Erleichterung dieses Prozesses erwünscht.

Am deutlichsten tritt der Gegensatz des inneren und des äußeren Aspektes der Wiedergutmachung hervor, wenn man die unterschiedlichen Interessenlagen der Verfolgtenorganisationen vergleicht. Die amerikanischen jüdischen Organisationen verfolgten dabei – vereinfacht gesprochen – das Ziel, von Deutschland Mittel zu erhalten, um im Ausland jüdische Opfer des Nationalsozialismus zu rehabilitieren bzw. den Aufbau Palästinas zu fördern, was auch im zionistischen Interesse lag. Nur eine Minderheit betrachtete dabei die Wiedergutmachung auch als Instrument zur Demokratisierung Deutschlands[4]. Deshalb akzeptierten die amerikanischen jüdischen Organisationen in der Regel auch nicht die an bestimmten Stellen der Wiedergutmachungsdiskussion auftretende Warnung, gewisse Maßnahmen könnten den Antisemitismus fördern. Ohnehin war dieses Argument meist rein taktischer Natur. Daß die Deutschen antisemitisch seien, wurde dort – sehr zur Verbitterung mancher wiedergutmachungswilliger Deutscher – als ohnehin gegeben angesehen und war auch nicht mehr so relevant, wenn eine jüdische Zukunft sowieso nur noch außerhalb Deutschlands für möglich gehalten wurde.

Für die deutschen Verfolgtenorganisationen war die Wiedergutmachung hingegen zumindest anfänglich häufig ein Bestandteil geforderter gesellschaftlicher Veränderungen in Deutschland. Deshalb vertraten sie vielfach die These von der Zusammengehörigkeit von Wiedergutmachung und Entnazifizierung auch dann noch, als sich das Gros der deutschen Gesellschaft schon innerlich auf den Abschluß der Entnazifizierung eingestellt hatte. In diesem Zusammenhang ist es auch bedeutungsvoll, daß sich die

---

[4] Eine Ausnahme bildete in dieser Hinsicht vor allem das American Jewish Committee.

Wiedergutmachungsdiskussion immer stärker auf den Aspekt der materiellen Entschädigung zuspitzte.

Finanzierung als Gretchenfrage der Wiedergutmachung

Im Mittelpunkt der Auseinandersetzung um die Wiedergutmachung stand deshalb häufig die Finanzierungsfrage. Diese Diskussion läßt Rückschlüsse darauf zu, welcher politische und gesellschaftliche Stellenwert der Wiedergutmachung eingeräumt wurde, denn auch unter den finanzpolitisch schwierigen Verhältnissen, die in Deutschland nach Kriegsende herrschten, mußte die Frage, wieviel und welche Mittel für die Zwecke der Wiedergutmachung zur Verfügung stehen, politisch ausgelotet werden. Die Auseinandersetzung kann auch hier auf eine grundsätzliche Alternative zugespitzt werden. Auf der einen Seite stand die These von der Einzigartigkeit und Unvergleichbarkeit der nationalsozialistischen Verfolgung, aus der eine Priorität dieser Ansprüche abgeleitet wurde. Demgegenüber stand eine Betrachtungsweise, die die Schäden aus der NS-Verfolgung im Rahmen der Gesamtheit der Schäden, die die Herrschaft des Nationalsozialismus direkt oder indirekt angerichtet hatte, diskutierte. Zwischen diesen Standpunkten existierten freilich zahlreiche fließende Übergänge. Doch tendenziell herschte bei den politischen Handlungsträgern, seien es deutsche oder amerikanische, eher die zweite Betrachtungsweise vor, während die Verfolgten, zumal die jüdischen, nachdrücklich die erste These verfochten. Die Frage stellte sich für die Amerikaner konkret etwa beim Verhältnis der Wiedergutmachung zu den Reparationen. Dabei räumten sie der Wiedergutmachung niemals eine absolute Priorität gegenüber anderen Ansprüchen ein. Auf deutscher Seite stand hingegen die Konkurrenz der Verfolgten des Nationalsozialismus zu anderen Geschädigtengruppen wie Bombengeschädigten, Flüchtlingen und Vertriebenen, die etwa in der Diskussion um den Lastenausgleich deutlich wurde, im Mittelpunkt.

Bei der Frage nach der Vergleichbarkeit der nationalsozialistischen Verbrechen ging es letztlich um die grundsätzliche Auseinandersetzung über das Wesen der NS-Herrschaft. Daher ergibt sich auch der Zusammenhang mit einem weiteren zentralen Problem: Die bereits während des Krieges seitens des deutschen Widerstands entwickelte gesellschaftsreformatorische Sichtweise der Wiedergutmachung war auch eine Wendung gegen die Kollektivschuldthese. Damit einher ging die Forderung, daß vor allem „die Nazis" für die Kosten der Wiedergutmachung aufkommen sollten, und nicht das deutsche Volk als Ganzes. Unmittelbar nach Kriegsende stieß diese These auf weite Akzeptanz, doch änderte sich dies innerhalb weniger Jahre. Es stellte sich heraus, daß auf diese Weise keine ausreichende Finanzierung zuwege gebracht werden konnte, denn erstens hatte man die Dimensionen des Problems und damit die Kosten erheblich unterschätzt und zugleich die Möglichkeit, die Mittel von den ehemaligen Nationalsozialisten zu beschaffen, weit überschätzt. Da die Alternative, über ein erneutes Schüren der Entnazifizierung an diese Summen zu kommen, auf immer größeren gesellschaftlichen und politischen Widerstand traf, mußte schließlich doch eine Finanzierung aus öffentlichen Mitteln angestrebt werden. Damit verlor aber die Wiedergutmachung eine Finanzierungsquelle, auf die sie quasi einen moralischen Exklusivanspruch besessen hatte. Statt dessen geriet sie in direkte Konkurrenz zu normalen Haushaltsausgaben, vor allem nachdem durch die Währungsreform die für Wiedergutmachungszwecke angesammelten NS-Vermögen und Entnazifizierungsgelder großteils abgewertet waren. Daraus folgte eine „Entmoralisierung" der Wiedergutmachung, indem das personale Sühnekonzept, das bei den frühen Überlegungen eine wichtige Rolle gespielt hatte, aufgegeben wurde. Hier bestand auch ein enger Zusammenhang mit dem vielfach artikulierten Bedürfnis nach „Versöhnung".

So wurde an der Wende zu den fünfziger Jahren die anfängliche Sonderrolle der rassisch, religiös und politisch Verfolgten als der hauptsächlichen Opfer des Nationalsozialismus zunehmend in Frage gestellt. Dazu trug ein weitverbreitetes Bewußtsein bei, daß „die Deutschen" selbst Opfer seien: durch Flucht und Vertreibung, durch Bombenkrieg, Kriegsgefangenenschaft usw. Infolge dessen trat eine „Normalisierung" im Verhältnis zu den ehemaligen Verfolgten ein, die deren anfängliche Heraushebung nach dem Krieg beenden sollte. Dieser Prozeß führte schließlich auch zum Sturz Auerbachs und Küsters, die sich auf ihre Weise jeweils dieser Entwicklung in den Weg gestellt hatten.

Auch bei der zunehmenden Infragestellung der nach Kriegsende eingeräumten Privilegien etwa im Bereich des Wohnens und Arbeitens oder im Bereich der öffentlichen Symbolik zeigte sich ein solcher Klimawechsel. Bei den Gedenktagen, insbesondere denen für die Opfer des Nationalsozialismus und dem späteren Volkstrauertag, ist der Wunsch nach einem Ende der gesellschaftlichen Polarisierung zwischen Opfern und Tätern besonders deutlich zu spüren. Dies bildete eine Voraussetzung für die vielfach beschworene „Ruhe zum Wiederaufbau", doch trugen die Verfolgten des Nationalsozialismus einen überproportionalen Anteil an den Kosten dieser „gewissen Stille". Andererseits bedeutete die Übernahme der Kosten der Wiedergutmachung auf die öffentlichen Haushalte zumindest in finanzieller Hinsicht die Anerkennung einer „kollektiven Haftung" für die nationalsozialistischen Verbrechen, und nicht zuletzt wurde hierdurch auch die Voraussetzung dafür geschaffen, daß die Wiedergutmachungsleistungen schließlich Dimensionen annehmen konnten, die weit über alle anfänglichen Vorstellungen hinausgingen.

Innere Differenzierung

Auch wenn die Antwort auf die Frage, in welchem Ausmaß Deutschland finanziell belastbar sein würde, in Abhängigkeit vom Standpunkt des Betrachters höchst unterschiedlich ausfiel, waren sich dennoch alle darüber im klaren, daß es irgendeine Höchstgrenze geben werde, und daß dabei in jedem Falle immer noch eine nur unvollständige Wiedergutmachung erreicht sein würde. Wiedergutmachung bedeutete somit stets eine Auswahl unter den zu entschädigenden Sachverhalten und Gruppen. Welche Faktoren waren nun bei dieser Auswahl entscheidend?

Dabei fällt der Blick zuerst auf die „Makrostrukturen", die im Zuge der Ausdifferenzierung der verschiedenen Formen der Wiedergutmachung entstanden. Besonders eindringlich stellt sich diese Frage im Zusammenhang mit der gerade in der Anfangszeit der Wiedergutmachung auffälligen Priorität der Rückerstattung gegenüber der Entschädigung, die besonders in der US-Zone auch zeitlich mit Vorrang behandelt wurde. Interessanterweise wiederholt sich in der gegenwärtigen Entwicklung in der ehemaligen DDR genau diese Reihenfolge: Zunächst Regelung der Vermögensfragen, erst dann Regelung der Enschädigung für persönliche Schäden. Zurück zu unserem historischen Beispiel: Die Priorität der Rückerstattung von wiederauffindbarem Vermögen, das unter nationalsozialistischer Herrschaft entzogen worden war, entstand erstens aus dem Gebot der Rechtssicherheit – hier ist die aktuelle Parallele offenkundig. Zugleich spielte aber auch die Realisierbarkeit eine bedeutende Rolle, denn zunächst wurde nur das wiederauffindbare Vermögen zurückerstattet, bei dem sich die Frage der Mittelaufbringung ja im Prinzip nicht stellte. Ein dritter Faktor war aber gewiß auch die Stärke der dahinterstehenden Interessen, vor allem in den USA. Dies zeigte sich schließlich auch bei der Durchführung des Rückerstattungsgesetzes, bei der ein beträchtlicher Prozentsatz des rückerstatteten Vermögens an Personen und Organisationen über den Atlantik ging. Die genannten Faktoren stellen natürlich zunächst kein überraschendes Ergebnis dar, doch unterstreicht dies, daß nicht etwa das absolute Maß der erlittenen Verfolgung oder Schädigung durch den Nationalsozialismus der entscheidende Faktor für die Ausdifferenzierung der Wiedergutmachung war, sondern der Stellenwert, den diese im politischen und normativen System der Nachkriegszeit einnahmen. Daß Vermögensverluste generell günstiger entschädigt wurden als Schäden persönlicher Natur, kritisierte Martin Hirsch als „kapitalistischen Zug" in der Wiedergutmachung[5], und in der Tat verweist dieser Sachverhalt unter anderem auch auf die Grundstruktur unserer Rechtsordnung.

Ähnliche Erscheinungen finden sich auch bei der Differenzierung innerhalb des Bereichs der Entschädigung, wie sich besonders am Verhältnis des Bundesgesetzes zur Regelung der Wiedergutmachung im öffentlichen Dienst (BWGöD) zur allgemeinen Entschädigung zeigte. Zum einen wurde bereits auf den entscheidenden Zusammenhang dieser Entwicklung mit der 131er-Regelung hingewiesen. Zudem wurde auch hier die relative Bevorzugung der Beamten gegenüber den anderen Verfolgten nicht etwa damit gerechtfertigt, daß diese generell schlimmer verfolgt worden seien als die übrigen Verfolgten, sondern damit, daß aufgrund der stärkeren Schematisierbarkeit einer Beamtenbiographie eine Entschädigung leichter praktikabel sei. Die Übertragung dieser Schematisierung in den Bereich der allgemeinen Entschädigung führte umgekehrt zu wenig erfreulichen Ergebnissen[6].

So bleibt nun die Frage nach der Aufspaltung der Entwicklung in die individuellen und die kollektiven Formen der Wiedergutmachung. Eine umfassende Regelung auf kollektiver Grundlage, die, wie Pross in Nachhinein meint, nicht nur billiger, sondern auch menschlich besser gewesen wäre, da sie einer „Zersplitterung und Vereinzelung der Opfer" bei der Durchführung der Wiedergutmachung entgegengewirkt hätte[7], wurde etwa von Otto Küster seinerzeit prinzipiell abgelehnt. Er glaubte, daß hierbei durch Kommerzialisierung der Ansprüche die moralische Grundlage der Wiedergutmachung verdunkelt würde[8]. Doch scheiterte ein solches Vorhaben für den überwiegenden Teil der Verfolgten schon allein daran, daß es bis auf wenige Ausnahmen keine geeigneten Kollektive gab, die als Empfänger einer solchen Wiedergutmachung hätten auftreten können.

Die Ausnahmen liegen im Bereich der jüdischen Verfolgten. Die Jewish Agency und

---

[5] Martin Hirsch, Folgen der Verfolgung. Schädigung – Wiedergutmachung – Rehabilitierung, in: Die Bundesrepublik Deutschland und die Opfer des Nationalsozialismus. Tagung vom 25.-27. 11. 1983 in der Evangelischen Akademie Bad Boll, Protokolldienst 14/84, Bad Boll 1984, S. 21.

[6] Vgl. Walter Schwarz, Die Wiedergutmachung nationalsozialistischen Unrechts durch die Bundesrepublik Deutschland. Ein Überblick, in: Wiedergutmachung in der Bundesrepublik Deutschland, hrsg.v. Ludolf Herbst u. Constantin Goschler, München 1989, S. 46.

[7] Pross, Kleinkrieg gegen die Opfer, S. 295.

[8] Vgl. Referat Küsters vor der Arbeitstagung jüdischer Juristen in Düsseldorf, in: Staatsanzeiger für Württemberg-Baden, 8. 3. 1952.

das American Joint Distribution Committee erhielten 1946 durch die Pariser Reparationskonferenz solche kollektiven Leistungen zugesprochen, Anfang der fünfziger Jahre forderten und erhielten auch die JRSO, die Claims Conference und der Staat Israel derartige Leistungen. Bei diesen handelte es sich aber keineswegs um Verfolgtenorganisationen, sondern um Kollektive, die aufgrund einer abstrakten Zugehörigkeit der verfolgten und ermordeten jüdischen Opfer und ihrer Fürsorge für die Überlebenden die kollektive Gläubigerrolle einnahmen. Dabei traten wohlgemerkt vielfach Schwierigkeiten mit individuellen Überlebenden der Verfolgungen auf, die sich in ihren Ansprüchen durch die Kollektivforderungen geschädigt fühlten.

Ein solcher Differenzierungsvorgang verlief aber gleichzeitig auch auf einer anderen Ebene und betraf hier hauptsächlich die Frage, wer im Rahmen der Wiedergutmachung als Verfolgter anerkannt würde. Die Basisdefinition der nationalsozialistischen Verfolgung war bereits während des Krieges von den Alliierten entwickelt worden: Es handelte sich dabei um die Formel von der rassischen, religiösen und politischen Verfolgung. Doch war diese vor allem im Hinblick auf die deutsche Flüchtlingsproblematik entworfen worden. Angesichts der vielfältigen Verfolgungswirklichkeit war so ein Interpretationsprozeß notwendig, der Grenzen zwischen der NS-Verfolgung und anderen Vorgängen, die nicht als spezifisch nationalsozialistisch aufgefaßt wurden, zog. Prämisse war dabei, daß nicht jede Schädigung in der NS-Zeit zugleich eine nationalsozialistische Verfolgung gewesen sei. Vereinfacht gesagt, war die Konsequenz, daß nicht allein die Tatsache, daß jemand beispielsweise Häftling in einem KZ war, zur Wiedergutmachung berechtigte. Vielmehr mußten NS-spezifische Gründe zu dieser Maßnahme geführt haben.

Dies soll noch einmal an einem eindrücklichen Beispiel demonstriert werden. Hermann Brill, ohne Zweifel einer der maßgeblichen deutschen Wiedergutmachungsbefürworter, rechnete bei den Beratungen des zukünftigen Bundesergänzungsgesetzes im Rechtsausschuß des Bundestags einmal vor, wie sich die Relation von KZ-Häftlingen zu Entschädigungsberechtigten verhielte. So erklärte er am Beispiel des ihm als ehemaligen Häftling wohlvertrauten Konzentrationslagers Buchenwald, „dieses habe zuletzt eine Belegstärke von etwa 42.000 Häftlingen gehabt. Von diesen seien in der Schlußphase noch etwa 35.000 im Lager gewesen, von denen 22.000 Russen gewesen seien. Unter den Häftlingen hätten sich in der Auflösungsphase nur 1.800 Deutsche befunden, von denen lediglich 700 politische Gefangene gewesen seien. Alle übrigen seien Asoziale, Homosexuelle, Sicherungsverwahrte, Berufsverbrecher usw. gewesen ... Die letzteren fielen ja nicht unter das vorliegende Gesetz. Man müsse also von der Zahl von 42.000 heruntergehen auf 700. Ähnlich seien die Verhältnisse in Dachau, Ravensbrück und Sachsenhausen gewesen." [9] Drastischer läßt sich die Nichtübereinstimmung der Gruppe der KZ-Häftlinge mit der der Entschädigungsberechtigten kaum formulieren.

Die Abgrenzung der Entschädigungsberechtigten wurde dabei in aller Regel sehr bewußt getroffen. Das geflügelte Wort von den „vergessenen Opfern" ist insofern falsch, als es ein zugrundeliegendes Versehen suggeriert. Doch die gemeinhin unter diesen Begriff gefaßten Verfolgtenkategorien, v.a. die Zwangssterilisierten, die Sinti und Roma, die Kommunisten, die Kriegsdienstverweigerer, die Homosexuellen und der

---

[9] Protokoll der 254. Sitzung des Bundestags-Ausschusses für Rechtswesen und Verfassungsrecht am 4.5. 1953, BA, B 141/618.

ganze Bereich der sogenannten „Asozialen" und „Kriminellen", wurden sehr wohl zur Kenntnis genommen und bewußt aus der Wiedergutmachung für rassisch, religiös und politisch Verfolgte ausgegrenzt, zum Teil sogar noch nachträglich, wie etwa zeitweise die Zigeuner und teilweise die Kommunisten. Dabei übte die Praxis der Gerichte und Verwaltungsbehörden, die sich hierbei der Zustimmung der öffentlichen Meinung wie der Hüter der öffentlichen Kassen gewiß sein konnten, vielfach einen verschärfenden Einfluß aus[10]. Auf dieses restriktive Klima hatten freilich Vorfälle wie die Schließung des Bayerischen Landesentschädigungsamtes im Zuge des Auerbach-Skandals großen Einfluß.

Doch hatte bereits im Rahmen der ersten Fürsorgemaßnahmen eine Hierarchisierung der Verfolgten eingesetzt. Auch von Verfolgtenseite wurde dabei von Anfang an der Standpunkt vertreten, daß die erlittene Verfolgung allein nicht das ausschlaggebende Kriterium bilden könne. Hinzu kam als ein Hauptmotiv auf staatlicher Seite, die finanzielle Belastung zu begrenzen. Zugleich spielt hier auch ein weiteres Problem mit hinein: Etliche der Vorurteile oder Einstellungen, auf denen die nationalsozialistische Verfolgung basiert hatte, besaßen auch eine „nicht-nationalsozialistische" Tradition und hatten damit durch das Ende der NS-Herrschaft nicht unbedingt ihre Bedeutung verloren.

Einfluß auf die Entwicklung hatte aber natürlich auch das Ausmaß der Kenntnisse über die Verfolgungswirklichkeit. Zum Zeitpunkt, als die ersten Wiedergutmachungsgesetze in der US-Zone entwickelt wurden, waren diese in den maßgeblichen Kreisen recht groß, zumal auch ehemalige Verfolgte ihr Wissen selbst einbrachten. Auch die Abscheu über die bei der Öffnung der Lager entdeckten Greuel war noch sehr lebendig. Von Verdrängung ist bei den einschlägigen Diskussionen anfangs wenig zu spüren. Doch wurden in den späteren Jahren umgekehrt manchmal Bemühungen spürbar, Wiedergutmachung zu leisten, um nicht über die geschehenen Verbrechen reden zu müssen –, dies trifft besonders auf die Verhandlungen mit Israel und die Claims Conference zu. Noch kurz vor Unterzeichnung des Abkommens regte Adenauer – vergeblich – an, in der Präambel das Wort „Verbrechen" durch „Unrecht" zu ersetzen, denn in der vorliegenden Form sei der Absatz „etwas sehr peinlich"[11]. So leistete die Wiedergutmachung zwar ihren Teil zur Aufhellung der Verfolgungswirklichkeit, zugleich mitunter aber auch zu ihrer Verdunkelung.

[10] Die Frage, inwieweit solche Verschärfungen im Zuge der Entschädigungspraxis im einzelnen Folge eines allgemeinen Normenkonsenses waren oder von bestimmten Stellen ausgelöst wurden, ist noch immer nicht genau zu beantworten, hier besteht ein dringendes Forschungsdesiderat.
[11] Adenauer an Blankenhorn, 24. 8. 1952, in: Adenauer. Briefe, Bd. 3, 1949-1951, Rhöndorfer Ausgabe, hrsg. v. Rudolf Morsey und Hans-Peter Schwarz, bearb. v. Hans Peter Mensing, Berlin 1985, S.208.

Abkürzungsverzeichnis

ACA	Allied Control Authority
ACDP	Archiv für Christlich-Demokratische Politik, St. Augustin
AdL	Archiv des Deutschen Liberalismus, Gummersbach
AFL	American Federation of Labor
AJC	American Jewish Committee
AJDC	American Joint Distribution Committee
AvS	Arbeitsgemeinschaft verfolgter Sozialdemokraten
BA	Bundesarchiv, Koblenz
BadWürtHStA	Baden-Württembergisches Hauptstaatsarchiv, Stuttgart
BayGVOBl	Bayerisches Gesetz- und Verordnungsblatt
BayHStA	Bayerisches Hauptstaatsarchiv, München
BayLt	Bayerischer Landtag
BayMJ	Bayerisches Justizministerium
BayStK	Bayerische Staatskanzlei
BdA	Bund der Antifaschisten
BDO	Bund Deutscher Offiziere
BEG	Bundesentschädigungsgesetz
BGBl	Bundesgesetzblatt
BGH	Bundesgerichtshof
BErG	Bundesergänzungsgesetz
BMF	Bundesministerium der Finanzen
BMJ	Bundesministerium der Justiz
BVN	Bund der Verfolgten des Naziregimes
BWGöD	Bundesgesetz zur Regelung der Wiedergutmachung im öffentlichen Dienst
CIO	Congress of Industrial Organization
COMISCO	Committee of International Socialist Conferences
CORA	Court of Restitution Appeals
C.V.	Central-Verein der Juden in Deutschland
DP	Displaced Person
EAC	European Advisory Committee
ECEFP	Executive Committee on Foreign Economic Policy
EKD	Evangelische Kirche in Deutschland
EVG	Europäische Verteidigungsgemeinschaft
FAZ	Frankfurter Allgemeine Zeitung
FRUS	Foreign Relations of the United States
GG	Grundgesetz
GuG	Geschichte und Gesellschaft
HessGVOBl	Gesetz- und Verordnungsblatt für Groß-Hessen
HessHStA	Hessisches Hauptstaatsarchiv, Wiesbaden
HICOG	High Commission for Germany
IfZ	Institut für Zeitgeschichte, München
IPCOG	Informal Policy Committee on Germany

IRO				International Refugee Organization
ISG				International Study Group on Germany
JCS				Joint Chiefs of Staff
JAFP			Jewish Agency for Palestine
JRC				Jewish Restitution Commission
JRSO			Jewish Restitution Successor Organization
JTC				Jewish Trust Corporation
JWV				Jewish War Veterans of the United States
LBI				Leo Baeck Institute, New York
LEA				Landesentschädigungsamt
LG				Landgericht
NKFD			Nationalkomitee Freies Deutschland
NSDAP			Nationalsozialistische Deutsche Arbeiterpartei
OLG				Oberlandesgericht
OMGB			Office of Military Government for Bavaria
OMGH			Office of Military Government for Hesse
OMGWB			Office of Military Govenment for Wurttemberg-Baden
OMGUS			Office of Military Government for Germany (US)
PA/AA			Politisches Archiv des Auswärtigen Amts, Bonn
PCIRO			Preparatory Commission for the International Refugee Organization
Pg				Parteigenosse
POLAD			Political Advisor
RG				Record Group
RGCO			Regional Government Coordinating Office
RzW				Rechtsprechung zum Wiedergutmachungsrecht
SAP				Sozialistische Arbeiter-Partei
SBZ				Sowjetische Besatzungszone
SD				Sicherheitsdienst
SHAEF			Supreme Headquarter of the Allied Expeditionary Forces
SS				Schutz-Staffel
UA.LEA			Untersuchungsausschuß Landesentschädigungsamt des Bayerischen Landtags
UNHRC			United Nations High Commissioner for Refugees
UNO				United Nations Organization
UNRRA			United Nations Relief and Rehabilitation Administration
URO				United Restitution Organization
USEG			Entschädigungsgesetz der US-Zone
USFET			United States Forces, European Theater
USNA			National Archives of the United States, Washington, D.C.
USREG			Amerikanisches Militärregierungsgesetz Nr. 59 (Rückerstattungsgesetz)
VfZ				Vierteljahrshefte für Zeitgeschichte
VVN				Vereinigung der Verfolgten des Nazi-Regimes
WBRegBl			Regierungsblatt der Regierung Württemberg-Baden
Wiener OHL		William E. Wiener Oral History Library, New York
WJC				World Jewish Congress
WZO				World Zionist Organization
WNRC			Washington National Record Center, Suitland
YIVO			Yidisher Visenshaftlikher Institut, New York
ZPA				Zonenpolitische Anweisung

Quellen- und Literaturverzeichnis

I. Ungedruckte Quellen

Bundesarchiv Koblenz (BA)
Länderrat der amerikanischen Zone (Z 1): 92, 639, 646, 1290-1302, 1305
Bundesinnenministerium (B 106): 62773-62777
Bundesfinanzministerium (B 126): 12359-12362, 12428-12431, 12532-12533, 15522-15525, 51544-51548
Bundeskanzleramt (B 136): 1124-1131, 1153, 1154
Bundesjustizministerium (B 141): 407-411, 414-418, 617-621
Nachlaß Blankenhorn (Nl 351)
Nachlaß Schäffer (Nl 168)
Nachlaß Seebohm (Nl 178)

Politisches Archiv des Auswärtigen Amtes Bonn (PA/AA)
Neue Abteilung, Abt. 2:
244-10, 244-11, 244-12, 244-13, 244-14, 244-15, 244-27g

Bayerisches Hauptstaatsarchiv München (BayHStA)
Bayerisches Finanzministerium: MF 69403, 69409, 69410
Bayerisches Innenministerium: MInn 79666-79670
Bayerische Staatskanzlei: MA 114240-114244, 114262-114265
Bayerische Vertretung beim Länderrat der US-Zone: MA 130122, Nr. 71
Parlamentarischer Rat in Stuttgart: MA 130344-130348

Bayerisches Justizministerium, München (BayMJ)
1101, H. 1-5
1101a, H. 1-7, 14-18
1101b, H. 1-24
1101c, H. 1, 2
SA 1091

Bayerisches Finanzministerium, München (BayFinMin)
Az. IV-N-402, Bd. 1-9

Archiv des Bayerischen Landtags, München (Archiv-BayLt)
Protokolle des Untersuchungsausschusses zur Prüfung der Vorgänge im Landesentschädigungsamt, 1951-1953

Bayerische Staatskanzlei, München (BayStK-Archiv)
Protokolle des Bayerischen Ministerrats, 1946-1954

Baden-Württembergisches Hauptstaatsarchiv Stuttgart (BadWürtHStA)
Staatsministerium: EA 1/920, Bü. 709, 710, 713, 715, EA 1/921, Bü. 0660, EA 1/014, Nr. 249-253
Justizministerium: EA 4, Bü. 35, 37, 57a

Hessisches Hauptstaatsarchiv Wiesbaden (HessHStA)
Abt. 502 (Staatskanzlei): Nr. 2000-2042, 2772, 2773, 4684
Abt. 503 (Innenministerium): Nr. 473, 502, 2853, 2854, 3983
Abt. 506 (Finanzministerium): Nr. 759
Abt. 528 (Bevollmächtigter beim Stuttgarter Länderrat): Nr. 178
Abt. 650 (Regierungspräsident Wiesbaden): Nr. 2799

Archiv des Instituts für Zeitgeschichte, München (IfZ-Archiv)
ED 120 (Nl Hoegner): Bd. 15, 20, 112, 116, 327, 354-387
ED 135 (NL Krekeler): Bd. 42, 43, 52, 63, 65, 68, 76
Dk 009. (SHAEF)
Dm 001. (Protokolle des Bundestags-Ausschusses für Beamtenrecht)
Akten des IfZ, B 13, Geschichte nach 1945. Wiedergutmachungsprojekt

Archiv für Christlich-Demokratische Politik der Konrad-Adenauer Stiftung, St. Augustin (ACDP)
Bestand I-084-001 (NL Küster)

Archiv des Deutschen Liberalismus, Gummersbach (AdL)
Bestand N 1 (NL Dehler), Fasz. 3151

Archiv der VVN/BdA Baden-Württemberg, Stuttgart (VVN/WB)
Geschichte/Dokumente der VVN
VVN Baden-Württemberg – Wiedergutmachung – Entschädigungsgesetz

Landesrat für Freiheit und Recht, München
Akten zur Geschichte der Wiedergutmachung (3 Bde.)

Landgericht München I
Akten des Prozesses gegen Auerbach und drei Andere: Az. 2 KLs 1/52

National Archives of the United States, Washington D.C. (USNA)
Records of Harley A. Notter, 1939-1945 (RG 59): Box 49, 50, 137, 140, 141, 149
Decimal File 1945-49 (RG 59):
462.00 R, Box 1912
462.11, Box 1924-1931
462.11 EW, Box 1926
740.00119
740.00119 EW

840.48
Decimal File 1950-1954 (RG 59):
262.0041. Box 1041-1055
396.1-ISG, Box 1462-1466
396.1-NE, Box 1470
740.5, Box 3429
762.A 00. Box 3844, 3848, 3849, 3853, 3858
762.A-0221, Box 3878
862.A.10, Box 5206
862.411, Box 5245
Records of the Central European Division, 1944-1953, Subject Files (RG 59): Box 1, 2, 4, 5
Records of the Office of European Affairs, 1935-1947 (RG 59): Box 14
Records of the Office of Western European Affairs (RG 59): Box 6
Records of the War Department, Civil Administration Division, 1945-1947 (RG 165): Box 212, 260, 351-358
Records of the Interdepartmental and Intradepartmental Committees, Economic Committees, State Department (RG 353): Box 76
Records of International Conferences, Commissions and Expositions, Rec. Relating to Reparations, Lot M 88 (RG 43): Box 11

Washington National Record Center Suitland (WNRC)
Adjudant General's Office (RG 94): Box 1129
OMGUS, Property Division. Claims Section. Records pertaining to Restitution of Identifiable Property 1946-1949 (RG 260): Box 8132
Records of the U.S. High Commissioner for Germany. U.S. High Commissioner John J. McCloy. Historical Analyses of the McCloy Administration, 1949-1952 (RG 466): Box 1-4
McCloy Papers. Classified General Records 1949-1952 (RG 466): Box 1-43
HICOG 1950-55 (RG 466): Box 18-21, 99, 102, 103

Die im folgenden angeführten Bestände wurden auf Mikrofiche im Institut für Zeitgeschichte, München eingesehen (Archiv-IfZ, MF 260)
Political Advisory (RG 84):
POLAD 730/58, POLAD 768/1, POLAD 768/2, POLAD 793/46
Office of Military Government for Germany, United States (RG 260):
2/101-3/6, 2/108-1/1-18, 2/111-1/7-12, 2/111-2/12-15, 2/113-3/1, 2/113-1/10-14, 2/ 122-1/14, 2/125-1/5-7, 2/125-2/2-7, 2/126-1/7-14
3/159-3/19, 3/169-2/158, 3/173-1/19, 3/173-1/21, 3/174-1/17, 3/177-2/2, 5/323-3/5, 5/ 323-3/6, 5/323-3/5, 5/323-3/6, 5/323-3/7, 5/359-3/8
7/46-1/11, 7/48-1/9
8/48-1/18, 8/66-1/3, 8/66-2/1, 8/66-2/2, 8/66-2/3, 8/66-3/1
10/51-3/3, 10/109-1/31, 10/109-2/1, 10/109-2/2
11/13-1/16, 11/36-1/2, 11/44-2/27
12/26-2/15, 12/26-2/24, 12/26-2/26, 12/26-2/26, 12/76-2/19
13/116-1/16, 13/121-1/16, 13/141-1/1, 13/144-2/7, 15/102-1/31
17/52-2/6, 17/56-2/21-22, 17/200-2/8, 17/214-2/8, 17/214-2/9, 17/214-2/18, 17/251-2/ 17, 17/256-1/1, 17/256-2/23, 17/261-2/1, 17/8212/5
AGTS 62/1-4

AG 1945-46/109/1, AG 47/158/1, AG 1947/188/1, AG 1948/184/1, AG 1948/185/1,
   AG 1949/9/5, AG 1949/10/5
PCEA 17/1

Archiv des American Jewish Committee, New York, Blaustein Library (AJC)
Folder Restitution & Indemnification, Germany

William E. Wiener Oral History Library of the American Jewish Committee, New York
(Wiener OHL)
Jacob Blaustein Oral History Project:
Interview mit John J.McCloy, 23. 2. 1972
Interview mit Benjamin J. Buttenwieser, 1. 6. 1977
Interview mit Nahum Goldmann, 24. 11. 1971
Interview mit Saul Kagan, 10. 12. 1972

YIVO-Archiv, New York
American Jewish Committee-Files:
GEN-10, RG 347.17: Box 275, 276, 279-282, 290, 291, 293, 295-297
FAD 1, RG 347.7: Box 26, 27, 33, 34, 36

Leo Baeck Institute, New York (LBI)
Bruno Weil Collection I, A.R.- C 3055/7108: Box 21, 22
Bruno Weil Collection II, A.R. – C 3056/7109, Box 27, 28
Council of Jews from Germany, AR 5890, Folder 16-25

Jewish War Veterans of the United States, Washington, D.C. (JWV-Archiv)
Major General Julius Klein Collection, Diary 1952

Privatbesitz Hendrik Ingster
Handakten Philipp Auerbach

Bayerisches Landesentschädigungsamt
Einzelne Dokumente zur Geschichte der Wiedergutmachung

Interviews und schriftliche Auskünfte:
Georg Bach (Weissenburg/By)
Ludwig Göhring (Nürnberg)
Ernst Lörcher (Deisenhofen)
Hendrik Ingster (München)
Otto Küster (Stuttgart)
Ernest Landau (München)

II. Gedruckte Quellen

1. Dokumente, zeitgenössische Literatur und Memoiren

Adenauer, Konrad: Erinnerungen, Bd. 1: 1945-1953, Stuttgart 1965; Bd. 2: 1953-1955, Stuttgart 1966

Konrad Adenauer und die CDU der britischen Besatzungszone 1946-1949. Dokumente zur Gründungsgeschichte der CDU Deutschlands, hrsg. v. der Konrad-Adenauer-Stiftung, Bonn 1975

Adenauer, Rhöndorfer Ausgabe, Briefe, hrsg. v. Rudolf Morsey u. Hans-Peter Schwarz, bearb. v. Hans-Peter Mensing, Bd. 1: 1945-1947; Bd. 2: 1947-1949; Bd. 3: 1949-1951; Bd. 4: 1951-1953, Berlin 1983-1987

Adenauer und die Hohen Kommissare 1949-1951, hrsg. v. Hans-Peter Schwarz in Verb. m. Reiner Pommerin, bearb. v. Frank-Lothar Kroll u. Manfred Nebelin, München 1989; Bd. 2: 1952, München 1990

Adler-Rudel, Shalom: The Reminiscences of Shalom Adler-Rudel, Glen Rock, N.J. 1975

Agreement Pertaining to Reparation Funds for Non-Repatriable Victims of German Action, 14.6. 1946, in: Department of State Bulletin, Vol. XV, July-Dec. 1946

Akten zur Deutschen Auswärtigen Politik (ADAP), Serie D (1937-45), Bd. I: Von Neurath zu Ribbentrop, Baden-Baden o.J.

Akten zur Vorgeschichte der Bundesrepublik Deutschland 1945-1949 (AVBRD), hrsg. v. Bundesarchiv u. d. Institut für Zeitgeschichte, 5 Bde., München 1976-1983

Beck und Goerdeler. Gemeinschaftsdokumente für den Frieden 1941-1944, hrsg. u. erläutert v. Wilhelm Ritter v. Schramm, München 1965

Bentwich, Norman: My 77 Years. An Account of my Life and Times 1883-1960, London 1962

Bericht der Bundesregierung über Wiedergutmachung und Entschädigung für national-sozialistisches Unrecht sowie über die Lage der Sinti, Roma und verwandter Gruppen vom 31.10. 1986, Deutscher Bundestag, 10. Wp., Drucksache 6287

Bial, Louis C.: Vergeltung und Wiedergutmachung in Deutschland, La Habana 1945

Blankenhorn, Herbert: Verständnis und Verständigung. Blätter eines politischen Tagebuchs 1949 bis 1979, Berlin usw. 1980

Böhm, Franz: Die Luxemburger Wiedergutmachungsverträge und der arabische Einspruch gegen den Israelvertrag, Frankfurt a.M. 1951

Ders.: Der triftige Grund, in: Die Gegenwart 9 (1954), S. 526-528

Ders.: Recht und Moral im Rahmen der Wiedergutmachung, in: Bulletin des Presse- und Informationsamtes der Bundesregierung (1954), Nr. 209, S. 1886-1888

Brandt, Willy: Links und frei, Mein Weg 1930-1950, Hamburg 1982

Brill, Hermann: Gegen den Strom, Offenbach a.M. 1946

Clay, Lucius D.: Entscheidung in Deutschland, Frankfurt a.M., ca. 1950; engl.: Decision in Germany, Garden City, N.Y., 1950

Der Christ in der Not der Zeit. Der 72. Deutsche Katholikentag vom 1. bis 5. September 1948 in Mainz, hrsg. v. Generalsekretariat des Zentralkomitees der Katholiken Deutschlands zur Vorbereitung der Katholikentage, Paderborn 1949

Der deutsch-israelische Dialog. Dokumentation eines erregenden Kapitels deutscher Außenpolitik, hrsg. v. Rolf Vogel, Teil I: Politik, Bd. 1, München usw. 1987; Teil III: Kultur, Bd. 6, München usw. 1989

Deutsche, Wohin? Protokoll der Gründungsversammlung des Nationalkomitees Freies Deutschland und des Bundes Deutscher Offiziere, hrsg. v. Lateinamerikanischen Komitee der Freien Deutschen, Sitz Mexiko, vermutl. 1944

Deutsches Wörterbuch von Jacob und Wilhelm Grimm, Bd. 9 = Bd. 4, Abt. 1, Teil 6, Nachdruck der Erstausgabe von 1935, München 1984

Deutschlands Weg nach Israel. Eine Dokumentation mit einem Geleitwort von Konrad Adenauer, hrsg. v. Rolf Vogel, Stuttgart 2. erg. Aufl. 1969

Documents Relating to the Agreement between the Government of Israel and the Government of the Federal Republic of Germany, hrsg. v. State of Israel, Ministry of Foreign Affairs Office, Jerusalem 1953

Ein Jahr BVN, hrsg. v. Bundessekretariat des Bundes der Verfolgten des Naziregimes, Düsseldorf 1950

Eisner, Otto: „Verfolgungsschäden und Wiedergutmachung", in: La Revue Juive, August-September 1943, S. 243-247

Ders.: „Entrechtung und Wiedergutmachung", Neue Zürcher Zeitung, 26. 6. 1945

Entscheidung für die SPD, Briefe und Aufzeichnungen linker Sozialisten, hrsg. v. Helga Grebing, München 1984

FDP-Bundesvorstand. Die Liberalen unter dem Vorsitz von Theodor Heuss und Franz Blücher. Sitzungsprotokolle 1949-1954, bearbeitet von Udo Wengst, Erster Halbband, 1.-26. Sitzung, 1949-1952, Düsseldorf 1990; Zweiter Halbband, 27.-43. Sitzung, 1953/54, Düsseldorf 1990

First Round Table Conference of Axis League, Inc. An Association for Restitution and Compensation of Rights and Interests to Axis Victims, held on December 16, 1943 at the Hotel Commodore, New York City; Second Round Table Conference, held on January 17, 1944 at the Hotel Pierre, New York City; Third Round Table Conference, held on February 21, 1944 at the Hotel Pierre, New York City; Fourth Round Table Conference, held on May 1, 1944 at the Hotel Pierre, New York City; Fifth Round Table Conference, held on March 12, 1945, in New York City.

Foreign Relations of the United States (FRUS), hrsg. v. Department of State:
- 1933, Bd. II: British Commonwealth, Europe, Near East, Africa, Washington, D.C., 1949
- 1934, Bd. II: Europe, Near East and Africa, Washington, D.C., 1951
- 1935, Bd. II: The British Commonwealth, Europe, Washington, D.C., 1957
- 1936, Bd. II: Europe, Washington, D.C., 1954
- 1937, Bd. II: The British Commonwealth, Europe, Near East, and Africa, Washington, D.C., 1954
- 1938, Bd. I: General, Washington, D.C., 1955
- 1940, Bd. II: General and Europe, Washington, D.C., 1957
- 1942, Bd. I: General, The British Commonwealth, The Far East, Washington, D.C., 1960
- 1943, Bd. I: General, Washington, D.C., 1963
- The Conferences at Washington and Quebec 1943, Washington, D.C., 1970
- 1944, Bd. I: General, Washington, D.C., 1971
- The Conference at Quebec 1944, Washington, D.C., 1972
- 1945, Bd. II: Conference of Berlin (Potsdam), Washington, D.C., 1960
- 1945, Bd. III: European Advisory Commission, Austria, Germany, Washington, D.C., 1968
- Conferences at Malta and Yalta 1945, Washington, D.C., 1955
- 1948, Bd. II: Germany and Austria, Washington, D.C., 1973
- 1949, Bd. III: Council of Foreign Ministers; Germany and Austria, Washington, D.C., 1974
- 1950, Bd. IV: Central and Eastern Europe; The Soviet Union, Washington, D.C., 1980

- 1951, Bd. III/1,2: European Security and the German Question, Washington, D.C., 1981
- 1951, Bd. V: The Near East and Africa, Washington, D.C., 1982
- 1952-54, Bd. VII/1: Germany and Austria, Washington, D.C., 1986
- 1952-54, Bd. IX/1: The Near and Middle East, Washington, D.C., 1986
Gillis, F. u. H. Knopf, The Reparation Claim of the Jewish People, Tel Aviv 1944
Ginzberg, Eli: Reparation for Non-Repatriables, in: Department of State Bulletin, Bd. XV, July-Dec. 1946, S. 56 ff.
Goldmann, Nahum: Mein Leben als deutscher Jude, München u. Wien 1980
Ders.: Staatsmann ohne Staat. Autobiographie, Köln u. Berlin 1970
Goldschmidt, Siegfried: Legal Claims against Germany – Compensation for Losses Resulting from Anti-Racial Measures, published for the American Jewish Committee Research Institute on Peace and Post-War Problems, New York 1945
Grewe, Wilhelm G.: Rückblenden, 1976-1951. Aufzeichnungen eines Augenzeugen deutscher Außenpolitik von Adenauer bis Schmidt, Frankfurt a.M. usw. 1979
Hassel, Ulrich v.: Vom Anderen Deutschland. Aus den nachgelassenen Tagebüchern 1938-1944, Zürich u. Freiburg i.Br. 1946
Hitler, Adolf: Mein Kampf. Die nationalsozialistische Bewegung, Bd. 2. München 1927
Hoegner, Wilhelm: Der schwierige Außenseiter. Erinnerungen eines Abgeordneten, Emigranten und Ministerpräsidenten, München 1959
Hofmannsthal, Emilio von: The Restoration of Looted Property, in: London Quarterly of World Affairs, Oktober 1944, S. 61-63
Ders.: Draft of Proposed Restitution Law for Axis and Axis Occupied Countries, New York University Quarterly Review, Bd. 20, Juli 1945
Hull, Cordell: Memoirs of Cordell Hull in two Volumes, Vol. I, New York 1948
Im Zentrum der Macht. Das Tagebuch von Staatssekretär Lenz 1951-1953, bearb. v. Klaus Gotto, Hans-Otto Kleinmann u. Reinhard Schreiner, Düsseldorf 1989
Innere Wiedergutmachung. Entschädigung für Opfer der nationalsozialistischen Verfolgung, in: Bulletin des Presse- und Informationsamtes der Bundesregierung (1953), Nr. 187, S. 1557-1560
Internationale Juristen-Konferenz des Rates der VVN vom 20. bis 22. März 1948 im Gästehaus der Stadt Frankfurt am Main in Schönberg bei Kronberg i.Ts., Offenbach a.M. 1948
Jahrbuch der Sozialdemokratischen Partei Deutschlands 1948/49, hrsg. v. Vorstand der SPD, Hannover 1949
Jewish Restitution Successor Organization (Hrsg.): After Five Years, 1948-1953, Nürnberg 1953
Die Kabinettsprotokolle der Bundesregierung, hrsg. für das Bundesarchiv v. Hans Booms:
- Bd. 1: 1949, bearb. v. Ulrich Enders u. Konrad Reiser, Boppard a.Rh. 1982
- Bd. 2: 1950, bearb. v. Ulrich Enders u. Konrad Reiser, Boppard a.Rh. 1984
- Bd. 3: 1950, bearb. v. Ulrich Enders u. Konrad Reiser, Boppard a.Rh. 1986
- Bd. 4: 1951, bearb. v. Ursula Hüllbüsch, Boppard a.Rh. 1988
- Bd. 5: 1952, bearb. v. Kai v. Jena, Boppard a.Rh. 1989
- Bd. 6: 1953, bearb. v. Ulrich Enders u. Konrad Reiser, Boppard a.Rh. 1989
Kagan, Saul u. H. Weismann: Report on the Operations of the Jewish Restitution Successor Organization, 1947-1972, New York, Jewish Restitution Successor Organization, 1972
Kirchliches Jahrbuch für die Evangelische Kirche in Deutschland 1945-1948, 72.-75. Jg., Gütersloh 1950

Kirchliches Jahrbuch für die Evangelische Kirche in Deutschland 1953, 80. Jg., Gütersloh 1954

Kogon, Eugen: Politik der Versöhnung, in: Frankfurter Hefte, 3. Jg., H. 4, April 1948, S. 317-324

Ders.: Der politische Untergang des europäischen Widerstandes, in: Frankfurter Hefte, 4. Jg., H. 5, Mai 1949, S. 405-413

Küster, Otto: Wiedergutmachung als elementare Rechtsaufgabe, Frankfurt a.M. 1953

Ders.: Das Recht zu sühnen, Rechtsgrundsätzliches zum arabischen Einspruch gegen das Israel-Abkommen, Rundfunkrede vom 17. 11. 1952, in: Freiburger Rundbrief, Jan. 1953

Ders.: Das andere Grundgesetz, in: Gegenwart 8 (1953), S. 295-297

Ders.: Achtung und Andacht. Die Deutschen und die Opfer des Faschismus, in: Die Gegenwart 9 (1954), S. 690f.

Ders.: Überleitungsvertrag und Wiedergutmachung, in: Neue Juristische Wochenschrift 8 (1955), S. 204-208

Ders.: Deutsche Wiedergutmachung, betrachtet Ende 1957, in: Judentum, Schicksal, Wesen und Gegenwart, Bd. 2, hrsg. v. Franz Böhm u. Walter Dirks, Wiesbaden 1965, S. 861-887

Lemkin, Raphael: Axis Rule in Occupied Europe, Washington, D.C., 1944

Luber, Franz: Wiedergutmachung nationalsozialistischen Unrechts in Bayern. Ein Wegweiser für die rassisch, religiös und politisch Verfolgten und die Behörden. Eine Zusammenstellung sämtlicher Wiedergutmachungsvorschriften des Besatzungs-, Bundes- und Landesrechts, München 1950

Maier, Reinhold: Ein Grundstein wird gelegt. Die Jahre 1945-1947, Tübingen 1964

Ders.: Erinnerungen 1948-1953, Tübingen 1966

Marx, Hugo: The Case of the German Jews versus Germany. A Legal Basis for the Claims of the German Jews Against Germany, New York 1944

Merritt, Anna J. u. Richard L. Merritt: Public Opinion in Occupied Germany, The OMGUS Surveys, 1945-1949, Urbana, Chicago, London 1970

Dies.: Public Opinion in Semisovereign Germany. The HICOG Surveys, 1949-1955, Urbana, Chicago, London 1980

Morgenthau Diary (Germany), Bd. I u. II, prepared by the Subcommittee to Investigate the Administration of the Internal Security Act and Other Internal Security Laws of the Committee on the Judiciary United States Senate, Washington, D.C., 1967

Moses, Fritz: Aus der Geschichte der Wiedergutmachung. Zu Bruno Weils siebzigstem Geburtstag, New York 1953

Moses, Siegfried: Die jüdischen Nachkriegsforderungen, Tel Aviv 1944

Munz, Ernest: Restitution in Post-War Europe, in: Contemporary Jewish Record, Bd. VI, Nr. 4, August 1943, hrsg. v. Research Institute on Peace and Post-War Problems of the American Jewish Committee, New York

Noelle, Elisabeth u. Erich Peter Neumann, Jahrbuch der öffentlichen Meinung. 1947-1955, Allensbach 1956

Der Parlamentarische Rat 1948-1949, Akten und Protokolle, Bd. 1: Vorgeschichte, bearb. v. Johannes Volker Wagner, Boppard a.Rh. 1975; Bd. 4: Ausschuß für das Besatzungsstatut, bearb. v. Wolfram Werner, Boppard a.Rh. 1989

Plischke, Elmer: Revision of the Occupation Statute for Germany. September 21, 1949 – March 7, 1951, Historical Division, Office of the Executive Secretary, Office of the U.S. High Commission for Germany, 1952

The Postwar Settlement of Property Rights. A Memorandum on the Restitution or Indemnification of Property Seized, Damaged or Destroyed during World War II, hrsg. v. Council of Foreign Relations, New York 1945

Probst Heinrich Grüber, Erinnerungen aus sieben Jahrzehnten, Köln u. Berlin 1968

Protokoll der Verhandlungen des Parteitages der Sozialdemokratischen Partei Deutschlands vom 29. 6.–2. 7. 1947 in Nürnberg, Hamburg 1947

Protokoll der Verhandlungen des Parteitages der Sozialdemokratischen Partei Deutschlands vom 11. bis 14. 9. 1948 in Düsseldorf, Hamburg 1948

Rheinstrom, Henry: Restoring Nazi Loot, in: New Europe, April-Mai 1945, S. 24-26

Robinson, Nehemiah: Indemnifications and Reparations, Jewish Aspects, New York 1944 (Schriftenreihe „From War to Peace des Institute for Jewish Affairs", Nr. 2); First Supplement to Indemnification and Reparations. Recent Events, März 1945; Second Supplement, Februar 1946; Third (Special) Supplement, (United States Zone of Germany), Mai 1946.

Kurt Schumacher, Reden und Schriften, hrsg. v. Arno Scholz und Walther G. Oschlewski, Berlin 1962

Schumacher. Reden – Schriften – Korrespondenzen 1945-1952, hrsg. v. Willy Albrecht, Berlin u. Bonn 1985

Shuster, George N.: In Amerika und Deutschland. Erinnerungen eines amerikanischen College-Präsidenten, Frankfurt a.M. 1956

Shinnar, Felix: Bericht eines Beauftragten. Die deutsch-israelischen Beziehungen 1951-1966, Tübingen 1967

Sitzungsberichte des Deutschen Bundesrats, 1951-1953

Spiegelbild einer Verschwörung. Die Kaltenbrunner-Berichte an Bormann und Hitler über das Attentat vom 20. Juli 1944. Geheime Dokumente aus dem ehemaligen Reichssicherheitshauptamt, hrsg. v. Archiv Peter, Stuttgart 1961

Stenographische Berichte und Drucksachen des Bayerischen Landtags, 1. Wp. 1946-1950; 2. Wp.1950-1954

Stenographische Berichte und Drucksachen des Deutschen Bundestags, 1. Wp. 1949-1953

Stenographische Berichte und Drucksachen des Hessischen Landtags, 1. Wp. 1946-1950; 2. Wp. 1950-1954

Stenographische Berichte und Drucksachen des Landtags von Württemberg-Baden, 1. Wp.1946-1950; 2. Wp.1950-1952

Stenographische Berichte und Drucksachen des Landtags von Baden-Württemberg, 1. Wp. 1952-1956

Ten Years of German Indemnification, hrsg. v. d. Conference on Jewish Material Claims Against Germany, New York 1964

To the Counselors of Peace, Recommendations of the American Jewish Committee, hrsg. v. American Jewish Committee, New York März 1945

Um den Frieden mit Deutschland. Dokumente zum Problem der deutschen Friedensordnung 1948, hrsg. v. W. Cornides u. H. Volle, Oberursel (Ts.) 1948

"Unser Opfer ist Eure Verpflichtung: Frieden!" Die Ansprache des Bundespräsidenten Theodor Heuss am Volktrauertag im Bundeshaus, in: Bulletin des Presse- und Informationsamtes der Bundesregierung, 20. 11. 1952, Nr. 181, S. 1597f.

Unterlagen zum Bundesentschädigungsgesetz, sogenanntes Schwarzbuch, zusammengestellt von der Landesregierung Baden-Württemberg, Stuttgart 1953

Urkunden zur letzten Phase der deutsch-polnischen Krise, hrsg. v. Auswärtigen Amt, Berlin 1939

War Emergency Conference of the World Jewish Congress, Atlantic City, November 1944. Adresses and Resolutions, London ²1945

Widerstand. Gestern und Heute, hrsg. v. Bund der Verfolgten des Naziregimes (BVN), o.O. 1950

"Zur Nachkriegspolitik der deutschen Sozialisten", Sozialistische Schriftenreihe, Stockholm 1944

2. Zeitungen und Zeitschriften

Allgemeine Wochenzeitung der Juden in Deutschland
Frankfurter Allgemeine Zeitung
Freiburger Rundbrief
Freies Deutschland (Moskau)
Die Mahnung
Mitteilungsblatt des Landesausschusses der politisch Verfolgten (ab 1953 Mitteilungsblatt des Beirats beim Bayerischen Landesentschädigungsamt)
Neue Zeitung
Der Notschrei
Rechtsprechung zum Wiedergutmachungsrecht
Die Restitution
Süddeutsche Zeitung
Die Tat
VVN-Nachrichten. Mitteilungsblatt der Vereinigung der Verfolgten des Naziregimes Württemberg-Baden

III. Literatur

Abs, Hermann J.: Konrad Adenauer und die Wirtschaftspolitik der fünziger Jahre, in: Konrad Adenauer und seine Zeit. Politik und Persönlichkeit des ersten Bundeskanzlers, Bd. 1: Beiträge von Weg- und Zeitgenossen, hrsg. v. Dieter Blumenwitz usw., Stuttgart 1976, S. 229-245

Adler-Rudel, Schalom: Aus der Vorzeit der kollektiven Wiedergutmachung, in: In zwei Welten, Siegfried Moses zum fünfundsiebzigsten Geburtstag, hrsg. v. Hans Tramer, Tel Aviv 1962, S. 200-217

Ders.: The Evian Conference on the Refugee Question, in: Year Book XIII, Leo Baeck Institute, London usw. 1968, S. 235-273

Adorno, Theodor W.: Was bedeutet: Aufarbeitung der Vergangenheit, in: ders., Eingriffe. Neun kritische Modelle, Frankfurt a.M. 1963, S. 125-146

Albrecht, Willy: Ein Wegbereiter: Jakob Altmaier und das Luxemburger Abkommen, in: Wiedergutmachung in der Bundesrepublik Deutschland, hrsg. v. Ludolf Herbst u. Constantin Goschler, München 1989, S. 205-214

Asmussen, Nils: Der kurze Traum von der Gerechtigkeit: „Wiedergutmachung" und NS-Verfolgte in Hamburg nach 1945, Hamburg 1987

Balabkins, Nicholas: The Birth of Restitution. The Making of the Shilumim Agreement, in: The Wiener Library Bulletin, 21 (1967), Nr. 4, S. 8-16

Ders.: West German Reparations to Israel, New Brunswick, N.J. 1971

Bauer, Franz J.: Flüchtlinge und Flüchtlingspolitik in Bayern 1945-1950, Stuttgart 1982

Bauer-Hack, Susanne: Die New Yorker jüdische Wochenzeitung „Aufbau" und die Wiedergutmachung in der Bundesrepublik Deutschland, 1949-1965. Kritik und Einflußnahme, Magisterarbeit, Ludwig-Maximilians Universität, München, 1989

Bentwich, Norman: Nazi Spoliation and German Restitution. The Work of the United Restitution Office, in: Yearbook X, Leo Baeck Institute 1965, S. 204-224

Ders.: Siegfried Moses and the United Restitution Organization, in: In zwei Welten, Siegfried Moses zum 75. Geburtstag, hrsg. v. Hans Tramer, Tel Aviv 1962, S. 193-199

Ders.: The United Restitution Organization 1948-1968. The Work of Restitution and Compensation for Victims of Nazi Oppression, London 1968

Ders.: They Found Refuge, London 1965

Benz, Wolfgang: Versuche zur Reform des öffentlichen Dienstes in Deutschland 1945-1952. Deutsche Opposition gegen alliierte Initiativen, in: Vierteljahrshefte für Zeitgeschichte (VfZ) 29 (1981), S. 216-245

Ders.: Der Wollheim-Prozeß. Zwangsarbeit für I.G. Farben in Auschwitz, in: Wiedergutmachung in der Bundesrepublik Deutschland, hrsg. v. Ludolf Herbst u. Constantin Goschler, München 1989, S. 303-326

Biella, Friedrich, Helmut Buschbom, Bernhard Karlsberg, Alexander Lauterbach usw.: Das Bundesrückerstattungsgesetz, München 1981 (= Die Wiedergutmachung nationalsozialistischen Unrechts durch die Bundesrepublik Deutschland, Bd. 2, hrsg. v. Bundesminister der Finanzen in Zusammenarbeit mit Walter Schwarz)

Biographisches Handbuch der deutschsprachigen Emigration nach 1933, hrsg. v. Institut für Zeitgeschichte, München, und der Research Foundation for Jewish Immigration, Inc., New York, Gesamtleitung: Werner Röder u. Herbert A. Strauss, Bd. I: Politik, Wirtschaft, Öffentliches Leben, München usw. 1980; Bd. II, Teil 1: A-K. the Arts, Sciences, and Literature, München usw. 1983; Bd. II, Teil 2: L-Z. The Arts, Sciences and Literature, München usw. 1983; Bd. III, Gesamtregister, München 1983

Blänsdorf, Agnes: Zur Konfrontation mit der NS-Vergangenheit in der Bundesrepublik, der DDR und in Österreich. Entnazifizierung und Wiedergutmachungsleistungen, in: Aus Politik und Zeitgeschichte, B 16-17, 1987, S. 3-18

Blessin, Georg u. Hans Wilden, Bundesentschädigungsgesetze. Kommentar, München u. Berlin 1954

Blessin, Georg: Wiedergutmachung, Bad Godesberg 1960

Blessing, Werner K.: „Deutschland in Not, wir im Glauben..." Kirche und Kirchenvolk in einer katholischen Region 1933-1949, in: Von Stalingrad zur Währungsreform. Zur Sozialgeschichte des Umbruchs in Deutschland, hrsg. v. Martin Broszat, Klaus-Dietmar Henke u. Hans Woller, München 1988, S. 3-111

Bodemann, Michal Y.: Staat und Ethnizität: Der Aufbau der jüdischen Gemeinden im Kalten Krieg, in: Jüdisches Leben in Deutschland seit 1945, hrsg. v. Micha Brumlik usw., Frankfurt a.M. 1986, S. 49-69

Böhm, Franz: Reden und Schriften. Über die Ordnung einer freien Gesellschaft, einer freien Wirtschaft und über die Wiedergutmachung, hrsg. v. Ernst-Joachim Mestmäkker usw., Karlsruhe 1960

Ders.: Das deutsch-israelische Abkommen 1952, in: Konrad Adenauer und seine Zeit. Politik und Persönlichkeit des ersten Bundeskanzlers. Beiträge von Weg- und Zeitgenossen, hrsg. v. Dieter Blumenwitz usw., Stuttgart 1976, S. 437-465

Bonath, Christine: Wiedergutmachung für das Jüdische Volk. Die Wiedergutmachungsdiskussion bis zum Luxemburger Abkommen vom 10. September 1952, Magisterarbeit, Universität Saarbrücken, 1984

Brecker, Michael: Decisions in Israel's Foreign Policy, London, Melbourne u. Delhi 1974

Breslauer, Walter u. Frederick Goldschmidt: Die Arbeit des Council of Jews from Germany auf dem Gebiet der Wiedergutmachung, London 1966

Broszat, Martin: Zur Sozialgeschichte des Deutschen Widerstands, in: VfZ 34 (1986), S. 293-309

Brunn, Walter, Hans Giessler, Otto Gnirs, Richard Hebenstreit, Detlev Kaulbach,

Heinz Klee, Willibald Maier, Karl Weiss: Das Bundesentschädigungsgesetz. Erster Teil (§ 1 bis 50 BEG), München 1981 (= Die Wiedergutmachung nationalsozialistischen Unrechts durch die Bundesrepublik Deutschland, Bd. 4, hrsg. v. Bundesminister der Finanzen in Zusammenarbeit mit Walter Schwarz)

Buchheim, Christoph: Die Wiedereingliederung Westdeutschlands in die Weltwirtschaft 1945-1958, München 1990

Die Bundesrepublik Deutschland und die Opfer des Nationalsozialismus. Tagung vom 25.-27. 11. 1983 in Bad Boll, Bad Boll 1984

Büttner, Ursula: Not nach der Befreiung. Die Situation der deutschen Juden in der britischen Besatzungszone 1945 bis 1948, in: Das Unrechtsregime. Internationale Forschung über den Nationalsozialismus, Bd. 2: Verfolgung – Exil – Belasteter Neubeginn, hrsg. v. U. Büttner, Hamburg 1986, S. 373-406

Cohen, Naomi W.: Not Free to Desist. A History of the American Jewish Committee 1906-1966, Introduction by Salo W. Barou, Philadelphia 1972

Dam, Hendrik George van: Das Bundesentschädigungsgesetz. Systematische Darstellung und kritische Erläuterungen, Düsseldorf 1953

Ders.: Die Juden in Deutschand nach 1945, in: Judentum. Schicksal, Wesen und Gegenwart, hrsg. v. Franz Böhm und Walter Dirks, Bd. II, Wiesbaden 1965, S. 888-916

Deutschkron, Inge: Israel und die Deutschen. Das besondere Verhältnis, Köln 1970, 1983; engl.: Bonn and Jerusalem. The Strange Coalition, Philadelphia 1970

Dietel, Klaus-Günter: Die Arbeitsverhältnisse der Verfolgten des Nationalsozialismus; zugleich ein Beitrag zur ideellen Wiedergutmachung, Diss. Würzburg 1966

Dipper, Christof: Der Deutsche Widerstand und die Juden, in: Geschichte und Gesellschaft (= GuG) 9 (1983), S. 349-380

Distel, Barbara: Der 29. April 1945. Die Befreiung des Konzentrationslagers Dachau, in: Dachauer Hefte 1 (1985), S. 3-11

Dies.: „Asoziale und Berufsverbrecher", in: Legenden – Lügen – Vorurteile. Ein Lexikon zur Zeitgeschichte, hrsg. v. Wolfgang Benz, München 1990

Dorn, Walter L.: Die Debatte über die amerikanische Besatzungspolitik für Deutschland (1944 bis 1945), VfZ 6 (1958), S. 61-77

Düx, Heinz: Anerkennung und Versorgung aller Opfer der NS-Verfolgung, hrsg. v. DIE GRÜNEN, Berlin 1986

Ehret, Jörg: Gründung der Vereinigung der Verfolgten des Naziregimes, in: Als der Krieg zu Ende war. Hessen 1945: Berichte und Bilder vom demokratischen Neubeginn, hrsg. v. Ulrich Schneider usw., Frankfurt a.M. 1980, S. 139-145

Encyclopdia Judaica, Bd. 10, Jerusalem 1971

Ephraim, Ben: Der steile Weg zur Wiedergutmachung, in: Die Juden in Deutschland, 1951/52. Ein Almanach, hrsg. v. Heinz Ganther, Frankfurt a.M., München 1953, S. 214-242

Ders.: Der steile Weg zur Wiedergutmachung, in: Die Juden in Deutschland. Ein Almanach, Hamburg 1958/1959, S. 289-355

Erker, Paul: Solidarität und Selbsthilfe. Die Arbeiterschaft in der Ernährungskrise, in: Neuanfang in Bayern 1945-1949. Politik und Gesellschaft in der Nachkriegszeit, hrsg. v. Wolfgang Benz, München 1988, S. 82-102.

Fait, Barbara: Die Kreisleiter der NSDAP – nach 1945, in: Von Stalingrad zur Währungsreform. Zur Sozialgeschichte des Umbruchs in Deutschland, hrsg. v. Martin Broszat usw., München 1988, S. 213-299

Ferencz, Benjamin B.: Lohn des Grauens. Die verweigerte Entschädigung für jüdische Zwangsarbeiter. Ein Kapitel deutscher Nachkriegsgeschichte, Frankfurt usw. 1981;

engl.: Less than slaves. Jewish forced labor and the quest for compensation, Cambridge Mass. ²1980

Féaux de la Croix, Ernst u. Helmut Rumpf: Der Werdegang des Entschädigungsrechts unter national- und völkerrechtlichem und politologischem Aspekt, München 1985 (= Die Wiedergutmachung nationalsozialistischen Unrechts durch die Bundesrepublik Deutschland, Bd. 3, hrsg. v. Bundesminister der Finanzen in Zusammenarbeit mit Walter Schwarz)

Finke, Hugo, Otto Gnirs, Gerhard Kraus u. Adolf Peutz: Entschädigungsverfahren und sondergesetzliche Entschädigungsregelungen, München 1987 (= Die Wiedergutmachung nationalsozialistischen Unrechts durch die Bundesrepublik Deutschland, Bd. 6, hrsg. v. Bundesminister der Finanzen in Zusammenarbeit mit Walter Schwarz)

Fischer, Alexander: Die Bewegung „Freies Deutschland" in der Sowjetunion: Widerstand hinter Stacheldraht? In: Aufstand des Gewissens. Der militärische Widerstand gegen Hitler und das NS-Regime 1933-1945, i.A. des Bundesministeriums der Verteidigung zur Wanderausstellung, hrsg. v. Militärgeschichtlichen Forschungsamt, Herford u. Bonn 1984

Fischer-Hübner, Helga u. Hermann (Hrsg.): Die Kehrseite der „Wiedergutmachung". Das Leiden von NS-Verfolgten in den Entschädigungsverfahren, Gerlingen 1990

Foitzik, Jan: Die Malaise des Widerstandes. Im Spannungsfeld zwischen Mißtrauen, Ablehnung und Verdächtigung, in: Tribüne 24 (1985), S. 62-80

Frei, Norbert: Die deutsche Wiedergutmachungspolitik gegenüber Israel im Urteil der öffentlichen Meinung der USA, in: Wiedergutmachung in der Bundesrepublik Deutschland, hrsg. v. Ludolf Herbst u. Constantin Goschler, München 1989, S. 215-230

Gardner Feldmann, Lily: The Special Relationship between West Germany and Israel, Boston usw. 1984

Giessler, Hans, Otto Gnirs, Richard Hebenstreit, Detlev Kaulbach, Heinz Klee u. Hermann Zorn: Das Bundesentschädigungsgesetz. Zweiter Teil (§ 51 bis 171 BEG), München 1983 (= Die Wiedergutmachung nationalsozialistischen Unrechts durch die Bundesrepublik Deutschland, Bd. 5, hrsg. v. Bundesminister der Finanzen in Zusammenarbeit mit Walter Schwarz)

Gilbert, Martin: Auschwitz und die Alliierten, München 1982, engl.: Auschwitz and the Alliies, London 1981

Gillessen, Günther: Die Bundesrepublik und Israel. Wandlungen einer besonderen Beziehung, in: Im Dienste Deutschlands und des Rechtes, Festschrift für Wilhelm G. Grewe zum 70. Geburtstag, hrsg. v. J. Kroneck u. Th. Oppermann, Baden-Baden 1981, S. 59-80

Gnirs, Otto: Die Wiedergutmachung im öffentlichen Dienst, in: Hugo Finke usw., Entschädigungsverfahren und sondergesetzliche Entschädigungsregelungen, München 1987 (= Die Wiedergutmachung nationalsozialistischen Unrechts duch die Bundesrepublik Deutschland, Bd. 6, hrsg. v. Bundesminister der Finanzen in Zusammenarbeit mit Walter Schwarz), S. 265-303

Göppinger, Horst: Juristen Jüdischer Abstammung im „Dritten Reich". Entrechtung und Verfolgung, München ²1990

Goldmann, Nahum: Adenauer und das jüdische Volk, in: Konrad Adenauer und seine Zeit. Politik und Persönlichkeit des ersten Bundeskanzlers. Bd. 1: Beiträge von Weg- und Zeitgenossen. hrsg. v. Dieter Blumenwitz usw., Stuttgart 1976, S. 427-436

Goschler, Constantin: Streit um Almosen. Die Entschädigung der KZ-Zwangsarbeiter durch die deutsche Nachkriegsindustrie, in: Dachauer Hefte 2 (1986), S. 175-194

Ders.: Der Fall Philipp Auerbach. Wiedergutmachung in Bayern, in: Wiedergutmachung in der Bundesrepublik Deutschland, hrsg. v. Ludolf Herbst u. Constantin Goschler, München 1989, S. 77-98

Ders.: The Attitude towards the Jews in Bavaria after the Second World War, Yearbook XXXVI, Leo Baeck Institute 1991, S. 443–458

Ders.: United States and the „Wiedergutmachung" for Victims of Nazi Persecution. From Leadership to Disengagement? (Erscheint voraussichtlich Anfang 1992 als Occasional Paper des Deutschen Historischen Instituts in Washington)

Gosewinkel, Dieter: Adolf Arndt. Die Wiederbegründung des Rechtsstaats aus dem Geist der Sozialdemokratie (1945–1961), Bonn 1991

Griepenberg, Rüdiger: Einleitung zu Hermann Louis Brill, Herrenchiemseer Tagebuch 1948, in: VfZ 34 (1986), S. 588-590

Grossmann, Kurt R.: Die jüdischen Auslandsorganisationen und ihre Arbeit in Deutschland, in: Die Juden in Deutschland 1951/52. Ein Almanach, hrsg. v. Heinz Ganther, Frankfurt a.M., München 1953, S. 91-136

Ders.: Germany's Moral Debt. The German-Israel Agreement, Vorwort von Earl G. Harrison, Washington 1954

Ders.: Germany and Israel: Six Years Luxemburg Agreement, New York 1958

Ders.: Die Ehrenschuld. Kurzgeschichte der Wiedergutmachung, Frankfurt a.M. u. Berlin 1967

Hammond, Paul Y.: Directives for the Occupation of Germany: The Washington Controversy, in: American Civil-Military Decisions. A Book of Case Studies, hrsg. v. Harold Stein, Univ. of Alabama Press 1963, S. 311-364

Handbuch der Deutschen Demokratischen Republik, hrsg. v. Deutschen Institut für Zeitgeschichte, o.O. 1964

Herbert, Ulrich: Nicht entschädigungsfähig? Die Wiedergutmachungsansprüche der Ausländer, in: Wiedergutmachung in der Bundesrepublik Deutschland, hrsg. v. Ludolf Herbst u. Constantin Goschler, München 1989, S. 273-302

Herbst, Ludolf u. Constantin Goschler (Hrsg.): Wiedergutmachung in der Bundesrepublik Deutschland, München 1989

Herbst, Ludolf: Option für den Westen. Vom Marshallplan bis zum deutsch-französischen Vertrag, München 1989

Heßdörfer, Karl: Die finanzielle Dimension, in: Wiedergutmachung in der Bundesrepublik Deutschland, hrsg. v. Ludolf Herbst u. Constantin Goschler, München 1989, S. 55-60

Ders.: Die Entschädigungspraxis im Spannungsfeld von Gesetz, Justiz und NS-Opfern, ebenda, S. 231-248

Hilberg, Raul: Die Vernichtung der europäischen Juden. Die Gesamtgeschichte des Holocaust, Berlin 1982

Hille, Jan: Volkstrauertag. Zum Wandel der politischen Kultur eines Gedenktages 1919-1972, Magisterarbeit, Ludwig-Maximilians-Universität, München, 1989

Hirsch, Gerhard: Die Entschädigung der Verfolgten, in: Die Juden in Deutschland, 1951/52. Ein Almanach, hrsg. v. Heinz Ganther, Frankfurt a.M. u. München 1953, S. 234-242

Hockerts, Hans Günter: Sozialpolitische Entscheidungen im Nachkriegsdeutschland. Alliierte und deutsche Sozialversicherungspolitik 1945 bis 1957, Stuttgart 1980

Ders.: Anwälte der Verfolgten. Die United Restitution Organization, in: Wiedergutmachung in der Bundesrepublik Deutschland, hrsg. v. Ludolf Herbst u. Constantin Goschler, München 1989, S. 249-272

Hudemann, Rainer: Anfänge der Wiedergutmachung. Französische Besatzungszone 1945-1950, in: GuG 13 (1987), S. 181-216

Hürten, Heinz: Katholische Kirche und nationalsozialistischer Krieg, in: Die deutschen Eliten und der Weg in den Zweiten Weltkrieg, hrsg. v. Martin Broszat usw., München 1989, S. 135-179

Huhn, Rudolf: Die Wiedergutmachungsverhandlungen in Wassenaar, in: Wiedergutmachung in der Bundesrepublik Deutschland, hrsg. v. Ludolf Herbst u. Constantin Goschler, München 1989, S. 139-160

Institut für Besatzungsfragen: Das DP-Problem. Eine Studie über die ausländischen Flüchtlinge in Deutschland, Tübingen 1950

Institute for Jewish Affairs: West German Recompense for Nazi Wrongs. Thirty Years of the Luxembourg Agreement, Research Report Nos. 16 & 17, Institute for Jewish Affairs, London, November 1982

Jacobmeyer, Wolfgang: Vom Zwangsarbeiter zum Heimatlosen Ausländer. Die Displaced Persons in Westdeutschland 1945-1951, Göttingen 1985

Jasper, Gotthard: Wiedergutmachung und Westintegration. Die halbherzige justitielle Aufarbeitung der NS-Vergangenheit in der frühen Bundesrepublik, in: Westdeutschland 1945-1955. Unterwerfung, Kontrolle, Integration, hrsg. v. Ludolf Herbst, München 1986, S. 183-202

Ders.: Die disqualifizierten Opfer. Der Kalte Krieg und die Entschädigung für Kommunisten, in: Wiedergutmachung in der Bundesrepublik Deutschland, hrsg. v. Ludolf Herbst u. Constantin Goschler, München 1989, S. 361-384

Jelinek, Yeshayahu A.: Israel und die Anfänge der Shilumim, in: ebenda, S. 119-138

Ders.: Die Krise der Shilumim/Wiedergutmachungsverhandlungen im Sommer 1952, VfZ 38 (1990), S. 113-139

Ders.: Political Acumen, Altruism, Foreign Pressure or Moral Debt – Konrad Adenauer and the „Shilumim", in: Tel Aviver Jahrbuch für deutsche Geschichte 19 (1990), S. 77-102

Ders.: McCloy, Blaustein, and the Shilumim: A Chapter in American Foreign Affairs (erscheint voraussichtlich Anfang 1992 als Occasional Paper des Deutschen Historischen Instituts in Washington)

Jena, Kai von: Versöhnung mit Israel? Die deutsch israelischen Verhandlungen bis zum Wiedergutmachungsabkommen von 1952, in: VfZ 34 (1986), S. 457-480

Jesse, Eckhard: „Vergangenheitsbewältigung" in der Bundesrepublik Deutschland, in: Der Staat 26 (1987), S. 539-565

Jochmann, Werner: Evangelische Kirche und politische Neuorientierung in Deutschland 1945, in: Deutschland in der Weltpolitik des 19. u. 20. Jahrhunderts, hrsg. v. Immanuel Geiss u. Bernd Jürgen Wendt, Düsseldorf 1973, S. 545-562

Johe, Werner: Das deutsche Volk und das System der Konzentrationslager, in: Das Unrechtsregime. Internationale Forschung über den Nationalsozialismus, Festschrift f. Werner Jochmann, Bd. 1: Ideologie – Herrschaftssystem – Wirkung in Europa, hrsg. v. Ursula Büttner, Hamburg 1986, S. 331-346

Kaiser, Jochen-Christoph: Protestantismus, Diakonie und „Judenfrage" 1933-1941, in: VfZ 37 (1989), S. 673-714

Katzenstein, Ernst: Jewish Claims Conference und die Wiedergutmachung nationalsozialistischen Unechts, in: Die Freiheit des Anderen, Festschrift für Martin Hirsch, hrsg. v. Hans-Jochen Vogel usw., Baden-Baden 1981, S. 219-226

Katzenstein, Liora: From Reparations to Rehabilitation. The Origins of Israeli-German Relations, 1948-1953, Diss., Univ. Genf 1983

Keilson, Hans: Die Reparationsverträge und die Folgen der „Wiedergutmachung", in: Jüdisches Leben in Deutschland seit 1945, hrsg. v. Micha Brumlik usw., Frankfurt a.M. 1986, S. 121-139

Kimmel, Günther: Das Konzentrationlager Dachau. Eine Studie zu den nationalsozialistischen Gewaltverbrechen, in: Bayern in der NS-Zeit, hrsg. v. Martin Broszat und Elke Fröhlich, Bd. II: Herrschaft und Gesellschaft im Konflikt, München 1979, S. 349-413

Klingel, Bettina: KZ wegen Liebe – Wiedergutmachung ist zu versagen, in: Die Kriegsjahre in Deutschland 1939 bis 1945, hrsg. v. Dieter Galinski u. Wolf Schmidt, Hamburg 1985, S. 121 ff.

Köhler-Schwarzenböck, Nicole: Die Wiedergutmachungspolitik von Konrad Adenauer. Ein Beispiel einer Richtlinienentscheidung, Magisterarbeit, Ludwig-Maximilians-Universität, München, 1989

Köhrer, Helmut: Entziehung, Beraubung, Rückerstattung. Vom Wandel der Beziehungen zwischen Juden und Nichtjuden durch Verfolgung und Restitution, Baden-Baden 1951

Kowalski, Hans-Günter: Die „European Advisory Commission" als Instrument alliierter Deutschlandplanung 1943-1945, in: VfZ 19 (1971), S. 261-293

Kreikamp, Hans-Dieter: Zur Entstehung des Entschädigungsgesetzes der amerikanischen Besatzungszone, in: Wiedergutmachung in der Bundesrepublik Deutschland, hrsg. v. Ludolf Herbst u. Constantin Goschler, München 1989, S. 61-76

Krieger, Wolfgang: General Lucius D. Clay und die amerikanische Deutschlandpolitik 1945-1949, Stuttgart 1987

Kropat, Wolf-Arno: Jüdische Gemeinden, Wiedergutmachung, Rechtsradikalismus und Antisemitismus nach 1945, in: Neunhundert Jahre Geschichte der Juden in Hessen. Beiträge zum politischen, wirtschaftlichen und kulturellen Leben, Wiesbaden, Kommission für die Geschichte der Juden in Hessen, 1983, S. 447-508

Kubowitzki, Leon: Unity in Dispersion. A History of the World Jewish Congress, New York 1948

Landauer, Georg: Der Zionismus im Wandel dreier Jahrzehnte, hrsg. v. Max Kreutzberger, Tel Aviv 1957, S. 277-279

Langbein, Hermann: Menschen in Auschwitz, Wien 1972

Ders.: ... nicht wie die Schafe zur Schlachtbank. Widerstand in den nationalsozialistischen Konzentrationslagern 1938-1945, Frankfurt 1980

Ludwig, Johannes: Boykott – Enteignung – Mord. Die „Entjudung" der deutschen Wirtschaft, Hamburg, München 1989

Lübbe, Hermann: Der Nationalsozialismus im deutschen Nachkriegsbewußtsein, in: Historische Zeitschrift 236 (1983), S. 579-599

Lüth, Erich: Wir bitten Israel um Frieden, in: Die Juden in Deutschland, 1951/52. Ein Almanach, hrsg. v. Heinz Ganther, Frankfurt a.M. u. München 1953, S. 204-208

Ders.: Mein Freund Philipp Auerbach, in: Von Juden in München. Ein Gedenkbuch, hrsg. v. Hans Lamm, München 1958, S. 364-368

Ders.: Viel Steine lagen am Weg, Hamburg 1966

Ders.: Die Friedensbitte an Israel 1951. Eine Hamburger Initiative, Hamburg 1976

Lutz, Thomas u. Alwin Meyer (Hrsg.): Alle NS-Opfer anerkennen und entschädigen, Berlin 1987

Maòr, Harry: Über den Wiederaufbau der jüdischen Gemeinden in Deutschland seit 1945, Mainz 1961

Marrus, Michael R.: The Unwanted. European Refugees in the Twentieth Century, Oxford 1985, S. 289 ff.

Miller, Susanne: Die Behandlung des Widerstands gegen den Nationalsozialismus in der SPD nach 1945, in: Das Unrechtsregime. Internationale Forschung über den

Nationalsozialismus, Bd. 2: Verfolgung – Exil – Belasteter Neubeginn, hrsg. v. Ursula Büttner, Hamburg 1986, S. 407-420

Mitscherlich, Alexander u. Margarete: Die Unfähigkeit zu trauern. Grundlagen kollektiven Verhaltens, München 1967

Mittenzwei, Werner: Exil in der Schweiz, Frankfurt a.M. 1979

Müller, Ulrich: Displaced Persons (DPs) in der amerikanischen Zone Württembergs 1945-1950, in: Geschichte in Wissenschaft und Unterricht 40 (1989), S. 145-161

Münch, Peter L.: Die deutschen Juden und Israel unter besonderer Berücksichtigung ihrer Rolle bei den Wiedergutmachungsverhandlungen, Magisterarbeit, Ludwig-Maximilians-Universität, München, 1986

Müssener, Helmut: Exil in Schweden. Politische und kulturelle Emigration nach 1933, München 1974

Niederland, William: Folgen der Verfolgung: Das Überlebenden-Syndrom, Seelenmord, Frankfurt a.M 1980

Niethammer, Lutz: Problematik der Entnazifizierung in der BRD, in: Verdrängte Schuld, verfehlte Sühne: Entnazifizierung in Österreich 1945-1955, hrsg. v. Sebastian Meissl, München 1986, S. 15-27

Ders.: Wer trauert um wen? Zu den Volkstrauertagen in der Bundesrepublik, in: Deutsche Rundschau 11/1963, S. 23-29

Notter, Harley F.: Postwar Foreign Policy Preparation, 1939-1945, Washington, D.C., 1975

Nübel, Otto: Die amerikanische Reparationspolitik gegenüber Deutschland 1941-1945, hrsg. v. Bundesministerium für innerdeutsche Beziehungen, Frankfurt a.M. 1980

Osterroth, Franz u. Dieter Schuster: Chronik der deutschen Sozialdemokratie, Bd. II: Vom Beginn der Weimarer Republik bis zum Ende des Zweiten Weltkrieges, Berlin usw. ²1975

Overesch, Manfred: Hermann Brill und die Neuanfänge deutscher Politik in Thüringen 1945, VfZ 27 (1979), S. 524-569

Patai, Raphael: Nahum Goldmann: His Missions to the Gentiles, University Alabama Press 1987

Pease, Louis Edwin: After the Holocaust. West Germany and Material Reparation to the Jews. From the Allied Occupation to the Luxemburg Agreements, Ann Arbor, Michigan 1977

Petrick, Birgit: „Freies Deutschland" – die Zeitung des Nationalkomitees „Freies Deutschland" (1943-1945). Eine kommunikationsgeschichtliche Untersuchung, München usw. 1979

Pingel, Falk: Häftlinge unter SS-Herrschaft. Widerstand, Selbstbehauptung und Vernichtung im Konzentrationslager, Hamburg 1978

Pinner, Ludwig: Vermögenstransfer nach Palästina, 1933-1939, in: In zwei Welten. Siegfried Moses zum 75. Geburtstag, hrsg. v. Hans Tramer, Tel Aviv 1962, S. 133-166

Projektgruppe für die „vergessenen" Opfer des NS-Regimes in Hamburg (Hrsg.): Verachtet, verfolgt, vernichtet, Hamburg 1986

Pross, Christian: Wiedergutmachung. Der Kleinkrieg gegen die Opfer, Frankfurt a.M. 1988

Ritter, Gerhard: Carl Goerdeler und die deutsche Widerstandsbewegung, Stuttgart 1954

Roon, Ger van: Neuordnung im Widerstand, Der Kreisauer Kreis innerhalb der deutschen Widerstandsbewegung, München 1967

Sagi, Nana: Wiedergutmachung für Israel. Die deutschen Zahlungen und Leistungen, Stuttgart 1981; engl.: German Reparations. A History of the Negotiations, New York u. Jerusalem 1980

Dies.: Die Rolle der jüdischen Organisationen in den USA und die Claims Conference, in: Wiedergutmachung in der Bundesrepublik Deutschland, hrsg. v. Ludolf Herbst u. Constantin Goschler, München 1989, S. 99-118

Sauer, Paul: Demokratischer Neubeginn in Not und Elend. Das Land Württemberg-Baden von 1945 bis 1952, Ulm 1978

Scheurig, Bodo: Freies Deutschland. Das Nationalkomitee und der Bund Deutscher Offiziere in der Sowjetunion 1943-1945, Köln 1984

Schillinger, Reinhold: Der Entscheidungsprozeß beim Lastenausgleichsgesetz 1945-1952, St. Katharinen 1985

Schmidt, Dietmar: Martin Niemöller. Eine Biographie, Stuttgart ³1983

Schoeps, Julius H.: Über Juden und Deutsche, Bonn 1986

Schwartz, Thomas Alan: From Occupation to Alliance. John J. McCloy and the Allied High Commission in the Federal Republic of Germany, 1949-52, Diss. Harvard University, Cambridge, Mass., 1985

Ders.: Die Begnadigung deutscher Kriegsverbrecher. John J. McCloy und die Häftlinge von Landsberg, in: VfZ 38 (1990), S. 375-414

Schwarz, Hans-Peter: Adenauer. Der Aufstieg: 1876-1952, Stuttgart 1986

Schwarz, Walter: Rückerstattung und Entschädigung. Eine Abgrenzung der Wiedergutmachungsformen, München 1952

Ders.: In den Wind gesprochen? Glossen zur Wiedergutmachung des nationalsozialistischen Unrechts. Mit einem Geleitwort von Martin Hirsch, München 1969

Ders.: Rückerstattung nach den Gesetzen der Alliierten Mächte, München 1974 (= Die Wiedergutmachung nationalsozialistischen Unrechts durch die Bundesrepublik Deutschland, Bd. 1, hrsg. v. Bundesminister der Finanzen in Zusammenarbeit mit Walter Schwarz)

Ders.: Die Wiedergutmachung des nationalsozialistischen Unrechts in der Bundesrepublik Deutschland – rechtliches Neuland? In: Die Freiheit des Anderen, Festschrift für Martin Hirsch, hrsg. v. Hans-Jochen Vogel usw., Baden-Baden 1981, S. 227-241

Ders.: Späte Frucht. Bericht aus unsteten Jahren, Hamburg 1981

Ders.: Wie kam die Rückerstattung zustande? Neue Erkenntnisse aus den amerikanischen und britischen Archiven, in: Friedrich Biella usw., Das Bundesrückerstattungsgesetz, München 1981, S. 801-81

Ders.: Schlußbetrachtung zum Gesamtwerk. Zugleich Nachtrag zu Bd. 6, München 1985 (= Die Wiedergutmachung nationalsozialistischen Unrechts durch die Bundesrepublik Deutschland, hrsg. v. Bundesminister der Finanzen in Zusammenarbeit mit Walter Schwarz)

Senat der Freien und Hansestadt Hamburg (Hrsg.): Die Wiedergutmachung für die Opfer der nationalsozialistischen Verfolgung in Hamburg, Hamburg 1959

Shafir, Shlomo: Kurt Schumacher und die Juden, in: Tribüne 28 (1989), S. 128-138

Ders.: Die SPD und die Wiedergutmachung gegenüber Israel, in: Wiedergutmachung in der Bundesrepublik Deutschland, hrsg. v. Ludolf Herbst u. Constantin Goschler, München 1989, S. 191-204

Shinnar, Felix: Konzeption und Grundlage der Wiedergutmachung, in: In zwei Welten. Siegfried Moses zum 75. Geburtstag, hrsg. v. Hans Tramer, Tel Aviv 1962, S. 232-238

Siegert, Toni: Das Konzentrationslager Flossenbürg. Ein Lager für sogenannte Asoziale und Kriminelle, in: Bayern in der NS-Zeit, hrsg. v. Martin Broszat und Elke Fröhlich, Bd. II: Herrschaft und Gesellschaft im Konflikt, München 1979, S. 429-492

Smith, Bradley F.: Der Jahrhundert-Prozeß. Die Motive der Richter von Nürnberg – Anatomie einer Urteilsfindung, Frankfurt a.M. 1977

Spitta, Arnold: Entschädigung für Zigeuner? Geschichte eines Vorurteils, in: Wiedergutmachung in der Bundesrepublik Deutschland, hrsg. v. Ludolf Herbst u. Constantin Goschler, München 1989, S. 385-402

Steinbach, Peter: Nationalsozialistische Gewaltverbrechen. Die Diskussion in der deutschen Öffentlichkeit nach 1945, Berlin 1981

Stoessinger, John George: The Refugee and the World Community, Minneapolis 1956

Strauss, Herbert A.: Antisemitismus und Holocaust als Epochenproblem, in: Aus Politik und Zeitgeschichte, B 11/87, 14.3. 1987, S. 15-21

Theis, Rolf: Wiedergutmachung zwischen Moral und Interesse. Eine kritische Bestandsaufnahme der deutsch-israelischen Regierungsverhandlungen, Frankfurt 1989

Volle, Hermann: Das Wiedergutmachungsabkommen zwischen der Bundesrepublik Deutschland und dem Staate Israel, in: Europa-Archiv 8 (1953), S. 5619-5636

Vollnhals, Clemens: Die Evangelische Kirche zwischen Traditionswahrung und Neuorientierung, in: Von Stalingrad zur Währungsreform. Zur Sozialgeschichte des Umbruchs in Deutschland, hrsg. v. Martin Broszat usw., München 1988, S. 113-167

Weisman, Ernest H.: Die Nachfolge-Organisationen, in: Friedrich Biella usw., Das Bundesrückerstattungsgesetz, München 1981, S. 725-729

Wells, Leon W.: Und sie machten Politik. Die amerikanischen Zionisten und der Holocaust, München 1989

Wengst, Udo: Beamtentum zwischen Reform und Tradition. Beamtengesetzgebung in der Gründungsphase der Bundesrepublik Deutschland 1948-1953, Düsseldorf 1988

Wetzel, Juliane: Juden in München 1945-1951, Durchgangsstation oder Wiederaufbau? München 1987

Dies.: „Mir szeinen doh". München und Umgebung als Zuflucht von Überlebenden des Holocaust 1945-1948, in: Von Stalingrad zur Währungsreform. Zur Sozialgeschichte des Umbruchs in Deutschland, hrsg. v. Martin Broszat, Klaus-Dietmar Henke u. Hans Woller, München 1988, S. 327-364

Dies.: Auswanderung aus Deutschland, in: Die Juden in Deutschland 1933-1945. Leben unter nationalsozialistischer Herrschaft, hrsg. v. Wolfgang Benz, München 1988, S. 413-498

Wolffsohn, Michael: Das Wiedergutmachungsabkommen mit Israel: Eine Untersuchung bundesdeutscher und ausländischer Umfragen, in: Westdeutschland 1945-1955, hrsg. v. Ludolf Herbst, München 1986, S. 203-218

Ders.: Deutsch-israelische Beziehungen. Umfragen und Interpretationen 1952-1983, München (Landeszentrale für politische Bildungsarbeit) 1986

Ders.: Die deutsch-israelischen Beziehungen, in: Jüdisches Leben in Deutschland seit 1945, hrsg. v. Micha Brumlik usw., Frankfurt a.M. 1986, S. 88-107

Ders.: Die Wiedergutmachung und der Westen – Tatsachen und Legenden, in: Aus Politik und Zeitgeschichte, B 16-17/87, 18.4. 1987, S. 19-29

Ders.: Ewige Schuld? 40 Jahre Deutsch-Jüdisch-Israelische Beziehungen, München u. Zürich ²1988

Ders.: Das deutsch-israelische Wiedergutmachungsabkommen von 1952 im internationalen Zusammenhang, in: VfZ 36 (1988), S. 691-731

Ders.: Globalentschädigung für Israel und die Juden? Adenauer und die Opposition in der Bundesregierung, in: Wiedergutmachung in der Bundesrepublik Deutschland, hrsg. v. Ludolf Herbst u. Constantin Goschler, München 1989, S. 161-190

Wunder, Bernd: Geschichte der Bürokratie in Deutschland, Frankfurt a.M. 1986

Wyman, David S. : Das unerwünschte Volk. Amerika und die Vernichtung der europäischen Juden, München 1986

Zink, Harold: The United States in Germany 1944-1955, Princeton, N.J. usw. 1957

Zweig, Ronald: German Reparations and the Jewish World: A History of the Claims Conference, Boulder u. London 1987

Personenregister

www.ingramcontent.com/pod-product-compliance
Lightning Source LLC
Chambersburg PA
CBHW031936090426
42811CB00002B/200